Am Römerturm

*Publikationen
des Kölnischen Stadtmuseums, Band 7*

Herausgegeben von Werner Schäfke

AM RÖMERTURM

ZWEI JAHRTAUSENDE EINES KÖLNER STADTVIERTELS

Mit Beiträgen von

Inge Baecker, Christoph Bellot, Iris Benner,
Viola Brixius, Toni Diederich, Ralf Gier, Wolfram Hagspiel,
Kaspar Kraemer, Klaus Militzer, Bettina Mosler,
Ulrich S. Soénius, Elisabeth Spiegel, Markus Stanat

Herausgegeben von Werner Schäfke

Köln 2006

Gefördert von

RÖMERTURM
seit 1885

Feinste Papiere sind unsere Passion

Wolfgang Wiegand

Freunde des Kölnischen Stadtmuseums e. V.

Alle Rechte vorbehalten. Ohne ausdrückliche Genehmigung des Herausgebers ist es nicht gestattet, das Buch oder Teile daraus zu vervielfältigen oder auf Datenträger aufzuzeichnen.

Layout:	Iris Benner, büro für inhalt und form, Köln
Scans:	Rita Wagner, Wolfram Hagspiel, Wolfgang F. Meier u.a.
Papier:	PhoeniXmotion
	Römerturm Feinstpapier, Frechen, www.roemerturm.de
Druck:	Medienhaus Plump, Rheinbreitbach
ISBN	3-927396-99-0

Abbildung Umschlag:
Georg Osterwald: Der Römerturm, Aquarell, Kölnisches Stadtmuseum (Abb.: RBA)

Abbildung S. 2:
Briefmarke aus der Serie Deutsche Malerei, 2005: Flügelaltärchen (Detail), um 1330, Köln, Wallraf-Richartz-Museum/Fondation Corboud

Inhalt

Werner Schäfke
Vorwort   7

Elisabeth Spiegel
Im Schutz der römischen Stadtmauer
Das Gebiet des Clarenklosters in römischer Zeit   9

Klaus Militzer
Die Bewohner des Viertels um das Kloster
St. Clara im Mittelalter und in der Frühen Neuzeit   23

Christoph Bellot
Das Kloster St. Clara
Zu seiner Geschichte und Baugeschichte   35

Christoph Bellot
Kunst für St. Clara
Altäre – Andachtsbilder – Handschriften   61

Toni Diederich
Die Siegel des Kölner Clarissenklosters
St. Clara am Römerturm   117

Ralf Gier
St. Claren – Ein Obstgut inmitten der Stadt   137

Wolfram Hagspiel
Das „St.-Claren-Viertel" – seine bauliche
und städtebauliche Entwicklung bis zur Gegenwart   205

Bettina Mosler
Eine romantische Sicht auf den Kölner Römerturm –
Das Aquarell von Georg Osterwald (1803–1884) in der
Graphischen Sammlung des Kölnischen Stadtmuseums   253

Ulrich S. Soénius
Zur Wirtschafts- und Sozialgeschichte des
Römerturm-Viertels von der Mitte des 19. Jahrhunderts
bis zum Zweiten Weltkrieg   267

Iris Benner
Der Turm als Marke
Poensgen & Heyer, Römerturm Feinstpapiere   295

Kaspar Kraemer
Das Haus Am Römerturm 3 in der Gegenwart   *311*

Markus Stanat
Die Fritz Thyssen Stiftung in Köln
Förderin für die Wissenschaft seit 1959   *323*

Inge Baecker
Moderne Kunst im Römerturm   *339*

Viola Brixius
Die Grünflächen beiderseits der Straße
„Am Römerturm" in ihrer heutigen Gestaltungsform   *343*

„Am Römerturm"

Der „Römerturm", die Nordwestecke der römischen Befestigung Kölns, ist das einzige oberirdisch erhaltene antike Bauwerk der Stadt. Unmittelbar ist hier unsere zweitausendjährige Geschichte städtischen Lebens zu spüren.

Für fünf Jahrhunderte hat das Clarissenkloster das Stadtviertel, umrissen von Breite Straße, St.-Apern-Straße, Zeughausstraße und Auf dem Berlich, geprägt. Am 12. August 1306 haben die frommen Damen ihre Arbeit des Gebets, der Andacht, der Fürbitte und des Feierns der Messe aufgenommen. Dieses Datum vor sieben Jahrhunderten war Anlass, sich intensiv mit der Geschichte dieses Quartiers zu beschäftigen. Das faszinierende Ergebnis, das dank des Engagements der Autorinnen und Autoren und dank großzügiger Unterstützung durch die Fritz Thyssen Stiftung, den Landschaftsverband Rheinland, Wolfgang Wiegand und die Freunde des Kölnischen Stadtmuseums e.V. hiermit vorgelegt werden kann, spiegelt einen Mikrokosmos Kölner Geschichte. Die Erschütterungen und Folgen der europäischen Geschichte werden bis in eine solche kleine Zelle des städtischen Organismus hinein spürbar. Häuser, Straßen, Namen und Lebensgeschichten bilden große Geschichte ab und sie bestimmt das Geschehen im Viertel. Bis in den Klang des Papiers des Bandes hinein, das von Römerturm Feinstpapier, Frechen, gestiftet wurde, ist Geschichte zu spüren. Das traditionsreiche Unternehmen, seit 1967 in Frechen ansässig, wurde 1886 an der Zeughausstraße gegenüber dem Römerturm gegründet.

Erschöpft ist das Thema damit keineswegs. Aber es ist angerissen. Ständig öffnen sich, je mehr man aufs Detail schaut, neue Fragen. Manche könnten vielleicht beantwortet werden. Andere, bei weitem in Überzahl, werden nicht zu beantworten sein, da uns die Überlieferung, die Quellen, die Urkunden, die Bilder oder Fotografien fehlen. Die Geschichte im Detail, die hier zusammengetragen wurde, ergibt wie die Steinmosaikfiguren der Mauer des Römerturms dennoch ein Bild, ein Panorama voller Leben in zwei Jahrtausenden Kölner Geschichte.

Werner Schäfke

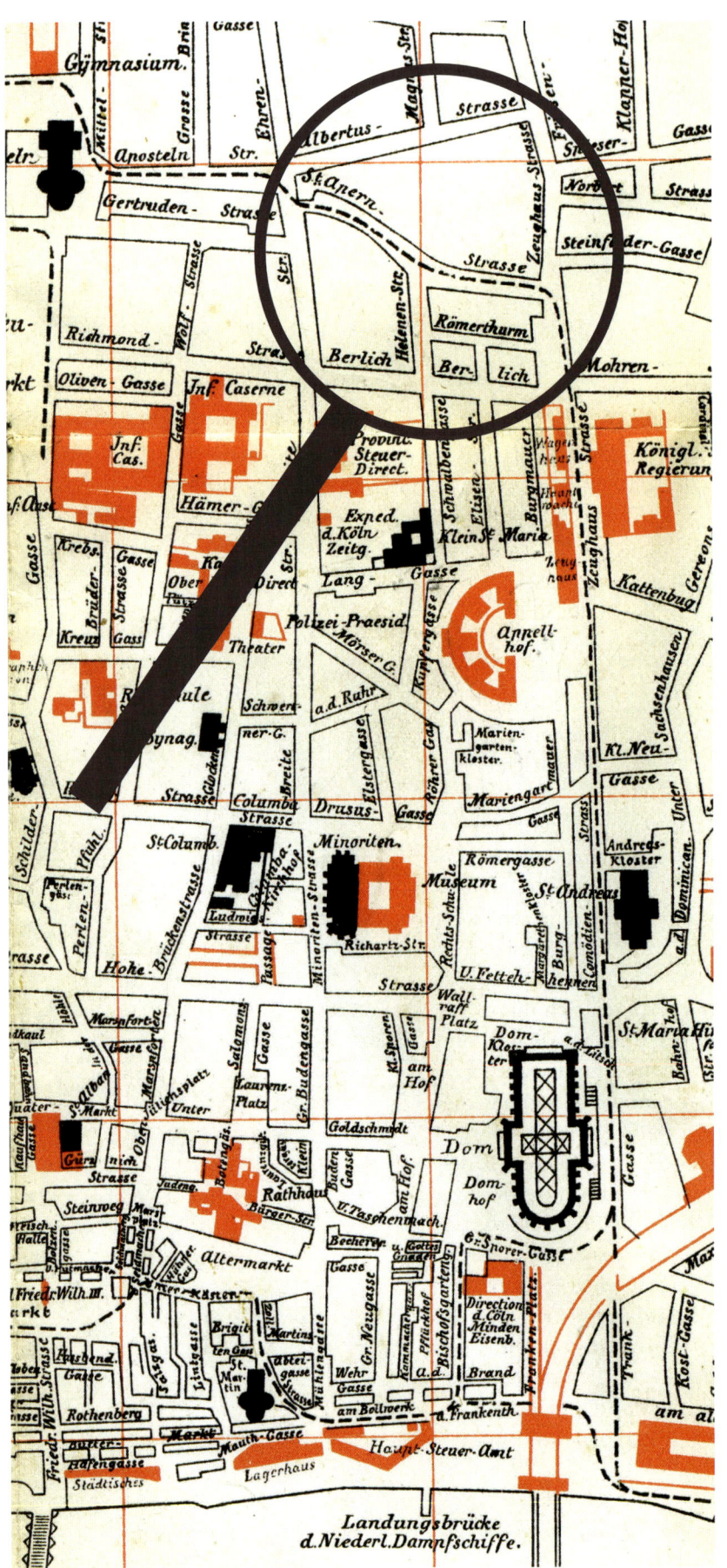

Das Römerturm-Viertel in einem Kölner Stadtplan um 1900. (Abb.: KSM)

Elisabeth Maria Spiegel

Im Schutz der römischen Stadtmauer
Das Gebiet des Clarenklosters in römischer Zeit

Das Kloster St. Clara lag am NW-Rand des ummauerten römischen Stadtareals. Die römische Stadtmauer und drei Stadtmauertürme an der Helenenstr., der Ecke St.-Apern-Str./Zeughausstr. und ein Turm an der Kreuzung Burgmauer/Auf dem Berlich gehörten zur Keimzelle des Klosters, einem Hof, der zunächst wohl einen römischen Straßenblock einnahm und seit dem frühen 13. Jahrhundert im Besitz von Richolf Parfus war.[1] 1265 kauften Graf Wilhelm IV. von Jülich und seine Frau Richardis von Geldern das Anwesen. Als Witwe überließ Richardis das Hofgut dem Clarissenorden zur Gründung eines Klosters. Nach der Einweihung im Jahre 1306 arrondierte das Kloster seinen Besitz in wenigen Jahrzehnten bis zur Rückseite der Häuser an der Breite Straße.[2] Ein Großteil des Gebietes, das in römischer Zeit im Osten von einer N-S verlaufenden Wegeverbindung (Nebencardo) im Zuge der Straße Auf dem Berlich und im Süden von einem O-W orientierten Straßenzug (Nebendecumanus) im Verlauf der Breite Straße eingefasst war, gehörte seitdem zum Clarenkonvent.

Die römische Stadtmauer besaß an der Westseite drei unterschiedlich dimensionierte Tore. Das nördliche – ein Tor mit einem Durchgang – lag auf der Ostseite der St.-Apern-Str. im Straßenland der Breite Straße.[3] Von diesem Tor ging eine Fernstraße aus, die etwa im Zuge der heutigen Venloer Straße ins Erfttal und von dort aus wohl in einer Nebenroute nach Noviomagus/Nijmegen in den Niederlanden führte. Die Straße verlief zunächst durch die Vorstadt und vorbei an den Gräberfeldern der römischen Stadt, die die Ausfallstraßen säumten.[4] Auf dem Grundstück St.-Apern-Str. 17–21 fanden sich nur ca. 60 m westlich der römischen Befestigung fünf Brandgräber aus dem 1. Jahrhundert.[5] In ihrer Blütezeit von der Wende zum 2. Jahrhundert bis zur Mitte des 3. Jahrhunderts war die Stadt an den drei Landseiten von einem Siedlungsgürtel umgeben. Neben einfachen Häusern und Handwerksbetrieben fanden sich dort auch aufwendig mit Mosaiken, Heizungen, Bädern und Kellern ausgestattete Wohngebäude.[6] Im Vorfeld des mittelalterlichen Clarenklosters lagen auf dem Grundstück des Dorint Kongress Hotels an der Helenenstraße eine Glaswerkstatt, die in der Mitte des 2. Jahrhunderts produzierte, und ein Metall verarbeitender Betrieb auf dem Grundstück St.-Apern-Str. 17–21.[7] Seit dem dritten Viertel des 3. Jahrhunderts verfielen die Vororte und die zuvor in größerer Distanz gelegenen Nekropolen rückten näher an die Stadt heran. Es muss offen bleiben, ob die Verödung der Vorstädte eine Folge der wachsenden Gefahr von Barbareneinfällen war, oder unmittelbar mit der Belagerung der Stadt durch Truppen des Usurpators Postumus im Jahr 260 n. Chr. zusammenhing.[8]

Es fällt schwer, ein ausgewogenes Bild der römischen Besiedlung im Gebiet des Clarenklosters zu zeichnen. Die Mehrzahl des archäologischen Untersuchungen galt der Stadtmauer der CCAA, die im Norden und We-

1 H. Keussen, Topographie der Stadt Köln im Mittelalter (Bonn 1910, Nachdruck Düsseldorf 1986) 1, 275–277; 295–296; II, 230–232: 264–265. – J. Klinkenberg, Das römische Köln. In: P. Clemen (Hrsg.), Die Kunstdenkmäler der Stadt Köln I, 2 (Düsseldorf 1906) 172.

2 L. Arntz, Franziskanerinnenkloster St. Clara. In: P. Clemen (Hrsg.), Die Kunstdenkmäler der Stadt Köln II,3 (Düsseldorf 1937) 278–282. – C. Bellot, Clarissenkloster St. Clara. In: Colonia Romanica 10 (Köln1995) 106–208 Anm.19 mit älterer Literatur.

3 R. Schultze/ C. Steuernagel, Colonia Agrippinensis. Bonner Jahrbücher 98, 1895, 29–30 Taf. IV. – O. Doppelfeld, Die römische Stadtmauer von Köln. In: Kölner Untersuchungen (Ratingen 1950) 9–10; 35 Nr. 19.

4 E. Spiegel, Die römische Westnekropole an der Aachener Str. in Köln. Ansätze zu einer Strukturanalyse. Kölner Jahrbuch 27, 1994, 595–610.

5 Köln, Römisch-Germanisches Museum der Stadt Köln, Ortsarchiv FB. 1928.003 Altstadt Nord, St.-Apern-Str. 17–19; Germania 12, 1928, 198; unpubl. – FB. 1933.024 Altstadt Nord, St-Apern-Str. 17–23; Germania 18, 1934, 221 f.

6 J. Klinkenberg, a.a.O. 1906, 255–264. – G. Schauerte, Der römische Töpfereibezirk am Rudolfplatz in Köln. Kölner Jahrbuch 20, 1987, 23–82. – R. Thomas, Gräber und Wohnbauten vor der westlichen römischen Stadtmauer in Köln. Kölner Jahrbuch 23, 1990, 401–412. – E. Spiegel, a.a.O. 1994, 599–600. – M. Carroll-Spillecke, An early bath house in the suburbs of Roman Cologne. Journal of Roman Archaeology 10, 1997, 263–270. – M. Dodt, Römische Badeanlagen in Köln. Kölner Jahrbuch 34, 2001, 298–305. – C. Höpken, Die römische Keramikproduktion in Köln. In: Kölner Forschungen 8 (Mainz 2005) 19–23, 309–345, 355–511, 527–539.

7 Köln, Römisch-Germanisches Museum der Stadt Köln, Ortsarchiv FB. 1970.002 Altstadt Nord, Helenenstr. 14; S. Neu, Römische Glaswerkstatt Helenenstr. In: Führer zu vor- und frühgeschichtlichen Denkmälern 38,2 (Mainz 1980) 179–183. – B. Follmann-Schulz, Fours de verriers romains dans la province de Germa-

nie inféreure. In: Ateliers de verriers de l' antiquité à la période pré-industrielle. Actes des 4émes Rencontres Rouen 1989 (1991) 35–39. – E. Spiegel, a.a.O.1994, 599–600. – C. Höpken, Zu zwei römischen Glasöfen in Köln. Kölner Jahrbuch 31, 1998, 427–443. – FB. 1963.017 Altstadt Nord, Helenenstr. 14: römische Mauern; unpubl. – FB. 1972.007 Altstadt Nord, St-Apern-Str. o. Nr., Magnusstr. O. Nr., Strassenfläche: 1 Mauer, unpubl. – Köln, Römisch-Germanisches Museum der Stadt Köln, Ortsarchiv FB. 1928.003 Altstadt Nord, St.-Apern-Str. 17–19; Germania 12, 1928, 198; unpubl. – FB. 1933.024 Altstadt Nord, St-Apern-Str. 17–21; Germania 18, 1934, 221 f. – F. Fremersdorf, Neue Beiträge zur Topographie des römischen Köln. In: Römisch-Germanische Forschungen 18 (Berlin 1950) 69–70.

8 E. Spiegel, a.a.O. 1994, 600. – H. Hellenkemper, Köln 260 – 355 A.D. – Ein unruhiges Jahrhundert Stadtgeschichte. In: Festschrift G. Precht, Xantener Berichte 12, 2002, 46–49.

9 Köln, Römisch-Germanisches Museum der Stadt Köln, Ortsarchiv FB. 1895.021 Altstadt Nord, St.- Apern-Str. 26; R. Schultze/ C. Steuernagel, a.a.O. 1895, 28–29. – O. Doppelfeld, a.a.O. 1950, 34 Nr. 17. – E. Nuber, Die Fundmünzen des römischen Zeit in Deutschland. VI,1,1 Stadt Köln (Berlin 1884) 250 Nr. 23. – FB. 1928.037 Altstadt Nord, St.-Apern-Str. 28; Germania 13, 1929, 84. – F. Fremersdorf, a.a.O. 1934, 69 ff. – FB. 1931.014 Altstadt Nord, Zeughausstr. 13; Germania 15, 1931, 290. – FB. 1936.014 Altstadt Nord, St.-Apern-Str. 50; Germania 21, 1937, 194. – FB. 1936.053 Altstadt Nord, St.-Apern-Str. 68, unpubl. – FB. 1937.020 Altstadt Nord, St.- Apern-Str. 66; Bonner Jahrb. 143/144, 1938/39, 454. – FB 1950.050 Altstadt Nord, Am Römerturm 17, unpubl. – FB. 1951.018 Altstadt Nord, St.-Apern-Str. 54; Germania 30, 1952, 455. – FB. 1954.011 Altstadt Nord, St.-Apern-Str. 26, 28, 28a, unpubl.. – FB. 1959.027 Altstadt Nord, Zeughausstr., nördl. Nr. 9; G. Strunk, Kölner Jahrbuch 11, 1970, 114. – FB. 1961.032

CCAA – Die Stadt mit Vorstädten und Gräberfeldern im 2./ 3. Jahrhundert. Das Gebiet des Clarenklosters und die Stadtmauertürme mit Steinmosaik sind farbig hervorgehoben. (Abb.: Köln, Römisch-Germanisches Museum der Stadt Köln, Entwurf: Elisabeth M. Spiegel, Digitalisierung und Kartographie: Peter Otten)

sten die Besitzgrenze des Konventes bildete.[9] Dem stehen wenige kleine Aufschlüsse zur innerstädtischen Bebauung in der Nordwestecke der römischen Stadt gegenüber, die kaum mehr als erste Einblicke gewähren.[10]

Die römische Stadtmauer war prägend für das Erscheinungsbild des Klosterensembles. Zwei der bereits zum Gründungsgut des Klosters gehörenden Stadtmauertürme – die Türme auf dem Berlich und der Römerturm – zeigten im Aufgehenden Steinmosaiken aus verschieden farbigen Natursteinen und hoben sich mit ihrem reichen Flächendekor von den schlichten, den Bautraditionen der Bettelorden verpflichteten Klostergebäuden ab. Der Römerturm, der einzige erhaltene Stadtmauerturm mit musivischem

Ausgrabungsbefunde in der Nordwestecke der CCAA und in der nordwestlichen Vorstadt. M. 1:2500 (Abb.: Köln, Römisch-Germanisches Museum der Stadt Köln, Entwurf: Elisabeth M. Spiegel, Digitalisierung und Kartographie: Peter Otten)

Schmuck, zeigt bis ca. 6 m über dem heutigen Geländeniveau aufgehendes Mauerwerk römischer Zeit.[11] Die Musterungen beginnen oberhalb eines 0,27 m hohen Schrägsockels mit Unterkante in Höhe 52,39 m ü. NN, der heute knapp unter Geländehöhe liegt. Zuerst erscheint ein Fischgrätmotiv, das sich über neun Handquaderlagen erstreckt. Darüber folgt – oben und unten von einer einfarbigen Steinreihe begleitet – ein Band mit getreppten Dreiecksmotiven. Daran schließt eine Musterzone mit fünf Halbrosetten aus keilförmig geschnittenen Steinen an, die von zweilagigen Bögen mit dreieckigem Zackenrand überfangen werden. Über dem Scheitel und zu beiden Seiten der Halbkreise sind kleine Kreuzmuster aus dreieckigen und rau-

Altstadt Nord, St.-Apern-Str. südl. Nr. 40, Helenenstr., Helenenturm unpubl. Die Mauerschalen des Turmes wurden im Mittelalter und in der frühen Neuzeit neu verblendet, so dass der Turm heute im aufgehenden Mauerwerk keine römische Substanz mehr aufweist. vgl. R. Schultze/ C. Steuernagel, a.a.O.1895, 27–28 Taf. 3. – O. Doppelfeld, a.a.O. 1950, 7, 34, Abb. 2. – S. Seiler, Helenenturm. In: Führer zu vor- und frühgeschichtlichen Denkmälern 38 (Mainz 1980) 179 Abb. 1. – FB. 1963.016 Altstadt Nord, St.-Apern-Str. 40, unpubl. – FB. 1963.028 Altstadt Nord, Burgmauer, Zeughausstr., zwischen St.-Apern-Str. und Neven-Dumont-Str., unpubl., vgl. R. Schultze/ C. Steuernagel, a.a.O. 1895, 24 ff, Taf. 2,3. – FB. 1964.024 Helenenstr. 13–15, unpubl. – FB. 1965.006 Altstadt Nord, St.-Apern-Str., Helenenstr., unpubl. – FB. 1969.004 Breite Str., südl. Nr. 126–128, unpubl., vgl. R. Schultze/ C. Steuernagel, a.a.O. 1895, 29–30, 61 Taf. 4. – J. Klinkenberg, a.a.O. 1906, 192. – FB. 1982.034 Altstadt Nord, Breite Str. 126, unpubl. – FB. 1986.097 Altstadt Nord, Am Römerturm 17; unpubl. – FB. 1998.003 Altstadt Nord, Breite Str. 126, unpubl.

10 Köln, Römisch-Germanisches Museum der Stadt Köln, Ortsarchiv FB. 1956.051 Altstadt Nord, Am Römerturm 7, W. Binsfeld, Helenenstr. 10. In: Tätigkeitsbericht für das Jahr 1956. Kölner Jahrbuch 7, 1964, 92–93. – FB. 1958.006 Altstadt Nord, Am Römerturm 7; W. Binsfeld, Helenenstr. 10. Kölner Jahrbuch 10,1969, 89. – FB. 1965.006 Altstadt Nord, St.-Apern-Str. 28–32, unpubl. – FB. 1972.019 Altstadt Nord, Auf dem Berlich 29–31, unpubl.

11 Der Römerturm wurde in den Jahren 1993/94 von der Fachhochschule Köln, Abteilung Steinrestaurierung, untersucht und in einer Teilfläche restauriert. Ich danke Herrn Prof. Dr. Hans Leisen, dass er mir die Steinartenkartierung und die differenzierte Schadenskartierung zur Verfügung stellte und die Publikation der von seinen Studenten erstellten Dokumentation gestattete.

Der Römerturm, Abwicklung des Mauerwerks (Abb.: Fachhochschule Köln, Abteilung Steinrestaurierung, Prof. Dr. Hans Leisen, 1993/1994, Umzeichnung und Ergänzung: Silke Haase)

Der Römerturm, Ansicht von Nordwesten. (Abb.: RBA)

tenförmigen Steinen eingelassen. Die Zwischenräume zwischen den Rundformen sind mit Feldern aus Netzmauerwerk (*opus reticulatum*) gefüllt. Aus einem von Grauwackelagen eingefassten rechteckigen Reticulatfeld wächst jeweils ein großes Triangelfeld, das oben beidseitig von zwei kleineren Dreiecken gerahmt wird. Ein dreireihiges Reticulatband sowie zwei dunkle und eine helle Handquaderlage bilden den Abschluss des Musterfeldes. Darüber setzt eine zweite Zone mit fünf Halbrosetten an, die von flachen Bögen umschlossen werden. Zwischen den Rosetten finden sich Rechteckfelder aus keilförmig zugeschnittenen Steinen, die ein zentrales Feld mit dreieckiger Spitze in Netzmauerwerk umgeben. Die Musterrapporte sind so versetzt, dass die Halbkreise der oberen Zone jeweils über dem dreieckigen Mittelmotiv des unteren Registers liegen. Der einheitlich gestaltete untere und mittlere Abschnitt des Turmes schließt mit einem dreireihigen Reticulatband ab. Das anschließende Mauerwerk unterscheidet sich mit uneinheitlichen Lagenhöhen und unregelmäßigen Steinformaten deutlich von den tiefer liegenden Mauerpartien. Es handelt sich wohl um eine jüngere Ergänzung aus wieder verwendetem Material.[12] Als Dekor treten teils mit flachen Ziegeln eingefasste Vollrosetten auf, die mit einem an eine Tempelfront erinnernden Motiv aus vier senkrechten Ziegelstreifen mit x-förmigen Einkerbungen und dreieckigem Giebel in Reticulat abwechseln. In die Zwischenräume sind längs- und querrechteckige, rautenförmige und dreieckige Felder aus Netz- und Fischgrätmauerwerk (*opus spicatum*) eingefügt. Die 1608 erschienene Schrift über die römischen Denkmäler Kölns von Stephan Broelman (1551–1622) zeigt eine zeitgenössische Ansicht des Römerturms. Im 17. Jahrhundert war das Mauerwerk unmittelbar über den Kreisornamenten ausgebrochen. In dieser Höhe endet der antike Baubestand.

Die Steinmusterungen im unteren und mittleren Turmabschnitt zeigen eine klare horizontale Gliederung. Drei Register mit Flächenmustern wer-

12 U. Süssenbach, Die Stadtmauer des römischen Köln. In: H. Steuer (Hrsg.) Aus der Kölner Stadtgeschichte (Köln 1981) 89.

Der Römerturm, Zeichnung von Stephan Broelman, 1608. Köln, Kölnisches Stadtmuseum. (Abb.: RBA)

den jeweils von einfarbigen Streifen und einheitlich gemusterten Schmuckbändern (getreppte Dreiecksmotive, Reticulatbänder) getrennt. Die beiden oberen Register lassen sich ausgehend von der Südwestecke des Turmes in sechs vollständige, ca. 3,00 m lange Rapporte mit einem wiederkehrenden, in drei Abschnitte gegliederten Musterablauf unterteilen. Die jüngeren Ergänzungen in der Oberzone greifen das Rapportschema in der Mitte des Turmes auf, ignorieren es jedoch in den Randbereichen der Musterung.

Ein besonderer Reiz liegt im Farbspiel der verschiedenen Natursteine. Am Schrägsockel, in der mit einem Fischgrätmotiv geschmückten Unterzone und im abschließenden Schmuckband stehen helle graubräunliche Trachyte neben dunkleren Grauwacken, die zumeist bräunliche und grünliche Tönungen aufweisen. In den beiden folgenden Registern treten fast keine Trachyte mehr auf. In den Musterzonen und Schmuckbändern kontrastieren weißlicher Kalkstein und Grauwacke. Rotsandsteine heben die Kreuzmotive hervor, die um die Halbrosetten der mittleren Musterzone angeordnet sind. Bogeneinfassungen aus hellroten römischen Ziegeln kommen über den Halbrosetten des oberen Registers vor. Neben Grauwak-

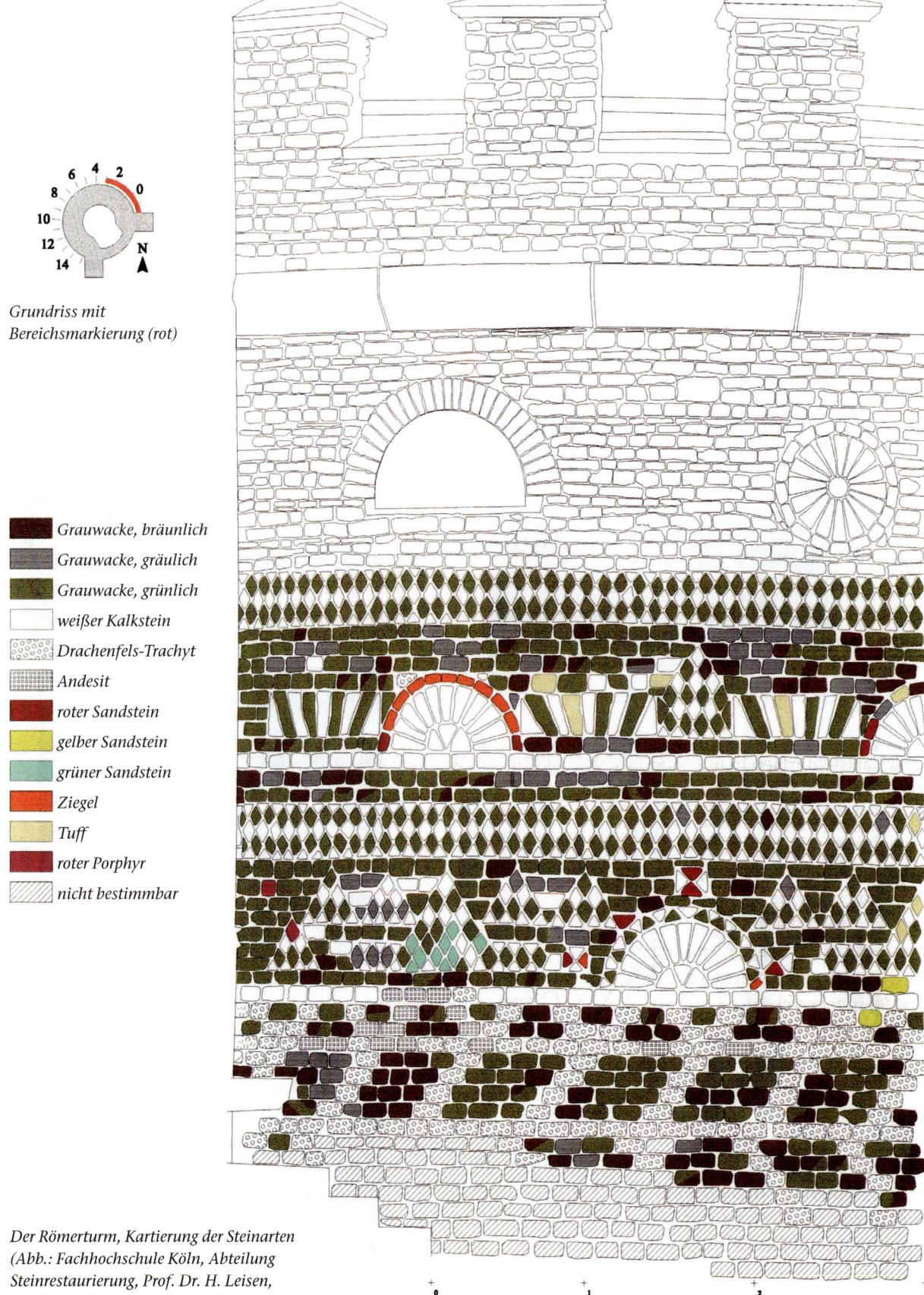

Grundriss mit Bereichsmarkierung (rot)

- Grauwacke, bräunlich
- Grauwacke, gräulich
- Grauwacke, grünlich
- weißer Kalkstein
- Drachenfels-Trachyt
- Andesit
- roter Sandstein
- gelber Sandstein
- grüner Sandstein
- Ziegel
- Tuff
- roter Porphyr
- nicht bestimmbar

Der Römerturm, Kartierung der Steinarten (Abb.: Fachhochschule Köln, Abteilung Steinrestaurierung, Prof. Dr. H. Leisen, Bearbeiter: Eva Bretz, Stephan Bußmann 1993/1994)

St. Clara und der Römerturm, Zeichnung von Justus Vinckeboons, 1664/65. Köln, Kölnisches Stadtmuseum. (Abb.: RBA)

ke und Kalkstein treten in den aus Keilsteinen gebildeten Rechteckfeldern auch vereinzelt hellbräunliche Tuffe auf. Heute ist die Turmoberfläche so stark verschmutzt, dass sich die ursprüngliche Wirkung der Steinmosaiken nur noch ahnen lässt.

Die Eintragungen in den Schreinsbüchern machen deutlich, dass man im Mittelalter um die antiken Ursprünge der Stadtmauer wusste.[13] Seit dem 16. Jahrhundert lässt sich zudem ein antiquarisches Interesse an der römerzeitlichen Stadtbefestigung erkennen. In der Vogelschau von Mercator aus dem Jahr 1574 sind aufrecht stehende Teile der römischen Stadtmauer mit einem Sternchen gekennzeichnet. In der bereits erwähnten Schrift von Stephan Broelman erscheint zum ersten Mal eine Würdigung der römischen Stadtmauer zusammen mit einer Darstellung und detaillierten Beschreibung des Römerturms und seines musivischen Schmucks. Eine Tuschezeichnung von Justus Vinckeboons aus dem Jahr 1664/65 zeigt den Römerturm höher als heute aufgemauert und mit einem Kegeldach versehen, auf dem mittig eine eckige Laterne sitzt. Damals diente der Turm als Latrine des Clarenklosters.[14] Ein Aquarell von G. Osterwald aus dem Jahr 1832 zeigt den Zustand nach 1804, nachdem die jüngeren Aufbauten auf dem Römerturm entfernt und die Kirche des Clarenklosters abgerissen worden waren. 1833 erhielt der Römerturm einen dreigeschossigen Aufbau mit Rundbogenfenstern aus Ziegelmauerwerk.[15] Anordnung und Fensterform erinnern an die Gestaltung spätrömischer Stadtmauertürme in Gallien, wie sie sich

13 Keussen II, 263 Nr. 6
14 Keussen II, 233, 234a, 265a.
15 J. Klinkenberg, a.a.O., 172. – Vgl. W. Hagspiel, S. 219 in diesem Band.

Der Römerturm, 1833 bis 1897. (Abb.: RBA) *Senlis, Turm der römischen Stadtmauer von der Feldseite, um 260 n. Chr.* *Le Mans, La tour Garron und anschließende Kurtine, um 260 n. Chr.*

16 S. Johnson, Late Roman fortifications (London 1983) 34 Abb. 13, Taf. 10, 12.
17 J. Guilleux, L'enseinte Romaine du Mans (Saint-Jean-d'Angély 2000) 246–252, insb. Abb. 17, 23, 24, 25, 48, 50, 51, 53, 59, 60. – S. Johnson, a.a.O. 1983, 264–266.
18 Dover, Fort 2, Mitte 2. Jahrhundert: S. Johnson, The Roman Forts of the Saxon Shore (London 1976) 51–53. – T. F. C. Blagg, The external decoration of Romano-british Buildings. In: P. Johnson (Hrsg.), Architecture in Roman Britain. CBA Research Report 94, 1996, 23 ff. Abb. 3,8,1. – Richborough, Fort spätes 3. Jahrhundert, Nordmauer: S. Johnson, a.a.O. 1976, 48–51 Abb. 31.
19 Die augusteische Stadtmauer von Fréjus, deren Außenschale größere, von Lagenmauerwerk umgebene Reticulatfelder zeigt, steht in italischen Bautraditionen. Vergleichbares Natursteinreticulat tritt vom 2. Jahrhundert v. Chr. bis in hadrianische Zeit häufiger auf und war zumeist verputzt, d. h. nicht sichtbar. vgl. F. Coarelli, Public Building in Rome between the Second Punic War and Sulla. Papers of the British School at Rome 45, 1977, 1–23. – F. Rakob, Opus Caementicium – und die Folgen. Römische Miteilungen 90, 1983, 359–372. – J.-P. Adam, La construction romaine, matériaux et techniques (Paris 1984) 142–147. – Kennzeichnend für die spätrömischen Stadtmauern ist die geradezu textile Anmutung der Musterungen, die die Mauerschalen großflächig überziehen. vgl. H. Hellenkemper, a.a.O. 1983, 28. – U. Süssenbach, a.a.O., 86–90 Abb. 57.

in Le Mans, Senlis, Carcassone oder auch im spanischen Gerona bis heute erhalten haben.[16] Weitere Übereinstimmungen mit Umwehrungen in Gallien sind großflächige Steinmusterungen in Sichtmauerwerk, die in Le Mans die gesamte Außenfläche, in Sens, und Rennes Teilflächen der Stadtmauer überziehen.[17] Vereinzelt treten mehrfarbige einfache Steinmuster in Sichtmauerwerk auch an Lagerumwehrungen in Britannien auf.[18] Die horizontale Gliederung und die Vielfarbigkeit des Dekors lassen sich stilistisch mit den Steinmosaiken des Römerturms vergleichen, wenngleich im Dekor des Römerturms unterschiedliche Mauertechniken (*opus vittatum, opus reticulatum, opus spicatum*) miteinander kombiniert sind und die Muster eine komplexere Ausgestaltung als die einfachen Zierbänder und Muster der gallischen und britannischen Beispiele aufweisen.[19] Eine Rekonstruktion des Römerturms mit zwei, von Fenstern durchbrochenen Obergeschossen von G. Heuser aus der Zeit um 1900 verweist auf die damals bereits bekannten Vorbilder im heutigen Frankreich. Der Aufbau wurde 1898 beim Neubau des Hauses Zeughausstr. 13 nach Plänen des Architekten Carl Moritz abgetragen.[20] Er ergänzte den Mauerstumpf mit einem Gurtgesims aus Anröchter Sandstein und einem historisierenden Zinnenkranz, die noch heute erhalten sind.

Eine systematische historisch/archäologische Bestandserfassung der damals noch in größeren Abschnitten aufrecht stehenden Stadtmauer setzte im achten Jahrzehnt des 19. Jahrhunderts ein und war eng mit der Anlage einer modernen Kanalisation verbunden.[21] R. Schultze und C. Steuernagel wiesen nach, dass die 3911,80 m lange Stadtmauer, die ein 96,8 ha großes Gebiet umschließt, einheitlich konstruiert ist. Sie besitzt 19 Türme, die sich in unregelmäßigen Abständen über die drei Landseiten im Norden, Westen und Süden verteilen. Die auf annähernd quadratischen Fundamentplatten stehenden Rundtürme binden in das aufgehende Kurtinenmauerwerk ein. Die durchschnittlich 2,50–3,00 m hohen Fundamente weisen an der Nord- und Westfront mehrfach ca. 2,30 m über der Sohle Rüstlöcher auf.

G. Heuser, Rekonstruktion des Römerturmes in Köln, um 1900. (Abb.: RBA)

Das aufgehende Mauerwerk ist durchschnittlich 2,40 m breit. Hinter zwei dünnen Schalen hammerrecht geschlagener Handquader aus Grauwacke ist lagenweise *opus caementitium* eingefüllt. An den Feldseiten setzt das Aufgehende mit einem ca. 0,30 m hohen Schrägsockel an, der in der Regel aus drei Lagen abgeschrägter Trachyte besteht. An der Stadtseite befindet sich in übereinstimmender Höhe ein dreistufig getreppter Sockel. Im 19. Jahrhundert zeigten noch acht Türme der Nord- und Westseite an der Landseite musivischen Schmuck.[22]

Von den neun Toren liegen jeweils drei an der Ost- und West-, eins an der Nord- und zwei an der Südseite der Befestigung.[23] Die Kurtinenmauern weisen dort lotrechte Mauerköpfe auf, die zeigen, dass die Tore mit ihren skulptierten Werksteinfassaden unabhängig von der Umfassungsmauer errichtet wurden. Vier Tore, die Anlagen am *cardo maximus* sowie das südliche und mittlere Westtor, heben sich als eigenständige größere Architekturen mit zwei oder drei Durchgängen von den übrigen einfachen Bogendurchlässen ab. Ein Bild vom ursprünglichen Aussehen lässt sich nur für das Nordtor gewinnen, von dem sich bis heute die Fundamente des östlichen Flankierungsturmes in der Domtiefgarage, der auf der Domplatte wieder errichtete östliche Nebendurchgang und die Archivolte des Hauptdurchganges mit den Initialen des Stadtnamens im Römisch-Germanischen Museum erhalten haben. Sie gehören zu einer dreitorigen Anlage mit zweigeschossiger Torhalle, die von Türmen auf quadratischem Grundriss gerahmt werden.[24]

Die ältere Forschung ging mehrheitlich davon aus, dass der Bau der Stadtmauer zeitlich mit der Erhebung des *oppidum Ubiorum* zur Kolonie römischen Rechts im Jahr 50 n. Chr. zusammenfällt.[25] Inzwischen zeichnet sich ab, dass die coloniazeitliche Stadtmauer im letzten Viertel des 1. Jahrhunderts errichtet wurde.[26] Am besten untersucht ist die Ostfront der römischen Befestigung. Dendrochronologisch datierte Schalbretter für die Fundamente belegen, dass der rheinseitige Abschnitt der Stadtmauer im

20 W. Hagspiel, S. 217 in diesem Band. – Lebenslauf und Bauwerksverzeichnis Carl Moritz: W. Hagspiel, Köln: Marienburg, Bauten und Architekten eines Villenvorortes. In: Stadtspuren – Denkmäler in Köln 8,2 1996, 892–895.

21 M. Mertz, Beitrag zur Feststellung der Lage und der jetzigen Beschaffenheit der Römermauer zu Köln. In: Programm der Oberrealschule zu Köln 1882–1883 (Köln 1883). – C. von Veith, Das römische Köln (Bonn 1885) 12–16, 34–38. – R. Schultze/ C. Steuernagel, a.a.O. 1895, 8–74. – J. Klinkenberg, a.a.O. 1906, 164–197. – R. Schultze, Die römischen Stadttore. Bonner Jahrbücher 118, 1909, 280 ff. – R. Schultze/ C. Steuernagel, Neue Beiträge zur Colonia Agrippinensis. Bonner Jahrbücher 123, 1916, 1–14. – Nachweis von drei weiteren Türmen an der Süd- und einem an der Westseite: O. Kraus, Die römische Stadtmauer an der Südseite der Colonia Agrippinensis. Bonner Jahrbücher 130, 1925, 247–253 Abb. 20. – F. Fremersdorf, Das Alter der römischen Stadtmauer von Köln. Bonner Jahrbücher 139, 1934, 64–79. – O. Doppelfeld, a.a.O. 1950, 3–40. – H. Hellenkemper, Architektur als Beitrag zur Geschichte der Colonia Ara Agrippinensium. In: H. Temporini/ W. Haase (Hrsg.) Aufstieg und Niedergang der römischen Welt 2, Principat 4 (Berlin/ New York 1975) 789–794. – U. Süssenbach, a.a.O., 34–82. – H. Hellenkemper, The Roman Defenses of Cologne – Colonia Claudia Ara Agrippinensium. In: J. Maloney/ B. Hobley (Hrsg.), Roman urban defenses in the West (London 1983) 20–28. Zur Geschichte der Kölner Stadtentwässerung: M. Kasper/ O. Schaaf (Hrsg.), Aqua Colonia, Die Geschichte der Kölner Stadtentwässerung (Köln 2000).

22 Steinmosaiken sind für folgende Türme belegt: Die beiden Stadtmauertürme am Domchor und an der Nordseite des Domes, den Lysolpturm an der Komödienstr., den so genannten Parfusenturm Auf dem Berlich, den Römerturm, den Turm auf dem Grundstück St.-Apern-Str. 28, den Turm im Laach und den Turm an der Griechenpforte. J. Klinkenberg, a.a.O. 1906, 178. O. Doppelfeld, a.a.O.1950, 34 – 36 Nr. 5, 11, 13, 17, 25, 33, 57, 59., 60. Halbrosetten sind nur an einem Stadtmauerturm am Dom und am Römerturm nachgewiesen, vgl. U. Süssenbach, a.a.O. 51, Abb. 27. Vom Lysolpturm und vom Turm an der Griechenpforte sind Einzelmotive in Reticulattechnik bekannt, vgl. R. Schultze/ C.Steuernagel, a.a.O. 1916, 19 Abb. 5. – U. Süssenbach, a.a.O. 88 Abb. 56. Die Steinmosaiken der übrigen Türme sind nicht genauer dokumentiert oder beschrieben. An der Nordseite der

Stadtmauer treten westlich des Domes im Kurtinenmauerwerk aus vier Handquadern bebildete Kreuzmotive auf, vgl. O. Doppelfeld, a.a.O. 1950, 6 Abb. 5, 15 Abb. 8.

23 R. Schultze/ C. Steuernagel, a.a.O. 1895, 32-74. - R. Schultze, a.a.O. 1909, 280 f. - H. Kähler, Die römischen Torburgen der frühen Kaiserzeit. Jahrbuch des Deutschen Archäologischen Instituts 57, 1942, 1-104. - O. Doppelfeld, a.a.O. 1950, 9-13. - H. Mylius, Das Nordtor der Colonia Agrippinensis. Kölner Jahrbuch 1, 1955, 9-16. - O. Doppelfeld, Das neunte Tor von Köln. In: Miscellanea archaeologica in honorem J. Breuer, Archaeologica Belgica 51, 1961, 35-44. - H. Hellenkemper, a.a.O. 1975, 790-794. - H. Hellenkemper, a.a.O. 1983, 23. - U. Süssenbach, a.a.O. 34-76. - A. Böhm / A. Bohnert, Das römische Nordtor von Köln. Jahrbuch der Römisch-Germanischen Kommission 85, 2005, 371-448 Taf. 22-44, Beilage 1-2.

24 R. Schultze/ C. Steuernagel, a.a.O. 1895, 34-74, Taf. 6-8. - C. Steuernagel, Fundbericht über die Reste der Porta Paphia bei Niederlegung derselben im Dezember 1897. Bonner Jahrbücher 103, 1898, 154-178. - R. Schultze, a.a.O. 1909, 312 ff., Taf. 15. - H. Kähler, a.a.O. 25f. 29f. 95-96 Abb. 18. - H. Mylius, Das Nordtor der Colonia Agrippinensis. Kölner Jahrbuch 1, 9-16. - A. Böhm/ A. Bohnert, a.a.O. 415 - 434 Abb. 9-10.

25 J. Klinkenberg, a.a.O. 1906, 199-202 mit Zusammenfassung älterer Literatur. - F. Fremersdorf, a.a.O. 1934, 64-79. - H. Kähler, a.a.O. 1942, 95ff. - O. Doppelfeld, a.a.O. 1950, 27-28. - U. Süssenbach, a.a.O. 18-19.

26 G. Schauerte, a.a.O. 1987, 28-29. - H. Hellenkemper, a.a.O. 2002, 48. - M. Dodt, Römische Bauten in den nördlichen Insulae F1 und G1 der Colonia Claudia Ara Agrippinensium. Kölner Jahrbuch 35, 2002, 588

27 Burghart Schmidt, Institut für Ur- und Frühgeschichte der Universität zu Köln, Labor für Dendrochronologie, ermittelte als Fälldatum das Jahr 89 n. Chr. Ich danke ihm für mündliche Auskünfte.

28 G. Precht, Die Ausgrabungen im Bereich des castellum Divitia. Vorbericht über die Kastellgrabungen. Kölner Jahrbuch 13, 1972/73, 120-128, Beil., Textabb. 1-3 Taf. 55-58. - M. Carroll-Spillecke, Das römische Militärlager Divitia in Köln-Deutz. Kölner Jahrbuch 26, 1993, 382 ff.

29 S. Neu, Römische Reliefs vom Rheinufer. Kölner Jahrbuch 22, 1989, 241-364, Beil. - H. Hellenkemper, a.a.O. 2002, 52-53.

30 Vita Annonis archiepiscopi Coloniensis: MGH SS XI, 479 f. - B. Wübbecke, Das Militärwesen der Stadt im Frieden (Stuttgart 1991) 194.

letzten Jahrzehnt des 1. Jahrhunderts entstand.[27] In konstantinischer Zeit legte man auf der rechten Rheinseite das Kastell Deutz an, das durch eine Brücke mit der Stadt verbunden war.[28] Im Laufe des 4. Jahrhunderts wurde auch das östlich der Stadtmauer gelegene Gebiet der früheren Rheininsel mit Schenkelmauern in die Stadtbefestigung einbezogen.[29] Die römische Stadtmauer bildete bis ins frühe 12. Jahrhundert die landseitige Umwehrung der Stadt. Unter Erzbischof Anno II (1056-1075) wurde die Römermauer mit einem hölzernen Wehrgang versehen und war noch in das 1106 geschaffene Verteidigungssystem einbezogen.[30] Eine Nutzungszeit von mehr als 1000 Jahren weist indirekt auf eine sorgfältige Bauunterhaltung und technische Ertüchtigung der Fortifikationsanlagen hin, über die bisher nur wenig bekannt ist. R. Schultze und C. Steuernagel dokumentierten östlich der Nordostecke der Stadtmauer ein abgerissenes und nach Norden verkipptes Stück vom Aufgehenden der Befestigung.[31] Unter der Domsakristei, unweit westlich der Abrissstelle, konnte U. Back eine bis zum Fundament reichende Erneuerung nachweisen, die nicht vor dem 3. Jahrhundert zu datieren ist und möglicherweise mit einer Reparatur zusammenhängt.[32] Auf dem Mittelbogen des Nordtors wird der alte Stadtname mit dem Zusatz *Valeriana Galleniana* ergänzt, wohl um die Kaiser Valerian und Gallienus zu ehren, die 254 oder 256 n. Chr. zur Abwehr von Germaneneinfällen in Köln weilten.[33] Auf Übereinstimmungen mit den Steinmusterungen gallischer und britannischer Stadtmauern aus der 2. Hälfte des 3. Jahrhunderts wurde bereits verwiesen.[34] Das wirft die Frage auf, ob die mit mehrfarbigen Steinmosaiken geschmückten Türme der Kölner Stadtmauer im letzten Viertel des 1. Jahrhunderts entstanden sind oder möglicherweise auf Erneuerungen in der zweiten Hälfte des 3. Jahrhunderts zurückgehen.[35] Seit der Mitte des 3. Jahrhunderts war die Kölner Stadtmauer nach einer 200 Jahre währenden Friedenszeit erneut von äußeren Feinden bedroht. Als Antwort auf die drohende Gefahr liegt es nahe, in dieser Zeit Erneuerungen und Ertüchtigungen der Befestigungen anzunehmen. Derartige Arbeiten werden durch ein Kleinerz des Saloninus (253-259 n. Chr.), des Sohnes und Mitregenten vom Kaiser Gallienus bestätigt, das sich beim Abbruch des Turmes auf dem Grundstück St.-Apern-Str. 26 im Juli 1890 im Mauerwerk des Turmes fand.[36]

Der coloniazeitlichen Stadtmauer gingen ältere Umwehrungen voraus. Diese wurden bisher nur in kleinen Ausschnitten erfasst, da der Befestigungsverlauf seit den Anfängen der römischen Stadt unverändert blieb und die jüngere Steinmauer die älteren Befunde teilweise zerstört hat. In einem Schnitt westlich des Domes erfasste O. Doppelfeld eine augusteische Holzerdemauer aus der Zeit um oder kurz vor der Zeitenwende, die 1 m südlich der jüngeren Stadtmauer verlief. Diese älteste Befestigung, die bei den Ausgrabungen für die Domtiefgarage 1969 erneut aufgedeckt wurde, ist inzwischen in 28 m Länge nachgewiesen. In zwei im Abstand von ca. 1,80 m verlaufenden Fundamentgräbchen (1077, 1099) sind 0,20 m breite, unten zugespitzte Vierkantpfosten eingelassen. Ein rechtwinklig zwischen den äußeren Pfostenreihen verlaufendes Gräbchen weist darauf hin, dass die Mauer wohl als Holzkastenwerk mit Querverstrebungen konstruiert war. Ursprünglich waren an den Pfosten horizontale Bretterverschalungen befestigt, die eine ca. 2,70 m breite Erdfüllung im Mauerinneren einfassten. Der Austausch schadhafter Holzpfosten zeigt, dass die Befestigung sorgfältig unterhalten wurde und eine gewisse Zeit aufrecht stand.[37] Zu ei-

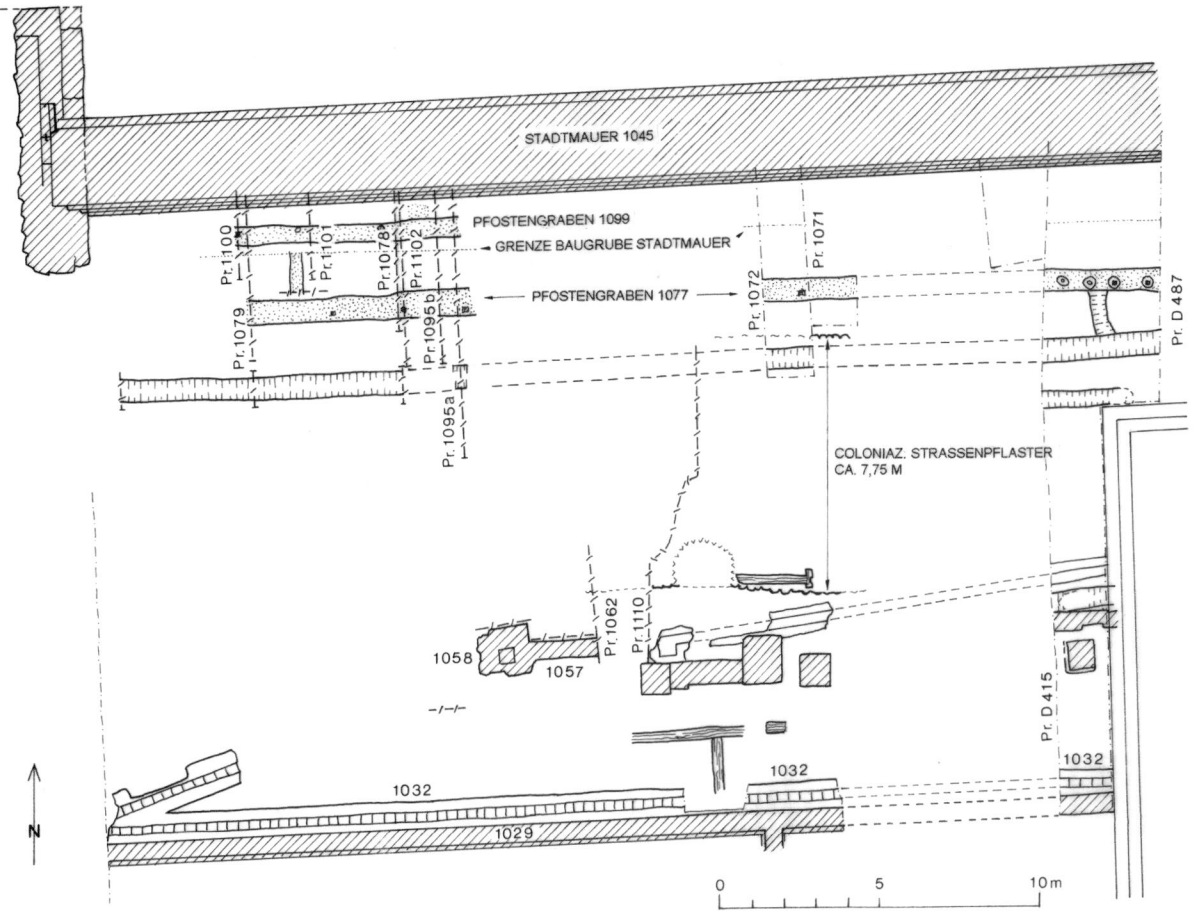

Köln, Ausgrabung Domtiefgarage, Die augusteische Holzerdemauer und die coloniazeitliche Stadtmauer, Grundriss. (Abb.: Köln, Römisch-Germanisches Museum der Stadt Köln, Planaufnahme: Gundolf Precht, Zeichnung: Silke Haase)

nem noch nicht genau datierbaren Zeitpunkt schüttete man über der Holzerdemauer einen Wall an, der an der Stadtseite eine Steinabdeckung aus Trachyt-, Tuff-, Kalkstein- und Ziegelbrocken aufwies, die an der Oberfläche mit Mörtel und Kies gebunden war. Ein vergleichbares *vallum* mit einer Steinschüttung auf der Innenseite kam auf den Grundstücken Neumarkt 36–38 südlich der Apostelkirche zutage. In beiden Fällen schnitt die jüngere Stadtmauer in den Wall ein.[38] J. Bracker interpretierte die Steinschüttung als Hinweis auf eine aus Drachenfelstrachyt errichtete Stadtmauer.[39] Diese Befestigung ist nach heutigem Wissen mit der von dem römischen Historiker Tacitus überlieferten Stadtmauer gleich zu setzen, die der Stadt 69/70 n. Chr., in der Zeit des Civilisaufstandes, Schutz bot.[40] Es zeigte sich, dass die vorgelagerten Gräben zu den älteren Befestigungen gehörten und bei Fertigstellung der coloniazeitlichen Fortifikation bereits teilweise verfüllt waren.[41] An der Westseite der CCAA wurde gegen Ende des 1. Jahrhunderts eine Straße über dem verfüllten Graben angelegt.[42]

Die beiden älteren Befestigungen endeten im Osten in Hafentürmen, die den in einer Rheinrinne östlich der Stadt liegenden Naturhafen im Norden und Süden einrahmten.[43] Der 9,70 m x 9,38 m große, aus Tuffblöcken errichtete Südostturm, das so genannte Ubiermonument, ist im Keller des Hauses An der Malzmühle 1 konserviert. Der Turm gründet auf

31 R. Schultze / C. Steuernagel, a.a.O. 1895, 15 Taf. X. – H. Hellenkemper, a.a.O. 2002, 46 ff.

32 U. Back, Untersuchungen an der Kölner Stadtmauer unter der Sakristei des Kölner Domes. Kölner Jahrbuch 23, 1990, 393–400.

33 W. Binsfeld, Die Namen Kölns zur Römerzeit. In: Mouseion, Studien zur Kunst und Geschichte für O. H. Förster (Köln 1960) 72–80. – H. Hellenkemper, a.a.O. 2002, 46 ff.

34 S. 16.

35 Eine Datierung in die Zeit des Gallienus wurde bereits von Hans Lehner vorgeschlagen: H. Lehner, Westdeutsche Zeitschrift 15, 1896, 264.

36 C. Stedtfeld, Miscellen. Bonner Jahrbücher 90, 1891, 197. – R. Schultze/ C. Steuernagel, a.a.O.1895, 28–29. – E. Nuber, a.a.O. 250 Nr. 23.

37 Bei Holzerdemauern von Militärlagern geht man von Reparaturintervallen von ca. 20 Jahren aus.

38 O. Doppelfeld, a.a.O. 1950, 20–28.

Köln, Am Römerturm 7: Gesamtplan der römischen Bebauung, Grundriss 1:175. (Abb.: Köln, Römisch-Germanisches Museum der Stadt Köln, Entwurf: W. Binsfeld/ G. Strunk)

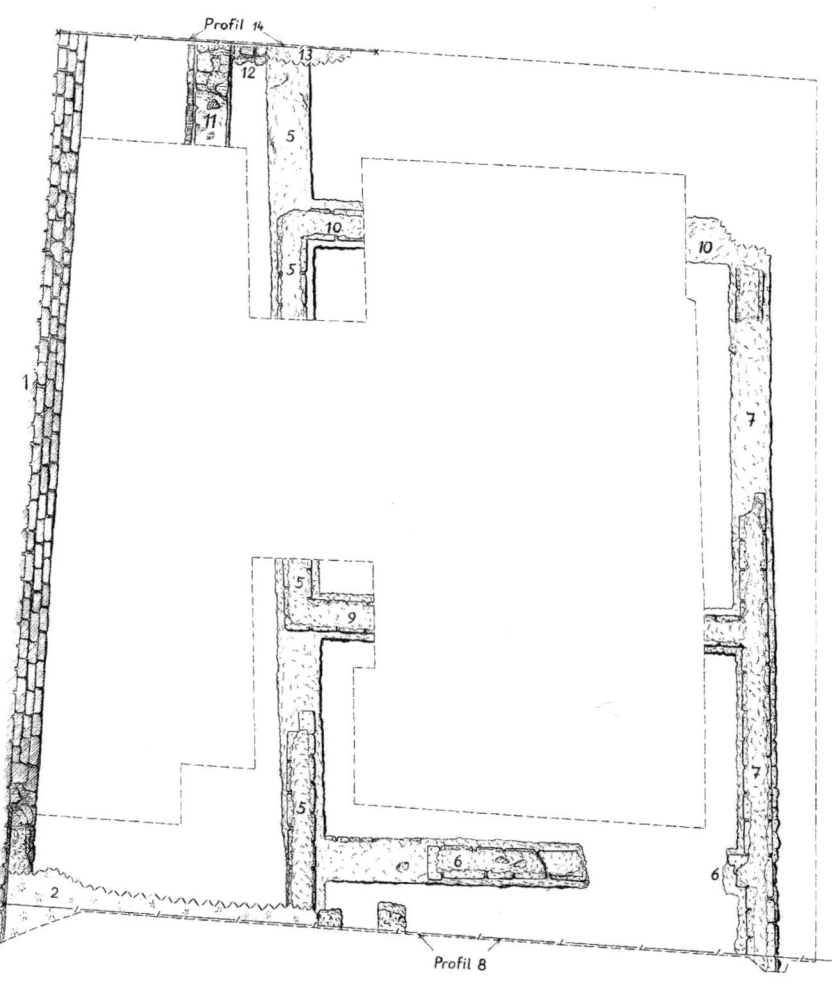

39 J. Bracker, Neue Entdeckungen zur Topographie und frühen Geschichte des römischen Köln. Jahrbuch d. Kölnischen Geschichtsvereins 45, 1974, 122ff.
40 Tacitus, hist. IV, 64-65.
41 O. Doppelfeld, a.a.O. 1950, 25-28.
42 E. Spiegel, a.a.O. 1994, 607.
43 O. Doppelfeld/ G. Precht, in: Römer am Rhein (Ausst. Kat. Köln 1967) Nr. 17. - J. Bracker, a.a.O. 1974, 126-132. - H. Hellenkemper a.a.O. 1975, 788-789. - U. Bracker-Wester, Das „Ubiermonument" in Köln. Gymnasium 87, 1980, 496-499. - S. Seiler, Das sog. Ubiermonument. In: Führer zu vor- und frühgeschichtlichen Denkmälern, 39, Mainz 1980, 40 - 43. - H. Hellenkemper, a.a.O. 1983, 21-22. - B. Irmler, Colonia Claudia Ara Agrippinensium, Architektur und Stadtentwicklung. Kölner Jahrbuch 38, 2005 (in Druck).
44 H. Hollstein, Mitteldeutsche Eichenchronologie (1980) 72-73. - Burghart Schmidt, Jahresringe als Klima- und Geschichtsarchiv: die Zeit von 15 v. bis 15 n. Chr., Vortrag Kolloquium Heinz Günter Horn 10. Februar 2006.
45 s. Anm. 31.
46 s. Anm. 10.
47 s. Anm. 10.

2 m langen Pfählen, deren Stämme im Herbst 4 n. Chr. gefällt und verbaut wurden.[44] An der Westseite des Turmes bindet eine im Fundament 3,00 m breite, leicht schräg verlaufende Mauer ein, auf der später die coloniazeitliche Stadtmauer aufsetzte. Vermutlich vermittelte die frührömische Mauer zwischen dem in der Rheinaue stehenden Turm und den Umwehrungen auf dem ca. 6 m höher liegenden Plateau der Niederterrasse. Der nördliche Hafenturm war weniger gut erhalten. 1892 fand man am Westende der Eisenbahnunterführung in der Trankgasse eine gegossene Fundamentplatte, die auf einem Eichenpfahlrost lag.[45]

Außer der römischen Stadtmauer sind im Gebiet des ehemaligen Clarenklosters lediglich die Grundstücke Am Römerturm 7 und St.-Apern-Str. 28–32 partiell archäologisch untersucht.[46] Hinzu kommt ein Aufschluss mit römischen Schichten auf dem Grundstück Auf dem Berlich 29-31, der sich keinem baulichen Kontext zuordnen lässt.[47] An der Nordseite der Helenenstraße ist eine O-W gerichtete, in der Achse des Stadtmauerturms verlaufende Straße zu rekonstruieren, die das Gebiet in mindestens zwei Straßenblöcke (*insulae*) unterteilte. 1956 legten Mitarbeiter des Römisch-Germanischen Museums nördlich des so genannten Helenenturmes an der Innenseite der Stadtmauer Ausschnitte einer römischen Privatbebauung des 1. und 2. Jahrhunderts n. Chr. frei.[48] Zur ältesten Bebauung gehören die Mauern 5, 6, 7, 9 und 10 eines N-S orientierten Hauses, das wohl eine schmale, lang gestreckte Parzelle einnahm. Die Westwand des Gebäudes lag 2-3 m östlich der Stadtmauer, deren Bauflucht von der Orientie-

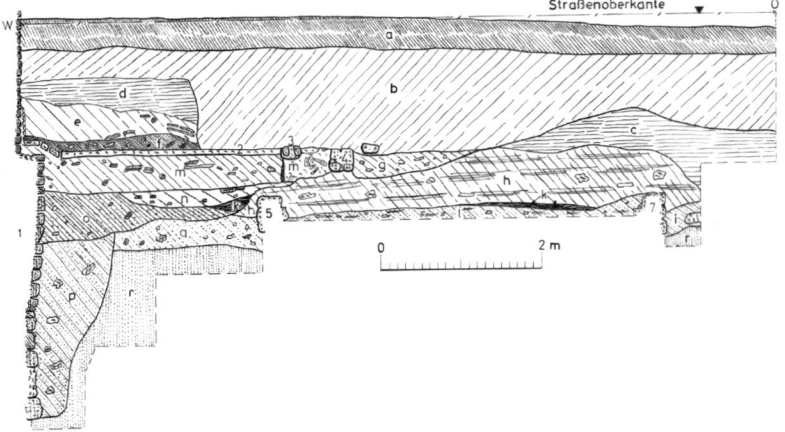

Köln, Am Römerturm 7: Profil. (Abb.: Köln, Römisch-Germanisches Museum der Stadt Köln, Entwurf: W. Binsfeld/ G. Strunk)

rung des Hauses abwich. Das Gebäude war insgesamt über 20 m lang und wurde im Süden vermutlich von dem angenommenen Nebendecumanus begrenzt. Die 0,45 m breiten Fundamente bestanden aus unregelmäßigen Tuffen, die mit einer 0,30 m breiten Lage aus sauber gefügten Tuffhandquadern abschlossen. Nach dem stratigraphischen Befund ist der Bau älter als die römische Stadtmauer und wurde wohl bei ihrer Errichtung abgerissen.[49] Jüngere, nicht näher datierbare Bauspuren auf dem Grundstück gehören zu einem 3,30 m tiefen Anbau an der Innenseite der Stadtmauer, der in H. 51,52 m ü. NN einen Estrichboden (Estrich 2) aufwies. Für diesen hatte man den dreistufigen Mauersockel der Stadtmauer in einer Länge von 1,50 m abgeschlagen und die Innenseite der Umwehrung oberhalb des von Osten anstreichenden Estrichbodens mit grauem Kalkmörtel verputzt. Zur selben Bauphase könnte die 0,45 m breite Fundamentmauer 11 aus unregelmäßigem Tuff- und Ziegelbruch gehören, die 1,50 m östlich parallel der Stadtmauer verlief. Es hat den Anschein, dass Mauer 11 zu einem späteren Zeitpunkt mit Mauer 12 verstärkt und das Bodenniveau auf H. 51,82 m ü. NN (Estrich 13) angehoben wurde. Der Befund auf dem Grundstück Am Römerturm 7 zeigt, dass die Stadtmauer in diesem Abschnitt nicht von einer inneren Glacisstraße begleitet wurde wie an der Nordseite der Stadtmauer mehrfach nachgewiesen.[50] Fundamentstärke und Konstruktion deuten darauf hin, dass die Fundamente der beiden älteren Bauphasen zu Steinsockelarchitekturen mit Stampflehm- oder Lehmziegelwänden gehören. Stampflehm (Pisé) trat im römischen Köln vor allem im 1. Jahrhundert auf, während Lehmziegel vom 1. bis zum 4. Jahrhundert auftreten und besonders in der Privatarchitektur häufig anzutreffen sind. Der Bautypus, der auch als Streifenhaus bezeichnet wird, ist in städtischen Randlagen und in den Vorstädten verbreitet.[51] Mehrfach lassen sich in derartigen Gebäuden gewerbliche Nutzungen belegen.[52]

Im Gelände des ehemaligen Clarissenkonventes St. Clara wurden zwei römische Steininschriften gefunden. Das Fragment einer Grabinschrift aus der 1. Hälfte des 1. Jahrhunderts kam auf dem Grundstück Am Römerturm 7 als Streufund zutage.[53] Ein vollständig erhaltener Weihaltar für Jupiter und den Genius des Kaisers aus dem späten 1. Jahrhundert fand sich auf dem Grundstück Am Römerturm 15.[54] Der Dedikant ist L(ucius) Paccius Nonianus, ein centurio der in Bonn stationierten Legio I Minervia. Dieser Offizier ist kurze Zeit später noch einmal historisch nachgewiesen. Damals war L(ucius) Paccius Nonianus centurio der Legio VI Victrix, die bis

48 W. Binsfeld, a.a.O. 1956, 92 f.
49 Aus der Abbruchschicht des Gebäudes stammt vermutlich ein Dupondius des Vespasian. W. Binsfeld, a.a.O. 1956, 93. – E. Nuber, Die Fundmünzen der Römischen Zeit in Deutschland VI,1,1 (Berlin 1984) 249, 1004, 1 Nr. 8.
50 G. Precht, Die Ausgrabungen um den Kölner Dom. Vorbericht über die Untersuchungen 1969/70. Kölner Jahrbuch 12, 1971, 57 Abb. 1. – M. Dodt, Römische Bauten in den insulae F1 und G1 der CCAA. Kölner Jahrbuch 35, 2002, 586–591.
51 Allgemein: R. Gogräfe (Hrsg.), Haus und Siedlung in den römischen Nordwestprovinzen, Grabungsbefunde, Architektur und Ausstattung (Homburg/Saar 2002).
52 M. Dodt, Römische Bauten im südlichen Suburbium des römischen Köln. Kölner Jahrbuch 38, 2005, in Druck.

Fragment einer Grabinschrift, die auf dem Grundstück Am Römerturm 7 gefunden wurde. (Abb.: RBA)

53 Köln, Römisch-Germanisches Museum der Stadt Köln, Inv. 58,596; Ortsarchiv FB. 1958.006 Helenenstr. 10; W. Binsfeld, a.a.O. 1969, 89. – B. u. H. Galsterer, Die römischen Steininschriften aus Köln. Wiss. Katalog RGM 1 (1975) 93 Nr. 420 Taf. 91.

54 Köln, Römisch-Germanisches Museum der Stadt Köln, Inv. 60,127 (Abguß, Original in Rheinischen Landesmuseum Bonn), Ortsarchiv FB. 1950.057; F. Fremersdorf, Neue Inschriften aus Köln. Kölner Jahrbuch 1, 1955, 25 Nr. 4. – M. Bös, Eine Weihung an Jupiter und den Genius Domitians. Bonner Jahrbuch 158, 1958, 29–35 Taf. 12. – B. u. H. Galsterer, a.a.O. 1975, 24 Nr. 64, Taf. 14.

55 J. Röder, Die antiken Tuffsteinbrüche der Pellenz. Bonner Jahrbucher 157, 1957, 213–271. – J. Röder, Antike Steinbrüche in der Vordereifel: In: W. Krämer (Hrsg.), Neue Ausgrabungen in Deutschland (Berlin 1958), 268–285. – J. Röder, Zur Steinbruchgeschichte des Pellenz- und Brohltaltuffs. Bonner Jahrbücher 159, 1959, 54–88. – J. Röder, Römische Steinbruchtätigkeit am Drachenfels. Bonner Jahrbücher 174, 1974, 509–544. – H. Schaaf, Antike Tuffbergwerke in der Pellenz. In: Steinbruch und Bergwerk, Denkmäler römischer Technikgeschichte zwischen Eifel und Rhein. Vulkanpark-Forschungen 2, 2000, 17–30, insb. 22. – K. Schäfer, Andernach – Drehscheibe des antiken Steinhandels. In: Steinbruch und Bergwerk, Denkmäler römischer Technikgeschichte zwischen Eifel und Rhein. Vulkanpark-Forschungen 2, 2000, 83–109.

56 F. W. Deichmann, Die Spolien in der spätantiken Architektur. In: Sitzungsbericht Bayr. Akademie d. Wissenschaften, phil.-hist. Klasse, 6, 1975. – H. Gregarek, Rediviva: Steinrecycling im antiken Köln. In: H. G. Horn, H. Hellenkemper, G. Isenberg, J. Kunow (Hrsg.), Von Anfang an. Schriften zur Bodendenkmalpflege in Nordrhein-Westfalen 8 (2005) 139–145.

57 G. Precht, Die Ausgrabungen im Bereich des castellum Divitia. Kölner Jahrbuch 13, 1972/1973, 120–128. – S. Neu, a.a.O. 1989, 262–364. – Hellenkemper, a.a.O. 2002, 43–53. – G. Precht, Baugeschichtliche Untersuchungen zum römischen Prätorium in Köln. In: Rheinische Ausgrabungen 14 (Köln 1973) 32–33. – E. Spiegel, Römische Bauten am cardo maximus in Köln. Kölner Jahrbuch 38, 2005 (in Druck). – H. Gregarek, a.a.O. 2005, 139–145. – U. Verstegen, St. Gereon in Köln in römischer und frühmittelalterlicher Zeit (Köln 2003), 383. – U. Verstegen, Ausgrabungen und Bauforschungen in St. Gereon zu Köln (Mainz 2006) 371.

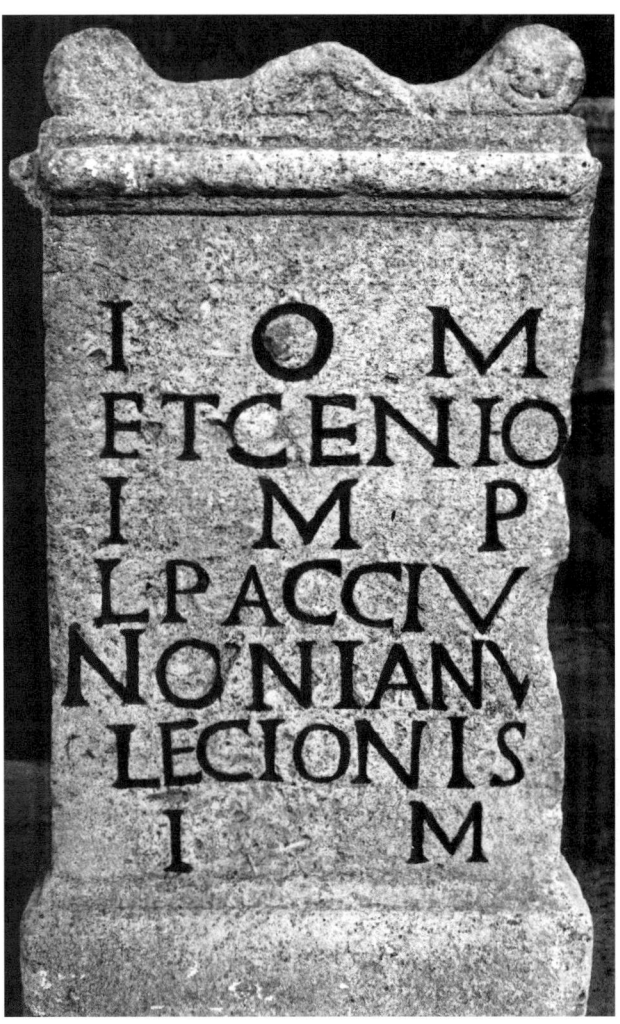

Altar für Jupiter und den Genius des Kaisers, der auf dem Grundstück Am Römerturm 15 zutage kam. (Abb.: RBA)

119 n. Chr. in Neuss lag, und weihte im Tempel des Jupiter Poenius auf der Passhöhe des großen St. Bernhard ein Votiv. Die in der Schweiz gefundene Inschrift besagt, dass Nonianus aus dem Municipium Fundi stammte und das Bürgerrecht der Tribus Palatina besaß. Wahrscheinlich hatte der in Niedergermanien stationierte Militär eine Reise in die Heimat unternommen und dankte für den glücklichen Verlauf. In spätrömischer Zeit herrschte in Köln, einer Stadt ohne eigene Steinvorkommen, Mangel an frisch gebrochenem Naturstein. Die teilweise vom Militär betriebenen Steinbrüche der Pellenz, des Brohltales und des Siebengebirges waren wohl noch in Funktion, doch wirkte sich die politische Unsicherheit der Zeit nachteilig auf die Versorgung aus.[55] Seit dem späten 3. Jahrhundert wurde es üblich, Altmaterial – insbesondere auch Grabdenkmäler und Weihungen – wieder zu verwenden.[56] In den Fundamenten der 315 n. Chr. fertig gestellten Rheinbrücke und des Deutzer Kastells sind Spolien verbaut, ebenso in den Fundamenten der jüngsten Bauphase des Statthalterpalastes unter dem Rathaus, in den Substruktionen der Kirche St. Gereon und in einem Turmfundament der spätantiken Befestigung im Bereich der Philharmonie.[57] Auch die beiden genannten Steine waren aus ihrem ursprünglichen Kontext gelöst und wohl für eine Wiederverwendung vorgesehen.

Klaus Militzer

Die Bewohner des Viertels um das Kloster St. Clara im Mittelalter und in der Frühen Neuzeit

Unter dem Viertel um das Kloster St. Clara wollen wir die heutigen Straßen „Auf dem Berlich", den nördlichen Teil der Straße „An der Burgmauer", die „Schwalbengasse", die „St.-Apern-Straße" und den nördlichen Teil der Zeughausstraße verstehen. Die angrenzenden Teile der „Friesenstraße" und der „Steinfeldergasse" werden nur begrenzt herangezogen, da sie den Eindruck, den die Besiedlung und die Bewohnerschaft der näheren Umgebung des Klosters eher bestätigen, als dass sie neue Erkenntnisse liefern würden. Da das Kloster St. Clara an der nördlichen Ecke der alten Römerstadt unter Einbeziehung des Römerturms errichtet worden war, lag es an der Grenze zweier unterschiedlicher Bezirke mit verschiedener Geschichte und Besiedlung. Es war einmal das Kirchspiel St. Kolumba und dann das später besiedelte Gebiet vor der alten Römerstadt, nämlich das Kirchspiel St. Christoph. Während sich innerhalb der Mauern der Römerstadt, also im späteren Kirchspiel St. Kolumba schon eine Bebauung mit Häusern in der Spätantike feststellen lässt, war das Gelände vor den antiken Mauern weitgehend unbebaut und durch einen Graben von der Römermauer geschieden. Dieser Graben verlor erst nach den Stadterweiterungen seine Funktion und wurde zu Straßen mit einer Randbebauung, eben der St.-Apern-Straße und der Zeughausgasse. Dagegen erinnert der Name „An der Burgmauer" noch an die alte Römermauer. Diese Straße verlief an der Innenseite der Mauer. Teilweise sind Reste der alten Römermauer zwischen den Straßenzügen „An der Burgmauer" und „Zeughausgasse" heute noch zu sehen.

Über die Zusammensetzung der Bewohner der nordwestlichen Ecke der alten Römerstadt wissen wir kaum etwas, da keine schriftlichen Überlieferungen auf uns gekommen sind. Die wenigen Ausgrabungen haben jedoch ergeben, dass die in dem Viertel stehenden Häuser klein und von geringerer Qualität gewesen sein dürften.[1] Das wird auch verständlich, wenn man sich den antiken Stadtplan vor Augen hält. Da durch das Viertel keine großen Ausfallstraßen führten, es durch kein Tor mit der Außenwelt verbunden war und es auch nicht durch öffentliche Gebäude aufgewertet wurde, lag es sozusagen im Schatten des Lebens in der antiken Stadt.[2]

Infolge des Niedergangs der Römerherrschaft und der Frankeneinfälle schrumpfte die Bevölkerung in Köln. Das Leben verlagerte sich in den Ostteil, während sich der Westen und insbesondere die schon während der Antike im Schatten liegende Nordwestecke entvölkerte. Dafür gibt es verschiedene Anhaltspunkte, die durch künftige Grabungen vielleicht modifiziert werden könnten. Erstens wurde bislang nur wenig Keramik aus dem frühen Mittelalter in der Nordwestecke der Römerstadt gefunden, was auf eine geringe Besiedlungsdichte schließen lässt.[3] Sodann ist der Straßenname „Berlich" aufschlussreich, weil er keineswegs in die Antike zurückreichen kann, sondern im frühen oder hohen Mittelalter gebildet worden sein muss. Er bezeichnete eine Schweineweide.[4] Im Übrigen bezog sich der Name „Berlich" bis in das 13. Jahrhundert oder auch noch später nicht nur

---

1 Vgl. den Beitrag von Elisabeth M. Spiegel in diesem Band.
2 Dazu Werner Eck, Köln in römischer Zeit (Geschichte der Stadt Köln 1), Köln 2004, S. 355 ff.
3 Vgl. Hermann Jakobs, Verfassungstopographische Studien zur Kölner Stadtgeschichte des 10. bis 12. Jahrhunderts, in: Köln, das Reich und Europa (Mitteilungen aus dem Stadtarchiv von Köln 60), Köln 1971, S. 66; auch Eck (wie Anm. 2), S. 683 ff.
4 So schon Hermann Keussen, Topographie der Stadt Köln im Mittelalter, 2 Bde. (Preis-Schriften der Mevissen-Stiftung 2), Bonn 1910; hier, Bd. 1, S. 13*; zustimmend Jakobs (wie Anm. 3), S. 67, mit weiterer Literatur.

auf die Straße selbst, sondern auf den gesamten Bereich zwischen der Breite Straße und der alten Römermauer im Norden. Eine Schweineweide ist aber nur auf unbebauten oder gering besiedelten Gebieten denkbar. Es deutet also alles darauf hin, dass sich die Nordwestecke der alten Römerstadt im frühen Mittelalter entvölkerte und erst spät wieder mit Hütten und Häusern bebaut wurde.

Analoges darf von den ehemaligen Gräben der Römerstadt, die dann zu Straßen wurden, angenommen werden. Auch sie dürften im frühen Mittelalter weitgehend siedlungsfreie Bereiche gewesen sein, die erst im Laufe des Mittelalters bebaut worden sind. Dafür sprechen die von Hermann Keussen gesammelten und publizierten frühen Nachweise der Hütten und Häuser. Sie setzen fast alle – bei wenigen Ausnahmen – erst im 13. Jahrhundert oder noch später ein.[5]

Die Entvölkerung gerade der westlichen Bereiche der alten antiken Stadt hatte verheerende Folgen für die Bewohner. Denn die Zahl der wehrfähigen Männer reichte schließlich nicht mehr aus, die Römermauer gegen entschlossene Feinde zu verteidigen. Als die Normannen 881 gegen Köln zogen, die Befestigungen überwanden, die Stadt eroberten, plünderten und brandschatzten, scheinen sie leichtes Spiel gehabt zu haben.[6] Es ist möglich, wenn auch letztlich nicht zu beweisen, dass die Normannen vom dünn besiedelten Westen und Nordwesten her angegriffen und die Mauer überstiegen haben. Freilich bleibt das eine Vermutung, die bislang auch archäologisch nicht nachgewiesen ist. Immerhin sollte der Normannensturm von 881 die einzige Eroberung der Stadt bis in das Ende des 18. Jahrhunderts bleiben. Die Bevölkerung muss sich im 10. Jahrhundert wieder erholt und vermehrt haben, so dass sie die alte Römermauer in der Folgezeit hat verteidigen können. Die Einwohnerschaft nahm weiter zu und wurde auch außerhalb der Römermauer sesshaft. 1106 erhielt die Stadt die Erlaubnis, ihre Außenbezirke zu befestigen. Dazu gehörte auch die St.-Apern-Straße, also der inzwischen wohl mit einzelnen Hütten oder Häusern besetzte Graben der Römerzeit. Am nördlichen Ende der St.-Apern-Straße errichteten die Bewohner Kölns ein Tor, das zwar den Zugang zu dem neu befestigten Gebiet um St. Aposteln gestattete, aber nicht direkt zur alten Römerstadt, deren Mauer zunächst erhalten blieb.[7] Dieses Löwentor, das in der Überlieferung schon um 1200 auftaucht,[8] bietet allerdings einige Interpretationsschwierigkeiten, weil es nicht gewiss zu sein scheint, ob man in diesem Fall tatsächlich ein Stadttor voraussetzen könne.[9] Dennoch spricht in Analogie zu anderen Toren viel für die Deutung als Stadttor der neuen Vorstadt um St. Aposteln.[10] Mit der folgenden Stadterweiterung, der Umwallung und späteren Ummauerung seit 1180[11] verloren die neue Befestigung ebenso wie die Römermauer und deren Tore ihre Funktionen. Von 1180 an umgab sich die Stadt Köln mit einem halbkreisförmigen Mauerring, der die bisher außerhalb liegenden Stifte und Klöster bis auf wenige Ausnahmen einschloss. Damit verlor auch die Löwenpforte oder das Löwentor am Römerturm seine Aufgabe und wurde schließlich um 1200, frühestens 1196 von den Amtleuten des neuen Bezirks St. Christoph einem Schmied namens Gottfried in Erbleihe gegeben.[12] Das ehemalige Tor wurde offenbar in ein Wohnhaus mit anliegender Schmiede verwandelt.

Wenn man sich die Namen der ersten von Keussen ermittelten Besitzer oder auch Bewohner der Grundstücke und Häuser des Viertels betrachtet, bestätigt sich der Eindruck, dass Handwerker und kleine Leute in dem Be-

---

5 Keussen, Topographie (wie Anm. 4), Bd. 2, S. 230 ff. (St.-Apern-Straße), S. 241 ff. (Friesenstraße), S. 260 ff. (Steinfeldergasse), S. 263 ff. (Zeughausgasse).

6 Vgl. Klaus Militzer, Die Stadtmauer im Laufe der Zeiten. Das Kölner Beispiel, in: Fasciculi archaeologiae historicae 16–17, Łódź 2003/2004 (2005), S. 87.

7 Joseph Hansen, Köln. Stadterweiterung, Stadtbefestigung, Stadtfreiheit im Mittelalter, in: Mitteilungen des Rheinischen Vereins für Denkmalpflege und Heimatschutz 5 (1911), S. 9 ff.; Militzer, Stadtmauer (wie Anm. 6), S. 89; Keussen, Topographie (wie Anm. 4), Bd. 1, S. 41*.

8 Robert Hoeniger, Kölner Schreinsurkunden des 12. Jahrhunderts, 2 Bde. (Publikationen der Gesellschaft für Rheinische Geschichtskunde 1), 2 Bde., Bonn 1884–1894; hier: Bd. 2, S. 235; Keussen, Topographie (wie Anm. 4), Bd. 2, Sp. 241a Nr. a.

9 Die Kunstdenkmäler der Stadt Köln: Die profanen Denkmäler, bearb. von Hans Vogts (Die Kunstdenkmäler der Rheinprovinz 7,IV), Düsseldorf 1930, S. 70 f.

10 Vgl. schon Friedrich Lau, Entwicklung der kommunalen Verfassung und Verwaltung der Stadt Köln bis zum Jahre 1396 (Preis-Schriften der Mevissen-Stiftung 1), Bonn 1898, S. 253, bes. Anm. 3.

11 Militzer, Stadtmauer (wie Anm. 6), S. 89 f.; Hansen (wie Anm. 7), S. 21 ff.

12 Hoeniger (wie Anm. 8), Bd. 2,1, S. 235; Keussen, Topographie (wie Anm. 4), Bd. 2, S. 241.

reich gelebt haben. Die reichen und politisch wichtigen Familien hatten ihre Sitze in anderen Teilen der werdenden Stadt Köln. Aber es gab eine Ausnahme, die mit der Gründung des Claraklosters in Verbindung zu bringen ist. Um 1220 kaufte Richolf Parfuse systematisch Häuser an der nordwestlichen Straßenseite des Berlichs auf und ließ dort einen Hof errichten, den Parfusenhof, wie er später genannt wurde. Richolf Parfuse war kein Einzelfall. Es gab vielmehr mehrere vornehme Familien, die in den weniger dicht besiedelten Außenbezirken Grundstücke aufkauften und zu Höfen, also größeren Anwesen, ausbauten. Analoges lässt sich auch noch im späten Mittelalter und darüber hinaus beobachten. Richolf Parfuse war wohl Schöffe des Hohen weltlichen Gerichts und zugleich Bürgermeister der Stadt. Vielleicht hatte er auch dem 1216 erstmals bezeugten Rat angehört.[13] Er zählte jedenfalls zu den angesehensten und bedeutendsten Persönlichkeiten Kölns zu Beginn des 13. Jahrhunderts. Jedoch blieb der Hof nicht lange im Besitz der Familie. Welche Gründe Richolfs Sohn Werner veranlasst haben mögen, den Hof zu verkaufen, wissen wir nicht. Vielleicht war er doch zu abgelegen. Jedenfalls übertrug Werner den Besitz dem Propst von St. Gereon Eberhard von Blankenheim und 1265 schließlich dem Grafen Wilhelm von Jülich.[14] Der Graf konnte sich mit dem Erwerb des Besitzes eine standesgemäße Niederlassung in der Stadt schaffen, die außerdem relativ sicher war, da sie innerhalb der als kaum überwindbaren Stadtmauern lag. Der Graf von Jülich war nicht der einzige, der sich solche Anwesen zugelegt hatte, vielmehr haben mehrere Dynasten derartige Besitzungen erworben und zu Höfen oder repräsentativen Häusern ausbauen lassen. Jedoch konnte sich der Graf von Jülich des Anwesens nicht lange erfreuen. Da er in den Parteienstreit zwischen den Familien der Overstolzen und der Weisen und deren Anhänger geriet, wurde sein Hof angegriffen und durch Brandstiftung zerstört, kaum dass er sich selbst dem Zugriff der streitbaren Parteien hatte entziehen können.[15] Die Grafen von Jülich haben ihren Besitz nicht wieder instand gesetzt. Es spricht vielmehr einiges dafür, dass die Grafen das Interesse an dem Hof verloren hatten. Jedenfalls hatten die Grafen bereits 1272 Teile eines Hauses an der Hohe Straße, der *mansio Juliacum*, erworben.[16] Wahrscheinlich saßen sie dort schon früher. Seit 1294–1535 verfügten sie mit Zustimmung des Kölner Rats über ein repräsentatives Anwesen an der Glockengasse.[17]

Dass der Parfusenhof durch die Brandschatzung erheblich an Wert eingebüßt haben musste, belegt eine Steuerliste von 1286, die sich für das Kirchspiel St. Kolumba erhalten hat. Danach wurde der umfangreiche Besitz mit lediglich 18 Schillingen veranschlagt, was einem Verkaufswert von ungefähr 36 Mark entsprochen haben sollte.[18] Allein schon die Tatsache, dass der Jülicher Hof an der Hohe Straße zur gleichen Zeit mit 144 Schillingen zur Steuer veranlagt wurde[19] und mithin einen Ertragswert von rund 288 Mark gehabt hätte, beleuchtet den gravierenden Unterschied und damit wohl auch Wertverfall des Grundstücks nach der Brandschatzung und dem Rückzug der Grafen aus dem Viertel. Als Gräfin Rikardis von Jülich aus dem Geschlecht der Grafen von Geldern das Grundstück 1304 zur Errichtung des Clarenklosters bereit stellte, lagen die meisten Gebäude noch in Ruinen. Der Neuaufbau zog sich lange hin und war 1343 immer noch nicht vollendet, weil das Geld fehlte.[20]

Die schon angeführte Steuerliste von 1286 kann ein erstes Bild vom Wert der Grundstücke und Gebäude des Viertels um das Claraklosters ver-

13 Manfred Groten, Köln im 13. Jahrhundert (Städteforschung A 36), Köln Weimar Wien 1995, S. 59 ff.
14 Keussen, Topographie (wie Anm. 4), Bd. 1, S. 275.
15 Die Chroniken der deutschen Städte, Bd. 12, Leipzig 1875 (ND Göttingen 1968), S. 151 f. (Gottfried Hagen, Dit is dat boich van der stede Colne).
16 Keussen, Topographie (wie Anm. 4), Bd. 1, S. 330.
17 Keussen, Topographie (wie Anm. 4), Bd. 1, S. 315.
18 Joseph Greving, Steuerlisten des Kirchspiels S. Kolumba vom 13.–16. Jahrhundert (Mittheilungen aus dem Stadtarchiv von Köln 30), Köln 1900, S. 122. Zur Umrechnung: ebd., S. XXIV f.; Wolfgang Herborn, Sozialtopographie des Kölner Kirchspiels St. Kolumba im ausgehenden 13. Jahrhundert, in: Zwei Jahrtausende Kölner Wirtschaft, Bd. 1, Köln 1975, S. 205.
19 Greving, Steuerlisten (wie Anm. 18), S. 6. 1487 war der Besitz bereits in bürgerlicher Hand, führte aber den Namen „Guilich".
20 Keussen, Topographie (wie Anm. 4), Bd. 1, S. 275.

mitteln und die Möglichkeit zum Vergleich mit anderen Straßenzügen liefern. Denn zur Besteuerung der Liegenschaften musste der Wert festgelegt werden. Da das Verfahren für das gesamte Kirchspiel St. Kolumba in gleicher Weise geschehen ist, ist im Vergleich mit anderen Gegenden der Pfarrei zu erkennen, dass die Häuser an der Burgmauer, am Berlich und auch an der Schwalbengasse nur als gering eingeschätzt worden waren. Im Durchschnitt erreichten die Grundstücke und deren Bebauung einen Wert von 2–12 Mark, einzelne auch darüber hinaus einen solchen von 14–24 Mark. Nur wenige kamen auf höhere Werte wie der Parfusenhof und zwei andere Grundstücke am Berlich. Dagegen lagen die teuren Häuser und Liegenschaften im Osten des Kirchspiels an der Hohe Straße, der Glockengasse, der Breite Straße und anderen. Der Bereich um das bald nach der Fertigstellung der Steuerliste gegründete Claraklosters blieb dagegen ein Armenviertel.[21] Auf dem Berlich hatten sich damals auch nur wenige Handwerker niedergelassen, nämlich zwei Kürschner, ein Gerber und an der Ecke zur Breite Straße ein Brauer, dessen Haus und Brauhaus auch einen etwas höheren Wert als die benachbarten Durchschnittshäuser erzielten. Ferner war auf dem Berlich eine Wäscherin ansässig, die aber in einem der billigsten Häuser wohnte.[22]

Zu dem Charakter der Ärmlichkeit und Verworfenheit gehörte auch ein Haus an der Schwalbengasse, das *Sconvrowe* genannt wurde. Der Besitzer zahlte eine etwas höhere Steuer als die meisten Nachbarn, nämlich 12 Schillinge, was einem Wert von 24 Mark entsprach.[23] Unter der verräterischen Bezeichnung verbarg sich wohl das Kölner Bordell. Ein sicherer Nachweis ist freilich nicht zu führen, aber es spricht doch sehr viel für die genannte Ansicht. Denn erstens deutet der Häusername auf ein solches Etablissement, zweitens die recht hohe Mietsumme, die das Haus erbringen sollte. Drittens spricht für die Ansicht, dass an der Stelle später nachweislich das Bordell gestanden hat. Es ist nicht genau bekannt, wann ein solches Haus eingerichtet worden ist. Der erste halbwegs sichere Nachweis stammt jedenfalls aus der Steuerliste von 1286. Jedoch muss es schon früher bestanden haben. Damals galt die Prostitution zwar auch schon als Gefahr für das Seelenheil, besonders für die Frau, die sich prostituierte oder sich in einem Frauenhaus Männern hingab, wurde damals aber noch vielfach als gesellschaftlich notwendig und unumgänglich angesehen, wenngleich der Besuch der Frauenhäusern nur unverheirateten Männern erlaubt war.[24] Trotz allem war die Ansiedlung eines solchen Hauses dem Ansehen des entsprechenden Viertels nicht förderlich. Im Gegenteil führte die Anlage einer solchen Niederlassung zu einem Verruf der Gegend, auch wenn zuzugestehen ist, dass dafür eindeutige Belege aus dem 13. Jahrhundert fehlen.

Die Wohnlage in der Umgebung der Clarissen besserte sich in der Folgezeit nicht grundsätzlich. Daran konnte selbst das neu eingerichtete Kloster wenig ändern. Leider besitzen wir aus der Zeit um 1400 keine Steuerlisten, weil die Stadt Köln ihre Ausgaben mit einer Ausnahme des Jahres 1371 ausschließlich durch indirekte Steuern, sogenannte Akzisen, und Gebühren bestritt. Wenn die Einkünfte nicht ausreichten, nahm sie Kredite in Form von Leibrenten oder Ewigrenten auf. Für das Jahr 1417 hat sich eine Kopfsteuerliste erhalten, in der man die Namen derjenigen Kölner eintrug, die zu dieser Steuer veranlagt worden sind. Insgesamt führt die Liste 1.373 Namen auf, von denen die meisten zu identifizieren sind. Bei einer Einwohnerzahl von schätzungsweise 40.000 waren nicht einmal alle männlichen

21 Vgl. Herborn, Sozialtopographie (wie Anm. 18), S. 207, Karte 1, S. 209, Karte 2. Dazu Franz Irsigler/Arnold Lassotta, Bettler und Gaukler, Dirnen und Henker. Randgruppen und Außenseiter in Köln 1300–1600, Köln 1984, S. 181.
22 Greving, Steuerlisten (wie Anm. 18), S. 123.
23 Greving, Steuerlisten (wie Anm. 18), S. 102; Keussen, Topographie (wie Anm. 4), Bd. 1, S. 375. Dazu Irsigler/Lassotta (wie Anm. 21), S. 180 ff.
24 B.-U. Hergemöller in: Lexikon des Mittelalters, Bd. 7, München 1995, Sp. 267 f., mit weiterer Literatur.

Bürger erfasst worden. Man hätte dann mit 2–4.000 Namen rechnen müssen.[25] Von den Einwohnern ohne Bürgerrecht sei einmal abgesehen. In der Steuerliste sind also nur die reichen Kölner Bürger erfasst worden und von ihnen auch nur diejenigen, die sich der Steuer nicht entzogen hatten.[26] Noch weniger Kölner beteiligten sich an der Kreditaufnahme von 1418, nämlich nur 431 Personen.[27] In diese Liste wurden also nur die besonders wohlhabenden Kölner aufgenommen, weil nur sie in der Lage waren, der Stadt finanziell unter die Arme zu greifen. Soweit sich überhaupt das jeweilige Wohnhaus dieser reichen oder wohlhabenden Kölner bestimmen lässt, lebten sie nicht in der Umgebung von St. Clara, von einer Ausnahme abgesehen, auf die wir noch zu sprechen kommen werden.

Das Ergebnis der Analyse der beiden angeführten Listen lässt sich anhand der Schreinsbücher, der „Grundbücher" des mittelalterlichen Köln, weiter beleuchten. Jedoch soll zunächst ein kurzer Blick auf die Quelle geworfen werden, um abzuschätzen, welche Ergebnisse zu erwarten sind.[28] In die Schreinsbücher musste nicht jede Liegenschaftsübertragung eingetragen werden. Da kein Zwang dazu bestand, konnte ein Grundstückserwerber seinen neu erworbenen Besitzerwerb in ein Schreinsbuch eintragen lassen, musste es aber nicht. Da die Eintragung freiwillig und teuer war und lange Zeit auch keine absolute rechtliche Sicherheit begründete, haben vor allem ärmere Einwohner den Gang vor die Schreinsbehörden gescheut. Es müssen also nicht alle Liegenschaftsübertragungen in den Schreinsbüchern zu finden sein. Zudem stand es den Parteien, vor allem dem Erwerber frei, wann er die Übertragung eintragen ließ. Wenn also in den Schreinsbüchern ein Todesdatum zu ermitteln ist, braucht es nicht den genauen Termin des Todes wiederzugeben. Man kann immer nur behaupten, dass die jeweilige Person zu dem in den Schreinsbüchern ermittelten Datum tot war, jedoch nicht ohne weiteres, dass er zu dem Zeitpunkt verstorben sei.

Kölner konnten auch Rentengeschäfte, den Erwerb von Erb- bzw. Leibrenten, eintragen lassen. Diese Renten waren entweder Teil des Kaufvertrags oder auch eine Art Hypothekenbelastung auf der jeweiligen Liegenschaft. Wurde ein solcher Zins nicht entrichtet, fiel die belastete Liegenschaft an den Rentengläubiger. Solche Fälle konnten wieder in das Schreinsbuch eingetragen werden. Was man in den Schreinsbücher in der Regel nicht findet, sind Mietvereinbarungen zwischen einem Hausbesitzer und einem Bewohner eines solchen Hauses. Das alles war rechtlich unerheblich und brauchte deshalb nicht notiert zu werden, zumal Mieter rechtlich eine schwache Stellung hatten, weil ihre Ansprüche nicht abgesichert waren. Das alles waren meist mündliche Vereinbarungen, die kaum jemals vor Gericht gekommen sind. Daher ist über die Mieter der Häuser kaum etwas bekannt. Man kann also den Schreinsbüchern die Hausbesitzer und allenfalls die Belastung der Häuser mit Renten verschiedener Art entnehmen. In den allermeisten Fällen geben die Schreinsbücher auch keine Hinweise auf die Größe, Ausstattung, Bauweise oder den Wert des Hauses.

Die in den Schreinsbüchern enthaltenen Nachrichten über Häuser in der Umgebung des Clarakclosters bestätigen das schon angedeutete Ergebnis. Zwar besaßen Angehörige der alten Geschlechter wie die Overstolz, Hardevust, von der Aduucht und andere oder die seit 1396 politisch und wirtschaftlich wichtiger werdenden Familien des neuen Rats wie die Mauwenheims, Walraves, Kneyardes und andere Liegenschaften in dem Viertel, aber diese Familien nutzten den Grund- und Rentenbesitz zu ih-

25 Klaus Militzer in: Stadtrat, Stadtrecht, Bürgerfreiheit, Köln 1996, S. 26.; Ders., Wirtschaftsleben am Niederrhein im Spätmittelalter, in: Rheinische Vierteljahrsblätter 49 (1985), S. 63.
26 Vgl. die Supplik Johann Knechtgins und Alfs von der Hallen in: Klaus Militzer, Die vermögenden Kölner 1417–1418. Namenlisten einer Kopfsteuer von 1417 und einer städtischen Kreditaufnahme von 1418 (Mitteilungen aus dem Stadtarchiv von Köln 69), Köln-Wien 1981, S. 291 f.
27 Militzer, Kölner (wie Anm. 26), S. 260 ff.
28 Die Kölner Schreinsbücher des 13. und 14. Jahrhundert, hrsg. von Hans Planitz und Thea Buyken (Publikationen der Gesellschaft für Rheinische Geschichtskunde 46), Weimar 1937, S. 6* ff.; Hermann Conrad, Liegenschaftsübereignung und Grundbucheintragung in Köln während des Mittelalters (Forschungen zum deutschen Recht I,3), Weimar 1935; Klaus Militzer, Schreinseintragungen und Notariatsinstrumente in Köln, in: Notariado público y documento privado: de los orígines al siglo XIV. Actas del VII Congreso Internacional de Diplomática Valencia, 1986, Bd. 2, Valencia 1989, S. 1197 ff.; W. Herborn in: Lexikon des Mittelalters, Bd. 7, München 1995, Sp. 1557 f.

rer Vermögenssicherung. Sie zogen die Renten als ihre stets wiederkehrenden Einnahmen ein oder suchten, die Häuser zur Miete wegzugeben und dafür einen Mietzins zu erzielen. Sie gebrauchten ihren Grundbesitz zur Absicherung von Krediten, was immer wieder nicht nur bei den Liegenschaften um das Clarakloster zu beobachten ist. Diese Haus- und Grundbesitzer bestimmten also nicht das Wohnumfeld des Viertels, sondern wohnten in der Regel in ganz anderen Gegenden der Stadt. Wenn man sich das vor Augen hält, erkennt man sehr schnell, dass die meisten Hausbesitzer des Viertels kleine Leute gewesen sind, die nur eine Liegenschaft ihr Eigen nannten, es bewohnten und schließlich vererbten. Nimmt man in dem Wohnumfeld die Mieter hinzu, verstärkt sich der vorläufige Eindruck bis zur Gewissheit, dass in dem Claraviertel kleine Leute wohnten. Dafür spricht schließlich auch, dass für manche Liegenschaften keine zeitnahen Eintragungen in den Schreinsbüchern zu finden sind. Gegenüber der Römerzeit hatte das Claraviertel sein Ansehen auch im Laufe des Mittelalters nicht steigern können.

Die Eigentümlichkeit des Wohnumfelds im Bereich des Claraklosters mag an einigen ausgewählten Beispielen erläutert werden. Am 4. April übertrugen Aleid, die Witwe Johanns von Voilde von dem Poele, und ihre sieben Kinder zwei Häuser unter einem Dach bei der Löwenpforte und beim Backhaus zu St. Clara dem Steinmetz Gerhard von Genehoeven und dessen Frau Fia für 10 Mark Erbzins.[29] Beide Häuser lagen an der St.-Apern-Straße fast gegenüber des Klosters.[30] Die Besitzübertragung gegen einen Erbzins wurde nicht in das Schreinsbuch eingetragen. Den Grund dafür kennen wir nicht. Jedenfalls konnte der Steinmetz mit seiner Frau beide Häuser als sein Eigentum betrachten, solange er seinen Zinszahlungspflichten nachkam. Da sich der Steinmetz Gerhard und seine Frau 1366 von einem Haus trennen wollten, der Käufer aber wohl auf einer Schreinseintragung zur eigenen Sicherheit bestand, musste der Steinmetz nun die bereits 1363 erfolgte und urkundlich bezeugte Liegenschaftsübertragung von den Schreinsbehörden bestätigen lassen. Das geschah am 23. März 1366.[31] An der Eintragung verdiente die Schreinsbehörde und hatte daher ein Interesse daran. Erst danach konnte das Ehepaar ein Haus dem Tilmann von Odendorp und dessen Frau Hilla gegen die Verpflichtung, in Zukunft 4 Mark Erbzins zu zahlen, übergeben.[32] Tilmann von Odendorp konnte sich des neuen Besitzes nicht lange erfreuen. Denn bereits 1372 wurden dem Steinmetz Gerhard und seiner Frau Aleid wieder beide Häuser als ihr Besitz bestätigt.[33] Der Erbzins in Höhe von 10 Mark blieb bestehen und musste weiterhin von Gerhard und Aleid aufgebracht werden. Mit dem Jahr 1372 reißen die Nachrichten bis 1410 ab.

Nehmen wir ein anderes Beispiel, ein Haus auf dem Berlich, nicht weit von der Breite Straße, damals genannt „ein Haus an der Schottengasse beim Haus zur neuen Tür gegenüber vom Haus zu den Zwenbuckin"[34]. Das Haus gehörte ursprünglich dem Schöffen Johann Scherfgin und seiner Frau Ida. Sie haben es nicht selbst bewohnt, sondern wahrscheinlich vermietet. 1363 gaben sie es dem Kannengießer Arnold und dessen Frau Blitza für zwei Turnosengroschen Erbzins.[35] Das war kein exorbitant hoher Erbzins. Da es der einzige war, der auf dem Haus lastete, scheint das Gebäude nicht sehr groß oder nicht in gutem Schuss oder weder das eine noch das andere gewesen zu sein. 1368 erwarben der Kannengießer und seine Frau den Erbzins von Johann Scherfgin und Ida und lösten ihn damit ab. Das Haus

29 Historisches Archiv der Stadt Köln (zukünftig: HASt Köln), Schreinsurkunde St. Gereon 1/114.
30 Sie dürften etwa dort gelegen haben, wo Keussen, Topographie (wie Anm. 4), Bd. 2, Sp. 231a f, ein Haus des Jahres 1479 lokalisierte.
31 HASt Köln, Schreinsbuch 335, fol. 11v.
32 HASt Köln, Schreinsbuch 335, fol. 11v–12r.
33 HASt Köln, Schreinsbuch 335, fol. 15v.
34 Das entspricht: Keussen, Topographie (wie Anm. 4), Bd. 1, Sp. 277a Nr. 30-32.
35 HASt Köln, Schreinsbuch 158, fol. 79r.

war also frei von allen Belastungen, frei von Hypotheken, wie wir heute sagen würden. 1388 erbten die Kinder des Ehepaares das Haus, da ihre Mutter gestorben war. Der Kannengießer Arnold lebte noch und hielt an dem Haus die Leibzucht. Er konnte also in dem Haus wohnen und hatte Rechte daran, was die Einkünfte betraf. Seine Kinder mussten ihn ernähren, wenn sie das Haus halten wollten. Andernfalls hätten sie das Haus verkaufen und von dem Erlös ihren Vater unterhalten müssen. Letzteres scheint auch der Fall gewesen zu sein. Denn Arnold verzichtete auf seine Leibzucht. Zwei Kinder veräußerten ihre zwei Drittel des Hauses an Winkin von der Stoven und dessen Frau Nesa. Das letzte Drittel behielt Johann, der Sohn Arnolds. Winkin von der Stoven war Badstüber und Leineweber und der Sohn eines Badstübers. Er gehörte zu den vermögenden Grundbesitzern im Bereich des Claraklosters. Darauf werden wir noch zurückkommen. Nach dem Tod von Winkins erster Frau Nesa erbten deren Kinder Gertrud, verheiratet mit Goddert von der Heiden, Bela, verheiratet mit dem Badstüber Henselin und Goddert, der Mönch im Zisterzienserkloster Ląd in Großpolen war.[36] Der Mönch Goddert übertrug sein Erbteil seiner Schwester Bela und deren Mann, dem Badstüber Henselin, für eine Leibrente, die fortan auf dem Haus ruhte.[37]

Am 17. Dezember 1383 erhielten Kuno von Mauwenheim und seine Frau Sophia vor Gericht zwei Steinhäuser an der Schottengasse unter einem Dach, weil der Inhaber der Häuser die schuldigen Erbzinsen nicht gezahlt hatte. Für den Erbzins in Höhe von drei Mark zwei Schillingen und zwei Kapaunen jährlich haftete eben die Liegenschaft, in diesem Fall zwei Häuser auf dem Berlich an der Ecke zur Breite Straße.[38] Da Kuno und Sophia, die zu den reichsten Bürgern Kölns zählten, mit den Häusern in Eigenbesitz nichts anfangen konnten, übertrugen sie sie dem schon genannten Winkin, dem Leineweber, und dessen Frau Nesa gegen 1 Gulden Erbzins jährlich.[39] Über die Zahlung des Erbzinses einigten sich beide Parteien noch einmal im Jahr 1388 und ließen den Vertrag in das Schreinsbuch eintragen.[40] 1410 vererbten Winkin und Nesa beide Häuser ihren Kindern, von denen Gertrud und der Mönch Goddert zugunsten des Badstübers Henselin und Bela verzichteten. Beide Häuser hatte Winkin in eine Badstube mit einem Wohnhaus nebenan verwandelt, so dass er sein zweites Gewerbe, nämlich das eines Badstübers, im Nebenhaus ausüben konnte. Die Mauwenheims blieben übrigens im Besitz des Erbzinses bis über 1410 hinaus.

Auf der gegenüberliegenden Seite des Berlich ebenfalls an der Ecke zur Breite Straße lag eine weitere Badstube mit einem Wohnhaus, einem Brunnen und einem Abtritt dabei. Es handelte sich um die „alte" Badstube.[41] 1374 übernahmen der Badstüber Arnold von Mainz (*de Maguntia*) und seine Frau Jutta die Liegenschaft von Hilger Hirzelin und dessen Frau Druda, Angehörigen der alten Geschlechter, für einen jährlichen Erbzins in Höhe von 34 Mark.[42] Jutta war übrigens die Witwe des Badstübers Hermann Sleuchgasse. Aus Juttas erster Ehe stammte Tilmann genannt Slossmecher, der aber kein Schlosser, sondern auch ein Badstüber gewesen ist. Nach dem Tod Arnold im Jahr 1387 erbte dessen Tochter Elisabeth die Hälfte der Liegenschaft. Sie war mit dem Gürtelmacher Johann Vrunt verheiratet. Beide übertrugen aber ihre Hälfte dem schon genannten Tilmann Slossmecher und dessen Frau Mettild.[43] Damals lebte die zweimal verwitwete Jutta noch. Sie ist erst 1390 als verstorben bezeugt. Bevor sie starb, zogen die neuen Erbzinsgläubiger Ludwig Jude und Irmgard aus dem Kreis der alten Geschlechter die

[36] Klaus Militzer, Kölner Bürgersöhne im Zisterzienserorden, in: Historisches Jahrbuch 99 (1979), S. 175, 194; vgl. Klaus Militzer, „Kölnische" Zisterzienserklöster in Polen, in: Geschichte in Köln 52 (2005), S. 270 ff.
[37] HASt Köln, Schreinsbuch 158, fol. 138v–139r
[38] Keussen, Topographie (wie Anm. 4), Bd. 1, Sp. 278b 1–17.
[39] HASt Köln, Schreinsbuch 174, fol. 98v.
[40] HASt Köln, Schreinsbuch 174, fol. 103v
[41] Keussen, Topographie (wie Anm. 4), Bd. 1, Sp. 277a 33–34.
[42] HASt Köln, Schreinsbuch 163, fol. 167v.
[43] HASt Köln, Schreinsbuch 163, fol. 190v.

Liegenschaft ein, weil die vereinbarten Erbzinsen nicht bezahlt worden waren. Im gleichen Jahr übertrugen Ludwig und Irmgard ihre Liegenschaft aber wieder denselben Tilmann und Mettild für nun 10 Gulden Erbzins. Die Belastung war gestiegen. Es ist nicht recht ersichtlich, warum die alten und wieder neuen Besitzer den alten niedrigeren Erbzins nicht hätten bezahlen können, da sie die Liegenschaft für einen deutlich höheren Zins übernommen haben. Ein solches Verhalten ist nicht als Einzelfall zu werten, da er öfter zu beobachten ist. Vielleicht beruhten die Transaktionen auf Absprachen beider Parteien, um die Besitzverhältnisse zu klären, oder es handelte sich um ein verdecktes Kreditgeschäft. Was auch immer der Grund gewesen sein mag, der alte und auch neue Betreiber der Badstube blieb bei seinem Gewerbe. Denn um 1400 ist ein Badstüber Tiele genannt, der die Kette bei St. Clara versorgte.[44] Es handelte sich um den schon genannten Tilmann, der in der Nacht und bei Gefahr die Straße durch eine Kette zu sperren hatte, damit im Falle eines Aufstands oder einer militärischen Überrumpelung den Pferden und den Angreifern der schnelle Durchmarsch zum Zentrum verwehrt blieb.

Das Viertel um das Claraklostert liefert Nachweise für heute weniger selbstverständliche Gegebenheiten des 14. Jahrhunderts und darüber hinaus, die aber damals durchaus nicht selten vorgekommen sind. So hatte Sophia von ihrem unehelichen Vater Johann von Herle, einem Kanoniker von St. Andreas und Arzt (*phisicus*), ein Haus an der St.-Apern-Straße erhalten und 1365 veräußert.[45] Ein bewegtes Schicksal hatten die Besitzer eines weiteren Hauses an der St.-Apern-Straße. 1360 erwarben der Weingärtner Reinhard von Kessenich (*Kestenich*) und seine Frau Druda zunächst die Hälfte von zwei Häusern unter einem Dach an der St.-Apern-Straße und lösten ein Jahr später eine Mark Erbzins ab.[46] 1364 übernahmen dieselben die andere Hälfte für einen Erbzins.[47] Im selben Jahr starb der Weingärtner Reinhard und hinterließ seine Frau Druda. Aus der entsprechenden Schreinsnotiz geht hervor, dass das Ehepaar auf einer Hofstätte bei beiden Häusern ein drittes Haus errichtet hatte. Dass Reinhard mit seiner Frau in einem der Häuser gewohnt hatte, bezeugen wiederum die Schreinseintragungen, die davon sprechen, dass diese Häuser einst dem verstorben Reinhard von Kessenich gehört hätten. Zweifellos werden Reinhard und Druda nicht alle drei Häuser selbst bewohnt, sondern zumindest zwei vermietet haben, aber Vermietungen wurden in den Schreinsbüchern nicht verzeichnet, weil sie rechtlich unerheblich waren. Beim Tode Reinhard 1364 verfügten sie jedenfalls über insgesamt drei Häuser. Im selben Jahr bestimmte die Witwe einen Verwandten ihres verstorbenen Mannes zum Erben, falls sie sterben sollte. Ein Jahr später hatte sie sich aber wieder verheiratet und übertrug nun die drei Häuser ihrem neuen Mann Johann Vuynzelin von Kessenich. Über das weitere Schicksal des neu vermählten Paares ist nichts bekannt. Jedenfalls wurde am Ende des Jahrzehnts kein Erbzins mehr gezahlt. Beide Häuser – von dem dritten jüngst gebauten Haus ist keine Rede mehr – zog der Ritter und Kölner Schöffe aus einem alten Geschlecht namens Werner vom Spiegel ein und übergab sie einem Johann von Odenthal und dessen Frau Bela für sieben Mark Erbzins.[48] Noch im gleichen Jahr übertrugen Johann und Bela eines der beiden Häuser einem Gobelin von Odenkirchen und Nesa und das andere einem Tilmann von Altenberg und Sophia.[49] 1378 trennten sich Gobelin von Odenkirchen und Nesa von ihrem Haus und übertrugen es dem Decklakenweber Gerlach, der auch nach

---

44 Walther Stein (Hg.), Akten zur Geschichte der Verfassung und Verwaltung der Stadt Köln im 14. und 15. Jahrhundert, 2 Bde. (Publikationen der Gesellschaft für Rheinische Geschichtskunde 10), Bonn 1893–1895; hier: Bd. 2, S. 97 (Nr. 79); vgl. Keussen, Topographie (wie Anm. 4), Bd. 1, Sp. 278b 1–17; jedoch hat Keussen diese Badstube mit dem Badstüber falsch lokalisiert.
45 HASt Köln, Schreinsbuch 163, fol. 138r; vgl. Keussen, Topographie (wie Anm. 4), Bd. 2, Sp. 234a Nr. k.
46 HASt Köln, Schreinsbuch 338, fol. 23r; Keussen, Topographie (wie Anm. 4), Bd. 2, Sp. 231b Nr. t.
47 HASt Köln, Schreinsbuch 335, fol. 9v.
48 HASt Köln, Schreinsbuch 335, fol. 13v–14r.
49 HASt Köln, Schreinsbuch 335, fol. 14r.

seinem Beruf „Decklakenweber" genannt wurde.⁵⁰ 1391 übergab Gerlach mit Zustimmung seiner Frau Katharina das Haus dem Kürschner Arnold von Kerpen und dessen Frau Hilla. Arnold und Hilla haben aber schon vor dem Liegenschaftserwerb in dem Haus gewohnt. Denn von diesem Arnold wurde berichtet, dass er bereits 1390 an der St.-Apern-Straße lebe, also doch wohl in dem dann von ihm erworbenen Haus. Weiter wissen wir von jenem Arnold aber auch, dass er am 22. Juni 1386 von dem Edelvogt Gumprecht von Neuenahr festgenommen und in dessen Keller gefoltert worden sei. Dem Edelvogt habe Johann Vogt von Merheim geholfen. Jener Johann kam 1394/95 in den engen Rat und wurde dadurch Mitglied der so genannten alten Geschlechter.⁵¹ Der Edelvogt, ein Angehöriger des hohen Adels, habe mit der Verhaftung gegen die Freiheiten und Privilegien der Stadt Köln verstoßen. Allerdings hatte ihm dabei der Kölner Bürger, Johann Vogt von Merheim, geholfen, auch wenn dessen Rolle bei der Folter eher als mäßigend beschrieben worden ist. Nach der Freilassung habe Arnold nochmals mit den Häschern des Edelvogts zu tun gehabt.⁵² Danach scheint er aber in Ruhe gelassen worden zu sein. Jedenfalls lebte er noch unbehelligt an der St.-Apern-Straße über das Jahr 1410 hinaus.

Ein wenig von dem in Köln konzentrierten, für damalige Verhältnisse internationalen Handel färbte auch auf das Viertel um St. Clara ab.⁵³ Allerdings muss man betonen, dass dergleichen nur selten geschehen ist. Immerhin dienten die Liegenschaften den meist nicht in dem Viertel wohnenden Besitzern nicht nur zur Steigerung der Einkünfte, sondern auch zur Sicherheit für Kredite. Das war notwendig, weil ein großer Teil des mittelalterlichen Handels über Kredite abgewickelt und nur selten Bargeld eingesetzt wurde. Von solchen Kreditgeschäften war ein Haus an der Burgmauer oder besser Zeughausstraße betroffen.⁵⁴ Johann von Löwen, ein Goldschmied, und seine Frau Grete erwarben es 1378⁵⁵ und übertrugen es 1387 ihrem Sohn Johann, auch einem Goldschmied,⁵⁶ der es wiederum seiner Schwester Klara vermachte, die mit Eberhard von Middachten, einem Gewandschneider, verheiratet war.⁵⁷ Eberhard betrieb neben dem Gewandschnitt auch Handel.⁵⁸ Beide Eheleute sind 1395 als verstorben bezeugt. Eberhard vererbte seine Hälfte seiner Tochter Hanna aus einer anderen Ehe und Klara ihrem Vater Johann und ihrer Mutter Grete, da ihre Ehe mit Eberhard offenbar kinderlos geblieben war. 1406 nun wurde das Haus wegen Schulden der längst verstorbenen Eheleute Eberhard und Klara arrestiert, weil Eberhard Schulden hinterlassen hatte. In einem längeren Zeitraum forderte nämlich ein Johann von Coltester, vermutlich Colchester, auf jeden Fall ein Engländer, 360 englische Nobel, also Goldmünzen von etwas höherem Wert als die rheinischen Gulden. Diese Schuldsumme hat Johann nicht selbst eingezogen, sondern einen Mann namens Johann Atte van Kompte damit beauftragt, der im Laufe der Zeit allerdings auch schon gestorben war und seinerseits die Kölner Johann von Hoyngen und dessen Frau Katharina mit der Liquidierung der Schuld beauftragt hatte. 1406 also zogen Johann und Katharina in das genannte Haus an der Zeughausstraße und in zwei weitere bessere und kostbarere Häuser im Kirchspiel St. Laurenz ein. Von den Liegenschaften übergaben Johann und Katharina einem Mann namens Johann Kaerl und seiner Frau Irmgard die Schuldsumme, abzüglich von 46 rheinischen Gulden, die sie als ihren Anteil einbehielten. Eberhard und Klara hatten aber auch Schulden in Höhe von 520 Mark bei Heinrich von Titzerfelde und dessen Frau Druda hinterlassen. Da Heinrich

50 HASt Köln, Schreinsbuch 335, fol. 17r.
51 Wolfgang Herborn, Die politische Führungsschicht der Stadt Köln im Spätmittelalter (Rheinisches Archiv 100), Bonn 1977, S. 454.
52 Quellen zur Geschichte der Stadt Köln, Bd. 6, hrsg. von Leonard Ennen, Köln 1879, Nr. 3.
53 Vgl. Gunther Hirschfelder, Die Kölner Handelsbeziehungen im Spätmittelalter (Veröffentlichungen des Kölnischen Stadtmuseums 10), Köln 1994; auch Franz Irsigler, Kölner Wirtschaft im Spätmittelalter, in: Zwei Jahrtausende Kölner Wirtschaft, Bd. 1, Köln 1975, S. 271 ff.
54 Keussen, Topographie (wie Anm. 4), Bd. 1, Sp. 304a–b Nr. 14.
55 HASt Köln, Schreinsbuch 158, fol. 101v. Zur Person: Heinrich von Loesch (Hg.), Die Kölner Zunfturkunden nebst anderen Kölner Gewerbeurkunden bis zum Jahre 1500, 2 Bde. (Publikationen der Gesellschaft für Rheinische Geschichtskunde 22), Bonn 1907; hier: Bd. 1, Nr. 103,1 (S. 238); Wolfgang Scheffler, Goldschmiede Rheinland-Westfalens, Berlin, New York 1973, S. 381 Nr. 24.
56 Loesch (wie Anm. 55), Bd. 1, Nr. 103, 81 (S. 240); Scheffler (wie Anm. 55), S. 386 Nr. 103.
57 HASt Köln, Schreinsbuch 158, fol. 111v.
58 Klaus Militzer, Ursachen und Folgen der innerstädtischen Auseinandersetzungen in Köln in der zweiten Hälfte des 14. Jahrhunderts (Veröffentlichungen des Kölnischen Geschichtsvereins 36), Köln 1980, S. 288 f., 299.

inzwischen auch gestorben war, nahm die Witwe Druda die Sache in die Hand, zahlte die Gläubiger aus und erhielt schließlich die Liegenschaften als ihren Besitz bestätigt.[59] Die Witwe hatte eine beträchtliche Summe aufgebracht, aber dafür auch drei Häuser erhalten, die es ihr wert waren.

Insgesamt wird man sagen können, dass die Gegend um das Clarakloster abseits der wirtschaftlich prosperierenden Geschäftsviertel gelegen hat. Reiche Familien oder gar Angehörige der Geschlechter lebten dort um 1400 nicht mehr. Sie hatten dort zwar auch wie in anderen Straßen der Stadt Liegenschaften oder Renten erworben, benutzten den Besitz aber als Kapitalanlage und zur Absicherung von Krediten. Insofern nahm die Gegend um St. Clara auch an dem wirtschaftlichen Leben teil. In den dortigen Häusern lebten aber vorwiegend ärmere Leute. Das lässt darauf schließen, dass auch die Gebäude nicht sehr ansehnlich gewesen sind. Allerdings geben die Quellen dafür keine direkten Belege. In den Straßen lebten und arbeiteten Handwerker, aber keine Männer, die in den Rat gewählt worden wären oder sonst Einfluss auf die Geschicke der Gesamtstadt hätten nehmen können. Eine begüterte Familie war jedoch zweifellos diejenige, die die Badstube betrieb. Jedoch waren die Bader nicht sehr angesehen. Die Badstuben galten in den Augen mancher Zeitgenossen als Orte des Lasters. Nicht weit von der genannten Badstube befand sich schließlich auch das Bordell an der Schwalbengasse, das offiziell nur von unverheirateten Männern besucht werden durfte. Dass es in Köln außerdem ungenehmigte Prostitution gegeben habe, bezeugen viele Quellen.[60]

Zu dem geringen Ansehen der Gegend um St. Clara mag beigetragen haben, dass ein Friedhof hinter dem Bordell nicht weit vom Clarissenkloster den „gemeinen Frauen" vorbehalten war. Auf ihm wurden also die Prostituierten, die im Haus an der Schwalbengasse ihrem Gewerbe nachgingen, beerdigt. 1593 erzählt Hermann von Weinsberg in seinen Denkwürdigkeiten, dass sich die Magd eines reichen Niederländers oder Flamen, der in der Immunität von St. Georg ein Haus gemietet gehabt habe, sich umgebracht habe. Statt die Selbstmörderin, wie üblich, an den Galgen zu hängen und öffentlich zur Schau zu stellen, sei es dem Flamen oder Niederländer gelungen, die Magd in aller Stille eben auf jenem den Prostituierten vorbehaltenen Friedhof begraben zu lassen.[61]

Da für die Zeit nach 1410 die Schreinsbucheintragungen nicht so wie für die Jahre von 1360 bis 1410 erschlossen sind, bleiben als vergleichende Quellen die von Greving herausgegebenen und bearbeiteten Häuserlisten von 1487 und vom Ende des 16. Jahrhunderts. Diese Listen vermitteln analog zu der von 1286 einen Eindruck von dem Mietwert und dem Marktwert der in dem Viertel um St. Clara stehenden Häuser, lassen aber keinen direkten Einblick in das soziale Umfeld zu, wie es die Schreinsbücher unter Umständen gewähren können. Immerhin enthält die Liste vom Ende des 16. Jahrhunderts Angaben über die Mieter und die Eigentümer der Häuser.

Die Nordseite der Straße auf dem Berlich war schon lange vor 1487 vom Kloster St. Clara belegt. Es hatte im Laufe der Jahre seit seiner Gründung den Besitz ausgeweitet und die Klosterbauten ausgedehnt, so dass auf der östlichen Straßenseite keine Häuser in weltlichem Besitz standen. Auf der anderen Straßenseite befand sich die schon seit 1383 errichtete Badstube, die bis in das Ende des 16. Jahrhunderts fortbestand.[62] Sie brachte den höchsten Mietzins und galt daher auch als wertvollste Immobilie. Allerdings hatte der Badstüber Johann von Düsseldorf die Badstube nur gemie-

59 HASt Köln, Schreinsbuch 496, fol. 2r; Schreinsbuch 158, fol. 136r-v.
60 Vgl. Repertorium der Policeyordnungen der Frühen Neuzeit 6, Reichsstädte 2: Köln, hrsg. von Klaus Militzer (Studien zur europäischen Rechtsgeschichte – Veröffentlichungen des Max-Planck-Instituts für europäische Rechtsgeschichte Frankfurt am Main 191), Frankfurt am Main 2005, Bd. 1, Nr. 443 (1435), 454 (1437), 595 (1450), 688 (1455), 749 (1460), 786 (1464), 898 (1471), 906 (1471), 921 (1473), 1057 (1479), 1093 (1482), 1150 (1484), 1179 (1486), 1606 (1525) und öfter.
61 Das Buch Weinsberg, Bd. 4, bearb. von Friedrich Lau (Publikationen der Gesellschaft für Rheinische Geschichtskunde 16), Bonn 1898, S. 174.
62 Greving, Steuerlisten (wie Anm. 18), S. 124 f. Nr. 152; vgl. Keussen, Topographie (wie Anm. 4) Bd. 1, Sp. 278b Nr. 1–17.

Bartholomäus Bruyn d. J.: Kreuzigung, 1557. Die Kreuzigungsgruppe mit Maria und Johannes dem Evangelist wird von den knieenden Stiftern – dem Kölner Chronist Hermann Weinsberg und seiner Frau Weisgin Ripgin – flankiert. (Kölnisches Stadtmuseum, Abb.: RBA)

tet. Als Eigentümer sind Anna von Wyler, die an der Breite Straße wohnte, und ein Fuhrmann namens Johann von Cappeln genannt. Im Übrigen hatte sich die Zahl der Häuser an der Straßenseite beträchtlich reduziert. Waren es im 13. Jahrhundert noch 26 Gebäude, zählte die Liste vom Ende des 16. Jahrhunderts nur noch neun, die Liste von 1487 gar nur fünf Gebäude. Diese Häuser hatten, abgesehen von der Badstube, einen geringen Miet- und daher auch nur einen niedrigen Marktwert. Analoges lässt sich anhand der Schwalbengasse beobachten. Dort, wo das Bordell lag, hatten sich die Bewohner zurückgezogen. Das Bordell hatte mehrere Häuser an sich gezogen. Am Ende des 16. Jahrhunderts sind von dem Haus keine Mieteinnahmen mehr verzeichnet. Daher ist auch der Wert des Hauses nicht festgehalten worden. Der Grund wird darin zu suchen sein, dass die Liegenschaft in geistliche Hände gefallen war. Schon 1487 bezog das Spital an St. Ursula die entsprechenden Mieteinnahmen. An derselben Straßenseite lag noch der Neuenahrsche Hof, der den Edelvögten, den Grafen von Neuenahr gehörte. Er war ebenfalls von der Steuer befreit. Ihm werden auch einige Häuser, die vor 1487 noch in bürgerlichen Händen gewesen waren, zugefallen sein.[63] Aber auch das Anwesen wird kaum in hohem Ansehen gestanden haben, weil es an das Bordell grenzte.

Das Bordell an der Schwalbengasse wurde schließlich vom Rat am 21. März 1594 für 400 Taler à 52 Albus an den Ratsherrn Hermann von Wedig und seine Frau Aleid verkauft.[64] Damit fand eine „Institution" ihr Ende, die mehr als 300 Jahre bestanden hatte. Der neue Eigentümer wollte auf dem Grundstück Miethäuser errichten. Der Verkaufswert war niedrig. Von Hermann von Weinsberg wissen wir auch etwas über die Bauweise. Es soll ein Holzhaus mit in Stein gefassten Fenstern, die vergittert gewesen sein sollen, gewesen sein. Auf dem Schieferdach soll bezeichnenderweise eine Fahne mit den drei Kronen, dem Wappen Kölns, geweht haben. Am Ende des 16. Jahrhunderts muss es nach Weinsberg einen heruntergekommenen Eindruck gemacht haben. Von Hermann von Weinsberg wissen wir auch, dass das ganze Viertel verrufen war. Wer das Clarakloster oder andere Bewohner habe besuchen wollen, habe einen großen Bogen gemacht.[65] In der Tat, als die Nichten Hermanns von Weinsberg in St. Clara eingekleidet werden sollten, gingen die sie begleitenden Verwandten und Bekannten an der Burgmauer zum Clarakloster und mieden die Schwalbengasse.[66]

Der Verkauf des Bordells und dessen Abriss haben die Prostitution in Köln nicht beseitigt, sondern nur verlagert, unter anderen in Privathäuser und vor allem Badstuben.[67] Dass das Viertel um St. Clara dabei weiterhin eine Rolle spielte, wird niemand überraschen. Allein der Abriss des Bordells hatte den Ruf des Viertels nicht heben können. Es blieb der Wohnbezirk kleiner Leute, deren Verfehlungen auch noch eher als diejenigen der reicheren Personen an das Tageslicht kamen.

63 Greving, Steuerlisten (wie Anm. 18), S. 102 f.
64 HASt Köln, Briefbuch 108, fol. 71v–72v: Abschrift des Verkaufsvertrags. Zum Ratsherrn: Herbert M. Schleicher, Ratsherrenverzeichnis von Köln in reichsstädtischer Zeit von 1396–1796 (Veröffentlichungen der Westdeutschen Gesellschaft für Familienkunde NF 19), Köln 1982, S. 570. Verkaufsverhandlungen fanden bereits seit Februar 1594 statt: HASt Köln, Ratsprotokolle 44, fol. 132cr.
65 Das Buch Weinsberg, Bd. 4 (wie Anm. 61), S. 193 f. Dazu: Irsigler/Lassotta (wie Anm. 21), S. 184.
66 Das Buch Weinsberg, Bd. 3, bearb. von Friedrich Lau (Publikationen der Gesellschaft für Rheinische Geschichtskunde 16), Bonn 1897, S. 94 ff.
67 Gerd Schwerhoff, Köln im Kreuzverhör. Kriminalität, Herrschaft und Gesellschaft in einer frühneuzeitlichen Stadt, Bonn, Berlin 1991, S. 369 ff.

Christoph Bellot
Das Kloster St. Clara
Zu seiner Geschichte und Baugeschichte

Der längste zusammenhängende Zeitraum für das Viertel am Römerturm ist jener, in dem dieses Areal das Kloster des Klarissenordens einnahm. Fünfhundert Jahre, zwischen 1304 und 1802, bestand hier eines der wichtigeren Frauenklöster der Stadt – freilich keine der alten Gründungen, auch kein großer Konvent, der mit der Stadt und ihrer Bevölkerung besonders eng verbunden war. Gerade über diesen langen Zeitraum ist nun aber wenig bekannt. Wenn das Kloster St. Clara im historischen Bewußtsein überhaupt verankert ist, liegt es eher an seiner künstlerischen Hinterlassenschaft als an seiner Geschichte selbst. Denn diese ist weitgehend unerforscht. Daß dieser Ort bislang einen zwar nicht blinden, doch wenig aufgehellten Fleck bildete, liegt jedoch nicht allein an mangelnder Kenntnis, sondern ist auch ein Zeichen dieser Kontinuität über fünfhundert Jahre. Während jener Zeit fanden, zumindest was die Topographie angeht, nur am Anfang bedeutsame Veränderungen statt, danach nur mehr geringe. Die anscheinend wenig wandlungsreiche Geschichte des Ortes und seiner Bebauung ist auch Spiegel der Institution am Ort. Die Niederlassung eines betrachtenden Ordens mit strenger Klausur kann und soll keine bewegte Geschichte haben. Selbstverständlich gab es dennoch an dieser Stelle Ereignisse und Veränderungen, denn prägend waren auch für das Kloster, ähnlich wie überall, Besitz und Anspruch, Verfassung und Regeln, Beziehungen nach außen, das Verhältnis zur Zentrale der Ordensprovinz und zur Niederlassung des männlichen Ordenszweiges sowie Personen und das sogenannte Menschliche. Die Geschichte dieser äußeren und vor allem inneren Bedingungen und Verhältnisse, Wandlungen und Begebenheiten ist jedoch (noch) nicht geschrieben. Dies alles berührt den Ort, als der er in diesem Band betrachtet wird, auch nur bedingt; für ihn ist vor allem die lange Dauer eines fast völlig abgeschlossenen Bezirks festzustellen, der sich wenig zu verändern scheint. Damit soll der Mangel, daß die Erkundung der Klostergeschichte noch aussteht, nicht geleugnet werden, vielmehr sei auf ein Charakteristikum des Ortes verwiesen.[1]

Hier wird – als eine erneute Annäherung – das Wesentliche zusammengetragen, was man über die für lange Zeit einschneidensten Wandlungen des Orts nach 1300 weiß, über die Gründung des Klosters und über seine Bauten, die Kirche und die Konventgebäude. Gerade über die Architektur ist dies sehr wenig, und die Hoffnung auf weitere Kenntnis ist gering; denn es wurde bis etwa 1840 fast alles dem Erdboden gleichgemacht. Es gibt lediglich noch einen großen Kellerraum, der unter einem Trakt des Klosters gelegen hatte, und – außer den Fundamenten oder Resten anderer Türme der antiken Stadtmauer – den Römerturm. Dieses später als archäologisches Relikt entdeckte und als sichtbares Zeugnis für die Geschichte der Stadt im Altertum gefeierte Monument hatte während jenes halben Jahrtausends nur eine marginale Rolle gespielt, sogar eine wenig ruhmvolle.

1 Der Verf. kann diesem Mangel hier nicht abhelfen, als Kunstgeschichtler ist er dazu auch nicht recht befähigt. Er wurde aufgrund eines älteren Aufsatzes gebeten, hier das bislang Bekannte noch einmal darzulegen. Der Beitrag ist die überarbeitete Fassung eines Teils von: Christoph Bellot, Klarissenkloster St. Klara, in: Kölner Kirchen und ihre mittelalterliche Ausstattung. Bd. 1, Köln 1995 (Colonia Romanica 10, 1995) S. 206–240. Diese neuerlichen Bemerkungen sollten einmal abgelöst werden; entsprechende Ankündigungen für eine Geschichte des Klosters wurden bislang nicht erfüllt, vgl. Renate Mattick, Ordensregel und Statuten für das Kölner Klarenkloster. Eine ripuarische Übertragung des 14. Jahrhunderts, in: Franziskanische Studien 68, 1986, S. 141–192, hier 141 Anm. 6.

Zur Geschichte

Nach zahlreichen Niederlassungen des Klarissenordens zunächst in Italien, seit 1233 auch nördlich der Alpen, wurde im Jahr 1304 das Kölner Clarenkloster gestiftet. Es zählte nicht zum Kreis der großen Kölner Stifte und Klöster, doch galt es traditionell als eines des angesehensten. So stellte eine Chronik des Kölner Dominikanerinnenklosters St. Gertrud aus dem späten 15. Jahrhundert fest, es gebe kein ‚herrlicheres' Jungfrauenkloster als St. Gertrud – ausgenommen St. Clara.[2] Ob nur damals zutreffend, ob überhaupt berechtigt oder nicht, diese Meinung wird bis heute tradiert.

Den Zweiten Orden des hl. Franciscus von Assisi hatte dieser gemeinsam mit der aus der adligen Familie der Favarone stammenden Clara (Chiara) (1194–1253) gegründet.[3] Clara war durch Franciscus allgemein für Armutsideal, Weltflucht und Bußbewegung, speziell für seine Spiritualität und Form der Christusnachfolge und seine *vita apostolica* begeistert worden. Sie schloß sich 1212 seiner Gemeinschaft der *fratres minores* an und gründete bei S. Damiano außerhalb von Assisi mit einigen Schwestern eine eigene, allerdings nicht wandernde und predigende, sondern seßhafte Kommunität, in der man nach einer ‚*Formula vitae*' des Franciscus ein vor allem der Kontemplation gewidmetes Leben führte. Bereits nach vier Jahren 1216 in die Selbständigkeit unter Leitung der Oberin Clara entlassen, nahm die Gemeinschaft nach dem ‚*Privilegium paupertatis*' Papst Innozenz' III. (‚Privileg der Armut', 1215/16)[4] allmählich monastische Formen an, wurde ein Kloster mit Klausur. Clara mußte – entgegen ihrem eigenen Verständnis – den Titel einer *abbatissa* führen. Um der Vereinigung der *sorores minores* die feste Form eines Ordens zu verleihen und in dieser die bereits bestehenden Niederlassungen sowie andere, nicht-franziskanische Gruppierungen in Mittelitalien zusammenzuführen und um damit überhaupt die weibliche religiöse Bewegung in kirchliche Bahnen zu lenken, begründete Kardinal Ugolino, der spätere Papst Gregor IX., den ‚Orden von S. Damiano' (1218/19).[5] Er gab ihm an der Regel des hl. Benedikt orientierten Konstitutionen, die freilich eher formelle als praktische Bedeutung hatten;[6] denn nur mit solchem Ausgleich der divergierenden Konzepte franzisikanischer und benediktinischer Provenienz war das 1215 vom IV. Laterankonzil formulierte Verbot neuer Ordensformen zu umgehen und eine Anerkennung zu erlangen. Die schließlich von der Kurie durchgesetzter Institutionalisierung als ein der Seelsorge (*cura monialium*) der Franziskaner unterstellter oder ihnen gar inkorporierter Orden von in Klausur lebenden Nonnen entsprach traditionellen Formen. Diese Organisationsform wurde nach langem Streit mit dem abwehrenden Generalkapitel des männlichen Zweiges, das die Aufnahme von Frauenklöstern zwar nicht grundsätzlich verweigerte, zunächst jedoch, ähnlich der ambivalenten Haltung des Ordensgründers gegenüber Frauen, eine gemischte Gemeinschaft keineswegs anstrebte, in einem Kompromiß erreicht.[7] Sie widersprach freilich ursprünglichen franziskanischen Vorstellungen, zumal die Kommunitäten zunehmend genötigt wurden, Gemeinbesitz und feste Einkünfte zuzulassen. Erst 1253 wurde – nach einer neuen, nicht angenommenen Regel Innozenz' IV. (1247) – Claras eigene, von Bindungen an nicht-franziskanische Vorbilder freie Regel bestätigt. In ihr wurden die genuinen Anliegen, besonders das Armutsideal zu bewahren versucht, und es sollte mit ihr gegen Konzilsbeschluß und kuriale Ordenspolitik eine neue Form monastischer Frauengemeinschaften konstituiert werden.[8] In

---

2 Gabriel M[aria] Löhr, Das Necrologium des Dominikanerinnenklosters St. Gertrud in Köln, in: Annalen des historischen Vereins für den Niederrhein 110, 1927, S. 60–179, hier 82.

3 Zu Clara und der frühen Geschichte des Ordens s. die jüngsten Biographien: Marco Bartoli, Chiara d'Assisi, Roma 1989 (Bibliotheca seraphico-capuccina. 37); Anton Rotzetter, Clara von Assisi. Die erste franziskanische Frau, Freiburg, Basel, Wien 1993. – Zum Orden und seiner Geschichte sind hier aus der nicht mehr leicht zu überblickenden Literatur lediglich einige allgemeine und neuere Titel zu nennen: Max Heimbucher, Die Orden und Kongregationen der katholischen Kirche. Bd. 1, 3. Aufl. Paderborn 1933, S. 815–828; Aufsatzfolge in: Franziskanische Studien 35, 1953, H. 2/3, S. 145–384 (darin Lothar Hardick, Zur Chronologie im Leben der hl. Clara, S. 174–210); Arnaldo Fortini, Nuove notizie intorno a S. Chiara di Assisi, in: Archivum Franciscanum historicum 46, 1953, S. 3–43; Santa Chiara d'Assisi. Studi e cronaca del VII centenario 1253–1953, Assisi 1954; John Moorman, A history of the Franciscan order from its origins to the year 1517, Oxford 1968, S. 32–39, 205–215; Herbert Grundmann, Religiöse Bewegungen im Mittelalter..., Darmstadt 1977 (zuerst: Berlin 1935 [Historische Studien. H. 267], S. 127–156, 201–202, 253–284, 303–314; Movimento religioso femminile e francescanesimo nel secolo XIII. Atti del VII convegno internazionale, Assisi 11–13 ottobre 1979, Assisi 1980; Il movimento religioso femminile in Umbria nei secoli XIII–XIV. Atti del convegno internazionale... Città di Castello, 27-28-29 ottobre 1982, a cura di Roberto Rusconi, Firenze, Perugia 1984 (Quaderni del „Centro per il collegamento degli studi medievali e umanistici nell'Università di Perugia". 12); Brigitte Degler-Spengler, Die religiöse Frauenbewegung des Mittelalters. Konversen – Nonnen – Beginen, in: Rottenburger Jahrbuch für Kirchengeschichte 3, 1984, S. 75–88; Marco Bartoli, Francescanesimo e mondo femminile nel XIII secolo, in: Francesco, il francescanesimo e la cultura della nuova Europa, ed. Ignazio Baldelli, Angiola Maria Romanini, Roma 1985, S. 167–180; Aufsatzfolge ‚Chiara: Francescanesimo al femminile', in: Laurentianum 31, 1990, S. 1–412 (erweitert als Buch: Chiara: Francescanesimo al femminile, a cura di Davide Covi, Dino Dozzi, Bologna 2004 [Teologia viva. 48]); Chiara di Assisi. Atti del XX convegno internazionale, Assisi 15–17 ottobre 1992, Spoleto 1993 (Atti dei convegni della Società internazionale di studi francescani e del Centro interuniversitario di studi francescani. NS 3); Ancilla Röttger, Petra Groß, Klarissen. Geschichte und Gegenwart einer Ordensgemeinschaft, Werl 1994 (Franziskanisches Leben. Bd. 1) S. 11-30. Zur weiteren Diskussion und Literatur s. die drei Zeitschriften: Collectanea Franciscana, Miscellanea Franciscana und Archivum Franciscanium historicum.

4 *Text des ‚Privilegium' bei Zeffirino Lazzeri, Il „Privilegium Paupertatis" concesso da Innocenzo III, e che cosa fosse in origine, in: Archivum Franciscanum historicum 11, 1918, S. 270-276; ferner in der umfangreichsten Quellensammlung zur Frühzeit des Klarissenordens: Escritos de Santa Clara y documentos complementarios. Edición bilingue, ed. Ignacio Omaechevarría, 5. Aufl. Madrid 2004 (Biblioteca de autores cristianos. 314) S. 229-232; dt. Übersetzung in: Leben und Schriften der heiligen Klara, hg. Engelbert Grau, 7. Aufl. Werl 1980 (Franziskanische Quellenschriften. Bd. 2) S. 330-333 (mit der Bestätigung Papst Gregors IX. von 1228). Hierzu Paul Sabatier, Le privilège de la pauvreté, in: Revue d'histoire franciscaine 1, 1924, S. 1-54; Engelbert Grau, Das Privilegium Paupertatis Innozenz' III., in: Franziskanische Studien 31, 1949, S. 337-349. In jüngerer Zeit wurde die Echtheit des Privilegium Innozenz' III. und des Testaments der Clara ernsthaft bezweifelt und die angebliche Fälschung in Zusammenhang mit der observanten Ordensreform in Perugia um die Mitte des 15. Jahrhunderts gebracht; Werner Maleczek, Das ‚Privilegium Paupertatis' Innozenz' III. und das Testament der Klara von Assisi. Überlegungen zur Frage ihrer Echtheit, Rom 1995 (Bibliotheca seraphico-capuccina. 47) (auch in: Collectanea Franciscana 65, 1995, S. 5-82); dagegen sucht die Echtheit mit guten Argumenten wieder zu erweisen: Niklaus Kuster, Das Armutsprivileg Innozenz' III. und Klaras Testament: echt oder raffinierte Fälschungen?, in: Collectanea Franciscana 66, 1996, S. 5-95.*

5 *Zu den frühen Tochtergründungen und der ersten Zeit der Verbreitung des Ordens Roberto Rusconi, L'espansione del francescanesimo femminile nel secolo XIII, in: Movimento religioso femminile e francescanesimo [Anm. 4] S. 263-313; Anna Benvenuti, La fortuna del movimento damianita in Italia (sec. XIII): propositi per un censimento da fare, in: Chiara di Assisi [Anm. 3] S. 57-106. Eine vorläufige Liste der im ‚Ordo S. Damiani' zusammengefaßten Kommunitäten bei Rotzetter, Clara [Anm. 3] S. 133-139. - Zu Geschichte und Kritik des Begriffs ‚religiöse Frauenbewegung' s. Degler-Spengler, Frauenbewegung [Anm. 3] S. 86, und Martina Wehrli-Johns, Das mittelalterliche Beginentum - religiöse Frauenbewegung oder Sozialidee der Scholastik?, in: „Zahlreich wie die Sterne des Himmels". Beginen am Niederrhein zwischen Mythos und Wirklichkeit, Bergisch Gladbach 1992 (Bensberger Protokolle. 70) S. 9-39. S. unten Anm. 45.*

6 *Text in: Bullarium Franciscanum Romanorum Pontificum constitutiones, epistolas, ac diplomata continens tribus ordinibus Minorum, Clarissarum, et Poenitentium a... Sancto Francisco institutis concessa... T. I-IV, ed. Ioannes Hyacinthus Sbaralea, Romae 1759-1768. T. V-VII, ed. Conradus Eubel, Romae 1898-1904. Supplementum, ed. Flaminius Annibali de Latera, Romae 1780. Epitome sive Summa bullarum..., ed. Conradus Eubel, Apud Claras Aquas 1908; hier T. I, Nr. 292 S. 263-267. Der Text auch in: Escritos de Santa Clara [Anm. 4] S. 206-229. Die Konstitutionen Ugolinos enthalten vor allem strenge Vorschriften zu Klausur und Fasten. - Zu den verschiedenen Ordensregeln Livarius Oliger, De origine regularum ordinis S. Clarae, in: Archivum Franciscanum historicum 5, 1912, S. 181-209, 413-447; Zeffirino Lazzeri, La „Forma vitae" di S. Chiara e le regole sue e del suo ordine, in: Santa Chiara d'Assisi [Anm. 3] S. 79-121; Ignacio Omaechevarría, La „Regla" y las Reglas de la Orden de Santa Clara, in: Collectanea Franciscana 46, 1976, S. 93-119; für ein einzelnes Gebot: Gerard Pieter Freeman, Klarissenfasten im 13. Jahrhundert, in: Archivum Franciscanum historicum 87, 1994, S. 217-285.*

7 *Gegen Grundmann, Religiöse Bewegungen [Anm. 3] S. 199-318 passim, bes. 201f., 253-273, 303-312, - vgl. auch Rotzetter, Klara [Anm. 3] S. 275-280, 286 - nimmt Degler-Spengler, Frauenbewegung [Anm. 3] S. 80-86, und dies., „Zahlreich wie die Sterne des Himmels". Zisterzienser, Dominikaner und Franziskaner vor dem Problem der Inkorporation von Frauenklöstern, in: Rottenburger Jahrbuch für Kirchengeschichte 4, 1985, S. 37-50, hier 47f., nicht an, die Mendikanten hätten sich generell gegen eine Inkorporation der Frauenkonvente gewehrt. Gründe für die Abwehr seien vielmehr die enorme Zunahme der Frauen und die sich daraus ergebenden Probleme (Fülle der Aufgaben in Seelsorge, Organisation und weltlicher Verwaltung) für den Orden gewesen; als Ziel der Auseinandersetzung müsse man annehmen, daß Bedingungen für die Aufnahme festgelegt werden sollten. Dem folgt Andrea Löther, Grenzen und Möglichkeiten weiblichen Handelns im 13. Jahrhundert. Die Auseinandersetzung um die Nonnenseelsorge der Bettelorden, in: Rottenburger Jahrbuch für Kirchengeschichte 11, 1992, S. 223-240, und deutet die Haltung der Ordensgründer Franciscus und Dominicus sowie die Ambivalenz zwischen Abwehr der Generalkapitel und Förderung der Nonnen (durch eine Vielzahl einzelner Mönche und Klöster) zusätzlich als Wirkung eines negativen Geschlechtsstereotyps und zugleich der anerkennenden Wahrnehmung der davon ausgenommenen Nonnen ausschließlich als religiösen Frauen. S. Anm. 10.*

8 *Kritische Ausgabe der ‚Regula' in: Claire d'Assise, Écrits, ed. Marie-France Becker, Jean-François Godet, Thaddée Matura, Paris 1985 (Sources chrétiennes. No.325) S. 120/1-164/5; ferner in: Escritos de Santa Clara [Anm. 4] S. 259-289; dt. in: Leben und Schriften [Anm. 4] S. 235-299. - Vgl. Engelbert Grau, Die Regel der hl. Klara (1253) in ihrer Abhängigkeit von der Regel der Minderbrüder (1223), in: Franziskanische Studien 35, 1953, S. 211-273; ders., Die päpstliche Bestätigung der Regel der hl. Klara (1253), in: ebd. S. 317-323; Rotzetter, Klara [Anm. 3] S. 287-303. - Die ‚Regula Clarissarum ab Innocentio IV. correcta' (6. August 1247) in: Bullarium Franciscanum [Anm. 6]. T. I, Nr. 227 S. 476-483; Epitome, Nr. 15 S. 241-246.*

9 *Regel Urbans IV. (18. Oktober 1263) in: Bullarium Franciscanum [Anm. 6]. T. II, Nr. 98 S. 509-521; Epitome, Nr. 42 S. 276-284; Escritos de Santa Clara [Anm. 4] S. 325-337.*

10 *Die Fragen der Organisationsform des Ordens, seiner Zugehörigkeit zu den fratres minores und der geistlichen Leitung, die bald nach der Begegnung der Franziskaner mit der religiösen Frauenbewegung bedeutsam wurden, sind schließlich im Sinn der Kurie entschieden worden; die rechtliche und institutionelle Form war zumindest in gewissem Umfang ein Ausgleich mit den Intentionen Claras. Die Franziskaner - mit ihnen die Zisterzienser und Dominikaner - hatten sich seit den 1220/30er Jahren dagegen gewehrt, daß immer weitere Frauenkonvente sich dem Orden von S. Damiano anschlossen, bei ihnen selbst um Inkorporation nachsuchten; sie wollten die Konsequenzen des Klausurgebots nicht tragen, das den Nonnen alle Möglichkeit nahm, selbst für ihr Auskommen in Armut zu sorgen. Sie waren nicht willens und wohl auch nicht in der Lage, das notwendig hohe Maß an Betreuung zu erfüllen, bei jedem Kloster einen Brüderkonvent einzurichten und nicht nur Seelsorge (Gottesdienst und Sakramentenverwaltung, Predigt, Beichte und Visitation) auszuüben, sondern auch in weltlichen, wirtschaftlichen Belangen weitreichende Aufgaben zu übernehmen. Der Widerstand gegen die Aufsicht über die aus religiösen und*

sozialen Gründen in Klöster strebenden, allen Schichten entstammenden Frauen und gegen die päpstliche Politik der Inkorporationen ließ den Orden 1261 alle Beziehungen zum weiblichen Zweig abbrechen. Die Franziskaner übernahmen dann 1263 – nach einem Kompromiß mit der Kurie, der mit der Jurisdiktion über die zur Klausur verpflichteten und deshalb nur bei ausreichender wirtschaftlicher Grundlage inkorporierten Frauenklöster nicht alle Aufgaben der cura monialium verband – zwar die cura, ließen sich jedoch bestätigen, dies geschehe freiwillig und ohne künftige Verpflichtung. Diese Absicherung wurde durch die regelmäßige Erfüllung der Visitations- und Seelsorgeaufgaben bedeutungslos und 1296 aufgegeben; die Bulle Bonifaz' VIII. (4. Juni 1296) verpflichtete die Franziskaner zur cura, verwandelte langjährige Praxis in Recht (Bullarium Franciscanum [Anm. 6]. T. IV, Nr. 70 S. 396, wiederholt die Bulle Innozenz' IV. vom 12. Juli 1246, ebd. T. I, Nr. 142 S. 420; dazu die Verpflichtung der Minoriten-Provinzialen zur cura durch den Kardinalprotektor der Klarissen Matteo Rosso Orsini: ebd. T. IV, Nr. 114 S. 431–435). Damit war ein wichtiger Teil der Frauenbewegung den Formen kirchlicher Orden integriert. – Grundmann, Religiöse Bewegungen [Anm. 3] S. 253–284, 303–312; John B. Freed, Urban development and the „cura monialium" in thirteenth-century Germany, in: Viator 3, 1972, S. 311–327 (gegen Grundmann und andere hier der Nachweis, daß die Mendikanten in der Ausübung der cura die Zisterzienser nicht ablösten, die Orden vielmehr während des 13. Jahrhunderts gleichzeitig tätig waren); Degler-Spengler, Zahlreich wie die Sterne [Anm. 7]; Löther, Grenzen [Anm. 7] (S. 226–233 über Protest- und eingeschränkte Handlungsweisen der einer übergeordneten Leitung entbehrenden, sich gegen die männlichen Zweige an die Kurie als Instanz wendenden Nonnenkonvente in diesem Streit, an dessen Verhandlungen sie selbst nicht teilnahmen). Für die Kölner Diözese vgl. Frederick Marc Stein, The religious women of Cologne: 1120–1320, Diss. New Haven 1977, S. 119–148.

11 Die Zahlenangaben bei M[arie] C[olette] Roussey, Artikel ‚Klarissen', in: Lexikon des Mittelalters. Bd. 5, München, Zürich 1991, Sp. 1193f. Zur Verbreitung Edmund Wauer, Entstehung und Ausbreitung des Klarissenordens besonders in den deutschen Minoritenprovinzen, Leipzig 1906; Heimbucher, Orden [Anm. 3]. Bd. 1, S. 817; Moorman, Franciscan order [Anm. 3] S. 406–416; Rusconi, L'espansione [Anm. 5]; Benvenuti, Fortuna [Anm. 5].

völliger Besitzlosigkeit lebten freilich nur wenige Konvente; die Mehrzahl folgte dagegen der Regel Urbans IV. (1263) für den seither ‚Ordo S. Clarae' bezeichneten Orden,[9] die Besitztum zuließ und damit ein zentrales franziskanisches Element aufgab, an der strengen Klausur als der grundlegenden Lebensform von Frauenklöstern jedoch festhielt.[10]

Der Orden, der noch längere Zeit mit konkurrierenden Versionen der Regel lebte, breitete sich sehr schnell aus; schon 1216 bestanden in Italien mehrere Konvente, beim Tod Claras waren es hier sowie in Spanien, Frankreich, Deutschland und Böhmen etwa 150, am Ende des 14. Jahrhunderts rund 450 in ganz Europa.[11] In Deutschland faßte der Orden nur langsam Fuß; in die südliche Minoritenprovinz, wo sie sich weit mehr als in den beiden anderen deutschen Provinzen niederließen, und nach Böhmen kamen Klarissen zwischen 1234 und 1237, als Schwestern von Assisi entsandt wurden.[12] In der kölnischen Provinz entstand 1264 in Luxemburg der erste Konvent, 1283 ein weiterer in Neuss.[13] Während in Köln selbst die Franziskaner sich bereits 1221 oder 1222 niederließen,[14] die Zisterzienserinnen und Dominikanerinnen seit etwa 1120 und seit 1263/85[15], gab es ein Kloster der Klarissen erst im Jahr 1306 – zu einem Zeitpunkt, als neben einigen Klöstern bereits fünfzig auch von Frauen aus niederem Adel und städtischem Patriziat bewohnte Beginenkonvente in der Stadt bestanden,[16] es aber dennoch lohnend erschien, weitere Kommunitäten einzurichten: Orte der *vita contemplativa* von Töchtern, Witwen und verheirateten Frauen aus Adel und Patriziat, denen außer dem Stift erst das Kloster und ein allein Gebet und Kontemplation gewidmetes Leben – statt des auch mit Arbeit befaßten Daseins in Konversen- oder Beginenhäusern – die schon aufgrund der Tradition angemessene Form religiösen Daseins boten.[17] Die Männerorden waren allenfalls bereit, religiöse Gemeinschaften mit Klausur als Klöster aufzunehmen, also solche von wohlhabenderen Frauen, die über genügend Besitz verfügten, wiesen die große Zahl der zunächst in ihrer Nähe geduldeten Konversen jedoch zurück, erst recht die wachsende Menge der in Konvente drängenden Frauen aus allen Schichten. Denn ein Leben in Klausur – ohne Gelegenheit zu Erwerb des Unterhalts durch Arbeit oder durch das für Frauen ohnehin ausgeschlossene und ihnen untersagte Betteln – war ohne Besitz unmöglich zu führen.[18] Zudem hatte anscheinend in Köln während des 13. Jahrhunderts – übereinstimmend mit den Mendikanten – die lokale Führungsschicht neue Frauenklöster verhindert.[19]

Vielleicht waren an solchen Widerständen schon früh die Klarissen bei einem ersten Versuch, sich in Köln niederzulassen, gescheitert. Nach einer Ordenschronik aus dem späten 16. oder der ersten Hälfte des 17. Jahrhunderts soll die kölnische Provinz das eigentliche Ziel bereits der ersten in den deutschen Sprachraum geschickten Schwestern gewesen sein. Von Köln seien aber Klarissen nach Ulm zurückgerufen worden, die von dort gekommen waren. Womöglich waren die Schwierigkeiten allzu groß gewesen, in Köln einen Konvent zu gründen.[20]

So kam es zu dem aufwendigen Unternehmen einer Klostergründung erst wieder, als sich ein vermögender Stifter fand, der aus eigenem religiösen Bedürfnis und für dasjenige von Frauen besonders seines Standes eine monastische Gemeinschaft der traditionellen Form, doch zugleich franziskanischer Observanz und Spiritualität errichten wollte.

1304 gilt als das Jahr, in dem das Kölner Clarenkloster von Gräfin Rikardis von Jülich gestiftet wurde.[21] Der Plan zu der Gründung bestand jedoch

12 Zum Datum Hardick, Chronologie [Anm. 3] S. 205f.; s. auch Moorman, Franciscan order [Anm. 3] S. 209-211. In Prag entstand ein Klarissenkloster schon 1234, in Brixen 1235 (ein schon bestehender Konvent von Konversen schloß sich dem Orden an; zu Geschichte und Kunst des Klosters: Icones Clarae. Kunst aus dem Brixener Klarissenkloster. Arte del Convento delle Clarisse di Bressanone, [Ausstellungskatalog] hg. Leo Andergassen, Brixen 1999). In Ulm wurde zwischen Mai 1235 und Juli 1237 als freie Frauengemeinschaft ein ‚Kloster der hl. Elisabeth' gegründet, das vor 1239 der franziskanischen Ordensfamilie beitrat; es wurde 1239 als ‚Frauen vom Orden des hl. Damian' genannt und erhielt die entsprechende Regel; 1258 wurde es nach Söflingen verlegt. – Wauer, Entstehung [Anm. 11] S. 37-39, 41, 66, 92-96, 105-107, 112-115; Lotario Hardick, Le clarisse nel mondo tedesco, in: Santa Chiara d'Assisi [Anm. 3] S. 427-448. Zu Ulm/Söflingen: Karl Suso Frank, Das Klarissenkloster Söflingen bis zur Aufhebung 1803, in: Kirchen und Klöster in Ulm..., hg. Hans Eugen Specker, Hermann Tüchle, Ulm 1979, S. 163-199; ders., Das Klarissenkloster Söflingen..., Ulm 1980 (Forschungen zur Geschichte der Stadt Ulm. Bd. 20). Zur Ausbreitung des Ordens im deutschsprachigen Raum knapp zusammenfassend Röttger/Groß, Klarissen [Anm. 4] S. 31-54.

13 Wauer, Entstehung [Anm. 11] S. 64-66, 154f.; Hardick, Clarisse [Anm. 12] S. 439f.

14 Konrad Eubel, Geschichte der kölnischen Minoriten-Ordensprovinz, Köln 1906 (Veröffentlichungen des historischen Vereins für den Niederrhein. 1) S. 34-69; Ewald Walter, Zur ersten Niederlassung der Franziskaner in Köln, in: Rheinische Vierteljahrsblätter 35, 1971, S. 175-200, hier bes. 175-180; Helga Johag, Die Beziehungen zwischen Klerus und Bürgerschaft in Köln zwischen 1250 und 1350, Diss. Bonn 1974, Bonn 1977 (Rheinisches Archiv. 103) S. 65-72.

15 Zisterzienserinnenkloster Mariengarten, seit etwa 1220; Marienspiegel (Sion), seit 1246 nachgewiesen. Die Kunstdenkmäler der Stadt Köln. Bd. 2, Abt. 3. Erg.Bd.: Die ehemaligen Kirchen..., bearb. Ludwig Arntz, Heinrich Neu, Hans Vogts, Düsseldorf 1937 (Die Kunstdenkmäler der Rheinprovinz. Bd. 7, Abt. 3. Erg.Bd) S. 322-329, 330-336; Hermann-Josef Hüsgen, Zisterzienserinnen in Köln. Die Klöster Mariengarten, Seyne und St. Mechtern/St. Apern, Diss. Bonn 1992, Köln 1993 (Bonner Beiträge zur Kirchengeschichte. Bd. 19). – Der Beginenkonvent St. Gertrud, 1263 zum Kloster erhoben, 1285 dem Dominikanerorden angeschlossen: Kunstdenkmäler Köln. Erg.Bd. [wie oben] S. 268-274; Jutta Prieur, Das Kölner Dominikanerinnenkloster St. Gertrud am Neumarkt, Diss. Köln 1980, Köln 1983 (Kölner Schriften zu Geschichte und Kultur. 3); allgemein Johag, Beziehungen [Anm. 14] S. 72-83.

16 Bernhard Neidiger, Die Bettelorden im spätmittelalterlichen Rheinland, in: Rheinische Vierteljahrsblätter 57, 1993, S. 50-74, hier 61; des näheren Johag, Beziehungen [Anm. 14] S. 98-102, 141-147 u. ö.; Stein, Religious Women [Anm. 10] S. 55-100 (87-100 zu den sozialen Gruppen), 171-183, 184-235 passim, 239-240, 270-272 und 282f. Tabellen und Graphiken, die Aufschluß über den hohen Anteil der Frauen aus Patriziat und mittlerer Schicht unter den Nonnen und Beginen geben; für die Zeit bis 1320 wird als Anzahl der Beginenkonvente 98 angegeben (S. 79). Vgl. Hermann Keussen, Topographie der Stadt Köln im Mittelalter. Bd. 1-2, Bonn 1910 (Preis-Schriften der Mevissen-Stiftung. 2), hier Bd. 1, S. 149*-154* (Gründungen bis 1634).

17 Zur Trennung von Kontemplation in den Frauenklöstern und Marthadienst (vita activa) der Beginen s. Martina Wehrli-Johns, Maria und Martha in der religiösen Frauenbewegung, in: Abendländische Mystik im Mittelalter. Symposion Kloster Engelberg 1984, hg. Kurt Ruh, Stuttgart 1986 (Germanistische Symposien. Berichtsbände. 7) S. 354-367; s. auch dies., Beginentum [Anm. 4]. Zu Klöstern als Gemeinschaften besonders adliger und patrizischer Frauen, Beginenkonventen als denen für Frauen aus mittleren, erst später auch unteren städtischen Schichten s. ferner Degler-Spengler, Frauenbewegung [Anm. 3]; für Köln hierzu Stein, Religious women [Anm. 10], passim.

18 Zu diesen Fragen – teils thesenhaft – Degler-Spengler, Frauenbewegung [Anm. 3] S. 79-86, dabei Zisterzienser, Praemonstratenser, Dominikaner und Franziskaner in ihrem Verhältnis zur religiösen Frauenbewegung parallel betrachtend; s. auch dies., Zahlreich wie die Sterne [Anm. 7], bes. 41f., 47f.; ferner Freed, Urban development [Anm. 10]. – In den Orden wurde vielfach als Argument der Abwehr von Konversen oder Nonnen vorgetragen, die Anwesenheit von Frauen bei Männerklöstern sei deren kontemplativem Leben abträglich. Hier verbanden sich tatsächliche Überforderung und allgemeine Ressentiments gegen Frauen; vgl. Löther, Grenzen [Anm. 7] S. 233-240. – Die Frauenklöster erhielten den notwendigen Besitz überwiegend durch Mitgifte der Nonnen und Dotierungen der adligen Familien. Die Anfänge des Beginentums hängen möglicherweise mit jenen Konversen zusammen, für die „im Unterschied zu den Nonnen keine religiöse Existenzform geschaffen wurde" (Degler-Spengler, Frauenbewegung [Anm. 3] S. 83). Allerdings sind Beginengemeinschaften auch bewußt als Alternative zu herkömmlichen religiösen Lebensformen begründet worden, noch bevor die Orden sich sträubten, Frauen aufzunehmen; vgl. für Köln Stein, Religious women [Anm. 10], passim (s. S. 241f.). Die Beginen, die zum größeren Teil gemäß dem Ideal der Laienfrömmigkeit Arbeit und religiöse Daseinsform verbanden, suchten zumindest seelsorgliche Betreuung durch die Orden; die Franziskaner gründeten als deren institutionellen Rahmen den Dritten Orden (Terziarinnen), der 1289 bestätigt wurde. – Vgl. auch Anm. 11.

19 Neidiger, Bettelorden [Anm. 16] S. 58-60.

20 Dies wird berichtet in: Chronica anonyma fratrum minorum Germaniae, ed. Lucas Carey, in: Analecta Franciscana sive Chronica aliaque ad historiam Fratrum minorum spectantia, edd. patres collegii S. Bonaventurae. T. I, Quaracchi 1885, S. 277-300, hier 298 (Datierung zwischen dem spätesten genannten Datum 1586 und 1657, dem Sterbejahr des Ordenshistorikers Lucas Wadding, der laut Einleitung des Editor die Chronik benutzt hat); vgl. Wauer, Entstehung [Anm. 11] S. 151-153. Diese Hindernisse könnten mit der Abwehr des Weltklerus gegen die Bettelorden in Zusammenhang gestanden haben; hierzu Johag, Beziehungen [Anm. 14] S. 65-72, 123-129; Neidiger, Bettelorden [Anm. 16] S. 53-56.

21 Eine Auswahl historischer Nachrichten findet sich zusammengestellt zuerst bei Aegidius Gelenius, De admiranda, sacra, et civili magnitude Coloniae Claudiae Agrippinensis Augustae Ubiorum Urbis libri IV, Coloniae Agrippinae 1645, S. 540-542; dann bei F[riedrich] E[verhard] Frh. von Mering, Ludwig Reischert, Die Bischöfe und Erzbischöfe von Köln nach ihrer Reihenfolge nebst Geschichte des Ursprungs, des Fortganges und Verfalles der Kirchen und Klöster der Stadt Köln... Bd. 2, Köln 1844, S. 177-182. Gründlicher danach Fr. Gerß, Nachrichten über das St. Klarenkloster zu Köln, in: Monatsschrift für die Geschichte Westdeutschlands 4, 1878, S. 598-608; Wauer, Entstehung [Anm. 11] S. 155-157; Kunstdenkmäler Köln. Erg.Bd. [Anm. 15] S. 278-282 (Hinweise auf die Quellen S. 278); Johag, Beziehungen [Anm. 14] S. 79f. u. ö. (mit Quellen). Zusammenfassend Bellot, Klarissenkloster [Anm. 1] S. 206-208; danach Renate Mattick,

Frauengestalten im Kölner Klarenkloster des 14. Jahrhunderts, in: *Franziskanische Frauengestalten*, hg. Robert Jauch, Kevelaer 2001 (Veröffentlichungen der Johannes-Duns-Skotus-Akademie für franziskanische Geistesgeschichte und Spiritualität Mönchengladbach. Bd. 5) S. 92–107, hier 92–96. Der Quellenbestand des Historischen Archivs der Stadt Köln (HAStK) ist zusammengestellt bei Joachim Deeters, *Die Bestände des Stadtarchivs Köln bis 1814. Eine Übersicht*, Köln, Weimar 1994 (Mitteilungen aus dem Stadtarchiv von Köln. H. 76) S. 235.

22 *Auf die mögliche Anregung von dieser Seite verweist Wauer, Entstehung [Anm. 11] S. 155f.*

23 *Urkunden und Regesten zur Geschichte der Rheinlande aus dem Vatikanischen Archiv, ges. u. bearb. Heinrich Volbert Sauerland. Bd. 1–7, Bonn 1902–1913 (Publikationen der Gesellschaft für rheinische Geschichtskunde. 23 Bd. 1–7), hier Bd. 1, Nr. 138 S. 69f.*

24 *Neidiger, Bettelorden [Anm. 16] S. 63.*

25 *Dies teilt eine Urkunde Papst Benedikts XI. mit (4. Juni 1304): Urkunden und Regesten, ed. Sauerland [Anm. 23]. Bd. 1, Nr. 152 S. 75f.*

26 *Bullarium Franciscanum [Anm. 6]. T. V, Nr. 42 S. 22f. (4. Juni 1304).*

27 *Urkundenbuch für die Geschichte des Niederrheins..., hg. Theod[or] Jos[ef] Lacomblet. Bd. 3, Düsseldorf 1853, Nr. 32 S. 25.*

28 *Vgl. Johag, Beziehungen [Anm. 14] S. 82.*

29 *Aus der älteren Literatur zur Topographie: Rudolf Schultze, Carl Steuernagel, Colonia Agrippinensis. Ein Beitrag zur Ortskunde der Stadt Köln zur Römerzeit*, in: *Colonia Agrippinensis. Festschrift...*, Bonn 1895 (Bonner Jahrbücher 98, 1895) S. 1–144, hier 22–27; *Die Kunstdenkmäler der Stadt Köln. Bd. 1, Abt. 1/2, Düsseldorf 1906 (Die Kunstdenkmäler der Rheinprovinz. Bd. 6, Abt. 1/2) S. 168–178 (vgl. auch ebd. Bd. 2, Abt. 4, 1930, S. 60f.: die römische Befestigung während des Mittelalters)*; Otto Doppelfeld, *Die römische Stadtmauer von Köln*, in: *Kölner Untersuchungen. Festgabe zur 1900-Jahrfeier der Stadtgründung*, hg. Walther Zimmermann, Ratingen 1950 (Die Kunstdenkmäler im Landesteil Nordrhein. Beih. 2) S. 3–40, hier 4–13, 34. *Für den heutigen Wissensstand s. den Beitrag von Elisabeth M. Spiegel in diesem Band, für die Geschichte des Bereichs (außer dem Clarenkloster) im Mittelalter s. jenen von Klaus Militzer.*

30 *Zeitweilige alte Straßenbezeichnung war ‚Hinter S. Claren', so auf der Stadtansicht von Arnold Mercator 1571, Detailabb. in: Kunstdenkmäler Köln. Erg. Bd. [Anm. 15] S. 279; Keussen, Topographie [Anm. 16]. Bd. 2, S. 230b–235a;*

schon länger, er geht vielleicht auf die Affinität einer in die Familie eingeheirateten Tochter aus dem Haus Brabant zum Klarissenorden zurück; Walram, der Sohn von Wilhelm IV. von Jülich und Rikardis, geb. Gräfin von Geldern, hatte Maria, die Tochter Gottfrieds von Brabant, geheiratet; Maria hatte Verwandte im Klarissenkonvent Longchamp.[22] Walram beschloß jedenfalls kurz vor seinem Tod im Jahr 1297 zusammen mit seiner Mutter und seinem Bruder Gerhard (V.), in Köln ein Klarissenkloster zu gründen.[23]

Dies entsprach der Förderung der Grafen von Jülich-Berg-Kleve, die sie den Bettelorden in den Städten ihres Territorium zuteil werden ließen.[24] Als Areal für die Niederlassung wurde das Hofgut bestimmt, das die gräfliche Familie in der Stadt, im nordwestlichen Winkel der römischen Stadtmauer besaß. Rikardis stiftete außerdem Geldmittel für den Bau des Klosters; hinzu kam auch von einem *civis Coloniensis* ein Legat an Geld.[25] In ihrem Testament bestimmte Rikardis, die 1304 starb, das Kloster solle vollendet werden; erst jetzt scheint das Vorhaben mit Nachdruck betrieben worden zu sein. Der Kölner Erzbischof Wikbold (1297–1304) gab 1304 seine Zustimmung zur Gründung,[26] und Graf Gerhard V. von Jülich zeigte den Richtern, Ratsherren und den Offizialen von St. Kolumba am 26. August desselben Jahres die Stiftung des Hofes an den Orden an, wobei als Stifter neben Rikardis und Gerhard auch dessen 1297 verstorbener Bruder Walram genannt wird.[27]

Damit waren 1304 offenbar die wichtigen Voraussetzungen für eine solche Gründung gegeben: Das Grundstück war gefunden, die Absprachen mit der Pfarre, in deren Bezirk das Kloster liegen sollte, und mit dem Kloster der Minoriten, das die *curia monialium* übernehmen sollte, waren getroffen, der Erzbischof hatte zugestimmt.[28]

Das Areal lag innerhalb der ehemaligen, römischen Stadtmauer,[29] deren noch aufrechtstehende Partien an der Nord- und Westseite gingen in den mittelalterlichen Bauten auf; der heute noch existierende Eckturm der Mauer, der bis ins 19. Jahrhundert als ‚Claren-', dann als ‚Römerturm' bezeichnet wurde, und der nach Osten folgende Turm markierten zwei Ekken des Klosterbereichs zwischen St.-Apern-Straße,[30] Burgmauer und Auf dem Berlich. Das Gelände und die römischen Türme, die wie alle anderen dieser Türme *Wichhaus (Wichus, Wichuys)* genannt wurden, hatte seit den 20er Jahren des 13. Jahrhunderts Richolf Parfuse besessen (teils als Lehen des Grafen Wilhelm von Holland[31]). Parfuse, einer der wichtigsten Männer in der Stadt, der zeitweise auch Bürgermeister war,[32] erwarb in diesem am Rand der Stadt gelegenen und dünn besiedelten Bereich an der Westseite des Berlich Häuser und ließ auf dem Anwesen einen Hof bauen.[33] Sein Sohn Werner Parfuse und dessen Frau Gertrud verkauften den Besitz 1265 an Graf Wilhelm IV. von Jülich und Rikardis[34]. Damit wurde der Hof zu einem jener Anwesen, die fürstliche Familien in der Stadt besaßen und zu ihrer Repräsentation nutzten. Doch wurden der Hof und der später weiterhin *Parfusenwichhaus* genannte Turm am 10. Januar 1268 in der Auseinandersetzung zwischen den Overstolzen und den Weisen zerstört.[35] Die Grafenfamilie baute den Hof nicht wieder auf, das Anwesen hatte damit erheblich an Wert verloren,[36] es bot sich für eine andere Nutzung jedoch an und erschien als Grundstück für ein zu stiftendes Kloster offenbar geeignet. Im Testament der Rikardis von Jülich wurde der Ausbau des Anwesens zu diesem Zweck verfügt.

Papst Benedikt XI. gestattete 1304 dem Minister der Minoriten in der Kölner Ordensprovinz, das von Rikardis gegründete und im Bau befindliche Kloster St. Clara dem Orden zu inkorporieren und drei oder vier Nonnen aus dem Neusser Konvent zur Unterweisung der neuen Schwestern in die Regeln hierher zu versetzen.[37] Durch die Lage des Gutes im Besitz der Jülich'schen Familie ergab es sich, daß das Kloster innerhalb der Stadt so abgelegen war wie meistens bei den Niederlassungen des weiblichen Zweiges der Franziskaner, da ihre Kirchen nicht der Seelsorge dienten. Die bestehenden Gebäude des Hofgutes wurden binnen zwei Jahren wiederhergestellt und so adaptiert, daß eine Anzahl von Schwestern darin wohnen konnte. Die beiden römischen Türme waren einbezogen; als Kapelle diente vermutlich ein kleines Oratorium.[38]

Nachdem das alte Hofgebäude wohl so hergerichtet war, wurde im Jahr 1306 das Kloster eingeweiht und schloß man am 12. August, dem Fest der Ordensgründerin Clara, die ersten Nonnen ein. Erzbischof Heinrich II. von Virneburg war anwesend, er nahm wohl auch die Weihe vor.[39] In einem späteren Bericht (1468) ist über diesen Tag mitgeteilt, was die Klostertradition überlieferte:

‚Im Jahre des Heils 1306, am Tage der heiligen Klara, nahm der Konvent des Klarenklosters in Köln seinen Anfang. Damals traten in die Klausur Petronella von Scherve, die erste Aebtissin, Leverardis, Tochter des Herrn Guntard des Ritters von Oberaussem, die Frau Hadwig mit ihren Töchtern und drei Schwestern aus dem Klarenkonvent zu Neuß und sonst noch mehrere Andere, in Gegenwart des Erzbischofs Heinrich, und einer großen Menge Menschen ... Und es ist zu wissen, daß das Kloster in einem Zeitraume von zwei Jahren fertig gebaut war, jedoch in kleinem Umfange ...'.[40]

Da aus der Geschichte des Klosters so wenig bekannt ist, läßt sich sein Status nicht gut einschätzen und schon gar nicht mit einigen Schlagworten für den Zeitraum von fünfhundert Jahren charakterisieren. Von Anbeginn war St. Clara ein Kloster wohl vor allem für die Töchter des auswärtigen Adels, erst in zweiter Linie für die Töchter und Frauen des städtischen Patriziats. Hierin zeichnete es sich – trotz der nachgewiesenen Nonnen aus Bürgerfamilien – gegenüber den anderen Kölner Klöstern aus.[41] Zu fundierten Aussagen über das genauere Verhältnis reicht das bislang Bekannte jedoch nicht aus, da zuwenig Personen (mit Herkunft und Stellung) ermittelt sind. Sollten aber die 53 aus den Schreinsbüchern, -karten und -urkunden für die Zeit von der Gründung bis um 1500 ermittelten Kölnerinnen im Konvent bereits annähernd vollzählig sein, so ist diese Anzahl nicht sonderlich groß,[42] und man müßte einen höheren Anteil an auswärtigen Frauen erwarten. Von diesen aber sind erst wenige auch nur namentlich bekannt; für die Neuzeit fehlt überhaupt nähere Kenntnis.

Die Frage nach der Herkunft der Schwestern im Clarenkloster zieht auch jene nach der Aufgabe und gesellschaftlichen Funktion solcher Institutionen nach sich. Gerade der mutmaßlich hohe Anteil adliger Inklusen ließe – in langer Forschungstradition – fast selbstverständlich an die Aufgabe einer Versorgungsstätte denken. Doch ist diese Vorstellung von Stiften und Klöstern für Frauen einseitig und nicht wertfrei, da sie wesentliche Intentionen für Konvente und ein Leben in ihnen ausschließt.[43] ‚Versorgung' meint gemäß solcher Anschauung zum einen – da es sich meist um Konvente vorwiegend für Frauen aus dem Adel und allenfalls in geringem Umfang aus der oberen städtischen Schicht gehandelt habe – mehr oder

Peter Glasner, Die Lesbarkeit der Stadt. [2:] Lexikon der mittelalterlichen Straßennamen Kölns, Köln 2002, S. 198f.

31 Kölner Schreinsurkunden des zwölften Jahrhunderts. Quellen zur Rechts- und Wirtschaftsgeschichte der Stadt Köln, hg. Robert Hoeniger. Bd. 2, 1. Hälfte, Bonn 1893 (Publikationen der Gesellschaft für rheinische Geschichtskunde. Bd. 2,1) S. 317, Nr. 8.

32 Vgl. Manfred Groten, Köln im 13. Jahrhundert..., Köln, Weimar, Wien 1995 (Städteforschung. R. A, Bd. 36) S. 59 u.ö.

33 Wilhelm Scheben, Die ehemaligen Thorburgen des alten Köln... Historisch-topographischer Beitrag zur Geschichte der Stadt Köln, Köln 1895, S. 129-131; Keussen, Topographie [Anm. 16]. Bd. 1, S. 275a, 305b (der östliche Turm vor 1265 an Parfuse); Bd. 2, S. 106b.

34 Quellen zur Geschichte der Stadt Köln, hg. Leonard Ennen (Bd. 1-2: und Gottfried Eckertz) Bd. 1-6, Köln 1860-1879, hier Bd. 2, Nr. 487 S. 535:... domum sitam in angulo veterum murorum ex opposito porte, que dicitur Lewenporce... Die genannte Löwenpforte lag dem Clarenturm gegenüber an der Einmündung der Friesen- in die St.-Apern-Straße. Keussen, Topographie [Anm. 16]. Bd. 1, S. 275a; Bd. 2, S. 230b-235a, 241a, 243ab, 261a-262b, 265ab, Karte vor S. 229 (die hier angeführten Quellen nennen mehrfach die westliche römische Mauer als Begrenzung des Klosterbezirks); Scheben, Thorburgen [Anm. 33] S. 130f., 183-185, 200; Die Kunstdenkmäler der Stadt Köln. Bd. 2, Abt. 4, Düsseldorf 1930 (Die Kunstdenkmäler der Rheinprovinz. Bd. 6, Abt. 4) S. 70f.

35 Gotfrid Hagen, Dit is dat boich van de stede Colne, ed. K. Schröder, in: Die Chroniken der deutschen Städte vom 14. bis ins 16. Jahrhundert. Bd. 12, Leipzig 1875, S. 1-236, hier 151f., V. 4530-4573; (zum Problem der Autorschaft der Chronik s. Lit. bei Johag, Beziehungen [Anm. 14] S. 119 Anm. 101). Die chronica van der hilliger stat van Coellen. 1499 [Koelhoffsche Chronik], ed. H[ermann] Cardauns, in: ebd. Bd. 13, 1876, S. 209-638; Bd. 14, 1877, S. 641-918, hier Bd. 13 S. 615 und 621. Leonard Ennen, Geschichte der Stadt Köln... Bd. 1-5, Köln, Neuß [Bd. 5: Düsseldorf] 1863-1880, hier Bd. 2 S. 195f.

36 Vgl. die Belege bei Josef Greving, Steuerlisten des Kirchspiels S. Kolumba vom 13.-16. Jahrhundert, Köln 1900 (Mitteilungen aus dem Stadtarchiv von Köln. H. 30) S. 122; Wolfgang Herborn, Sozialtopographie des Kölner Kirchspiels St. Kolumba im ausgehenden 13. Jahrhundert, in: Zwei Jahrtausende Kölner Wirtschaft. hg. Hermann Kellenbenz, Bd. 1, Köln 1975, S. 205. Zu der Fehde

weniger explizit die Exklusivität einer adligen Institution, die den unverheirateten Töchtern vorbehalten gewesen sei. Doch traf das Motiv der gesellschaftlichen Abgrenzung für Stifte der frühen Neuzeit zu, nicht aber in solcher Ausschließlichkeit für Klöster des Spätmittelalters. Zum anderen meint der Begriff die materielle Versorgung von unverheirateten und armen Frauen oder Witwen. Unter diesem Gesichtspunkt der Nützlichkeit wurden Konvente schon um die Mitte des 18. Jahrhunderts betrachtet, und galten die Klöster daher als überflüssig, die Stifte dagegen als *zufluchtsorter, wo sich fräuleins von adel schicklich aufhalten können*.[44] Die positive Beurteilung aus materialistischer Sicht, die bei der Säkularisation 1802/3 freiweltliche Damenstifte, nicht aber Klöster vor der Auflösung bewahrte, wurde lange Zeit allgemein als zentrale Begründung für weibliche Konvente angesehen. Ihr lag die Annahme eines großen Überschusses an Frauen im Mittelalter zugrunde, denen auf diese Weise eine Lebensgrundlage und -form gegeben worden sei; doch ist dies nicht zu verifizieren. Sowohl die These der standesgemäßen wie auch die der materiellen Versorgung übergeht alle religiösen Motive für Frauenklöster und -stifte. Eigenständige Religiosität außerhalb der kirchlichen gab es in vielfältigen Formen, sie muß für Gründungen weiblicher Konvente ernstgenommen werden, ebenso für die einzelnen Entscheidungen zu einem Leben als Konventualin. Auch wenn viele Frauen von ihren Familien für Kloster oder Stift bestimmt wurden und die Entscheidung nicht selber trafen, erschien herausgehobenen Schichten das weltabgewandte Leben als Mitglied eines betrachtenden Ordens mit strenger Klausur als mögliche Daseinsform oder gar als Ideal neben der innerweltlichen Existenz. Religiosentum und Armutsideal übten gerade auf adlige und bürgerliche Schicht eine starke Anziehung aus, wenngleich der Begriff der ‚religiösen Frauenbewegungen' mittlerweile nicht unproblematisch erscheint.[45]

Wie die anderen Konvente der Ordensprovinz Colonia und überhaupt die Mehrzahl der deutschen folgte auch das Clarenkloster der Regel Urbans IV. Sie stellte die einheitliche Observanz des Ordens her, wandelte das Armutsideal in der Weise ab, daß der (notwendige) gemeinschaftliche Besitz zugelassen war, und schrieb die strenge Klausur vor.[46] Wahrscheinlich sind aus der Kölner Niederlassung Handschriften mit der lateinischen Version dieser Regel sowie mit einer ripuarischen Übertragung aus dem 14. Jahrhundert erhalten.[47]

So konnte das Clarenkloster, das wohl schon seiner prominenten Stifterfamilie wegen Frauen des adligen Standes nachzog, rasch nicht nur zu Ansehen, sondern auch Besitz gelangen. Armut, das Ideal der Frühzeit, war seit der Mitte des 13. Jahrhunderts in Anpassung an die veränderten Verhältnisse kaum noch zentrales Motiv für Neugründungen und konnte wegen der Einführung der Klausur auch nicht mehr Maxime einer praktikablen Lebensform sein, denn den Unterhalt der Nonnen hatte Eigentum zu garantieren.[48] Allenthalben in der franziskanischen Ordensfamilie wußte man im Sinn des vom Ordensgeneral Bonaventura geförderten Konventualismus Geistigkeit und Armutsideal mit Besitz, Einkünften und damit verbundenen Rechten, auch Herrschaftsrechten zu vereinbaren. Zudem reichten Lebensstil und Ansprüche adliger und patrizischer Schicht bis zu gewissem Grad auch in das ansonsten wohl nicht sonderlich aufwendige monastische Leben. St. Clara hat es daher bereits in den ersten Jahrzehnten zu beträchtlichem Eigentum gebracht. Grundstücke und Höfe (teils mit

---

der Weisen und der Overstolzen s. Groten, Köln [Anm. 32] S. 275-290.

37 *Bullarium Franciscanum [Anm. 6]. T. V, Nr. 42 S. 22f. (4. Juni 1304); Urkunden und Regesten, ed. Sauerland [Anm. 23]. Bd. 1, Nr. 152 S. 75f., vgl. Nr. 138 S. 69f. (9. März 1304); Regesten der Erzbischöfe von Köln im Mittelalter. Bd. 1-11, Bonn (ab 1981: Düsseldorf) 1901-1992 (Publikationen der Gesellschaft für rheinische Geschichtskunde. 21 Bd. 1-11), hier Bd. 3,2, Nr. 3968 S. 320; Bd. 4, Nr. 14 S. 4. - Das Neusser Kloster war 1283 geweiht worden; Wauer, Entstehung [Anm. 11] S. 155; Hardick, Clarisse [Anm. 12] S. 440.*

38 *Zur Lage von Klarissenklöstern s. Wolfgang Augustyn et alii, Art. ‚Franziskaner, Franziskanerinnen', in: Reallexikon zur Deutschen Kunstgeschichte. Lfg. 112/113 [Bd. 10], München 2006, Sp. 452-555, hier 505. Das 1468 vom damaligen Rentmeister des Clarenklosters, Rütger von Gymnich, verfaßte Lagerbuch deutet den ersten, bescheidenen Zustand des Klosters und die Verwendung der einzelnen Bauten des Parfusenhofes für den neuen Zweck an; zitiert bei Gerß, Nachrichten [Anm. 21] S. 598f. Zu den Bauten s. unten.*

39 *Vgl. Regesten der Erzbischöfe [Anm. 37]. Bd. 4, Nr. 177 S. 33, vgl. Nr. 192 S. 36; ferner Gelenius, Colonia [Anm. 21] S. 540; hiernach von Mering/Reischert, Bischöfe [Anm. 21]. Bd. 2, S. 177f.*

40 *Gerß, Nachrichten [Anm. 21] S. 598, nach dem Lagerbuch des Rütger von Gymnich, 1468.*

41 *Über adlige, patrizische und mittelständische Herkunft der identifizierbaren Nonnen in Köln zwischen 1120 und 1320 allgemein Stein, Religious women [Anm. 10] S. 49-55 u. ö., dazu S. 270-272, 282. Zu St. Clara Johag, Beziehungen [Anm. 14] S. 79-81, 181. - Einzelne Namen von Nonnen finden sich in der spärlichen älteren Literatur: z. B. bei Gelenius, Colonia [Anm. 21] S. 541; von Mering/Reischert, Bischöfe [Anm. 21]. Bd. 2, S. 177-182 passim; Gerß, Nachrichten [Anm. 21]. Rund dreißig Namen finden sich in den liturgischen Handschriften aus dem Kloster, wo sie in den Marginalspalten notiert sind (oft neben dem Bild einer knienden Klarisse); s. Eberhard Galley, Miniaturen aus dem Kölner Klarissenkloster. Ein Kapitel rheinischer Buchmalerei des 14.Jahrhunderts, in: Aus der Welt des Bibliothekars. Festschrift für Rudolf Juchhoff, hg. Kurt Ohly, Werner Krieg, Köln 1961, S. 15-28, hier 16; Johanna Christine Gummlich, Bildproduktion und Kontemplation. Ein Überblick über die Kölner Buchmalerei in der Gotik..., Diss. Bonn 1999, Weimar 2003, S. 74-82. Listen von Namen der ermittelten Äbtissinnen*

Wäldern, Weingärten, Feldern und Mühlen) in der näheren Umgebung der Stadt,[49] Häuser und Hausanteile in Köln selbst,[50] ferner Einnahmen durch Zehnte, Erbrenten und Fahrzinsen erwarb das Kloster durch die Mitgiften von Novizinnen,[51] durch (Memorien-)Stiftungen, Testamente und früh bereits auch durch Kauf. Schon 1309 erlangte es das für alle Zweige des Franziskanerordens gültige päpstliche Privileg der Steuerfreiheit,[52] vollständige Exemption mit Unabhängigkeit von bischöflicher Jurisdiktion bestätigte Erzbischof Walram 1348[53]. Zum allgemeinen Klosterbesitz kam der private einzelner Schwestern, die nicht nur Mitgiften einbrachten, sondern teils auch ständige Einkünfte bezogen und über Eigenes je nach Regelung mit dem Konvent weiterhin verfügen konnten. Gerade für die künstlerische Ausstattung von Kirche und Kloster sind Stiftungen aus dem privaten Eigentum von Nonnen offenbar bedeutsam gewesen.

Die Bestimmungen der Klausur forderten den lebenslangen Aufenthalt einer Nonne in dem Kloster, in das sie eingetreten war und in dem sie das vollständige Gelübde abgelegt hatte. Außer äußeren Umständen, wie Zerstörung, Naturkatastrophe oder ähnliches, konnte sie das Kloster allein dann verlassen, wenn sie von den Ordensoberen zur Unterweisung von Novizinnen in eine neue Tochtergründung berufen wurde. Es gab keine direkte Verbindung zur Außenwelt, allenfalls durch vergitterte Fenster konnten die Inklusen sich mit jemandem verständigen, durch Drehläden in der Klostermauer gelangten Gegenstände ins Kloster. Die Klausur war allen Außenstehenden, zumal Männern strikt verschlossen; ausgenommen waren nur jene Geistlichen, die die *cura monialium* übernommen hatten, oder, falls notwendig, ein Arzt. Doch bezeichnenderweise konnten adlige Familien, vor allem die der Stifter, zeitweise Zugang zur Klausur erhalten, um Angehörige im Kloster zu besuchen. Für St. Clara erhielten entsprechende päpstliche Indulgenzbriefe 1329 die Gräfin Elisabeth von Jülich, 1330 Wilhelm von Jülich und 1333 Herzog Reinald II. von Geldern, dessen Schwestern Isabella und Philippa seit 1328/33 im Clarenkloster waren.[54] Hierin zeigt sich offenbar die privilegierte Stellung adliger Insassen.

Zunächst war das Clarenkloster wohl recht bescheiden. Es handelte sich um eine typische Stiftung eines Bettelordenkonvents: angesiedelt im urbanen Bereich – in diesem Fall in einem abgelegenen und wenig bewohnten Teil der Stadt –, ausgestattet mit einem bis dahin profan genutzten Bau, den der Stifter dem Orden mit dem Grund zur Verfügung stellte. Der ehemalige Parfusenhof, der dann der geldrischen Familie als Sitz gedient hatte und 1268 zumindest teilweise zerstört und nicht mehr aufgebaut worden war, lag anscheinend parallel zum Nordabschnitt der römischen Stadtmauer, ein Stück weit nach Süden entfernt; nach neuester Deutung war es jener Bau, der über dem bis heute erhaltenen Kellerraum des jetzigen Anwesens Am Römerturm 3 stand.[55] Das bedeutet, der Keller wäre jener des Parfusenhofes gewesen und stammte mit seinem Basalt-Tuff-Mauerwerk aus dem frühen 13. Jahrhundert; er wäre der Rest des Baus, der den Ursprung des Klosters bedeutet. Der Hof wurde zwischen 1304 und 1306 wieder hergerichtet, um den Nonnen als Haus zu dienen. Doch genügte er bald nicht mehr der Anzahl an Nonnen und den Ansprüchen an ein Kloster.

Ab 1336 wurde das Kloster ausgebaut, hauptsächlich wohl mit Mitteln, die Isabella und Philippa, die beiden zwischen 1328 und 1333 noch minderjährig in den Konvent eingetretenen Töchter Graf Reinalds I., des Kriegerischen, von Geldern, mitgebracht hatten und als Jahrgelder weiter

und Nonnen aus St. Clara bis 1350 bei Johag, Beziehungen [Anm. 14] S. 298f.; Äbtissinnen bis 1757 bei Gerß, Nachrichten [Anm. 21] S. 606. Mattick, Frauengestalten [Anm. 21] S. 92 gibt die Zahl von „rund siebig" namentlich bekannten Nonnen für das 14. Jahrhundert an, ohne Quellenbeleg.

42 Diese Anzahl der aus Köln stammenden Nonnen führt die bislang einzige systematisch aus einem bestimmten Quellenbestand ermittelte Namensliste zum Clarenkloster auf: Kölner Geistliche im Mittelalter, bearb. Klaus Militzer. Bd 2: Frauen, Köln 2004 (Mitteilungen aus dem Stadtarchiv von Köln. H. 96) S. 671–673, ferner S. 9 Tabelle 1, S. 25 Tabelle 10; zu den einzelnen Personen passim. Zum Problem der Quellen (ungleichmäßige Überlieferung, ihr Rückgang im 15. Jahrhundert, Namen, die aus verschiedenen Gründen in den ausgewerteten Quellen nicht begegnen, etc.) ebd. S. 10–12 (S. 11 der Hinweis, es seien zwar mit den ausgewerteten Quellen nicht alle Namen von Kölnerinnen erfaßt, doch würden sich nur noch wenige in anderen finden lassen).

43 Die veränderten Gesichtspunkte der jüngeren Forschung machen dies deutlich. Einige traditionelle Vorstellungen und ihre gleichsam ideologischen Voraussetzungen sowie die Einsprüche der feministischen und der Gender-Forschung sind zusammengefaßt bei Jan Gerchow, Susan Marti, „Nonnenmalereien", „Versorgungsanstalten" und „Frauenbewegungen" – Bausteine einer Rezeptionsgeschichte der mittelalterlichen Religiosen in der Moderne, in: Krone und Schleier. Kunst aus mittelalterlichen Frauenklöstern. [Ausstellungskatalog, Essen und Bonn], München 2005, S. 143–154. – Hier sind lediglich ein paar andeutende Sätze zu diesen Fragen möglich.

44 So das Urteil des Kölner Erzbischofs Maximilian Franz (1784–1801); zitiert nach Gerchow/Marti, „Nonnenmalereien" [Anm. 43] S. 150.

45 In diesem Begriff kommen diverse Vorstellungen zusammen: etwa das deutschnationale Verständnis von ‚Mystik' (mit der Betonung der besonderen ‚Innerlichkeit' und des ‚Spontanen' weiblicher Mystik im Gegensatz zur Scholastik und formalisierten Theologie der Kirche) und ‚Bewegung' sowohl als protestantische Vorstellung der wahren Kirche der Laien gegen die katholische wie auch als Terminus mit eigener politischer Konnotation seit den 1920er Jahren. Hierzu Martina Wehrli-Johns, Voraussetzungen und Perspektiven mittelalterlicher Laienfrömmigkeit seit Innozenz III. Eine Auseinandersetzung mit Herbert Grundmanns ‚Religiösen Bewegungen', in: Mitteilungen des österreichischen Instituts

erhielten.⁵⁶ Isabella wurde dann Äbtissin von St. Clara (nachweisbar 1340–1343); beide Schwestern sind in der Klosterkirche begraben worden.⁵⁷ Hinzu kamen Mittel von ihrem Halbbruder, Graf (ab 1339 Herzog) Reinald II. Dies erwähnt der päpstliche Ablaßbrief (9. September 1343) zugunsten der Baumaßnahmen, die sich hiernach bereits über ungefähr sieben Jahre erstreckten (*iam sunt septem anni vel circa*); daraus ergibt sich der Baubeginn um 1336.⁵⁸

Dem Ausbau ging eine beträchtliche Erweiterung des Areals voraus; im Osten wurden die ehemals zum Parfusenhof gehörigen Häuser am Berlich fast alle aufgekauft,⁵⁹ nach Süden vergrößerte man den Klosterhof bis zu den Gärten und Häusern an der Breite Straße⁶⁰. So konnten das anfänglich kleine Geviert, vor allem der Hof (nun mit Backhaus und Tor an der Ostseite) sowie der Baum- und Weingarten ausgedehnt werden. 1343 stockten aber die Baumaßnahmen, da die weitere Unterstützung durch Reinald II. von Geldern ausblieb. Im Herzogtum hatte es Überschwemmungen gegeben, die eine Mißernte und einen Verlust von 4000 Goldgulden nach sich zogen; so war der Herzog zu weiterer Förderung nicht mehr imstande.⁶¹ Für die rasche Vollendung des Klosters gewährte Papst Clemens VI. allen den erwähnten Ablaß, die zu hilfreicher Unterstützung bereit waren.⁶² Zum Ausbau des Klosters gehörte vor allem auch die Errichtung der Kirche, sie war wohl 1347 zumindest soweit vollendet, daß sie benutzbar war; doch weiß man hierüber nichts Genaues.

Nach dem Ausbau nahm nun der Klosterbezirk den größeren Teil des Areals zwischen dem westlichen und dem nördlichen Abschnitt der römischen Stadtmauer (vor denen die Straßen *Hinder Sant Claren*, die spätere St.-Apern-Straße, und die spätere Zeughausstraße verliefen) sowie dem Berlich im Osten und der Breite Straße im Süden ein. Nur der südliche Teil des Gevierts war unter anderem mit Wohnbauten besetzt: Einige Häuser befanden sich an Berlich und *Hinder Sant Claren*, die Nordseite der Breite Straße war ganz in privaten Händen, ausgenommen der Konvent Hl. Kreuz.⁶³ Das Viertel war bereits zur römischen Zeit kaum bedeutend und spielte, abseits der wichtigen Straßen gelegen, keine sonderliche Rolle. Im frühen Mittelalter war es dünn besiedelt; später, als die Bevölkerung hier wieder zunahm, wurde es von ‚kleinen Leuten' bewohnt.⁶⁴ Nur der Parfusenhof, der dann in den Besitz der Grafen von Jülich kam, war eine Ausnahme. Andere größere Häuser gehörten zwar einigen angesehenen und wohlhabenden Familien, doch wurden sie nicht von ihren Besitzern bewohnt, sondern fungierten als Grund- und Rentenbesitz und wurden an die Leute aus der Handwerkerschicht vermietet. Es handelte sich um ein Armenviertel, das obendrein in keinem besonders guten Ruf stand, woran vor allem das Bordell an der Schwalbengasse (östlich des Berlich) schuld war, doch auch eine Badstube wie jene am Berlich galt als zweifelhafter Ort. Das Kloster lag in einer anrüchigen Gegend und bildete darin einen vollkommen abgeschlossenen Bezirk.⁶⁵

Aus der unerforschten Geschichte des Konvents sind bislang nur Einzelheiten bekannt; auch wenn eine größere Anzahl von Namen der Inklusen überliefert ist, so gibt es doch nur unzureichende Kenntnis über Personen.⁶⁶ Auch von den Äbtissinnen weiß man noch wenig. Die erste war Petronella von Scherve (1306–1311).⁶⁷ Sie wurde später anscheinend besonders verehrt, da sie seherisch begabt gewesen sein soll und vergrabene Gebeine von Jungfrauen aus dem Gefolge der hl. Ursula im Garten der

für Geschichtsforschung 104, 1996, S. 286–309, und Hedwig Röckelein, Art. ‚Frauenbewegung, religiöse', in: Lexikon für Theologie und Kirche. 3. Aufl. Bd. 4, Freiburg/Br. etc. 1995, Sp. 76f. Weniger um eine eigene Frauenbewegung, die der ‚Kampfbegriff' impliziert (vgl. Gerchow/Marti, „Nonnenmalereien" [Anm. 43] S. 152), als vielmehr um den Wunsch von Frauen nach Teilhabe, unter anderem an der Armutsbewegung ging es wohl; vgl. Gisela Muschiol, Die Gleichheit und die Differenz. Klösterliche Lebensformen für Frauen im Hoch- und Spätmittelalter, in: Württembergisches Klosterbuch. Klöster, Stifte und Ordensgemeinschaften von den Anfängen bis in die Gegenwart, hg. Wolfgang Zimmermann, Nicole Priesching, Ostfildern 2003, S. 65–77, hier 74. Zu den verschiedenen stereotypen Anschauungen über weibliche Religiosität und entsprechende Lebensformen im Mittelalter jetzt kritisch Gerchow/Marti, „Nonnenmalereien" [Anm. 43].

46 Nicht nur allmähliche allgemeine Verbreitung der Regel Urbans IV., auch Filiation aus der Provinz Francia (Metz, davon abhängig Luxemburg, Neuss) gibt Wauer, Entstehung [Anm. 11] S. 64–66, 153–155 als Begründung für die Einführung dieser Regel in Köln an.

47 Edition des Textes: Mattick, Ordensregel [Anm. 1] S. 151–192. Die Handschrift – München, Bayerische Staatsbibliothek, Cgm 5235 (darin die Regel: fol. 161ra–185ra) – ist offenbar im Clarenkloster geschrieben worden, starke Benutzungsspuren weisen auf langen, regelmäßigen Gebrauch. Außer der Regel Urbans IV. finden sich in dem Codex unter anderem auch die Statuten Benedikts XII. (1336), die die Regel um einige Anweisungen ergänzen und die Klausurvorschriften verschärfen (fol. 185ra–192rb) (s. Bullarium Franciscanum [Anm. 6]. T. VI, Nr. 51 S. 25–42, hier 40–42), ferner einige kleine mystische Texte. Mattick, Ordensregel [Anm. 1] S. 144 nimmt an, die Übersetzung der Regel sei im Kölner Minoritenkonvent, der mit der cura monialium betraut war, angefertigt worden. Es gab außerdem eine (heute verschollene) Handschrift mit der lateinischen Version der Regel aus St. Clara (s. ebd. S. 145). – Zu diesen Versionen sowie zum gesamten Komplex der für den Orden zentralen Schriften in mhd. und mndl. – der Regel Claras, der ihr gewidmeten Viten, Traktate, Predigten, Gebete etc., ferner der Regel Urbans IV., des ‚Privilegium paupertatis' und verschiedener Statuten – s. K[urt] Ruh, Art. ‚Klara von Assisi', in: Die deutsche Literatur des Mittelalters. Verfasserlexikon. 2. Aufl. Bd. 4, Berlin, New York 1983, Sp. 1172–1183; ders., Art. ‚St. Klara-Buch', in: ebd. Sp. 1183–1184; Norbert Richard Wolf, Art. ‚Klarissenregel (mhd. u. mndl.)', in: ebd. Sp. 1184–1187; K[urt] Ruh, Art. ‚Klarissenstatuten (mhd. u. mndl.)', in: ebd. Sp. 1187–1190.

48 Vgl. Freed, Urban development [Anm. 10] S. 323f.; Degler-Spengler, Frauenbewegung [Anm. 3] S. 80, 84f.; dies., Zahlreich wie die Sterne [Anm. 7] S. 41f., 47f.; Rotzetter, Klara [Anm. 3] S. 152, 299.

49 Gerß, Nachrichten [Anm. 21] S. 600–606.

50 Eine Vielzahl von Nachweisen bei Keussen, Topographie [Anm. 16]. Bd. 2, Orts- und Personenregister S. 404 S. v. ‚S. Clara'; ferner Gerß, Nachrichten [Anm. 21] S. 604.

51 Dies traf bereits auf die beiden ersten Novizinnen, Leveradis, Tochter des Guntard von Oberaußem, und Hadewig von Rundorf zu. Gelenius, Colonia [Anm. 21] S. 540; Gerß, Nachrichten [Anm. 21] S. 600; Regesten der Erzbischöfe [Anm. 37]. Bd. 4, Nr. 647 S. 137 (Hof von Oberaußem, ehedem lehnrührig von der Abtei Kornelimünster, als Mitgift der Leveradis); durch Hadewig erhielt das Kloster einen Hof rechts des Rheins in Rheidt. – Andere Besitzungen unter anderem in Frechen, Glessen, Niederaußem, Stommeln, Happerschoß (hierzu ebd. Bd. 5, Nr. 1215 S. 327).

52 HAStK, St. Klara Urk. 1/4 (1309).

53 Regesten der Erzbischöfe [Anm. 37]. Bd. 5, Nr. 1460 S. 391 (9. Januar 1348), Walram vidimiert das Privileg Papst Bonifaz' VIII: Bullarium Franciscanum [Anm. 6]. T. IV, Nr. 145 S. 469f. (5. April 1298); Epitome, Nr. 2131 S. 215.

54 Urkunden und Regesten, ed. Sauerland [Anm. 23]. Bd. 2, Nr. 1616f. S. 210, Nr. 1954 S. 370, Nr. 2156 S. 459.

55 S. hierzu die beiden Beiträge von Ralf Gier und Wolfram Hagspiel in diesem Band.

56 Gelenius, Colonia [Anm. 21] S. 540f., erwähnt die Erweiterung des Komplexes durch die beiden Schwestern aus dem Geldrischen Grafenhaus. – Für den terminus post quem des Eintritts der Schwestern ins Kloster s. Friedrich Nettesheim, Geschichte der Stadt und des Amtes Geldern... Bd. 1, Crefeld 1863, S. 58, 632–634; für den terminus ante quem s. das Indulgenzschreiben Papst Johannes XXII. an Reinald II. und dessen Frau Eleonora, seine Schwestern im Kloster zu besuchen: Bullarium Franciscanum [Anm. 6].T. V, Nr. 1009 S. 540 (28. Februar 1333); Urkunden und Regesten, ed. Sauerland [Anm. 23]. Bd. 2, Nr. 2156 S. 459.

57 Isabella starb 1354, Philippa 1352 (23. August); s. Gelenius, Colonia [Anm. 21] S. 542, dort die Inschriften der beiden Gräber.

58 Urkunden und Regesten, ed. Sauerland [Anm. 23]. Bd. 3, Nr. 258 S. 103. Für Stiftungen des Hauses Geldern s. ferner Gerß, Nachrichten [Anm. 21] S. 603f.

59 An der Westseite des Berlich wurden 23 Häuser zugunsten des Klosters abgebrochen. Greving, Steuerlisten [Anm. 36] S. 122/3–124/5, dazu 170 und XIV Anm. 1; ders., Wohnungs- und Besitzverhältnisse der einzelnen Bevölkerungsklassen im Kölner Kirchspiel St. Kolumba vom 13. bis 16.Jahrhundert, in: Annalen des historischen Vereins für den Niederrhein 78, 1904, S. 1–79, hier 6, 20; Keussen, Topographie [Anm. 16]. Bd. 1, S. 275a–277a.

60 Keussen, Topographie [Anm. 16]. Bd 1 S. 286a, 295a. - In dem 1468 von Rütger von Gymnich, dem damaligen Rentmeister des Klosters, verfaßten Lagerbuch ist das Areal des Klosters beschrieben. ‚Alsus wart dit cloister irst gebuwet clein, dye ald kuchen was des conventz kuchen, ind dat stechuis was der dormiter, oven ind unden eyn reventer, ind dat capitell huis ouch eyn reventer, ind stoynd eyn putz in dem grashove bi der alder kuechen, ind deye porz stoint neist dem torn ind steit noch da, ind is zo beiden siden zu gemuret weder dye hulzen porze. Mar cort doy dat cloister geslossen wart, haint dye lude ir gaven gegeven ind wart de bungart geguldet ind umb gemuret ind de dormiter ind kirch gemacht ind wordendye huser geguldet lanx den Berlinck ind afgebrochen in de gard gemacht ind de hof, backhuis ind porz' (zitiert bei Gerß, Nachrichten [Anm. 21] S. 598f.).

61 S. Mattick Frauengestalten [Anm. 21] S. 101.

62 Bullarium Franciscanum [Anm. 6]. T. VI, Nr. 224 S. 132; Urkunden und Regesten, ed. Sauerland [Anm. 23]. Bd. 3, Nr. 258 S. 103 (19. September 1343), dazu: Nr. 260 S. 104 und Nr. 271 S. 107f. Aus demselben Jahr stammen päpstliche Privilegienbestätigungen für das Kloster; ebd. Nr. 163 S. 69, Nr. 195 und 198 S. 79f. Auch sicherten Reinald II. und Eleonore wegen des Schadens zu, die Jahrgelder für Isabella und Philippa noch ein Jahr nach deren Tod zu zahlen; ebd. Nr. 146 S. 62f. Doch das Versprechen konnte nicht eingelöst werden, da Reinald noch im Jahr 1343 starb.

63 S. Keussen, Topographie [Anm. 16]. Bd. 1, S. 295ab 9–11; Kunstdenkmäler Köln. Erg.Bd. [Anm. 15] S. 363f.

64 Zur sozialen Struktur des Viertels s. Herborn, Sozialtopographie [Anm. 36] S. 207 und 209, Karte 1 und 2, und den Beitrag von Klaus Militzer in diesem Band.

65 Unter dem schlechten Ruf des Viertels scheinen auch die Klarissen des Klosters zeitweilig gelitten zu haben. Dies kolportiert das Tagebuch des am Ende des 16. Jahrhunderts, zwischen 1587

Kölner Johanniterkommende offenbarte, die sich bei einer Grabung 1327 tatsächlich fanden und zum großen Teil daraufhin dem Clarenkloster geschenkt wurden. Auch für andere Kirchen der Stadt machte sie Weissagungen über Gebeine, die dann gehoben wurden.[68] Von den nachfolgenden Äbtissinnen kannt man die Namen Elisabeth (de Achermundt?; bezeugt 1318–1332)[69], Nella,[70] Isabella von Geldern (1340/43 als Äbtissin bezeugt), Heilwigis von Beechoven (de S. Gerlaco; als Äbtissin 1344–1350 bezeugt),[71] Agnes von Oysze (1355),[72] Nesa (ca. 1354–1356), Aleid (1359–1372), Bela (1378), Aleid von Drungelen (1386), Hadwig von Rundorp (1388), Johanna von Gymmenich (1392–1393).[73] Diese Äbtissinnen stammten alle aus auswärtigen Geschlechtern, die erste nachweisbare aus einer städtischen Familie – einer der alten und einflußreichen – war Engelrad von Lyskirchen (als Äbtissin seit 1396 bezeugt).[74]

Über Isabella von Geldern und ihre Schwester Philippa ist noch am meisten bekannt, da man über die gräfliche, seit 1339 herzogliche Familie, deren Unterstützung des Klosters, die Jahresrenten für die beiden Schwestern unterrichtet ist.[75] Da außerdem überliefert ist, Isabella habe die bis heute erhaltene zweibändige Bibel für den Konvent erworben und ihren Schmuck verkauft, um sie wiederherstellen zu lassen, als sie beschädigt worden war, schreibt man ihr seit längerem besonderen Einsatz für künstlerische Belange und die Ausstattung des Klosters zu; auch der sogenannte Clarenaltar, das große Retabel aus der Kirche, soll im Auftrag von Isabella und Philippa entstanden sein, doch ist dies nicht zu belegen.[76] Der Bau der Kirche und wohl auch der Ausbau des Klosters wären freilich ohne ihre Familie und die Zuwendungen an die beiden Schwestern nicht oder schwerer möglich gewesen; die Fortsetzung der Arbeiten stockte, als die Unterstützung ausblieb.

Sowenig es ist, was man aus der Frühzeit des Clarenklosters weiß, es sind zumindest einige Zusammenhänge deutlich. Dagegen sind aus der Geschichte des Klosters nach den ersten Jahrzehnten nur etliche Einzelheiten bislang bekannt. Allerdings hat der Konvent eines kontemplativen Frauenordens naturgemäß keine sonderlich bewegte Geschichte, wenn sie ihm nicht von außen aufgezwungen wird und etwa die Reformation am Ort nicht stattfindet. Innere Verhältnisse, zeitweilige Abweichungen von der Ordensregel und krisenhafte Zustände, wie sie in beinahe jedem Konvent irgendwann eintraten, und eventuelle Reformen müssen erst erkundet werden.[77] So weiß man derzeit außer von einer Anzahl von Äbtissinnen von manchem Rechtsstreit – etwa mit dem Ordensoffizial um Privilegien und Rechte,[78] um die seelsorgliche Betreuung, welche die Minoriten 1585 nicht länger übernehmen wollten,[79] oder um Besitzungen in und außerhalb der Stadt.[80] Man kennt in größeren Abschnitten die Geschichte des Gütererwerbs vor allem während des 14. Jahrhunderts sowie einzelne wirtschaftliche Aktivitäten.[81] Ansehen und Wohlhabenheit reihten das Kloster mindestens bis ins 16. Jahrhundert anscheinend unter die ersten der Stadt ein; freilich reichen zu sicheren Aussagen die wenigen bekannten Quellen noch nicht hin.

und 1599 in Deutschland reisenden Utrechter Juristen Arnold van Buchel, der auch Köln besuchte; die Nonnen sollen ‚zu wenig um ihre Keuschheit besorgt' gewesen sein, das Kloster habe man ‚ein Bordell für Mönche' genannt: Die drei Reisen des Utrechter Arnoldus Buchelius nach Deutschland, insbesondere sein Kölner Aufenthalt, hg. u. erl. Herm[ann] Keussen, in: Annalen des historischen Vereins für den Niederrhein 84, 1907, S. 1–102, hier 53 und 81. Vgl. für den Ruf des Viertels auch: Das Buch Weinsberg... Bd. 4, bearb. Friedrich Lau, Bonn 1898 (Publikationen der Gesellschaft für rheinische Geschichtskunde. 16, Bd. 4) S. 193f., und Franz Irsigler, Arnold Lassotta, Bettler und Gaukler, Dirnen und Henker. Randgruppen und Außenseiter in Köln 1300–1600, Köln 1984 (Aus der Kölner Stadtgeschichte) S. 179–193.

66 Nur zu Herkunft und verwandtschaftlichen Verbindungen der 53 ermittelten Kölnerinnen im Konvent zwischen der Gründung und etwa 1500 gibt es Auskunft in den Notaten zu den einzelnen Personen bei Militzer, Kölner Geistliche. Bd. 2 [Anm. 42], vgl. S. 671–673.

67 Zu Petronella, s. Gelenius, Colonia [Anm. 21] S. 540f. (über ihre visionäre Gabe; die Nachricht, sie sei aus dem Kloster Klarenberg bei Hörde/Dortmund gekommen, ist freilich irrig, das Kloster wurde erst 1339 gegründet; ferner von Mering/Reischert, Bischöfe [Anm. 21]. Bd. 2, S. 187; Wauer, Entstehung [Anm. 11] S. 69, 157; Hardick, Clarisse [Anm. 12] S. 439; Mattick, Frauengestalten [Anm. 21] S. 96f.; zur Familie s. Ennen, Geschichte [Anm. 35]. Bd. 2, S. 224).

68 Gelenius, Colonia [Anm. 21] S. 540f.: ‚Petronella de Scherue, Virgo sanctitatis fama celebris.'

69 Vgl. Gelenius, Colonia [Anm. 21] S. 541; Militzer, Kölner Geistliche [Anm. 42]. Bd. 2, S. 671. Die zu den folgenden Namen angegebenen Daten beziehen sich nicht auf das Abbatiat, sondern auf Nachweise in den Quellen; vgl. Militzer, Kölner Geistliche [Anm. 42]. Bd. 2, S. 8.

70 Johag, Beziehungen [Anm. 14] S. 298.

71 Ebd. S. 298; über die Herkunft der Heilwigis von Beechoven, die in einer Urkunde als ‚Domina Helwigis de Sancto Gerlaco, Abbatissa Monasterii sancte Clare Coloniense' genannt ist (vielleicht weil sie zunächst im Kloster St. Gerlach bei Houthem war?) und 1375 oder später starb, Mattick, Frauengestalten [Anm. 21] S. 102–107 (das Zitat S. 103); ferner Militzer, Kölner Geistliche [Anm. 42]. Bd. 2, S. 671. S. auch Quellen Köln [Anm. 34]. Bd. 4, Nr. 267 S. 280f.

72 Mattick, Frauengestalten [Anm. 21] S. 106f.

73 Die letzten Namen bei Militzer, Kölner Geistliche [Anm. 42]. Bd. 2, S. 671f. Mattick, Frauengestalten [Anm. 21] S. 107 nennt dagegen (ohne Belege) nach Heilwigis von Beechoven: Agnes von Oysze, Aleydis von Hardevust, Margareta vom Horne, Aleydis von Drongelen, Vrytzwindis von Malburgh. Allein aus den Lücken und/oder Diskrepanzen zwischen den diversen Listen der Äbtissinnen in der Literatur ist ersichtlich, daß ohne Studium möglichst aller Quellen kein Verzeichnis möglich ist.

74 Militzer, Kölner Geistliche [Anm. 42]. Bd. 2, S. 379f., 672.

75 Zu Isabella von Geldern: s. Urkunden und Regesten, ed. Sauerland [Anm. 23]. Bd. 3, Nr. 146 S. 62f., Nr. 258 S. 103f., Nr. 271 S. 107f. – Über Isabella und Philippa finden sich Bemerkungen in allen Abhandlungen über das Clarenkloster; statt einzelner Nachweise, die sich alle auf dieselben wenigen Quellen stützen und im wesentlichen dasselbe repetieren, hier nur der Hinweis auf Mattick, Frauengestalten [Anm. 21] S. 97–102, wo das wenige Bekannte wiederum ausschmückend dargelegt ist.

76 Zu Bibel und Retabel s. den zweiten Beitrag des Verf. in diesem Band.

77 1584 verlor der Konvent das Exemptionsprivileg, wurde unter Jurisdiktion des Kölner Erzbischofs gestellt; Gerß, Nachrichten [Anm. 21] S. 605f.

78 S. z. B. Karl Corsten, Geschichte des Kollegiatstifts St. Georg in Köln (1059–1802), in: Annalen des historischen Vereins für den Niederrhein 146/147, 1948, S. 64–150, hier 135 Nr. 26; Anna-Dorothee v. den Brincken, Das Stift St. Georg zu Köln (Urkunden und Akten 1059–1802), Köln 1966 (Mitteilungen aus dem Stadtarchiv von Köln. H. 51) S. 313: der Dechant von St. Georg 1417 durch Papst Martin V. beauftragt, einen Streit zu entscheiden.

79 In dem Streit um die täglichen zwei Messen, ferner um Predigt und Beichte, zu denen die Minoriten seit mindestens anderthalb Jahrhunderten verpflichtet waren, und um das Entgelt der Nonnen fungierte der Ratsherr Hermann von Weinsberg 1585 als Schiedsrichter; er berichtet darüber in seiner Chronik: Das Buch Weinsberg... Bd. 3, bearb. Friedrich Lau, Bonn 1897 (Publikationen der Gesellschaft für rheinische Geschichtskunde. 16, Bd. 3) S. 292f.

80 Z. B. eine Auseinandersetzung 1321 um den Hürther Bach, an dem ein Gut des Klosters lag; [Leonard] Ennen, Der Hürther Bach, in: Annalen des historischen Vereins für den Niederrhein 18, 1867, S. 180–207, hier 191f.

81 S. Keussen, Topographie [Anm. 16]. Bd. 2, Orts- und Personenregister S. 404 s. v. ‚S. Clara'; ferner Gerß, Nachrichten [Anm. 21] S. 604. Außerdem führen die Register der ‚Annalen des historischen Vereins für den Niederrhein' zu einer Reihe von Belegen unter anderem der Besitz- und Wirtschaftsgeschichte des Klosters. Hinweise auf die weiteren bei Marianne Gechter, Kirche und Klerus in der stadtkölnischen Wirtschaft im Spätmittelalter, Diss. Bonn 1982 (Beiträge zur Wirtschafts- und Sozialgeschichte. Bd. 28) S. 74, 78, 204 (194–204 über die Kölner Klöster, einschließlich St. Clara als Rentengläubiger der Stadt), 246–248 (über die acht Häuser, die das Kloster 1487 im Schreinsbezirk St. Kolumba hatte und von denen ihm 1589 keines mehr gehörte), ferner S. 310 Anm. 615, S. 319 Anm. 758, Tabellen S. 355, 358, 362, 416, 418. Zu den Häusern in St. Kolumba s. Greving, Steuerlisten [Anm. 36] S. 60/1, 78/9, 90/1; ders., Wohnungs- und Besitzverhältnisse [Anm. 59] S. 27. – An sonstigen verstreuten Nachrichten z.B.: Schaden durch Sturm und Unwetter 1434: Cölner Jahrbücher des 14. und 15. Jahrhunderts, ed. H[ermann] Cardauns, in: Die Chroniken der deutschen Städte vom 14. bis ins 16. Jahrhundert. Bd. 13, Leipzig 1876, S. 1–208, hier 69,12–15, 70,7–9.

82 Vgl. Gelenius, Colonia [Anm. 21] S. 540, und von Mering/Reischert, Bischöfe [Anm. 21]. Bd. 2, S. 181. Vielleicht war diese Meinung durch die Mosaikgestaltung der Mauer angeregt, die freilich nicht singulär war, sondern sich an vielen Türmen fand. Zu Gelenius' Ableitung des Namens ‚Lehnportz' (Löwenpforte) vom Namen Helena s. Scheben, Thorburgen [Anm. 33] S. 184f.

83 In mittelalterlichen Quellen wird der Turm als ‚cloaca' oder ‚turris camere secrete' bezeichnet. Keussen, Topographie [Anm. 16]. Bd. 2, S. 233b, 234a, 265a. Archäologische Untersuchungen haben diese Funktion bestätigt; s. Anm. 35.

84 Drei, in einem Band zusammengebundene Skizzenbücher, im Kölnischen Stadtmuseum (Zug. Verz. 69/1908); insgesamt 71 lavierte Federzeichnungen; fol. 62: ‚S. Clara'. Die Signatur ‚J. Finckenbaum' (von späterer Hand, Ende des 18. Jahrhunderts) wird auf den Stecher und Verleger Johannes Vinckboons bezogen – Hugo Rahtgens, Kölner Architekturbilder in einem Skizzenbuch des XVII. Jahrhunderts, in: Zeitschrift für christliche Kunst 23, 1910, Sp. 37–52, 65–80, zu St. Clara Sp. 52; Heinrich Dattenberg, Niederrheinansichten holländischer Künstler des 17. Jahrhunderts, Düsseldorf 1967 (Die Kunstdenkmäler des Rheinlands. Beih. 10) S. 336–343 Nr. 364–434 – oder auf dessen Bruder, den Architekten Justus Vinckboons (1620/1–1698), so M. D. Ozinga, Art. ‚Vinckeboons, Justus', in: Allgemeines Lexikon der bildenden Künstler..., begr. Ulrich Thieme, Felix Becker, hg.

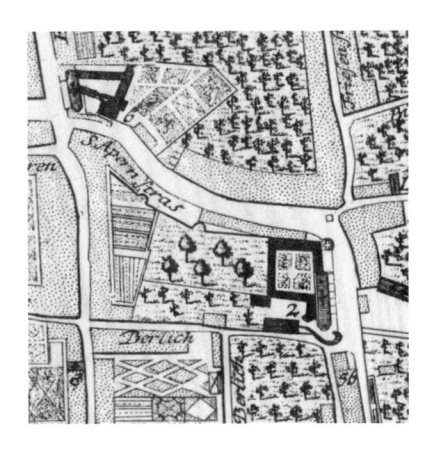

Das Kloster im Stadtplan von Johann Valentin Reinhardt, 1752, Kölnisches Stadtmuseum. (Abb.: RBA)

Hans Vollmer. Bd. 34, Leipzig 1940, S. 388-389, und Günther Binding, Köln- und Niederrheinansichten im Finckenbaum-Skizzenbuch 1660-1665, Köln 1980 (Aus der Kölner Stadtgeschichte), zu St. Clara S. 118f. – Das Skizzenbuch sah Sulpiz Boisserée 1829 bei Peter Cornelius; Sulpiz Boisserée, Tagebücher 1808-1854. I-IV, hg. Hans-J. Weitz, Darmstadt 1978-1985, hier II, S. 368f.

85 Zu den beiden Türmen Schultze/Steuernagel, Colonia [Anm. 29] S. 22-27; Scheben, Thorburgen [Anm. 33] S. 129-132; Die Kunstdenkmäler der Stadt Köln. Bd. 1 Abt. 1/2, Düsseldorf 1906 (Die Kunstdenkmäler der Rheinprovinz. Bd. 6 Abt. 1/2) S. 168-178. Die halbrunden Fensteröffnungen der oberen, wohl nach einer Zerstörung wiederhergestellten Partie des Clarenturms sind vermutlich in mittelalterlicher Zeit eingebrochen worden. – Das Parfusenwichhaus stand in voller Höhe bis 1845/46; neben ihm war die römische Mauer schon früh durchbrochen, das Tor zum Berlich nennt die in Anm. 31 zitierte Schreinsurkunde; Keussen, Topographie [Anm. 16]. Bd. 1, S. 7*, 275a, 305b; Die Kunstdenkmäler der Stadt Köln. Bd. 2 Abt. 4, Düsseldorf 1930 (Die Kunstdenkmäler der Rheinprovinz. Bd. 7 Abt. 4) S. 60f.

86 Zum Helenenturm, einem Halbturm wie der Parfusenturm, s. Schultze/Steuernagel, Colonia [Anm. 29] S. 23, 27f.; Kunstdenkmäler Köln. Bd. 1 Abt. 1/2 [Anm. 85] S. 172, 175; Doppelfeld, Stadtmauer [Anm. 29] S. 7, 34.

87 An diesem Friedhof lagen die Kapelle St. Vincenz (gestiftet 1318, ab 1331 mit

Zu Kloster und Kirche

Kern des gemäß langer Tradition angelegten Klosterbezirks im nordwestlichen Winkel der ehemaligen römischen Stadt war ein von Flügelbauten umgebener Hof mit Kreuzgang. Wie der Grundriß im einzelnen aussah, ist schwer auszumachen, denn für die Kenntnis der Anlage stehen nur die Abbildungen in Vogelschauansichten der Stadt oder die Pläne zwischen dem späten 16. und mittleren 18. Jahrhundert zur Verfügung, die in Grundrißdisposition und Angabe der Baumassen unterschiedlich genau, teils lediglich summarisch sind und teils auch von einander abweichen. Gemäß des genauesten, jedoch jüngsten Plans, des Stadtplans von Johann Valentin Reinhardt von 1752 (‚*Nova et accurata Ichnographia Liberae ac Imperialis Civitatis Coloniensis anno 1752 ...*'), ist die Anlage folgendermaßen zu beschreiben.

An zwei Seiten, im Norden und Westen, war die weitgehend intakte römische Stadtmauer nicht nur Begrenzung des Areals: Die Nordseite nahmen ein kürzerer Trakt und die Kirche des Klosters ein; von der antiken Mauer waren hier größere Abschnitte erhalten, teils diente sie als Fundament der neuen Bauteile. Auch in der Außenwand des Westtrakts war sie wohl aufgegangen. Dies setzte voraus, daß die Stadtmauer mitsamt ihren Toren und Türmen ihre fortifikatorische Bedeutung verloren hatte; dies war längst der Fall, als die vorhandenen Bauten ab 1304 für das Kloster adaptiert und neue errichtet wurden. Denn es hatten sich Siedlungen außerhalb der Mauer gebildet, seit 1106 durften diese Außenbezirke wiederum befestigt werden, und seit 1180 baute man die große Stadtmauer. Die beiden an der Nordseite stehenden Türme waren in die Konventgebäude einbezogen: Der Eckturm der römischen Mauer, der sogenannte Clarenturm mit seinem Mosaik aus Steinen verschiedener Sorten und Farben, der in der frühen Neuzeit als Relikt des römischen Militärpraetorium und späteren Hauses von Kaiser Konstantin und dessen Mutter Helena galt,[82] diente dem Kloster als Latrine.[83] Auf der einzigen einigermaßen verläßlichen bildlichen Darstellung der Kirche in einem Justus Vinckboons zugeschriebenen Skizzenbuch (um 1660/65; Abb. S. 52)[84] ist der Turm im veränderten Zustand wiedergegeben: etwas höher als der heute überlieferte originale Bestand, im oberen Geschoß einen Wehrgang enthaltend und mit einem Kegeldach versehen, auf dessen Spitze ein zur Lüftung dienender offener Aufbau saß. Die nordöstliche Ecke des Klosterbezirks markierte der einst ebenfalls für Verteidigung ausgebaute Parfusenturm;[85] er stand im Verbund mit den am Berlich gelegenen Wirtschaftsgebäuden. An diese schloß sich der Außenflügel, der mit dem südlich an der Kirche gelegenen Trakt sowie dem östlichen Kreuzgangflügel einen zweiten, kleineren Hof außerhalb der Klausur einschloß. Nach Süden erstreckte sich der ummauerte Baum- und Weingarten, dessen westliche Begrenzung die antike Mauer mit dem sogenannten Helenenturm bildete; mit ihm war ein dritter römischer Turm in den Klosterbereich einbezogen: der dem Clarenturm südlich benachbarte.[86]

Nördlich des Klosters lag der um 1300 für Arme und Fremde angelegte ‚Elendige Kirchhof', auf dem auch die Nonnen des Clarenklosters bestattet wurden.[87]

Da der Plan von Reinhardt möglicherweise einen veränderten, späten Zustand wiedergibt, ist der mittelalterliche Zustand schwer zu ermitteln. Die älteren Vogelschauansichten der Stadt zeigen anderes als dieser erste geometrisch korrekte Plan, doch widersprechen sie einander. Sie zeigen alle übereinstimmend die Kirche an der Nordseite, südlich von ihr das Qua-

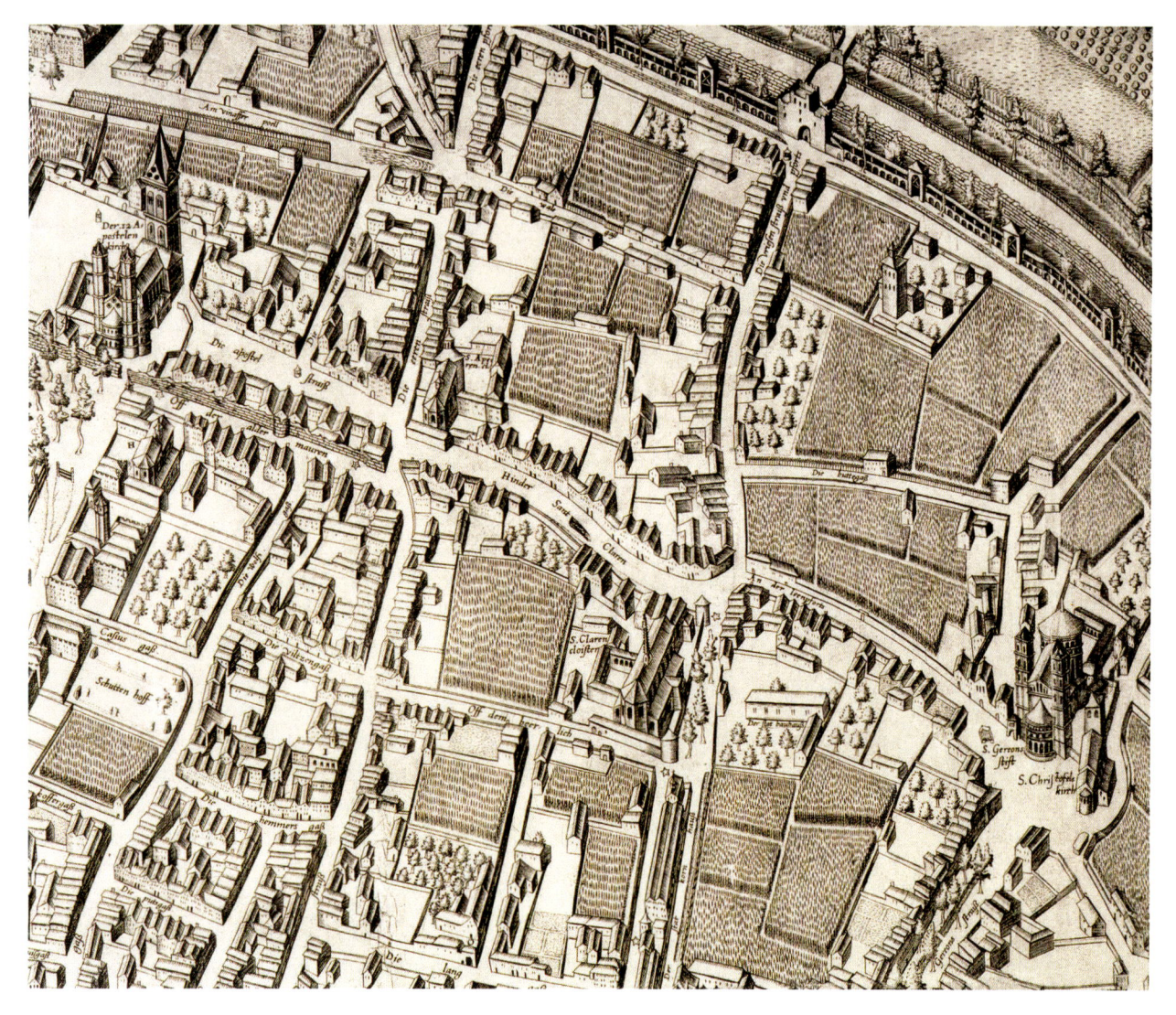

Das Kloster in der Vogelschauansicht von Arnold Mercator, 1571, Kölnisches Stadtmuseum. (Abb.: RBA)

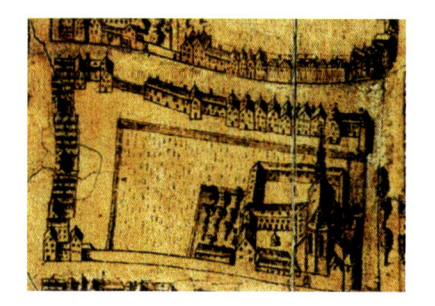

drum. Die Darstellung auf der Ansicht von Arnold Mercator 1571 ist, wie die erheblich genauere Zeichnung aus dem Skizzenbuch um 1660/65 erweist (Abb. S. 52), sicher falsch oder zumindest ungenau hinsichtlich der Kirche und ihrer Position im Verhältnis zur nördlichen Römermauer, der Proportionen zwischen Kirche und Kloster sowie der sonstigen Bebauung.[88] Doch trifft sie vielleicht das Richtige, was die Konventgebäude angeht, denn sie wird durch die ihr im wesentlichen entsprechende Ansicht (von Westen statt von Osten) auf dem Plan in Georg Brauns und Franz Hogenbergs Städtebuch von 1572 bestätigt. Danach gab es ein kleines Quadrum südlich der Kirche, anscheinend nicht ganz geschlossene Höfe südlich und östlich (am Berlich) des Hofes und einen kurzen Trakt westlich der Kirche, der jedoch nicht mit dem Clarenturm verbunden war. Spätere Pläne zeigen ziemlich einheitlich ein größeres Quadrum, das sich zwischen der Flucht der Kirchenfassade und der Grundstücksmauer am Berlich erstreckt.[89] Diese Wiedergaben der Konventgebäude mit so weit östlich gelegenem Kreuzgang scheinen jedoch eher Abbreviatur von ‚Kloster' zu sein als Abbild.

Die Ansicht von Johann Schott 1658 und der anonyme gezeichnete, in der Konzeption Mercator folgende, jedoch aktualisierte Plan von 1702 (‚*Coloniae Agrippinae urbis florentissimae nova et accurata delineatio. Anno 1702*')[90] geben zwei Höfe wieder, einen westlichen und einen östlichen.

Das Kloster im Plan ‚Coloniae Agrippinae urbis florentissimae nova et accurata delineatio. Anno 1702', Historisches Archiv der Stadt Köln.

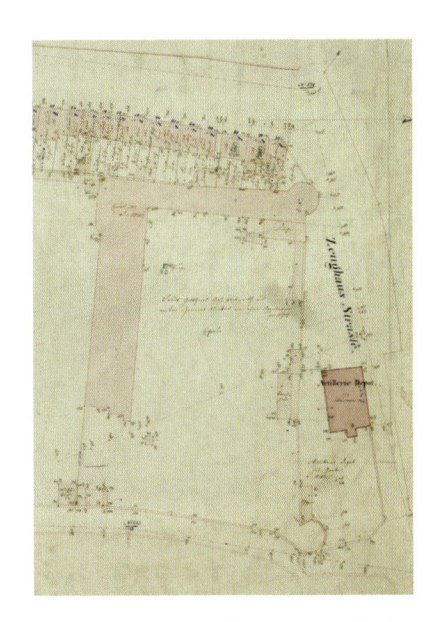

Davon weicht der kleinformatige, dennoch – wie für andere Orte erwiesen – zuverlässige Stadtplan von Reinhardt (1752) deutlich ab: Hiernach gab es keinen Quertrakt in der Flucht der Kirchenfassade, vielmehr reichte der eine, weitere Hof bis zu den Bauten an der römischen Stadtmauer im Westen; östlich gab es ein weitgehend abgeschlossenes, schmales Areal zwischen Kreuzgangflügel und anderen Gebäuden am Berlich, ein kurzer Trakt verband Kirche und Clarenturm. Diese Anlage bestätigt – soweit möglich – das entsprechende Blatt des Urkatasters von 1836, auf dem nach den Abbrüchen seit 1804 noch der südliche und der westliche, an den Clarenturm stoßende Flügel sowie ein schmaler, ehemals vom Turm bis zur Kirche reichender Bau eingetragen sind. Diese Diskrepanz zwischen den älteren Ansichten (bis 1702) und dem Plan von Reinhardt 1752 könnte darauf deuten, daß die Anlage in der ersten Hälfte des 18. Jahrhunderts verändert und der Hof erheblich vergrößert wurde, da man den westlichen Trakt abbrach.[91]

Doch ob es von Anfang an den einen großen Kreuzganghof oder zwei Höfe hintereinander gab, ist derzeit wohl nicht sicher zu entscheiden. Die Rekonstruktion des Grundrisses in den ‚Denkmälern der Stadt Köln' (1937); suggeriert allzu große Gewißheit, noch mehr das danach angefertigte Modell des Clarenklosters.[92] Beide vermitteln freilich einen Eindruck von der Klosteranlage, selbst wenn das Aufgehende der Konventgebäude teils weitgehend fiktiv ist und im Modell alles frei erfunden scheint, was die Skizze nicht vorgibt.[93] Hiernach hätte der Hof etwa 32 x 35 Meter gemessen.[94]

Nur in einem Punkt sind noch konkrete Aussagen zu den Konventgebäuden möglich, da originale Bausubstanz erhalten oder – vor ihrer modernen Veränderung beim Wiederaufbau – photographisch dokumentiert ist: im Fall jenes Teils vom Südtrakt des Quadrum, der nach neuer Deutung

Urkataster, 1836. (Abb.: Katasterarchiv)

Abb. folgende Seite: Modell des Klosters (Rekonstruktionsversuch) von 1929, ehemals Rheinisches Museum, im Zweiten Weltkrieg zerstört.

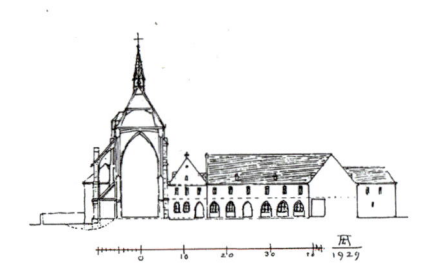

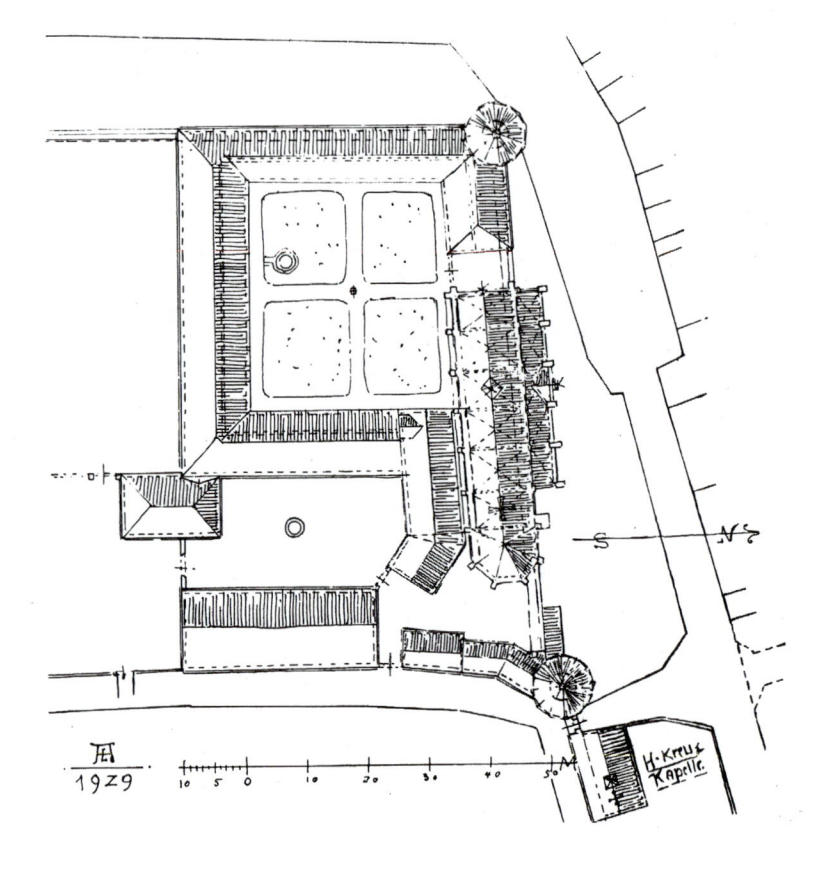

o. u. r.: Darstellung des Klosters in den ‚Denkmälern der Stadt Köln', gezeichnet von L. Arntz 1929, veröffentlicht 1937.

einer Franziskanerinnenklause) und die 1344 von Agnes von Lyskirchen gestiftete Heiligkreuzkapelle; letztere befand sich am Berlich gegenüber dem Parfusenwichhaus (zwischen Kapelle und Turm das in Anm. 85 erwähnte schmale Tor in der römischen Mauer). Scheben, Thorburgen [Anm. 33] S. 90; Keussen, Topographie [Anm. 16]. Bd. 2, S. 263b–264b; Kunstdenkmäler Köln. Erg.Bd. [Anm. 15] S. 295–297, 338; ebd. Bd. 2 Abt. 4, S. 326.

88 S. Anm. 101.

89 So auf den Ansichten von Symon Vonden Nuvel 1589, Wenzel Hollar 1635, Mat-

51

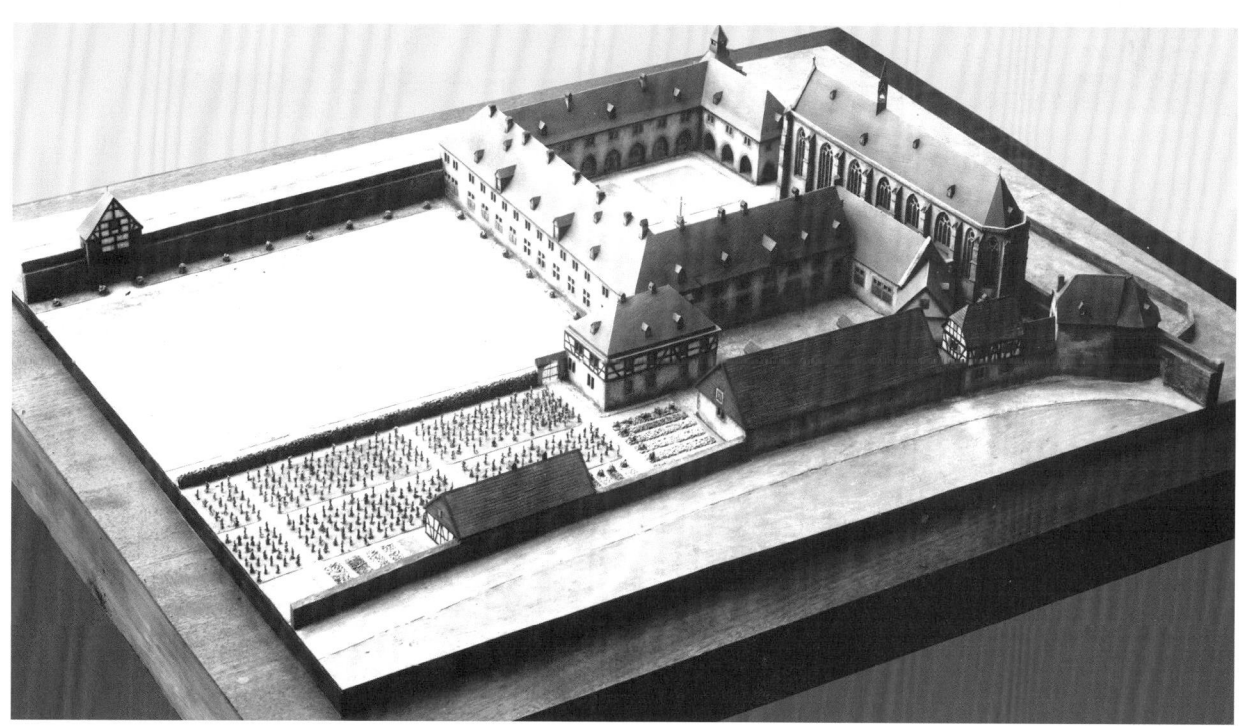

Justus Vinckboons: St. Clara und der Römerturm, 1660/65 (größere Ansicht s. S. 15), Kölnisches Stadtmuseum. (Abb.: RBA)

thäus Merian 1637 und der nach 1670 erschienenen ‚Eigentlichen abbildung des H. Römischen Reichs freyer Statt Cöllen'. Abbildungen in: Köln in Vogelschauansichten..., bearb. Werner Schäfke, Köln 1992.

90 HAStK, Best. 7103/16. Hierzu L[eonard] Ennen, Die Prospekte der Stadt Köln aus dem XV. bis XVIII. Jahrhundert, in: Jahrbuch der Königlich Preußischen Kunstsammlungen 2, 1881, S. 78–88, hier 88.

91 So jedenfalls deutet Wolfram Hagspiel die Unterschiede, auf dessen Argumente und einzelne Beobachtungen hier nur verwiesen sei.

92 Grundrißskizze von Ludwig Arntz in: Kunstdenkmäler Köln. Erg. Bd. [Anm. 15] S. 280; sie stimmt in einem nicht unwichtigen Punkt mit der Zeichnung aus dem Skizzenbuch von 1660/65 nicht überein: die Außenwand des nördlichen Seitenschiffs der Klosterkirche steht nicht über der römischen Stadtmauer, sondern ist nach Norden versetzt, so daß die Pfeiler der Kirche auf der Linie der Mauer stehen würden.

93 S. Anm. 101.

94 Kunstdenkmäler Köln. Erg.Bd. [Anm. 15] S. 279–282. Hier sind – ohne Quellenverweis – diese Maße der lichten Weite des Quadrum angegeben; unbekannt ist, worauf die ebd. genannten Funktionen der Bauteile gestützt sind, oder ob es sich lediglich um Mutmaßungen handelt: Im Trakt südlich an der Kirche und im östlichen Kreuzgangflügel sollen sich Gerkammer, Kapitelsaal und Remter befunden haben, im südlichen Flügel ebenerdig der große Remter und darüber das Dormitorium, im westlichen Vor-

der ursprüngliche Parfusenhof war.⁹⁵ Sein Keller ist als Raum mit dem originalen Basalt-Tuff-Mauerwerk erhalten; entweder bei der Herrichtung des Hofes für das Kloster zwischen 1304 und 1306 oder anläßlich des Ausbaus ab 1336, als der Bau abgetragen und neuerrichtet wurde, erhielt der Keller, der vorher wohl eine Balkendecke auf Stützen hatte, vier schwere, durch Rundbögen verbundene Pfeiler und zwei längsgerichtete, in Ziegeln gemauerte Tonnengewölbe. Das aufgehende Mauerwerk des zweigeschossigen Baus bildet den Kern des noch bestehenden, seit 1820 in klassizistischen Formen umgebauten Hauses des heutigen Anwesens Am Römerturm 3. In der Ruine des 1943 zum Teil zerstörten und 1972/74 wiederhergestellten Baus war der ursprüngliche zu erkennen: Das Erdgeschoß war an der Nordseite in einer Reihe von Spitzbögen geöffnet, weshalb man annehmen kann, daß diese Seite der Kreuzgang einnahm. Der übrige Teil des Baus war in zwei Schiffe geteilt; dieser Raum diente vielleicht als Refectorium. Der Kreuzgang zog sich vermutlich an drei Seiten um den Hof; ob es auch einen vierten Flügel an der Südseite der Kirche anstelle von deren wahrscheinlich nicht gebautem Seitenschiff gab, ist nicht zu entscheiden. Auch vieles andere muß offen bleiben: ob es einen durchgreifenden Umbau in der frühen Neuzeit gab – eventuell in barocken Formen, wie die Vogelschauansicht von 1702 nahelegt (Abb. S. 49), die auf der Kirche einen Dachreiter mit welscher Haube zeigt und damit der einzige bildliche Beleg für eine solche Veränderung wäre.

Über die Baugeschichte der Klosterkirche ist nichts bekannt. Vermutlich begann man mit dem Bau um 1336, als auch die Konventgebäude errichtet wurden. Außer den Schwierigkeiten mit dem Baufortgang 1343 ist als einziges Datum das Jahr 1347 bekannt: Damals wurde von der Äbtissin Bela (Isabella von Geldern?) ein Altar ausgestattet (‚geschmückt'), wie eine Notiz aus dem späten 16. Jahrhundert besagt, die sich wiederum auf Inschriften stützt.⁹⁶ Was dies im einzelnen bedeutet, ist nicht auszumachen; es könnte sich um den Hauptaltar der Kirche gehandelt haben. Das Datum wird wohl bedeuten, der Bau war zumindest soweit fertiggestellt, daß er benutzt werden konnte. Allgemein wird der Hinweis als Weihe des Altars und der Kirche verstanden und das Datum daher als Zeitpunkt der Vollendung angesehen.[97] Dies in dem Hinweis zu lesen, dürfte jedoch zuweit gehen.

Wie die Kirche aussah, überliefert detailliert allein die Zeichnung im erwähnten Skizzenbuch von 1660/65, die den Bau von Nordwesten zeigt. Die kleinformatigen Darstellungen auf Vogelschauplänen oder Ansichten der Stadt entsprechen ihr zumindest in der allgemeinen Charakteristik als summarische Wiedergaben eines hohen einschiffigen, gotischen Baus mit Dachreiter. St. Clara war offenbar als dreischiffige Basilika geplant. Unsicher ist, ob jemals mehr ausgeführt wurde als das mit der Zeichnung Dokumentierte: ein schmales, hohes, fünfjochiges Mittelschiff mit in selber Breite anschließendem Chor mit 5/8-Schluß[98] und durchgehendem, steilem Satteldach. Über dem mittleren Langhausjoch saß auf dem First ein kleiner vierseitiger, übereckgestellter Dachreiter mit spitzem, krabbenbesetztem Helm.[99] Das nördliche Seitenschiff ist gemäß der Ansicht bis dahin (1660/65) unvollendet geblieben, seine fensterlose Außenwand erreichte nur die Höhe des im dritten Joch sitzenden Portals. Über seinen Pultdächern ragten sechs freistehende, dreifach abgetreppte Strebepfeiler auf, von denen Strebebögen an die Hochschiffwand liefen (an den drei östlichen Strebepfeilern befanden sich Wasserspeier). Die Dächer des Seitenschiffs reichten nur bis an die hintere Kante der Strebepfeiler; zwischen den beiden östlichen Pfeilern scheint die von einem Lanzettfenster durchbrochene Seitenschiffwand bis zur Traufe bestanden zu haben. Ob dieses rudimentäre Schiff damals überhaupt ein vom Mittelschiff aus zugänglicher Raum war, kann man bezweifeln.[100] Den Obergaden gliederten flache Wandvorlagen und weit oben über hoher Schildwand spitzbogige Maßwerkfenster, die fast die ganze Breite der Achse einnahmen; das wohl schmalere westliche Joch hatte kein Fenster. Die Mittelschiffarkaden waren vermauert. An den Kanten des Chores saßen bis knapp zur Traufe reichende Strebepfeiler; am westlichen Chorjoch befand sich ein im Grundriß quadratischer, erst ab Kämpferhöhe der Fenster achteckiger Treppenturm mit spitzem Zeltdach. Die Nordwand des Seitenschiffs erhob sich über Fundament oder Sockel der antiken Stadtmauer.[101]

Die Westfront, von Eckstrebepfeilern gerahmt, war eine schmale hohe Wand mit großem Maßwerkfenster. An Einzelformen ist auf der Zeichnung nur das in den Fenstern des Obergadens zweibahnige, in dem der Westwand vierbahnige Maßwerk mit einer Kreisform (oder einem Vierpaß, einem sphärischen Quadrat?) in der Spitze zu erkennen sowie die filigrane Gliederung des Türmchens mit Wimpergen und Fialen, Kreuzblumen und Krabben.[102] Die relativ aufwendige Bauform mit offenem Strebewerk läßt annehmen, ursprünglich sei auch ein südliches Nebenschiff beabsichtigt gewesen, das anscheinend jedoch nicht gebaut wurde, wie der Plan von Reinhardt nahelegt (Abb. S. 48).[103] Die Kirche blieb wahrscheinlich ein Torso – dies wohl aufgrund der finanziellen Schwierigkeiten der fördernden Familie von Geldern und damit des Klosters. Sie wurde offenbar nur soweit fertiggestellt, daß sie zu benutzen war; zur Vollendung gemäß dem ursprünglichen Plan kam es nie.

Dieser Bau von allenfalls mittlerer Größe, eine von mehreren turmlosen Kirchen des 14. Jahrhunderts in der Stadt, läßt sich, sowenig seine Abbildungen im einzelnen zeigen, typengeschichtlich gleichwohl bestimmen. Er entspricht jener großen Gruppe von Kirchen, die für Bettelorden und

ratsräume sowie Werk-und Wohnräume der Laienschwestern, im Außenflügel am Berlich Sprech- und Gastzimmer, an der Südostecke des Quadrum das Backhaus. Zu den ummauerten Gärten vgl. die Bemerkungen aus dem Lagerbuch des Rütger von Gymnich bei Gerß, Nachrichten [Anm. 21] S. 599.

95 Hier ist lediglich resümiert, was Wolfram Hagspiel in seinem Beitrag ausführlicher darlegt. Der Keller und das Haus wurden zuvor zu erklären versucht von Hiltrud Kier, Zur Geschichte des Hauses „Am Römerturm" Nr. 7 [heute Nr. 3] in Köln, in: Rheinische Heimatpflege NF 13, 1978, S. 41–45.

96 Die Textstelle lautet: Hoc Clarissarum Monasterium fundavit quaedam Comitissa Geldriae, quae et prima istius loci Abbatissa fuit (nomine Bela). Anno 1347, ut expressum est in interiore Virginum choro in Lamina aerea, quae duplex imposita est maiori & summo altari, quod antiquo sumptu egregiae illustravit, et sacras reliquias, magno pietatis affectu, lapillis et gemmis speciosis exornari curavit, quibus ipsa Comitissa fundatrix et soror sua Philippa, quae enim ipsa Monasterium istud ingressa, usae fuerunt in vestibus suis. Et ad sane fundationem Abbatissa S. Ursulae donavit duodecim sacra corpora. Die Nachricht findet sich in den ‚Rapsodiae Colonienses' (1590) des Dechanten an St. Maria ad gradus, Georg Braun; die Aussage über das Kloster selbst ist zwar falsch, doch die Auskunft über Inschriften an den Altären beruht offenbar auf Augenschein. Sie ist mitgeteilt von Hans Vogts, Eine Nachricht über die Entstehung des Klarenaltars, in: Zeitschrift für christliche Kunst 29, 1916, S. 89–91; danach Petra Zimmer, Die Funktion und Ausstattung des Altares auf der Nonnenempore. Beispiele zum Bildgebrauch in Frauenklöstern aus dem 13. bis 16. Jahrhundert, Diss. Köln 1990, S. 177f.

97 Kunstdenkmäler Köln. Erg.Bd. [Anm. 15] S. 280; die seither erschienene Literatur bezieht sich stets hierauf, Nachweise erübrigen sich.

98 Diese Beschreibung des Chores wird man wohl aus der Darstellung auf dem Plan Mercators von 1571 ableiten dürfen, eine Brechung in mehr Polygonseiten ist bei den Dimensionen der Kirche kaum anzunehmen. – In Kunstdenkmäler Köln. Erg.Bd. [Anm. 15] S. 281, sind als Maße des Baus angegeben: ungefähr 30 Meter Länge, 7 Meter Mittelschiffbreite, 3 Meter Seitenschiffbreite. Ansonsten war die Kirche kaum eine nähere Behandlung in der Literatur wert. Nach Bellot, Klarissenkloster [Anm. 1] S. 208–210: Klaus Gereon Beuckers, Köln: die Kirchen in gotischer Zeit. Zur spätmittelalterlichen Sakralbautätigkeit an den Kloster, Stifts-

und Pfarrkirchen in Köln, Köln 1998 (Stadtspuren – Denkmäler in Köln. Bd 24) S. 261–263; Carola Jäggi, Frauenklöster im Spätmittelalter. Die Kirchen der Klarissen und Dominikanerinnen im 13. und 14. Jahrhundert, Petersberg 2006 (Studien zur internationalen Architektur- und Kunstgeschichte. 34) S. 125f.

99 Anscheinend wurde in der zweiten Hälfte des 17. Jahrhunderts der gotische Dachreiter durch einen barocken mit geschweifter Haube ersetzt; einen solchen bildet jedenfalls der Vogelschauplan von 1702 ab; s. oben, vgl. Abb. S. 49.

100 Ob das Seitenschiff später geschlossen war, ist unbekannt; während die Zeichnung Pultdächer zeigt, sind auf dem Plan von Reinhardt 1752 (Abb. S. 48) sechs kurze Querstriche seitlich des Hauptschiffs angegeben, die anscheinend die Strebepfeiler und -bögen andeuten.

101 Zwei Bildzeugnisse machen diese Position von römischer Mauer und Kirche gewiß: Gemäß der Vinckboons zugeschriebenen Zeichnung fluchtete die Mauer zwischen Clarenturm und erstem Strebepfeiler mit der Seitenschiffwand und setzte sich östlich in entsprechender Distanz vom Chor fort. Nach dem Aquarell von Osterwald (Anm. S. 254/55) saßen nach dem Abbruch an der offenbar selben, nun als Grundstücksbegrenzung dienenden Mauer Reste von Strebepfeilern mit Wasserschlag, außerdem befand sich sich zwischen zweien eine Toröffnung. Hierbei kann es sich nur um die ehemalige Wand des Seitenschiffs handeln. In diesem Punkt sind Arntz' Rekonstruktion (Kunstdenkmäler Köln. Erg.Bd. [Anm. 15] S. 280; Abb. S. 50) und das ihr folgende Modell (Abb. S. 51) falsch, weshalb auch die Beziehung zum Klausurtrakt westlich der Kirche zu korrigieren ist – doch wie? Am Modell ist nicht nur frei ergänzt, wofür keine bildlichen Vorgaben zur Verfügung stehen (südliche Hochschiffwand mit Strebepfeilern, unterschiedlich großen Fenstern und Wasserspeiern), diese Rekonstruktion enthält auch etliche Fehler, z. B. ist der Treppenturm vom Boden an achteckig. Vor allem sind gegenüber der Zeichnung die Proportionen des Baus verändert, ist der unvollendete Zustand in den stimmigen eines Standard-Kirchenbaus umstilisiert. Der Kontrast zwischen der (hier niedrigeren) Hochschiffwand und dem Seitenschiff ist stark gemildert, letzteres wird als fertig präsentiert. Über seinen erhöhten, dennoch fensterlosen Außenmauern steigen Pultdächer bis knapp unter die verlängerten Obergadenfenster an. In dieser Version hätte es nur eine sehr schmale Wandzone zwischen Mittelschiffarkaden und Obergaden gegeben.

diesen in Baugewohnheiten nahestehende Orden errichtet wurden und in denen während der ersten Hälfte des Jahrhunderts nicht mehr die ursprüngliche, rigide Reduktion der Formen als Prinzip (oder als Indifferenz gegenüber architektonischer Gestalt) herrschte, ein schlichter Baukörper nicht allein mehr mit den einfachsten gotischen Formen gegliedert war. Wesentliche Merkmale definieren die Stellung von St. Clara in der Tradition der Bauten für die Mendikanten, teils auch speziell jener für die weiblichen Zweige.[104] Dreischiffige, gewöbte Basiliken waren – nachdem es keinen Idealplan und auch keine Vorschriften für Bauformen, nur Anweisungen zu Einfachheit und Verzicht auf Aufwand gab, und nachdem die Gewohnheit der Franziskaner, ihre Kirchen gemäß der Generalkonstitution des Ordens von 1260 mit Flachdecken, nur die Chöre mit Gewölben zu versehen, nie alleinige Norm war[105] – eine mögliche, wenngleich seltenere Form; einige Beispiele standen im Rheinland.[106] Trotz der anderen typengeschichtlichen Herkunft des ursprünglichen Plans wurde der Bau von St. Clara aufgrund des unvollendeten Zustands in die Nähe des seit dem 12. Jahrhundert üblichen Typus einschiffiger Kirchen für weibliche Orden gerückt, den Zisterzienserinnen und von diesen die neuen Frauenorden übernommen hatten. Diesen wegen der Abfolge von tiefer Nonnenempore, Laienraum und Chor langgestreckten Räumen entsprachen die Proportionen des Mittelschiffs von St. Clara, wobei das Verhältnis 1 : 4 von Breite zu Länge (etwa 7 x 30 Meter) noch keines der bei Zisterzienserinnenkirchen möglichen extremen war.[107] Die schmale, ungegliederte Westwand mit großem Fenster, der Chor in Breite des Mittelschiffs und die durch Gewölbe und Wandgliederung bewirkte Zusammenfassung der Räume (zumindest des Chores und Laienraumes zu einer Art Langchor), das Chorpolygon mit Strebepfeilern, der durch übergreifende Gliederung vereinheitlichte Außenbau unter durchgehendem Dach, ferner der Treppenturm am Choransatz und der Dachreiter auf dem First – dies sind Charakteristika der nicht mehr ganz schlichten Bauten etwa seit der Mitte des 13. Jahrhunderts.[108]

Doch weder die Gruppe der einschiffigen, vollständig gewölbten Nonnenkirchen von vielfach sieben Jochen, eine Art ‚Normaltypus' unter den im gotischen System weiterentwickelten Bauten,[109] noch die wenigen dreischiffig-basilikalen mit flachgedecktem Langhaus und extrem langem, bis zu siebenjochigem gewölbten Chor[110] haben unmittelbar auf den Plan von St. Clara gewirkt, vielmehr der verbreitete Typus der dreischiffigen, gewölbten Franziskanerkirchen mit vortretendem Chor. Das nächstgelegene Beispiel, die Kölner Minoritenkirche (Bauzeit 1245/46 bis gegen Mitte des 14. Jahrhunderts), scheint tatsächlich Vorbild gewesen zu sein.[111] Statt gemäß einfacher Kastenstruktur, weitgehender Formenarmut und bloßer Kombination von Wandflächen und gotischem Gewölbebaldachin war St. Clara als ein im Sinn des vielgliedrigen gotischen Systems organisierter Bau geplant. Der Entwurf der Minoritenkirche war im wesentlichen bereits ein Zeugnis der Rezeption des in französischen Bauhütten entwickelten Gliedergerüsts – in vereinfachte Formen umgesetzt – und wich in dieser Hinsicht von den Gewohnheiten der Bettelorden und ihren simpel strukturierten Kirchen ab. Damit vergleichbar sind an St. Clara die Grundrißdisposition, der Baukörper mit Sattel- und Pultdächern sowie offenem Strebewerk, die Gliederung von Chor und Hochschiffwand, die Westfront mit den rahmenden Strebepfeilern.[112] Grundsätzlich gleich waren der eingeschossige Aufriß des Chores und der zweigeschossige des Langhauses; ähnlich können Einzelformen gewesen sein, wie anscheinend das Maßwerk. St. Clara hatte man wohl als eine in Dimension und Anspruch reduzierte Version der Minoritenkirche geplant. Am Chor war auf den äußeren Umgang und das schmalere Joch verzichtet, die 5/10-Brechung der Polygonseiten war – schon des kleineren Formates wegen – in das konventionelle 5/8-Verhältnis abgewandelt.

Dieser vereinfachte Entwurf bewahrte das Prinzip der Kathedralgotik; freilich waren die komplexe Konstruktion etwa des Chores und die Reliefwand aufgegeben, der auf die Grundelemente beschränkte Skelettbau dergestalt mit den ungegliederten, den Raumeindruck von Bettelordenskirchen bestimmenden Hochschiffwänden verbunden, daß das Gerüst wie zwischen die begrenzenden Flächen gespannt erschien.

St. Cara weicht somit in mancher Hinsicht vom Üblichen ab, ordnet sich in anderer aber auch ein. Bei den meist kleineren weiblichen Konventen des Franziskanerordens waren, im Gegensatz zu den männlichen, die einschiffigen Bauten üblich geblieben, dreischiffige kamen erst nach und nach auf.[113] Die Entscheidung, das Modell eines großen Baus derselben Ordensfamilie am selben Ort zu übernehmen, ist für Kirchen der Klarissen typisch; hier war es das Modell gemäß des französischen gotischen Gliederbaus mit Traveen. Die Klarissen ließen sich in ihren Bauvorhaben vielfach von den Wünschen und Ansprüchen der Stifter und Gründer und von den regionalen Gewohnheiten samt dem entsprechenden Formrepertoire bestimmen. Für St. Clara war die Kölner Minoritenkirche jedenfalls prägend. Dabei gehen Größe und Aufwand nicht – wie andernorts – auf die hochadlige Gründerfamilie zurück, denn das Haus Jülich scheint an der späteren Entwicklung und dem seit 1336 betriebenen Bau nicht mehr beteiligt gewesen zu sein. Stattdessen trat das Haus Geldern wohl bis 1343 als Förderer auf, auch wenn dies noch nicht im einzelnen erwiesen ist.[114]

Das Innere von St. Clara muß ein schmaler, sehr hoher Raum gewesen sein, der durch die fehlenden, abgemauerten Seitenschiffe, die bis in halbe Höhe gereicht hätten und damit höher als die der Minoritenkirche gewesen wären, wie ein einschiffiger, bei diesen Proportionen fast beengender Saal wirkte. Er wurde nur weit oben beleuchtet. Unten waren die Arkaden auf beiden Seiten zugesetzt (falls es das südliche Seitenschiff tatsächlich nicht gab), darüber ragte die hohe Obergadenwand auf, die Fenster saßen hoch oben, reichten bis an die Schildbögen. Als Raumabschluß wird man sich ein Kreuzrippengewölbe vorstellen müssen. Möglicherweise war der Obergaden durch Dienste gegliedert; die Formen waren wohl eher einfach, der Anspruch gegenüber der Minoritenkirche geringer.

Wo sich der Nonnenchor befand, ist nicht leicht zu ermitteln, obwohl es hierzu zwei schriftliche Zeugnisse gibt. Das einzige Bildzeugnis, die Zeichnung von 1660/65 (Abb. S. 52), gibt keine Auskunft, denn am Außenbau deuten nicht etwa hochsitzende Fenster auf eine Nonnenempore im Westen, da es in dem unvollendeten Zustand überhaupt nur Obergadenfenster gab. Die beiden überlieferten Nachrichten zum Bau – über den Altar 1347 und die Empore um 1800 – stimmen wiederum nicht überein und stammen obendrein aus verschiedenen Zeiten. Der geradezu selbstverständlichen Annahme einer Empore im Westen wurde jüngst durch neue Kenntnisse über die Tradition des Nonnenchores die Grundlage entzogen,[115] und die erste der beiden Nachrichten läßt auf eine andere als die erwartete Position schließen.

102 Außerdem ist im Giebelfeld über dem Seitenportal ein Relief mit einer Kreuzigungsdarstellung angedeutet.

103 Ein zweischiffig geplanter Bau mit Strebewerk hätte als Architektur außerhalb aller Gewohnheiten gestanden, wäre auch struktiv ein problematisches Unterfangen gewesen. – Die Abbildung von St. Clara auf Mercators Plan (Abb. S. 49) suggeriert eine fertig ausgebaute, dreischiffige Anlage (obendrein mit einem hohen, vor die Flucht des nördlichen Seitenschiffs tretenden Portalvorbau). Über das südliche Seitenschiff ist der Darstellung wegen der Blickrichtung nichts zu entnehmen. Manche flüchtige Beschreibung glaubt dieser Darstellung: z. B. Binding, Köln- und Niederrheinansichten [Anm. 84] S. 118. – Aus dem Zustand um 1660/65 ist mit einiger Gewißheit abzuleiten, daß der Bau Torso blieb, nicht etwa irgendwann zerstört wurde (in Kunstdenkmäler Köln. Erg. Bd. [Anm. 15] S. 282 die Vermutung, „an die Stelle des alten Seitenschiffes [sei] ein niedrigerer Behelfsbau getreten.") Für den Baufortgang folgt aus den Beobachtungen: Man entschloß sich relativ früh, das südliche Seitenschiff nicht zu bauen (schon 1343 ?); ob man unmittelbar an das Mittelschiff einen südlichen Kreuzgangflügel baute, bleibt unbekannt; Reinhardts Plan zeigt keinen solchen Flügel. Im Fortgang von Osten her führte man zuerst alle struktiven Teile auf, dann kam es nur noch zur Errichtung der Seitenschiffwand im östlichen Joch; darauf mußten die Arkaden geschlossen werden.

104 Vgl. Leopold Giese, Art. ‚Bettelordenskirchen', in: Reallexikon zur Deutschen Kunstgeschichte. Bd. 2, Stuttgart 1948, Sp. 394–444, hier 394–428; Ernst Coester, Die einschiffigen Cistercienserinnenkirchen West- und Süddeutschlands von 1200 bis 1350, Diss. Mainz 1981, Mainz 1984 (Quellen und Abhandlungen zur mittelrheinischen Kirchengeschichte. Bd. 46).

105 Constitutiones generales ordinis fratrum minorum edite et confirmate in capitula generali apud Narbonam anno domini 1260..., III, in: Franz Ehrle, Die ältesten Redactionen der Generalconstitutionen des Franziskanerordens, in: Archiv für Literatur- und Kirchengeschichte des Mittelalters 6, 1892, S. 1–138, hier 94,12–95,8, dazu S. 33–35, 80–82.

106 Giese, Bettelordenskirchen [Anm. 104] Sp. 409–412.

107 Für die Proportionen von Nonnenkirchen, deren Verhältnis von Breite zu Länge gelegentlich 1 : 6 beträgt, s. Coester, Cistercienserinnenkirchen [Anm. 104], passim.

108 Für die Entwicklung zu hochgotischen Bauten s. ebd. S. 110–349 passim, bes.

55

212–276, 315–349; zur Position von Treppentürmen z. B. S. 188, 206, 209, 215, 263, 328, 339.

109 Ebd. S. 315–349 (Kirchen in der Erzdiözese Mainz: am Mittelrhein Marienthal, Marienborn, Mainz, Dalheim, Weidas).

110 Vgl. die Dominikanerinnenkirchen in Colmar, Basel, Schlettstadt, Basel-Klingental, Zürich-Oetenbach und Nürnberg (St. Katharina), ferner die Klarissenkirchen in Mainz, Königsfelden, Basel St. Clara und Basel Gnadental; ebd. S. 350–365, 375–391. Die Königsfelder Kirche (ab 1309) war freilich nicht nur Nonnenkirche, gehörte vielmehr zu einem Doppelkloster; Emil Maurer, Das Kloster Königsfelden, Basel 1954 (Die Kunstdenkmäler des Kantons Aargau. Bd. 3) (Die Kunstdenkmäler der Schweiz. 32), bes. S. 3–9, 43–59, 71f.

111 Die Kunstdenkmäler der Stadt Köln. Bd. 2, Abt. 2, Düsseldorf 1929 (Die Kunstdenkmäler der Rheinprovinz. Bd. 7, Abt. 2) S. 1–22; ferner Richard Krautheimer, Die Kirchen der Bettelorden in Deutschland, Köln 1925 (Deutsche Beiträge zur Kunstwissenschaft. Bd. 2) S. 31, 74, 83–86; Albert Verbeek, Zur Baugeschichte der Kölner Minoritenkirche, in: Kölner Untersuchungen. Festgabe zur 1900-Jahrfeier der Stadtgründung, hg. Walther Zimmermann, Ratingen 1950 (Die Kunstdenkmäler im Landesteil Nordrhein. Beih. 2) S. 141–163; Wolfgang Schenkluhn, Ordines studentes. Aspekte zur Kirchenarchitektur der Dominikaner und Franziskaner im 13. Jahrhundert, Diss. Marburg 1983, Berlin 1985, S. 213–230 (gegen Verbeeks These einer ursprünglich geplanten Halle hier die wahrscheinlichere Rekonstruktion eines nicht ausladenden Querschiffs, sowie stilistische Ableitung von der Trierer Liebfrauenkirche statt von der Marburger Elisabethkirche); Beuckers, Kirchen [Anm. 98] S. 257–261 et passim.

112 Freilich bestehen auch etliche Unterschiede im einzelnen. An St. Clara ist – anders als an der Minoritenkirche – die gesamte äußere Obergadenwand durch Lisenen gegliedert, sind die Strebepfeiler drei- statt zweifach abgetreppt und treten vom Boden ab vor die Seitenschiffwand; der Dachreiter saß bedeutend weiter westlich.

113 Zur Franziskaner-Architektur allgemein jetzt zusammenfassend: Augustyn et alii, Franziskaner [Anm. 38] Sp. 503–514; zu den Kirchen der Klarissen ausführlich Jäggi, Frauenklöster [Anm, 98] S. 45–183.

114 Zu fürstlichen Gründungen aus der ersten Hälfte des 14. Jahrhunderts s. Jäggi, Frauenklöster [Anm. 98] S. 119–160.

115 Ebd. S. 185–246; vorher bereits Carola Jäggi, Eastern choir or western gallery? The problem of the place of the nun's

Für alle weiblichen Ordensgemeinschaften waren Vorschriften erlassen worden, die Schwestern seien strikt zu separieren und hätten sich innerhalb der Kirche in einem abgeteilten Raum zu versammeln, damit sie nicht von den Laien, die sich auch ohne Pfarrfunktion von Klosterkirchen weiblicher Orden in diesen einfanden, und von den amtierenden Priestern gesehen werden konnten und so das Klausurgebot mit der Teilnahme an der Liturgie vereint war.[116] Dieser Forderung der Segregation liegen auch bestimmte, allgemein gültige Vorstellungen über kultische Unreinheit von Frauen zugrunde, und hierauf gründet auch wohl die Zuweisung der westlichen Teile in Kirchen an Frauen.[117] Dennoch trifft nicht zu, daraus sei eine generelle Forderung der möglichst großen Distanz von Frauen bzw. Nonnen zum Altar abgeleitet und in der Westempore als Ort der Nonnen verwirklicht worden.[118] Die Monialen hatten ihren Platz in der Tat häufig auf Emporen im Westen der Klosterkirchen, wo sie sich zur Teilnahme an der unten in der *ecclesia exterior* zelebrierten Messe und zum Gebet versammelten. An diesem Ort, der *ecclesia interior*, waren sie gemäß dem Klausurgebot abgeschieden und den Blicken entzogen; sie hatten vielfach, was teils bewußt intendiert war, auch keine Gelegenheit, die Liturgie in der ‚äußeren Kirche' zu sehen, sondern konnten ihr nur hörend folgen. Doch war die Empore nicht die einzige Möglichkeit; vielmehr hatten die Nonnen ihren Ort häufig im Chor der Kirche und waren dort durch eine hohe Schranke oder Mauer oder durch einen Lettner vom Hauptschiff getrennt, doch eben gerade nicht in die denkbar weiteste Distanz vom Altar gerückt.[119] Im Gegenteil ging es um Nähe zu Altar und Meßfeier, denn mancherorts hatten die Trennmauern Fenster, damit die Nonnen die Hostie bei der Elevation sehen konnten.

Für St. Clara ist die Frage des Nonnenchores offen oder zumindest nicht eindeutig geklärt. Man würde ohneweiteres mit einer Westempore rechnen, die wie bei vielen Klosterkirchen in der Tradition der Bauten für Zisterzienserinnen den größeren Teil des Langhauses einnahm.[120] Tatsächlich gab es eine Westempore. Sulpiz Boisserée, der von der romantischen Bewegung ergriffene Sammler mittelalterlicher Kunst aus den 1802 säkularisierten Kölner Kirchen, berichtete Franz Kugler, einem der frühen Vertreter der Kunstgeschichte als akademischem Fach, das große Retabel aus St. Clara, der sogenannte Clarenaltar (Abb. S. 67–71), habe auf der Empore gestanden; an deren Vorderseite habe sich eine Galerie befunden, zu der eine hölzerne Treppe heraufführte. So konnte ein Priester das Allerheiligste von hinten in das Retabel stellen, das an der Emporenschranke zum Kirchenschiff stand.[121] Nichts davon ist mehr zu überprüfen, doch ist auch nichts grundsätzlich anzuzweifeln. Die Nachricht überliefert die Kenntnis um 1800; sie muß nicht in allem der historischen Wahrheit entsprochen haben, war vielleicht damals schon nicht mehr zu verifizieren. Doch wird Boisserée, der das Retabel vor dem Abbruch aus der Kirche zu schaffen half, eine Empore gesehen haben. Bereits aus dieser Auskunft ergeben sich Fragen: Das Retabel dürfte seines enormen Formats und Aufwands wegen nicht ursprünglich für die Empore bestimmt gewesen sein. Sein außerordentliches Gewicht läßt außerdem nach der Beschaffenheit der Empore fragen: Eine hölzerne ohne Stützen hätte es vermutlich nicht tragen können. Handelte es daher sich um eine steinerne Empore, deren Stützen den Raum unter ihr in zwei oder drei Schiffe teilten? Oder war dieser Raum durch eine geschlossene Wand, die dem Gewicht des Retabels standgehalten hätte, vom östlichen Langhaus ganz abgetrennt, der Westen demnach in zwei Geschosse geteilt? Für alle diese Möglichkeiten gibt es an verschiedenen anderen Orten Beispiele. Wahrscheinlich stand das Retabel nicht von Anfang an auf der Empore, sondern wurde erst später auf sie versetzt.

Die zweite Nachricht, jene über den ‚geschmückten' Altar von 1347, aus dem man die angebliche Weihe der Kirche ableiten wollte, besagt etwas anderes: Aus ihr ist zu folgern, der Hochaltar habe im Nonnenchor gestanden (*in interiore Virginum choro*).[122] Das hieße, der Nonnenchor befand sich im Ostchor, war fast ebenerdig, wohl nur um ein paar Stufen erhöht.[123] Damit entsprach St. Clara einer Gruppe oberrheinischer, auch schweizerischer Klosterkirchen für die weiblichen Zweige der Bettelorden (Dominikanerinnenkloster Unterlinden in Colmar, Straßburg St. Clara und St. Nikolaus in undis, St. Katharinenthal; rheinabwärts Kloster Liebenau bei Worms, etc.), ferner einer Anzahl italienischer Bauten.[124] Es handelte sich nördlich der Alpen jeweils um mehrjochige Langchöre, deren Ausdehnung durch diese Funktion erst begründet wurde; sie waren vom Kreuzgang aus zugänglich, lagen also innerhalb der Klausur und befanden sich auch nicht weit vom Dormitorium im Konventgebäude entfernt – wie solche bequeme Nähe in anderen Fällen auch bei den Westemporen möglichst hergestellt wurde.

Dabei befand sich der Platz der Nonnen mit dem Gestühl entweder in der westlichen Hälfte des Chores, der im Osten das Presbyterium mit dem Hochaltar folgte, oder er nahm das Chorhaupt selbst ein, dann stand das Gestühl rundum an den Polygonseiten. Ein Lettner oder eine Mauer (mit oder ohne Fenster, Gitter oder Tür) trennte den Raum vom Schiff. Der Altar des Nonnenchors stand – je nachdem, wie lang der Chor war und wie er von den Nonnen genutzt wurde – im Polygon (bei gerade schließenden Bauten an der Ostwand) oder an der Innenseite des Lettners. Gerade die Funktion des Altars im Nonnenchor ist noch kaum bekannt, denn gemäß der frühen Versionen von Regeln für weibliche Bettelorden wurde die Messe an ihm nur sehr selten – an den Hochfesten, zu den jährlich sieben Gelegenheiten der Kommunion oder bei der Einsegnung der Äbtissin – in Anwesenheit der Nonnen zelebriert.[125] Doch änderte sich dies im Lauf der Zeit, was freilich regional und von Ort zu Ort verschieden geregelt war, in einzelnen Fällen auch aufgrund bestimmter Privilegien zur vermehrten Schau der Messe und sakramentalen Wandlung. An der äußeren Seite von Lettner oder Trennwand stand als zweiter Hauptaltar jener, an dem die tägliche Messe für die ‚äußere Kirche' zelebriert wurde. An ihr nahmen, im Gegensatz zu den Laien, die Nonnen nur hörend und allenfalls, wenn dies zugestanden und entsprechend eingerichtet war, bedingt auch sehend teil.

Die einmal gebaute Raumgliederung mit dem Nonnenchor im Ostchor oder auf der Westempore (von Sonderfällen sei hier abgesehen) wurde keineswegs immer beibehalten, vielmehr gab es in zahlreichen Bauten Änderungen der Disposition. Die Westemporen, die man kennt, waren häufig nicht ursprünglich; sie wurden oft, aus welchen Gründen auch immer, später eingebaut, sind jedenfalls erst ab einem bestimmtem Zeitpunkt nachzuweisen.[126] So entstand jener nicht seltene Fall, daß es sowohl einen unteren Nonnenchor im Osten, jenseits des Zelebrationsaltars der 'äußeren Kirche', als auch die Empore für die Schwestern gab. Wie die Funktionen unterschieden waren, wann und von wem der untere und der obere Chor benutzt wurde, ist im allgemeinen nicht bekannt. Ob es liturgische und/oder personelle Differenzierungen gab, ob die Empore etwa bestimm-

choir in Königsfelden and other early mendicant nunneries, in: Gesta 40, 2001, S. 79-93; knapp zusammenfassend auch Carola Jäggi, Uwe Lobbedey, *Kirche und Klausur – Zur Architektur mittelalterlicher Frauenklöster*, in: *Krone und Schleier. Kunst aus mittelalterlichen Frauenklöstern*. [Ausstellungskatalog, Essen und Bonn], München 2005, S. 89-103, hier 98-101.

116 Zu den Aussagen der Statuten weiblicher Bettelorden über Klausur sowie Fenster und andere indirekte Kommunikationswege zur Außenwelt und über die Folgen für die Architektur s. die zusammenfassenden Bemerkungen bei Jäggi, Frauenklöster [Anm. 98] S. 185-189; über Laien und Priester in den Klosterkirchen weiblicher Bettelorden S. 189-191.

117 Hierzu zuletzt – thesenhaft – Gisela Muschiol, Liturgie und Klausur: Zu den liturgischen Voraussetzungen von Nonnenemporen, in: Studien zum Kanonissenstift, hg. Irene Crusius, Göttingen 2001 (Veröffentlichungen des Max-Planck-Instituts für Geschichte. 167) S. 129-148; zur Himmelsrichtung des Westen in Kirchen: Barbara Maurmann, Die Himmelsrichtungen im Weltbild des Mittelalters. Hildegard von Bingen, Honorius Augustodunensis und andere Autoren, Diss. Münster 1974, München 1976 (Münstersche Mittelalter-Schriften. Bd. 33) S. 135-146.

118 Hiergegen und gegen die selbstverständliche Annahme der Westempore als einzigem Ort für Nonnen jetzt Jäggi, Frauenklöster [Anm. 98] S. 185 und 191f.

119 Ebd. S. 207-216 ist dies als der zweite Regelfall neben der Westempore nun dokumentiert.

120 Vgl. Coester, Cistercienserinnenkirchen [Anm. 104], passim.

121 Franz Kugler, Rheinreise, 1841, in: ders., Kleine Schriften und Studien zur Kunstgeschichte. Th. 2, Stuttgart 1854, S. 70-353, hier 289; zur Bedeutung dieser Nachricht für das Clarenretabel (und die Forschung darüber) s. den zweiten Beitrag des Verf. in diesem Band. – Über Treppen, die zur Nonnenempore führten: Coester, Cistercienserinnenkirchen [Anm. 104], z. B. S. 11, 104, 309, 313, 335, 383; zu lettnerartigen Voremporen, die auch Verbindung zum Dormitorium gewesen sein können, ebd. z. B. S. 124f., 158, 161, 174, 184-197, 214, 219f., 238f., 374.

122 S. Anm. 96.

123 Diese Folgerung bereits bei Vogts, Nachricht [Anm. 96] S. 89 und ders. in: Kunstdenkmäler Köln. Erg.Bd. [Anm. 15] S. 281. Danach Jäggi, Frauenklöster [Anm. 98] S. 210 und 286.

124 Die genannten und andere Beispiele (in Italien: Spoleto, S. Paolo inter vineas;

Rom, S. Sisto; Perugia, Monteluce; Neapel, S. Chiara, etc.) sind näher besprochen bei Jäggi, Frauenklöster [Anm. 98] S. 207-216.

125 Vgl. Claire, Regula [Anm. 8] cap. III, S. 132/3; dt. in: Leben und Schriften [Anm. 8] cap. III, S. 260/1; Jäggi, Frauenklöster [Anm. 98] S. 249. – Zur näheren Kenntnis über den Altar des Nonnenchors finden sich nur erste Ansätze bei Zimmer, Altar [Anm. 96].

126 Jäggi, Frauenklöster [Anm. 98] S. 194, 201-207.

127 Ebd. S. 218-220.

128 Auch der Bericht des Kölner Ratsherren Hermann von Weinsberg von der Einkleidung zweier Nichten im Kloster St. Clara 1581 muß der Annahme des Ostchores als Nonnenchor nicht widersprechen: ‚uff den choir' stand ‚vil vom adel', die ‚oben herab zum folk reiffen. Darnach ginge die zwa brauten oben zu den andern jongfern uff den choir und pliben im cloister ...'; Buch Weinsberg. Bd. 3 [Anm. 79] S. 95f.

129 Vgl. im zweiten Beitrag des Verf. Anm. 166, mit divergierenden Lesarten der Textstelle.

130 Die rechtlichen und wirtschaftlichen Zusammenhänge bei Richard Büttner, Die Säkularisation der Kölner geistlichen Institutionen. Wirtschaftliche und soziale Bedeutung und Auswirkungen, Diss. Köln 1969, Köln 1971 (Schriften zur rheinisch-westfälischen Wirtschaftsgeschichte. Bd. 23), bes. S. 29-74, 152-163; s. ferner den Augenzeugenbericht eines Augustiner-Eremiten (des Klosters an der Hohestraße), der zahlreiche Mitteilungen auch zum Schicksal der Stifte, Klöster und Kirchen während der Jahre vor 1802 macht: Köln in der Franzosenzeit. Aus der Chronik des Anno Schnorrenberg 1789-1802, bearb. Hermann Cardauns, Bonn, Leipzig 1923 (Bücherei der Kultur und Geschichte. 30).

131 Köln in der Franzosenzeit [Anm. 130] S. 168, 174, 199; Büttner, Säkularisation [Anm. 130] S. 51-53, 62, 67-70. – Der Mobilienbesitz ist in Etats von 1798 verzeichnet, angelegt a) von den Konventen selbst: HAStK, Franz. Verw. Nr. 1592/1 (fol. 112f. St. Clara, hier der Hinweis auf verschiedene Verkäufe, unter anderem eines Hofes in Bornheim); b) von der Verwaltung für jede einzelne Institution: Franz. Verw. Nr. 1592/2; c) in einer tabellarischen Zusammenstellung: Franz. Verw. Nr. 1596.

132 Zehn Tage nach der Veröffentlichung des Säkularisationsbeschlusses (22. September 1802) hatten die Mitglieder der Stifte und Klöster die Gebäude zu verlassen; für männliche über 70 Jahren und für weibliche wurden eigene Häuser eingerichtet. Büttner, Säkularisation

ten Gebetszeiten des Konvents oder dem privaten Gebet vorbehalten war oder ob sich dort vielleicht (zu ihrer größeren Bequemlichkeit) die alten und kranken Nonnen aufhielten, ist vorerst nur zu vermuten.[127]

Es spricht vieles dafür, daß in St. Clara der Nonnenchor sich zumindest ursprünglich im Ostchor befand. Die Nachricht über den Hauptaltar *in interiore Virginum choro*, die den Nonnenchor als wahrscheinlich im Osten gelegen annehmen läßt, wird durch anderes zwar nicht im strengen Sinn bestätigt, doch kann es diese Lokalisierung stützen: Der Chor hatte immerhin ein Joch und ein fünfseitiges Polygon; der Nonnenchor kann zudem weiter nach Westen gereicht haben. Die Kirche befindet sich, wenn diese Nutzung übernommen war, noch in der geographischen Nähe zu den oberrheinischen Beispielen östlicher Chöre als Nonnenchöre; dagegen gab es in der übrigen deutschen Ordensprovinz nur wenige solche Beispiele.[128] Daß der Bau, anders als die ‚vorbildlichen' Klosterkirchen, drei- statt einschiffig konzipiert war, spricht nicht gegen, sondern vielleicht eher für den östlichen Nonnenchor, denn wie hätte man sich einen geschlossenen Emporeneinbau im Westen eines dreischiffigen Langhauses vorzustellen? Der an der Südseite der Kirche, wohl auch am vorderen Chorjoch gelegene Trakt des Konventgebäudes hätte für unmittelbaren Zugang zum Chor gesorgt; in diesem Trakt könnte sich das Dormitorium befunden haben. Die Westempore, an der zumindest für spätere Zeit kaum zu zweifeln ist, wurde vermutlich nachträglich, zu unbekanntem Zeitpunkt eingebaut. Dies entsprach der allgemeinen Gewohnheit, denn daß Nonnenchöre innerhalb der Klosterkirche verlegt wurden, scheint eher die Regel als die Ausnahme gewesen zu sein. Emporen gehörten meistens erst zum zweiten oder dritten Zustand der Bauten. In St. Clara war die Empore vielleicht ein hölzerner Einbau, der für das Retabel wohl entsprechend abgestützt sein mußte, da seitliche Auflager nicht ausgereicht hätten. Diese Änderung bot sich womöglich umso mehr an, als der Bau als unvollendeter Torso dem Typus der einschiffigen Kirche für weibliche Bettelorden entsprach (dabei war er jedoch steiler proportioniert und wegen der hochsitzenden Obergadenfenster weniger günstig beleuchtet).

Freilich bleiben Bedenken gegen einen solchen Rekonstruktionsversuch, da die – obendrein erst späte (1590) – Überlieferung in dem literarischen Zeugnis, der Notiz zum Jahr 1347 und zum Altar, nicht restlos klar ist[129] und es (bislang) keinen weiteren Beleg für die Funktion des Ostchors als Nonnenchor gibt. Zudem ist der Widerspruch zu Boisserées Mitteilung über eine Empore nur durch ein Argument der Zeit, nämlich die spätere Verlagerung des Nonnenchores aufzulösen.

Ansonsten weiß man über Bautätigkeiten an der Kirche des Clarenklosters nichts, sie blieb anscheinend bis zur Säkularisation unverändert – bis auf den barocken Dachreiter, der im späten 17. Jahrhundert aufgesetzt wurde, wenn der einzigen Abbildung (Abb. S. 49) zu trauen ist.

Das Ende

Wie die Geschichte fast aller anderen Kölner Stifte und Konvente endete die von St. Clara im Jahr 1802.[130] Schon während des Krieges 1793/94 hatten die Nonnen unter anderem einen Hof verkaufen müssen, um Schulden aus „Einquartierungen Contributionen Sequestrationen" begleichen zu können; die französische Verwaltung der besetzten linksrheinischen Gebiete ließ zwischen 1798 und 1802 die geistlichen Institutionen Inven-

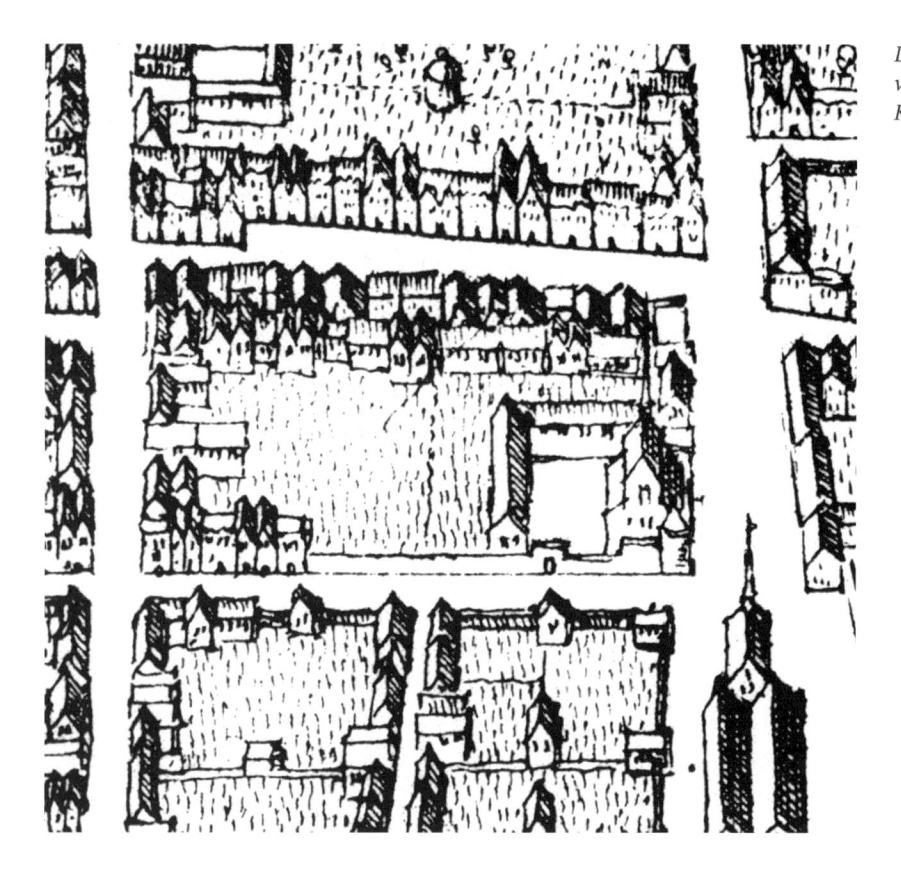

Das Viertel auf dem Vogelschauplan von Wenzel Hollar, 1635, Kupferstich, Kölnisches Stadtmuseum

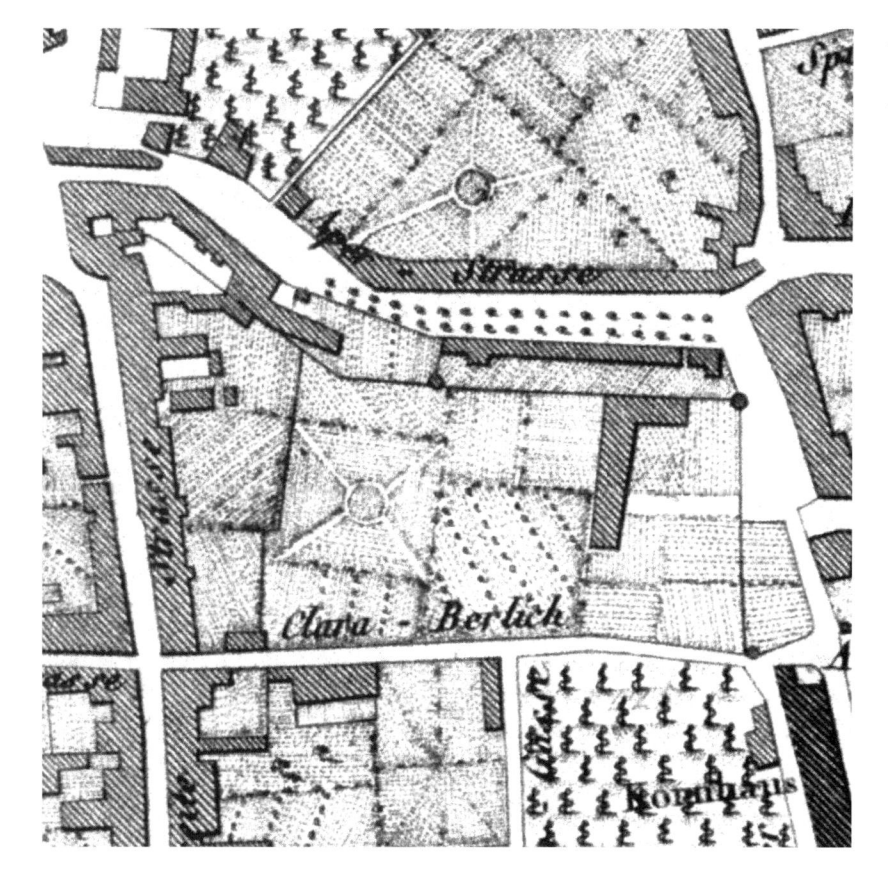

Das Viertel auf dem Stadtplan von Th. F. Thiriart, 1815, Kupferstich, Kölnisches Stadtmuseum

[Anm. 130] S. 62f. – In den 1797, 1800 und 1801 erstellten offiziellen Namenslisten der geistlichen Personen sind für St. Clara erst 21 Namen – 18 Nonnen und drei Laienschwestern –, dann noch 19 (17 Nonnen und zwei Laienschwestern) verzeichnet; HAStK, Franz. Verw. Nr. 1613 fol. 45, Nr. 1609 fol. 2, Nr. 1615 fol. 27. Vgl. Joachim Deeters, Der Weg zum Ende – Maßnahmen gegen Kölner Klöster und Stifte vor der Säkularisation (1795–1801), in: Klosterkultur und Säkularisation im Rheinland, hg. Georg Mölich, Joachim Oepen, Wolfgang Rosen, Essen 2002, S. 257–284, hier 280.

133 Büttner, Säkularisation [Anm. 130] S. 132f. zu St. Clara. Die Einschätzung des Vermögens beruht auf dem Vergleich des dort angegebenen Gesamtkapitalwerts von 327.084 Franc im Suppressionsetat mit dem der übrigen geistlichen Institutionen, ebd. S. 83–147. Auf diese Angabe bezogen, folgte auf St. Clara von den Frauenklöstern St. Gertrud (ebd. S. 128f.).

134 Den Zustand nach dem Abbruch von Kirche und Teilen des Klosters überliefern ein 1836 datiertes Aquarell von Georg Osterwald (1803–1884), das den Clarenturm minutiös abbildet, und die Panorama-Ansicht von Johann Peter Weyer (1794–1864); beide Köln, Kölnisches Stadtmuseum, Graphische Sammlung; abgebildet in diesem Band S. 254/55 und S. 205; s. hierzu die Beiträge von Bettina Mosler und Wolfram Hagspiel.

135 Zum Verkauf vgl. HAStK, Franz. Verw. Nr. 1638. Klöster als besonders geeignete Gebäude für Manufakturen: Büttner, Säkularisation [Anm. 130] S. 383f. – Die beiden römischen Türme kamen zunächst in privaten Besitz; das Parfusenwichhaus wurde für die Verbreiterung des Berlich 1845/46 abgebrochen, der Clarenturm 1833 um einen dreigeschossigen, zylindrischen Aufbau erhöht und 1901 in den heutigen Zustand versetzt. – Knappe Auskunft hierüber bei von Mering/Reischert, Bischöfe [Anm. 21]. Bd. 2, S. 181; Scheben, Thorburgen [Anm. 33] S. 131f.; Kunstdenkmäler Köln. ErgBd. [Anm. 15] S. 282. Hierzu die Beiträge von Elisabeth M. Spiegel, Ralf Gier und Wolfram Hagspiel.

tare ihres Besitzes anlegen, um Verkauf und Entziehung von Kirchengut zu verhindern.[131] Die sukzessive Abschaffung der alten Feudalrechte und Ansprüche an Zehnten seit 1795, die Verbote und Einschränkungen auch in geistlichen Belangen leiteten die Aufhebung der Stifte und Orden 1802 und die Säkularisierung des Besitzes ein.[132] St. Clara wurde am 3. Fructidor X (21. August 1802) aufgehoben; der Suppressionsetat verzeichnet das Vermögen an Immobilien, Kapital- und Rentenforderungen. Dies lag zwar deutlich unter demjenigen der meisten Stifte, doch von den Männerklöstern verfügten nur wenige über größeren Besitz; unter den Frauenkonventen war St. Clara damals der reichste.[133] Der Klosterbezirk wurde zum französischen Domänengut erklärt; die nun nutzlos gewordene Kirche riß man 1804 ab.[134] Nach Verkauf und verschiedentlicher kurzfristiger Nutzung durch Manufakturen, nach mehrfachem Besitzerwechsel und fortschreitendem Abbruch der alten Gebäude zerteilte man um 1840 das Areal durch die beiden neuen Straßen Am Römerthurm und Helenenstraße und parzellierte es.[135] Damit veränderte sich der Ort grundlegend.

Die Nonnen verloren ihren Platz in der Welt; wofür sie das Gelübde abgelegt hatten, galt in der neuen Zeit nichts mehr. Ihnen wurde die Form ihrer geistlichen Existenz genommen. Sie waren in das Kloster eingeschlossen worden, um lebenslang darin zu bleiben; nun mußten sie es verlassen – teils wohl in hohem Alter, wie manche unsichere Unterschrift auf den Namenslisten für die französische Verwaltung andeutet. Wo die vollständig abgeschlossene Enklave für einen Frauenorden mit strenger Klausur fünfhundert Jahre lang bestanden hatte, machten sich Fabrikation, Handel, Verkehr und die Bebauung der bürgerlichen Welt breit.

Christoph Bellot
Kunst für St. Clara
Altäre – Andachtsbilder – Handschriften

für Jutta Seyfarth
zum 16. Februar 2006

Allein noch Werke der Kunst halten das Kölner Klarissenkloster St. Clara im Gedächtnis. An seinem ehemaligen Ort ist (fast) nichts verblieben; Kirche und Klausurgebäude sind abgetragen, und der sogenannte Römerturm ist nur mehr ein archäologisches Relikt, nichts erinnert an seine Vergangenheit als Teil des Klosters. Archivalische Dokumente dringen kaum ins allgemeine Bewußtsein, sie müssen durch Forschung ihren Sitz im vergangenen Leben wiedererhalten und gewissermaßen zu neuem Leben erweckt werden. Sichtbare Zeugnisse aus den fünfhundert Jahren der Klarissen sind dagegen die Objekte der bildenden Kunst, die im Spätmittelalter für das Kloster gefertigt wurden und aus ihm erst nach Jahrhunderten wieder herauskamen. Von ihnen ist eine kleine Anzahl erhalten. Sie vor allem können noch unmittelbar etwas von Geschichte und Aufwand, religiöser Praxis und Geistigkeit des Konvents vermitteln. Zu dieser Rolle, die ihnen zugewachsen ist, da alles andere vernichtet wurde oder nicht leicht zugänglich ist und der Erklärung bedarf, kommt ihre besondere kunstgeschichtliche Bedeutung hinzu: Fast alle Werke stammen aus dem 14. Jahrhundert, die meisten zählen zu den frühesten erhaltenen Beispielen der Tafelmalerei in Köln und nehmen obendrein in künstlerischer Hinsicht einen herausragenden Rang ein. Erhalten ist das große Altarretabel aus der Klosterkirche, der sogenannte Clarenaltar (Abb. 1–5), der zu den bedeutsamen seiner Art gehört. Ferner existieren aus der Zeit bis 1400 noch sieben kleine Flügelaltäre und Bilder sowie eine Skulptur (Abb. 6–18, 21–22) und ein jüngerer Altar (Abb. 19 und 20); außerdem sind etliche mit ornamentalem Schmuck und Initialen ausgestattete Handschriften erhalten (Abb. 24–28).[1]

Fragen zur Ausstattung von Kirche und Kloster

Die Wohlhabenheit des 1304 gegründeten Klosters St. Clara und der soziale Status nicht weniger Nonnen mindestens während des späten Mittelalters lassen eine – vielleicht sogar reiche – Ausstattung von Kirche und Kloster beinahe erwarten.[2] Solcher Reflex von Besitz, Anspruch und Ansehen war seit längerem auch im Aufwand möglich, den Klöster eines franziskanischen Ordens für religiöse Bildwerke trieben. Denn nicht nur war das Armutspostulat inzwischen erleichtert und damit das Selbstverständnis verändert, auch die Baupraxis des Ordens wurde nicht mehr im ursprünglichen, rigorosen Sinn vom Ideal der Armut und vom Verzicht auf großräumige Architektur und teures Material, auf jegliche Ausstattung und überhaupt allen Überfluß bestimmt,[3] wie dies in den Konstitutionen der Franziskaner formuliert und auch in der Regel der hl. Clara unausgesprochen nahegelegt worden war.[4] Selbst in den Statuten der Zisterzienser wurde seit dem mittleren 13. Jahrhundert die einstige äußerste Zurückhaltung nicht mehr gefordert.[5] Persönlicher Besitz blieb untersagt, gemeinschaftlicher dagegen

1 Dieser Beitrag ist die Neufassung eines 1995 gedruckten Aufsatzes (Bellot, Klarissenkloster), aus dem nur die noch brauchbaren Teile übernommen wurden.
2 Zur Geschichte des Klosters s. den zweiten Beitrag des Verf. in diesem Band; ferner Bellot, Klarissenkloster S. 206–210, und als kurze Zusammenfassung: ders., St. Klara, in: Kölner Kirchen und ihre Ausstattung in Renaissance und Barock. Bd. 2, Köln 2004 (Colonia Romanica 18/19, 2003/2004) S. 241–246.
3 S. die neue lexikalische Darstellung zu den franziskanischen Orden im Verhältnis zu den Künsten: Augustyn et alii, Franziskaner; hier zu Armutsstreit und Reformen, Sp. 458–462, Wandlungen hinsichtlich des Aufwands bei Architektur und Ausstattung Sp. 507–513, hinsichtlich der Bildkünste Sp. 525–533; allgemein für die Klarissen in dieser Hinsicht: Jäggi, Frauenorden.
4 Constitutiones generales ordinis fratrum minorum edite et confirmate in capitulo generali apud Narbonam anno domini 1260 ..., III, in: Franz Ehrle, Die ältesten Redactionen der Generalconstitutionen des Franziskanerordens, in: Archiv für Literatur- und Kirchengeschichte des Mittelalters 6, 1892, S. 1–138, hier 94,19–95,8: Cum autem curiositas et superfluitas directe obviet paupertati, ordinamus, quod edificiorum curiositas in picturis, celaturis, fenestris, columnis et huiusmodi; aut superfluitas in longitudine, latitudine et altitudine secundum loci conditionem arctius evitetur. ... item fenestre vitree ystoriate vel picturate de cetero nusquam fiant, excepto quod in principali vitrea post maius altare chori haberi possint imagines crucifixi, beate Virginis, beati Johannis, beati Fransisci et Beati Antonii tantum. – Vgl. die ‚Regula' der Clara: Claire d'Assise, Regula VI. VIII, in: dies., Écrits, ed. Marie-France Becker, Jean-François Godet, Thaddée Matura, Paris 1985 (Sources chrétiennes. No. 325) S. 120/1–164/5, hier 142/3–150/1; deutsche Übersetzung in: Leben und Schriften der heiligen Klara, hg. Engelbert Grau, 7. Aufl. Werl 1997 (Franziskanische Quellenschriften. Bd. 2) S. 235–299, hier 272/3–274/5, 278/9–282/3.

war für den Unterhalt notwendig; was die Nonnen an Gütern und Renten erhielten, ging in den allgemeinen Besitz über.

Großformatige Ausstattungsstücke waren wohl vornehmlich Aufträge des Konvents. Auf wen dagegen die ehemals in St. Clara ebenso wie in anderen Frauenklöstern vorhandenen religiösen Bilder und Bildwerke kleinen Formats zurückgingen, vor allem aber, wem und wozu sie dienten – dies sind Fragen, die sich hier wie überall stellen, hier jedoch schwerer zu beantworten sind. Die Bilder nur als Kunst zu betrachten, wird ihrer Bedeutung kaum gerecht; sie kurzerhand als eigenen Besitz von Nonnen zum Zweck der privaten Andacht zu bezeichnen, wäre nur ein Schlagwort für die Funktion und überginge Formen und Fragen des Gebrauchs von Bildern.

Nur weniges ist wohl von der einstigen Ausstattung des Klosters erhalten. Sicher stammen von dort das große Retabel, vier kleine Altärchen, ein Leinwandbild und die Gruppe einiger Handschriften, die im Konvent selbst gefertigt wurden. Auf diesen kleinen Werken sind Nonnen als Stifterinnen dargestellt, gelegentlich sogar mit Namen. Andere Werke kommen zumindest wahrscheinlich aus St. Clara.[6] Dieser schmale Bestand gibt demnach bereits zu seiner Herkunft Fragen auf, die hier zuerst benannt seien, bevor die Objekte besprochen werden.

An historischen Nachrichten zur künstlerischen Ausstattung ist nur sehr wenig bekannt. Die frühen umfangreichen Stiftungen von Reliquien, die der Konvent erhielt, machten kostbare Behältnisse für die Heiltümer notwendig. Die Mittel hierzu besaßen etwa die beiden Schwestern Philippa und Isabella aus dem Grafenhaus von Geldern, die um 1330/32 in den Konvent eingetreten waren. Sie trugen anscheinend auch zu dem 1336 begonnenen Kirchenbau bei. Isabella, die zwischen 1340 und 1343 als Äbtissin dem Konvent vorstand,[7] erwarb durch Verkauf ihres Schmucks die große zweibändige Bibel (Abb. 25); der Erlös reichte vielleicht auch für andere Erwerbungen. Immer wieder wurde vermutet, die beiden zunächst wohlversorgten Nonnen aus dem Geldrischen Haus hätten das große Altarretabel in Auftrag gegeben, doch fehlt dafür ein sicherer Beleg. Ein einziges Datum ist wohl zur Kirchenausstattung genannt: Im Jahr 1347 soll der Hochaltar ‚geschmückt' worden sein. Daraus schließt man auf dessen damalige Weihe und auf einen weit fortgeschrittenen Zustand des Kirchenbaus, wenn nicht auf dessen Vollendung.[8] Auf das Clarenretabel ist das Datum jedoch nicht ohneweiteres zu beziehen. Für die Triptychen und Bilder gibt es wiederum keine Zeugnisse zur Entstehung, immerhin ist der Name einer Stifterin auf einem Bild vermerkt (Abb. 17). Dagegen finden sich Hinweise in den Handschriften, die seit den 1320er Jahren in dem eigenen, etwa vier Jahrzehnte lang betriebenen Scriptorium des Klosters hergestellt wurden: Zwei der Nonnen, die Codices schrieben und illuminierten, nennen sich selbst und erinnern mit Namen und kleinen Bildern von Klarissen an einige Mitschwestern (Abb. 26–29).

Unbekannt ist, wieviel ursprünglich an Kunst- und Kultgegenständen vorhanden war, und schwer dürfte zu klären sein, welche Dinge der kollektiven oder der individuellen Andachtsübung dienten. Fast alle überlieferten Stücke entstanden im 14. Jahrhundert; sie gehörten zur frühen Ausstattung und wurden – wie die auf die hl. Clara und den Orden bezogene Ikonographie nahelegt – für den Konvent oder eine seiner Nonnen gefertigt. Nimmt man alle Werke zusammen, die mit Recht dem Kloster zuzuordnen sind, ergibt sich eine merkwürdige Konzentration von Zeugnissen der frühen

---

5 Anstelle detaillierter Nachweise sei nur auf Bernhards von Clairvaux Polemik gegen superfluitates verwiesen – Bernardus [Claravallensis], Apologia contra Guillelmum abbatem, in: ders., Opera. Vol. 3, ed. J[ean] Leclercq, H. M. Rochais, Romae 1963, S. 61–108, bes. 104–107 (hierzu Conrad Rudolph, Bernhard of Clairvaux's ‚Apologia' as a description of Cluny, and the controversy over monastic art, in: Gesta 47, 1988, S. 125–132) – sowie auf einige Abhandlungen zur Kunst im Zisterzienserorden und den Wandlungen der restriktiven Haltung, die bereits im dritten Viertel des 12. Jahrhunderts aufgegeben wurde: Brigitte Lymant, Die Glasmalerei bei den Zisterziensern, in: Die Zisterzienser. Ordensleben zwischen Ideal und Wirklichkeit, Ausstellungskatalog Aachen, Bonn 1980 (Schriften des Rheinischen Museumsamtes. Nr. 10) S. 345–356; Gisela Plotzek-Wederhake, Buchmalerei in Zisterzienserklöstern, in: ebd. S. 357–378; Friedrich Kobler, Mittelalterliche Werke der bildenden Künste im Kloster Seligenthal, in: ebd. S. 379–394; sowie der Aufsatz von Wolfgang Augustyn, Die Zisterzienser und die Buchmalerei [im Druck].

6 Die Ausstattung ist erstmals zusammengestellt in: Kunstdenkmäler Köln. Erg. Bd. S. 283–288.

7 Zu Isabella von Geldern vgl. Renate Mattick, Frauengestalten im Kölner Klarenkloster des 14. Jahrhunderts, in: Franziskanische Frauengestalten, hg. Robert Jauch, Kevelaer 2001 (Veröffentlichungen der Johannes-Duns-Skotus-Akademie für franziskanische Geistesgeschichte und Spiritualität Mönchengladbach. Bd. 5) S. 92–107, hier 97–102.

8 Die Quelle machte bekannt Hans Vogts, Eine Nachricht über die Entstehung des Klarenaltars, in: Zeitschrift für christliche Kunst 29, 1916, S. 89–91. Näheres unten Anm. 149, 162.

(bekannten) rheinischen oder kölnischen Malerei, wie sie für keine andere Kirche der Stadt nachzuweisen ist.⁹ Rudimentäre Überlieferung und geringe Kenntnis der Provenienzen mahnen freilich zur Vorsicht, Zweifel an der teils nur mutmaßlichen Herkunft aus St. Clara sollte man nicht ganz aufgeben. Doch scheint es durchaus möglich, daß ein solcher Bestand an frühen Werken der Bildkünste unbeschadet an ein und demselben Ort überdauern konnte. Die Abgeschiedenheit des Ortes und die monastische Lebensform trugen zur Erhaltung solcher Objekte bei. Charakteristisch war es, die immer selben religiösen Bilder durch jahrhundertelange Verehrung zu bewahren; weshalb in nicht wenigen, zumal in Frauenklöstern, solche Zeugnisse über lange Zeit, bisweilen bis heute erhalten blieben.¹⁰ Obendrein wurden im Rheinland während der frühen Neuzeit Klöster meist nicht neu- oder völlig umgebaut, so daß barocke Ausstattungskunst die Kirchen stark verändert und deren mittelalterliche Einrichtung beeinträchtigt hätte. Die als ehemaliger Besitz nachweisbaren oder vermuteten Gegenstände werden demnach bis in die Jahre vor der Säkularisation in St. Clara geblieben sein.

Andere Fragen betreffen den Erwerb von später entstandenen Bildern, Plastiken etc. Es ist kaum anzunehmen, der Konvent habe sich auf die Gegenstände aus dem Jahrhundert seiner Gründung beschränkt. Derzeit kann man ihm jedoch allenfalls zwei oder drei spätere Bilder (Abb. 23 und 24) und ein Beispiel der Textilkunst zuordnen.

Über eine neuzeitliche Ausstattung der Kirche ist bislang nichts bekannt, weder über eine – und sei es bescheidene – Barockisierung des Innenraums, noch über einzelne Altarretabel, Gemälde, Bildwerke etc.¹¹ Daß nichts im Lauf der Zeit verändert und erneuert worden wäre, ist feilich kaum anzunehmen.¹² Vielleicht waren jüngere Gegenstände in nur geringer Zahl vorhanden und von bescheidener Qualität, oder sie konnten um 1800 einer neuerlichen Verwendung wegen von den Nonnen verkauft werden, weshalb sie nicht in eine der damals entstandenen Sammlungen von Kunstgütern eingingen.¹³

Unbekannt ist auch, an welchen Stellen in Kirche und Kloster sich die einzelnen Ausstattungsstücke befanden. Dies ist für die kleinen beweglichen Bilder kaum verwunderlich, deren (im Lauf der Zeit auch veränderte) Funktion ohnehin nicht leicht zu bestimmen ist, die aber wohl der individuellen und zeitweise vielleicht auch kollektiven Andachtsübung dienten und vermutlich in wechselnden Räumen aufgestellt waren. Doch fehlen auch für das große Retabel (Abb. 1–5), das sich in der Kirche befand, sichere Nachrichten über seinen Standort: im Chor oder auf der Empore. Die Aussagen der bislang bekannten Quellen sind hierzu nicht eindeutig. Unbekannt ist sogar, seit wann genau alle diese religiösen Bildwerke nicht mehr ihrer ursprünglichen Bestimmung dienten und wie sie in Handel und Sammlungen gelangten, beinahe ohne Ausnahme kirchlichem Gebrauch verlorengingen und zu bloßen historischen Zeugnissen und Kunstdenkmälern wurden.

An Belegen für die ehemalige Ausstattung kennt man derzeit nur die Notate in dem Buch über die Kölner Kirchen, das im Jahr 1645 der Theologe und Historiograph des Erzstifts Aegidius Gelenius herausbrachte,¹⁴ und die im Zug der Säkularisierung angelegten Inventare. Gelenius nannte keine Kunstgegenstände, führte vielmehr, wie bei jeder Kirche, die Reliquien und Feste auf und nannte an erster Stelle zwölf heilige Leiber und etliche Hundert Schädel von Märtyrern aus dem Gefolge der hl. Ursula. Diese hatte der

9 Die übrigen erhaltenen Tafelmalereien aus der Zeit vor 1400 sind verschiedenen Kirchen zuzuordnen, andere sind nicht lokalisierbar. Vgl. statt genauerer Belege die chronologische Liste der Bilder (samt Hinweisen auf Provenienz, freilich nicht immer auf neuestem Kenntnisstand) bei Stange, Verzeichnis. Bd. 1, S. 17–27.

10 Als Beispiel für einen nach wie vor bestehenden Klarissenkonvent ist hier das etwa 1235 gegründete Kloster St. Elisabeth in Brixen zu nennen, hierzu: Icones Clarae. Kunst aus dem Brixener Klarissenkloster / Arte dal Convento delle Clarisse di Bressanone. [Ausstellungskatalog], hg. Leo Andergassen, Brixen 1999. Zwei Beispiele für Zisterzienserinnenklöster sind Seligenthal in Landshut und Lichtenthal: Die Kunstdenkmäler von Niederbayern. XVI. Stadt Landshut ..., bearb. Felix Mader, München 1927 (Die Kunstdenkmäler von Bayern. [4.] Regierungsbezirk Niederbayern. XVI) S. 216–285; Kobler, Werke der bildenden Künste [Anm. 4]; sowie: 750 Jahre Zisterzienserinnen-Abtei Lichtenthal. Ausstellungskatalog Karlsruhe, hg. Harald Siebenmorgen ..., Sigmaringen 1995.

11 Ein Gemälde mit der Darstellung der hl. Clara von dem niederländischen Maler Hendrik Herregouts, der sich um 1660/61 längere Zeit in Köln aufhielt, wird in einem Verzeichnis 1817 genannt, es ist nicht mehr nachweisbar. Kunstdenkmäler Köln. Erg.Bd., S. 284; Hans Vogts, Das Kölner Wohnhaus bis zur Mitte des 19. Jahrhunderts. Bd. 2, Neuss 1966 (Rheinischer Verein für Denkmalpflege und Heimatschutz. Jahrbuch 1964–65) S. 693.

12 Auch für barocke Ausstattung ist das Brixener Kloster ein eindrucksvolles Exempel, besonders mit dem großen Gemäldezyklus zur Vita der Ordensgründerin Clara (Franz Sebald Unterberger, 1731/33); Icones Clarae [Anm. 10] S. 155–223.

13 Zu denken ist vor allem an liturgisches Gerät aus Edelmetall; die 1798 bis 1802 im Zusammenhang der Säkularisation angelegten Verzeichnisse listen allerdings Geräte nur nach Gattungen auf, machen keine Angaben zum Alter der Stücke.

14 Aegidius Gelenius, De admiranda, sacra, et civili magnitudine Coloniae Claudiae Agrippinensis Augustae Ubiorum Urbis libri IV, Coloniae Agrippinae 1645. Über Gelenius (1595–1656), der Generalvikar in Köln (1626–1631), auch Weihbischof von Osnabrück (1655–1656) war: Peter DeGreck, Leben und Wirken des Aegidius Gelen ..., Köln 1835; Michael F. Feldkamp, Art. ,Gelenius, Ägidius', in: Die Bischöfe des Heiligen Römischen Reiches 1648–1803. Ein biographisches Lexikon, hg. Erwin Gatz, Berlin 1990, S. 148;

Ingrid Bodsch, Sacrarium Agrippinae, in: Ornamenta ecclesiae. Kunst und Künstler der Romanik in Köln. Katalog zur Ausstellung ..., hg. Anton Legner. 2, Köln 1985, S. 157-178, hier 166-169 (s. auch S. 184, E 8).

15 Bei diesen 1327 erhobenen Reliquien handelte es sich um solche der hl. Constantia und anderer; der Tag der Auffindung, 18. Juni, war einer der Festtage des Klosters St. Clara. Hermannus Crombach, S. Ursula vindicata. Vita et martyrium S. Ursulae ..., Coloniae Agrippinae 1647, S. 505f.; Gelenius, Colonia [Anm.14] S. 541; ferner Erhardus Winheim, Sacrarium Agrippinae. Hoc est designatio ecclesiarum Coloniensium praecipuarum reliquiarum ..., Coloniae 1607, S. 275f. Zum Reliquienbesitz s. Hans-Joachim Kracht, Jakob Torsy, Reliquiarium Coloniense, Siegburg 2003 (Studien zur Kölner Kirchengeschichte. Bd. 34) S. 109 (60A), 156 (130A), 178 (173A), 192 (198A), 208 (227A), 260 (345A), 386 (536A), 402 (567A), 477 (732A), 495 (769A). Andere Reliquienschätze in Kirchen der Stadt waren erheblich größer, z. B. jener der Kartause, in St. Gereon, in der Machabäerkirche oder im Kloster Mariengarten; Gelenius, Colonia [Anm. 14] S. 454-457, 261-268, 538f., 543; Kracht/Torsy, Reliquiarium [wie oben] Gesamtregister S. 541f., 543f., 546, 548.

16 Winheim, Sacrarium [Anm. 15] S. 275f.

17 Gelenius, Colonia [Anm. 14] S. 541f.: Vier Schädel von Märtyrern aus der Thebäischen Legion (ex Legione SS. Maurorum), der Finger des hl. Nikolaus von Myra, der Finger des hl. Blasius, Reliquien der hl. Katharina (ex quibus oleum miraculose promanauit), Reliquien von den Aposteln und den Zehntausend Märtyrern. – Zu den Grabmonumenten s. S. 93 in diesem Band.

18 Köln, Historisches Archiv der Stadt Köln (im folgenden: HAStK), Franz. Verw. Nr. 1592/1 fol. 112f.

19 HAStK, Franz. Verw. Nr. 1592/2/1 fol. 65f.: ‚Inventaire des meubles et effets de l'Èglise et du Couvent de Ste. Claire' (hier geordnet nach Materialien: Silber, Kupfer, Zinn, Eisen, Paramente sowie andere Textilien). – Die Tabelle HAStK, Franz. Verw. Nr. 1596, die den Besitz aller geistlichen Institutionen erfaßt, doch in nicht wenigen Angaben von den anderen Listen abweicht, dabei in ihrer Funktion freilich nicht recht klar ist, gibt für St. Clara in der Rubrik ‚tableaux' keine Anzahl.

20 Fraglich bleibt auch, was in HAStK, Franz. Verw. Nr. 1592/2/1 und 2 die Zahlenangaben überhaupt aussagen; offenbar sind keine einheitlichen Kriterien angelegt worden, wenn die Ziffern zwischen 114 bei dem kleinen

Konvent von der Kölner Johanniterkommende St. Johannes und Cordula geschenkt bekommen, da die Fundstelle in deren Garten 1327 von der ersten Äbtissin des Clarenklosters, der mit seherischer Fähigkeit begabten Petronella von Scherve, angeblich aufgrund einer Vision bezeichnet wurde.[15] Zwölf andere *corpora* aus dem Reliquienkomplex soll das Stift St. Ursula um 1350 den beiden Schwestern Philippa und Isabella von Geldern übergeben haben.[16] Gelenius führte noch andere Reliquien an und nannte außerdem drei Gräber in der Kirche.[17]

Auch aus den ab 1798, kurz vor der Auflösung des Klosters angefertigten Verzeichnissen der Mobilien erfährt man nahezu nichts über den Besitz an Bildern und Bildwerken. Der Konvent listete auf, was für die Regierungskommissare der französischen Besatzung der Stadt (seit 1794) von Interesse sein konnte; unter den Rubriken ‚Silber', ‚Paramenten' und ‚Leinwand und Ornat' wurden liturgische Geräte und Textilien verzeichnet (Ziborien, Kaseln, Antependien, Altartücher, Altarleuchter, Pollen, Weihwassergefäße etc.), ferner vom allgemeinen Klostereigentum Möbel, Wäsche und Gefäße.[18] Die französische Verwaltung inventarisierte den Bestand in ihren eigenen Verzeichnissen nach Materialien und bemaß den Wert. Hier finden sich zwar *tableaux 78 pieces*, doch ist nichts über Gattungen, Größe, Sujets, Technik oder Alter der Tafeln notiert.[19] Hinter dieser großen Zahl können sich verschiedene Arten von Bildern verbergen, sowohl größere Altarblätter wie kleine Bilder zur Andacht, Heiligendarstellungen oder Portraits der Äbtissinnen.[20] Ein nachträgliches, 1817/18 verfaßtes ‚Verzeichnis vorzüglicher Gemälde und sonstiger Merkwürdigkeiten in den Kirchen Cöln's vor ihrer Aufhebung' vermerkt für St. Clara lediglich: „ein antiker Altar, jetzt im Dom aufgestellt"; damit war das Clarenretabel gemeint, das inzwischen im Dom stand.[21] Insgesamt erweckt diese Zusammenstellung den Eindruck, die Erinnerung an die Einrichtung der Kirchen der Stadt vor 1802 (oder vor den ersten Verkäufen 1794) sei bereits stark verblaßt gewesen, denn es sind kaum mittelalterliche Werke aufgeführt, dafür jedoch die verbliebenen der Barockzeit. Im Fall von St. Clara mag sich die dürftige Auskunft freilich auch dadurch erklären, daß sich außer dem Retabel die alten Bilder innerhalb der Klausur befunden hatten und daher unzugänglich waren.

Die undifferenzierten Aussagen oder das Schweigen der Quellen über mittelalterliche Ausstattungsgegenstände sind einstweilen nicht leicht zu beurteilen. Gehörten die frühen Werke zu jenen Dingen, die von den Konventen nach 1794 verkauft wurden,[22] oder existierte der originale Bestand 1798/1802 noch und wurde nicht als solcher erkannt und gewürdigt? Beide Möglichkeiten sind für Köln bezeugt.[23] Die Kartäuser verkauften bereits 1794 Altarbilder aus ihrer Kirche.[24] Es sind aber auch Äußerungen überliefert, wonach alte Bilder nichts als *fanatisme* zeigten und *sans beauté* seien.[25] Blieb man allgemein gegenüber mittelalterlichen Werken völlig indifferent oder begriff man deren Alter und Fremdheit und schätzte ihre Eigenart als Wert? War man nur dann beeindruckt, wenn Größe und Aufwand ein Retabel als „ein prächtiges antikes Altarstück" erscheinen ließen?[26] Hat binnen zwei Jahrzehnten, bis zum regen Handel und Verkauf ganzer Sammlungen eine grundsätzliche, weitere Kreise erfassende Wandlung stattgefunden, die ein ästhetisches und historisches Interesse an alten Werken finden ließ? Wertschätzung und Ablehnung mittelalterlicher Kunst läßt sich um 1800 gleichermaßen belegen. Maßen nur die Brüder Sulpiz und Melchior Boisserée, Johann Baptist Bertram, der Kanoniker Ferdinand Franz Wallraf,

Jakob Johann Lyversberg und wenige andere den Bildern Bedeutung bei? Veräußerten Klerus und Gemeinden die Dinge aus Ignoranz und ließen sie gar beseitigen, oder hatten sie doch Hoffnung auf Gewinn? Die Vorstellung einer Rettung der mittelalterlichen Zeugnisse allein durch einige von der romantischen Bewegung Ergriffene ist womöglich zu schlicht. Für Antworten, die in den verschiedenen Fällen jeweils anders ausfallen werden, müßten die Vorgänge im einzelnen betrachtet werden.

Für den ehemaligen Bestand an Kunst im Clarenkloster ist man wegen der dürftigen Quellenlage auf die Mitteilungen der späteren Besitzer über die Provenienz der Werke angewiesen. Wo jedoch Angaben zur Herkunft fehlen, lassen allein die auf den Orden bezogenen Themen und bestimmte ikonographische Einzelheiten einige Werke St. Clara zuordnen – freilich nicht mit letzter Gewißheit. Indizien für diese Provenienz sind entweder Darstellungen der Ordensgründerin (auch zusammen mit dem hl. Franciscus und anderen, dem Orden nahestehenden oder im Kloster verehrten Heiligen wie Elisabeth, Agnes, Katharina, Barbara[27]; vgl. Abb. 12, 16, 18, 23 und 24) oder die Wiedergabe von Klarissen als Stifterinnen (vgl. Abb. 9, 12).

Die für St. Clara reklamierten Werke geben wahrscheinlich nur einen begrenzten Eindruck der ehemaligen Ausstattung von Kirche und Kloster. Ein Bild von der langen Dauer des Konvents über fast fünfhundert Jahre können sie nicht vermitteln. Da die monastische Tradition in der Stadt nach 1800 abbrach, gibt es nicht, wie in noch bestehenden Konventen andernorts, eine Kontinutät vom Mittelalter über die Barockzeit bis in die Gegenwart.[28] Doch man kann an St. Clara nach 700 Jahren mit der Geschichte des Ortes und – anschaulicher – mit den frühen Zeugnissen der Kunst erinnern.

Klarissenkonvent am Neumarkt, 135 bei den Dominikanern und neun beim Dom schwanken.

21 *HAStK, Bestand 400, I-7 D-1 1/2 fol. 24v. – Ein anderes, teils übereinstimmendes Verzeichnis (HAStK, 1105 74 / 75, fol. 43: nennt: „Ein altargemälde von einem hiesigen Meister mittelmäßig aber sonderbar sonst nicht bekannt." Was dies für ein Gemälde war, läßt sich nicht ermitteln.*

22 *Vgl. Richard Büttner, Die Säkularisation der Kölner geistlichen Institutionen. Wirtschaftliche und soziale Bedeutung und Auswirkungen, Diss. Köln 1969, Köln 1971 (Schriften zur rheinisch-westfällschen Wirtschaftsgeschichte. Bd. 23) S. 55f. – Da bereits 1803 der Kölner Sammler Baron Hüpsch seine Kollektion von Handschriften, die viele Exemplare aus Kölner Klosterbibliotheken enthielt, an Landgraf Ludewig X. von Hessen-Darmstadt verkaufte, spricht alles für ein frühes Veräußern durch die Konvente, vielleicht auch den von St. Clara. Hinweise hierauf enthalten auch die Inventarlisten (wenngleich nur für Geräte, Metallgegenstände etc.): HAStK, Franz. Verw. Nr. 1592/1 fol. 112f., Nr. 1592/2/1 fol. 65f. Auch ein*

,Missale Franciscanum' aus dem Clarenkloster kam 1803 nach Darmstadt; *vgl.: Die liturgischen Handschriften der Hessischen Landes- und Hochschulbibliothek Darmstadt, beschr. Leo Eizenhöfer, Hermann Knaus, Wiesbaden 1968 (Die Handschriften der Hessischen Landes- und Hochschulbibliothek Darmstadt. Bd. 2) S. 139–143 Nr. 41: Hs 949; Gummlich, Bildproduktion S. 81. Zur Person Hüpchs vgl. Theo Jülich, Jaen Guillaume Adolphe Fiacre Honvlez – alias Baron von Hüpsch, in: Lust und Verlust I, S. 45–56; vgl. Lust und Verlust II, S. 31–41.*

23 *Materialien zu den Vorgängen um Verkauf und Vernichtung von ehemals kirchlichem Kunstgut, zu Kunsthandel und neuen Sammlungen finden sich in den beiden Bänden: Lust und Verlust I und II.*

24 *Zu diesen Altären zählten unter anderem der Thomas- und der Kreuzaltar vom Meister des Bartholomäus-Altares (Köln, Wallraf-Richartz-Museum / Fondation Corboud, Inv.Nr. 179 und 180). Der Verkauf erfolgte nicht „bei Aufhebung des Klosters 1794", wie Zehnder, Katalog S. 349f., 423, 434, angibt. Besitzwechsel markiert noch nicht das Ende eines Konvents; die Kartäuser wurden 1794 aus ihrem Kloster vertrieben, stellten aber 1798 noch in einer Liste ihren Besitz zusammen, führten dabei – neben dem Hinweis auf zerstörte und geraubte Bilder – „5 große und 3 kleine Schildereien zum hohen Altar" an, die in einer anderen Liste dann mit Wertangabe unter der Rubrik ‚effets vendus ou distraits depuis la guerre' erschienen: HAStK, Franz. Verw. Nr. 1592/1 fol. 103–105, Nr. 1592/2/1 fol. 61f.; s. Quellen zur Geschichte der Kölner Kartause, bearb. Joachim Deeters, Wolfgang Herborn etc., in: Die Kölner Kartause um 1500. Aufsatzband, hg. Werner Schäfke, Köln 1991, S. 10–121, hier 112–120. Die Aufhebung fand bekanntlich am 26. August 1802 statt (Büttner, Säkularisation [Anm. 22] S. 121). Die Altäre erwarb Jakob Johann Lyversberg; hierzu Susanne Mädger, Jakob Johann Nepomuk Lyversberg, Kaufmann und Kunstsammler, in: Lust und Verlust I, S. 193–204, hier 197, 200, ferner S. 575–578, hier 577 Nr. 180; Lust und Verlust II, S. 210–231, hier bes. 219f.*

25 *So mehrfach in HAStK, Franz. Verw. Nr. 1592/1/1 und 2; vgl. Quellen Kartause [Anm. 24] S. 112.*

26 *So im ‚Verzeichnis der in den hiesigen Kirchen vorfindlichen Kunstgegenständen ...', HAStK, Bestand 400, I-7 D-1 1/2, über einen Altar in der Pfarrkirche St. Kolumba.*

27 *Gelenius, Colonia [Anm. 14] S. 541f., nennt als Feste des Klosters: Festa Inuentionis SS. Reliquiarum (18. Juni), S. Clarae Virginis (12. August), Dedicationis Ecclesiae (Sonntag nach Mariae Geburt), Festa Ordinis S. Francisci, S. Catharinae (25. November), S. Barbarae (4. Dezember), S. Nicolai (6. Dezember).*

28 *Vgl. etwa das Klarissenkloster in Brixen, das seit etwa 1235 bis heute besteht und unter anderem einen Gemäldezyklus mit der Vita der Ordensgründerin Clara besitzt. Hierzu Icones Clarae [Anm. 10], zum Clara-Zyklus S. 155–223. Für andere andere bestehende Konvente (auch anderer Orden) s. oben Anm. 10 und Jäggi, Frauenklöster.*

29 Zum Clarenretabel: als Monographie Kirn, St. Clare Altarpiece. – Zusammenfassend Bellot, Klarissenkloster S. 211–221; Wolf, Schnitzretabel S. 84–94 (s. auch Register S. 406 s.v. ‚Köln, Retabel aus St. Klara zu Köln'). – Nach über zwanzig Jahren erschien jüngst die Dokumentation zur Restaurierung des Retabels, die zwischen 1971 und 1983 stattgefunden hatte: Schulze-Senger/Hansmann, Clarenaltar; darin zur Geschichte, Gestalt und Ikonographie S. 11–38 (der Verf. findet hier S. 23–31 seine eigene Beschreibung kaum abgewandelt und ohne Kennzeichnung übernommen), Bemerkungen zum Stil S. 232–234; derzeit ausführlichste photographische Dokumentation des Retabels. – Carl Aldenhoven, Geschichte der Kölner Malerschule, Lübeck 1902 (Geschichte der Kölner Malerschule. 131 Lichtdrucktafeln, hg. Ludwig Scheibler, Carl Aldenhoven, 1894–1902) (Publikationen der Gesellschaft für rheinische Geschichtskunde. 13) S. 45–57; E[duard] Firmenich-Richartz, Zur Wiederherstellung des Clarenaltars, in: Zeitschrift für christliche Kunst 21, 1908, Sp. 323–346; Die Bildwerke des Kölner Domes, hg. Bernhard Hertel. Bd. 1, Berlin 1923, Taf. 36–40; Otto Helmut Förster, Die kölnische Malerei von Meister Wilhelm bis Stephan Lochner, Köln 1923, S. 17–22; Heribert Reiners, Die Kölner Malerschule, M. Gladbach 1925 (Monographien zur Geschichte der christlichen Kunst. 5) S. 25–31; Stange, Malerei. Bd. 2, S. 95–101; Paul Clemen, Der Dom zu Köln, Düsseldorf 1937 (Die Kunstdenkmäler der Stadt Köln. Bd. 1, Abt. III) (Die Kunstdenkmäler der Rheinprovinz. Bd. 6, Abt. III) S. 212–220 (hier die ältere Literatur); Stange, Malerei. Bd. 3, S. 53–56; Gisela Schilling, Die Entwicklung des rheinischen Schnitzaltares von den Anfängen bis zur Mitte des 15. Jahrhunderts, Diss. masch. Köln 1953, S. 22–26; Stange, Verzeichnis. Bd. 1, S. 21 Nr. 20, S. 23 Nr. 30; Vor Lochner S. 77–80 Nr. 11; Hilger, Claren-Altar S. 11–22; Frank Günter Zehnder, in: Die Parler und der Schöne Stil 1350–1400 ..., hg. Anton Legner. 1, Köln 1978, S. 206f.; ders., Der Meister der Hl. Veronika, Diss. Bonn 1974, Sankt Augustin 1981, Kat. S. 1–15; Bergmann, Holzskulpturen S. 333–338 Nr. 98/99; Zimmer, Altar S. 172–209; König, Tafelmalerei S. 125–163; Renate Schumacher-Wolfgarten, Von Frauen für Frauen. Spurensuche am Kölner Klaren-Altar, in: Für irdischen Ruhm und himmlischen Lohn. Stifter und Auftraggeber in der mittelalterlichen Kunst [Festschrift für Beat Brenk], hg. Hans-Rudolf Meier, Carola Jäggi, Philippe Büttner, Berlin 1995, S. 264–279; Anton Legner, Kölner Heilige und Hei-

Clarenretabel

Das größte unter den erhaltenen Ausstattungsstücken ist der sogenannte Clarenaltar[29] (Abb. 1–5). Dieser vor oder um 1350 entstandene Altaraufsatz ist der älteste erhaltene mit Doppelflügeln, auch der erste bekannte mit einem eingebauten Tabernakel. Er vereint in der geschnitzten Schreinarchitektur Reliquiendepositorien und -büsten, Skulpturen und Bilder. Für die Gattung der Flügelretabel ist er eines der bedeutsamen frühen Beispiele und zumindest hinsichtlich der Malerei auch ein wichtiges innerhalb der kölnischen Kunst.

Das Retabel stand in der Kirche des Klosters, doch ist nicht eindeutig überliefert, ob im Chor oder auf der Westempore. Nach der Auflösung des Konvents durch die Säkularisation kam es in den Kölner Dom und wurde 1811 aufgestellt; seit 1982 steht es dort im östlichen Joch des äußeren nördlichen Seitenschiffs.

Sein heutiges Aussehen ist das Ergebnis einer bewegten Geschichte, vermittelt daher nur scheinbar einen einheitlichen Eindruck; tatsächlich ist es durch die Erneuerungen mehrerer Zeiten geprägt: Nach 1400, ein gutes halbes Jahrhundert nach seiner Entstehung, wurde das Retabel vollständig überarbeitet, man faßte die architektonischen und plastischen Teile neu und übermalte die Bilder. Aus dem schützenden Raum eines Klosters 1802 entlassen, war der Altaraufsatz dann bis in jüngere Zeit fast ausschließlich schädlichster Behandlung ausgeliefert. Während des 19. Jahrhunderts wurde er zunächst ausgebessert, dann restauriert, verändert und ergänzt (1859/65). 1907/9 war er Unkenntnis und zerstörerischen Eingriffen preisgegeben; die in ihrem Alter und Wert nicht erkannten Übermalungen der Zeit nach 1400 wurden an den Außenflügeln vernichtet, da man sie zugunsten der ersten Malschicht abnahm.[30] Widrige Umstände, Fahrlässigkeit und neuerliche, verfehlte Restaurierungsversuche führten schließlich zu einem nahezu hoffnungslosen Zustand. Nach einer Geschichte des katastrophalen Umgangs wurde das Retabel erstmals von 1971 bis 1983 sachgerecht untersucht, in seinem Bestand gesichert und restauriert.[31] Erst seither ist es ästhetisch und historisch angemessen zu würdigen.

Beschreibung

Das Retabel besteht aus einem Schrein, an dem seitlich mit Scharnieren zwei Paare von beweglichen Flügeln befestigt sind, die sich schließen und öffnen lassen und so die Schauseite des Retabels verändern. Außer dem geschlossenen Zustand sind zwei Zustände der Öffnung möglich, die jeweils durch eine der theologischen Aussage und Ikonographie entsprechende Steigerung der künstlerischen Mittel ausgezeichnet sind.

Der Mittelschrein ist ein in zwei Teilen aus Eichenholz gezimmerter, flacher Kasten, dem in der Mitte ein schmaler, risalitartig vortretender Tabernakel eingestellt ist.[32] Wenn sie geschlossen sind, bedecken die beiden inneren, ebenfalls kastenartigen Flügel die Seitenkompartimente des Schreins, nicht jedoch den Tabernakel; ebenso lassen die zugeklappten flachen Außenflügel, die mit Scharnieren an den Vorderkanten der (geschlossenen) Innenflügel befestigte und mit Leinwand bespannte Rahmenkonstruktionen sind, die Mitte frei.[33] Den Tabernakel bedeckte ein ehemals am rechten Außenflügel angebrachter schmaler Leinwandflügel, der mit den beiden anderen bündig abschloß; dieser ist nicht mehr vorhanden, doch blieben seine beiden Bilder erhalten.[34] Der Oberseite des Schreinsgehäuses

1. Clarenretabel, vor 1350, geschlossener Zustand; Köln, Dom (Abb.: Rheinisches Amt für Denkmalpflege, Photo Michael Thuns)

war sicher ehemals eine Bekrönung aufgesetzt, doch vermutlich keine sonderlich hohe, da der Schrein geringe Tiefe besaß.[35]

Am Retabel sind hölzerne Kleinarchitektur, Plastik und Malerei (auf Holz und Leinwand) eingesetzt; dabei sind die Raumtiefe des Schreins (teils offen, teils vergittert) und die Architektur, die in verschieden tiefe Nischen eingestellten Figuren und die redenden Reliquiare sowie die Malereien zwischen reliefartig flacher Architektur und auf planen Flächen in kontrastierender Weise gemäß dem Prinzip von Wandlung und Bedeutungszuwachs des Flügelretabels kombiniert. Der Einsatz mehrerer künstlerischer Techniken und der von außen nach innen vermehrte materielle und gestalterische Aufwand gehorchen einer beabsichtigten Wirkung: Die mit dem zweifachen Wechsel verbundene Zunahme an plastischem Wert und komplexer Form der Architektur sowie deren Bereicherung durch Ornament und Vergoldung, parallel dazu der Wandel von eher dunkeltoniger Malerei zu dem mittleren, von Gold und Rot bestimmten Zustand und schließlich zu der im wesentlichen goldenen, mit Plastiken bestückten Architektur im Schrein – beides zielt auf Steigerung des Eindrucks. Diese entspricht dem Wechsel vom Bild zur Realpräsenz der Reliquien und des (zunächst noch verborgenen) Sakraments und steht mithin im Dienst der Theologie des Retabels.

Eine den Schrein und sämtliche Seiten der Flügel gliedernde Architektur – als Malerei, flaches Stabwerk und raumhaltiges Gehäuse – bildet Gruppen von jeweils drei Arkaden in zwei übereinander stehenden Registern und schafft damit den einheitlichen Rahmen für Nischen von Reliquien, Büstenreliquiaren und Figuren wie für die Felder von zwei gemalten, erzählenden Bilderfolgen und von zwei Reihen einzelner Heiligengestalten.

Im Zustand der zweiten, wichtigsten Öffnung des Retabels (Abb. 3) werden der Mittelschrein, samt dem eingestellten Tabernakel, und die auf ihrer inneren Seite ebenfalls als Schrein (von gleicher Tiefe) konstruierten

ligtümer. Ein Jahrtausend europäischer Reliquienkultur, Köln 2003, S. 179–185; Jäggi, Frauenklöster S. 286–290, ferner 210. Kaum Zutreffendes findet sich bei Brigitte Corley, Painting and Patronage in Cologne 1300–1500, Turnhout 2000, S. 68–73, 93–97. – Als neue These: Gerhard Schneider, Eine thronende Madonna aus dem Clarenaltar im Kölner Dom, in: Kölner Domblatt 65, 2000, S. 113–124.

30 Befürworter der ‚Restaurierung' waren Leute, die es besser hätten wissen müssen; Alexander Schnütgen (Der Clarenaltar im Kölner Dom, in: Zeitschrift für christliche Kunst 21, 1908, 321f.), Eduard Firmenich-Richartz (Wiederherstellung [Anm. 29]) und Paul Clemen (Der Clarenaltar im Kölner Dom, Eine Revision, in: Kunst-Chronik NF 20, 1908/1909, Nr. 9, S. 129–136).

31 Stationen und Ergebnisse der verheerenden Geschichte seit 1802 beschreibt der Bericht über die Restaurierung durch das Rheinische Amt für Denkmalpflege (Schulze-Senger/Hansmann, Clarenaltar); er ist zugleich Untersuchung und Dokumentation der verschiedenen Zustände (s. besonders Taf. 6 und 7, S. 246–249) und bietet zeichnerische Rekonstruktionen der ersten und zweiten mittelalterlichen Fassung (Taf. 1–5, S. 236–245). Die Erkenntnisse über den heutigen Bestand und die Entstehungszeit der einzelnen Teile werden hier nur resümierend wiedergegeben.

32 Maße: Mittelschrein: Höhe 278,5 cm, Breite 334 cm, Tiefe 28 cm; Tabernakel: Höhe 278,5 cm, Breite 55,5, Tiefe 63 cm; Innenflügel: Höhe 280 cm, Breite 138 cm, Tiefe 30 cm; Außenflügel: Höhe 282,5 cm, Breite 138 cm, Tiefe 5,7 cm; ehemaliger Leinwandflügel für den Tabernakel: Höhe ca. 182 cm, Breite ca. 60 cm; Gesamtbreite des Retabels im geöffneten Zustand 610 cm. – Maße und technische Angaben bei Schulze-Senger/Hansmann, Clarenaltar; zu Maßen und Konstruktion des Schreins und des selbständig zusammengebauten, in das Gehäuse geschobenen (und daran mit Haken und Ösen verankerten) Tabernakelbaus ebd. S. 23, 72–77. Die Konstruktion des Retabels und die drei verschiedenen Zustände der Öffnung veranschaulicht das Schema ebd. S. 70. – Zur Konstruktion von Flügelretabeln allgemein Bachmann et alii, Flügelretabel Sp. 1466–1475.

33 Konstruktion der Flügel Schulze-Senger/Hansmann, Clarenaltar, S. 77–85. Die drei bis vier Zentner schweren inneren Flügel wurden im offenen Zustand ehemals abgestützt durch Verlängerungen ihrer inneren Schreinseiten, die bis zum Boden reichten, und durch schräge Streben; S. 23, 71, 78, 97f., vgl. auch 95, 102.

34 Ebd. S. 23, 36, 72, 81–85.
35 Auf eine Bekrönung weisen Spuren der ehemaligen Befestigung. Hans Peter Hilger, Die großen Kölner Reliquienaltäre des 14. Jahrhunderts, in: Kölner Domblatt 60, 1995, S. 103–116, hier 108 rechnet mit einer „tabernakelartig offenen Turmarchitektur"; noch kühner Schulze-Senger/Hansmann, Clarenaltar S. 79, 98: „eine Bekrönung wie am Altar von Doberan". Dies bedenkt weder die geringe Tiefe des Schreins, noch die Konstruktionsweise der drei Türme am Doberaner Retabel, noch die dortige Wimpergreihe, aus der die Türme aufsteigen (beim Clarenretabel schließt der Schrein dagegen alles im Rechteck ein), noch den Aufstellungsort.
36 Zur Pastagliatechnik und zum Gebrauch der am Clarenretabel Flächen füllenden, nicht – wie üblich, doch nicht ausschließlich – Rahmen, Gewandsäume, Ornamentteile etc. akzentuierenden Applikationen (es handelt sich hier um Quadrate von 2,5 cm Seitenlänge) und zu ihrer Verwendung an Plastiken sowie Wand- und Tafelbildern des 14. und frühen 15. Jahrhunderts s. Moimír Frinta, On the relief adornment in the Klarenaltar and other paintings in Cologne, in: Vor Stefan Lochner. Die Kölner Maler von 1300–1430. Ergebnisse der Ausstellung und des Colloquiums, Köln 1974, Köln 1977 (Kölner Berichte zur Kunstgeschichte. Begleithefte zum Wallraf-Richartz-Jahrbuch. Bd. 1) S. 131–139; Schulze-Senger, Claren-Altar S. 30; Elisabeth Jägers, Zur Polychromie der Kölner Skulptur vom 12. bis zum Ende des 14. Jahrhunderts, in: Bergmann, Holzskulpturen S. 85–105, hier 90–92.
37 Diese Mittelmotive haben zweierlei Formen: entweder ein sphärisch gerahmtes, genastes Dreiblatt oder fünf kleine einfache, ebenso gerahmte Dreiblätter, die einem Kreis einbeschrieben sind. Die Dreistrahlen ohne Mittelmotiv sind jeweils mit einem sphärisch gerahmten Dreiblatt gefüllt.
38 Der obere Wimperg der Vorderseite entspricht (fast) einer der Formen im oberen Register des Schreins: zwischen Dreistrahlen ein Kreis mit fünf Dreiblättern; die beiden seitlichen Wimperge oben haben einen Kreis mit stehendem Vierpaß, die unteren wiederholen den Kreis mit einbeschriebenen vier Dreipässen aus dem unteren Geschoß. Abb. der Seite in: Schulze-Senger/Hansmann, Clarenaltar S. 74. – Die Architektur ist weitgehend original erhalten; die Vierpässe und Arkaden der unteren Zone sind, wohl nach ursprünglichem Muster, rekonstruiert, nachdem sie 1859/65 für in die Arkaden eingesetzte neue Reliefs entfernt worden waren (von diesem Eingriff rührt nur mehr das Maßwerk

Innenflügel präsentiert. Den durch Querbretter in unterschiedlich hohe Geschosse geteilten Schreinkompartimenten ist eine dreiachsige, zweigeschossige hölzerne Arkadenarchitektur vorgestellt, die zusammen mit den Böden den Raum der Schreinkästen in fünf Reihen von Gefachen gliedert. Die Architektur besteht in jedem Register jeweils aus drei von Wimpergen bekrönten Spitzbögen, die zwischen schmale, in übereckgestellten Fialen endende Pfeiler gespannt sind. Vor die Stirnfläche der unteren Pfeiler treten zweistufig gesockelte Dienste, die gleichfalls in Fialen enden. Reiches, durchbrochenes Maßwerk füllt das Couronnement der Bögen, die Wimperge und Zwickelflächen. In den unteren Arkaden vergittern Paare von stehenden Vierpässen und zweibahnige Zwillingslanzetten ein sehr niedriges und ein höheres Gefach. Darüber folgen die für Reliquienbüsten bestimmten Nischen. Sie haben in den Bogenfeldern Schleiermaßwerk aus zwei genasten Spitzbögen und einem Kreis, der in den drei Arkaden eines Kompartiments mit dreierlei Formen gefüllt ist: einem stehenden, genasten Vierpaß und einem einfachen sowie einem genasten Fünfpaß. In den krabbenbesetzten, in Kreuzblumen endenden Wimpergen befinden sich Kreise, in die jeweils vier sphärisch gerahmte Dreiblätter, ein genaster Dreipaß oder ein Kreis mit drei kleinen Dreipässen einbeschrieben sind. Die so variierten Einzelformen der linken Schreinhälfte und des linken Flügels sind rechts vom Tabernakel symmetrisch gespiegelt in umgekehrter Reihenfolge angeordnet. Die Zwickel hinter den Wimpergen füllen kleine Lanzetten und eine Reihe von je zwei stehenden Vierpässen.

Im leicht zurückgesetzten und niedrigeren oberen Geschoß rahmen glatte Pfeiler und nicht überhöhte spitzbogige Arkaden (mit großen, genasten Kleeblattbögen im Bogenfeld) flache Nischen. Deren Rückwände haben eine reliefartige Dekoration aus einer Kreide-Leim-Masse: flache, in Formen gegossene und vergoldete Quadrate, die im Muster von sich abwechselnden vierblättrigen Rosetten und Wirbeln appliziert sind.[36] Die in dieser Zone weniger steilen Wimperge haben wiederum dreierlei Formen: dreistrahlig und zentripetal angeordnete Lanzetten mit und ohne Dreiblattmotive in der Mitte.[37] Dahinter steht eine Art Maßwerkbrüstung mit zweibahnigen Lanzettbögen und sphärischen Vierpässen in der Spitze. Über den mit einem Maßwerkkamm versehenen Abschluß ragen die übereckgestellten Fialen und die Kreuzblumen der Wimperge hinaus.

Der Tabernakel – im Aufbau der Schreinarchitektur entsprechend, doch breiter als die Arkadenachsen – ist ein im Grundriß annähernd quadratisches Gehäuse, das zwischen schräggestellten Eckpfeilern vorne und seitlich in Spitzbögen mit Wimpergen geöffnet ist. Über einem Brüstungsfeld, in dem zwei stehende und zwei auf die Spitze gestellte Bögen eine sich durchdringende Rahmenform für zwei Vierblätter mit Liliennasen bilden, verschließt ein Holztürchen mit dem Bild der Messe des hl. Martin die Vorderseite. Der obere Baldachin hat auf allen drei Seiten Hängemaßwerk in den Bögen. Die Vierpässe zwischen den Geschossen und die obere Maßwerkbrüstung setzen die Gliederung der Schreinhälften fort, binden den Tabernakel somit in die Arkadenabfolge ein. In den Wimpergen sind Maßwerkfüllungen des Schreins variiert, der untere auf der Vorderseite hat als besonders kleinteilige Form Dreistrahlen, deren Binnenzeichnung aus Lanzetten und Dreipässen besteht.[38]

In der unteren Nischenreihe stehen zwölf weibliche Reliquienbüsten vom Typus der sogenannten Ursulabüsten. Die zehn noch aus dem 14. Jahr-

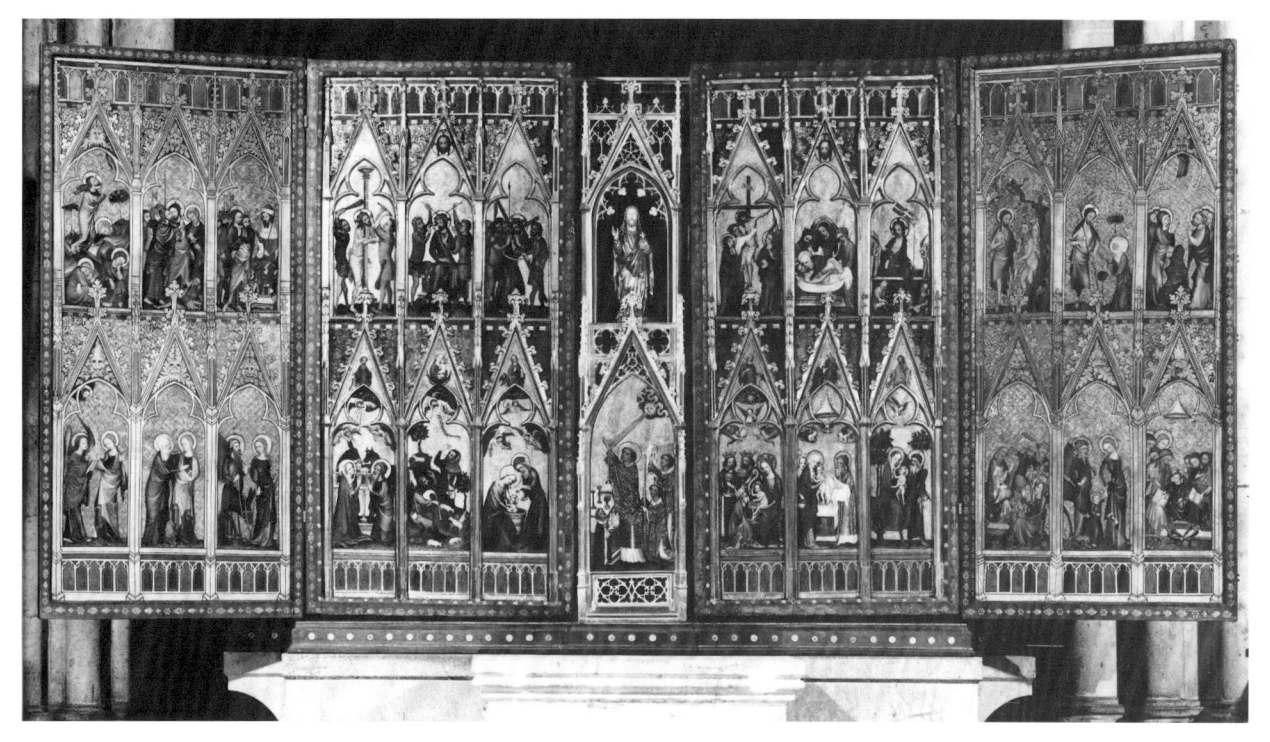

2. Clarenretabel, vor 1350, erste Öffnung; Köln, Dom (Abb.: Rheinisches Amt für Denkmalpflege, Photo Michael Thuns)

hundert stammenden Exemplare der üblichen brusthohen Form, die in der Mitte der Brust eine runde Öffnung haben und die Namen der Heiligen tragen, deren Reliquien sie enthielten, sind einander sehr ähnlich.[39] Wenig unterschieden ist der Ausdruck der rundlichen Gesichter mit angedeutetem Lächeln; bei allen fallen die in der Mitte gescheitelten Haare in Wellen über die freibleibenden Schultern nach hinten bis zur Bodenplatte der Büste herab. Gemeinsam ist ein eng anliegendes, mit einer steinbesetzten Perlenborte gesäumtes Gewand. Gleich ist auch die Fassung: blaßrosa Inkarnat, glanzvergoldetes Gewand (mit punzierter Verzierung), mattvergoldete Haare.[40]

Unter den oberen Arkaden stehen zwölf Statuetten der Apostel; von denen sieben noch vom originalen Bestand erhalten sind, die übrigen um die Mitte des 19. Jahrhunderts ergänzt wurden.[41] Das Ensemble erscheint aufgrund der Stilimitation der neu gefertigten und der vereinheitlichenden Fassung zunächst weniger heterogen als es tatsächlich ist; doch gegenüber den eher an klassischen Idealen der Gewandfigur orientierten neugotischen Figuren sind die mittelalterlichen schon an ihrer ungewöhnlichen Proportion und den großen Köpfen erkennbar. Es sind schmale Gestalten, die in lange, faltenreich fallende oder eng um den als Volumen wenig akzentuierten Körper geschlungene Gewänder gehüllt sind, teils steif stehend, teils in leichter oder starker Biegung. Die ehemalige Fassung der glanzvergoldeten Mäntel mit farbigen Innenseiten wird stilistische und qualitative Diskrepanzen auch des alten Bestandes überspielt haben.[42] Im oberen Baldachin des Tabernakels steht eine den Aposteln etwa gleich hohe Figur des Salvator, die ebenfalls zu den Ergänzungen des 19. Jahrhunderts zählt.[43]

Diese Schauseite zeigt einen Zustand, der im Eindruck dem ursprünglichen um 1350 weitgehend entspricht. Die Zweitfassung um 1400 hatte die Farbgebung weitgehend beibehalten.[44] Die Arkadenarchitektur ist vollstän-

unter der Tabernakeltür her). Ergänzt ist die linke untere Arkade mit Wimperg im rechten Flügel (1973/82). Ebd. S. 16, 74, 97, 102, 106.

39 Neun der mittelalterlichen Büsten stehen in Schrein und rechtem Flügel; die erst im Jahr 2005 aus Privatbesitz erworbene zehnte, zweifellos zum Retabel gehörige Büste nimmt derzeit die mittlere Position im linken Flügel ein; sie harrt noch der Restaurierung. Die übrigen beiden Büsten rühren von der Restaurierung 1905 her.

40 Die vollrund geschnitzten Büsten sind durchschnittlich 28–30 cm hoch und bis auf eine Wandungsstärke von 1–1,5 cm ausgehöhlt; sie haben an der Rückseite kleine verschließbare Türchen. Die Öffnungen der Vorderseite (in sieben Fällen mit einem Vierpaß, in dreien mit einem Dreipaß versehen) waren vermutlich mit Glimmerscheiben verschlossen, an der Innenseite befinden sich entsprechende Vertiefungen und Dübellöcher. Näheres zuerst bei Schulze-Senger, Claren-Altar S. 26; jetzt zu Material, Erst- und Zweitfassung, Schäden und Restaurierung sowie zu den neuen Büsten: Schulze-Senger/Hansmann, Clarenaltar S. 81, 129–145. Eine elfte ursprünglich zugehörige Büste befindet sich heute in Zürich, Schweizerisches Landesmuseum; Gerhard Schneider, Eine Kölner Ursulabüste in Zürich, in: Kölner Dombblatt 47, 1982, S. 184–189, hier in Abb. 4 die neuerdings zurückgekehrte Büste. – Die (erneuerten) Namensinschriften der Büsten (in der

Reihenfolge heutiger Aufstellung): SCA. APOLLONIA, SCA. DOROTHEA, SCA. AGATHA, SCA. [Name fehlt], SCA. CRISTINA, SCA. CECILIA, SCA. KATRINA, SCA. LUCIA, SCA. PETRONILLA; die Züricher Büste: SCA. URSULA. Inkarnat meist in der mittelalterlichen Zweit-, Gewänder in der Erstfassung. – Vgl. Oskar Karpa, Die hochgotische Plastik des Kölner Domes, in: Der Dom zu Köln. Festschrift ..., bearb. u. hg. Erich Kuphal, Köln 1930, S. 71–143, hier 118; Clemen, Dom [Anm. 29] S. 215; Näheres in Anm. 125.

41 *Original sind in der heutigen (nicht ursprünglichen) Aufstellung die (von links nach rechts gezählten) Figuren Nr. 1, 3, 5, 7–10. Die Benennung der Statuetten ist nicht sicher, da bei den mittelalterlichen fast kein originales Attribut erhalten ist; der jugendliche Johannes hat als Attribut das Ölfaß, wie in Nordwestdeutschland seinerzeit üblich; Beispiele nennt Joseph Braun, Tracht und Attribute der Heiligen in der deutschen Kunst, Stuttgart 1943, Sp. 370f. – Drei weitere originale Figuren haben separat überdauert (in einem Fall freilich nicht bis heute): zwei sind in Köln, Museum Schnütgen (Inv.Nr. A 770 und A 771); Bergmann, Holzskulpturen S. 333–338 Nr. 98/99; eine kam auf unbekanntem Weg in die Berliner Museen (Inv. Nr. K.6960), verbrannte dort während des Zweiten Weltkriegs; Die Bildwerke in Holz, Stein und Ton. Großplastik, bearb. Theodor Demmler, Berlin, Leipzig 1930 (Staatliche Museen zu Berlin. Die Bildwerke des Deutschen Museums. Bd. 3) S. 41.*

42 *Die Figuren (aus Nußbaumholz) sind durchschnittlich 57,5 cm hoch, an der Rückseite abgeflacht, haben an der Unterseite Bohrungen und Aussparungen zur Befestigung in der Retabelnische. Inkarnat: Zweitfassung um 1400; Gewänder 1953ff. neugefaßt. Die mittelalterliche Erstfassung und die partielle Zweitfassung sind an den beiden im Kölner Museum Schnütgen befindlichen Figuren weitgehend erhalten; zu diesen Bergmann, Holzskulpturen S. 333–338, Nr. 98/99. Zu den übrigen Schulze-Senger/Hansmann, Clarenaltar S. 116–127.*

43 *Zu den fünf 1859/61 von Christoph Stephan ergänzten Apostelstatuetten und der Salvator-Figur: Schulze-Senger/Hansmann, Clarenaltar S. 120, 125–128.*

44 *Die Rückwand im Gefach der Reliquienbüsten erhielt möglicherweise eine Stoffverkleidung, die den Eindruck des Ganzen dann doch veränderte (Reste erhalten); das Bild der Tabernakeltür wurde, wie alle, übermalt, die Skulpturen neugefaßt (s. oben). Die Zweitfassung der Architektur ist nur mehr in Resten erhalten; der heutige Zustand geht auf*

dig in Gold gefaßt: die glatten Teile glänzend, die kleinteilig geschnitzten, wie etwa die Krabben, matt. Die Farbigkeit wird ansonsten durch die Fassung der Schreinwand hinter dem durchbrochenen Maßwerk bestimmt. In Zinnober sind als drei horizontale Streifen am unteren Rand die niedrigen Gefache, in der Mitte der Grund hinter der Reihe von Vierpässen und oben der schmale Raum über der Brüstung gefaßt. Breite Zonen mit dunkelblauem Fond sind die größeren Gefache unten und die Nischen der Büsten (hier mit goldenen Sternen) sowie der Hintergrund der Wimperge beider Register; die Rückwand der Apostelfiguren ist golden.[45]

Wenn die Innenflügel geschlossen sind, zeigt die Schauseite zwei verschiedene historische Zustände (Abb. 2). Sie waren entstanden durch die vollständige Neufassung des Retabels und die Übermalung der Bilder um 1400 und durch die Beseitigung der jüngeren Malschichten nur an den Flügeln 1907/9. Die Mitte zeigt sich daher, wie sie um 1400 verändert wurde, die Seiten entsprechen wieder annähernd der ursprünglichen Fassung (vgl. Abb. 4 und 5) – ein hybrider Befund, der auf die aus Unkenntnis unternommene, dann abgebrochene ‚Restaurierung' zurückgeht und nun Erst- und Zweitfassung nebeneinander präsentiert.

Die Schauseite bietet im wesentlichen dieselbe Gliederung wie die beschriebene innerste: seitlich des Tabernakels befinden sich auf den Außenseiten der geschlossenen Innenflügel und den inneren Seiten der Außenflügel zwei Reihen von zwölf Arkaden. Doch ist die Architektur hier auf den inneren Flügeln flaches, auf den Grund genageltes Stabwerk, das in den Formen stark vereinfacht ist; auf den mit Leinwand bespannten äußeren ist dieselbe Gliederung lediglich gemalt. Pfeiler und Fialen treten unten wiederum spornartig vor, haben allerdings keinen vorgestellten Dienst und nur schlichte Sockel. Den Spitzbögen ist ein einfacher Kleeblattbogen einbeschrieben. Das Feld der krabbenbesetzten, in Kreuzblumen endenden Wimperge ist eine leicht vor den Grund tretende Fläche für Malerei. Das obere Register unterscheidet sich lediglich durch geringere Höhe der Arkaden und die flache Stirnseite der Pfeiler und Fialen. In der gemalten Architektur der Außenflügel sind die Spornpfeiler durch perspektivische Aufsicht angedeutet. Die Sockelzone der unteren Arkaden besteht aus Fünfergruppen kleiner gemalter Blendarkaden, die ähnlich am oberen Rand der Flügel, hinter Kreuzblumen und Fialen wiederkehren.

Auf den Flächen hinter sämtlichen Wimpergen ist ein Stoffbehang dargestellt, ein Brokat mit einem auch sonst in der Malerei der Zeit begegnenden italienischen Seidenmuster des 14. Jahrhunderts, das hier in Gold auf meist rotem und grünem, doch auch grauem und weißem Fond gemalt ist.[46] Die Wimperge auf den äußeren Flügeln füllen variationsreiche Blattmasken, auf den inneren dagegen figürliche Darstellungen. Die Farbigkeit ist – von den Bildern abgesehen – durch das matte Gold der Architektur und durch Rot (besonders auf den breiten Rahmen aller Flügelseiten) bestimmt, hinzu tritt Grün. Mit Rot sind die Kehlen der Wimperge akzentuiert, mit Rot und Grün die Fialen.[47]

Die Arkaden sind Rahmen für zwei gemalte, vom linken zum rechten Rand durchgehende Bildzyklen, in jedem Bogen ist jeweils eine Szene dargestellt. Im unteren Register finden sich zwölf Begebenheiten aus der Kindheitsgeschichte Jesu: Mariae Verkündigung, Heimsuchung, Maria und Joseph auf dem Weg nach Bethlehem, Geburt Christi, Verkündigung an die Hirten, Bad des Jesuskindes, Anbetung der Hll. Drei Könige, Darbrin-

3. Clarenretabel, vor 1350, zweite Öffnung; Köln, Dom (Abb. nach: Kat. Krone und Schleier, S. 31)

gung Jesu im Tempel (Abb. 5), Flucht nach Ägypten, Bethlehemitischer Kindermord, Rückkehr der hl. Familie aus Ägypten, der zwölfjährige Jesus im Tempel. Die Kleeblattbögen der mittleren Szenen füllen kleine musizierende oder adorierende Engel. Die Wimperge darüber enthalten die kleinen Bilder der Madonna auf der Mondsichel und der Marienkrönung sowie der vier Evangelisten.[48] Die oberen Bilder geben zwölf Ereignisse aus der Passion Christi sowie Begebenheiten um Auferstehung und Himmelfahrt wieder: Christus am Ölberg, Judaskuß und Gefangennahme, Christus vor Pilatus (Abb. 4), Geißelung Christi, Dornenkrönung, Kreuztragung, Kreuzabnahme, Grablegung, Auferstehung, Christus im Limbus, Erscheinung Christi vor Maria Magdalena, Himmelfahrt Christi. In den mittleren Wimpergen der inneren Dreiergruppen ist jeweils eine Vera Icon wiedergegeben (die Engel zu deren Seiten sind verloren).

Obgleich es kein Raumkontinuum gibt und alle Szenen eine eigene flache Bühne haben, besteht doch ein formaler Zusammenhalt zwischen den Bildern. Gemeinsam ist ihnen die Beschränkung auf die meist zwei oder drei handelnden Personen – eine freilich schon vom jeweils schmalen Bildfeld erzwungene Ökonomie, die auch die traditionell volkreichen Szenen bestimmt, in denen hier nur wenige Repräsentanten der Menge wiedergegeben sind oder einige hintereinander gestaffelte Köpfe Menge suggerieren (Abb. 4 und 5). Die isokephale Anordnung der Personen in einer Anzahl von Bildern und der durchgehende Goldgrund hinter extrem flachen Raumbühnen stellen eine lange, durch die Arkaden rhythmisierte Folge von jeweils gedrängt im Rahmen stehenden Gruppen her. Es gibt lediglich Andeutungen von freiem und in die Tiefe gehendem Raum dort, wo sie für die Szene notwendig sind: Solche Kürzel von ‚Natur' begegnen bei der Flucht nach Ägypten, Christus und Magdalena sowie der Himmel-

die der originalen Fassung entsprechende von 1859/65 zurück, die an den Innenseiten der Innenflügel erhalten und im Schrein 1971/82 auf der Grundierung von 1859/65 übervergoldet wurde. Schulze-Senger, Claren-Altar S. 29, 33, 35; Schulze-Senger/Hansmann, Clarenaltar S. 95–106.

45 Im Schrein sind dem blauen Grund der höheren unteren Gefache und der Nischen für die Büsten außerdem goldene Sterne aufgemalt; Abb. ebd. S. 54, 65, 73. – Mit Rot und Blau ist die Architektur in den Rahmenkehlen von Arkaden und Wimpergen und an den Fialen akzentuiert. Bei der Verteilung der beiden Farben herrscht eine Systematik der Variation und subtilen Auszeichnung des Zentrums; sie geht auf die Fassung von 1859/65 zurück, war zuvor weniger regelmäßig gewesen (ebd. S. 102): Im Mittelschrein sind die schmalen Streifen an Arkaden und Wimpergen einheitlich rot, in den Flügeln die der Arkaden blau, der Wimperge rot. An den übereckgestellten Fialen ist jeweils eine Seite rot, eine grün; hierbei ist die Zuordnung der Farben zur rechten oder linken Seite und sind Konstanz oder Wechsel der Zuordnung innerhalb einer Reihe von Fialen wiederum zwischen oberen und unteren Registern sowie zwischen Schrein und Flügeln variiert. Der Tabernakel hat fast ausschließlich blaue Farbstreifen. – Blaugefaßt, zudem mit goldenen Rosetten besetzt ist auch der gekehlte Rahmen des Mittelschreins und der inneren Seiten der Innenflügel.

46 Das Muster dieses mit farbiger Fransenborte oben abschließenden Stoffes ist von Brigitte Klesse, Darstellung von Seidenstoffen in der Altkölner Malerei, in: Mouseion. Studien aus Kunst und Geschichte für Otto H. Förster, Köln 1960, S. 217–225, hier 218f., beschrieben. Es handelt sich um eine „dicht versetzte[r] Reihung von reich differenzierten Rundblattpalmetten über leicht nach rechts geschwungenem Stiel, den von beiden Seiten asymmetrisch angeordnete, langfiedrige Vögel im Schnabel halten." Die verschiedenen Farben des Fond sind ohne erkennbare Regel verteilt; s. Schulze-Senger/Hansmann, Clarenaltar S. 194f., Taf. 3 S. 240/1.

47 Das Prinzip der Variation ist hier vereinfacht: die Kehle der oberen Fialen, sowohl der plastischen wie der gemalten, ist abwechselnd rot und grün gefaßt; an den unteren, übereckgestellten ist durchgehend die linke Seite rot, die rechte grün.

48 Die Reihenfolge dieser Darstellungen in den unteren Wimpergen auf den Innenflügeln (von links): Marcus, halbfigurige Mondsichelmadonna, Johannes, Matthäus, Marienkrönung, Lucas. Die Malereien in den Wimpergen sind die einzigen Teile der Übermalung um 1400, die ohne Voraussetzung im ersten Zustand neuerfunden wurde; ursprünglich befanden sich hier wie auf den Außenflügeln Blattmasken.

49 Auf der Leinwand wäre Punzierung nicht möglich gewesen, daher die Wiederholung der Pastaglia-Technik als Applikation; s. hierzu Anm. 36. Schulze-Senger/Hansmann, Clarenaltar S. 148 und 189f.

50 Ursprünglich waren die Zwickel mit gemaltem Quadermauerwerk gefüllt. Reste der abgenommenen Zweitfassung auf den Außenflügeln sind außer den Wimpergzwickeln u. a. Einzelheiten in den Bildern (z. B. Blumen auf den Bodenflächen). Die Architektur dieser Schauseite ist im Fassungszustand von 1894/1907 (auf mittelalterlichem Bestand) belassen. – Näheres über die hier nur grob benannte Zweitfassung auf den inneren sowie Erst- und Zweitfassung auf den äußeren Flügeln bei Schulze-Senger/Hansmann, Clarenaltar S. 146–205, hier etwa zu Vorzeichnungen (S. 147f., 189, auch 217), Maltechnik, den unterschiedlichen Veränderungen der Szenen und Figuren innerhalb der stets beibehaltenen äußeren Konturen (S. 187, 193f.).

51 Die Außenseite des Retabels ist am schlechtesten erhalten, durch den Verlust der Zweitfassung sowie weiterer Übermalungen 1907/9 ist der beschädigte Zustand der ersten mit ihren vielen Fehlstellen noch verschlimmert worden, anscheinend wurde aber damals auch die

fahrt Christi, eine versatzstückhafte Wiedergabe auch von größeren Naturausschnitten gibt es bei der Verkündigung an die Hirten und der Szene am Ölberg.

Der Eindruck dieser Schauseite wirkt selbst für den ersten Blick nicht einheitlich. Die Unterschiede zwischen Innen- und Außenflügeln sind teils technisch bedingt, da hier Holz und dort Leinwand Bildträger ist (auffällig etwa an Farbe und Oberfläche der Goldgründe), teils stilistisch bedingt, weshalb die biblischen Szenen Diskrepanzen in der Darstellungsweise zeigen und etwa die Wimperge hier mit Figuren und dort mit Blattmasken gefüllt sind. Bei den äußeren Leinwandflügeln (heute wieder annähernd im Zustand um 1350) ist der Hintergrund der Bilder wie bei den Apostelnischen der zweiten Öffnung in Pastagliatechnik dekoriert, dagegen ist er auf den Holztafeln der Innenflügel glatt und mit kleinteilig-ornamentaler Punzierung versehen; beide Goldgründe sind Teil der Erstfassung.[49] Die je drei Szenen einer Bilderfolge auf den beiden äußeren Flügeln gehören der früheren Stilstufe an, stammen aus der Entstehungszeit des Retabels (Abb. 4). Ihre schlanken, eher flächig gemalten und etwas spröd wirkenden Gestalten weichen deutlich von den gedrungeneren der sechs Szenen in der Mitte ab, die in stärker differenzierender und ‚malerischer' Art sowie mit gesteigerter Beobachtung im Detail wiedergegeben sind (Abb. 5). Diese gehören zu der vollständigen Überarbeitung des Altaraufbaus um 1400, als sämtliche Bilder innerhalb ihrer vorgegebenen Konturen neugemalt wurden. Dagegen sind die Zwickel der Wimperge einheitlich mit dem Stoffmuster bemalt, da den äußeren Flügeln an diesen Stellen die Zweitfassung 1907/9 belassen wurde.[50] Daß heute zweierlei Zustände nebeneinander stehen, ist das Ergebnis jener Restaurierung, bei der man an den Außenflügeln die jüngere Malschicht fast vollständig abnahm. So wechseln die Bilderfolgen in der Lesung von links nach rechts vom alten zum neuen und wieder zum alten Stil.

Wenn das Retabel ganz geschlossen ist (Abb. 1), bieten die beiden Flügel, wie auf ihrer Innenseite, die Malerei der Entstehungszeit vor 1350. In dieser Erstfassung, durch Zerstören der zweiten zutage getreten, bestimmt gegenüber der ersten Öffnung eine weitere Reduzierung des Formenapparats die Schauseite.[51] Die Außenseiten sind wiederum Leinwandbilder, die durch eine gemalte Arkadenarchitektur in zwei gleichhohe Geschosse gegliedert werden. Über beide Geschosse reichende Pfeiler, die unten spornartig vortreten und übereckgestellte Fialen haben, darüber sich mit geraden Stirnseiten fortsetzen und in einer zweiten Fiale enden, teilen jeden Flügel in drei Achsen. Die Arkaden – hier wegen fehlender Sockelzone und Wimperge höher als im Inneren des Retabels – haben gedrückte Spitzbögen, denen Kleeblattbögen einbeschrieben sowie Krabben und Kreuzblumen aufgesetzt sind. Die Geschosse trennt ein Band aus Dreiergruppen liegender Vierpässe. Da auf eine Wimpergzone verzichtet ist, gibt es keine Gelegenheit zu aufwendigem Maßwerk; die Zwickel hinter den Arkaden sind als gemauerte Wand wiedergegeben. Die Bildflächen unter den Arkaden nehmen – vor rotem Grund mit palmettenartigem Muster in Gold – zwölf durch Beischriften bezeichnete Heiligengestalten ein, die jeweils in leichter Drehung dem Tabernakelbau in der Mitte zugewandt sind. In der unteren Reihe stehen auf braunem felsigen Grund sechs weibliche Heilige, in der oberen auf begrüntem Boden sechs männliche. Unten sind dargestellt: auf dem linken Flügel (von außen nach innen) Maria Magdalena, Elisabeth und Clara, auf dem rechten Barbara, Agnes und Katharina; oben Antonius von Padua, Ludwig von Toulouse und Franciscus sowie Laurentius, Nikolaus und Johannes der Täufer.

Den Heiligen ist jeweils ihr in der Ikonographie gewohntes Attribut beigegeben. Das Standmotiv ist bei allen dasselbe (in spiegelbildlicher Entsprechung beider Flügel), über dem Standbein ist die Hüfte leicht herausgedreht, während das Spielbein seitlich ausgestellt ist. Die langen, faltenreichen Gewänder sind nicht nur als Kutte, Kasel, Dalmatica variiert, sondern bei Katharina auch einem zeitgenössischen Kleid angenähert; zudem ermöglichte die Darstellung von gerafften und quer vor den Körper gezogenen Umhängen und Mänteln, diverse Faltenmotive abzuwandeln.

Die Farbigkeit des geschlossenen Zustands wird dominiert vom Gold der schmalen Architekturglieder, der Nimben und des Palmettenmusters, dem roten Fond der Arkaden und den verschiedenen Grüntönen am Rahmen, in den als Mauer imaginierten Zwickelflächen und den Vierpässen.[52] Das gedämpfte Kolorit, das bereits durch die eher matte Erscheinung der Malerei auf Leinwand gegeben ist, bedingen auch die dunklen Farben der Heiligengestalten: Braun, Grau und Dunkelblau, ferner dunkles Grün und Rot in den Gewändern.[53]

An der Kante des rechten Flügels war ursprünglich der einzelne schmale Flügel montiert, der – mit zwei übereinander angeordneten Darstellungen – den Tabernakel verdecken konnte und dann mit den beiden anderen eine einheitlich geschlossene Fläche herstellte.[54] Die obere Hälfte, vor der Figurennische, nahm das Bild des Schmerzensmannes ein, der von den *arma Christi* umgeben ist; unten, vor dem Tabernakel, war die Kreuzigung Christi mit Maria und Johannes als Assistenzfiguren dargestellt.[55]

Ikonographie

Durch zweifache Veränderung des Retabels konnten hinter der Außenseite, die gewöhnlich die längste Zeit im Kirchenjahr zu sehen war, die Bilder und Bildwerke und die Reliquien des Inneren aufgedeckt werden (Abb. 1–3). Dabei ergab sich eine Steigerung des formalen Aufwands und der künstlerischen Mittel, von der dunkeltonigen Farbigkeit zur Goldfassung, von der gemalten zur geschnitzten, weit formenreicheren Architektur, von der Flächigkeit zu Raum und Plastizität, auch von separaten Heiligenbildern zur Bilderreihe der erzählten Geschichte, vom Bild zur Figur und vom Abbild zur Reliquie.

Zu dieser optisch evidenten Steigerung gibt es jedoch keine Entsprechung in der Ikonographie des Clarenretabels, die ähnlich zwingend wäre – zumal sich in der Geschichte der Flügelretabel keine Konventionen über ‚Hierarchien' der darzustellenden Themen ausgebildet haben, die sich im Sinn eines Zuwachses an Bedeutung von außen nach innen einsetzen ließen. Oft ins Bild gesetzte Themen wie die Passion Christi wurden sowohl auf den Außen- wie Innenseiten der Flügelretabel wiedergegeben. In vielen Fällen ist die steigernde Abfolge individuell gewählt. Hier mag sie verstanden worden sein als Schritt von den Heiligen, die zu den franziskanischen Orden gehörten (oder ihnen nahestanden), zur erzählten Vita Christi, zu den Aposteln als unmittelbaren Zeugen der Vita und zu den Heiltümern, die – verborgen zwar in Umhüllungen – in den Gefachen lagen und in den sprechenden Reliquien der Büsten wohl noch eine andere ‚Dinglichkeit' zu haben schienen.

Erstfassung angegriffen. Schulze-Senger/ Hansmann, Clarenretabel S. 206–228.

52 Der auf den beiden inneren Seiten des Retabels des öfteren eingesetzte Wechsel von Rot und Grün ist hier auf die Reihe der Vierpässe beschränkt und die Kombination beider Farben am Rahmen – dies in umkehrter Anordnung wie im Zustand der ersten Öffnung.

53 Auf die gedämpfte Farbigkeit der Außenseite weist auch Wolf, Schnitzretabel S. 94, 372f. hin.

54 Ursprüngliche Maße: Höhe 180 cm, Breite ca. 60 cm (Schulze-Senger, Claren-Altar S. 27). Wann der schmale Flügel entfernt wurde, ist wohl nicht näher zu ermitteln. Die Leinwand wurde zerschnitten, die beiden Bilder separat aufbewahrt; während die Kreuzigung bekannt blieb, war das Bild des Schmerzensmannes zwischen 1907 und 2002 verschollen, doch durch eine Photographie überliefert (Köln, Rheinisches Bildarchiv, L 4229/18 – 30548). Frühe Beschreibungen nennen noch die beiden Bilder. J[ohann] D[avid] Passavant, Kunstreise durch England und Belgien …, Frankfurt am Main 1833, S. 406–408 beschreibt das obere Bild des Schmerzensmannes an seinem ursprünglichen Ort. Beide Bilder des schmalen Flügels erwähnt Franz Kugler, Handbuch der Geschichte der Malerei von Constantin dem Großen bis auf die neuere Zeit. Bd. 2, Berlin 1837, S. 34f.; dass. 1847², Bd. 1, S. 236f., dass. 1867³, Bd. 1, S. 266–268; ders., Rheinreise, 1841, in: ders., Kleine Schriften und Studien zur Kunstgeschichte. Th. 2, Stuttgart 1854, S. 70–353, hier 289; ferner Carl Schnaase, Geschichte der bildenden Künste im Mittelalter. Bd. 4, Düsseldorf 1861 (ders., Geschichte der bildenden Künste. Bd. 6) S. 427f. – Eine Photomontage der Außenseite des Retabels mit den beiden Teilen des schmalen Mittelflügels bei Schulze-Senger, Claren-Altar S. 26.; s. auch Schulze-Senger/Hansmann, Clarenretabel S. 31, 52, 244/5 und 246/7 Taf. 5f., zum Bild des Schmerzensmannes S. 34, 36, 47, 50, 225–228.

55 Das Leinwandbild mit der Kreuzigung – seit 1915 als Leihgabe im Erzbischöflichen Diözesanmuseum, Köln – ist signifikant für das Problem der Übermalung(en) des Retabels, des historischen Urteils über diese und der aus fatalem Irrtum heraus 1907/9 unternommenen Freilegung der vermeintlich einzig ‚originalen' untersten Malschicht. Denn die Kreuzigung ist zweifach übermalt, so daß drei Köpfe und Armpaare Christi nach partieller Freilegung nebeneinander liegen; ferner zwei waagrechte Kreuzbalken. – Zu diesem Bild Aldenhoven, Malerschule [Anm. 29] S. 57; Firmenich-Richartz,

Wiederherstellung [Anm. 29] Sp. 328 (im Sinn jenes Irrtums); Förster, Malerei [Anm. 29] S. 18 (fälschlich für ein Bild gehalten, das den oberen Baldachin verschlossen habe); Reiners, Malerschule [Anm. 29] S. 28 und Abb. 13; Stange, Malerei]. Bd. 2, S. 96; [Jakob Eschweiler,] Das Erzbischöfliche Diözesanmuseum Köln. Katalog, Köln 1936, S. 16, Nr. 37; Hilger, Claren-Altar S. 22; Kirn, St. Clare Altarpiece S. 45. Schulze-Senger/Hansmann, Clarenaltar S. 17, 34, 47, 52, 227.

56 Während man sich allgemein bei Besprechungen des Clarenretabels darauf beschränkte, die Bildthemen aufzulisten, widmet sich Kirn, St. Clare Altarpiece S. 71–111, ausführlich der Ikonographie, legt ihrer Untersuchung jedoch ein zweifelhaftes Konzept zugrunde. Zu Recht wendet sie sich allerdings gegen den unreflektiert topischen Gebrauch des Begriffs ‚Mystik' zur Charakterisierung von inhaltlicher Aussage und Stil sowie der (vermuteten) Rezeption des Retabels durch betrachtende und die Vita Christi nachvollziehende Nonnen; ebd. S. 53–70. Solcher Gebrauch ist tatsächlich nur in einer stereotypen Assoziation von Frauenklöstern des 14. Jahrhunderts, zumal rheinischen, mit Mystik begründet. Abgesehen davon, daß keine besonderen mystischen Tendenzen in St. Clara bekannt sind (zu den bislang einzigen Spuren, u.a. einer Schrift Heinrich Seuses im Konvent, s. Anm. 179), ist kein mystisches Gedankengut zur Erklärung des Retabels notwendig, sowenig wie für das Verständnis in der Zeit seiner Herstellung.

57 Zum Thema: Rudolf Berliner, Arma Christi, in: Münchner Jahrbuch der bildenden Kunst 3. F. 6, 1955, S. 35–152; Robert Suckale, Arma Christi. Überlegungen zur Zeichenhaftigkeit mittelalterlicher Andachtsbilder, in: Städel-Jahrbuch NF 6, 1977, S. 177–208.

58 Zur Tracht zusammenfassend Augustyn et alii, Franziskaner Sp. 486–492.

59 Thomas de Celano, Legenda sanctae Clarae virginis, ed. Francesco Pennacchi, Assisi 1910 (Società internazionale di studi francescani in Assisi); dt. in: Leben und Schriften [Anm. 4] S. 117–179, hier cap. 21–23 S. 143–145, (cap. 30 S. 150 auch die Nachricht, Clara habe als Gürtel einen Strick mit dreizehn Knoten als Erinnerung an die Wunden Christi getragen). Zur Legende Marco Bartoli, Chiara d'Assisi, Roma 1989 (Bibliotheca seraphico-capuccina. 37) S. 18–21, 50–56, 178–181 u. ö.; zur Wundererzählung und ihrer historischen Grundlage ebd. S. 215–219, ferner Anton Rotzetter, Klara von Assisi. Die erste franziskanische Frau, Freiburg, Basel, Wien 1993, S. 264–268. – Zur Legende und frühen Geschichte des Kultes (u. a. am Niederrhein) der, wie Patrozinien be-

Zwei Schichten werden hinter den geschlossenen Außenflügeln sichtbar.[56] Für alle drei Zustände ist jedoch des Tabernakels wegen die Eucharistie das Zentrum, die selbst bei geschlossenem schmalen Mittelflügel zweifach in dessen beiden Bildern Thema ist. Meßopfer und Altarsakrament versinnbildlichte unten die Darstellung der Kreuzigung mit Maria und Johannes, oben der Schmerzensmann, der in der Tumba steht und seine Wundmale zeigt und von den *Arma Christi* umgeben ist.[57] Hiermit ist am Tabernakel ein Bild für die Andacht angebracht, das mit einzelnen Zeichen, nämlich verkürzten Szenen, Figuren und Gegenständen aus dem Passionsbericht, der Betrachtung und Vergegenwärtigung von Opfertod Christi und Sakrament dient. Auf diese Mitte hin sind zwölf Heilige orientiert (Abb. 1), deren Auswahl signifikant ist; die Ikonographie der Gestalten selbst entspricht insgesamt den Darstellungsgewohnheiten. Fünf Heilige – alle auf dem, vom Altar aus gesehen, rechten Flügel – gehören zum Franziskanerorden oder stehen ihm nahe. Clara, in der Tracht der Klarissen,[58] hält in der Rechten ein Buch, mit dem wohl die Regel ihres Ordens gemeint ist, in der Linken ein Ostensorium mit Hostie. Dieses Attribut spielt allgemein auf ihre Eucharistieverehrung an, erinnert vor allem jedoch daran, daß sie – nach der dem Thomas von Celano zugeschriebenen Legende[59] – die bei der Belagerung von Assisi ins Kloster S. Damiano eindringenden Sarazenen im Gefolge Friedrichs II. 1240 und 1241 durch Vorweisen des Sakraments vertrieb.[60] Franciscus (im Franziskanerhabit) hat als Attribut das übliche Handkreuz, das auf seine Kreuzverehrung und die Stigmatisation verweist, und zeigt die Wundmale der Hände.[61] Die Stellung der beiden Heiligen auf der bedeutsameren, nämlich rechten Seite, unmittelbar neben dem Tabernakel ist als Auszeichnung der beiden Ordensgründer vor den übrigen zu verstehen.[62] Der aus dem Haus Anjou stammende Bischof Ludwig von Toulouse, der auf die Krone von Neapel verzichtet hatte und in den Franziskanerorden eingetreten war, ist hier als einer der jüngeren Ordensheiligen (1317 kanonisiert) eingereiht;[63] eine Darstellung des Antonius von Padua, des berühmten Predigers und Lehrers der Theologie in der Frühzeit des Ordens, war in einer Auswahl wie dieser obligat, denn Antonius war nach Franciscus der populärste Heilige der Franziskaner.[64] Elisabeth von Thüringen mit dem Bettler, dem sie hier ein Hemd reicht, ist aufgrund ihrer engen Bindung an den Orden und ihrer unbedingten Verwirklichung von dessen Idealen in diese Reihe aufgenommen. Sie hatte sich der religiösen Frauen- und Armutsbewegung zugewandt, die Franziskaner gefördert und ein Hospital gegründet, in dem sie selbst niederste Dienste versah; ihre Verehrung zählte bald nach ihrem Tod 1231 zu den verbreitetsten Kulten.[65]

Die Wahl der übrigen Heiligen außer den hier vollzählig versammelten des Ordens, die um die Mitte des 14. Jahrhunderts kanonisiert waren, hat nichts Ungewöhnliches. Maria Magdalena, im Typus der Myrrhophore vorgestellt, empfahl sich den sie verehrenden Bettelorden als die Welt fliehende Büßerin, Exempel der *vita contemplativa* und Patronin des Ordens der Reuerinnen.[66] Agnes, hier wie üblich mit Märtyrerpalme und dem kleinen Lamm (nach einer Begebenheit aus der Legende und, in späterer Deutung, als Anspielung auf den Namen) wurde seit dem 14. Jahrhundert allenthalben auch nördlich der Alpen verehrt.[67] Als weitere heilige Jungfrauen und Märtyrerinnen boten sich für das Retabel eines Nonnenklosters Katharina und Barbara an; ihr Namensfest sowie das des im Rheinland besonders verehrten hl. Nikolaus wurden im Clarenkloster begangen.[68] Zu jenen Patro-

legen, fast ausschließlich als Ordensheilige verehrten Clara s. Ortrud Reber, Die Gestaltung des Kultes weiblicher Heiliger im Spätmittelalter. Die Verehrung der Heiligen Elisabeth, Clara, Hedwig und Birgitta, Diss. Würzburg 1963, Hersbruck 1963, passim, bes. S. 14–18, 47–52, 63–67, 93f., 96–99, 207–209, 213–215, 221–223.

60 Augenzeugenberichte und Legende sprechen nur von einem kleinen Kästchen, in dem Clara die Hostien getragen habe; Ostensorium und Vorweisen sind Interpretation der Bildtradition. – Zur Ikonographie der hl. Clara s. Braun, Tracht Sp. 423–425; Louis Réau, Iconographie de l'art chrétien. T. III 1–3, Paris 1958–1959, hier T. III 1, S. 316–319; Antonio Blasucci, Emma Zocca, Art. ‚Chiara da Assisi', in: Bibl. SS. 3, [1963], Sp. 1201–1217; E[lisabeth] Weis, F[riederike] Tschochner, Art. ‚Klara (Chiara) von Assisi', in: LCI 7, 1974, Sp. 314–318; 800 Jahre Franz von Assisi, S. 558–562, Nr. 10.27–10.31; Leo Andergassen, Zur Ikonographie der hl. Klara, in: Icones Clarae [Anm. 10] S. 93–102; ausführlich Servus Gieben, L'iconografia di Chiara d'Assisi, in: Santa Chiara d' Assisi. Studi e cronaca del VII centenario 1253-1953, Assisi 1954, S. 187–236, hier bes. 200–203, 215–223 (neuzeitliche Darstellungen der Abwehr der Sarazenen).

61 Franciscus ist hier in der für Jahrhunderte gleichbleibenden Art dargestellt; vgl. Braun, Tracht, Sp. 267f.; Réau, Iconographie [Anm. 60]. T. III 1, S. 516–535; Lorenzo Di Fonzo, Alfonso Pompei, Art. ‚Francesco da Assisi', in: Bibl. SS. 5, [1964], Sp. 1052–1150; O[ktavian] Schmucki, Gerlach van s'Hertogenbosch, Art. ‚Franz (Franciscus) von Assisi', in: LCI 6, 1974, Sp. 260–315, hier 266–278; 800 Jahre Franz von Assisi, S. 533–558, Nr. 10.01–10.26 u. ö.; vgl. auch Augustyn et alii, Franziskaner Sp. 534–545.

62 Grundsätzlich zu Bedeutung und Rangfolge der Seiten: Ursula Deitmaring, Die Bedeutung von Rechts und Links in theologischen und literarischen Texten bis um 1200, in: Zeitschrift für deutsches Altertum und deutsche Literatur 98, 1969, S. 265–292, und Rudolf Suntrup, Die Bedeutung der liturgischen Gebärden und Bewegungen in lateinischen und deutschen Auslegungen des 9. bis 13. Jahrhunderts, Diss. Münster 1976, München 1978 (Münstersche Mittelalter-Schriften. Bd. 37) S. 106–224.

63 Ludwigs Herkunft wegen ist unter der Darstellung das Lilienwappen des französischen Königshauses gemalt; auf seine Zugehörigkeit zum Orden deuten franziskanisch braunes Gewand, offener Mantel mit Kapuze und Sandalen. – Braun, Tracht, Sp. 477–479; Edith Pásztor, Art. ‚Ludovico D'Angiò', in: Bibl. SS. 7, [1967], Sp. 300–307; S[iegfried] Grän, Art. ‚Ludwig von Toulouse', in: LCI 7, 1974, Sp. 442–445; Jacques Paul, Der heilige Ludwig von Anjou, Bischof von Toulouse, in: 800 Jahre Franz von Assisi, S. 157–168, und ebd. S. 569–574, Nr. 10.43–10.45.

64 Zum auch für das Retabel gewählten Bild eines bartlosen Franziskaners mit Buch (Bibel) s. Braun, Tracht, Sp. 96–99; Réau, Iconographie [Anm. 60]. T. III 1, S. 115–122; Gaetano Stano, Maria Letizia Casanova, Aurelio Rigoli, Art. ‚Antonio di Padova', in: Bibl. SS. 2, [1962], Sp. 156–188; K[laus] Zimmermanns, Art. ‚Antonius von Padua', in: LCI 5, 1973, Sp. 219–225; 800 Jahre Franz von Assisi, S. 562–567, Nr. 10.32–10.38.

65 Der helle Schleier läßt sich sowohl als Schleier der Witwe wie als derjenige der Tertiarin verstehen. – Braun, Tracht, Sp. 208–218; Edith Pásztor, Antonio Blasoni, Francesco Negri Arnoldi, Art. ‚Elisabetta', in: Bibl. SS. 4, [1964], Sp. 1110–1123; K[arin] Hahn, F. Werner, Art. ‚Elisabeth von Thüringen', in: LCI 6, 1974, Sp. 133–140; 800 Jahre Franz von Assisi, S. 575–584, Nr. 10.46–10.53. – Zur zeitgenössischen, von den Franziskanern unterstützten Verehrung in Köln Material bei Ewald Walter, Erzbischof Walram von Jülich (1332–1349) und die Verehrung der hl. Elisabeth im Erzbistum Köln, in: Annalen des historischen Vereins für den Niederrhein 167, 1965, S. 7–21; allgemein Reber, Gestaltung des Kultes [Anm. 59], passim, S. 34f., 44, 101f., 251f.: Elisabeth vom Franziskanerorden durch Legende, Verehrung und häufige bildliche Darstellung (teils in der Tracht der Klarissen) als Heilige des eigenen Ordens reklamiert. – Allgemein: Paul Gerhard Schmidt, Die zeitgenössische Überlieferung zum Leben und zur Heiligsprechung der heiligen Elisabeth, und: Kaspar Elm, Die Stellung der Frau in Ordenswesen, Semireligiosentum und Häresie zur Zeit der heiligen Elisabeth, in: Sankt Elisabeth ... Aufsätze, Dokumentation, Katalog. Ausstellungskatalog, Marburg 1981–1982, hg. Philipps-Universität Marburg, Sigmaringen 1981, S. 1 6 und 7–28, dazu S. 379–395.

66 Zum Orden der Reuerinnen oder Magdalenerinnen (gegr. 1227): Herbert Grundmann, Religiöse Bewegungen im Mittelalter ..., Darmstadt 1977 (zuerst: Berlin 1953 [Historische Studien. H. 267]) S. 236, 302/3 Anm. 230, S. 320, 523; K[aspar] Elm, Art. ‚Magdalenerinnen', in: Lexikon des Mittelalters. VI, München, Zürich 1993, Sp. 71. – Zur Ikonographie: Victor Saxer, Maria Chiara Celletti, Art. ‚Maria Maddalena', in: Bibl. SS. 7, [1967], Sp. 1078–1107; M[arga] Anstett-Janßen, Art. ‚Maria Magdalena', in: LCI 7, 1974, Sp. 516–542, hier 516–522, vgl. auch 526f.

67 Vielleicht hat die Wahl der Agnes von Rom hier auch die Tatsache bestimmt, daß sie Namenspatronin der jüngeren Schwester Claras, die ebenfalls in den Orden eingetreten und Äbtissin geworden war, und der böhmischen Königstochter Agnes war, die in Prag das Klarissenkloster gestiftet hatte und an die Clara vier Briefe richtete (Claire, Écrits [Anm. 4] S. 82/3–118/9; Leben und Schriften [Anm. 4] S. 192/3–228/9). – Zur Ikonographie: Enrico Josi, Renato Aprile, Art. ‚Agnese', in: Bibl. SS. 1, [1961], Sp. 382–411; K[laus] Zimmermanns, Art. ‚Agnes von Rom', in: LCI 5, 1973, Sp. 58–63.

68 Gelenius, Colonia [Anm. 14] S. 542. – Zur Ikonographie der drei Heiligen: Dante Balboni, Giovanni B. Bronzini, Maria Vittoria Brandi, Art. ‚Caterina di Alessandria', in: Bibl. SS. 3, [1963], Sp. 954–978; P[eter] Assion, Art. ‚Katharina von Alexandrien', in: LCI 7, 1974, Sp. 289–297. – Gian Domenico Gordini, Renato Aprile, Art. ‚Barbara', in: Bibl. SS. 2, [1962], Sp. 760–768; L[eander] Petzoldt, Art. ‚Barbara', in: LCI 5, 1973, Sp. 304–311. – Paulus Rabikaukas, Art. ‚Niccolò', in: Bibl. SS. 8, 1967, Sp, 860–869; L[eander] Petzoldt, Art. ‚Nikolaus von Myra', in: LCI 8, 1976, Sp. 45–58; zur Verehrung des hl. Nikolaus: Karl Meisen, Nikolauskult und Nikolausbrauch im Abendlande. Eine kultgeographisch-volkskundliche Untersuchung, Düsseldorf 1931 (Forschungen zur Volkskunde. H. 9–12), hier bes. S. 22–27, 81–86, 122, 145–149 (Kultstätten im Erzbistum Köln), 184f., 470, 519f.; zur Ikonographie S. 193–214, 215–445.

69 Zur Ikonographie Antonio Cardinali, Art. ‚Giovanni Battista', in: Bibl. SS. 6, [1965], Sp. 599–624; E[lisabeth] Weis, Art. ‚Johannes der Täufer', in: LCI 7, 1974, Sp. 164–190.

70 Sandro Carletti, Maria Chiara Celletti, Art. ‚Lorenzo', in: Bibl. SS. 7, [1967], Sp. 108–129; L[eander] Petzoldt, Art. ‚Laurentius', in: LCI 7, 1974, Sp. 374–380.

71 Beispiele in: 800 Jahre Franz von Assisi, S. 592–603, Nr. 10.64–10.74, S. 621f., Nr. 10.99; vgl. etwa den 1502 datierten schwäbischen Bildteppich mit Clara, Franciscus, Bonaventura, Ludwig von Toulouse, Antonius von Padua und Bernardin von Siena, die zu Seiten von Maria als apokalyptischem Weib stehen; ebd. S. 704f., Nr. 16.11. Aus Köln der sogenannte Franziskaneraltar des Meisters von St. Severin und des Meisters der Ursulalegende sowie eine Altartafel des Meisters der Verherrlichung Mariae, Köln

Wallraf-Richartz-Museum / Fondation Corboud Inv.Nr. 193, 194, 531 und 120, 121; Zehnder, Katalog S. 520–528, 411–416.

72 Vgl. etwa das Tafelbild für das Nürnberger Klarissenkloster (um 1360; Nürnberg, Germanisches Nationalmuseum) mit der Darstellung der Vision Claras kurz vor ihrem Tod; die Tafel gehört mit einigen anderen zu einem von zwei kaum mehr zu rekonstruierenden Retabeln. Die nach der Legende erschienenen Jungfrauen sind hier die hll. Maria, Agnes, Katharina, Magdalena, Caecilia und Margaretha; außerdem sind Christus und Johannes der Täufer sowie über der Sterbeszene die Krönung Claras wiedergegeben. Gieben, Iconografia [Anm. 60] S. 226–228 und fig. 58, 62; Peter Strieder, Tafelmalerei in Nürnberg 1350–1550, Königstein im Taunus 1993, S. 20–23, 166–168 Nr. 4f.; vgl. auch Krone und Schleier, S. 509–512 Nr. 458 a–e (der Tod gemäß der Legende: Thomas de Celano, Legenda [Anm. 59], dt. in: Leben und Schriften [Anm. 4], cap. 45f., S. 162–165). Vgl. ferner das (zerstörte) Wandbild in der Kölner Minoritenkirche (Ostwand des nördlichen Seitenschiffs) mit einer Kreuzigung (mit Maria, Johannes und Stiftern) und den hll. Katharina, Barbara, Franciscus und Clara (um 1330); Paul Clemen, Die gotischen Monumentalmalereien der Rheinlande ... Textbd., Düsseldorf 1930 (Publikationen der Gesellschaft für rheinische Geschichtskunde. 41) (Denkmäler deutscher Kunst) S. 53–56, 222f.; Die Kunstdenkmäler der Stadt Köln. Bd. 2, Abt. II: Die kirchlichen Denkmäler der Stadt Köln. Minoritenkirche ..., bearb. Hugo Rahtgens, Hermann Roth, Düsseldorf 1929, S. 26 fig. 24, S. 28; s. auch eine zweite Kreuzigung mit Franciscus und Clara ehemals am selben Ort, ebd. S. 27f. fig. 25.

73 Der Versuch von Kirn, St. Clare Altarpiece S. 76–87, eine inhaltliche Aussage der Retabelaußenseite zu präzisieren, indem sie die übereinanderstehenden Heiligen jeweils als Paare versteht und gemeinsame Züge in der Vita, dieselben Tugenden der Weltentsagung, Armut, Keuschheit etc. herausstellt, ist sicher verfehlt. Denn die Bezüge sind zu vage und beliebig, träfen auf die meisten anderen Heiligen des christlichen Himmels ebenso zu. Obendrein benennt Kirn (S. 42, 77) den als ,Antonius' bezeichneten Heiligen fälschlich als Antonius Abbas.

74 Weniger gewöhnlich scheint die Szene zu sein, in der Maria und Joseph den Jesusknaben baden (die Deutung als Taufe des Kindes, die Schumacher-Wolfgarten, Von Frauen [Anm. 29] S. 272 versucht, ist allerdings spekulativ). – Es gibt keinen plausiblen Grund, mit Kirn, St. Clare Altarpiece S. 51–53, 102f. die vorletzte Szene der unteren Reihe statt als die

nen und Heiligen der Altäre, die man seit früher Zeit schon verehrte, zählte auch Johannes der Täufer, dessen Rolle in der biblischen Geschichte ihm stets besondere Aufmerksamkeit sicherte,[69] während Laurentius anscheinend nicht so häufig wie etwa die hier gezeigten Jungfrauen dargestellt wurde.[70] Solange man keinen Festkalender des Clarenklosters kennt, ist die Zusammenstellung der Heiligen nur soweit zu begründen. Aufschlußreich scheint zudem die über das 14. Jahrhundert hinausreichende Bildtradition – nicht nur für die franziskanischen Heiligen, von denen die am Retabel dargestellten und die jüngeren Bonaventura, Bernardin von Siena und Johannes Kapistran als geschlossene Gruppe auftreten,[71] vielmehr auch für Katharina und Barbara oder Agnes und Maria Magdalena, die in Bildern für Franziskaner oder Klarissen bereits vorher sowie später vorkommen.[72] Die Heiligen des Retabels begegnen auch auf anderen Bildern für das Clarenkloster[73] (Abb. 12 und 16).

Präsentiert die Außenseite zwölf Heilige, die als Ordensgründer und -gründerin sowie Kirchenpatronin, als Exempel bekennender Haltung und kontemplativen Lebens in Jungfräulichkeit und allgemein als Vermittler des Heils verstanden wurden, so ist im Zustand der ersten Öffnung die Heilsgeschichte selbst in den beiden christologischen Zyklen entfaltet (Abb. 2). Diese entsprechen in der Auswahl der Ereignisse ähnlichen Bilderfolgen mittleren Umfangs.[74] Sie sind in sich geschlossene Reihen, die jeweils einen Abschnitt der Vita erzählen, durch Christus also miteinander verbunden sind, jedoch keine näheren Bezüge zwischen einzelnen Szenen der einen und anderen Reihe zeigen. Sie sind jeweils in der horizontalen Richtung zu lesen, Paare in der Vertikalen aufgrund inhaltlicher Korrelationen sind nicht hergestellt.[75] Auch ist die untere Reihe nicht als ein Marienzyklus zu verstehen, wenngleich Maria in fast jeder Szene vorkommt. Dies ist für die Vita Christi zwischen der Verkündigung und dem Zwölfjährigen als Lehrer im Tempel selbstverständlich, kann daher kaum mit Recht im Hinblick auf das ,spezifisch Weibliche' gelesen werden.[76]

Die Ikonographie der einzelnen Szenen entspricht überwiegend konventionellen Schemata (Abb. 4 und 5), die Bilder zeigen auch keine ikonographisch bedeutsamen Unterschiede zwischen Erstfassung und Übermalung.[77]

Beide Bilderfolgen sind in der Mitte unterbrochen: die obere durch die Nische unter dem spitzbogigen Baldachin, die untere durch die Tür des Tabernakels, auf der die Messe des hl. Martin vorgestellt ist.[78] Der Tabernakel nimmt durch seinen Verschluß mit dem Bild des eucharistischen Vollzugs innerhalb des Ganzen eine Sonderstellung ein. Die liturgische Szene der Messe des heiligen Bischofs Martin von Tours akzentuiert dabei durch die Elevation und die auf die erhobene Hostie fallenden Lichtstrahlen den Vorgang der Transsubstantiation während der Wandlung, wogegen die historische Begebenheit der Legende zurücktritt.[79]

Oben dagegen ist die Reihe der Passionsszenen zwar so angelegt, daß sich in der Mitte, zwischen Kreuztragung und -abnahme, die Kreuzigung befinden könnte. Dies entspräche der allgemeinen Gewohnheit, das für den Erlösungsglauben zentrale Ereignis möglichst auch in der Mitte wiederzugeben, zumal wenn es auch einen Tabernakel gab und das Sakrament auf dem Altar selbst aufbewahrt wurde.[80] Wie die Lücke gefüllt war, ist nicht leicht zu erklären; die heutige Salvator-Figur ist eine Ergänzung von 1859/61. Welche Darstellung hätte sich an dieser Stelle, in beiden Zustän-

Rückkehr aus Ägypten (oder den Heiligen Wandel; Mt 2,19–21) als den Gang der hl. Familie nach Jerusalem zu benennen: weder die Position neben der Szene des zwölfjährigen Jesus im Tempel noch die Abweichung von der Darstellung in den ‚Meditationes vitae Christi', die als wesentlich umfangreicherer Zyklus den Gang nach Jerusalem enthalten und für die Rückkehr aus Ägypten offenbar um einer formalen Variation willen eine weniger geläufige Form haben (Christus auf dem Esel reitend), legt dies nahe. Die Szene entspricht – trotz der selteneren Bewegungsrichtung nach rechts – der Bildtradition der Rückkehr, ist tatsächlich das in kleinen und mittleren Folgen übliche Pendant zur Flucht. Vgl. Hans Wentzel, Maria mit dem Jesusknaben an der Hand. Ein seltenes deutsches Bildmotiv, in: Zeitschrift des deutschen Vereins für Kunstwissenschaft 9, 1942, S. 203–250, hier 213f.

75 Kirn, St. Clare Altarpiece S. 87–105, nimmt inhaltliche Korrespondenzen zwischen oberem und unterem Zyklus an, stellt daher Bildpaare her (wie zwischen den Heiligen der Außenseite); sie will Beziehungen erkennen, die sie als ‚allegorisch' bezeichnet, die jedoch nicht mehr als allgemeine Gemeinsamkeiten oder Gegensätze zwischen den historisch-biblischen Begebenheiten sind. Es fehlt stets der jeweilige konkrete Vergleichspunkt, der Kindheitsszenen zu Typen der Passionsszenen machen und erst geistig-allegorische Auslegung begründen würde, eine tropologisch-moralische Auslegung oder eine Folge von (in der exegetischen und bildlichen Tradition ohnehin seltenen) Typologien innerhalb des NT herstellen könnte (statt der üblichen zwischen den beiden Testamenten). Eine solche Konzeption kann hier schon deshalb nicht vorliegen, da Christus in der Kindheitsgeschichte sein eigener Typus der Passion sein kann, und da der untere Zyklus auch nicht als ein rein mariologischer zu lesen ist.

76 Drei Autorinnen möchten das Retabel unter dem Gesichtspunkt des Weiblichen verstehen: Zimmer, Altar; Schumacher-Wolfgarten, Von Frauen [Anm. 29]; Jäggi, Frauenklöster S. 286–290. Schumacher-Wolfgarten geht hierin („auf der Suche nach dem Eigenanteil der Stifterinnen" und „der Einflußnahme der Damen", S. 264) am weitesten, Jäggi folgt referierend und zustimmend. In der Ikonographie und der Anordnung der Darstellungen am Retabel seien der ‚spezifisch weibliche' Anteil deutlich und die Wirkung der (vermeintlichen) Stifterinnen Philippa und Isabella von Geldern zu erkennen (durch deren Frömmigkeit, „engagierte und sensible Persönlichkeit"; S. 275). Maria sei – gerade als Mutter – als Vorbild vorgestellt. Im unteren Bilderzyklus der ersten Öffnung sei starkes Gewicht auf Maria gelegt und diese Serie gegen die Erwartung im unteren Register angeordnet (S. 269–273). Ebenso stünden auf der Außenseite die weiblichen Heiligen in der unteren Reihe, damit sie den betenden Nonnen näher seien (vgl. Jäggi, Frauenklöster S. 289f.). Innen seien es zwölf weibliche Heilige (wie oft fälschlich als Jungfrauen aus dem Gefolge der hl. Ursula bezeichnet), die zur Nachfolge auffordern. Das Retabel sei auch als Objekt auf einen Frauenkonvent abgestimmt, nämlich zur leichteren Beweglichkeit mit Außenflügeln aus Rahmen mit Leinwand versehen (so auch bereits Schulze-Senger, Claren-Altar S. 27). Die Begeisterung für diese Vorstellungen und die spekulativen Umwege gehen so weit, daß die Leinwand für die Flügel im Kloster gewebt (S. 267f.) und der Altar dort gemalt worden sein soll (S. 275; hiermit läßt sich die These vergleichen, die Kutte habe die in S. Francesco in Assisi erhaltene Kutte des hl. Franciscus mit Stücken aus ihrem eigenen Mantel geflickt: Mechthild Flury-Lemberg, Textilkonservierung im Dienste der Forschung ..., Bern, 1988, S. 314–317). Schließlich soll auch der Stil, „dessen Schlichtheit die Armut edel erscheinen läßt", den Auftrag für einen Frauenkonvent kennzeichnen (S. 271). – Nichts davon (und von anderen Äußerungen, etwa zu Einheit von Aussage und Stil) ist zu verifizieren, gegen das meiste aber gibt es Argumente. Daß Maria allgemein ein Modell zur Nachfolge bot, zumal für Frauen, ist selbstverständlich; Demut erscheint dabei als besonders nachahmenswerte Tugend. Das sogenannte Innige zwischen Mutter und Kind ist dabei jedoch eine oft strapazierte Kategorie, die meist isoliert von Bildtypen und -traditionen bemüht wird. In Bilderfolgen der Kindheit Jesu ist Maria stets so präsent wie hier, da dies die Geschichte mit sich bringt. Hätte man Maria hervorheben wollen, so hätten noch andere Themen zur Verfügung gestanden (Mariae Geburt, Tempelgang, Tod etc.). Daß sich dieser Zyklus unten befindet, ist eher eine Frage der Hierarchie, nicht der umgekehrten Leseabfolge. Da es sich nicht um eine fortlaufende Erzählung über zwei Register handelt, die von oben nach unten gelesen wird, sondern um getrennte Reihen, ist die für die Heilsgeschichte bedeutsamere Passion plausiblerweise oben angeordnet. Daß ein Frauenkonvent Reliquien weiblicher Heiliger in sein Retabel stellt, ist naheliegend. Wie die Namen auf den Büsten ausweisen, handelt es sich hier nicht um ursulanische Jungfrauen. Es ist freilich auch zu bedenken, daß in Köln aufgrund der massenweise erfolgten Funde um St. Ursula (vermeintliche) Reliquien von Frauen deutlich überwogen; die Thebäer um St. Gereon reichten an die ungezählten Überreste der ursulanischen Jungfrauen kaum heran und erfreuten sich geringerer Verehrung. Die äußeren Leinwandflügel sind bei so schwerer Konstruktion mit Innenflügeln, die als bewegliche Schreine ausgebildet sind, eine Notwendigkeit. Die unterstellten geringeren Kräfte der Nonnen als Grund anzunehmen, bedenkt außerdem weder die gute Beweglichkeit in geschmiedeten Scharnieren, noch den Standort des Retabels (im Chor, wenn er nicht Nonnenchor ist, befände er sich außerhalb der Klausur, wäre wohl auch Männern zugänglich) noch die wohl seltenen Gelegenheiten zur Öffnung. Die Anfertigung von großformatiger Leinwand war als Aufgabe eines spezialisierten Handwerks (durch Männer) sicher in einem Kloster von meist adligen Frauen unmöglich; es handelte sich nicht etwa um Handarbeit, wie sie für die hl. Clara bezeugt ist. Ebenso ist ausgeschlossen, daß die Bilder des Retabels im Kloster gemalt wurden. Die Existenz eines Scriptorium kann hierfür nicht sprechen, da zur Tafelmalerei eine gründliche Ausbildung und eine Werkstattausrüstung notwendig war, wie dies für Buchmalerei nicht zutraf (dieses Argument etwa auch bei Stephan Kemperdick, in: Krone und Schleier S. 510–512, zu den Fragmenten der Nürnberger Clarenaltäre). – Zur Behauptung, der Tabernakel sei am Clarenaltar aufgrund der Sakramentsfrömmigkeit ‚erfunden' worden (Schumacher-Wolfgarten S. 266, 275), s. Anm. 85.

77 Beispielsweise folgt die Darstellung der Geburt Christi mit dem in einer sarkophagähnlichen Krippe liegenden Kind einem alten Bildschema; hier ist nicht etwa die jüngere, seit den ‚Revelationes' der Birgitta von Schweden weit verbreitete und durch die Bettelorden geförderte Darstellungsweise gebraucht, in der Maria das auf dem Boden liegende Kind anbetet. – Vgl. Schulze-Senger/Hansmann, Clarenaltar S. 187–191, auch 107–111.

78 Die Darstellung der Messe ersetzte sicher keine Szene aus der Kindheitsgeschichte; es ist kaum anzunehmen, hier habe sich ursprünglich die sonst häufig in die Bilderfolgen aufgenommene Szene der Beschneidung befunden; diese Vermutung von Förster, Malerei [Anm. 29] S. 18, lehnt bereits Kirn, St. Clare Altarpiece S. 49–51 ab.

79 Nach der in der ‚Legenda aurea' berichteten Legende hatte der hl. Martin, Bischof von Tours, seine Tunica einem Bettler gegeben. Als er unmittelbar darauf die Messe zelebrieren mußte, stand ihm

nur eine Tunica zur Verfügung, die ihm zu klein war. Bei der Elevation erschien eine feurige Kugel über ihm, so daß er den Aposteln zu gleichen schien; Engel bedeckten seine bloßen Arme mit goldenen Ketten. Iacopo da Varazze, Legenda aurea, cap. CLXII, ed. Giovanni Paolo Maggioni, sec. edizione Firenze 1998 (Millennio medievale. 6, Testi. 3). [T. 2] S. 1145f.; Quelle dieser Geschichte ist: Sulpicius Severus, Dialogi II 1–2, in: Patrologiae cursus completus ... Series Latina, acc. J[acques]-P[aul] Migne. T. XX, Parisiis 1845, Sp. 183–222, hier 201f.; vgl. Réau, Iconographie [Anm. 60]. T. III 2, S. 910f.; S[abine] Kimpel, Art. ‚Martin von Tours', in: LCI 7, 1974, Sp. 572–579, hier 578; s. ferner Peter Browe, Die eucharistischen Wunder des Mittelalters, Breslau 1938 (Breslauer Studien zur historischen Theologie. NF 4) S. 16–20. – Aus der Schilderung dieser Szene ist nur die Erscheinung der Feuerkugel ins Bild aufgenommen und als Sonne verbildlicht, die Lichtstrahlen auf Martins Handgelenke aussendet; ansonsten ist nichts Auffälliges an der Szene eines Zelebranten mit Assistenten am Altar. Das Bild ist keines der Wandlung allgemein, wie des öfteren behauptet (z. B. Aldenhoven, Malerschule [Anm. 29] S. 45), auch keines der Messe des hl. Gregor (Clemen, Dom [Anm. 29] S. 216); vgl. Hilger, Claren-Altar S. 14; Kirn, St. Clare Altarpiece S. 50, 99.

80 *Vgl. etwa das Hochaltarretabel in der Kirche der ehem. Benediktinerabtei Cismar, um 1320 (Literatur in Anm. 89 und 93).*

81 *Oft wird angenommen, auch die ursprüngliche Figur habe den Salvator dargestellt; z. B. Hilger, Claren-Altar S. 16. Förster, Malerei [Anm. 29] S. 18, glaubte irrtümlich, das Kreuzigungsbild des schmalen Außenflügels sei am Tabernakel befestigt gewesen und habe dessen Nische verschlossen; Kirn, St. Clare Altarpiece S. 45–49, vermutet eine geschnitzte Kreuzigungsgruppe in der Nische, teilt ferner mit, Schulze-Senger nehme eine Marienkrönung an (in Anlehnung an den Marienstatter Altar).*

82 *Christus Salvator ist als Bildtypus bislang nur vage beschrieben. Lediglich Hinweise finden sich bei Hans Feldbusch, Art. ‚Christus als König', in: RDK 3, 1954, Sp. 692–702, hier 701; A[nton] Legner, Art. ‚Christus, Christusbild. IV', in: LCI 1, 1968, Sp. 414–425, hier 423f.; [Gerhard Walter,] Art. ‚Salvator mundi', in: Lexikon der Kunst ..., Bd. IV, Leipzig 1994, Sp. 356f.*

83 *Die These von Gerhard Schneider (Schneider, Madonna [Anm. 29]) hat einige Argumente, die in der Tat für sie sprechen: Die Figur stammt fast sicher aus dem Kloster. Sie kam wohl, wie*

den der Öffnung sichtbar, sowohl zwischen die Apostel als auch die Passionsszenen gedanklich gefügt? Man könnte spekulieren, ob hier vielleicht ursprünglich eine plastische Kreuzigungsgruppe stand. Doch statt solcher Fortsetzung der Bilderzählung in der Mitte wäre auch die Vorstellung möglich, der Kreuzestod sei durch das im Tabernakel verwahrte Allerheiligste selbst, durch die Präsenz Christi im Sakrament, verkörpert gewesen. Was aber befand sich dann in der Nische über dem Tabernakel: eine Figur des Christus Salvator, wie sie ergänzt wurde?[81] Dies ist durchaus zweifelhaft, denn die frühe Geschichte dieses Bildtypus ist unklar, scheint nicht vor die Zeit um 1430/40 zurückzureichen.[82] Eine Kreuzigungsdarstellung wäre in der ersten Öffnung historisch erschienen und für die zweite (Abb. 3), zwischen Aposteln und Heiltümern stehend, eschatologisch interpretiert gewesen. Eine Salvator-Figur wäre in der zweiten Öffnung, als Mitte der Apostel, das Zentrum der bildhaften Vorstellung des Jenseits.

Ebenso könnte sich an dieser Stelle auch ein Gnadenstuhl befunden haben – oder vielleicht auch das Bildwerk einer anderen heilsgeschichtlichen Person: Vor kürzerem wurde die These vorgetragen, eine aus dem Clarenkloster erhaltene kleine Figur der sitzenden Madonna mit dem neben ihr auf der Bank stehenden Kind (Abb. 21) gehöre möglicherweise in die obere Nische des Tabernakeleinbaus. In Maßen, Material und Technik entspricht sie dem Retabel und seinen Skulpturen weitgehend (nur bedingt in Stil von Skulptur und Fassung).[83] Auch ikonographisch und typengeschichtlich steht der These nicht unbedingt etwas entgegen, denn Flügelretabel mit Madonnenfiguren im Zentrum sind mehrfach überliefert.

Wer immer oben in der Mitte dargestellt war, statt der Bilderzählung ist nach der zweiten Öffnung im Inneren des Retabels (Abb. 3) der als ewig geglaubte Zustand statisch präsentiert, sind – außer dem im Tabernakel aufbewahrten Sakrament – die Apostel und Heiligen als heilsgeschichtliche Personen in gesteigerter Weise präsent durch Darstellung *in effigie* anstelle der Malerei und durch reale Anwesenheit in Gestalt ihrer Reliquien.

Typus

Mit dem Retabel aus St. Clara sind mehrere Funktionen verbunden; an ihm wie den anderen deutschen Schnitzretabeln des 14. Jahrhunderts sind ferner die Gattungen der Kleinarchitektur, Plastik und Malerei, die Grundelemente des Schreins, der Bildtafel, der beweglichen Flügel sowie der Bilder- und Figurenreihen transformiert und zu einem eigenen Gebilde kombiniert. Seine typengeschichtliche Stellung bestimmen zunächst die Funktionen als Reliquiendepositorium und Aufbewahrungsort der Eucharistie.[84] Das Retabel scheint ein frühes Beispiel für einen Schrein zu sein, dem ein verschließbarer Tabernakel fest verbunden ist (Abb. 1–3); jedenfalls ist kein älterer Beleg bekannt.[85] Jahrhundertelang vorher hatte man konsekrierte Hostien außerhalb der Meßfeier in verschlossenen Pyxiden, Ciborien, dann auch kleinen, beweglichen Tabernakeln (*arca, tabernaculum*) bewahrt, die frei auf der Mensa standen, und behielt diesen Gebrauch auch häufig noch bei, als Wandtabernakel in der Nähe und vereinzelt Nischen in den Retabeln der Altäre selbst als Ort für das Sakrament üblich wurden.[86] Als diejenige Stelle, die dem anscheinend allgemeinen Bedürfnis entsprach, das Sakrament zu sehen und zu verehren, schien der Hochaltar am besten geeignet – als Ort sowohl temporärer Exposition auf der Mensa als auch ständiger Anwesenheit in einem geschlossenen, durch entsprechende Gestalt ausgezeichneten Behältnis oder in einem Teil des Retabels. Der dauerhafte, dem Altar verbundene Tabernakel als sichtbares Zeichen der permanenten Präsenz Christi im Sakrament wurde jedoch erst im Laufe des 15. Jahrhunderts allgemein üblich; er stand an oder vor dem Retabel oder war in dessen Sockel oder Predella untergebracht.[87]

Als Gehäuse für die Eucharistie steht das Clarenretabel unter denen des 14. Jahrhunderts allein; es wird zu einer Gruppe von Retabeln gerechnet, die aus Köln und dem Mittelrheingebiet, sowie Schleswig-Holstein und Mecklenburg bekannt sind und zu denen außerdem noch einige wenige Stücke in Westfalen und Niedersachsen gezählt werden.[88] Seine Stellung in dieser Gruppe bestimmt die individuelle Komposition aus den für die Gattung in der ersten Jahrhunderthälfte zur Verfügung stehenden Grundelementen. Konstitutiv für die Gestalt ist die Aufnahme von Reliquien, deren Umfang und die Art ihrer Aufbewahrung. Mit den zwölf Reliquiaren und den gefaßten Reliquien in den beiden unteren Gefachen steht das Clarenretabel zwischen jenen, in denen Reliquien alle oder fast alle Nischen von Schrein und Flügeln füllen,[89] und jenen, die keine enthalten.[90] Die Unterbringung in Büsten und mit Maßwerk vergitterten Fächern begegnet in ähnlicher Form und Quantität bei dem um 1350 datierten Retabel der Zisterzienserkirche Marienstatt.[91] Dieses weist die meisten Gemeinsamkeiten mit dem Clarenretabel auf: den flachen, rechteckigen Schrein, der mit den ebenfalls kastenartigen Flügeln eine einheitlich gegliederte Schauwand bildet; die Maßwerkarchitektur in derselben Geschoß- und Achsengliederung; den vortretenden Mittelbau (mit einer großen Nische wohl für Reliquien, statt des Tabernakels), den die beiden Flügel im geschlossenen Zustand freilassen und erst ein (verlorener) schmaler Flügel bedeckt; die Reihen der Büsten und Apostelfiguren. Vergoldete Architektur in ganzer Breite des geöffneten Zustands bietet auch das Retabel der ehemaligen Stifts- und Pfarrkirche in Oberwesel (1340er Jahre),[92] doch ist durch die Arkaden das tableauartige Schreininnere anders gegliedert und sind die Figuren beider Geschosse vielfach zu Zweiergruppen zusammengefaßt.

Figurenreihen, vollplastisch oder als Hochrelief zumindest auf den Flügelinnenseiten, gehören zu beinahe allen Exemplaren der Gattung, die nicht auf eine großformatige Mittelgruppe und gemalte Flügel beschränkt sind. Bei vielen ist ebenfalls die *Vita Christi* dargestellt, gelegentlich als zwei Folgen der Kindheitsgeschichte und Passion;[93] im Zentrum ist öfter eine mariologische (Madonnenstatuen, Darstellungen der Krönung oder Verherrlichung Mariae) als eine christologische oder eucharistische Darstellung. Reihen von Heiligen auf Außenflügeln begegnen auch auf dem Oberweseler Retabel.[94]

Anderes ist beim Clarenretabel ungewöhnlich: die zwei Flügelpaare, die als Schreine für Figuren konstruiert sind und Flächen für Malereien bieten (mit und ohne Relief einer Architektur),[95] sowie die erste erhaltene, großflächige Malerei auf Leinwand an den Außenflügeln. Zwar findet sich manches aus dem Formrepertoire der Gattung (noch) nicht – Predella, größere Turmaufbauten, figürliche Reliefs –, doch insgesamt scheint das Kölner Retabel alle möglichen Funktionen in idealtypischer Weise und in damals am weitesten ausgebildeter und aufwendigster Form zu verbinden. Die Einheit von Reliquien, Tabernakel und Bildzyklen, Architektur, Plastik und Malerei, ferner der hier besonders wirkungsvolle Einsatz doppelter Flügelpaare zum Zweck einer Steigerung durch zweifaches Öffnen könn-

zwei Apostelstatuetten des Retabels, in die Sammlung von Ferdinand Franz Wallraf, dem das Retabel vor Abbruch der Klosterkirche wohl zugesprochen worden war. In mehrerer Hinsicht ist sie mit dessen Plastiken vergleichbar: Sie ist ebenso in die Jahre um 1340/50 zu datieren; ihre Höhe (als Sitzfigur) entspricht genau derjenigen der stehenden Apostel, sie hat also, der Nische angemessen, etwas größeren Maßstab; in Schnitz- und Fassungstechnik, der Tür vor dem rückwärtigen Reliquiendepositorium, sowie in Gesichtsform, Zeichnung der Augen und Haarbehandlung ist sie den Reliquienbüsten ähnlich oder gleich; sie hat ebenfalls zwei übereinanderliegende mittelalterliche Fassungen, die zeitlich denen des Altaraufsatzes und seiner Figuren entsprechen (um 1350 und um 1400) und deren obere (Inkarnat und Haare) bislang nur an ihnen begegnet. Die Figur könnte demnach aus dem Altar stammen – eine Photomontage (ebd. S. 119 und 121) zeigt, daß sie sich gut einfügen würde. Als ikonographische Parallele nennt Schneider (mündlich) etwa das Retabel aus Stift Altenberg a. d. Lahn (Wolf, Schnitzretabel S. 122–129). Näheres zur Figur, auch ein Argument gegen die These, s. unten.

84 *Die folgenden Bemerkungen müssen vorläufig bleiben, die Debatte über Entstehung und Typengeschichte des Flügelretabels ist nicht abgeschlossen, zur Stellung des Clarenretabels wäre an anderer Stelle Genaueres zu sagen. Neuere Untersuchungen – nach der unten genannten Literatur – sind etwa: Klaus Krüger, „Aller zierde wunder trugen die altaere". Zur Genese und Strukturentwicklung des Flügelaltarschreins im 14. Jahrhundert, in: Flügelaltarschrein S. 69–85; Wolf, Schnitzretabel, hier bes. S. 255–376; zuletzt wurden Typen des Retabels und die wesentlichen Theorien zu seiner Entstehung – von denen keine das Phänomen des Retabels mit Flügeln restlos schlüssig erklären kann und keine allgemein akzeptiert ist – zusammengestellt in: Bachmann et alii, Flügelretabel Sp. 1452–1460, 1478–1530.*

85 *Joseph Braun, Der christliche Altar in seiner geschichtlichen Entwicklung. Bd. 1–2, München 1924, hier Bd. 2, S. 570, 627; Otto Nußbaum, Die Aufbewahrung der Eucharistie, Bonn 1979 (Theophaneia. 29) S. 429, 439. – Schumacher-Wolfgarten, Von Frauen [Anm. 29] S. 266, 275, will den Tabernakel am Clarenaltar auf die besondere Frömmigkeit der Klarissen gegenüber dem Altarsakrament zurückführen und ihn hier erstmals ‚verwirklicht' sehen. Sie verweist zwar auf die Verehrung der Ordensgründerin für das Sakrament (vgl. die Vita des Thomas de Celano, in:*

Leben und Schriften [Anm. 4] cap. 28, S. 148f.), doch fehlt jeder Beleg, diese Neuerung sei hier erstmals eingeführt worden.

86 *Zur seit dem 9. Jahrhundert erst sporadisch, vom 12. Jahrhundert an vielfach bezeugten Aufbewahrung der Eucharistie auf dem Altar wie zu den Gefäßen selbst: Nußbaum, Aufbewahrung [Anm. 85] S. 309–326.*

87 *Braun, Altar [Anm. 85]. Bd. 2, S. 626–633; Nußbaum, Aufbewahrung [Anm. 85] S. 427–430, 439f.*

88 *Versprengte Beispiele ferner am Bodensee, in Tirol und in Nürnberg. – Einen Überblick gibt Norbert Wolf, Überlegungen zur Entstehung, Funktion und Verbreitung der deutschen Schnitzretabel des 14. Jahrhunderts, in: Figur und Raum. Mittelalterliche Holzbildwerke im historischen und kunstgeographischen Kontext, hg. Uwe Albrecht, Jan von Bonsdorff, Berlin 1994, S. 91–111; danach ausführlich ders., Schnitzretabel. – Als wichtigere Beiträge in der Debatte zu Genese und Funktion: Harald Keller, Der Flügelaltar als Reliquienschrein, in: Studien zur Geschichte der europäischen Plastik. Festschrift Theodor Müller …, hg. Kurt Martin, Halldor Soehner etc., München 1965, S. 125–144; Donald L. Ehresmann, Some observations on the role of liturgy in the early winged altarpiece, in: The Art Bulletin 64, 1982, S. 359–369; Bernhard Decker, Das Ende des mittelalterlichen Kultbildes und die Plastik Hans Leinbergers, Diss. Frankfurt/M. 1976, Bamberg 1985 (Bamberger Studien zur Kunstgeschichte und Denkmalpflege. Bd. 3). Zu den Theorien s. Bachmann et alii, Flügelretabel Sp. 1452–1460 (Hans Wentzel [1935; Anm. 89] und Keller vertreten eine Ableitung aus formalen Kriterien, Joseph Braun [Anm. 85], Ehresmann und Decker eine aus der Funktion, womit die beiden wesentlichen Erklärungsmuster benannt sind. Freilich vermengen sich die Funktionen von Schutz der Reliquien und Versinnfälligung des Kirchenjahres im Öffnen und Schließen, Zeigen und Verbergen der Reliquien und Bildwerke auch innerhalb mancher Erklärung.*

89 *Doberan, Zistercienser-Klosterkirche, Retabel des Hochaltars, um 1300: Hans Wentzel, Der Hochaltar in Cismar und die lübeckischen Chorgestühlswerkstätten des 14. Jahrhunderts, Diss. Göttingen 1935, Lübeck 1937, S. 40–45; ders., Lübecker Plastik bis zur Mitte des 14. Jahrhunderts, Berlin 1938 (Denkmäler deutscher Kunst) S. 77–83, 150f., vgl. 143f., 148; Günter Gloede, Das Doberaner Münster. Geschichte, Baugeschichte, Kunstwerke, 6. Aufl. Berlin 1970, S. 71–75; Annegret Laabs, Das Hochaltarretabel in Doberan. Reliquienschrein*

ten nahelegen, das Retabel als den Höhepunkt einer kontinuierlichen Entwicklung anzusehen.

Tatsächlich ist die historische Stellung jedoch nicht innerhalb eines linearen Verlaufs zu bestimmen, wie die einander widerstreitenden Erklärungsmodelle postulieren. Die Interpretation des Flügelaltars als eines Reliquienschreins, dem Bild und Figur hinzugefügt wurden, nimmt schlicht an, dieser sei aus dem Sakristeischrank für Reliquien[96] entstanden, der auf die Mensa des Hochaltars gesetzt worden sei.[97] Zwar mögen Schränke temporär auf Altären gestanden haben und bei geöffneten Türen die Heiltümer gewiesen worden sein, zwar besteht eine funktionale und formale Beziehung zwischen großen Gehäusen für die *ossa sanctorum* und Retabeln, die in gleicher Reihung weniger die einzelne Reliquie ausstellen,[98] vielmehr eine stattliche Anzahl als auch quantitativ eindrucksvollen Besitz vorführen, doch das Flügelretabel ist nicht der auf den Altar erhobene Schrank, und Retabel wie diejenigen aus Marienstatt und dem Clarenkloster belegen nicht solche Genese.[99] Derartige Ableitungen übergehen die gleichzeitig gemalten Exemplare ohne Schrein, Figuren und Reliquien,[100] sie suggerieren, alle frühen Flügelaltäre seien Reliquiendepositorien gewesen, und deuten diese – auch aufgrund der teils komplizierten Sicherungen und Verschlußmechanismen – allein als Tresore, welche den kostbaren Inhalt am würdigsten Platz bewahrten und zu besonderen Anlässen weisen ließen.

Schranktüren und bewegliche Flügel der Schreine sind funktional nicht dasselbe, denn mögen Flügel seit den ersten Beispielen der neuen Retabelform um 1300 auch als Schutz für die Reliquien begriffen werden können, so dienen sie doch vornehmlich dem genuinen Prinzip der Wandelbarkeit, sind eingesetzt für die Bildwerke und das Zusammenspiel der Gattungen. Sie ermöglichen eine „Inszenierung heiliger Bilder" zur Vergegenwärtigung von Glaubenswahrheit, scheinen insofern als für das Flügelretabel konstitutives Element diese, nicht die technische Bedeutung gehabt zu haben. Bei der Öffnung erweist sich, daß der im Inneren stehenden Plastik gesteigerte Präsenz eignet (vgl. Abb. 3). Anstelle der Ableitung vom Reliquienschrank ist eher eine eigene Entwicklung des Flügelretabels anzunehmen, in das die Reliquie als Akzidens eingeschlossen sein konnte, statt dessen Bedingung zu sein.

Soweit wird man der Gegenthese – gegen eine Ableitung des Flügelretabels aus der bloßen Schutzfunktion – folgen können.[101] Das Clarenretabel entspricht diesem Modell der Wandlung durch Steigerung: von Malerei zunächst zu Relief und Malerei, dann zu Architektur und Plastik. Doch bereits die Flügelaltäre der Frühzeit machen die Singularität dieses Exemplars und die am übrigen Bestand vorbeizielende Idealtypik des Erklärungsmodells offenbar; denn jene Hierarchie der Gattungen herrscht nicht in jedem Fall, Reliquien sind keineswegs vom plastischen (Kult-)Bild getrennt, wie die Ursula-Büsten belegen, oder grundsätzlich durch diese abgelöst.[102] Reliquien zu präsentieren, vor allem jedoch in neuem Ausmaß Bildwerke zu zeigen (dabei nicht allein Kultbilder im engeren Sinn aufzustellen, sondern Bilderzyklen auszubreiten, auch vermehrt Gelegenheit zu Heiligendarstellungen zu erlangen), durch Öffnen und Schließen eine Art ‚dramaturgischen Effekt' zu gewinnen und wechselnde Bilderfolgen liturgisch zu nutzen, indem zu verschiedenen Zeiten oder Tagen des Kirchenjahres unterschiedliche Zustände präsentiert werden: dies scheinen Beweggründe für die Entwicklung des Flügelretabels gewesen zu sein. Jene Exemplare,

und Sakramentsretabel, in: Flügelaltarschrein S. 143-156; Hartmut Krohm, Bemerkungen zu Hochaltarretabel und Kelchschrank in Kloster Doberan, in: ebd. S. 157-175; Wolf, Schnitzaltäre S. 22-39. – Ehemaliges Retabel des Altares auf der Nonnenempore der Prämonstratenserinnen-Klosterkirche Altenberg a. d. Lahn, um 1350: Ernstotto Graf zu Solms-Laubach, Der Altenberger Altar, in: Städel-Jahrbuch 5, 1926, S. 33-42; Stange, Malerei. Bd. 1, S. 86-90; Schilling, Entwicklung [Anm. 29] S. 3-7; Stange, Verzeichnis. Bd. 2, S. 91 Nr. 401; Kunst um 1400 am Mittelrhein. Ein Teil der Wirklichkeit, Ausstellungskatalog, Frankfurt/M. 1975-1976, S. 136-138, Nr. 39, vgl. S. 65-68; Zimmer, Altar S. 121-171; Wolf, Schnitzaltäre S. 122-129. – Schreinseitenteile vom Hochaltar der ehem. Prämonstratenser-Abteikirche Varlar (sogenannter Coesfelder Altar), westfälisch oder flandrisch (?) um 1380, sowie zwei Teile eines ähnlichen Altars ehemals in der Coesfelder Jacobikirche, wohl erste Hälfte des 15. Jahrhunderts: Paul Pieper, Der Coesfelder Altar, in: Westfalen 40, 1962, S. 241-271; Wolf, Schnitzaltäre S. 184-188.

90 Z. B. das ehemalige Retabel des Meister Bertram aus der Hamburger Petrikirche (sogenannter Grabower Altar; Hamburger Kunsthalle), datiert 1379: Alfred Rohde, Der Hamburger Petri-(Grabower) Altar und Meister Bertram von Minden, Diss. Marburg 1916; Stange, Malerei. Bd. 2, S. 132-142; Jens Christian Jensen, Meister Bertram als Bildschnitzer, das Verhältnis des Doberaner Lettneraltars zu den Skulpturen des Hamburger Petrialtars, Diss. masch. Heidelberg 1956; Stange, Verzeichnis. Bd. 1, S. 173 Nr. 568; Hans Platte, Meister Bertram in der Hamburger Kunsthalle, Hamburg 1973³ (Bilderhefte der Hamburger Kunsthalle. I); Max Hasse, in: Die Parler und der Schöne Stil 1350-1400 ..., hg. Anton Legner. 2, Köln 1978, S. 528f.; Christian Beutler, Meister Bertram. Der Hochaltar von Sankt Petri. Christliche Allegorie als protestantisches Ärgernis, Frankfurt/M. 1984 (kunststück) (hierzu Wolf, Überlegungen [Anm. 88] S. 91); Wolf, Schnitzaltare S. 189-202.

91 Schilling, Entwicklung [Anm. 29] S. 12-21, Gilbert Wellstein, Die Cistercienser-Abtei Marienstatt, 2. Aufl. Limburg 1955; Rainer Palm, Einzelheiten am Marienstatter Retabel, in: 750 Jahre Abteikirche Marienstatt. Festschrift zur Kirchweihe 1977, Abtei Marienstatt 1977 (Marienstatter Aufsätze. 5) S. 35-60; Bergmann, Holzskulpturen S. 49-53; Winfried Wilhelmy, Der Marienstätter Altar, in: Hochgotischer Dialog. Die Skulpturen der Hochaltäre von Marienstatt und Oberwesel im Vergleich. [Ausstellungskatalog Mainz], hg. H.-J. Kotzur, Worms am Rhein 1993, S. 11-48; Wolf, Schnitzaltäre S. 112-121.

92 Schilling, Entwicklung [Anm. 29] S. 27-30; Hans Caspary, Das gotische Hochaltarretabel in der Liebfrauenkirche von Oberwesel, in: Denkmalpflege in Rheinland-Pfalz. Jahresberichte 1974-75, Jg. 29-30, 1976, S. 62-72; Richard Bellm, Der Goldaltar der Liebfrauenkirche in Oberwesel, Koblenz 1982² (Kunst und Künstler in Rheinland-Pfalz. Bd. 4); Franz Ronig, Kunst unter Balduin von Luxemburg, in: Balduin von Luxemburg. Erzbischof von Trier – Kurfürst des Reiches 1285-1354. Festschrift ..., hg. Franz-Josef Heyen, Mainz 1985 (Quellen und Abhandlungen zur mittelrheinischen Kirchengeschichte. Bd. 53) S. 489-558, hier 498-500, 502-505, 512; Bergmann, Holzkupturen S. 268-270, Nr. 65; Robert Suckale, Die Hofkunst Kaiser Ludwigs des Bayern, München 1993, S. 96-102, 162f., 201 Anm. 88; Eduard Sebald, Der Oberweseler Goldaltar, in: Hochgotischer Dialog [Anm. 91] S. 59-89; Stadt Oberwesel. I, bearb. Eduard Sebald, München, Berlin 1997 (Die Kunstdenkmäler des Rhein-Hunsrück-Kreises. T. 2. 2.) (Die Kunstdenkmäler von Rheinland-Pfalz. Bd. 9) S. 208-234; Wolf, Schnitzaltäre S. 95-111; Regine Dölling, Der Goldaltar. Konstruktion, Maltechnik, Restaurierung, künstlerischer Umkreis, in: Die Liebfrauenkirche in Oberwesel, Worms 2002 (Denkmalpflege in Rheinland-Pfalz. Forschungsberichte. Bd. 6) S. 32-125.

93 Z. B. Retabel des Hochaltars in der Benediktiner-Klosterkirche Cismar, erstes Drittel des 14. Jahrhunderts: Wentzel, Hochaltar [Anm. 89], bes. S. 32-71, 73-77; ders., Lübecker Plastik [Anm. 89] S. 58-64, 93-105, 140-145; ders., Der Cismarer Altar, Hamburg 1941; Markus Freitag, Das Cismarer Hochaltarretabel. Eine Untersuchung zur Farb- und Maltechnik im Zuge der jüngsten Restaurierung, in: Flügelaltarschrein S. 61-67; Krüger, Flügelaltarschrein [Anm. 84]; Wolf, Schnitzaltäre S. 40-60.

94 Abb. bei Caspary, Hochaltarretabel [Anm. 92] S. 68f.; Wolf, Schnitzaltäre S. 102f.

95 Dies begegnet erst wieder um 1380 beim Grabower Altar des Meister Bertram.

96 Zu denken ist besonders an Schränke mit Malerei und Reliefs an den Türen; die am meisten zitierten Beispiele sind diejenigen der Klosterkirche von Doberan (um 1275) und aus Lügumkloster; Wentzel, Lübecker Plastik [Anm. 89] S. 47, 147-150, Taf. 22, 24-29, 31, 128; Johannes Voss, Der Doberaner Kelchschrank. Ein Beitrag über Konstruktion, Standort und Datierung, in: Flügelaltarschrein S. 125-142; Krohm, Hochaltarretabel [Anm. 89].

97 Diese These zuerst bei Elisabeth Simon, Die Anfänge des gotischen Schnitzaltars, Diss. masch. Halle 1922, S. 40-45; dies., Der Mindener Altar, ein Schnitzwerk des XIII. Jahrhunderts, in: Jahrbuch der Preußischen Kunstsammlungen 48, 1927, S. 209-220, bes. 213f. (hier als Entwicklung des Flügelaltars aus der Längsseite des auf dem Altar aufgestellten Reliquienschreins); Wentzel, Hochaltar [Anm. 89] S. 40-42; ders., Lübecker Plastik [Anm. 89] S. 143f., 148f.; danach vor allem Keller, Flügelaltar [Anm. 88] bes. S. 126f., 138-140; seither war diese Auffassung vorherrschende Meinung, Widerspruch erst bei Ehresmann, Observations [Anm. 88]; vgl. Bachmann et alii, Flügelretabel Sp. 1453-1456.

98 Vgl. vor allem als Kölner Beispiele die um 1300 gefertigten Reliquienschränke des Doms, die sich ehemals in der Sakristei befanden; hierzu Anton Legner, Kölnische Hagiophilie. Die Domreliquienschränke und ihre Nachfolgeschaft in den Kölner Kirchen, in: Kölner Domblatt 51, 1986, S. 195-274.

99 Keller, Flügelaltar [Anm. 88] S. 128, spricht von „unmittelbarer Herkunft des Flügelaltars aus dem Reliquienschrank", die wegen der von den großen Flügeln nicht bedeckten Mittelnischen (mit Reliquien und der Darstellung der Marienkrönung) nirgends so deutlich werde wie beim Marienstatter Retabel und dem Clarenretabel.

100 Vgl. z. B. das Hofgeismarer Retabel (Anfang des 14. Jahrhunderts); Werner Meyer-Barkhausen, Die Hofgeismarer Altartafel: Rest eines Flügelaltars – westfälisch oder hessisch ?, in: Museion. Studien aus Kunst und Geschichte für Otto H. Förster, Köln 1960, S. 225-229; Westfälische Malerei des 14. Jahrhunderts, bearb. Paul Pieper, Ausstellungskatalog, Münster 1964 (Westfalen 42, 1964, H. 1) S. 12f., 21-28 Nr. 1-6; ferner Stange, Malerei. Bd. 1, S. 80-86, hier zu anderen Beispielen, dem Klosterneuburger und Heilsbronner Retabel: S. 153-156 und 198-200; ders., Verzeichnis. Bd. 1, S. 132f. Nr. 436, Bd. 3, S. 17 Nr. 2; allgemein auch Max Hasse, Der Flügelaltar, Diss. Berlin, Dresden 1921, S. 28-32.

101 Vgl. hierzu Decker, Kultbild [Anm. 88], hier bes. S. 61-72, 79-83, 87f. Doch Decker geht es um mehr: das Retabel sei „Repräsentationsgerät" (S. 29), woraus überzogene Folgerungen gezogen werden. Decker bindet die Geschichte des Flügelretabels an das Problem des Kultbildes, als dessen Bedingungen er – ausgehend vom Prinzip spätantiker „Epiphanie-

Geräte" und angeregt vom Original- und Aura-Begriff Walter Benjamins – die „Entrückung" und Distanz durch die Flügel, das Erscheinen (nach temporärem Verschlossensein) durch „Inszenierung" der geöffneten Flügel ansieht. Nicht die Reliquie (so Keller), sondern „Ablösung vom Reliquien- und Schatzbild-Kult" habe der Plastik zu „Kultberechtigung" und „Altarwürde" verholfen, welche die Flügel, die „Grenze" und den „Modus der Erscheinungsweise" definierend, erst „vorstellen" (S. 80–83 mit Anm. 205, S. 87f., et passim). Eher ist jedoch an eine komplexere Genese zu denken, in der zwei Traditionsstränge zusammenwirken.

102 Die Behauptungen, die Reliquien würden im Flügelretabel nicht zur Schau gestellt, sondern in einer vereinheitlichenden Weise geboten und unterlägen einem Bedeutungsschwund, das Flügelretabel sei „ungeeignet, Kirchenschätze wirkungsvoll zur Geltung zu bringen", Skulptur sei dagegen mehr als Ersatz der Reliquie (Decker, Kultbild [Anm. 88] S. 64–70), haben nicht bloß den Befund der Retabel gegen sich, sie mißverstehen wohl auch das Reihenprinzip als Nivellierung. Insgesamt scheint Decker den Rang von Reliquien und die Bedeutung ihrer Aufbewahrung und Präsentation in Massen und Reihen bis in die Neuzeit zu verkennen; vgl. Legner, Hagiophilie [Anm. 98], hier S. 212 leise Kritik an Decker; deutlicher ist Wilhelmy, Marienstätter Altar [Anm. 91] S. 12. Mehr auf den konkreten Gebrauch von Retabeln bezogen sind die Bemerkungen zur Gattung bei Annegret Laabs, Das Retabel als „Schaufenster" zum göttlichen Heil. Ein Beitrag zur Stellung des Flügelretabels im sakralen Zeremoniell des Kirchenjahres, in: Marburger Jahrbuch für Kunstwissenschaft 24, 1997, S. 71–86. – Für die Kölner Reliquien s. die Verzeichnisse in den beiden Werken des 17. Jahrhunderts: Winheim, Sacrarium [Anm. 15]; Gelenius, Colonia [Anm. 14]; ferner Kracht/Torsy, Reliquiarium [Anm. 15]. An neueren Untersuchungen: Walter Schulten, Kölner Reliquien, in: Ornamenta ecclesiae. ... Katalog zur Ausstellung ..., hg. Anton Legner. 2, Köln 1985, S. 61–78 (dazu S. 79–87), und: Bodsch, Sacrarium Agrippinae [Anm. 14]; Legner, Heilige [Anm. 29]. Zu allgemeinen Fragen Peter Dinzelbacher, Die „Realpräsenz" der Heiligen in ihren Reliquiaren und Gräbern nach mittelalterlichen Quellen, in: Frauenmystik im Mittelalter, hg. Peter Dinzelbacher, Dieter R. Bauer, Ostfildern bei Stuttgart 1985, S. 115–174; Ruth und Lenz Kriss-Rettenbeck, Reliquie und ornamenta ecclesiae im Symbolkosmos der Kirche, und: Renate Kroos, Vom Umgang mit Reliquien, in: Ornamenta ecclesiae

die mehrfach verwandelt werden können wie das Altenberger und das Clarenretabel, dienen dem liturgischen Einsatz der diversen Bilderreihen entsprechend dem kirchlichen Festkalender und machen solchen Gebrauch als den vornehmlichen Zweck wahrscheinlich.[103]

Doch ist gerade diese Funktion kaum näher zu bestimmen.[104] Man hat sehr wenig Kenntnisse darüber, wann Flügelretabel geschlossen oder geöffnet waren. Da es hierzu keine Regeln gab, ist man auf Quellen zu einzelnen Altären angewiesen; solche sind jedoch nur in seltenen Fällen erhalten. Die allgemeine Annahme, ein Retabel sei nur zu Hochfesten und bestimmten anderen Festen geöffnet, ansonsten aber geschlossen gewesen, trifft wohl das Richtige; die üblichen Bezeichnungen einer ‚Alltagsseite' und einer ‚Festtagsseite' benennen dies zumindest im Grundsatz zutreffend.[105] An welchen Tagen aber genau man die Flügel aufklappte, hing vom Festkalender der jeweiligen Kirche ab. Wie differenziert dies – außer zu Weihnachten, Ostern und Pfingsten, Christi Himmelfahrt, Allerheiligen, Epiphanias und Fronleichnam, den Marienfesten und dem Kirchweihtag – geregelt war, zeigt sich an den wenigen bekannten Quellen, etwa den Mesnerpflichtbüchern von St. Sebald und St. Lorenz in Nürnberg aus den Jahren 1492 und 1493.[106] Welche der verschiedenen Retabel an welchen Tagen zu öffnen waren, von welchen wann nur die Predella oder der Schrein oder beide aufgetan werden sollten, welche Heiligenfeste auf solche Weise an welchen Altären gewürdigt wurden etc., regelten derartige Anweisungen. Wie man das Clarenretabel dagegen handhabte, bleibt unbekannt. Aufschlußreich wäre vor allem, wann die erste und wann die zweite Öffnung erfolgte, wann der Altar ‚halb' oder ‚ganz' offen war, oder wie man mit dem schmalen Mittelflügel umging.[107] So wäre zu erfahren, wie man die Möglichkeit der Steigerung nutzte, wie selten die vergoldete Innenseite und die Reliquien zu sehen waren, wie das Verhältnis zwischen dem großen Aufwand und der vermutlich raren Präsentation tatsächlich war. Es ist wohl anzunehmen, daß zu den bekannten Festen des Klosters die Flügel geöffnet wurden.[108] Doch zu welchen schlug man nur die äußeren und zu welchen auch die inneren auf?

Stil

Die Entstehungszeit und den Stil des Clarenretabels zu bestimmen, halfen zunächst historische Nachrichten – auch wenn sie später als Stützen aufgegeben werden mußten. Die (angebliche) Weihe der Klosterkirche im Jahr 1347 und die Zugehörigkeit der beiden Schwestern Isabella und Philippa von Geldern zum Kloster, die man als wohlhabendste unter den Nonnen und daher als Stifterinnen des Retabels betrachtete, schienen sicheren Anhaltspunkt zu geben. Doch besagt die Weihe einer Kirche und ihres Hauptaltares nichts für die Herstellung eines Aufsatzes für diesen Altar, und die beiden Grafentöchter lassen sich als Auftraggeberinnen nicht erweisen. Unabhängig davon fand die fortgeschrittene stilkritische Methode der Kunstgeschichte zu einer Datierung des Retabels zwischen 1350 und 1370. Innerhalb der relativen Chronologie kölnischer Plastik[109] und Malerei wurde seit längerem dieser Zeitraum für die Entstehung vorgeschlagen.[110] Dies bestätigte eine dendrochronologische Untersuchung (1982) mit dem Fälldatum 1360 von Hölzern der Schreinrückwand.[111] Doch korrigierte man später diese Datierung: Die Hölzer wurden frühestens 1321, wahrscheinlich zwischen 1327 und 1337 geschlagen; zählt man etwa zehn Jahre der Lagerung hinzu, bis Holz für ein Objekt wie das Retabel verwendet wurde,

82

ergibt sich eine Herstellungszeit ‚ab 1341'[112]. Die nun etliche Jahre früher erfolgte Entstehung ‚vor 1350' – wie man halb präzis, halb vage formulieren wird, um auch längere Lagerung und die Arbeitszeit einzurechnen – macht jedoch das bisherige Geflecht von Annäherungsdaten und relativen Chronologien innerhalb der kölnischen Kunst des mittleren 14. Jahrhunderts noch nicht hinfällig. Das Retabel wurde demnach während der späten Bauzeit der Klosterkirche gefertigt. Daß es zur jener mutmaßlichen Weihe 1347 fertiggestellt war, ist so unsicher wie der damalige Zustand der Kirche unbekannt ist, die nicht vollendet gewesen sein muß (auch nicht als Torso, der sie schließlich wohl blieb).

Eine Fertigung vor 1350 dürfte für alle Teile des Retabels gelten. Seine Architekturformen (Abb. 3) sind weniger für eine bestimmte Stilstufe gotischen Maßwerks um die Jahrhundertmitte bezeichnend als für die Rezeption der Dekorationsformen gebauter Architektur in geschnitzter Kleinarchitektur. Sämtliche komplizierteren Formen am Altaraufbau waren seit etlichen Jahrzehnten bekannt und gehörten zum Repertoire der Kölner Dombauhütte sowie der für den Dom arbeitenden Holzschnitzer- und Malerwerkstätten. Die Grundstruktur dieses wie vieler anderer Retabel war vorgegeben in den Arkadenreihen der Triforien, Brüstungen und Blendmaßwerke, der Verkleidungen von Altären, Tumben etc. Die Kombination mit einer Maßwerkgalerie über den Arkaden, die von den Wimpergen überschnitten wird, ist charakteristisch für die Westfassade des Doms (Riß F, um 1280)[113] und war an den (teils älteren) Retabeln von Oberwesel und Marienstatt bereits angewandt worden. In den Malereien an den Chorschranken des Doms (um 1332/49) war eine komplexe Form des Arkaden- und Wimperg-Systems gegeben, die freilich nur vereinfacht im kleineren Format und anderen Material umzusetzen gewesen wäre, doch zumindest durch die großen Arkaden zu Hänge- oder Schleiermaßwerk anregen konnte.[114] Daher mögen einfachere Konzeptionen näher gelegen haben: die Wandmalereien in vier Kapellen des Chorumgangs (um 1310 bis 1330), deren Kleeblattbögen, Wimperge, Fialen und obere Blendbogenfriese der Retabelarchitektur im Zustand der ersten Öffnung unmittelbar vergleichbar sind.[115] An Einzelformen des Maßwerks finden sich viele bereits am Obergaden des Domchores, in den Chorkapellen, im Strebewerk, auf dem Fassadenplan F (dessen sämtliche Formen bereits vor 1280 vorhanden waren), den Plänen für den Langhausobergaden und am gebauten Südturm (1320–1330). Dies betrifft vor allem die verschiedenen Drei-, Vier- und Fünfpässe als Motive dekorativer Architekturverkleidung seit der zweiten Hälfte des 13. Jahrhunderts.[116] Dieselben Formen boten Blendmaßwerke wie die an den Außenseiten der Chorschranken,[117] aus den angewandten Künsten die Architekturnachahmungen von Glasfenstern (etwa in den Chorkapellen[118]), die Maßwerke am Chorgestühl[119] und die dem Clarenretabel unmittelbar vorangegangenen geschnitzten Kleinarchitekturen. An dem ebenfalls in Köln hergestellten großen Altar der ehemaligen Zisterzienser-Abteikirche Marienstatt (um 1350) sind Formen aus demselben kölnischen Repertoire verwandt.[120] Die Architektur des Retabels für St. Clara ist allerdings feingliedriger, auch reicher; sie hat eine zweite Reihe von Wimpergen und in diesen die komplexen Pässe, Dreiblätter etc. Freilich hebt sich hiervon die weit größere Formenvielfalt der Rosen und Wimperge am Retabel der Oberweseler Liebfrauenkirche ab, an welchem dem Maßwerk ungleich mehr Raum zugewiesen ist.[121] Auch die Maßwerk-Schnitzerei an dem aus

[wie oben]. 3, S. 19–24 und 25–49; Reliquien. Verehrung und Verklärung ... Ausstellungskatalog, hg. Anton Legner, Köln 1989; Anton Legner, Reliquien in Kunst und Kult zwischen Antike und Aufklärung, Darmstadt 1995. – Weitere, teils fragwürdige Thesen Deckers können hier nicht erörtert werden; was über das Clarenretabel zu lesen ist, trifft wohl kaum zu: ein „radikal-reformerischer" und „typischer Stadtorden" habe „unter pauperistisch-asketischen Bedingungen" „Reliquien und Ikonographie in den Dienst der ‚Nachfolge Christi'" gestellt und einen „Schnitzaltar für die Zwecke der Gemeindeseelsorge" eingesetzt (S. 88).

103 Ehresmann, Observations [Anm. 88], hier über die allgemeine Gewohnheit hinaus, Retabel in der Fastenzeit und der Karwoche zu schließen, klarere Vermutungen über Wandlungen zum Altenberger Retabel, weniger klare zum Oberweseler und Marienstatter. Vor allem auf das liturgisch eingesetzte Bild hatte unter anderem bereits Hasse, Flügelaltar [Anm. 100] gezielt.

104 Was über den Gebrauch des Clarenretabels zu lesen ist, bleibt Mutmaßung ohne jede Kenntnis: z. B. Schumacher-Wolfgarten, Von Frauen [Anm. 29] S. 265, 269: „drei Ansichten, die der liturgischen Einteilung des Kirchenjahres entsprechen", „in der Advents- und Fastenzeit ... geschlossen".

105 Für Retabel mit doppelten Flügeln gebraucht man für die zweite Öffnung gelegentlich das umständliche Wort ‚Hochfeiertagsöffnung'. Die Begriffe suggerieren eine Gewißheit über offene und geschlossene Zustände, die nicht besteht; die wenigen bekannten Quellen enthalten bereits hinreichend Ausnahmen von der simplen allgemeinen Vorstellung, weshalb man die Begriffe jüngst – Bachmann et alii, Flügelretabel – fast völlig vermied.

106 Walter Haas, Die mittelalterliche Altaranordnung ..., in: 500 Jahre Hallenchor St. Lorenz zu Nürnberg 1477–1977, hg. Herbert Bauer, Nürnberg 1977 (Nürnberger Forschungen. Bd. 20) S. 63–108, bes. 93–107; hierauf stützen sich auch die Bemerkungen in Bachmann et alii, Flügelretabel Sp. 1475–1478; s. auch Laabs, Retabel [Anm. 102] S. 75–81.

107 Anweisungen für ein ‚halb' oder ‚ganz' zu öffnendes Retabel sind aus dem 15. Jahrhundert zum Hochaltar des Freisinger Domes überliefert, der offenbar wie das Clarenretabel zwei Flügelpaare besaß; s. Bachmann et alii, Flügelretabel Sp. 1477f.

108 Gelenius, Colonia [Anm. 14] S. 541f.

109 Vgl. Anton Legner, Anmerkungen zu einer Chronologie der gotischen Skulptur des 13. und 14. Jahrhunderts im Rhein-Maas-Gebiet, in: Rhein und Maas. Kunst und Kultur 800–1400. 2, Köln 1973, S. 445–456; S. 453: Klarenaltar, nach 1350.

110 Für die Datierung der Malerei s. die bei Stange, Verzeichnis. Bd. 1, S. 21 Nr. 20, und die oben in Anm. 29 angegebene Literatur. Meist nahm man ‚nach 1350' an (vgl. Bellot, Klarissenkloster S. 219f.; Wolf, Schnitzretabel S. 85f.). – Hilger, Claren-Altar S. 17f., fragte 1978 wieder, ob nicht doch eine Fertigung des Retabels zwischen dem Weihedatum 1347 und dem Tod der beiden (angeblichen) Stifterinnen 1352/54 wahrscheinlicher sei.

111 Notiz zur Datierung: Katalog der restaurierten Werke 1970–1980, zusammengest. u. bearb. Gabriele Fabian, Wilfried Hansmann etc., in: Jahrbuch der rheinischen Denkmalpflege 32, 1987, S. 73–303, hier 198; vgl. Bergmann, Holzskulpturen S. 337.

112 Wolf, Schnitzretabel S. 86; Schulze-Senger/Hansmann, Clarenaltar S. 71, 96, 229.

113 Vgl. Hans Kauffmann, Die Kölner Domfassade. Untersuchung zu ihrer Entstehungsgeschichte, in: Der Kölner Dom. Festschrift zur Siebenhundertjahrfeier 1248–1948, hg. Zentral-Dombau-Verein, Köln 1948, S. 78–137; neuerdings Marc Steinmann, Die Westfassade des Kölner Domes. Der mittelalterliche Fassadenplan F, Diss. Bonn 1999, Köln 2003 (Forschungen zum Kölner Dom. I), mit der neuen, frühen Datierung um 1280, vgl. S. 252–256.

114 Reiner Haussherr, Die Chorschrankenmalereien des Kölner Domes, in: Vor Stefan Lochner. Die Kölner Maler von 1300–1430. Ergebnisse der Ausstellung und des Colloquiums, Köln 1974, Köln 1977 (Kölner Berichte zur Kunstgeschichte. Begleithefte zum Wallraf-Richartz-Jahrbuch. Bd. 1) S. 28–59; Gerhard Schmidt, Die Chorschrankenmalereien des Kölner Domes und die europäische Malerei, in: Kölner Domblatt 44/45, 1979/80, S. 293–340. – Vgl. auch die Hochaltarmensa (1310–1320), deren Arkaden von Maßwerk hinterfangen sind und deren Mittelarkade mit Nasen ausgesetzt ist.

115 Stephanus-, Agnes-, Dreikönigenkapelle; am ähnlichsten die als Altarbild dienende Wandmalerei der Johanneskapelle, alle etwa 1310–1330; Clemen, Monumentalmalereien [Anm. 72]. Textbd. S. 201–205; ders., Dom [Anm. 29] S. 169–171. Eine einfache Arkatur mit abschließendem Blendbogenfries (mit alternierend roten und grünen Feldern) ist die untere Zone der Bischofsreihe an den Chorschranken.

116 Für die Formen der liegenden, stehenden, freien, von Kreisen umschlossenen oder

St. Clara stammenden Altärchen (Abb. 14 und 15) ist um einiges kleinteiliger; sie scheint der Goldschmiedekunst und deren größeren technischen Möglichkeiten nahezustehen[122] und relativiert den Erfindungsreichtum der großen Kölner Retabel ein wenig.

Die Skulpturen markieren einen Abschluß der Tradition kölnischer Plastik, bevor – nach einer Zeit geringer Produktion – die Herstellung von Bildwerken und eine Stilwandlung vor allem durch auswärtige Künstler wieder befördert wurde. Die Reliquienbüsten sind späte Beispiele der über ein halbes Jahrhundert lang in Köln wichtigsten Form redender Reliquiare.[123] Die serielle Produktion der Gattung spiegelt sich gerade in diesen zum Verwechseln ähnlichen Exemplaren mit den rundlichen, plastisch wenig differenzierten Gesichtern. Die Summe der (teils älteren) Merkmale deutet auf eine Entstehungszeit um die Jahrhundertmitte: brusthohe Form, die von einem Drei- oder Vierpaß verschlossene Öffnung,[124] der geschwungene Ausschnitt des *surcôt*, die Ohrwellen, über die das Haar in Locken herabfällt, die Fassung, mit deren Inkarnat eine lebensnahe Darstellung gesucht ist.[125]

Die Apostel machen das Ende der lokalen Bildschnitzerei deutlich, die immer noch vom beherrschenden Vorbild der an der nordfranzösischen Plastik orientierten Chorpfeilerstatuen des Doms abhängig war.[126] Diese traditionelle Haltung, aus der heraus man etwa gleichzeitig die Apostel eines verlorenen Altars in der Kölner Stiftskirche St. Aposteln und die des Marienstatter Retabels als Figuren von überzeugender plastischer Konzeption schnitzte, führte bei den Statuetten für St. Clara zu einer Art formelhaften Behandlung und kompilativen Verwendung bekannter Kopftypen, Standmotive und Faltenformationen, so daß bei den meisten der von verschiedenen Händen und ungleich sorgfältig gefertigten Figuren kaum ein geschlossener, organischer Eindruck entsteht. Ist bei jenen aus St. Aposteln die charakteristische Schwingung und Drehung der Vorbilder bereits ins Lineare und Schematische gewendet,[127] so kennzeichnen die Figuren des Clarenretabels außer der Längung vor allem Starre (auch dort, wo Biegung des Körpers angedeutet ist). Die bei den Marienstatter Skulpturen noch reichen Gewandmotive[128] sind reduziert auf gerade herabfallende oder eng um den Körper gezogene Partien. Anscheinend sind es Erzeugnisse einer Werkstatt, die in ihrer wohl serienmäßigen Produktion herkömmliche Muster tradierte und ihnen keinen sonderlichen Ausdruck mehr zu verleihen verstand.[129]

Allein die Malerei des Clarenretabels war Gegenstand eingehender stilgeschichtlicher Betrachtung (Abb. 2, 4 und 5); sie wurde jedoch zu Beginn kunsthistorischer Forschung auch Opfer einer verfehlten Stilkritik und der auf sie gestützten Restaurierung. Die jüngere Malschicht auf den Bildern des Retabels hielt man für eine Fälschung des 19. Jahrhunderts und beseitigte sie an den Außenflügeln.

Um 1400/10 überarbeitete man das Retabel vollständig, Architektur und Plastiken wurden neu gefaßt, die Bilder übermalt. Ziel war wohl, die Farbigkeit zu steigern und die Pracht zu vermehren. Bei der Restaurierung 1907/9 entfernte man an den Außenflügeln diese zuvor so gerühmte Malerei. So ist die ursprüngliche Version seither im geschlossenen Zustand zu sehen und bei der ersten Öffnung auf den äußeren Flügeln, daneben verblieb in der Mitte (auf den Außenseiten der Innenflügel) die jüngere Fassung. Als man begann, die mittelalterliche Kölner Kunst zu erforschen,

sphärisch gerahmten (dies die übliche Entwicklung), einfach und doppelt genasten oder lilienbesetzten Pässe vgl. z.B. die Fenster der Chorkapellen und des Obergadens, die Strebebögen am Chor und die Blendmaßwerke an Strebepfeilern, die Brüstung auf dem Traufgesims der Chorkapellen; auf dem Plan F vgl. etwa die mit Nasen ausgesetzten Vier- und Fünfpässe in Kreisen in Couronnement und Wimpergen der Fenster. Hier auch die Zwickelfischstrahlen (oder -blasen) zwischen Bögen und Wimpergschenkeln; Dreistrahle in Wimpergen am Chorobergaden, Südturm-Erdgeschoß, auf den Plänen F, E und E1. – Kauffmann, Domfassade [Anm. 113]; Eva Zimmermann-Deissler, Das Erdgeschoß des Südturmes vom Kölner Dom, in: Kölner Domblatt 14/15, 1958, S. 61–96; Steinmann, Westfassade [Anm. 113]. Über die Wandlungen der Pässe (und die allmähliche Reduzierung der Paßzahl am Anfang des 14. Jahrhunderts) am Dom s. Arnold Wolff, Mittelalterliche Planzeichnungen für das Langhaus des Kölner Domes, in: Kölner Domblatt 30, 1969, S. 137–178, hier 146–152 u. ö.

117 Rainer Palm, Das Maßwerk am Chorgestühl des Kölner Domes, in: Kölner Domblatt 41, 1976, S. 57–82, S. 80 Abb. 28. Vgl. auch das Blendmaßwerk im Saal des Kölner Rathauses (um 1320–1330); Lucia Hagendorf-Nußbaum, Norbert Nußbaum, Der Hansasaal, in: Köln: Das gotische Rathaus und seine Umgebung, hg. Walter Geis, Ulrich Krings, Köln 2000 (Stadtspuren – Denkmäler in Köln. Bd. 26) S. 337–386, hier 342–345, 363–367.

118 Herbert Rode, Die mittelalterlichen Glasmalereien des Kölner Domes, Berlin 1974 (Corpus vitrearum medii aevi. Deutschland Bd. 4,1) S. 57–60, 63–65, 71–75, 78–81, Abb. 43f., 53–55, 63, 92, 111, 118, 143–148. Für zwei beliebige andere Beispiele s. Palm, Einzelheiten [Anm. 91] S. 43, und Clemen, Monumentalmalereien [Anm. 72]. Textbd. S. 50, fig. 70.

119 Palm, Maßwerk [Anm. 117]; Ulrike Bergmann, Das Chorgestühl des Kölner Domes. Bd. 1–2, Diss. Bonn 1983, Neuss 1987 (Rheinischer Verein für Denkmalpflege und Landschaftsschutz. Jahrbuch 1986/1987), hier Bd. 1, S. 69–87, vgl. bes. Abb. auf S. 78.

120 Palm, Einzelheiten [Anm. 91]; hier wird – gegen Schilling, Entwicklung [Anm. 29] S. 18–21, wo für Vollendung zur Altarweihe 1324 plädiert wird – die zeitliche Distanz von etwa einem Jahrzehnt gegenüber dem Clarenretabel bekräftigt; daß beide Altaraufsätze aus derselben Werkstatt stammen, ist angesichts der wohl großen Produktion wenig wahrscheinlich; das von Palm

(ebd. S. 48–54) beobachtete Detail unterschiedlicher Kreuzblumen bestätigt das, reicht allein freilich nicht aus.

121 Kölner Maßwerkformen (neben anderen), freilich nicht unbedingt mehr sehr ortsspezifisch, sind auch hier verwandt und solchen am Clarenretabel vergleichbar; s. Sebald, Goldaltar [Anm. 92] S. 80f.; Wolf, Schnitzretabel S. 96f.; vgl. auch die Literatur oben in Anm. 92.

122 Vgl. z. B. das Ostensorium aus St. Ursula mit seinen Paßformen in den seitlichen Wimpergen (Mitte des 14. Jahrhunderts); Die Kunstdenkmäler der Stadt Köln. Bd. 2, Abt. III: Die kirchlichen Denkmäler der Stadt Köln. St. Ursula …, bearb. Ludwig Arntz etc., Düsseldorf 1934, S. 87; Hans Peter Hilger, Zur Goldschmiedekunst des 14. Jahrhunderts an Rhein und Maas, in: Rhein und Maas. Kunst und Kultur 800–1400. 2, Köln 1973, S. 457–466, bes. 459–463), das Aachener Karlsreliquiar (Mitte des 14. Jahrhunderts) und als späteres Beispiel das Dreiturmreliquiar (um 1370–1390) (Ernst Günther Grimme, Die gotischen Kapellenreliquiare im Aachener Domschatz, in: Aachener Kunstblätter 39, 1969, S. 7–76; ders., Der Aachener Domschatz, Aachen 1972 [Aachener Kunstblätter 42, 1972] S. 90–97, Nr. 70f.; Karel Otavsky, in: Die Parler und der Schöne Stil 1350–1400 …, hg. Anton Legner. 1, Köln 1978, S. 129f., 133–136).

123 Joseph Braun, Die Reliquiare des christlichen Kultes und ihre Entwicklung, Freiburg/Br. 1940, S. 381–458.

124 Von den erhaltenen elf Büsten (jene im Zürcher Landesmuseum eingeschlossen) haben acht eine Vier-, drei eine Dreipaßöffnung; daraus ist zu schließen, in symmetrischer Anordnung habe ursprünglich in jedem Schreinkompartiment und Flügel eine Büste mit Dreipaß zwischen zweien mit Vierpaß gestanden. Schneider, Ursulabüste [Anm. 40] S. 188.

125 Die Büsten vertreten eine konservative Stilhaltung, jede Individualisierung ist vermieden, die Haare fallen, wie seit langem üblich, nur nach hinten, während andere, gleichzeitige Büsten Variationen in der Frisur zeigen. – Zu den Büsten allgemein Bergmann, Holzskulpturen S. 27–60 passim, S. 47–53 zu den einigermaßen sicher datierbaren Vorläufern und den Büsten des Clarenretabels. S. ferner Schneider, Ursulabüste [Anm. 40]. Karpa, Plastik [Anm. 40] S. 118–120, und ders., Kölnische Reliquienbüsten der gotischen Zeit aus dem Ursulakreis (von ca. 1300 bis ca. 1450), Diss. Bonn 1934, Düsseldorf 1934 (Rheinischer Verein für Denkmalpflege und Heimatschutz Jg. 27, H. 1, 1934) S. 56–58, 90, bringt die Büsten mit den zwölf 1327 vom Kloster erworbenen Ursula-Reliquien in Verbin-

dung und datiert sie entsprechend früh um 1330; so auch Schilling, Entwicklung [Anm. 29] S. 23; dem widerspricht der stilistische Befund. (Bereits J[ohann] J[acob] Merlo, Der Altar-Aufsatz aus dem St. Claren-Kloster, jetzt im Kölner Dome, in: Kölner Domblatt Nr. 318, 1879 hatte den Reliquienerwerb 1327 als Anlaß für das Retabel verstanden, den er aber 1360/70 datiert.). Technische Besonderheit der Büsten vom Retabel ist die an der Rückseite angebrachte Tür zum Reliquiendepositorium; Gerhard Schneider, Zur Holzbearbeitung der Kölner Skulptur vom 11. bis zum Ende des 14. Jahrhundets, in: Bergmann, Holzskulpturen S. 65–83, hier 73, zur Aushöhlung allgemein S. 74–76. Zu den nahestehenden Büsten des Marienstatter Retabels s. Wilhelmy, Marienstätter Altar [Anm. 91] S. 22–26.

126 Hierzu nur zwei jüngere, kontroverse Meinungen (Datierung um 1270/80 oder 1290/1300?): Herbert Rode, Plastik des Kölner Domes in der zweiten Hälfte des 13. Jahrhunderts. Das Hochstaden-Grabmal und die Chorpfeilerskulpturen, in: Rhein und Maas. Kunst und Kultur 800–1400. 2, Köln 1973, S. 429–444 (danach Legner, Chronologie [Anm. 109] S. 447); Robert Suckale, Die Kölner Domchorstatuen. Kölner und Pariser Skulptur in der 2. Hälfte des 13. Jahrhunderts, in: Kölner Domblatt 44/45, 1979/80, S. 223–254. Vgl. auch Ulrike Bergmann, Rolf Lauer, Die Domplastik und die Kölner Skulptur, in: Verschwundenes Inventarium. Der Skulpturenfund im Kölner Domchor, Ausstellungskatalog, bearb. Ulrike Bergmann, Köln 1984, S. 37–54 passim.

127 Die Kunstdenkmäler der Stadt Köln. Bd. 1, Abt. IV: Die kirchlichen Denkmäler der Stadt Köln. St. Alban …, bearb. Wilhelm Ewald etc., Düsseldorf 1916, S. 142f., 145–147; Richard Hamann, Kurt Wilhelm-Kästner, Die Elisabethkirche zu Marburg und ihre künstlerische Nachfolge. Bd. 1–2, Marburg 1924–1929, hier Bd. 2, S. 271–274; A[nton] L[egner], in: Rhein und Maas. Kunst und Kultur 800–1400. [1], Köln 1972, S. 362, N5 (hier noch Datierung um 1330); Bergmann/Lauer, Domplastik [Anm. 126] S. 40; Gottfried Stracke, St. Aposteln, in: Kölner Kirchen und ihre mittelalterliche Ausstattung. Bd. 1, Köln 1995 (Colonia Romanica 10, 1995) S. 70–93, hier 85.

128 Wilhelmy, Marienstätter Altar [Anm. 91] S. 28–34.

129 Karpa, Plastik [Anm. 40] S. 120–123; Bergmann, Holzskulpturen S. 51–53, 333–338 Nr. 98/99 (hier Datierung um 1360); Wilhelmy, Marienstätter Altar [Anm. 91] S. 29, 34. – Nicht recht überzeugend ist die Beziehung zwischen

den Aposteln des Claren- und des Oberweseler Retabels, die Sebald, Goldaltar [Anm. 92] S. 82–87, behauptet, und die auch Suckale, Hofkunst [Anm. 92] S. 201 Anm. 88, andeutet.

130 Brief Boisserées an Friedrich Schlegel, vom 13. Dezember 1811, in: Sulpiz Boisserée [hg. Mathilde Boisserée]. Bd. 1–2, Stuttgart 1862, hier Bd. 1, S. 99, mit der auf Goethe zurückgehenden Bezeichnung ‚neugriechisch-kölnisch'. So auch M[atthias] J[osef] DeNoel, Der Dom zu Köln. Historisch-archäologische Beschreibung desselben, Köln am Rhein 1834, S. 92, und 2. Aufl. 1837, S. 102.

131 A[nton] E[ngelbert] d'H[ame], Historische Beschreibung der berühmten Hohen Erz-Domkirche zu Cöln am Rhein ..., Cöln 1821, S. 125, 224.

132 Die Limburger Chronik des Tilemann Elhen von Wolfhagen, ed. Arthur Wyss, Hannoverae 1883 (Monumenta Germaniae Historica. Scriptores qui vernacula lingua usi sunt. T. IV, P. I) 122, S. 75: ein meler zu Collen, der hiß Wilhelm. Der was der beste meler in (allen) Duschen landen ... (für das Jahr 1380 genannt).

133 Z. B. Passavant, Kunstreise [Anm. 54] S. 404–409; Kugler, Handbuch [Anm. 54] 1. Aufl. 1837, Bd. 2, S. 34f.; 2. Aufl. 1847, Bd. 1, S. 232–239; 3. Aufl. 1867, Bd. 1, S. 262–273; ders., Rheinreise [Anm. 54], S. 289; Joh[ann] Jac[ob] Merlo, Nachrichten von dem Leben und den Werken Kölnischer Künstler, Köln 1850, S. 509–514; [Leonard] Ennen, Der Maler Meister Wilhelm, in: Annalen des historischen Vereins für den Niederrhein 7, 1859, S. 212–216 (Zuschreibung der Malereien im Hansasaal des Rathauses an Meister Wilhelm); Schnaase, Geschichte [Anm. 54] S. 423–444; G[ustav] F[riedrich] Waagen, Handbuch der Geschichte der Malerei. Bd. 1, Stuttgart 1862, S. 58–60; Leonard Ennen, Geschichte der Stadt Köln, Bd. 3, Köln, Neuss 1869, S. 1018–1022; Alfred Woltmann, Die Malerei des Mittelalters, in: Geschichte der Malerei, hg. Alfred Woltmann. Bd. 1, Leipzig 1879, S. 191–483, hier 399–404 (hier keine Zuschreibung von Tafelbildern an Wilhelm); H[ubert] Janitschek, Geschichte der deutschen Malerei, Berlin 1890 (Geschichte der Deutschen Kunst. 3) S. 209–211; Kölnische Künstler in alter und neuer Zeit. Johann Jacob Merlos neu bearbeitete und erweiterte Nachrichten von dem Leben und den Werken kölnischer Künstler, hg. Eduard Firmenich-Richartz, Düsseldorf 1895 (Publikationen der Gesellschaft für rheinische Geschichtskunde. 9) Sp. 948–964.

134 Stange, Verzeichnis. Bd. 1, S. 26f., Nr. 40 und 43; Goldberg/Scheffler, Altdeutsche Gemälde S. 395–403 (hier die Benennungen des Meisters als Wilhelm von

l.: 4. Clarenretabel, vor 1350, zweite Öffnung, Christus vor Pilatus; r.: 5. Darbringung im Tempel (Abb. nach: Schulze-Senger/Hansmann, Clarenretabel, S. 157, 172)

begeisterte man sich an der damals noch einigermaßen einheitlichen zweiten Fassung und erklärte das Retabel zum Schlüsselwerk einer Kölner Malerschule. Sulpiz Boisserée datierte es 1811 in das Jahr der Klostergründung 1306,[130] Anton Engelbert d'Hame in seiner Beschreibung des Doms 1821 gar ins Ende des 12. Jahrhunderts.[131] Später verband man mit dem Altaraufsatz einen nur aus einer Notiz der Limburger Chronik (um 1400) bekannten Meister Wilhelm,[132] den man seinerseits mit dem urkundlich zwischen 1358 und 1372, doch mit keinem Bild nachgewiesenen Maler Wilhelm von Herle identifizierte und zur gleichsam legendarischen Gestalt stilisierte.[133] Diese Zuschreibung – entstanden aus dem Wunsch, für ein großes Werk einen Autor zu finden – wurde mit zunehmender Kenntnis der Stilgeschichte hinfällig. Denn die damals sichtbare Fassung, deren enge stilistische Beziehung zu anderen Gemälden, wie der Münchner ‚Hl. Veronica mit dem Schweißtuch' und der Kölner ‚Madonna mit der Wickenblüte'[134] man immer gesehen hatte,[135] konnte nur von einem Jüngeren stammen, zu groß war die Diskrepanz zwischen den als Werke desselben Meisters Wilhelm angenommenen Bildern. Als neuer Name wurde nun Hermann Wynrich von Wesel genannt.[136]

Die Übermalung hatte die erste Fassung der Bilder in unterschiedlichem Maß verändert, so daß mehrere Hände wahrzunehmen waren, die Passionsfolge altertümlicher wirkte, die ältere Vorgabe vor allem auf den

Bildern der Flügelinnenseiten durchschien. Als sich dieser Zustand nicht als Nebeneinander verschieden fortgeschrittener Maler und übermalendes Eingreifen eines jüngeren (Haupt-)Meisters in die traditionelle Darstellungsweise seiner Gehilfen erwies,[137] sondern als Ergebnis späterer Übermalung, zog man daraus 1908 den verhängnisvollen Schluß. Die bislang bewunderte Version der Bilder hielt man für die virtuose Fälschung eines sich völlig dem Stil des beginnenden 15. Jahrhunderts angleichenden „Epigonen".[138] Man hatte sich darin getäuscht, zwei divergierende, gleichzeitige Stilhaltungen am selben Objekt zu finden, und erkannte nicht, daß diese schlicht im Abstand einiger Jahrzehnte einander gefolgt waren. Statt des „Palimpsest" wollte man das Original haben, ließ die alten Übermalungen auf beiden Seiten der Außenflügel abnehmen und gewann – doch um welchen Preis – die Malereien aus der Entstehungszeit des Retabels.[139]

Diese entsprechen dem Stil um die Mitte des 14. Jahrhunderts (Abb. 4), folgen dabei hinsichtlich Komposition und Figurenbildung der Tradition der frühen kleinen Kölner Triptychen, von denen sich zwei wahrscheinlich in St. Clara befunden hatten (Abb. 8, 9, 12, 13).[140] Auf schmaler Raumbühne stehen schlanke, mit deutlicher Kontur gegen den goldenen oder dunklen Hintergrund abgesetzte Gestalten, die wie in die Fläche projiziert erscheinen. Räumliche Beziehung gibt es nicht einmal zwischen den einzelnen Gestalten. Die Gewanddarstellung ist durch prägnant gezeichnete Faltenformationen bestimmt, die zwar durch Farbtönung und Weißhöhung plastisch wiedergegeben sind, doch den Figuren keine Körperlichkeit verleihen; sie ähneln in ihrer Zeichnung jenen auf dem wohl etwas jüngeren Hamburger Triptychon aus dem Klarissenkloster (Abb. 12). Die Falten scheinen allerdings am Retabel ‚weicher' modelliert, so daß insgesamt die einzelnen Figuren geschlossener wirken. Nur wenige Gestalten besitzen die schwingende Kontur, die – bei härterer Zeichnung – für die beiden Triptychen charakteristisch ist.[141] Vieles ist formelhaft wiedergegeben (etwa die Hände, teils auch Gesichter). Die Farbigkeit der Gewänder erinnert an die ‚metallisch kühle' auf dem Hamburger Triptychon, das eine der wenigen noch bekannten Parallelen ist. Der aus dieser stilistischen Umgebung stammende Maler nahm Merkmale – vor allem die gelängten (bei ihm nur bisweilen biegsamen) Figuren, auch die Bildorganisation – einer bestimmten nordfranzösischen, nur mehr in einer Handschriftengruppe greifbaren Stilvariante der 1350er Jahre auf.[142] Die Malereien aus dem Saal des Kölner Rathauses, früher als stilistische Parallele der älteren Bilder am Clarenretabel betrachtet, sind nun als spätere, in Teilen wohl auch differenziertere Beispiele dieser Stilvariante anzusehen.[143]

Als die Bilder des Retabels übermalt wurden, bediente sich der Maler des seinerzeit modernen Stils (Abb. 5). Die Kompositionen wurden übernommen, sind jedoch in teils recht freier Pinselführung neu ausgemalt; hinzu kommt eine Vielzahl neuer Details: etwa Engel, die die Begebenheiten der Kindheitsgeschichte Jesu begleiten und in die Kleeblattbögen eingefügt sind, sowie die kleinen Bilder in den Wimpergen. Im Zustand der ersten Öffnung zeigt der Vergleich der Mitte mit den Außenflügeln das damalige Bemühen, nun der Malerei die vorherrschende Rolle am Altaraufbau zu geben und diesen damit entscheidend zu verändern.[144] Während zuvor Architektur und gemalter (Bau-)Dekor (Quaderung der Zwickel, Blattmasken in den Wimpergen) den Gesamteindruck mitprägten, wurden jetzt mehr Flächen für Malerei genutzt. Dem entspricht, daß in den neugemalten Bildern

Herle oder Hermann Wynrich nachgewiesen); Zehnder, Katalog S. 316–323.
135 S. die Angaben in Anm. 133.
136 Gegen die Fiktion jener Malerpersönlichkeit: Eduard Firmenich-Richartz, Meister Wilhelm. Eine Studie zur Geschichte der altkölnischen Malerei, in: Zeitschrift für christliche Kunst 4, 1891, Sp. 239–254, und ders., Wilhelm von Herle und Hermann Wynrich von Wesel. Eine Studie zur Geschichte der altkölnischen Malerschule, in: ebd. 8, 1895, Sp. 97–110, 129–154, 233–250, 329–344 (auch separat erschienen: Düsseldorf 1896); hier wird als neue führende Gestalt und Maler des später dem Meister der Hl. Veronica zugeschriebenen Werks Hermann Wynrich (gest. 1413/14) eingeführt, eine nicht weniger willkürliche Identifizierung; zum Clarenretabel Sp. 97f., 130, 150–154, 329f.
137 In der älteren Literatur waren stilistische Unterschiede oft bemerkt worden, vgl. Anm. 133; deutlicher formuliert bei Firmenich-Richartz, Wilhelm von Herle und Hermann Wynrich [Anm. 136] Sp. 150–154; von Überarbeitung der Bilderreihen, die zum Teil in ihrem älteren, „strengen Konturenstil" und in der anderen Farbgebung stehengeblieben seien, durch den „genialen Maler, den Bringer des Umschwungs", spricht ders., Wiederherstellung [Anm. 29] Sp. 324.
138 Firmenich-Richartz, Wiederherstellung [Anm. 29] Sp. 325; den „unvergleichlichen Anempfinder" (Sp. 326, vgl. 335) meint Firmenich-Richartz identifizieren zu können als Anton Lorent, einen unter dem Direktor Johann Anton Ramboux unter anderem am Wallraf-Richartz-Museum tätigen Maler und Restaurator, der an der Wiederherstellung des Retabels 1859/61 beteiligt war (Sp. 333f.; zu diesem Petra Mandt, Gemälderestaurierungen am Wallraf-Richartz-Museum in den Jahren 1824–1890 ..., in: Wallraf-Richartz-Jahrbuch 48/49, 1987–1988, S. 299–333). Die sichere Annahme der Fälschung gründete man allein auf den technischen Befund, daß die beiden Malschichten leicht trennbar übereinander lagen (obendrein mit einem Firnis dazwischen); man hielt die obere für erst jüngeren Datums, da sie sonst mit der unteren verschmolzen gewesen wäre. Für die Zeit um 1400 vermutete man auch nicht eine technisch anspruchslose, unbekümmert mit lockerem Pinselstrich über die selbst noch ziemlich neue Malerei und über gepunzten Goldgrund gelegte Zweitfassung. In diesem Sinn Schnütgen, Clarenaltar [Anm. 30], Clemen, Clarenaltar [Anm. 30]; vgl. Hilger, Claren-Altar S. 13f.
139 „Palimpsest": Clemen, Clarenaltar [Anm. 30] Sp. 135. – Auf den Außenseiten der Innenflügel blieb die Malerei

eine Reihe zusätzlicher Deatils erscheint und für das verstärkt erzählerische Anliegen auch ein Stil angewandt wird, der die Dinge kleinteilig abbildet, ihnen Lichter aufsetzt, den Kleidern Muster gibt und die Oberflächen innerhalb der vorgegeben Komposition und Kontur belebt.[145] Der Maler nimmt damit auch den Figuren die formelhafte Starre und verlebendigt sie, trägt dabei aber alles mit leichtem, flüssigem Strich vor, bindet die Einzelheiten einem Zusammenhang ein. Im eher flüchtig-lockeren Duktus nimmt die differenziert modulierende Malerei den Gewändern die konturierenden Grate, scheint überhaupt allem eine weiche Oberfläche zu geben. Die Gesichter sind nuancierter modelliert und heben sich damit von den älteren flächigen mit Binnenzeichnung ab; zugleich sind sie individualisiert, und es ist ihnen ein Ausdruck verliehen, der die Kunstschriftsteller des 19. Jahrhunderts an den Bildern „ideale Anmuth" und „holde kindliche Naivetät" bewundern ließ.[146] Stimmungshaftigkeit und bildnerisches Erzählen, besonders der typische Gesichtsschnitt der Maria deuten für sie bereits auf die Nähe zu Werken des Veronica-Meisters. Tatsächlich stammt aus dessen Umkreis der um 1400 arbeitende zweite Maler des Retabels.[147]

Geschichte und Standort

Zur frühen Geschichte des Clarenretabels ist nichts bekannt. Daß es durch die Stiftung von zwölf *corpora* von Märtyrern aus dem Gefolge der hl. Ursula veranlaßt worden sei, ist aus den zwölf Reliquienbüsten nicht zu schließen,[148] die zwar zum Typus der Kölner Reliquiare ursulanischer Jungfrauen gehören, doch nennen die Beschriftungen weibliche Heilige, die man nicht ohneweiteres zum Gefolge zählen kann. Die aus dem späten 16. Jahrhundert stammende Nachricht von Inschriften am Hochaltar und einem weiteren Altar, die Äbtissin Bela (Isabella von Geldern) habe den Altar 1347 ausgeschmückt (*quod antico sumptu egregie illustravit*),[149] deutet wohl darauf, daß er inzwischen geweiht war und der Kirchenbau vielleicht nur vorläufig abgeschlossen, doch für Liturgie zu benutzen war. Dieses Datum ist jedoch durch nichts sonst gestützt und nicht unmittelbar mit dem Retabel in Verbindung zu bringen. Dessen mögliche neue frühe Datierung (vor 1350) durch das Fälldatum von Brettern des Schreins bringt es zwar in zeitliche Nähe zur Bautätigkeit, doch ist die Fertigstellung zur angeblichen Altarweihe 1347 nicht zu folgern. Seit langem wird außerdem behauptet, Stifterinnen des Altaraufsatzes seien Philippa und Isabella, die 1330/32 in den Konvent eingetretenen Schwestern aus dem Grafenhaus Geldern (die letztere ist als Äbtissin zwischen 1340 und 1343 bezeugt). Der Wunsch, dem Retabel durch Personen – und bleiben sie auch, wie bei Philippa, fast nur Namen – wenigstens andeutungsweise einen Sitz im Leben zu geben und mit der adligen Herkunft der angeblichen Stifterinnen den nicht geringen Aufwand für ein solches Objekt zu begründen, stützt sich auf vermeintliche Wappenbilder am Retabel. Zwei kleine heraldische, steigende und gekrönte Löwen mit gegabeltem Schwanz, die aus dem geldrischen Wappen genommen seien, sind gegenständig abgebildet in der Szene der Darbringung im Tempel (auf zwei Streifen der Altardecke; Abb. 5).[150] Doch vieles spricht gegen die Lesart als Wappen und damit gegen eine Stiftung der Schwestern. Löwen dieser Gestalt sind heraldisches Zeichen mehrerer Familien, es fehlt der Wappenschild, und ob die Löwen zur ersten Malschicht gehören, ist ohnehin nicht sicher.[151] Zudem war die finanzielle Lage der Familie seit 1343 prekär, als Reinald II., der Halbbruder der Schwestern, bei

des frühen 15. Jahrhunderts erhalten; die These der Fälschung, die auch manches aus dem Werk des Meisters der Hl. Veronica betraf, konnte sich nicht lange halten. Clemen selbst folgte später wieder der allgemeinen Meinung einer Übermalung nach 1400 (Clemen, Dom [Anm. 29] S. 217–220), wie sie Förster, Malerei [Anm. 29] S. 19, und Reiners, Malerschule [Anm. 29] S. 25–28, schon 1923 und 1925 vertraten.

140 In der bisherigen Literatur mit den Datierungen, die etwas später liegen als die nun durch das dendrochronologisch gewonnene Datum nahegelegte Entstehungszeit, wurde eine gewisse stilistische Distanz zu den beiden Triptychen chronologisch begründet (s. die bei Stange, Verzeichnis. Bd. 1, S. 21 Nr. 20, und oben in Anm. 29 angegebene Literatur). Sie kann nun genauso als zeitlich näherliegende oder ungefähr gleichzeitige Variante derselben Stilstufe beschrieben werden. Hilger, Claren-Altar S. 17f. fragt ohnehin, ob nicht eine Fertigung des Altars zwischen dem (angeblichen) Weihedatum der Klosterkirche 1347 und dem Tod der beiden (angeblichen) Stifterinnen 1352/54 wahrscheinlicher sei; dabei ist zuwenig stilkritisch argumentiert, um darin nicht vor allem den Wunsch nach einer historischen Verankerung des Retabels zu vermuten. Vgl. ferner Zehnder, in: Vor Lochner S. 77–80 (um 1360–1370); Schulze-Senger/Hansmann, Clarenaltar S. 33f., 232–234 (nach einem unpublizierten Manuskript von Hans-Peter Hilger, der außer der Kölner Malerei um 1330/40 die französische und niederländische Buchmalerei der Zeit als stilistische Quelle nennt).

141 Dies gilt am ehesten für die unteren drei Szenen auf der Innenseite des linken Außenflügels: Verkündigung, Heimsuchung, Maria und Joseph auf dem Weg nach Bethlehem. Freilich ist zu bedenken, daß dies bei weiblichen Figuren vielfach stärker der Fall ist als bei männlichen.

142 Gerhard Schmidt, Die Wehrdener Kreuzigung der Sammlung von Hirsch und die Kölner Malerei, in: Vor Stefan Lochner. Die Kölner Maler von 1300–1430. Ergebnisse der Ausstellung und des Colloquiums, Köln 1974, Köln 1977 (Kölner Berichte zur Kunstgeschichte. Begleithefte zum Wallraf-Richartz-Jahrbuch. Bd. 1) S. 11–27, hier 25–27 (gegen Förster, Kreuzigungstafel [Anm. 143]): Der ältere Meister des Clarenretabels bediene sich eines „nordfranzösisch-parisischen Mischstils", der in jener Handschriftengruppe dokumentiert ist; Schmidt denkt, wie Hilger (s. Anm. 140), der sich vielleicht hierauf stützte, an eine Entstehung des Retabels noch zu Lebzeiten der ,Stifterinnen' (vor 1352/54).

143 Vgl. Alfred Stange, Zur Chronologie der Kölner Tafelbilder vor dem Klarenaltar, in: Wallraf-Richartz-Jahrbuch NF 1, 1930, S. 40–65, hier 64f.; ders., Verzeichnis Bd. 1, S. 20f. Nr. 19. – Firmenich-Richartz, Wiederherstellung [Anm. 29] Sp. 343f.; Otto H[elmut] Förster, Die Kreuzigungstafel der Sammlung Robert von Hirsch, in: Wallraf-Richartz-Jahrbuch 27, 1965, S. 55–86, hier 84; Zehnder, Katalog S. 112–116. Zu den Malereien ferner Christoph Bellot, Zur Geschichte und Baugeschichte des Kölner Rathauses bis ins ausgehende 14. Jahrhundert, in: Köln: Das gotische Rathaus und seine historische Umgebung, hg. Walter Geis, Ulrich Krings, Köln 2000 (Stadtspuren – Denkmäler in Köln. Bd. 26) S. 197–335, hier 257–267 passim; Nicole Buchmann, Die Malereifragmente aus dem Hansasaal, in: ebd. S. 415–438. – Nur Einzelheiten – außer allgemeinem Erbe des Zeitstils – verweisen auf die Chorschrankenmalereien des Kölner Doms, z. B. der Kopf eines Jüngers in der Ölbergszene.

144 Dies formulierte schon Hans-Peter Hilger; vgl. Schulze-Senger/Hansmann, Clarenretabel S. 232.

145 Aufschlußreich sind die einander gegenübergestellten Abbildungen des zweiten Zustands und der Röntgenaufnahmen des ersten: Schulze-Senger/Hansmann, Clarenretabel S. 41, 188–193 passim (dazu auch Abb. 105f., 116, 192, 212), ferner die Photographien der Außenflügel vor der ‚Restaurierung' 1907/9: S. 41, 48f., 51, 222f.

146 Kugler, Handbuch, 2. Aufl. 1847[Anm. 54] S. 237; vgl. z. B. auch Schnaase, Geschichte [Anm. 54] S. 428: „Ausdruck von Demuth, Innigkeit und unschuldiger Freude".

147 Auf Unterschiede zwischen den Bildern der oberen und unteren Reihe macht Förster, Malerei [Anm. 29] S. 18f. aufmerksam. - Stange, Malerei. Bd. 2, S. 53–56; ders., Verzeichnis. Bd. 1, S. 23 Nr. 30; Vor Lochner S. 77–80, Nr. 11; Hilger, Claren-Altar S. 18–20; Zehnder, Meister [Anm. 29] S. 35, 61, 75–77, 88f. u. ö., Kat. S. 1–15.

148 Dies wird gleichwohl immer wieder angenommen: z. B. Clemen, Dom [Anm. 29] S. 220; Schumacher-Wolfgarten, Von Frauen [Anm. 29] S. 265; Legner, Heilige [Anm. 29] S. 185.

149 Die Textstelle findet sich in Georg Brauns, des Dechanten des Kölner Stifts St. Maria ad Gradus, Bemerkungen über die Gründung des Klosters St. Clara: Georg Braun, Rapsodiae Colonienses, Köln 1590; Ms. im Historischen Archiv der Stadt Köln, Sammlung Alffter Bd. 44, hier S. 111; mitgeteilt bei Vogts, Nachricht [Anm. 8] S. 89, und Zimmer, Altar S. 178; der Wortlaut unten in Anm. 162.

150 Schulze-Senger/Hansmann, Clarenaltar Abb. 166 und 192, ferner S. 11. – Erstmals wurde dies von Firmenich-Richartz, Wiederherstellung [Anm. 29] Sp. 343f., als Vermutung formuliert, und seither mit immer weniger Zweifeln von allen Autoren weitergegeben: z. B. Zehnder, in: Vor Lochner S. 77 Nr. 11; Hilger, Claren-Altar S. 12f.; ders., Reliquienaltäre [Anm. 35] S. 104; Schumacher-Wolfgarten, Von Frauen [Anm. 29] S. 264, 271; Legner, Heilige [Anm. 29] S. 185; Corley, Painting [Anm. 29] S. 68 mit Anm. 41; Jäggi, Frauenklöster S. 287. Vogts, Nachricht [Anm. 8] S. 91 möchte gar in dem Altar der Darbringungsszene mit den beiden ‚Wappen' eine „Nachbildung" des Hochaltars von St. Clara sehen, an dem zwei metallene Inschrifttäfelchen angebracht waren.

151 Gegen die Deutung spricht ferner die Stelle auf dem Altartuch, zudem weicht hiervon das Siegel der geldrischen Schwestern ab (Löwen nach links gerichtet), und solches Verstecken eines Wappens wäre völlig ungewöhnlich. Vgl. Kirn, St. Clare Altarpiece S. 124–127, 132. Zum maltechnischen Befund Schulze-Senger/Hansmann, Clarenaltar S. 187, gleichwohl wollen die Autoren die Vorstellung einer Stiftung durch die Grafentöchter nicht aufgeben: S. 230. – Vielleicht sprechen auch die auf den kleinen Altärchen und in den Handschriften des Klosters dargestellten Klarissen als Stifterinnen gegen eine Stiftung durch Philippa und Isabella; da am Retabel keine knienden Nonnen gezeigt sind, könnte es sich vielleicht um eine Bestellung des Konvents gehandelt haben.

152 Henry Stephen Lucas, The Low Countries and the Hundred Years' War, 1326–1347, Ann Arbor 1929 (University of Michigan publications. Historical and political science. Vol. 8) S. 300–303, 355f., 429, 502; vgl. auch Mattick, Frauengestalten [Anm. 7] S. 101. Kirn, St. Clare Altarpiece S. 127–133, hält als Stifter etwa den Ritter Heinrich de Cusino (gest. vor 1370) für möglich, der – ein Wohltäter und zeitweise der Procurator des Klosters – mit seiner Frau (gest. nach 1389) in der Klosterkirche vor dem Hochaltar begraben war (Kunstdenkmäler Köln. Erg. Bd., S. 286) und in einem der Antiphonare aus St. Clara dargestellt ist (Köln, Wallraf-Richartz-Museum / Fondation Corboud, Graphische Sammlung M 66; Hermann Keussen, Miniaturen aus einem Antiphonar des Kölner Clarissenklosters, in: Zeitschrift für christliche Kunst 22, 1909, Sp. 51–54; Abb. in: Vor Lochner S. 137; Gummlich, Bildproduktion S. 78).

153 Kugler, Rheinreise [Anm. 54] S. 289. Alle älteren Autoren tradieren die Auskunft, die Nonnenempore sei der Standort gewesen, vgl. Anm. 133; so auch noch

Firmenich-Richartz, Wilhelm von Herle und Hermann Wynrich [Anm. 136] Sp. 154 und 330. Später wurde ohne jede Überlegung, wie selbstverständlich angenommen, das Retabel habe im Ostchor gestanden; auch Firmenich-Richartz, Wiederherstellung [Anm. 29] Sp. 323 wechselt die Meinung; ferner z. B. Merlo, Altar-Aufsatz [Anm. 125]; Clemen, Dom [Anm. 29] S. 214. Erst Zimmer, Altar S. 172-209 (ferner S. 9-35), griff Kuglers Mitteilung wieder auf, danach König, Tafelmalerei S. 135-140.

154 Zisterzienserinnenkirchen als Vorbilder für diejenigen weiblicher Bettelorden: Ernst Coester, Die einschiffigen Cistercienserinnenkirchen West- und Süddeutschlands von 1200 bis 1350, Diss. Mainz 1981, Mainz 1984 (Quellen und Abhandlungen zur mittelrheinischen Kirchengeschichte. Bd. 46). Der Raum unter der Empore war im Rheinland in aller Regel für die Laien bestimmt (ebd. S. 8, 84, 104, 333), hatte bisweilen auch einen eigenen Altar; in anderen Fällen gehörte der Raum zur Klausur; in seiner Mauer befand sich das vergitterte, innen mit einem Tuch verhängte Beichtfenster (ebd. S. 156, 161, 173, 214, 247, 268 u. ö.), das in der Regel der Clara gefordert und beschrieben ist (Claire, Regula [Anm. 4] cap. V, S. 138/9-140/1; Leben und Schriften [Anm. 4] cap. 5, S. 268/9-270/1). S. auch Ernst Coester, Die Cistercienserinnenkirchen des 12. bis 14. Jahrhunderts, in: Die Cistercienser. Geschichte, Geist, Kunst, hg. Ambrosius Schneider, Adam Wienand etc., Köln 1974, S. 363-428, hier 382-402; Jäggi, Frauenklöster S. 185-188.

155 Auf Fenster der Emporen war angewandt worden, was in der Regel über das Sprech- und Beichtfenster steht (s. vorige Anm.). Der Vorhang wurde zur Wandlung und zum Kommunionempfang weggezogen. Diese Bestimmungen enthalten ebenso die Statuten Kardinal Ugolinos und die Regel Papst Urbans IV.

156 Über Treppen, die zur Nonnenempore führten: Coester, Cistercienserinnenkirchen [Anm. 154], z. B. S. 11, 104, 309, 313, 335, 383. Zu lettnerartigen Voremporen, die auch Verbindung zum Dormitorium gewesen sein können, ebd. z. B. S. 124f., 158, 161, 174, 193-195, 214, 219f., 238f., 374.

157 Ein Hinweis auf den 1425 zwischen Klarissen und Minoriten geschlossenen Vertrag über die täglichen zwei Messen, über Visitationen, Sakramentenspende etc. sowie auf einen neuen Vertrag 1587, nachdem man über die Pflichten der Minderbrüder in Streit geraten war (s. Das Buch Weinsberg ... Bd. 3, bearb. Friedrich Lau, Bonn 1897 [Publikationen der Gesellschaft für rheinische Geschichtskunde. 16, Bd. 3] S. 292f.) findet

seinem Tod große Schulden hinterließ. Es erfolgten keine weiteren Zuwendungen des Herzogshauses mehr; daraufhin stockte der Bau der Kirche, eine Ablaßbulle Papst Clemens VI. suchte die Fortsetzung zu sichern. Ob die geldrischen Schwestern wirklich Stifterinnen sein konnten, erscheint recht unsicher; so ist die Frage ihrer Stiftung oder der Bestellung durch den Konvent offen.[152]

Für den ehemaligen Standort des Altaraufsatzes im – bloß vage zu erschließenden – Innenraum der Kirche gibt es nur eine Mitteilung von Sulpiz Boisserée. Dieser habe ihm erzählt – so berichtet Franz Kugler, der Kunsthistoriker aus der Frühzeit des Faches, in seiner ‚Rheinreise' von 1841 –, „der Altar sei für den Nonnenchor, die westliche Emporbühne ... gefertigt worden und habe an der Brüstung der Chorbühne, also gen Osten, gestanden. Die Nonnen von St. Klara hätten das Recht gehabt, die Eucharistie selbständig aufzubewahren; ein Priester habe von aussen, auf einer Treppe, die zu der Chorbühne (oder vielmehr zu dem Chorbilde) hinaufgeführt, das Allerheiligste hinaufgetragen und von hinten in das Altarwerk hineingesetzt; umgekehrt hätten die Nonnen dann beliebig die Flügel auseinandergeschlagen, sich das Allerheiligste sichtbar machen und anbeten können." Diese Auskunft mag die Kenntnis im frühen 19. Jahrhundert korrekt überliefern, doch die Antwort auf die Frage nach dem ursprünglichen Ort des Retabels ist sie wohl nicht, denn es bleiben Zweifel.[153]

Zunächst bestätigt sie das Wahrscheinliche für den langen, schmalen Kirchenbau, wie man sich ihn aus der einzigen alten Abbildung, einer Zeichnung um 1660/65 (Abb. S. 52), vorstellen muß. Im Westen des Schiffs befand sich eine Nonnenempore, die den Raum – analog den Emporen in einschiffigen Kirchen für weibliche Orden – wohl zur Hälfte oder gar zu zwei Dritteln seiner Länge einnahm. Sie war gemauert oder bestand aus Holz; als ‚äußere Kirche' und Ort für die Laien diente entweder der ein- oder zweischiffige Raum unter der Empore oder der vordere Teil des Schiffs vor dem Chor.[154] Nach Osten war die Empore durch eine Wand oder hohe Schranke abgeschirmt, in der sich üblicherweise vergitterte, rückseitig verhängte Fenster und Türen befanden.[155] Nach Boisserées Beschreibung war ihrer Front ein lettnerartiger Laufgang vorgestellt, der über eine seitliche Treppe zu erreichen war und den Nonnen den Kommunionempfang möglich machte; solche Einbauten waren in vielen Kirchen von Nonnenklöstern zu finden.[156]

An der östlichen Wand stand der Emporenaltar; ob an ihm von Brüdern des Minoritenordens die täglichen zwei Konventsmessen gelesen wurden, ist nicht bekannt,[157] da sich über die Funktion dieses Altars wegen der vielfachen lokalen Sonderregelungen und der Wandlungen von Gebräuchen kaum Allgemeingültiges sagen läßt.[158] Jedenfalls waren für gewöhnlich sein Bildprogramm und die meist vorhandenen Reliquien für tägliches Officium, (seltene) Messe und private Andacht Gegenstände der Betrachtung durch die Nonnen.[159]

Daß aber das Clarenretabel für den Emporenaltar bestimmt war, läßt bereits das Objekt selbst bezweifeln. Mit seiner Breite von über sechs Metern im geöffneten Zustand hätte es nahezu die gesamte Brüstungswand ausgefüllt, durch deren Fenster hätte man nur bei geschlossenen Flügeln an der unten im Chor zelebrierten Messe teilnehmen und bei der Wandlung die Hostie sehen können.[160] Außer der Größe könnte auch das Gewicht gegen den erhöhten Standort sprechen.[161] Vor allem aber macht wohl der außerordentliche künstlerische und materielle Aufwand den anderen möglichen Ort in der Kirche für das Retabel wahrscheinlich, den Hochaltar im Chor.

Die Frage, ob der Aufsatz auf dem Altar der Nonnenempore oder dem des (unteren) Ostchores stand, scheint beantwortet zu sein durch jene Notiz aus dem späten 16. Jahrhundert, wonach im Jahr 1347 die Äbtissin Bela den Hochaltar ausstattete, wie Inschriften mitteilten: *ut expressum est in interiore Virginum choro in Lamina aerea, quae duplex imposita est maiori & summo altari*.[162] Die Bemerkung ist nicht völlig klar, doch befand sich der Hochaltar offenbar im Nonnenchor (*in interiore Virginum choro*), was bedeutet, daß der östliche Chor der Kirche als Chor für die Nonnen fungierte.[163] St. Clara entsprach demnach einer Gruppe oberrheinischer Klosterkirchen für weibliche Orden,[164] in denen der Raum für den Konvent im Osten lag. Der Nonnenchor war vermutlich nur wenige Stufen erhöht und gegen das Langhaus abgeteilt, vielleicht durch eine hohe gemauerte Schranke, vor der ein Altar für die Messe der Laien stand. Im Chorhaupt stand der Hochaltar.[165]

Allerdings ist die zitierte Stelle nicht ohne Probleme, obendrein ist sie der einzige Hinweis auf den unten gelegenen Nonnenchor.[166] Zudem ist Boisserées Beschreibung eines völlig abweichenden Zustands nicht zu übergehen. Dieser Widerspruch scheint schwer auflösbar. Doch könnte es sein, daß Boisserée zum Retabel lediglich antiquarisches, damals schon nicht mehr überprüfbares Wissen über einen alten Brauch der Kölner Klarissen mitteilte oder von einer tatsächlichen, doch erst späteren Aufstellung des Retabels auf der Empore berichtete, die er selber wirklich nach 1802 sah. Auch die Aussetzung der Eucharistie und die Öffnung an der Rückseite des Schreins begründen noch nicht die ursprüngliche Position auf der Empore.[167] Ob der Chor tatsächlich den Nonnen diente und ob es von Anbeginn oder erst später auch eine Westempore gab, ist ohne weitere Quellen nicht mehr zu ermitteln. Dagegen erscheint es wahrscheinlich, daß das Retabel vor allem dem Hochaltar angemessen war, daher für den Chor bestimmt war und dort auch stand – gleichgültig, wozu der Chor diente und ob der Aufsatz irgendwann auf den Emporenaltar versetzt wurde.

Von seinen späteren Veränderungen war nur die völlige Neufassung und Übermalung der Bilder um 1400/10 durchgreifend; jüngerer Figurenstil und neue Farbgebung legten sich über die alte Form. Eine partielle Übermalung um 1590 kann man aufgrund der wenigen erhaltenen Spuren nicht mehr einschätzen.[168]

Nach der Säkularisation wurde das Clarenretabel Ferdinand Franz Wallraf überlassen, konnte jedoch erst durch die Hilfe Sulpiz Boisserées beim Abbruch der Kirche 1804 weggeschafft und in den Dom gebracht werden.[169] Zu dieser Zeit wurden wohl die sechs Apostelfiguren und drei Reliquienbüsten entfernt;[170] ob sonst etwas abhanden kam (ein Aufsatz oder Maßwerkkamm des Schreins etwa), ist unbekannt. 1811 stellte man das Retabel in der Johanneskapelle des Doms auf;[171] bald danach begann die unglückliche Geschichte der Restaurierungen, die zunehmend schädlicher waren, 1859/65 entstellende Ergänzungen durch neue Figuren und Reliefs brachten, 1907/9 den Außenflügeln die Zweitfassung nahmen und nach dem Zweiten Weltkrieg wiederum verheerende Folgen hatten.[172] Rettung kam erst durch die Restaurierung von 1971/83.[173]

sich bei D. J., Das Kloster St. Klara, in: Kölnische Landeszeitung Nr. 275 und 276 vom 26. und 27. November 1896. – Einige allgemeine Hinweise bei Zimmer, Altar S. 21–35; über den Nonnenchor allgemein Jäggi, Frauenklöster S. 185–246.

158 Strenge Klausurbestimmungen der meisten Ordensregeln und besondere Vorschriften für den Priesterbesuch innerhalb des Claustrum lassen Konventsmessen eher im (unteren) Chor statt auf der Empore annehmen; doch weiß man zuviel von späteren variierenden, weniger strengen Statuten und von abweichender Praxis. Laufgang und Kommunionfenster sind jedenfalls unnütz, wenn auf der Empore zelebriert wurde. Daß später öfter als nur siebenmal im Jahr kommuniziert wurde, wie die Regel vorschreibt (Claire, Regula [Anm. 4] cap. III, S. 132/3), ist gewiß (häufig vierzehntägig oder auch täglich; dazu Peter Browe, Die häufige Kommunion im Mittelalter, Münster 1938, S. 89–97, auch 145–163.

159 Dies war des öfteren Thema von Untersuchungen, vgl. etwa Zimmer, Altar, und Jäggi, Frauenklöster, oder die Forschungen zu einzelnen Klöstern: z. B.: Kloster Wienhausen. Bd. I–IV, Wienhausen 1968–1973; Horst Appuhn, Kloster Wienhausen, Wienhausen 1986.

160 Die Maße der nicht dokumentierten Kirche sind allenfalls ungefähr zu erschließen; die geschätzte Breite des Schiffs von sieben Metern (so in: Kunstdenkmäler Köln. Erg.Bd., S. 281) dürfte der Wirklichkeit entsprechen. Fenster in der Brüstungswand wären freilich bei (lange Zeit im Jahr) geschlossenem Retabel sinnvoll gewesen, an den Hochfesten aber wäre der Blick zum Hochaltar allenfalls bei sehr tief, unter den offenen Flügeln sitzenden Fenstern möglich. Dies alles zerstreut die Zweifel nicht eben.

161 Eine Holzempore hätte wohl des enormen Gewichts wegen zumindest vorne in der Mitte Pfeiler benötigt, um das Retabel tragen zu können.

162 Die Textstelle aus Braun, Rapsodiae Colonienses (1590) [Anm. 149] S. 111 lautet: *Hoc Clarissarum Monasterium fundavit quaedam Comitissa Geldriae, quae et prima istius loci Abbatissa fuit (nomine Bela). Anno 1347, ut expressum est in interiore Virginum choro in Lamina aerea, quae duplex imposita est maiori & summo altari, quod antiquo sumptu egregiae illustravit, et sacras reliquias, magno pietatis affectu, lapillis et gemmis speciosis exornari curavit, quibus ipsa Comitissa fundatrix et soror sua Philippa, quae enim ipsa Monasterium istud ingressa, usae fuerunt in vestibus suis. Et ad sane fundationem Abbatissa S. Ursulae donavit duodecim sacra corpora.* Die Stelle zitiert erstmals

Vogts, Nachricht [Anm. 8] S. 89; danach Zimmer, Altar S. 177f.

163 So bereits Vogts, Nachricht [Anm. 8] S. 89 und ders. in: Kunstdenkmäler Köln. Erg.Bd., S. 281.

164 Jäggi, Klosterkirchen S. 210 (an Vogts – s. vorige Anm. – anschließend).

165 Auch der Bericht des Kölner Ratsherren Hermann von Weinsberg von der Einkleidung zweier Nichten im Kloster St. Clara 1581 muß dieser Annahme des Ostchores als Nonnenchor nicht widersprechen (uff den choir stand vil vom adel, die oben herab zum folk reiffen. Darnach ginge die zwa brauten oben zu den andern jongfern uff den choir und pliben im cloister ...); Buch Weinsberg. Bd. 3 [Anm. 157] S. 95f.).

166 Die Passage enthält hinsichtlich der Geschichte des Klosters Fehler, denn Bela war nicht Gründerin und erste Äbtissin von St. Clara. (Die Schenkung von Reliquien aus dem Gefolge der hl. Ursula und den Aufwand der gräflichen Schwestern für die Fassung der Reliquien teilen – mit Abweichungen – auch andere Quellen mit, die auf dieselbe Tradition zurückgreifen: Winheim, Sacrarium [Anm. 15] S. 275f.; Gelenius, Colonia [Anm. 14] S. 541. Kirn, St. Clare altarpiece S. 122–130 hält die Notiz daher für unglaubwürdig. Doch sind die Mitteilungen von Braun über (anscheinend damals sichtbare) Einzelheiten wie die Inschriften an Altären derart detailliert, daß sie hierin ernstzunehmen sind. Während Vogts, Nachricht [Anm. 8] S. 89 (ohne Kenntnis von Boisserées abweichender Beschreibung) einen ebenerdigen Nonnenchor im Osten annimmt und den zweiten Altar (maior altar) an dessen Westseite vermutet, außerdem in der Formulierung ‚antiquo sumptu egregiae illustravit' einen Hinweis auf den für Braun altertümlichen Stil des Clarenretabels erkennt, versteht Zimmer, Altar S. 176–181 die Passage ganz anders: der interior virginum chorus sei die Nonnenempore im Westen, auf der der zweite Altar (maius altare) gestanden habe und auf diesem das Clarenretabel. Zimmer will sich den Nonnenchor allein als Westempore vorstellen und hält die von Boisserée benannte Situation für die einzige, seit je in St. Clara bestehende (dabei nimmt sie den Text von Braun gerade in den fragwürdigen Teilen wörtlich und zieht kühne Schlüsse). Sie blieb damit fast allein, es folgte nur König, Tafelmalerei S. 135–140; dagegen Bellot, Klarissenkloster S. 230f. und danach Corley, Painting [Anm. 29] S. 70; Wolf, Schnitzretabel S. 85–89; Jäggi, Frauenklöster S. 286.

167 Zu Verehrungsformen und allgemein zur Aussetzung: Peter Browe, Die Verehrung der Eucharistie im Mittelalter, München 1933, bes. S. 21–25, 91–107, 141–166 (in Klöstern, im Zusammenhang der Fronleichnahmsprozession, während Andachten; Daueraussetzungen); Nußbaum, Aufbewahrung [Anm. 85] S. 149–164. – Eine originale rückwärtige Öffnung des Tabernakels am Retabel ist sicher, die Schließvorrichtung der Schreinrückseite ist jedoch verloren; Schulze-Senger/Hansmann, Clarenaltar S. 74, 96.

168 Schulze-Senger/Hansmann, Clarenretabel S. 41, übermalt wurden nur die Außenseiten der Leinwandflügel.

169 Der Vorgang ist nicht recht klar überliefert. 1811 schrieb Sulpiz Boisserée, das Retabel habe er „unter Beistand unseres Freundes Wallraf" retten können. 1815 dagegen meint er wohl nicht zu Unrecht, Wallraf schreibe sich das Verdienst allein zu; dabei habe Wallraf den Aufsatz „anfangs reclamiert, dem Verderben preisgegeben, bis ich ihn während dem Abreißen der Kirche fand und rettete." Das Retabel sei dann auf seine Kosten in den Dom geschafft und aufgestellt worden. Sulpiz Boisserée [Anm. 130]. Bd. 1, S. 99 (Brief an Friedrich Schlegel, 13. Februar 1811), 300 (Brief 6. Dezember 1815). Hierüber Merlo, Altar-Aufsatz [Anm. 125]; Firmenich-Richartz, Boisserée S. 163f.; Bianca Thierhoff, Ferdinand Franz Wallraf (1748–1824). Eine Gemäldesammlung für Köln, Diss. Köln 1995 (Veröffentlichungen des Kölnischen Stadtmuseums. H. XII) S. 121f. – 1806 (16. Mai) regte Wallraf bei der Schulverwaltung an, neben anderen Objekten aus abgebrochenen Kirchen der Stadt auch das Clarenretabel im Dom aufzustellen; Ferdinand Franz Wallraf [Ausstellungskatalog, verf. Joachim Deeters], Köln 1974/75, S. 66 Nr. 112.

170 Zwei Apostel behielt Wallraf; sie kamen über das Wallraf-Richartz-Museum ins Schnütgen-Museum; eine Figur gelangte nach Berlin; s. Anm. 41. Der gesamte Reliquienschatz war vielleicht von den Nonnen aufgeteilt worden oder ging bereits bei der Versetzung des Retabels in den Dom verloren oder kam nach und nach abhanden.

171 Seit A. E. d'Hame (1821) wird das Retabel regelmäßig in Führern des Domes und in der Kunstliteratur erwähnt; s. Anm. 131.

172 Über die Restaurierungen Firmenich-Richartz, Boisserée S. 163–166; Hilger, Claren-Altar S. 12–14; Zimmer, Altar S. 183–188. Ausführliche Belege und Photographien aller Schäden auch durch Restaurierungen bei Schulze-Senger/ Hansmann, Clarenretabel, passim, vgl. bes. S. 13–18, 41–59, 95–228 passim, 230f. – Über ein neues Gemälde für die Rückseite (1905): Alexander Schnütgen, Das neue Rückwandgemälde Mengelbergs für den alten Klarenaltar im Kölner Dome, in: Zeitschrift für christliche Kunst 18, 1905, Sp. 289–292; Arnold Wolff, 22. Dombaubericht ..., in: Kölner Domblatt 47, 1981, S. 63–122, hier 100–102; Schulze-Senger/Hansmann, Clarenretabel S. 16, 36f., 146.

173 Arnold Wolff, 23. Dombaubericht ..., in: Kölner Domblatt 47, 1982, S. 83–116, hier 98–102.

174 Gelenius, Colonia [Anm. 14] S. 542; Kunstdenkmäler Köln. Erg.Bd., S. 283 und 286. Über das Alter der Scheiben ist nichts bekannt. Die Fenster wurden zum Teil 1802 versteigert, zum Teil 1804 ins ehemalige Kölner Jesuitenkolleg, der Sammelstelle für Kunstgut aus aufgelassenen Kirchen, gebracht und dann in den Dom, wo sie verschollen sind. Brigitte Wolff-Wintrich, Kölner Glasmalereisammlungen des 19. Jahrhunderts, in: Lust und Verlust I, S. 341–354, hier 341 mit Anm. 7.

175 Die ersten drei Grabstätten nennt (mit Inschriften) Gelenius, Colonia [Anm. 14] S. 542; diese und die übrigen aus anderen Quellen ermittelten sind aufgeführt in: Kunstdenkmäler Köln. Erg.Bd., S. 286; zu Cusino s. Anm. 152.

176 Die Herkunft aus dem Clarenkloster dürfte sicher sein. Die Borte befindet sich heute in der ehemaligen Jesuitenkirche St. Mariae Himmelfahrt, Köln. – Stikkerei auf Samt; ursprüngliche Maße: Länge 286 cm, Breite 12,5 cm; später neu montiert. Links der Mitte hll. Clara, Petrus und Katharina, rechts Barbara, Johannes Evangelista und Dorothea. Die Inschriften, die die beiden Klarissen benannten, sind nicht mehr vorhanden (ORATE PRO SORORE GERTRUDIS FORSBACH; ORATE PRO SORORE EL ...). Näheres in: Kunstdenkmäler Köln. Erg.Bd., S. 288; Walter Schulten, Der Kirchenschatz von St. Mariae Himmelfahrt, in: Die Jesuitenkirche St. Mariae Himmelfahrt. Dokumentation ..., Düsseldorf 1982 (Beiträge zu den Bau- und Kunstdenkmälern im Rheinland. Bd. 28) S. 332–354, hier 352; Bellot, St. Klara [Anm. 2] S. 245 mit Anm. 8.

Flügelaltärchen und Andachtsbilder

Welche anderen Ausstattungsstücke sich in der Klosterkirche befanden, ist kaum bekannt. Es gibt lediglich noch Nachrichten von Grabmälern und deren Inschriften sowie von einigen Glasgemälden, überwiegend Wappenscheiben.[174] Im Kloster befand sich das Grab der ersten, bis 1340 amtierenden Äbtissin, Petronella von Scherve; wohl in der Kirche stand das Hochgrab für die beiden Schwestern aus dem Grafenhaus Geldern, Philippa (gest. 1352) und Isabella, die zweite Äbtissin (gest. 1354). Ein Hochgrab hatte auch Elisabeth von Berg zu Blankenberg (gest. 1358). Ferner waren in der Kirche der zeitweilige Procurator des Klosters Heinrich de Cusino und seine Frau (gest. vor 1370 bzw. nach 1389), Eberhard von Limburg (gest. 1428) und ein Peter Müsselrath (ohne Datum) begraben.[175]

Aus der Zeit um 1500 ist eine gestickte Altarborte erhalten; in ihren Medaillons sind in der Mitte Annaselbdritt und seitlich sechs Heilige, darunter die hl. Clara, dargestellt, außen zwei Klarissen.[176] Diese wenigen Überlieferungssplitter vermitteln keine Vorstellung von der Kirchenaus-

o.: 6. Diptychon, um 1330, offener Zustand; Bocholt, St. Georg;
u.: 7. geschlossener Zustand (Abb. RBA)

l.: 8. Flügelaltärchen, um 1330, geschlossener Zustand; Köln, Wallraf-Richartz-Museum / Fondation Corboud; r.: 9. offener Zustand (Abb.: RBA)

10. Reliquienaltärchen, 2. Viertel des 14. Jahrhunderts, geschlossener Zustand; München, Bayerisches Nationalmuseum (Abb. nach: Colonia Romanica 10, 1995, S. 228)

stattung. Zwar möchte man annehmen, adlige Familien, deren Töchter im Clarenkloster waren, hätten manches gestiftet, aber hierfür fehlt es an Belegen.

Doch blieben Flügelaltärchen und Bilder erhalten (Abb. 6–24), die Zeugnisse für die Frömmigkeit und religiöse Praxis im Kloster sind und denen das Sammelinteresse um 1800 am ehesten galt. Nicht für alle, die man mit St. Clara in Verbindung bringen kann, ist die Herkunft aus dem Kloster nachzuweisen, sie ist jedoch sehr wahrscheinlich, wenn die Gründerin und Patronin des Ordens oder wenn Klarissen dargestellt sind. Drei der frühen Werke, zwei Triptychen und ein Diptychon, entstanden ein oder zwei Jahrzehnte vor dem Retabel, ein weiteres Triptychon steht ihm stilistisch sehr nahe und wird ungefähr zur selben Zeit gefertigt worden sein. Gleichzeitig oder nur wenig später wurde das größte (und reizvollste) dieser Altärchen, der sogenannte Kleine Dom, geschaffen. Aus dem späten 14. und dem 15. Jahrhundert stammen vier Bilder und als jüngstes bekanntes Stück ein kleines Flügelretabel. Außerdem kennt man als einzige plastische Arbeit eine Madonnenfigur.

Diese Werke lassen, wie andere ihrer Art und mehr noch als das Retabel in der Kirche, nach ihrer Funktion fragen, da sie in der gewohnten Liturgie wohl keinen Platz hatten. Sie lediglich als Objekte der privaten Frömmigkeit zu benennen, hilft aber dem Verständnis kaum; literarische Zeugnisse der Verehrungsformen weiblicher Religiosen erlauben dagegen Einblick in Sinn und Aufgabe von Bildwerken.

Den Rahmen solcher Fragen markieren etwa folgende Punkte: Die institutionelle Form von Klöstern der weiblichen Zweige in den Bettelorden, die von strenger Klausur geprägte Lebensweise, der Ausschluß der Frauen vom Priesteramt, ebenso von Predigttätigkeit und Bettelwesen, das Bemühen um analoge Formen zum Meßopfer. Diese und andere Restriktionen hatten Auswirkung auf die Bauten der weiblichen Orden und auf die Einrichtung und Ausstattung der Kirchen – zumal auf den Nonnenchor, von dem aus die Frauen der Messe folgen sollten, ohne selbst gesehen zu werden. Welche eigenen Formen wurden für diesen Bereich entwickelt, welche Rolle spielte das Bild, haben die Nonnen selbst die Ausstattung ihres Chores bestimmt? An das Bild knüpfen sich weitere Fragen: Hatte es (auch) die Funktion als Ersatz für das kaum unmittelbar zu erlebende Geschehen am Altar? Kompensierte das Gebet, das vor dem Bild jederzeit und ohne Kulthandlung stattfinden konnte, die Messe, und welche Bedeutung hatte das Bild dabei? Wie war das religiöse Erleben von Nonnen und was war ihre spezielle Spiritualität, wirkten sie sich auf Bilder und Bildwerke aus und auf deren Gebrauch, gab es andere Orte als die Kirche für die Verehrung mit Hilfe von Bildern?[177] Diese und andere Fragen werden seit längerem behandelt; es wurden bestimmte Orte, Bildtypen und einzelne Bildwerke sowie Traditionen, Denkweisen und Verehrungsformen untersucht. Dabei geben die literarischen Quellen Aufschluß für den Umgang mit dem Bild, lassen es besser verstehen, weil sein Gebrauch bekannt wird.[178]

Die Fragen stellen sich gerade für St. Clara, da die möglicherweise sieben von dort stammenden Bilder die früheste erhaltene Gruppe solcher Werke im Norden sind. Antworten würden die Eigenart eines abgeschlossenen Konvents in der Stadt begreifen lassen und trügen zum Verständnis des Bildgebrauchs im allgemeinen bei. An literarischen Zeugnissen für die Geistigkeit kommt einer näheren Einsicht bislang aber kaum etwas zu Hilfe; nur zwei nicht-liturgische Bücher aus dem Konvent sind bekannt. Das eine ist eine weitverbreitete theologisch-mystische Schrift, Heinrich Seuses *Büchlein der ewigen Weisheit* (1328), das andere enthält (außer der

[177] *Hier sind lediglich einige Fragen zu den Problemen zu benennen. Sie wurden neuerdings beleuchtet von Jäggi, Frauenklöster, bes. S. 9–14, 247–333, und König, Tafelmalerei S. 164–179; dort ist jeweils einschlägige Literatur angeführt. Als neue Literatur: Frauenmystik im Mittelalter, hg. Peter Dinzelbacher, Dieter R. Bauer, Ostfildern bei Stuttgart 1985; Religiöse Frauenbewegung und mystische Frömmigkeit im Mittelalter, hg. Peter Dinzelbacher etc., Köln etc. 1988 (Beihefte zum Archiv für Kulturgeschichte. 28); Jeffrey F. Hamburger, The visual and the visionary. Art and female spirituality in late medieval Germany, New York 1998; neuerdings auch: Krone und Schleier, bes. S. 434–470 u. ö.; überwiegend, doch nicht nur Zeugnisse der Frömmigkeit aus nicht-klösterlichem Bereich in: Spiegel der Seligkeit. Privates Bild und Frömmigkeit im Spätmittelalter. [Ausstellungskatalog], Nürnberg 2000.*

[178] *Jeffrey F. Hamburger, Art, enclosure and the Cura Monialium, in: ders., The visual [Anm. 177] S. 35–109.*

11. Reliquienaltärchen, 2. Viertel des 14. Jahrhunderts, offener Zustand; München, Bayerisches Nationalmuseum (Abb. nach: Hilger/Goldberg/Ringer, Der Kleine Dom, S. 32)

12. Flügelaltärchen, um 1340/50, offener Zustand; Hamburger Kunsthalle (Abb.: RBA)

179 Berlin, Staatsbibliothek, Ms. germ. 8° 509: [Heinrich Seuse,] Der ewigen wijsheit buch des syn is goitliche mynne; Niederrhein, 14. Jahrhundert, Pergamenthandschrift, 92 Bll.; dem Clarenkloster geschenkt von vrauwe hedewige van Lyntlaer. Hermann Degering, Kurzes Verzeichnis der germanischen Handschriften der Preußischen Staatsbibliothek. Bd. 3, Leipzig 1932 (Mitteilungen aus der Preußischen Staatsbibliothek. IX) S. 173 Nr. 509. Der Hinweis hierauf bereits in Kunstdenkmäler Köln. Erg. Bd. S. 288. – Der zweite Band: München, Bayerische Staatsbibliothek, Cgm 5235; enthält neben der Ordensregel ('Urbanregel') und den Statuten Papst Benedikts XII. für den Orden (von 1336), einigen Heiligenlegenden (darunter die der hl. Clara, der Elftausend Jungfrauen, der Zehntausend Märtyrer und anderer, dem Orden nahestehender weiblicher Heiliger) und einer Passion nach den vier Evangelien: ‚Das Leiden Christi als Kontemplationsübung zu den sieben Tagzeiten', ‚Christi Leiden in einer Vision geschaut', ‚Interrogatio Anselmi' sowie andere, kleinere Texte. Zur Handschrift, die für St. Clara wohl im Kloster selbst geschrieben wurde: Renate Mattick, Ordensregel und Statuten für das Kölner Klarenkloster. Eine ripuarische Übertragung des 14. Jahrhunderts, in: Franziskanische Studien 68, 1986, S. 141–192 (mit Edition von Regel und Statuten). Zu den letzteren drei Texten: Volker Honemann, Art. ‚Beda', in: Die deutsche Literatur des Mittelalters. Verfasserlexikon. Bd. 1, Berlin, New York 1978, Sp. 660–663, hier 662 Nr. 8 (12. Jh., Beda fälschlich zugeschrieben); F. P. Pickering, Art. ‚Christi Leiden in einer Vision geschaut', in: ebd. Sp. 1218–1221; Hans Eggers, Art. ‚St. Anselmi Fragen an Maria', in: ebd. Sp. 373–375. – Als dritter nicht-liturgischer Band wäre auch die verschollene Handschrift mit der lateinischen Fassung von Regel und Statuten zu nennen; Mattick [wie oben] S. 145.

Ordensregel) einige kürzere mystische Texte.[179] Passionsmystik ist freilich in Frauenklöstern allgemein üblich, immerhin verbindet sich jedoch die sinnlich-einfühlende Beschreibung zum Zweck innerer Annäherung und Versenkung in die Passion insofern mit den gemalten Bildern, als auch sie ein Ausgangspunkt für Gebet und Andacht waren und frommes Nachvollziehen des Leidens initiieren konnten.

Der relativ frühe Zeitpunkt einiger Zeugnisse verspräche Aufschluß über Nonnen als Auftraggeberinnen von Bildwerken, über ihr darin gespiegeltes Selbstverständnis und ihre Rezeption von Darstellungen. Doch die Voraussetzungen sind wenig günstig: Ohne Kenntnis der Klostergeschichte und irgendwelcher persönlicher Zeugnisse von Nonnen des Konvents, ohne näheres Wissen über die Orte und Räume – nicht einmal die Frage des Nonnenchores ist ja zweifelsfrei gelöst – sind die Aussichten begrenzt, über die Rolle der Bilder Genaueres zu erfahren. Einstweilen sind nur ein paar Erwägungen über ihren Zweck anzustellen, die mittels möglicher Analogien andeuten, wie man sich den Umgang mit dem Bild vorstellen kann.

Die Vielzahl von kleinformatigen Tafeln mit Gemälden religiösen Inhalts, darunter seit dem 13. Jahrhundert solchen mit beweglichen Flügeln zum Öffnen und Schließen und solchen mit Reliquien, deutet zunächst allgemein auf ein gesteigertes Verlangen nach bildlichen Darstellungen – dies aus einer vermehrten Anteilnahme des einzelnen Gläubigen an religiösen Erfahrungen und aus dem Bedürfnis nach individueller Andacht. Von den Tafelbildern, Reliefs, Elfenbeintafeln und -skulpturen und den sogenannten Altärchen in Form von Flügelretabeln werden zumindest die größeren und jene mit Reliquien in klerikalem Besitz gewesen sein. In Frauenklöstern waren sie anscheinend zahlreich; sie wurden entweder beim Eintritt in den Konvent mitgebracht, später gestiftet oder zum Geschenk gemacht. Die in den Ordensregeln geforderte Armut der einzelnen Nonne kann kaum Hindernis zu solchem Erwerb gewesen sein. Zum einen beschreiben Regeln nur, wie sich ein Konvent verhalten soll, es ist aber mit Abweichungen und Wandlungen im Lauf der Zeit zu rechnen. Zum anderen bedeutete es nicht unbedingt persönlichen Besitz, wenn Nonnen, wie in St. Clara mehrfach, kleine Retabel oder Bilder herstellen und sich darauf als betende Gestalt abbilden ließen (vgl. Abb. 9, 12); denn die Stiftung kann von vornherein dem Konvent gegolten haben, oder zumindest ging das Bild nach dem Tod der Stifterin in den allgemeinen Besitz über. Was man aus etlichen Klöstern über Aufstellungsorte und Gebrauch der Objekte weiß, läßt kaum im üblichen Sinn vom Besitz eines Wertgegenstandes reden.

Die stereotype Vorstellung von der privaten Bildverehrung einer Nonne in der Zelle wird durch Quellen relativiert oder widerlegt.[180] Daß es einzelne Zellen gab, ist keineswegs gewiß, jedenfalls verstießen sie bei den Bettelorden gegen die Bestimmung der Regel für ein gemeinsames Dormitorium. Gegen die Gewohnheit in Klarissenkonventen, sich Einzelzellen einzurichten, wandte sich 1336 die Bulle ‚Redemptor noster' Papst Benedikts XII.;[181] dies muß allerdings nicht heißen, es habe sie später nicht doch gegeben, über die Klausurgebäude von St. Clara weiß man aber zuwenig. Für das 14. Jahrhundert sind andere Orte zu erwägen; freilich werden die verschiedenen Möglichkeiten nur aus jüngeren süddeutschen und Schweizer literarischen Quellen ersichtlich.

Bedeutsam scheint in dieser Hinsicht der Nonnenchor gewesen zu sein. Er war der Ort, an dem Bilder besondere Bedeutung hatten, denn dort mußten sie auch ausgleichen, daß den Nonnen Teilnahme an der Messe häufig nicht einmal durch Blickverbindung zum Hochaltar gewährt war.[182]

Am wichtigsten war hier der Altar, an dem zunächst nur bei seltenen Gelegenheiten (gemäß der Regel an den jährlich sieben Tagen der Kommunion,[183] bei der Äbtissinnenweihe etc.), später dann öfter die Messe zelebriert wurde, und der ausgezeichnet war durch das in oder bei ihm aufbewahrte, gelegentlich auch auf ihm ausgesetzte Altarsakrament. Die Bilder seines Retabels dürften jeweils die ersten eines Klosters gewesen sein neben denen des Hochaltars. Sie standen am ehesten für die nicht regelmäßig erlebbare Liturgie ein, wirkten als Ersatz. Ihre ‚Nutzung' durch Betrachtung mußte dabei nicht unbedingt immer zur *unio mystica*, zu Nacherleben und *imitatio* der Leiden Christi etwa und zur Schau des Jenseits führen,[184] sondern außer meditativer Versenkung war auch, zumal für Frauen, die Identifikation mit Gestalten wie Maria und Magdalena bezweckt, um deren Trauer mitzuempfinden und im Bittgebet auch Trost und Hilfe zu erlangen; oder man rief sie als Mittlerinnen an. Wandmalereien, figürliche Glasmalereien der Fenster und Tafelbilder an den Wänden werden, besonders mit Darstellungen der Vita und Passion Christi, der Kreuzigung, den *arma*, bildliche Vorlagen für Meditation und Gebet gewesen sein. Sie waren – zum privaten Gebet, im Sinn einer intensiven Zwiesprache und individuellen Betrachtung empfohlen – der Anlaß, womöglich auch der ‚Ort der Begegnung'. Vor ihnen knieten und beteten die Nonnen, wie die spätmittelalterlichen Schwesternbücher berichten. Dabei wurde die Grenze zwischen der offiziell zugestandenen Funktion der Bilder als didaktische Hilfen bei der Vergegenwärtigung beispielsweise der Passion auch überschritten zur Identifikation von Bild und Repräsentiertem, Darstellung und Dargestelltem. Dies manifestiert sich unter anderem im Verneigen vor Bildern, im Wunsch, Bilder mögen lebendig werden, in Visionen von sich niederbeugenden Bildern oder ihrer Erscheinung in Träumen, was alles vielfach aus Nonnenklöstern bezeugt ist, jedoch kein typisch weibliches Verständnis vom Bild bedeutet. Gleichwohl wird das Gebet der Nonnen als Zugang zum Heiligen über das äußere Bild und die Imagination als Analogon zur Messe gedeutet.[185]

13. Flügelaltärchen, um 1340/50, geschlossener Zustand; Hamburger Kunsthalle (Abb.: RBA)

180 ‚Verwendung der Bilder in der Zelle': dies findet sich im Zusammenhang von St. Clara z. B. bei Zehnder, Katalog S. 95; Legner, Heilige [Anm. 29] S. 183 u. ö.; Krone und Schleier, S. 361; auch Bellot, Klarissenkloster S. 224.

181 Vgl. die Handschrift mit der Regel aus St. Clara: Mattick, Ordensregel [Anm. 179] S. 142; Jäggi, Frauenklöster S. 305.

182 Die jüngere Forschung formuliert diese Bildbedeutung oft als ‚Kompensation'; vgl. Jäggi, Frauenklöster S. 247–302 (mit Literatur).

183 Claire, Regula [Anm. 4] cap. III, S. 132/3; dt. in: Leben und Schriften [Anm. 4] cap. III, S. 260/1; Jäggi, Frauenklöster S. 249.

184 Zu dieser am intensivsten untersuchten Wirkung des Bildes vgl. Elisabeth Vavra, Bildmotivik und Frauenmystik: Funktion und Rezeption, in: Frauenmystik im Mittelalter [Anm. 177] S. 201–230.

185 So zur „visuell-visionär geprägten Frömmigkeit der Nonnen" Thomas Lentes, Bild, Reform und Cura monialium. Bildverständnis und Bildgebrauch im Buch der Reformacio Predigerordens des Johannes Meyer († 1485), in: Dominicains et Dominicaines en Alsace, XIIIe – XXe siècle. Actes du Colloque de Guebwiller, 8.- 9. avril 1994, ed. Jean-Luc Eichenlaub, [Colmar] 1996, S. 177–195, hier bes. 191; resümierend Jäggi, Frauenklöster S. 255-258, 309f.

Die jüngeren Quellen nennen bisweilen den genauen Ort der Bilder: an bestimmten Wänden im Chor, über dem Chorgestühl oder in dessen Stallen, ferner neben der Sakristeitür, vor dem Kapitelsaal etc. Die Hinweise auf einzelne, von Nonnen gestiftete gemalte und plastische Bilder zeigen, daß immer wieder neue in den Chor gelangten und wohl nicht als privater Besitz galten, und daß die nach und nach durch diese ‚Sammlung' wachsende Chorausstattung vom Konvent als gemeinsame Aufgabe angesehen wurde. Im Chor waren die Bildwerke zur allgemeinen Kontemplation aufgestellt, wenn allzu private verhindert werden sollte. Die persönliche affektive Beziehung zum Bild, von der berichtet wird, war aber auch dort offenbar möglich; sie konnte dort außerhalb des Chorgebets stattfinden, der Chor stand auch für die private Andacht vor Bildern zur Verfügung.

Andere Orte konnten der Kapitelsaal, einzelne Kapellen, der für das Gebet vor Bildern (wohl vornehmlich Wandmalereien und Glasfenster, auch Skulpturen) besonders beliebte Kreuzgang und das Dormitorium sein, in dem Nonnen an ihrem Bett gelegentlich eine Art kleinen Altar mit Bildern hatten. Derartige private Ecken für das Gebet scheint es in Klöstern an diversen Stellen gegeben zu haben.[186] Auch an den nicht abgeschiedenen Orten war einer Nonne eine durchaus intime Verbindung zu einem Bild gewährt. Obgleich die Ordensoberen gegen solche separaten Winkel vorzugehen suchten, gab es zu anderen Zeiten doch in den Konventen auch jene Zellen, die früher untersagt worden waren. Im 15. Jahrhundert wurde aus vielen Klöstern über Zellen berichtet. In ihnen bewahrte man selbstverständlich Bilder für das wirklich private Gebet auf, und hier fanden wohl auch die Spiele mit Christkindwiegen und -figuren statt.[187] Wo Zellen zum Bauprogramm gehörten, konnten sie auch entsprechend ausgestattet sein: alle mit einem Bild desselben Themas. Dies ist bekannt etwa aus dem Dominikanerorden und der Kartause von Champmol, wo die Zellen alle mit Bildern derselben oder zweier verschiedener Darstellungen versehen wurden. Für das Rostocker Zisterzienserinnenkloster Hl. Kreuz fertigte man zwischen 1330 und 1475 sechzehn Triptychen mit der Kreuzigung oder dem Gnadenstuhl an.[188] Solche Gleichheit sollte anscheinend eine zu weit gehende Individualisierung der Verehrung aufheben.

Zum Clarenkloster fehlen allerdings bislang alle Belege für Ort und Gebrauch von Bildern; so sind mehrere Möglichkeiten denkbar: Die erhaltenen kleinen Triptychen und anderen Werke können sowohl für alle Schwestern im Nonnenchor aufgestellt gewesen sein wie für die einzelnen in Zellen, falls es später welche gab. Merkwürdig ist, daß es zu den Flügeln des einen erhaltenen Reliquienaltärchens (Abb. 10 und 11) genau übereinstimmende Repliken gibt. Dies erinnert zwar an jene Reihen gleicher Bilder für die Zellen in anderen Orden, erlaubt aber keinen sicheren Rückschluß auf dieselbe Gewohnheit bei den Klarissen. Es könnte sich wohl auch um die Serienproduktion eines Malers handeln, der Altärchen mit denselben Bildern an verschiedene Besteller verkaufte.

Wieviele Bilder und welche vom einstigen Bestand des Clarenkonvents übriggeblieben sind, ist nicht zu sagen. Die Mehrzahl kann man sich an verschiedenen Orten vorstellen, doch waren die größeren Werke, der Kleine Dom (Abb. 14, 15), die Tafel mit der Vita Christi (Abb. 16) und das Triptychon mit der Auferstehung (Abb. 19, 20), sicher nicht in einer mutmaßlichen Zelle, sondern in einem gemeinschaftlichen Raum aufgestellt. Zwar weiß man von keinem außer Nonnenchor und Dormitorium, doch liegt

---

186 Jäggi, Frauenklöster S. 290–292, 302–309.
187 Zu solchem Umgang mit Bildwerken: Johannes Tripps, Das handelnde Bildwerk im Mittelalter ..., Berlin 2000, S. 69–87; Beispiele in: Spiegel der Seligkeit [Anm. 177] S. 174–177 Nr. 10–13; Krone und Schleier, S. 453–459 Nr. 379–388.
188 Hinweise bei König, Tafelbilder S. 170, 176–179; vgl. Krone und Schleier, S. 450–453 Nr. 372–378.

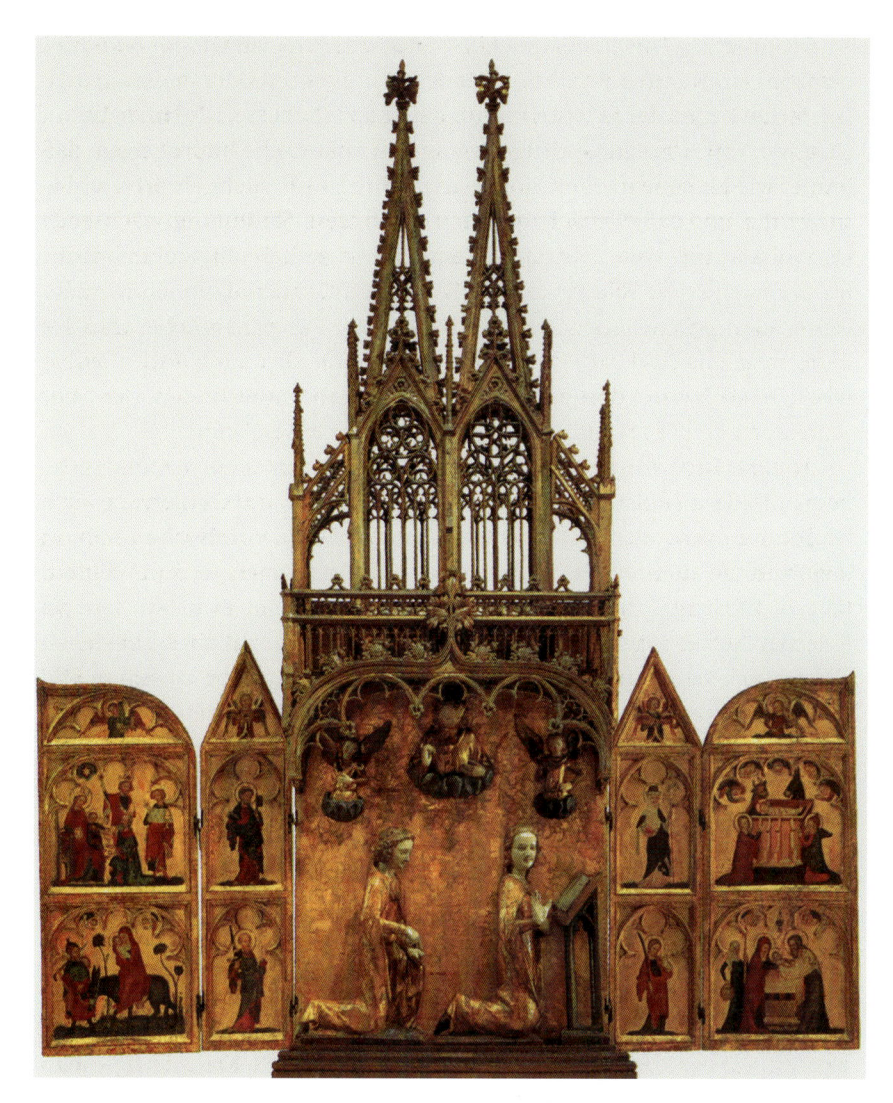

l.: 14. Sog. Kleiner Dom, um 1350, offener Zustand; München, Bayerisches Nationalmuseum; r.: 15. geschlossener Zustand (Abb. nach: Hilger/Goldberg/Ringer, Der Kleine Dom)

dies zunächst an der schlechten Überlieferung der Konventgebäude. Bezeichnenderweise sind für diese beweglichen Bilder keine konkreten Orte zu bestimmen, man weiß auch nichts über ihren Gebrauch im einzelnen. Wozu wurde die wandelbare Form gewählt? Hat die Unterscheidung von offenem und geschlossenem Zustand im kleinen Format einen Sinn – ähnlich den großen Flügelretabeln –, wo doch die Kreuzigung als der wichtigste Bildgegenstand für die Betrachtung oft die Mitteltafel einnahm?

In der hypothetischen Chronologie der erhaltenen kleinen Werke ist das Diptychon (Abb. 6 und 7), das sich in St. Georg in Bocholt befindet und dem Clarenkloster zugeordnet wird, vermutlich das älteste.[189] Die beiden Heiligen auf der Außenseite, Franciscus und Clara, und der Zusammenhang mit den anderen Bildern sprechen für ehemaligen Besitz der Klarissen, doch wäre auch der Minoritenkonvent denkbar. Das Diptychon ist, wie andere Werke, sowohl Altärchen und Andachtsbild als auch Reliquiar.[190] Auf den beiden Tafeln sind die auf punzierten Goldgrund gemalten Darstellungen der Kreuzigung (mit Maria und Johannes) und der Marienkrönung kombiniert, womit die gewöhnliche Verbindung von Kreuzigung

189 Bocholt, St. Georg; Tafeln je 42 cm x 31 cm. – Aenne Liebreich, Ein kölnisches Diptychon des XIV. Jahrhunderts, in: Zeitschrift für bildende Kunst 64, 1930/31, S. 252–254; Stadt Bocholt, bearb. J. Körner, N. Rodenkirchen, Münster 1931 (Die Bau- und Kunstdenkmäler von Westfalen. [Bd. 40]) S. 62, 65f.; Stange, Malerei. Bd. 1, S. 25; Elisabeth Bröker, Diptychon und Altargemälde, in: Unser Bocholt 16, 1965, S. 63–72; Stange, Verzeichnis. Bd. 1, S. 18 Nr. 8; Vor Lochner S. 69f., Nr. 4; R[ainer] Brandl, in: Imagination des Unsichtbaren. 1200 Jahre Bildende Kunst im Bistum Münster. Ausstellung ... II, Münster 1993, S. 477f. Nr. B 5.2; König, Tafelmalerei S. 22–26, 200–206. Vgl. auch Karl-August Wirth, Art. ‚Diptychon (Malerei)', in: RDK 4, 1958, Sp. 61–74, hier 63f.
190 Vgl. Braun, Reliquiare [Anm. 123] S. 269–271.

und Madonnenbild abgewandelt ist. In den breiten, ebenfalls punzierten Rahmen sind Vertiefungen eingelassen, die vermutlich Reliquienpartikel enthielten (die heutigen Plättchen mit gemaltem Maßwerk sind neu).

Das Thema der Kreuzigung bestimmt die weniger anspruchsvoll ausgeführte Außenseite mit dem Kruzifix rechts; es ist obendrein akzentuiert durch die beiden Ordensheiligen, ihre Affinität zum Gekreuzigten und zum Altarsakrament sowie die Stigmata und das Attribut der Monstranz. Innen ist besonders die Rolle Marias neben Christus – und damit anscheinend eine Deutung der franziskanischen Mariologie – ins Bild gesetzt: Maria als die zentrale weibliche Gestalt der Heilsgeschichte, die durch ihre *compassio* am Erlösungswerk mitwirkt und die bevorzugte Mittlerin zwischen Menschen und Gott ist. Dies könnte gerade in der Gegenüberstellung der Maria unter dem Kreuz und der gekrönten *regina caeli* angedeutet sein. In einem allgemeinen Sinn ist Maria selbstverständlich für die Mitglieder eines weiblichen Ordens jene Gestalt, die der Nachahmung besonders empfohlen ist.[191] Die überschlanken, fast körperlosen Gestalten und die von ihnen teils verselbständigten, wie ein eigenes Lineament behandelten Gewandkompositionen mit ihren komplizierten, doch formelhaften Partien und den umgeschlagenen oder ondulierenden Gewandsäumen datiert man in die Jahre um 1330.

Wohl ungefähr gleichzeitig entstand das Flügelaltärchen mit der Kreuzigungsszene auf der Mitteltafel (Köln, Wallraf-Richartz-Museum; Abb. 8 und 9), das man aufgrund der am Kreuz knienden Nonne dem Kloster St. Clara zuweisen muß.[192] Es zeigt dieselbe Stilstufe, stammt jedoch nicht aus derselben Werkstatt, hat gar keine Beziehung zur lokalen Kunst. Denn die schmale Gestalt der Figuren ist gegenüber dem Diptychon ins Extrem getrieben. Die Personen sind in geschwungener Haltung wiedergegeben, tragen dünne Gewänder, die zugleich der Körperhaltung entsprechen und schematisch drapiert sind, dabei mit scharfkantigen Falten und aufgesetzten, fast weißen Bahnen gezeichnet sind, so daß sie beinahe metallisch wirken. Das Kolorit ist hell und kühl, die lineare Anlage des Ganzen überlagert alle Körperlichkeit der Figuren.

Das Triptychon verbildlicht nicht nur in der Kreuzigung und den vier Szenen der Geburt, Epiphanie und Himmelfahrt Christi sowie der Ausgießung des Geistes auf den Flügelinnenseiten das zentrale Ereignis der Heilsgeschichte und vier weitere Hauptstationen, sondern war zugleich Behältnis für Reliquienpartikel, die in kleinen Vertiefungen des Rahmens oberhalb der Mitteltafel und zwischen den seitlichen Bildern eingelegt und mit Glas, Glimmer oder Horn verschlossen waren. Die Innenkanten der Rahmen sind mit Glasflüssen besetzt, womit Goldschmiedearbeit nachgeahmt ist. Die Außenseite zeigt in einfacher spitzbogiger Architekturrahmung die dort häufig wiedergegebene Verkündigung an Maria und als Begleitfiguren die hll. Katharina und Barbara.

Innen stehen unter dem hoch in den Goldgrund ragenden Kreuz zwei symmetrische Personengruppen: rechts Maria, von drei Frauen gestützt, vor ihr Longinus kniend, der mit der Lanze die Seite Christi öffnet und mit der Rechten auf sein durch das Blut Christi geheiltes Auge deutet; gegenüber Johannes und der Hauptmann, der in großer Gebärde ein Spruchband hochhält, dazu zwei Juden. Die am Kreuzstamm kniende, im kleineren Maßstab gemalte Klarisse war die Stifterin; daß es die erste Äbtissin, Petronella von Scherve sei,[193] ist nicht erweisbar. Ihre Tracht entspricht – kleine,

---

191 Bezüge zur franziskanischen Mariologie (vor allem Bonaventuras) stellt König, Tafelbilder S. 200–206 her; hier auch der Verweis auf: Viktorin Plesser, Die Lehre des hl. Bonaventura über die Mittlerschaft Mariens, in: Franziskanische Studien 23, 1936, S. 353–389.

192 Köln, Wallraf-Richartz-Museum / Fondation Corboud, Inv.Nr. 1; Mitteltafel 64 cm x 48 cm, Flügel je 65 cm x 24 cm. – Kugler, Rheinreise [Anm. 54] S. 286; Firmenich-Richartz, Wilhelm von Herle und Hermann Wynrich [Anm. 136] Sp. 132f., 298; Aenne Liebreich, Kostümgeschichtliche Studien zur kölnischen Malerei des 14. Jahrhunderts, in: Jahrbuch für Kunstwissenschaft 1928, S. 65–104, 129–156, hier 129f.; Stange, Chronologie [Anm. 143] S. 58; ders., Malerei. Bd. 1, S. 28f.; ders., Verzeichnis. Bd. 1, S. 19 Nr. 14; Vor Lochner S. 68 Nr. 1; Zehnder, Katalog S. 94–98; Legner, Reliquien [Anm. 102] S. 227; Lust und Verlust II, S. 117; Legner, Heilige [Anm. 29] S. 180–183; König, Tafelmalerei S. 31–37, 115–125 (zum stilistischen Horizont, in 1340er Jahre datiert); Bachmann et alii, Flügelretabel Sp. 1479f. (als frühes Beispiel für ein Retabel mit zwei gemalten Schauseiten).

193 Vgl. Firmenich-Richartz, Wilhelm von Herle und Hermann Wynrich [Anm. 136] Sp. 133, 298; Vor Lochner S. 68 Nr. 1.

16. Andachtsbild mit der Vita Christi, um 1370/80; Köln, Wallraf-Richartz-Museum / Fondation Corboud (Abb.: RBA)

seinerzeit gewohnte Abweichungen zugestanden – der Vorschrift in der Regel der Clara und den ergänzenden Bestimmungen: der Habit aus ungefärbter Wolle, grau bis dunkelbraun, und mit einem Strick gegürtet; der am Hals geschlossene Mantel aus demselben Stoff (auf der Tafel in Grau, wogegen das Habit braun ist); ein weißer Brustschleier, der den Hals, teilweise das Gesicht sowie die Haare bedeckt, über dem Kopf ein zweiter weißer und schließlich der schwarze Schleier der Professen.[194] Die Klarissen, die (teils sogar mit Namen versehen) in nachweislich für St. Clara hergestellten liturgischen Handschriften um 1320/60 abgebildet sind (Abb. 26–29), tragen ebenso einen mittel- bis hellgrauen oder -braunen Habit mit Knotenstrick, den grauen oder braunen Mantel (häufig in derselben Farbe wie der Habit, oder dunkler) und den stets weißen und den grauen, braunen oder schwarzen Schleier.

Ein Reliquienaltärchen (München, Bayerisches Nationalmuseum; Abb. 10 und 11),[195] dessen Herkunft zwar nicht gut bezeugt ist, doch traditionell St. Clara zugeordnet wird,[196] bildet in dieser Gruppe der kleinen gotischen Werke einen eigenen Fall, da die Funktion des Reliquien-Ostensoriums die des Bildträgers verdrängt, denn nur auf den Flügeln finden sich Malereien. Das Altärchen nimmt eine Position zwischen den Triptychen mit den kleinen Aussparungen im Rahmen und den großen Altaraufsätzen wie dem Clarenretabel ein, die ganze Reliquienschätze zeigen lassen;

194 Zusammenfassend Augustyn et alii, Franziskaner Sp. 485–492.
195 München, Bayerische Staatsgemäldesammlungen, WAF 453, seit 1875 im Bayerischen Nationalmuseum (Inv. Nr. M A 1967); Schrein: Höhe ca. 67 cm, Breite 33,8 cm, Tiefe 3,4 cm; Flügel je 58,7 cm x ca. 17 cm. – Sulpiz Boisserée [Anm. 130]. Bd. 2, S. 48, 52; Firmenich-Richartz, Wilhelm von Herle und Hermann Wynrich [Anm. 136] Sp. 299; Liebreich, Studien [Anm. 192] S. 130f., 136f.; Stange, Chronologie [Anm. 143] S. 52, 54; ders., Malerei. Bd. 1, S. 24f.; Braun, Reliquiare [Anm. 123] S. 135, 279; Schilling, Entwicklung [Anm. 29] S. 8–12, 97, 105; Stange, Verzeichnis. Bd. 1, S. 18 Nr. 6; Goldberg/Scheffler, Altdeutsche Gemälde S. 113–118; Vor Lochner S. 75 Nr. 8; Hilger, in: Hilger/Goldberg/Ringer, Der Kleine Dom S. 33; Legner, Reliquien [Anm. 102] S. 186; Lust und Verlust II, S. 359; König, Tafelmalerei S. 26–29 (Fragwürdiges zur Ikonographie S. 217–222).
196 Firmenich-Richartz, Boisserée S. 73, 386, 449 Nr. 2; Kunstdenkmäler Köln. Erg.Bd., S. 284.

o.: 17. Kreuzigung Christi mit Maria, Johannes und vier Heiligen, um 1400; ehemals Köln, Wallraf-Richartz-Museum; u.: 18. acht Heilige (Abb. nach Colonia Romanica 10, 1995, S. 221)

in diesem kleinen Gehäuse war die Präsentation eines größeren Heiltums und vieler Partikel möglich. In den flachen Mittelschrein ist geschnitztes Maßwerk in Form dreier von Wimpergen bekrönter Fenster eingestellt. Die seitlichen sind in je zwölf kleine Fächer geteilt, das mittlere ist nicht untergliedert, enthielt ursprünglich wohl eine einzelne Reliquie; erst später – vielleicht schon bevor das Altärchen in den Besitz der Brüder Boisserée kam – wurde die französische Elfenbeinstatuette der Madonna aus der zweiten Hälfte des 14. Jahrhunderts eingefügt. Die an der Innenseite mit vier Bildern auf Goldgrund – Mariae Verkündigung, Geburt Christi, Taufe Christi, Krönung Mariae – versehenen Flügel ließen die Sammlung sowohl wirkungsvoll zeigen wie verschließen. Der Schrein ist eine kleinere

Variante der großen, den Inhalt ebenso in Reihen präsentierenden Reliquienschränke.[197] Die Außenseiten der Flügel zeigen auf Silbergrund den hl. Gereon und einen Bischof (Anno ?); womöglich bezogen sie sich auf den (verlorenen) Inhalt des Schreins.

Die Szenen sind in Bildtypen wiedergegeben, die unter anderem im großen Format in den Chorschrankenmalereien des Doms begegnen, im kleinen etwa am Diptychon aus St. Clara (Abb. 7). Für die Entstehung ist kaum ein genaueres Datum zu bestimmen als das zweite Viertel des 14. Jahrhunderts. An das Altärchen knüpfen sich Fragen des Bildgebrauchs und der Rolle solcher Objekte. Von beiden Flügeln gibt es genau übereinstimmende Repliken,[198] die zufällig erhaltene Belege für eine serienmäßige Herstellung vielleicht nicht allein solcher Flügel zu verschiedenen Mitteltafeln, sondern solcher Altärchen sind. Für diese frühe Zeit ist hier nur zu ahnen, daß derartige Gegenstände in größerer Anzahl gebraucht und hergestellt wurden. Fraglich bleibt, ob von der Werkstatt mehrere Exemplare für verschiedene Besteller angefertigt wurden oder ob der Clarenkonvent mehrere gleiche Altärchen für den eigenen Gebrauch in Auftrag gab. Über gleiche Bilder für die Mitglieder eines Klosters hat man Kenntnis aus anderen Orden; dies bedeutet Besitz kleiner Tafeln für den individuellen Gebrauch und ist aufschlußreich für die religiöse Praxis der privaten Andacht neben dem gemeinsamen Gebet auf der Nonnenempore und anderswo. Für St. Clara würde damit etwa auch die Frage nach der Existenz von Einzelzellen berührt, wenn alle Nonnen gleiche oder ähnliche Bilder besessen hätten. Doch da die Herkunft jener Repliken der Flügel für St. Clara zwar nicht auszuschließen, doch keineswegs zu bestätigen ist, lassen sich nur Überlegungen für das Kölner Kloster anstellen, keine Schlüsse ziehen.[199]

Ein anderes Triptychon enthält keinerlei Reliquien (Hamburger Kunsthalle; Abb. 12 und 13);[200] es ist das erste bekannte aus St. Clara, das nur Bilder zeigt. In stilistischer Hinsicht ist es jenes, das dem Clarenretabel am nächsten steht; in der Ikonographie entspricht es zum Teil den anderen Triptychen. Dem älteren Kreuzigungsaltärchen (Abb. 8 und 9) grundsätzlich ähnlich, ist es doch inhaltlich anders akzentuiert. In der Hauptszene stehen die Personen dem Kreuz näher; Maria und Johannes sind zur mitleidenden Gruppe vereint, der Hauptmann ist als Zeuge in den Vordergrund gestellt und weist auf Christus. Vor allem aber sind – anstelle der rein historischen Schilderung – die Ordensgründer Clara und Franciscus sowie der hl. Paulus als Teilnehmer einbezogen. Die Szene gewinnt außerdem an Dramatik durch die acht Engel, die klagen, inzensieren und das Blut Christi auffangen. Die (kleinformatige) Klarisse als die Stifterin kniet nicht nur unter dem Kreuz, sondern umarmt dessen Stamm. Die Flügel zeigen Verkündigung, Geburt, Auferstehung und die Deesis: Christus als Weltenrichter mit Maria und Johannes dem Täufer als Fürbittern. Die Außenseite bietet das Bild des im Sarkophag stehenden Schmerzensmannes und die einzelnen *arma Christi* zur nachvollziehenden Versenkung in die Passion.

Hinsichtlich des Stils bezeichnen die geschlossenere Szene und die verlebendigte Komposition mit stärker bewegten Gestalten, die gesteigerte Plastizität und sinnfälligere Darstellung von Räumlichkeit sowie die intensivierte Farbigkeit den Unterschied zu den so wenig körperhaften Gestalten des älteren Triptychon. Während diese extrem gelängt und allein von der Zeichnung der scharfgratigen Gewänder bestimmt sind, herrscht hier keine derartige Geziertheit, zeigen die Stoffe wenige, klare Falten. In diesen

197 Eine Parallele zu solchen die Flächen bedeckenden Zellen bietet ein Kölner Altärchen, an dem auch die Flügelinnenseiten vollständig untergliedert sind; Walter Schulten, Kostbarkeiten in Köln. Erzbischöfliches Diözesanmuseum. Katalog, Köln 1978, S. 29, Nr. 55; Legner, Hagiophilie [Anm. 98] S. 231-233. Ein französisches Beispiel (Paris, vor 1380) in: Les fastes du gothique. Le siècle de Charles V. [Ausstellungskatalog], Paris 1981, S. 260-262 Nr. 211.

198 Stange, Verzeichnis. Bd. 1, S. 18 Nr. 7 und 9: ein Flügelpaar (in Utrecht) und ein einzelner Flügel; Goldberg/Scheffler, Altdeutsche Gemälde S. 116; Vor Lochner S. 73 Nr. 7.

199 Hierzu König, Tafelmalerei S. 176-179; s. oben S. 93-99.

200 Hamburger Kunsthalle, Inv.Nr. 325; Mitteltafel 50,2 cm x 36,4 cm, Flügel je 50,2 cm x 18 cm. – Max J. Friedländer, in: Kunstgeschichtliche Gesellschaft [Berlin]. Sitzungsbericht 6, 1909, S. 1-5; Stange, Chronologie [Anm. 143] S. 62-64; ders., Malerei. Bd. 1, S. 33f., ders., Verzeichnis. Bd. 1, S. 20 Nr. 19; Katalog der Alten Meister der Hamburger Kunsthalle, 5. Aufl. Hamburg 1966, S. 109f.; Vor Lochner S. 75 Nr. 9; Frank Günter Zehnder, in: Die Parler und der Schöne Stil 1350-1400..., hg. Anton Legner. 1, Köln 1978, S. 204; König, Tafelmalerei S. 44-48, 118-120. – Zu Erhaltungszustand und Ergänzungen auf der Mitteltafel: Alfred Lichtwark, Jahresbericht der Kunsthalle zu Hamburg für 1903, Hamburg 1904; Gummlich, Bildproduktion S. 110f.

201 Auch an denselben Maler, von dem die Bilder des Retabels stammen, wurde gedacht: Goldberg, in: Hilger/Goldberg/Ringer, Der Kleine Dom S. 42. – Die Auseindersetzung über ‚vorher' oder ‚nachher' erweckt den Eindruck von stilkritischem Spiel ohne Realitätbezug: König, Tafelmalerei S. 47f.

202 Der ‚Kleine Dom' wurde von Boisserée zwischen 1804 und 1808 erworben. Die Zitate und andere einschlägige Belege in: Firmenich-Richartz, Boisserée S. 73, 82, 85, 102, 449f. Nr. 3; Sulpiz Boisserée [Anm. 130]. Bd. 1, S. 99; vgl. auch Bd. 2, S. 48 und 52.

203 München, Bayerische Staatsgemäldesammlungen, Alte Pinakothek WAF 454, WAF 454a-d, seit 1875 im Bayerischen Nationalmuseum (Inv.Nr. M A 1968); Höhe 148 cm, Breite 53 cm, bei offenen Flügeln 123,5 cm, Tiefe 17 cm. – Liebreich, Studien [Anm. 192] S. 131, 139f.; Stange, Chronologie [Anm. 143] S. 64; ders., Malerei. Bd. 2, S. 99f.; ders., Verzeichnis. Bd. 1, S. 22 Nr. 24; Goldberg/Scheffler, Altdeutsche Gemälde S. 118-124; Hans Peter Hilger, Gisela Goldberg, Cornelia Ringer, Der „Kleine Dom" – zum kölnischen Schreinaltärchen des 14. Jahrhunderts im Bayerischen Nationalmuseum in München, in: Zeitschrift des deutschen Vereins für Kunstwissenschaft 19, 1985, S. 40-69; in anderer Version: Hilger/Goldberg/Ringer, Der Kleine Dom; Lust und Verlust II, S. 359f.; Cornelia Ringer, Der „Kleine Dom" – ein kölnischer Schnitzaltar um 1360, in: Flügelaltarschrein S. 205-214; König, Tafelmalerei S. 42-44, 207-217.

204 Für bekannte, auch spätere Beispiele vgl. S. L. Faison, A gothic reliquiary in The Metropolitan Museum, New York City, in: Revue belge d'archéologie et d'histoire d'art 6, 1936, S. 133-135; Fastes du gothique [Anm. 197] S. 183f., 233f., Nr. 141 und 187; Vor Lochner S. 108f. Nr. 46 und 48; Wentzel, Lübecker Plastik [Anm. 89] Taf. 132; Ingeborg Bähr, Zur Entwicklung des Altarretabels und seiner Bekrönungen vor 1475, in: Städel-Jahrbuch NF 15, 1995, S. 85-120.

205 In diesem Zusammenhang bei Schilling, Entwicklung [Anm. 29] S. 34-39. Naheliegende Parallele aus der Goldschmiedekunst ist das etwas jüngere Aachener Dreiturmreliquiar (s. Anm. 122).

206 Bergmann, Holzskulpturen S. 47, 53.

207 Die Figuren der älteren Malerei am Clarenretabel sind hinsichtlich Haltung, Gestik und Gewanddrapierung in gedrungener Form und in geringerer malerischer Ausarbeitung ‚wiederholt' (vgl. etwa die Verkündigungsszenen); Goldberg/Scheffler, Altdeutsche Gemälde S. 122. Da es offenbar einen Fundus an Mustern für Figuren und Szenen gab, ist wohl weniger zu fragen, ob der ‚Kleine

19. Flügelretabel, Meister von Liesborn, um 1480, geschlossener Zustand; Köln, Wallraf-Richartz-Museum / Fondation Corboud (Abb.: RBA)

Punkten ähneln die Figuren denen des Clarenretabels; ob das kleine Triptychon unmittelbar vor oder nach diesem gefertigt wurde, ist freilich nicht zu beantworten.[201]

In Funktion wie Form wird jener kleine Flügelaltar, der aus einem verschließbaren Schrein besteht und einen durchbrochen geschnitzten Turmaufsatz hat (München, Bayerisches Nationalmuseum; Abb. 14, 15), für das Kloster ähnlich herausragend gewesen sein, wie er es nach 1802 für die Rezeption als Kunstwerk war. Der „Hausaltar mit 2 Thürmen aus St. Clara", wie ihn eine Notiz im Nachlaß von Sulpiz Boisserée nennt, ist seiner Herkunft nach unumstritten. Er erregte als Sammlungsstück früh die Aufmerksamkeit; als er 1809 bei einer Prozession noch einmal in Funktion war, konnte man „Altäre in den Straßen, auf einem Boisserées vergoldetes Architekturstückchen aus dem 12. Jahrhundert" sehen; „meinen schön geschnitzten, mit zwei Thürmen verzierten Heiligenschrein" scheint man in der Familie Boisserée den „kleinen Dom" genannt zu haben.[202] Es handelt sich um einen rechteckigen Altarschrein in Form eines Baldachins mit hohem zweitürmigen Gesprenge.[203] Den Schrein, in dem die plastische Gruppe der Verkündigung an Maria steht (mit Gottvater und zwei Engeln als Halbfiguren darüber), verschließen an Schmalseiten und Vorderfront zwei faltbare Flügel. Der Baldachin schließt oben in einem gedrückten Kielbogen mit Hängemaßwerk, Blattkrabben und Kreuzblume. Darüber befindet sich eine niedrige, vergitterte Zone, auf der wiederum als Gesprenge zwei Türme stehen; sie haben hohe Spitzbögen mit kleinteilig-kompliziertem, an Vorder- und Rückseite unterschiedlichem Maßwerk, ferner Wimperge

20. Flügelretabel, Meister von Liesborn, um 1480, offener Zustand; Mitteltafel: Nürnberg, Germanisches Nationalmuseum; Flügel: Köln, Wallraf-Richartz-Museum / Fondation Corboud (Abb. nach: Colonia Romanica 10, 1995, S. 222)

und Fialen, offene Maßwerkhelme und seitliche Strebepfeiler und -bögen. Die Innenseiten der Flügel sind mit vier Szenen aus dem Marienleben bemalt: rechts Geburt Christi (eigentlich: Anbetung des Kindes durch Maria und Joseph) und Darbringung im Tempel, links Anbetung der Hll. Drei Könige und Flucht nach Ägypten. Auf den schmalen Flügelteilen sind die hll. Petrus und Paulus, Agnes und eine nicht benennbare Äbtissin dargestellt. Die Außenseiten zeigen die an dieser Stelle übliche, hier in der Wiederholung jedoch merkwürdige Verkündigung Mariae.

Der dreiseitig offene Schrein entspricht Figurenbaldachinen mit mehrteiligen Flügeln (etwa den sogenannten Madonnenkästen oder den kleinen Gehäusen der Goldschmiedekunst für Madonnenfiguren) und zugleich dem Typus kleiner Reisealtäre.[204] Dieser Gattung steht das Altärchen auch wegen des filigran geschnitzten Maßwerks und der vollständigen Goldfassung nahe. Durch Form, Material und das mögliche Reliquiendepositorium in den Türmen (die innen mit farbigem Pergament verkleidet waren) ist es eine kleinere Variante der Schnitzaltäre des 14. Jahrhunderts.[205] Das Maßwerk stimmt eher mit Formen Brabanter und flämischer Architektur als denen der Kölner Dombauhütte überein. Doch die Figuren gehören einer Gruppe von Kölner Plastiken um 1350 an.[206] Die Bilder stehen in enger Beziehung zu den Chorschrankenmalereien des Doms sowie zu einem der Triptychen (Abb. 12) und der Tafel mit der *Vita Christi* aus St. Clara (Abb. 16), auch zum Clarenretabel.[207] Die Bildschemata sind ähnlich oder gleich (auch seitenverkehrt), gehören also zu dem immer wieder gebrauchten Repertoire der Werkstätten für die in vielleicht sogar großer Anzahl

Dom' den Clarenaltar voraussetzt, als das Phänomen der Abwandlung innerhalb eines Formrepertoires zu beschreiben. Die dendrochronologische Datierung des ‚Kleinen Doms' 1349 (+4 -2) macht gleichzeitige oder ein wenig spätere Entstehung möglich. Goldberg, in: Hilger/Goldberg/Ringer, Der Kleine Dom S. 42 erkennt die Hand von zwei verschiedenen Malern: die Verkündigung an den Flügeln stehe dem Clarenretabel nahe, die anderen, weniger eleganten Bilder stammen vielleicht vom selben Maler, der die Tafel der Vita Christi (Abb. 16) fertigte (dies hatten Goldberg/ Scheffler, Altdeutsche Gemälde S. 122 noch bestritten).

gefertigten religiösen Arbeiten, von denen aus St. Clara zufällig mehrere erhalten sind.[208] Für den heutigen Betrachter ausgezeichnet durch das Format, die Nähe der filigranen, vergoldeten Architektur zur Goldschmiedekunst, die differenzierte Farbfassung und die ‚Anmut' der Figuren und Malereien, war das Altärchen seinerzeit wohl doch ein Stück unter ähnlichen, ordnete sich in einen verlorenen Bestand solcher religiöser Bildwerke ein. Es unterscheidet sich dagegen von den vorangegangenen, die die Reliquien im Zentrum präsentieren, durch die hier dominierende bildliche Darstellung.[209] Daß hier die Verkündigung und andere Ereignisse aus dem Leben Marias gewählt sind, wird Zeichen der gesteigerten Marienfrömmigkeit sein, wie sie sich schon früher in der (auch franziskanischen) Mariendichtung zeigt. Die Betende mag auch als Vorbild für die Nonnen verstanden worden sein.[210]

Neben den Triptychen blieben auch einfache Bilder auf Holz oder Leinwand aus St. Clara erhalten. Eine mittelgroße Tafel schildert die *Vita Christi* in einer Folge von 24 einzelnen Szenen, die um ein größeres Bild im Zentrum gruppiert sind (Köln, Wallraf-Richartz-Museum; Abb. 16).[211] Dieses präsentiert Christus am Kreuz und als Schmerzensmann im Sarkophag stehend, dazu die Leidenswerkzeuge. Die Erzählung zeigt zunächst auf den linken sieben Feldern Begebenheiten zwischen der Verkündigung an Maria und der Rückkehr aus Ägypten, dann – wieder oben beginnend – die Passion vom Einzug in Jerusalem bis zur Auferstehung und den Ereignissen des Ostermorgens, danach Pfingsten und das Gericht. Die Kreuzigung ist nicht als historische Szene dargestellt, sondern im mittleren ‚Andachtsbild' zeichenhaft vergegenwärtigt in den Bildern des Crucifixus und des Schmerzensmannes sowie den aufgereihten *arma Christi*. Den Schluß bilden zwei Felder mit sechs Heiligen: Katharina, Barbara und Margaretha, Agnes, Clara und Franciscus. Vor allem die beiden Ordenspatrone, doch auch die übrigen, in der franziskanischen Ikonographie vertrauten Heiligen sind zwar der einzige Hinweis auf die mögliche Herkunft aus dem Clarenkloster, machen sie aber wahrscheinlich.

Bilderzählungen wie diese sollten offenbar dazu dienen, das Leben Christi im ‚Lesen' der Folge meditierend und mitleidend nachzuvollziehen. Sie waren ein vertrauter Kölner Typus, der anscheinend italienische Bilderfolgen des 14. Jahrhunderts zu Vorbildern hatte.[212] Der Stil der Tafel setzt das vor 1350 entstandene Clarenretabel voraus und überträgt dessen Darstellungsweise in eine einfachere und schlichte, gleichsam naive Bildsprache; die Figurentypen sind untersetzt, die Gesichter vergröbert, auch maltechnisch erscheint die Tafel anspruchsloser als die anderen Werke aus dem Kloster.

Wohl um 1400 ließ eine der Äbtissinnen ein großformatiges Leinwandbild für das Kloster malen (ehemals Köln, Wallraf-Richartz-Museum; Abb. 17 und 18); im Gegensatz zu den Triptychen oder Bildern ist die Stifterin, Vreyzwindis de Malburch, hier nicht nur als kleine Gestalt wiedergegeben, sondern auch namentlich erwähnt. Das zerstörte Bild war in zwei Registern angelegt.[213] Die obere Zone zeigt auf rotem, mit Sternen bedecktem Grund Christus am Kreuz, zu seiner Rechten Maria und die hll. Clara und Katharina, zu seiner Linken Johannes Evangelista, Franciscus und Ludwig von Toulouse. Die Stifterin kniet unter dem Kreuz, ihr Name ist neben denen der Heiligen auf dem Streifen am unteren Rand verzeichnet: *syster vreidswant van malburgh*. Die untere Bildhälfte zeigt acht Heilige auf-

---

208 Die um 1350 gemalten inneren Bilder sind später im ‚weicher' modellierenden Stil der Zeit um 1400 übermalt worden; Hilger/Goldberg/Ringer, Der Kleine Dom S. 11, 51.

209 Vgl. Hilger, in: ebd. S. 33.

210 Hierzu – in einer Lesart, die zu enge Bezüge herstellt – König, Tafelmalerei S. 207–217.

211 Köln, Wallraf-Richartz-Museum / Fondation Corboud, Inv.Nr. 6; 78,4 cm x 93 cm. – Liebreich, Studien [Anm. 192] S. 131f., 139f., 143f., 147; Stange, Chronologie [Anm. 143] S. 40f.; Berliner, Arma [Anm. 57] S. 59f.; Helmut May, Altkölner Bildtafel. Das Leben Jesu, Stuttgart 1956; Stange, Verzeichnis. Bd. 1, S. 22 Nr. 23; Vor Lochner S. 76 Nr. 10; Suckale, Arma [Anm. 57] S. 189; Frank Günter Zehnder, in: Die Parler und der Schöne Stil 1350–1400 ..., hg. Anton Legner. 1, Köln 1978, S. 207; ders., Katalog S. 116–120; Petra Meschede, Bilderfolgen und Bilderzählungen in der kölnischen Malerei bis zur Mitte des 15. Jahrhunderts. Eine Untersuchung zum Bildtypus und zur Funktion, Diss. Bonn 1994, S. 20–33; Lust und Verlust II, S. 104; König, Tafelmalerei S. 42–44.

212 Dazu Meschede, Bilderfolgen [Anm. 211] S. 97–120.

213 Ehemals Köln, Wallraf-Richartz-Museum, Inv.Nr. 12 und 13; 86 cm x 114 cm, 79 cm x 114 cm; ursprünglich eine Leinwand, später geteilt; 1943 vernichtet. – Merlo, Künstler [Anm. 133] Sp. 959; Firmenich-Richartz, Wilhelm von Herle und Hermann Wynrich [Anm. 136] Sp. 236f.; Aldenhoven, Malerschule [Anm. 29] S. 61–63; Verzeichnis der Gemälde des Wallraf-Richartz-Museums der Stadt Cöln, Cöln 1914, S. 17f., Nr. 9 und 10; Stange, Malerei. Bd. 3, S. 67f.; vgl. Zehnder, Katalog S. 143.

214 Vgl. Renate Mattick, Choralbuchfragmente aus dem Kölner Kloster St. Clara, in: Wallraf-Richartz-Jahrbuch 45, 1984, S. 291–303, hier S. 303 Anm. 17; dies., Chorbücher S. 74; Gummlich, Bildproduktion S. 78 mit Anm. 243, S. 80: Vreyzwindis in einem Graduale dargestellt und als Besitzerin eines Missale.

gereiht, teils einander leicht zugewandt: Agatha, Agnes, Caecilia, Barbara, Antonius, Dionysius, Aegidius und Pantaleon. Vreyzwindis, eine der wenigen Nonnen des Klosters, deren Namen im Zusammenhang künstlerischer Zeugnisse mehrfach begegnen, ist als Schwester bereits um 1350, als Äbtissin 1387 bezeugt.[214] Das Bild, wenngleich sorgfältiger gemalt und von toniger Farbgebung, wurde früh mit dem zweiten Maler des Clarenretabels in Verbindung gebracht, zeitweilig dem Meister Wilhelm zugeschrieben, später daher der Werkstatt des Veronica-Meisters. In dessen stilistische

l.: 21. Madonna, um 1340/50; Köln, Museum Schnütgen; r.: 22. Detail vom Sockel (Abb. nach: Kat. Krone und Schleier, S. 360, und Archiv des Verf.)

215 Vom selben Maler stammen sicher die beiden Bilder eines Marien(?)altars, Köln, Wallraf-Richartz-Museum / Fondation Corboud, Inv.Nr. 16 und 18; Gewandsäume, Hände und einige andere Einzelheiten lassen Vergleiche zu. Stange, Malerei. Bd. 3, S. 66f.; Zehnder, Katalog S. 128–130, s. auch S. 143. Die – nicht zwingend erscheinende – späte Datierung um 1420 zwänge vielleicht, die in den Miniaturen dargestellte Freyzwindis für eine andere Nonne des Namens zu halten.

216 Mitteltafel: München, Bayerische Staatsgemäldesammlungen, WAF 613, derzeit in Nürnberg, Germanisches Nationalmuseum (Inv.Nr. Gm 33); 65,5 cm x 50,5 cm. Flügel: Köln, Wallraf-Richartz-Museum / Fondation Corboud, Inv.Nr. 355–356, 377–378 (Mitteltafel ehem. Sammlung Boisserée; Flügel, nach 1824/25 gespalten, ehem. Sammlung Wallraf). – Firmenich-Richartz, Boisserée S. 36, 466 Nr. 85; Paul Pieper, Westfälische Maler der Spätgotik 1440–1490. Ausstellungskatalog, Münster 1952 (Westfalen 30, 1952, H. 2), S. 110f., Nr. 128–132; Stange, Malerei. Bd. 6, S. 31f.; ders., Verzeichnis. Bd. 1, S. 162 Nr. 520; Irmgard Hiller, Horst Vey, Katalog der deutschen und niederländischen Gemälde bis 1550 ..., Köln 1969 (Kataloge des Wallraf-Richartz-Museums. 5) S. 86f.; Goldberg/Scheffler, Altdeutsche Gemälde S. 275–279; Wieland Koenig, Studien zum Meister von Liesborn ..., Diss. Münster 1973, Beckum 1974 (Quellen und Forschungen zur Geschichte des Kreises Beckum. Bd. 6) S. 48, 52–54; Thierhoff, Wallraf [Anm. 169] S. 127; Lust und Verlust II, S. 102 Nr. 24 und 26, S. 375 Nr. 94; Krone und Schleier, S. 366–368 Nr. 251 a–b.

217 Die Beispiele dafür sind zahlreich, die Auferstehungstafel des Wurzacher Altars von 1437 ist eines der bekanntesten, der Nürnberger Wolfgang-Altar (um 1450/60, in St. Lorenz) ein willkürlich gewähltes anderes (Strieder, Tafelmalerei [Anm. 72] S. 47f., 189 Nr. 33).

218 Goldberg/Scheffler, Altdeutsche Gemälde S. 278.

219 Köln, Museum Schnütgen, Inv.Nr. A 773; Höhe 56,6 cm, Breite 27 cm, Tiefe 20 cm; das Kind, das erst im frühen 20. Jahrhundert abhanden kam, war einzeln geschnitzt und mit einem Zapfen in der Bank befestigt. Verloren ist auch die Metallkrone, das Zepter abgebrochen. – Bergmann, Holzskulpturen S. 43–46, 291–295; zur Datierung vgl. auch die Bedenken von Friedrich Kobler in dessen Besprechung des Katalogs von Bergmann in: Kunstchronik 43, 1990, S. 173–180, hier 178; Legner, Heilige [Anm. 29] S. 183; Krone und Schleier, S. 360f. Nr. 243. Zur Fassung Jägers, Polychromie [Anm. 36] S. 98, 101f.

23. Stigmatisation des hl. Franciscus mit den hll. Clara und Laurentius, zweites Viertel des 15. Jahrhunderts; Köln, Wallraf-Richartz-Museum / Fondation Corboud (Abb.: RBA)

Umgebung scheinen die schmalen, eleganten Gewandfiguren mit den puppenhaften Gesichtern tatsächlich zu gehören, ohne daß man sie, wie zwei andere Bilder dieses Malers, unbedingt in die nachfolgende, statt dieselbe Zeit datieren müßte.[215]

Das jüngste Ausstattungsstück, das ohne Zweifel aus St. Clara stammt, ist der kleine Altar eines westfälischen Malers, des Meisters von Liesborn (Nürnberg, Germanisches Nationalmuseum und Köln, Wallraf-Richartz-Museum; Abb. 19 und 20).[216] Es ist der zweite Fall, daß identifizierbare Personen aus dem Kloster im Bild dargestellt sind; aufgrund der Wappen sind die beiden auf den Flügeln wiedergegebenen Äbtissinnen zu benennen. Die Mitteltafel nimmt die Auferstehung ein. Christus steigt aus dem geschlossenen Sarkophag; die Darstellung entspricht damit einem seit Jahrzehnten üblichen Typus: Christus erhebt sich aus dem Grab als dringe er durch den Stein, mit einem Bein tritt er heraus, das andere ist noch nicht sichtbar.[217] Um den Sarkophag lagern drei schlafende und ein soeben aufblickender Wächter, aus dem Hintergrund der tiefen Landschaft mit Stadtansicht nahen die drei Frauen. Auf den Innenseiten der Flügel steht vor einem Brokatvorhang links der hl. Franciscus, rechts die hl. Clara, beide mit den gewohnten Attributen Kreuz und Monstranz, Franciscus zeigt in der erhobenen Rechten eines seiner Stigmata. Die drei inneren Bilder rahmen Säulchen und profilierte Bögen; die Zwickel füllen kleine Figuren, die auf Auferstehung und Jüngstes Gericht bezogene Spruchbänder mit Schriftzitaten halten. Unterhalb der beiden Heiligen knien zur Mitte gewandt jeweils eine Äbtissin und vierzehn Klarissen; die linke Äbtissin ist Maria von Withem (mit den Wappen der Familien Pallant und Withem), die rechte Katharina von Nechtersheim (mit den Wappen Weyer/Nyt von Birgel und Crümmel von Nechtersheim/Freilingen [?]). Entweder bestellte der Konvent das kleine Retabel, oder die jüngere Äbtissin, Maria von Withem (1478 und 1481-1490 bezeugt), stiftete es und ließ ihre Vorgängerin (1451-1465 genannt) mit darstellen. Auf den Außenseiten der Flügel ist die mystische Verlobung der hl. Katharina mit dem von Maria gehaltenen Christkind gezeigt. Die hier in einer Szene vereinten Namenspatroninnen beider Äbtissinnen sind wie Statuen in Nischen dargestellt. Die historischen wie stilistischen Gründe legen eine Datierung um 1480 nahe, wohl bald nachdem Maria von Withem ihr Amt angetreten hatte.[218]

Außer Triptychen, Tafel- und Leinwandbildern läßt sich auch eine einzige Skulptur dem Clarenkloster zuweisen: eine der in größerer Anzahl erhaltenen, für die lokale Produktion typischen mittelgroßen Figuren sitzender Madonnen um die Mitte des 14. Jahrhunderts (Abb. 21 und 22).[219] Da das dem Sockel aufgemalte Stifterbildnis – einer der bei Skulpturen seltenen Fälle[220] – eine Klarisse darstellt, ist die Herkunft wohl gewiß. Es handelt sich sowohl aufgrund der Bildhauerarbeit, besonders aber wegen der aufwendigen Fassung, die weitgehend original erhalten ist, um ein herausragendes Beispiel. Dem Typus entsprechend sitzt Maria leicht labil auf einer Thronbank (mit gemalten Maßwerkarkaden), wendet sich mit geneigtem Oberkörper zu dem (heute verlorenen) Kind, das links neben ihr auf der Bank stand und das sie mit dem Arm im Rücken stützte. In der Rechten hielt sie ein Lilienzepter. Kleid und umgelegter Mantel, der die Beine ganz bedeckt und seitlich Faltenkaskaden bildet, sind in Weiß mit goldenen Lilien gefaßt. Vor allem auch mit dem subtilen Inkarnat in einem rosigen Ton ist wohl eine Erscheinung beabsichtigt, die an Elfenbeinplastiken mit sparsamer Bemalung erinnert. Das rote Innenfutter und die plastischen Borten mit Steinbesatz steigern noch den Eindruck des Preziösen. Die Figur repräsentiert die ‚liebliche' Variante der Kölner Madonnenfiguren um 1335/50, sie selbst stammt wohl aus den 40er Jahren. Wie bei anderen befindet sich an der Rückseite des Sockels ein Sepulcrum für Reliquien.

Über Zweck und ursprüngliche Verwendung der Skulptur lassen sich allenfalls Überlegungen anstellen. Ob sie von der unten dargestellten Nonne für den Konvent gestiftet oder für ihre private Andacht erworben wurde, ob sie im Nonnenchor, einer Zelle oder anderswo stand, ist ohnehin nicht zu sagen; zudem ist mit Wandlungen im Umgang mit solchen Objekten zu rechnen.[221] Eine andere Verwendung der Madonna wurde als Hypothese vorgeschlagen: die ursprüngliche Aufstellung in der oberen Nische des Tabernakels am Clarenaltar.[222] Diese Möglichkeit wird hypothetisch bleiben müssen, da es soviel Argumente dagegen wie dafür gibt. Die angenommene Entstehungszeit, das Format und die Technik (auch der Fassung), auch die ikonographische Tradition können für diese Verwendung sprechen; doch die ausgesuchte Farbigkeit ähnelt der ursprünglichen an den Apostelstatuetten nicht, und das Bildnis der Nonne deutet auf eine einzelne Stiftung, weniger auf den Teil eines großen Retabels.

Andere Bilder oder Skulpturen sind aus dem Kloster St. Clara nicht bekannt. Doch gibt es zwei Tafeln, die von dort stammen könnten, da auf ihnen die beiden Ordensgründer Franciscus und Clara dargestellt sind. Die eine, aus dem zweiten Viertel des 15. Jahrhunderts, zeigt vor dunklem Hintergrund die Stigmatisation des Franciscus und die hll. Clara und Laurentius zu beiden Seiten (Abb. 23);[223] die andere, aus dem Umkreis des Meisters des Bonner Diptychon, versetzt die Stigmatisation in eine Landschaft und stellt nur Clara neben Franciscus dar (Abb. 24).[224] Beide lassen sich zwar

24. Hll. Franciscus und Clara, Umkreis des Meisters des Bonner Diptychon, um 1480; Verbleib unbekannt (Abb.: Archiv des Verf.)

220 Vgl. Ulrike Bergmann, Kölner Skulptur der Hochgotik im wirtschaftlichen und historischen Kontext, in: Wallraf-Richartz-Jahrbuch 66, 2005, S. 59-108, hier 85.

221 Daß das einzeln gearbeitete Kind abgenommen werden konnte und die linke Hand der Madonna vollständig gefaßt ist, läßt wohl nicht auf frommes Spiel der Nonnen mit dem selbständig gearbeiteten Christkind schließen, auch nicht auf eine Verwendung der Figur als Maria der Verkündigung (so Bergmann, Holzskulpturen S. 293-295; neuerdings bekräftigt: dies., Skulptur [Anm. 220] S. 107 Anm. 200). Das Wiegen der Christkinder ist, was das spätere Mittelalter angeht, bislang allein für separate Figuren, nicht für die Kinder von Madonnenfiguren bezeugt. Vgl. Hans Wentzel, Art. ‚Christkind', in: RDK 3, 1954, Sp. 590-608; Tripps, Bildwerk [Anm. 187] S. 69-87.

222 Schneider, Madonna [Anm. 29]; s. hierzu oben Anm. 83, mit den Argumenten. Bergmann, Skulptur [Anm. 220] S. 85 hält die These für „unwahrscheinlich".

223 Köln, Wallraf-Richartz-Museum / Fondation Corboud, Inv.Nr. 339. Zu der Tafel gehörte ursprünglich eine zweite (heute verschollene) mit der Madonna und den hll. Petrus und Paulus. Beide sollen übereinander montiert gewesen sein und zusammen einen Flügel gebildet haben. – Zehnder, Katalog S. 142f.; Lust und Verlust II, S. 119f. und 141.

224 Hans Martin Schmidt, Der Meister des Marienlebens und sein Kreis. Studien zur spätgotischen Malerei in Köln, Diss.

Bonn 1969, Düsseldorf 1978 (Beiträge zu den Bau- und Kunstdenkmälern im Rheinland. 22) S. 107, 251, Nr. 50.

225 *Für die Zuordnung einer Bilderfolge an St. Clara, die die Legende der hl. Ursula zeigte und dem Meister von 1456 zugeschrieben wird (Stange, Verzeichnis. Bd. 1, S. 51 Nr. 124), gibt es kein Indiz; entgegen Frank Günter Zehnder, Sankt Ursula. Legende, Verehrung, Bilderwelt, Köln 1985, S. 171.*

226 *Zum Buchbestand des Klosters, d. h. vor allem zur Produktion des Scriptorium: erster Überblick bei Eberhard Galley, Miniaturen aus dem Kölner Klarissenkloster. Ein Kapitel rheinischer Buchmalerei, in: Aus der Welt des Bibliothekars. Festschrift für Rudolf Juchhoff ..., hg. Kurt Ohly, Werner Krieg, Köln 1961, S. 15–28. Danach vor allem: Mattick, Choralbuchfragmente [Anm. 214]; Sabine Benecke, Randgestaltung und Religiosität. Die Handschriften aus dem Kölner Kloster St. Klara, Diss. Hamburg 1993 (zu den fragwürdigen Thesen eine Bemerkung bei Gummlich, Bildproduktion S. 69); Mattick, Chorbücher; Johanna Christine Gummlich, Neue Zuschreibungen an das Kölner Klarissenskriptorium, in: Wallraf-Richartz-Jahrbuch 61, 2000, S. 23–40; dies., Bildproduktion; Krone und Schleier, S. 506–509. – In der älteren Literatur werden einzelne der verstreuten Miniaturen und die einzige komplett erhaltene Handschrift (in Stockholm) behandelt, die Zuordnungen verschiedener Blätter sind zum Teil widerlegt; hier die wichtigeren Titel: Aldenhoven, Malerschule [Anm. 29] S. 35–37; Keussen, Miniaturen [Anm. 152]; Curt H. Weigelt, Rheinische Miniaturen, in: Wallraf-Richartz-Jahrbuch 1, 1924, S. 5–28; Änne Liebreich, Ein Kölnisches Gebetbuch des 14. Jahrhunderts im Provinzial-Museum zu Hannover, in: Kunsthistorische Studien des Provinzial-Museums zu Hannover 1, 1926, S. 21–26; Die illuminierten Handschriften und Einzelminiaturen des Mittelalters und der Renaissance in Frankfurter Besitz, hg. Georg Swarzenski, bearb. Rosy Schilling, Frankfurt a. M. 1929, [Textbd.] S. 77f.; Clemen, Monumentalmalereien [Anm. 72]. Textbd., S. 13f., 43, 57; Stange, Chronologie [Anm. 143] S. 41–44; Beschreibendes Verzeichnis der Miniaturen ... des Kupferstichkabinetts der Staatlichen Museen Berlin, bearb. Paul Wescher, Leipzig 1931, S. 41f., Nr. 1236; Wieselgren, Medeltida miniatyrkonst i Kungliga Bibliotekets handskriftsamling, in: Ord och bild 41, 1932, S. 401–416; Stange, Malerei. Bd. 1, S. 15–16, 27–30; Handzeichnungen des 15. und 16. Jahrhunderts und Miniaturen aus den Sammlungen des Wallraf-Richartz-Museums Köln, [bearb.*

mit dem Klarissenkloster in Verbindung bringen, doch fehlt jeder sichere Hinweis. Bilder der zwei Ordensheiligen können sich ebenso im Minoritenkloster befunden haben oder in den Tertiarinnen-Konventen, die nach der Regel der Clara lebten.[225]

Handschriften

Der Besitz von Büchern war für Frauenkonvente ebenso unerläßlich wie für Männerklöster. Die Vermittlung der Glaubensinhalte und die gottesdienstlichen Handlungen, das Gebet und die Erbauung benötigten Texte. Eine zumindest kleine Bibliothek mit den wichtigsten Schriften für die geistige Existenz der Nonnen fand sich in allen Klöstern, nicht wenige unterhielten auch eine eigene Schreibwerkstatt, um für den eigenen Bedarf oder auch für andere Besteller Bücher zu verfertigen. Auch das Clarenkloster betrieb ein Scriptorium; während der Frühzeit, etwa vier Jahrzehnte lang zwischen 1320 und 1360, schrieben und malten die Nonnen für den Konvent, nahmen aber auch Aufträge an (beispielsweise in Köln von dem Stift St. Kunibert, dem Domstift, dem Dominikanerinnenkloster St. Gertrud und der Gaffel Windeck, wohl auch vom Stift St. Viktor in Xanten).

Den einstigen Bestand der Handschriften des Clarenklosters kann man nicht mehr einschätzen, denn es ist nur ein Ausschnitt bekannt: etliche liturgische Manuskripte, die im Kloster selbst zum eigenen Gebrauch her-

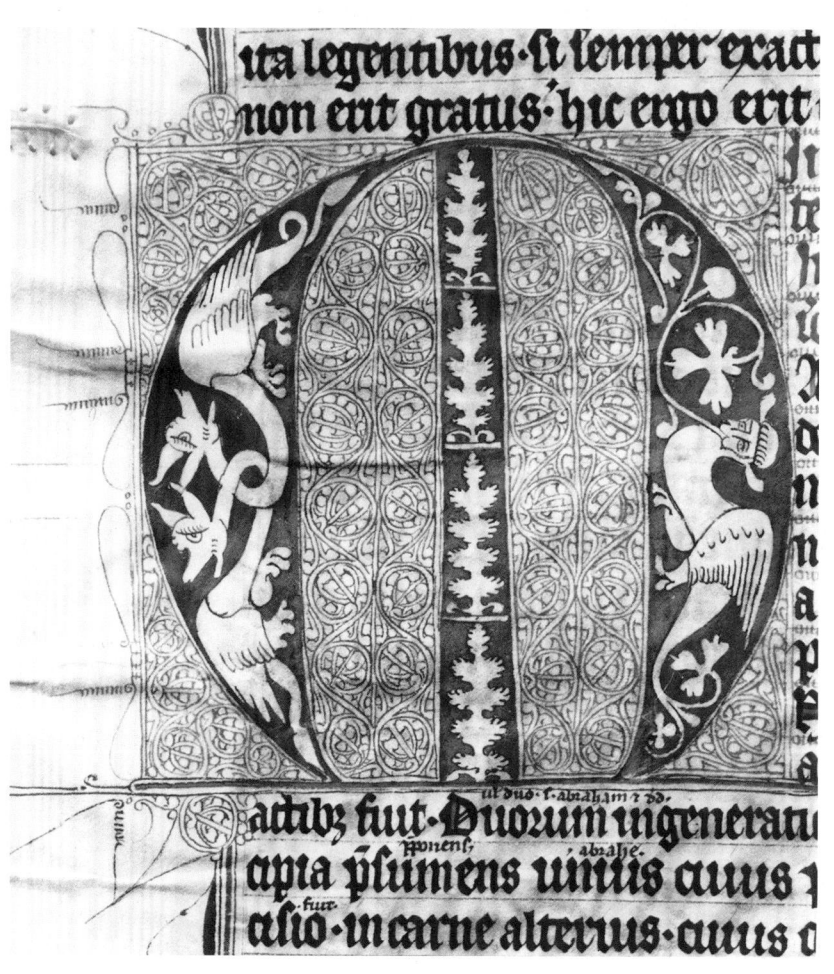

25. Bibel aus St. Clara, vor 1340, Initiale M; Köln, Erzbischöfliche Diözesan- und Dombibliothek, Cod. 1235, Bd. II fol. 137v (Abb.: Archiv des Verf.)

26. Seite aus dem sog. Petronella-Graduale, um 1320; Aachen, Suermondt-Ludwig-Museum (Abb. nach: Legner, Kölner Heilige, S. 178)

gestellt wurden, oder (vielfach) nur Fragmente aus diesen. Hinzu kommt eine zweibändige Bibelhandschrift, die außerhalb des Konvents, wohl in Köln geschrieben worden war.[226] Aufgrund von Provenienzen, dokumentarischen Zeugnissen, Liturgie und Ikonographie sowie der Darstellungen von Klarissen und der Nennungen von Mitgliedern des Konvents läßt sich dem Kloster ein Bestand von elf Handschriften zuordnen. Daneben gibt es etwa dieselbe Zahl an Manuskripten aus anderem Besitz, die man aus stilistischen Gründen der Klosterwerkstatt zuschreiben kann. So kommt ein Bestand zusammen, der eine gewisse Einheitlichkeit zeigt, aber keineswegs uniform und durchgehend gleich anspruchsvoll ist. Doch zeichnet sich innerhalb der gotischen Buchproduktion der Stadt eine in den Grenzen des Zeitstils am Ort eigenständige Gruppe ab.

Hella Robels], Ausstellungskatalog, Köln 1965, S. 37f., Nr. 72f.; Vor Lochner S. 136 Nr. 79; Gisela Plotzek-Wederhake, Zur Buchmalerei, in: Vor Lochner S. 59–63; Medieval and Renaissance Miniatures of The National Gallery of Art, bearb. Carl Nordenfalk, Washington/D.C. 1975, S. 131f. Nr. 36; Gisela Plotzek-Wederhake, Zur Stellung der Bibel aus Groß St. Martin innerhalb der Kölner Buchmalerei um 1300, in: Vor Stefan Lochner. Die Kölner Maler von 1300–1430. Ergebnisse der Ausstellung und des Colloquiums, Köln 1974, Köln 1977 (Kölner Berichte zur Kunstgeschichte. Begleithefte zum Wallraf-Richartz-Jahrbuch. Bd. 1) S. 62–75, hier 67f.; 800 Jahre Franz von Assisi, S. 633–635 Nr. 11.05.

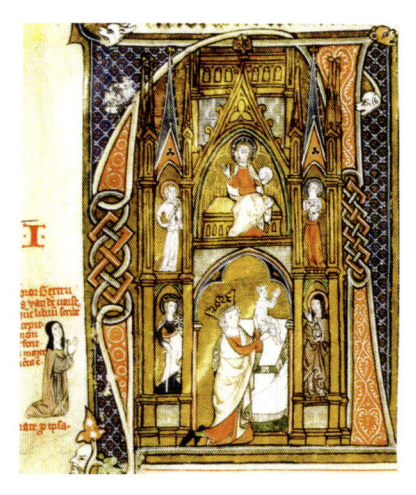

o.: 27. Initiale aus dem sog. Gertrudis-Graduale, um 1340; Köln, Wallraf-Richartz-Museum/Fondation Corboud (Abb. nach: Krone und Schleier, S. 507); u.: 28. Initiale aus einem Graduale, um 1350/60; Köln, Wallraf-Richartz-Museum/Fondation Corboud (Abb. nach: Kat. Krone und Schleier, S. 508)

Das Scriptorium trat um 1320 neben das andere, bereits etwa vierzig Jahre lang (seit 1280) tätige am Minoritenkloster, in dem der einzige namentlich bekannte Schreiber und Illuminator während der gotischen Zeit in Köln arbeitete, Johannes von Valkenburg. Der kleinere Konvent des weiblichen Ordenszweiges folgte also in dieser Hinsicht dem des seit langem in der Stadt etablierten männlichen nach.[227] Beide Werkstätten standen wohl auch miteinander in Verbindung, wie stilistische Übereinstimmungen nahelegen.

Was die Bibliothek der Klarissen tatsächlich enthielt, ist bislang nicht ermittelt. Die bekannten Codices (oder die Fragmente aus solchen) sind fast durchwegs liturgische Werke. So weiß man nichts über andere literarische Gattungen: Bibelkommentare und theologische Schriften (beispielsweise der Kirchenväter), Heiligenviten und Hymnensammlungen, Psalterien, Breviere. Doch sind wenigstens ein paar Texte der mystischen oder der Andachtsliteratur bekannt, die sich im Kloster befanden: außer Seuses ‚Büchlein der ewigen Weisheit' Dichtungen oder Traktate zur Passion und *compassio Mariae*, von denen einer zugleich zur Visionsliteratur zählt, einer typischen Gattung von und für Frauen.[228] Man kann nur annehmen, daß es sich in St. Clara ähnlich wie anderswo verhalten haben wird: Der Erwerb von Codices endete nicht mit dem Ende des eigenen Scriptorium, manche Schwestern brachten beim Eintritt ins Kloster Bücher mit, es wurden sicher auch immer wieder welche geschenkt. Wie war die Sammlung zur Zeit der Säkularisation beschaffen? Was war in der frühen Neuzeit dazugekommen an Traktaten, theologischen Abhandlungen, Predigtsammlungen etc.? Da hierüber (noch) nichts bekannt ist, kann man den Blick nur auf die in St. Clara geschriebenen Bücher und auf die große Bibelhandschrift richten. Es ergibt sich somit auch hinsichtlich der Bücher wie bei allen künstlerischen Zeugnissen eine Konzentration auf das 14. Jahrhundert, ohne daß man beurteilen könnte, ob dies allein in der Überlieferung begründet ist.

Die zweibändige Bibelhandschrift nahm im Clarenkloster vermutlich immer einen besonderen Rang ein, da sie eine Stiftung der Äbtissin Isabella von Geldern war (Abb. 25). Dies teilt die Abschrift einer Urkunde von 1340 mit, die beiden Bänden vorangestellt ist (jeweils fol. 1v).[229] Den Codex habe sie aus dem Erlös ihres Schmucks, den sie als Herzogin besaß, für das Kloster erworben, dem eine Bibel anscheinend bislang fehlte. Isabella sorgte damit auch bewußt für ihre *memoria*, denn es war mit der Schenkung die Auflage verbunden, die Bibel dürfe vom Konvent niemals ohne Not verkauft, verpfändet, weggegeben oder sonstwie entfremdet werden. Die Nonnen versprachen für sich und alle Schwestern in der Zukunft, die beständige Erinnerung an die Stifterin und die Ihren bewahren und die Bibel immer im Kloster zu behalten – was auch tatsächlich geschah, denn bis zur Auflösung des Konvents 1802 verblieb sie bei St. Clara, kam erst dann in den Besitz des Erzbistums. Schon wegen ihres Großfolio-Formats ist diese Vollbibel ein repräsentatives Exemplar. Die Qualität des Pergaments, die ausgefeilte Schrift und vor allem die aufwendige Ausstattung zwar nicht mit Miniaturen, doch mit zahlreichen Zierinitialen und Ornament zeichnen sie aus; sie ist selbstverständlich nicht die Bibel für die tägliche Lesung. Als Buchschmuck – meist am Beginn der einzelnen Bücher – ist durchgehend Fleuronné verwendet, jenes kleinteilig-lineare, mit der Feder gezeichnete Ornament, das vor allem aus stilisierten Blatt- und Blütenformen besteht und zwischen dem 12. und 15. Jahrhundert ausgehend von Frankreich in fast allen europäischen Ländern verwendet wurde.[230] Die schwer zu überblickende Fülle an Formen differenziert sich zunächst nach einigen Grundformen (Fäden, Palmetten, Knospen etc.), dann gemäß den Wandlungen während verschiedener Zeiten und an unterschiedlichen Orten. Die Bibelhandschrift der Klarissen bietet mit ihrem in Rot und Blau gezeichneten Schmuck zwar kein Compendium aller Fleuronné-Formen der Jahre um 1340, aber doch eine Vielzahl an Varianten, wie sie am Niederrhein in der ersten Hälfte des 14. Jahrhunderts verwendet wurden. Die Initiale ‚M' aus dem zweiten Band (fol. 137v; Abb. 25) ist typisch für die aus dem Grund des Buchstabenkörpers ausgesparten Ranken und Drachen, die feingezeichneten Blattspiralen und Knospenmedaillons im Binnenfeld sowie die Figurationen aus dünnen, schlaufenförmigen Fäden und Spiralen am Rand. Auf manchen Seiten bedecken diese wie locker gezeichnete Bordüren die Ränder; im zweiten Band kommen außerdem Drolerien vor.

Aus den rund vierzig Jahren, in denen das Scriptorium im Kloster arbeitete, sind 24 Handschriften erhalten geblieben, die man ihm zuschreiben kann,[231] wovon elf sicher oder wahrscheinlich für den eigenen Konvent hergestellt wurden. Zu diesen zählen sieben Gradualien, zwei Antiphonare, ein Missale und der erwähnte Codex mit erbaulichen Texten, Heiligenviten, der Ordensregel und den Statuten Benedikts XII.[232]

Die verschiedenen Schreiberinnen und Malerinnen haben anscheinend versteckte ‚Signaturen' in den Ranken der Zierleisten angebracht: kleine rote Scheiben mit weißer Binnenzeichnung, die wohl die einzelnen Anteile der Nonnen markierten, auf die man aber noch keine Scheidung diverser Hände stützen kann.[233] Doch zwei der im Scriptorium arbeitenden Schwestern sind bekannt, da ihr Name vermerkt ist. Die eine ist *soror Gertrudis van dem Uorst*, die um 1340 an einem Graduale schrieb, es jedoch nicht mehr fertigstellen konnte, da sie starb, wie eine andere Nonne darin notierte. Die andere ist Loppa vom Spiegel, die ihren Namen und den Anteil ihrer Arbeit selbst eintrug und sich damit der Erinnerung und dem Gebet aller lebenden und nachfolgenden Mitschwestern anempfahl. Sie schrieb, linierte, versah mit Noten und illuminierte ein Antiphonar und belegt damit, daß alle Tätigkeiten im Kloster ausgeführt wurden.[234] Einen solchen Schreibereintrag kennt man von dem Kölner Minoriten Johannes von Valkenburg.[235] Loppa vom Spiegel, die im Jahr 1350 während der *maxima pestilencia* ihren Namen einschrieb, und eine Reihe anderer Nonnen des Klosters sind in kleiner Gestalt kniend und mit ihrem Namen versehen auf den Blatträndern diverser Manuskripte wiedergegeben; ihr Gedächtnis sollte bewahrt werden, als Zusatz heißt es vielfach: *orate pro ipsa* (oder *ea* und *me*). Diese Memorialbilder überliefern die Namen von rund dreißig Schwestern des Konvents.[236]

Die Handschriften aus dem Klarissen-Scriptorium lassen sich in vier zeitlich aufeinander folgende, stilistisch unterschiedene Gruppen teilen.[237] Als älteste ist ein um 1320 entstandenes Graduale anzusehen, in dem eingangs an die erste Äbtissin, Petronella von Scherve, mit Bild und Namen auf einem Blattrand erinnert wird[238] (Abb. 26).

Die Buchgestaltung ist an den Gradualien des Johannes von Valkenburg orientiert. Die Bildinitialen haben einen schachbrettartig gemustertem Grund, der Buchstabe ist aus verschlungenen Linien gebildet, die Darstel-

227 Zur Schreibwerkstatt am Minoritenkloster s. Gummlich, Bildproduktion S. 24–68; hier S. 68 die Bemerkung, das Scriptorium der Klarissen sei „vermutlich in seinen Kapazitäten dem Minoritenskriptorium durchaus vergleichbar".
228 Die Texte sind genannt in Anm. 179.
229 Biblia sacra, zwei Bände, 179 und 234 foll., 56 cm x 38 cm; Köln, Erzbischöfliche Diözesan- und Dombibliothek Cod. 1235 (1–2). – Handschriftencensus Rheinland, hg. Günter Gattermann, bearb. Heinz Finger et alii, Wiesbaden 1993. Bd. 1 (Schriften der Universitäts- und Landesbibliothek Düsseldorf. 18) S. 765f. Nr. 1297f.; Paul Heusgen, Heinrich Ostlender, Ein Fragment des Ezechielkommentars Alberts des Großen, in: Theologische Quartalschrift 114, 1933, S. 493–503 (Beschreibung der Handschrift S. 494f.); der Text der Urkundenabschrift: Urkunde vom Jahre 1340 über ein Bibelexemplar im Kloster der Klarissen in Köln, in: Pastoralblatt 37, 1903, Sp. 215f. Eine nähere Untersuchung der Handschrift steht aus, etwa zur Frage, aus welchem Scriptorium die Bibel stamme (Heusgen [wie oben] S. 494 vermutet das der Minoriten).
230 S. hierzu Wolfgang Augustyn, Christine Jacobi-Mirwald et alii, Art. ‚Fleuronné', in: RDK 9, 2003, Sp. 1113–1196, hier bes. 1166–1168, zu Definition und Grundformen Sp. 1114–1120.
231 Diese Zahl ist das Ergebnis aus den Zuschreibungen und Rekonstruktionen von Handschriften aus einzelnen Fragmenten, wie sie zuletzt vorgeschlagen wurden: die Liste bei Gummlich, Bildproduktion S. 74–82 stützt sich auf die Zusammenstellungen von Mattick und Bennecke und schließt neue Zuschreibungen ein (es sind dort ferner zwei Handschriften „aus dem Umfeld" mitaufgenommen, die nicht in St. Clara geschrieben wurden: die zweibändige Klarissenbibel und ein in Köln hergestelltes Missale für St. Achatius; beide hier nicht mitgezählt). So kam ein Bestand zustande, der die Zahl bei Galley (1961) deutlich erweitert. Da es hier lediglich um allgemeine Bemerkungen zu den Handschriften gehen kann, sind einzelne Zuschreibungen nicht zu diskutieren. Das bedeutet nicht, den Autorinnen sei in allen Punkten zuzustimmen.
232 Zu letzterer Handschrift (Cgm 5235) s. oben Anm. 179.
233 Diese Zeichen bemerkte zuerst Mattick, Chorbücher S. 75–77; danach Gummlich, Zuschreibungen [Anm. 226] S. 23–25; dies., Bildproduktion S. 43, 71f., 94–100 passim.
234 Antiphonar, Stockholm, Kungliga Biblioteket, Cod. holm. A 172, fol. 106v: et Soror Loppa de speculo perfecit. scribendo, liniando, notando, illuminando.

quam non excludatis ex cordibus vestris, nec non ex orationibus vestris devotis. Anno domini Millesimo Trecentesimo Quinquagesimo, maxima pestilentia videlicet existente (zit. nach Mattick, Chorbücher S. 66, vgl. S. 99 Anm. 56). Auf einer Miniatur aus einem Graduale (Köln, Wallraf-Richartz-Museum / Fondation Corboud, Graphische Sammlung Inv.Nr. M 23) heißt die Beischrift zum Bild einer knienden Klarisse: Soror loppa de speculo qui scripsit et notavit hunc librum orate pro me (zit. nach ebd. S. 141 Anm. 260).

235 Graduale, 1299; Köln, Erzbischöfliche Diözesan- und Dombibliothek Hs 1b; Glaube und Wissen im Mittelalter. Die Kölner Dombibliothek. [Ausstellungskatalog Köln], München 1998, S. 423-433 Nr. 88; Mattick, Chorbücher S. 66; ferner Judith Oliver, The Mosan origins of Johannes von Valkenburg, in: Wallraf-Richartz-Jahrbuch 40, 1978, S. 23-37.

236 Die Namen sind zitiert in der Liste der Handschriften bei Gummlich, Bildproduktion S. 74-82.

237 Diese Gliederung ebd. S. 70-74; dies. in: Krone und Schleier S. 506-509 Nr. 452-457.

238 Sogenanntes Petronella-Graduale, um 1320/30 und um 1340. Erhalten sind nur neun verstreute Einzelblätter (von ehemals bekannten 21 Schmuckseiten). Mattick, Choralbuchfragmente [Anm. 214] S. 296; Benecke, Randgestaltung [Anm. 226] S. 142-156; Mattick, Chorbücher S. 87-96; Gummlich, Bildproduktion S. 70-72, 74f.; ferner 82-90 passim. Zuvor: Weigelt, Miniaturen [Anm. 226] S. 6-10; Schilling, Handschriften [Textbd.] [Anm. 226] S. 77f.; Wescher, Verzeichnis [Anm. 226] S. 41f., Nr. 1236; Galley, Miniaturen [Anm. 226] S. 17.

239 Sogenanntes Gertrudis-Graduale, um 1340; erhalten sind fünf Fragmente. Mattick, Choralbuchfragmente [Anm. 214], bes. S. 292-298 (zur Herkunft der Gertrudis S. 297); Gummlich, Bildproduktion S. 72f., 76f.

240 Über Loppa, Tochter des Kölner Patriziers Henricus de Speculo, die vielleicht schon 1315 in den Konvent eingetreten war und 1360 wohl nicht mehr lebte: Helga Maria Johag, Die Beziehungen zwischen Klerus und Bürgerschaft in Köln zwischen 1250 und 1350, Diss. Bonn 1974, Bonn 1977 (Rheinisches Archiv. 103) S. 298 Nr. 2.

241 Gummlich, Bildproduktion S. 78-80, 100-113; ferner Galley, Miniaturen [Anm. 226] S. 20-22; Benecke, Randgestaltung [Anm. 226] S. 157-195; Mattick, Chorbücher S. 67; Glaube und Wissen [Anm. 235] S. 464-468 Nr. 93.

242 S. Anm. 234. Wieselgren, Miniatyrkonst [Anm. 226] S. 407f.; Galley, Miniaturen

lungen stehen unter zierlichen Baldachinen. Die Text- und Notenzeilen sind links von farbigen Zierleisten begleitet, an denen waagrecht Ranken ansetzen, die wiederum in ‚Windmühlenflügeln' enden. Gerade letztere Motive sind in den Valkenburg-Manuskripten häufig, doch ebenso die übrigen: Masken an den Gelenkstellen der Leisten und Goldkugeln an den Rankenenden, ferner kleine Szenen (beispielsweise der den Tieren predigende hl. Franciscus oder Tiere in menschlichen Tätigkeiten) und vor allem Drolerien beleben die dreiseitige Rahmung.

Zur zweiten Gruppe zählt jenes Graduale, an dem Gertrudis van Vorst zu arbeiten begonnen hatte (Abb. 27).[239] Hier ist anhand von zeichnerischen Einzelheiten, besonders den Gesichtern zu beobachten, daß andere Malerinnen tätig waren als vorher, auch wenn im Grundsätzlichen kaum Wandlungen festzustellen sind, denn es wurden ähnliche Initialbuchstaben, Ornamente und Masken verwendet. Die dritte Handschriftengruppe wird vor allem durch die Arbeit der Loppa vom Spiegel bestimmt, die während der produktivsten Zeit des Scriptorium in den 1350er Jahren die Malerin mit dem ausgeprägtesten Stil war.[240] Von ihr sind für St. Clara erhalten ein zweibändiges Antiphonar (Winterteil in der Königlichen Bibliothek Stockholm, drei Fragmente des Sommerteils in London und Köln) und fünfzehn Blätter eines Graduale (in Köln) (Abb. 28); ferner stammen von ihr der ‚Ordo missae' für den Kölner Domdekan Konrad von Rennenberg und ein zweibändiges Missale (in Brüssel).[241] Durch ihren Namen in dem Antiphonar und die Kennzeichnung mittels zwei von jenen kleinen ‚Signatur'-Scheiben sind ihre Buchmalereien um die Mitte des Jahrhunderts zu identifizieren.

Das Antiphonar, das nach 1802 Sulpiz Boisserée erworben hatte,[242] war bereits von der 1316 verstorbenen Nonne Jutta von Alfter in Auftrag gegeben und bezahlt worden; erst 1350 war dieses Vermächtnis erfüllt. Der Winterteil ist ausgezeichnet durch drei Seiten mit Ornament- und fünf mit Bildinitialen; vom Sommerteil sind nur drei Blätter erhalten. Die farbigen Buchstaben haben Blattornamente, das Innere nimmt jeweils eine mehrfigurige biblische Szene vor Goldgrund mit Ranken ein. An den Initialen setzen die senkrechten Zierleisten und waagrechten Ranken an, auf diesen spielen die Szenen zwischen diversen Tieren und Fabelwesen. Links neben den Initialen kniet jeweils eine Nonne, bezeichnet mit ihrem Namen.

Loppa vom Spiegel entwickelt in den von ihr äußerst sorgfältig geschriebenen Codices einen eigenständigen Stil vor allem in den Einzelheiten des Ornaments. Die Gesamtkomposition der mit Schmuck versehenen Seiten entspricht nach wie vor dem Muster der Gradualien von Johannes von Valkenburg; doch die Darstellung der Figuren und Szenen ist nach einem halben Jahrhundert ‚beweglicher' – der einengende Rahmen der Baldachine ist weggelassen –, und ebenso sind die Ranken, auch die der Hintergründe elastischer geworden. Auch in anderen Miniaturen, den ganzseitigen Kanonblättern dreier Codices, erweist sich Loppa vom Spiegel als selbständig; die stilisitischen Voraussetzungen sind nicht in der lokalen Kunst zu finden.

Die Handschriften der jüngsten Gruppe (Abb. 29) weichen von denen der hohen Zeit ab, sind auch künstlerisch schwächer. Ihr Schmuck ist reich und kleinteilig, die Ranken, die mehr Naturnähe haben als in den älteren Codices und wiederum von sich jagenden Tieren und Drolerien belebt sind, rahmen nun den Schriftspiegel meist an allen vier Seiten. Doch es

29. Seite aus einem Graduale, um 1360; Köln, Erzbischöfliche Diözesan- und Dombibliothek, Hs. 150, fol.97r (Abb. nach: Kat. Wissen und Glaube, S. 448)

herrscht ein gewisser Schematismus, alles ist nachlässiger gezeichnet, jene präzis-elegante Manier und die Phantasie des Ornaments sind abhanden gekommen.[243]

Um 1360 endet die Buch- und Bilderproduktion im Clarenkloster, nicht aber der Bildergebrauch. Die Äbtissinnen und der Konvent ließen sich mehr als ein Jahrhundert später unter dem Schutz der Ordensheiligen im Bild darstellen (Abb. 20), und sicher kamen auch danach neue Bilder ins Kloster. Jedenfalls gebrauchten die Nonnen die alten Altäre, Andachtsbilder und Handschriften des 14. Jahrhunderts teils bis zum Ende im Jahr 1802. Das Bild behielt ungebrochen seine Bedeutung für die Spiritualität der Schwestern. Im ‚Speculum virginum', einer zentralen Lehrschrift für weibliche Religiosität bereits aus der Mitte des 12. Jahrhunderts heißt es, die Einsicht werde geschärft durch die Bilder, die etwas sichtbar vor Augen stellen. Innnerlich möge sich kräftig regen, was äußerlich im Bild ausgedrückt erscheint.[244]

[Anm. 226] S. 20–22 u. ö.; Mattick, Chorbücher S. 62–87; Gummlich, Bildproduktion S. 78. – Dem Zitat in Anm. 234 steht der Satz voran: Soror Jutta de Alfter persolvit istum librum cum suis expensis eleemosynis. Orate pro ea et pro quibus intendit devote.

243 Gummlich, Bildproduktion S. 79–81: Fragmente eines zweibändigen Graduale für St. Clara, drei davon in: Krone und Schleier, S. 507–509 Nr. 455–457. Das Graduale für das Kölner Dominikanerinnenkloster St. Gertrud, um 1360 (Köln, Erzbischöfliche Diözesan- und Dombibliothek Hs. 150): Glaube und Wissen [Anm. 235] S. 443–453 Nr. 90, mit den Abb. von zwanzig Seiten.

244 Speculum virginum, lib. VII 871–885, ed. Jutta Seyfarth, Turnholti 1990 (Corpus Christianorum. Continuatio Mediaeualis. V) S. 220/1. Die Paraphrase im Text nach: Speculum virginum. Jungfrauenspiegel, übers. und eingel. von Jutta Seyfarth. Teilbd. 1–4, Freiburg etc. 2001 (Fontes Christiani. Bd. 30/1–4), hier Teilbd. 3, S. 646/7.

Abgekürzt zitierte Literatur

800 Jahre Franz von Assisi
800 Jahre Franz von Assisi. Franziskanische Kunst und Kultur des Mittelalters. Ausstellungskatalog Krems-Stein, Wien 1982 (Katalog des Niederösterreichischen Landesmuseums. NF Nr. 122)

Augustyn et alii, Franziskaner
Wolfgang Augustyn, Ingeborg Bähr, Dieter Berg et alii, Art. ‚Franziskaner, Franziskanerinnen', in: Reallexikon zur Deutschen Kunstgeschichte. [Bd. 10,] Lfg. 112f., München 2006, Sp. 452–555

Bachmann et alii, Flügelretabel
Karl Werner Bachmann, Géza Jászai, Friedrich Kobler et alii, Art. ‚Flügelretabel'. in: Reallexikon zur Deutschen Kunstgeschichte. Bd. 9, München 2003, Sp. 1450–1536

Bellot, Klarissenkloster
Christoph Bellot, Klarissenkloster St. Klara, in: Kölner Kirchen und ihre mittelalterliche Ausstattung. Bd. 1, Köln 1995 (Colonia Romanica 10, 1995) S. 206–240

Bergmann, Holzskulpturen
Schnütgen-Museum. Die Holzskulpturen des Mittelalters (1000–1400), bearb. Ulrike Bergmann, Köln 1989

Bibl. SS.
Bibliotheca Sanctorum, ed. Istituto Giovanni XXIII nella Pontificia Università Lateranense. 1–13, Roma [1961]–1970

Braun, Tracht
Joseph Braun, Tracht und Attribute der Heiligen in der deutschen Kunst, Stuttgart 1943

Firmenich-Richartz, Boisserée
Eduard Firmenich-Richartz, Sulpiz und Melchior Boisserée als Kunstsammler. Ein Beitrag zur Geschichte der Romantik, Jena 1916 (Die Brüder Boisserée. Bd. 1)

Flügelaltarschrein
Entstehung und Frühgeschichte des Flügelaltarschreins, hg. Hartmut Krohm, Klaus Krüger, Matthias Weniger, Wiesbaden 2001

Goldberg/Scheffler, Altdeutsche Gemälde
Altdeutsche Gemälde. Köln und Nordwestdeutschland. Vollständiger Katalog, bearb. Gisela Goldberg, Gisela Scheffler. Textbd., Tafelbd., München 1972 (Bayerische Staatsgemäldesammlungen. Alte Pinakothek / München. Gemäldekataloge. 14)

Gummlich, Bildproduktion
Johanna Christine Gummlich, Bildproduktion und Kontemplation. Ein Überblick über die Kölner Buchmalerei in der Gotik unter besonderer Berücksichtigung der Kreuzigungsdarstellungen, Diss. Bonn 1999, Weimar 2003

Hilger, Claren-Altar
Hans Peter Hilger, Der Claren-Altar im Dom zu Köln, in: Kölner Domblatt 43, 1978, S. 11–22

Hilger/Goldberg/Ringer, Der Kleine Dom
Hans Peter Hilger, Gisela Goldberg, Cornelia Ringer, Der Kleine Dom, München 1990 (Bayerisches Nationalmuseum. Bildführer 18)

Jäggi, Frauenklöster
Carola Jäggi, Frauenklöster im Spätmittelalter. Die Kirchen der Klarissen und Dominikanerinnen im 13. und 14. Jahrhundert, Petersberg 2006 (Studien zur internationalen Architektur- und Kunstgeschichte. 34)

Kirn, St. Clare Altarpiece
Mary Em Kirn, The St. Clare Altarpiece: A re-evaluation of a fourteenth century double transformation altar from Cologne, Diss. The Florida State University 1980, Ann Arbor 1980

König, Tafelmalerei
Alexandra König, Die Anfänge der Kölner Tafelmalerei, Diss. Düsseldorf 2001 [Online-Publikation]

Krone und Schleier
Krone und Schleier. Kunst aus mittelalterlichen Frauenklöstern. Ausstellungskatalog Bonn und Essen, München 2005

Kunstdenkmäler Köln. Erg.Bd.
Die Kunstdenkmäler der Stadt Köln. Bd. 2, Abt. III. Erg.Bd.: Die ehemaligen Kirchen, Klöster, Hospitäler und Schulbauten der Stadt Köln, bearb. Ludwig Arntz, Heinrich Neu, Hans Vogts, Düsseldorf 1937 (Die Kunstdenkmäler der Rheinprovinz. Bd. 7, Abt. III. Erg.Bd.)

LCI
Lexikon der christlichen Ikonographie. Bd. 1–8, Rom, Freiburg, Basel, Wien 1968–1976

Lust und Verlust I
Lust und Verlust. Kölner Sammler zwischen Trikolore und Preußenadler. [Ausstellungskatalog], hg. Hiltrud Kier, Frank Günter Zehnder, Köln 1995

Lust und Verlust II
Lust und Verlust II. Corpus-Band zu Kölner Gemäldesammlungen 1800–1860, hg. Hiltrud Kier, Frank Günter Zehnder, Köln 1999

Mattick, Chorbücher
Renate Mattick, Drei Chorbücher aus dem Kölner Klarissenkloster im Besitz von Sulpiz Boisserée, in: Wallraf-Richartz-Jahrbuch 59, 1998, S. 59–101

RDK
Reallexikon zur Deutschen Kunstgeschichte. Bd. 1, Stuttgart 1937 ff.

Schulze-Senger, Claren-Altar
Christa Schulze-Senger, Der Claren-Altar im Dom zu Köln. Bemerkungen über Konzeption, technischen Aufbau, Gestaltung und gegenwärtige Restaurierung eines Kölner Groß-Altars (Stand 1977), in: Kölner Domblatt 43, 1978, S. 23–36

Schulze-Senger/Hansmann, Clarenaltar
Christa Schulze-Senger, Wilfried Hansmann, Der Clarenaltar im Kölner Dom. Dokumentation der Untersuchung, Konservierung und Restaurierung, Worms 2005 (Arbeitsheft der rheinischen Denkmalpflege. 64)

Stange, Malerei
Alfred Stange, Deutsche Malerei der Gotik. Bd. 1–11, Berlin (ab Bd. 5 auch: München) 1934–1961

Stange, Verzeichnis
Alfred Stange, Kritisches Verzeichnis der deutschen Tafelbilder vor Dürer. Bd. 1–3, München 1967–1978 (Bruckmann Beiträge zur Kunstwissenschaft)

Vor Lochner
Vor Stefan Lochner. Die Kölner Maler von 1300 bis 1430. [Ausstellungskatalog], Köln 1974

Wolf, Schnitzretabel
Norbert Wolf, Deutsche Schnitzretabel des 14. Jahrhunderts, Berlin 2002 (Denkmäler Deutscher Kunst)

Zehnder, Katalog
Frank Günter Zehnder, Katalog der Altkölner Malerei, Köln 1990 (Kataloge des Wallraf-Richartz-Museums. 11)

Zimmer, Altar
Petra Zimmer, Die Funktion und Ausstattung des Altares auf der Nonnenempore. Beispiele zum Bildgebrauch in Frauenklöstern aus dem 13. bis 16. Jahrhundert, Diss. Köln 1990

Toni Diederich

Die Siegel des Kölner Clarissenklosters St. Clara am Römerturm

Als das Kölner Clarissenkloster St. Clara zu Beginn des 14. Jahrhunderts gegründet wurde, waren Urkunden- und Siegelwesen schon weit entwickelt. Die hohe Autorität der besiegelten Königsurkunde im Frühmittelalter hatte dazu geführt, daß seit der Mitte des 10. Jahrhunderts zunächst Bischöfe – als erster im übrigen der Kölner Erzbischof Wichfried (924–953) –, in der Folge dann Domkapitel, Stifte und Klöster, Pröpste und Äbte, Herzöge und Grafen, schließlich seit der ersten Hälfte des 12. Jahrhunderts auch die ersten Städte eigene Urkunden ausstellten und mit ihrem Siegel beglaubigten. Diese Entwicklung erfaßte im 13. Jahrhundert[1] alle wichtigeren Institutionen, Korporationen und Personen. Dazu gehörten nicht zuletzt die zahlreichen neuen Klöster und ihre Vorsteher(innen), bis im ausgehenden Mittelalter die Siegelführung so verbreitet war, daß nicht nur Korporationen wie Schöffenkollegien, Zünfte, Gaffeln und Universitäten, sondern auch alle Personen, die dazu ein Bedürfnis hatten, z. B. Bürger, Bauern und Juden, Urkunden mit ihrem eigenen Siegel Rechtskraft verleihen konnten. Viele Beispiele dafür finden sich an den massenhaft erhaltenen Pergamenturkunden des Mittelalters in den Archiven. Gesetze oder Vorschriften zur Siegelführung gab es nicht. Wenn Frauen – und das gilt nicht nur für Witwen – im Wirtschaftsleben ihren „Mann" standen oder eine herausragende Stellung in der Gesellschaft einnahmen, war das oft auch für sie ein Grund, sich ein eigenes Siegel zuzulegen.[2] Niemand verwehrte es ihnen.

War also die Siegelführung an sich nicht durch Vorschriften reglementiert, so gab es hinsichtlich der Gestaltung der Siegel doch gewachsene Konventionen, welche die Hierarchie der mittelalterlichen Gesellschaft respektierten und gleichsam den Rang von ungeschriebenen Gesetzen besaßen. Diese Konventionen bezogen sich zum einen auf die Siegelgröße, zum anderen auf den Siegeltyp. So war es im Prinzip selbstverständlich, daß das Siegel eines Herzogs kleiner sein mußte als das des jeweiligen Kaisers oder Königs und schon gar nicht wie deren Siegel als Thronsiegel („Majestätssiegel"[3]) gestaltet werden durfte. Wenn die Herzöge dann ein nicht viel kleineres, aber ähnlich anspruchsvolles Rundsiegel führten, in dem sie hoch zu Roß mit dem Symbol des ihnen zustehenden Heerbanns, der Fahnenlanze, dargestellt waren, so ordneten sich ihnen wiederum die Grafen unter: Auch sie führten Reitersiegel, aber i. a. von geringerem Durchmesser und mit dem Unterschied, daß sie in ihrer Rechten nicht eine Fahnenlanze hielten, sondern kampfbereit das Schwert schwangen. Demgegenüber begnügten sich der niedere Adel und das Bürgertum mit wiederum deutlich kleineren Siegeln, die meist als Wappensiegel gestaltet wurden. Für diese Siegelführer war das Wappen Identifikationssymbol, ihr Siegel insofern ein willkommenes Mittel der Selbstdarstellung.

Es bildeten sich, wie wir aufgrund des massenhaften Vorkommens der Siegel feststellen können, regelrechte Siegeltypen heraus[4], von denen schon einige genannt worden sind. Da sich die Siegel von Personen i. d. R. recht

1 Vgl. hierzu: Toni Diederich, Grundzüge des Siegelwesens im ausgehenden 13. Jahrhundert, in: Der Name der Freiheit 1288-1988. Aspekte Kölner Geschichte von Worringen bis heute, Handbuch zur Ausstellung des Kölnischen Stadtmuseums, hrsg. von Werner Schäfke, 2. Aufl. Köln 1988, S. 83-104.

2 Zahlreiche Belege bei: Andrea Stieldorf, Rheinische Frauensiegel. Zur rechtlichen und sozialen Stellung weltlicher Frauen im 13. und 14. Jahrhundert, phil. Diss. Bonn 1998 (Rheinisches Archiv 142), Köln-Weimar-Wien 1999, 708 Seiten, 64 Abbildungen; vgl. auch Andrea Stieldorf, Die Siegel bürgerlicher Frauen in rheinischen Städten, in: Geschichte in Köln 48 (2001), S. 45-85, mit einer eindrucksvollen Liste von nachgewiesenen Frauensiegeln, insbesondere auch solchen aus Köln.

3 Die Bezeichnung sigillum maiestatis kommt schon in den mittelalterlichen Urkunden und 1442 auch erstmals in einer Umschrift, und zwar der des großen Majestätssiegels König Friedrichs III., vor; vgl. Erich Kittel, Siegel (Bibliothek für Kunst- und Antiquitätenfreunde XI), Braunschweig 1970, S. 211-213.

4 Eine nahezu komplette Aufstellung von Siegeltypen nach ihrem Erscheinungsbild findet sich in: Conseil International des Archives, Comite de Sigillographie, Vocabulaire international de la sigillographie (Ministero per i beni culturali e ambientali, Pubblicazioni degli archivi di stato, Sussidi 3), Rom 1990, S. 151-163. Ein neuer, dem Verständnis des Siegels dienender Ansatz wird verfolgt in: Toni Diederich, Prolegomena zu einer neuen Siegel-Typologie, in: Archiv für Diplomatik, Schriftgeschichte, Siegel- und Wappenkunde 29 (1983), S. 242-284, sowie Toni Diederich, Réflexions sur la typologie des sceaux, in Janus, Revue archivistique 1993.1, S. 48-68.

genau, die der unpersönlichen Siegelführer oft aber wenigstens annähernd datieren lassen, kann man die Entwicklung der Siegelgrößen bei den einzelnen Typen gut verfolgen. Dasselbe gilt für die Ikonographie und die stilistische Entwicklung der Siegelkunst über größere Zeiträume hinweg. Wenn man ein einzelnes Siegel vor diesem Hintergrund untersucht, kommt man dem Siegelführer deutlich näher. Das zeigt sich insbesondere dann, wenn ein Siegelführer, was gelegentlich durchaus vorkommt, die oben angesprochene Hierarchie verletzt, also ein „zu großes" Siegel besitzt oder gar einen Siegeltyp usurpiert, der ihm eigentlich nicht zusteht. Für den Siegelforscher, mehr noch den Historiker, sind solche Fälle von besonderem Interesse. In aller Regel zeigt sich nämlich, daß es diesen Siegelführern um eine Demonstration ihrer Macht oder ihrer herausgehoben Stellung unter ihresgleichen ging. Ein Beispiel hierfür ist Hilger von der Stesse († 1338), der als einziger aus den Kölner Geschlechtern ein Reitersiegel führte.[5] Verständlich wird dies allerdings, wenn man weiß, daß Hilger von der Stesse als Ritter, Ratsherr, Bürgermeister, Schöffe, Münzerhausgenosse und Bannerherr eine außergewöhnliche Position in der Stadt Köln besaß und vor allen Dingen sehr reich war, weshalb er nach der Darstellung in der Koelhoffschen Chronik auch *der rijch her Hilger* genannt wurde. Wie es in derselben Quelle weiter heißt, *hielt* (er) *ouch groissen adelichen stait in vill sachen ind was van groissem gehoere by den lantzheren ind in der stat van Coellen*.[6] In vielen Dingen tat er es demnach dem Adel gleich, so daß es nicht verwundern kann, wenn er sich eines Reitersiegels bediente. Es fällt aber auf, daß dieses Siegel mit ca. 4,2 cm im Durchmesser erheblich kleiner ist als die Reitersiegel des rheinischen Adels seiner Zeit. Insofern hat sich auch Hilger von der Stesse an die ungeschriebenen Gesetze der Siegelführung gehalten.

Die Siegel des Kölner Clarissenklosters St. Clara sind vor dem Hintergrund der geschilderten Konventionen des Siegelwesens zu sehen, das ohne Zweifel im abendländischen Mittelalter seine größte Blüte erreichte. Es kann nicht verwundern, daß das im Jahre 1304 gegründete Kloster der Clarissen in Köln den Gepflogenheiten der älteren Klöster folgend sich alsbald einen Siegelstempel anfertigen ließ. Ob man sofort schon einen Anlaß zur Ausstellung eigener Urkunden hatte, mag angesichts möglicher Verluste von Siegelabdrücken oder auch ganzer Urkunden offenbleiben. Jedenfalls ist der älteste Abdruck des Siegels von St. Clara bereits an einer Urkunde der Abtei Kornelimünster vom 19. November 1307 belegt.[7] Es kann auch nicht verwundern, daß man bei der Gestaltung des Siegels einen Siegeltyp wählte, der sich bei den geistlichen Institutionen von Anfang an größter Beliebtheit erfreute: das Heiligensiegel. Zum besseren Verständnis sämtlicher Siegel des Klosters St. Clara am Römerturm seien noch einige Bemerkungen zum Typ des Heiligensiegels und zur Stellung desselben im Umfeld der übrigen Siegeltypen vorausgeschickt.

Blickt man auf die Anfänge des mittelalterlichen Siegelwesens, so zeigt sich, daß bei den ersten Siegeln, nämlich denen der Merowingerkönige, nur ein Typ vorkommt: das Bildnissiegel. Eine Selbstdarstellung mittels des eigenen Bildes, in diesem Falle des en face abgebildeten Kopfes des Königs mit seinen charakteristischen langen Haaren, die in der Mitte gescheitelt sind, lag nur allzu nahe. Die Gestaltung dieser Siegel ist auch deshalb besonders zu erwähnen, weil damit der König in der Urkunde buchstäblich präsent war, er also das Königsheil zeichenhaft in die Urkunde hineintrug

---

5 Historisches Archiv der Stadt Köln (HAStK), HUA K/1032 vom 14. März 1321; ein Abguß von dem Siegel befindet sich im Histor. Archiv des Erzbistums Köln (AEK) Siegelsammlung Ewald 1, Nr. 3354, ein Foto-Negativ hiervon im Rhein. Bildarchiv, Glasplatte S. 583.

6 Die Cronica van der hilliger Stat van Coellen (Köln 1499), unpaginierte Seite zwischen S. LVII und S. LIX; Druck: Die Chroniken der deutschen Städte 13, Leipzig 1876, S. 325. – Zur Person und Stellung Hilgers von der Stesse vgl. Joachim Oepen, Die Totenbücher von St. Maria im Kapitol zu Köln. Edition und personengeschichtlicher Kommentar (Studien zur Kölner Kirchengeschichte 32), Siegburg 1999, S. 464 f.

7 Hauptstaatsarchiv Düsseldorf, Kornelimünster, Urk. 91; vgl. Edith Meyer-Wurmbach, Textband (1. Halbband) zu Wilhelm Ewald, Rheinische Siegel IV: Siegel der Stifte, Klöster und geistlichen Dignitäre (Publikationen der Gesellschaft für Rheinische Geschichtskunde 27, Bonn 1933–1941), Bonn 1972, S. 166.

und mit ihm sein Königsgebot verstärkte.[8] Gerade hieraus ist das eingangs erwähnte hohe Ansehen der Königsurkunde zu erklären. Sieht man von der Tatsache ab, daß die Karolingerkönige antike Gemmen mit Herrscherbildnissen zum Siegeln benutzten[9], sie also sich nicht selbst im Siegelbild abbilden ließen, so dominieren doch seit der Ottonenzeit wieder die Bildnissiegel, wobei sie zunächst nur das Brustbild, später aber die stehende oder thronende Figur des Königs darstellten. Das Thronsiegel, welches den König mit seinen Herrschaftsinsignien zeigte, wurde dann Jahrhunderte lang beibehalten, so daß man diese Siegel mit einigem Recht als eigenen Siegeltyp ansehen kann. Von diesem Siegeltyp, dem Majestätssiegel, war oben schon die Rede. Auch die Bischöfe besaßen anfangs Bildnissiegel mit der Darstellung des Kopfes oder des Brustbildes des jeweiligen Siegelführers. Um 1100 gingen sie aber dazu über, sich im Siegelfeld thronend darstellen zu lassen.[10]

Nach dem Bildnissiegel entstand als zweiter wichtiger Siegeltyp, wenn wir den Sonderfall der Gemmensiegel einmal beiseite lassen, das Heiligensiegel. Bei den geistlichen Institutionen, also Stiften und Klöstern, dominierte er von Anfang an. Dies änderte sich im Prinzip auch nicht in der späteren Zeit, als bei ihnen Kirchenbildsiegel[11], Kirchengründersiegel[12], Symbolsiegel[13], Erzählsiegel[14] und Wappensiegel[15] hinzukamen. Vor allem seit dem Spätmittelalter treten auch immer häufiger Mischtypen auf, in denen zwei oder mehr „reine" Typen zu einer komplexen Bildaussage kombiniert sind.

Im Siegelfeld der Heiligensiegel erscheinen in aller Regel der Schutzpatron oder die Schutzpatronin bzw. (wie etwa im Falle des Stiftes St. Cassius und Florentius in Bonn) die Schutzpatrone der jeweiligen geistlichen Institution.[16] Aber damit nicht genug: Auch in der Siegelumschrift wird in der ersten Phase nicht etwa die geistliche Institution selbst bzw. das Kapitel oder der Konvent als Siegelführer ausgewiesen. Vielmehr nennen auch hier die Umschriften die jeweiligen Schutzpatrone, wie die Siegel der Kölner Stifte und Klöster zeigen.[17] Einige Beispiele solcher Umschriften seien hier in deutscher Übersetzung angeführt: „Der heilige Apostel Petrus, Patron des heiligen Köln" (Domstift), „Gereon, Führer und Märtyrer Christi" (Stift St. Gereon), „Der heilige Severin, Erzbischof von Köln" (Stift St. Severin), „Gottesmutter Maria im Kapitol" (Stift St. Maria im Kapitol) und „Der heilige Martin" (Benediktinerabtei Groß St. Martin). Wir ersehen hieraus, daß der Schutzheilige – in vielen Fällen beherbergte man ja auch die Gebeine des Heiligen oder zumindest einzelne Reliquien – für die Menschen des Mittelalters eine ungeheure Bedeutung besaß. Er war der eigentliche Repräsentant des jeweiligen Stiftes oder Klosters, und so wird verständlich, warum die frühen Schenkungen an den Heiligen und nicht etwa an die Stiftsherren oder die Klosterangehörigen erfolgten. Der frühere Kölner Rechtshistoriker Hans-Jürgen Becker hat bezüglich der Funktion des Heiligen treffend festgestellt: „Er ist der Eigentümer seiner Kirche und des dazu gehörenden Kirchenvermögens, er ist – modern gesprochen – eine juristische Person."[18] Angesichts der Glaubensvorstellungen und der wichtigen Helferfunktion der Heiligen für die Menschen jener Zeit wird auch verständlich, daß bei der Gestaltung von Städtesiegeln ebenfalls sehr oft der oder die Stadtpatrone im Siegelfeld abgebildet wurden. Das Rheinland bietet hierfür schöne Beispiele, allen voran die Städte Köln, Mainz und Trier; in den Umschriften der ältesten Stadtsiegel von Andernach[19] und Duisburg[20] sind die im Sie-

---

8 Vgl. hierzu Andrea Stieldorf, Gestalt und Funktion der Siegel auf den merowingischen Königsurkunden, in: Archiv für Diplomatik, Schriftgeschichte, Siegel- und Wappenkunde 47/48 (2001/2002), S. 133–166.

9 Man stellte sich damit sichtbar in die Nachfolge der römischen Kaiser; zur Sonderstellung der Gemmensiegel innerhalb der übrigen Siegeltypen vgl. Toni Diederich, Prolegomena (wie Anm. 4), S. 270.

10 Vgl. Manfred Groten, Das Aufkommen der erzbischöflichen Thronsiegel im Deutschen Reich, in: Historisches Jahrbuch 100 (1980), S. 163–197, und Robert Steiner, Die Entwicklung der bayerischen Bischofssiegel von der Frühzeit bis zum Einsetzen des spitzovalen Throntyps, 2 Bände (Quellen und Erörterungen zur Bayerischen Geschichte N. F. XL, 1–2), München 1998.

11 Vgl. Toni Diederich, Prolegomena (wie Anm. 4), S. 272. Beispiele für die Darstellung der Kirche im Siegelfeld sind das älteste Siegel des Stiftes St. Aposteln in Köln und des Stiftes St. Gertrud in Nivelles (Belgien).

12 Vgl. ebenda, S. 272 f.

13 Vgl. ebenda, S. 278 f.

14 Vgl. ebenda, S. 268 f.

15 Vgl. ebenda, S. 279 f.

16 Eine Ausnahme ist das älteste Siegel von St. Aposteln in Köln, das eine Kirche zeigt; vgl. oben Anm. 11.

17 Ich greife hier und im folgenden ausdrücklich auf, was ich vor dem Kölner „Jahr der romanischen Kirchen" (1985) schon an entlegener Stelle ausgeführt habe; vgl. Toni Diederich, Die romanischen Kirchen Kölns und ihre Schutzpatrone, in: Köln. Vierteljahrsschrift für die Freunde der Stadt 2 (1983), S. 12 f.

18 Hans-Jürgen Becker, Stadtpatrone und städtische Freiheit. Eine rechtsgeschichtliche Betrachtung des Kölner Dombildes, in: Beiträge zur Rechtsgeschichte, Gedächtnisschrift für Hermann Conrad (Rechts- und Staatswissenschaftliche Veröffentlichungen der Görres-Gesellschaft N. F. 34), Paderborn u. a. 1979, S. 25.

19 Die Umschrift lautet: + MAT(ER) · DEI · PAT(RO)NA · CIVIVM · ANDERNACENSIVM (= Mutter Gottes, Patronin der Andernacher Bürger, vgl. Toni Diederich, Rheinische Städtesiegel, Neuss 1984, S. 168–171.

20 Die Umschrift lautet: + SALVATOR MVNDI: PA-TRONVS · I(N) · DVS-BVRG·; vgl. ebenda, S. 217–220.

gelfeld abgebildeten Heiligen ausdrücklich als Stadtpatrone apostrophiert. Aber auch die Siegel anderer Institutionen und Korporationen – zu nennen sind etwa die Siegel von Universitäten (einschließlich der verschiedenen Fakultäten), Schöffenkollegien, Gemeinden und Zünften – weisen oft „ihre" Heiligen auf. Die Verbreitung des Heiligensiegels im Mittelalter, aber auch noch in der Neuzeit, kann damit nur angedeutet werden.

Als aus hier nicht zu erörternden Gründen die geistlichen Institutionen im 13. Jahrhundert vielerorts neue Siegelstempel in Auftrag gaben, änderte man die in der ersten Phase weit verbreitete Umschrift, die mit dem Namen des Schutzpatrons eingeleitet wurde, in der Weise um, daß das Siegel nunmehr als das Siegel der Kirche („Sigillum ecclesie..."), des Kapitels („Sigillum capituli...") oder des Konventes („Sigillum conventus...) erschien. Die Nennung des Patrons und des Ortes des Siegelführers folgte anschließend, so daß die Umschrift in dieser erweiterten Form nunmehr alle notwendigen Angaben zur Identifizierung des Siegelführers enthielt. In dieser Form sind dann die Umschriften in den folgenden Jahrhunderten weitgehend beibehalten worden. Das gilt auch für das Kreuz, welches die Umschrift einleitet. Es erklärt sich als Übernahme der Gewohnheit, den Text der Urkunde mit einer Anrufung Gottes zu beginnen. In den Urkunden hatte man sich nämlich neben der verbalen Invokation oft auch der symbolischen Invokation, meist in Gestalt eines sog. Chrismons (eines verzierten C, das für Christus steht), oft aber auch in Gestalt eines Kreuzes, bedient.[21] In den Siegeln des Mittelalters erscheint das Kreuz am Anfang der Siegelumschriften fast regelmäßig, wenn nicht kompositorische oder andere Gründe einen Verzicht darauf nahelegten. Allerdings war man sich des Sinns dieser Gepflogenheit später offenbar nicht mehr bewußt, so daß vielfach das symbolträchtige Kreuz weggelassen oder gelegentlich durch einen Stern ersetzt wurde.

Geht man von dem hier skizzierten Stand des Siegelwesens aus, das in Köln wegen der Vielzahl der siegelführenden Personen, Institutionen und Korporationen einerseits und der künstlerischen Qualität etlicher Siegelstecherarbeiten andererseits geradezu eine eigene Siegellandschaft bildet, so fügen sich die Siegel des Clarissenklosters St. Clara in das Gesamtbild nahtlos ein. Sie sollen nachfolgend abgebildet und in gebotener Kürze abgehandelt werden. Wir unterscheiden hierbei zwischen den Siegeln des Konventes, der Äbtissinnen und einzelner anderer Angehöriger des Clarissenklosters.[22]

---

21 *Vgl. Toni Diederich, Zur Bedeutung des Kreuzes am Anfang von Siegelumschriften, in: Graphische Symbole in mittelalterlichen Urkunden. Beiträge zur diplomatischen Semiotik (Historische Hilfswissenschaften 3), Sigmaringen 1996, S. 157–166.*

22 *Die Reihenfolge orientiert sich an der Publikation von Wilhelm Ewald und Edith Meyer-Wurmbach (wie Anm. 7). Zusätzlich werden ein dort nicht behandeltes unpersönliches Äbtissinnensiegel und ein persönliches Siegel der Äbtissin Hadwig Schonenberg berücksichtigt, von dem Ewald sowohl einen Abguß als auch ein Fotonegativ hat anfertigen lassen.*

Konventssiegel

Erstes Siegel des Konventes

Bild: Auf einem von fünf Spitzbögen getragenen Podest stehen sich der hl. Franziskus mit dem Kreuz in der Linken und die hl. Clara mit einer Monstranz in der Rechten und einem Buch in der Linken gegenüber.

Umschrift: [+ SI]GILLV(M) : CO(N)VE(N)T(VS) : S[O(RORVM)] : S(AN)C(T)E : CLARE : I(N : CO[L(ONIA)]

Größe: ca. 5,4 : 3,9 cm.

Abbildung: Originalabdruck an Urkunde vom 31. März 1340 im HAStK, Best. 235 (Clara), Urk. 2/38. – Foto: Rhein. Bildarchiv, L 18 322/9 (Wolfgang F. Meier).

Literatur: Wilhelm Ewald (wie Anm. 7), Tafel 50 Nr. 4; Edith Meyer-Wurmbach (wie Anm. 7), S. 168.

Nach den Regeln der Heraldik wird ein Wappen aus der Sicht des Schildträgers beschrieben. Demnach benutzt man die Bezeichnungen „rechts" und „links" entgegen dem landläufigen Sinne. Obwohl wir es hier mit keinem Wappen, sondern mit einem Siegel zu tun haben, ist der Hinweis wichtig, weil die heraldisch rechte Seite (in der heraldischen Beschreibung auch als „vorn" bezeichnet) gegenüber der anderen (linken) Seite (in der heraldischen Beschreibung auch als „hinten" bezeichnet) der vornehmere Platz ist. Die Siegelforschung im deutschsprachigen Raum einschließlich verschiedener Nachbarländer wie Ungarn folgt bei „rechts" und „links" seit langem den heraldischen Gewohnheiten.[23] Sie haben auch bei dem vorliegenden Siegel ihre Bedeutung und ihren Sinn, steht die hl. Clara im Siegel doch zur Linken des hl. Franziskus, dieser aber zur Rechten der hl. Clara. Aus allem ergibt sich: Der hl. Franziskus nimmt im Siegel den vornehmeren Platz ein. Das hat in Anbetracht der Geschichte des Franziskaner- und des Clarissenordens seinen Sinn, wurde der letztgenannte doch 1212 von Franz von Assisi und Clara (Chiara) von Assisi gemeinsam als „Zweiter Orden des hl. Franziskus" gegründet. Historisch kommt dem hl. Franz von Assisi in seiner Eigenschaft als Ordensgründer also der erste Rang zu. Die Darstellung der hl. Clara im vorliegenden Siegel drängte sich besonders auf, weil sie die namengebende Schutzpatronin des Kölner Klosters am Römerturm war. Die Ikonographie des ältesten Siegels von St. Clara in Köln fügt sich nahtlos in das Gesamtbild der Siegel geistlicher Institutionen ein.

In der Beschreibung des Siegelbildes sind die beiden Heiligengestalten ohne Umschweife als Franziskus und Clara angesprochen worden. Hierbei handelt es sich streng genommen um eine Interpretation. An ihrer Richtigkeit kann aber kein Zweifel bestehen. Beide Gestalten sind mit einem Heiligenschein versehen und durch „ihre" Attribute näher gekennzeichnet: der hl. Franziskus mit einem Kreuz, die hl. Clara mit einer Monstranz und einem Buch. Unter den vielen Einzelszenen, die wir von dem hl. Franziskus kennen, interessiert hier diejenige der Stigmatisation, weil Franz die Stigmata meist durch ein Kruzifix in Gestalt eines Seraphs erhält.[24] Die hl. Clara vertrieb um 1240 durch inbrünstiges Gebet zum allerheiligsten Sakrament die Sarazenen von S. Damiano in Assisi, weshalb sie noch heute als Retterin der Stadt verehrt wird. Der Legende nach zeigte sie sich den Sarazenen mit der Monstranz.[25] Das bei Aposteln, Evangelisten, Kirchenvätern und vielen anderen Heiligen anzutreffende Buch symbolisiert im Falle der hl. Clara wohl das Brevier und dessen Bedeutung für die Clarissen, vielleicht aber noch eher die von der hl. Clara verfaßte Ordensregel, die sich an die des hl. Franziskus anlehnte und 1253 von Papst Innozenz IV. bestätigt wurde.

In dem vorliegenden Siegel wirkt die Darstellung der beiden Heiligen mit ihren groben Gesichtszügen etwas ungelenk, die Ausführung der mächtigen Umschrift in gotischer Majuskel schon gekonnter. Es ist augenscheinlich, daß man keinen der herausragenden Kölner Goldschmiedemeister mit der Anfertigung des Siegelstempels beauftragt hat. Dieser wird wegen des oben erwähnten ersten Abdrucks an einer Urkunde von 1307 schon bald nach der Gründung des Klosters entstanden sein.

23 Vgl. etwa: Morand Guth, Die franziskanischen Siegel der Straßburger Ordensprovinz von den Anfängen bis zum Ende des 16. Jahrhunderts, in: Archives de l'église d'Alsace 42 (1983), S. 192 f.: „Bei der Beschreibung des Siegelbilds sind die Ausdrücke rechts *und* links *heraldisch zu verstehen..."*

24 Hannelore Sachs – Ernst Badstübner – Helga Neumann, Erklärendes Wörterbuch zur christlichen Kunst, Hanau o. J., S. 137; Lexikon der christlichen Ikonographie 6, Rom u. a. 1974, Sp. 264 und 272 f.

25 Vgl. den Artikel von M. Faßbinder, Klara v. Assisi, in: Lexikon für Theologie und Kirche 6, Freiburg i. B. 1934, Sp. 5 f. mit Abbildung einer Holzskulptur in der Unterkirche zu Assisi: Dort hält die hl. Clara bei der Vertreibung der Sarazenen eine Monstranz in der Hand.

Zweites Siegel des Konventes

Bild: In einem damaszierten, von zwei Baldachinen bekrönten und beiderseits von einer Fiale begleiteten Architekturrahmen stehen sich der hl. Franziskus mit dem Kreuz in der Linken und die hl. Clara mit einer Monstranz in der Rechten und einem Buch in der Linken gegenüber. Unter dem Rahmen, zu Füßen der beiden Heiligen, befinden sich auf einem Podest zwei Löwen, deren Oberkörper sich zu einem großen Löwenhaupt vereinigen.

Umschrift: Sigillu(m) · conuentus : sororum · sancte : clare : in : colonia

Größe: 7,1 : 4,6 cm.

Abbildung: Originalabdruck an Urkunde vom 12. März 1404 im HAStK, Best. 103 (Columba), Urk. 1/891. – Foto: Rhein. Bildarchiv, L 18 322/12 (Wolfgang F. Meier).

Literatur: Wilhelm Ewald (wie Anm. 7), Tafel 50 Nr. 5; Edith Meyer-Wurmbach (wie Anm. 7), S. 168.

26 *HAStK, Allg. Siegelsammlung, Nr. 563; ein Originalabdruck vom Jahre 1401 befindet sich ebenda, Nr. 514.*
27 *Zu dem gotischen Siegel der Stadt Köln vgl. Toni Diederich, Rheinische Städtesiegel (wie Anm. 19), S. 265–268, und Toni Diederich, Das gotische Stadtsiegel von 1268/69, in: Wolfgang Rosen und Lars Wirtler (Hrsg.), Quellen zur Geschichte der Stadt Köln 1, Köln 1999, S. 233–237.*
28 *Wegen der großen rechtlichen Bedeutung des Siegels und des Bestrebens, Siegelfälschungen zu verhindern, wurden die Siegelstempel i. a. sehr sicher aufbewahrt, wie zahlreiche Vorschriften belegen. Man wird daher nur in Einzelfällen an Verlust oder Entfremdung, eher an Abnutzung und Unbrauchbarkeit eines alten Stempels denken wollen.*
29 *Ich benutze den Begriff nur ungern, weil er in eigentlich unzulässiger Weise unsere Vorstellungen in das Mittelalter projiziert.*
30 *Ein berühmtes Beispiel für eine Beschädigung durch Hammerschläge auf der Rückseite ist das große Siegel der Stadt Essen; vgl. Rainer Kahsnitz, Das große Essener Stadtsiegel im Germanischen National-Museum zu Nürnberg, in: Das Münster am Hellweg 23 (1970), S. 25–42.*
31 *Vgl. Ludwig Arntz – Heinrich Neu – Hans Vogts, Franziskanerinnenkloster S. Clara (am Römerturm), in: Die Kunstdenkmäler der Stadt Köln, Ergänzungsband: Die ehemaligen Kirchen, Klöster, Hospitäler und Schulbauten der Stadt Köln (Die Kunstdenkmäler der Rheinprovinz 7, 3), Düsseldorf 1937 (Nachdr. 1980), S. 278–288, sowie Christoph Bellot, Clarissenkloster St. Clara, in: Kölner Kirchen und ihre Ausstattung 1 (Colonia Romanica X, 1995), S. 206–240.*
32 *Sie sind bei Wilhelm Ewald, Rheinische Siegel IV (wie Anm. 7) zusammen mit den Siegeln der Kölner Clarissen alle auf Tafel 50 (Nr. 2, 3 und 12) in Originalgröße abgebildet, so daß die Größenunterschiede ins Auge fallen.*

Nicht lange vor dem ersten bekannten Beleg vom Jahre 1399[26] wird der Konvent des Clarissenklosters St. Clara einen neuen Siegelstempel in Auftrag gegeben haben. Warum dies geschah, muß offenbleiben. Die Tatsache ist jedoch nicht ungewöhnlich und auch bei vielen anderen Siegelführern nachgewiesen. Eine Notwendigkeit zur Anschaffung eines neuen Typars war immer dann gegeben, wenn der bisherige Stempel verlorengegangen, entfremdet oder beschädigt worden war. Ein berühmtes Beispiel für Entfremdung ist das Typar des ältesten Kölner Stadtsiegels. Da in den Auseinandersetzungen der Jahre 1267/68 zwischen den Geschlechtern der Weisen und der Overstolzen der Bürgermeister Ludwig von der Mühlengassen den Stempel zum Stadtsiegel beiseite schaffte und nach seiner Flucht aus der Gefangenschaft gegen ihn kein Druckmittel zur Herausgabe mehr eingesetzt werden konnte, sah sich der Rat der Stadt Köln gezwungen, ein neues Typar in Auftrag zu geben. Diesem Umstand verdanken wir den Stempel zu dem wunderschönen gotischen Stadtsiegel, der von 1269 bis zum Ende der alten Reichsstadt benutzt wurde und heute zu den Kostbarkeiten des Kölnischen Stadtmuseums gehört.[27] Die Vielzahl der Fälle, in denen Siegelstempel durch neue ersetzt wurden[28], legt den Schluß nahe, daß hierfür oft auch der Wunsch maßgebend gewesen sein könnte, ein Siegel in „modernem"[29] Stil zu besitzen, denn in aller Regel wurde der neue Stempel, auch wenn man an dem Inhalt des alten Siegels, d. h. dem Motiv des Siegelfeldes und dem Wortlaut der Umschrift, festhielt, nach der „Mode" der neuen Zeit gestaltet.

Wenn beim Clarissenkloster St. Clara schon nach einem Jahrhundert ein Siegelwechsel eintrat, so ist, auch wenn einschlägige Quellen hierfür fehlen, ein Verlust des ersten Siegelstempels nicht ganz auszuschließen. An eine übermäßige Abnutzung desselben wird man aber nicht unbedingt denken müssen, wenngleich eine unsachgemäße Handhabung, etwa durch Hammerschläge auf die Rückseite des (Bronze-)Stempels bei der Herstellung des Siegelabdrucks im handweichen Wachs, ebenfalls nicht völlig ausgeschlossen werden kann.[30] So darf man wohl doch mit einer höheren Wahrscheinlichkeit davon ausgehen, daß das Clarissenkloster, das sich nach einem Jahrhundert zu einer angesehenen Institution in der Kölner Klosterlandschaft entwickelt hatte, wie Ausstattung und Kunstbesitz beweisen[31], den Wunsch hatte, ein größeres und „moderneres" Siegel zu besitzen. Da man an der Grundaussage des Siegels, der Abbildung „seiner" Heiligen, festhielt, also keine neue Aussage angestrebt wurde, handelt es sich hier um einen Nachschnitt, bei dem allerdings die Änderungen gegenüber dem alten Siegel besonders ins Gewicht fallen. Das gilt zunächst einmal für die Größe des Siegels, mit der man sich sozusagen auf ein ganz neues Niveau, das der bedeutenden Stifte und Klöster in Köln, begab. Die beträchtlich gestiegenen Dimensionen des Siegels entsprechen dem gestiegenen Selbstbewußtsein des Konventes, der wie andere Siegelführer im Siegel ein Mittel der Selbstdarstellung sah. Erinnert sei an das, was eingangs zu den Siegelgrößen gesagt wurde. Schließlich sei hier auch darauf hingewiesen, daß die gleichzeitigen oder späteren Siegel der Franziskaner- bzw. Clarissenklöster von Düren, Duisburg und Trier mit einer Höhe von 5,7 bis 5,9 cm deutlich kleiner sind als das zweite Siegel des Kölner Clarissenklosters am Römerturm.[32]

Die zweite auffällige Neuerung ist der reich gestaltete spätgotische Architekturrahmen. Hatten sich die Architekturelemente im ersten

Siegel auf die fünf hochgotischen Arkaden unter dem Podest der Heiligen beschränkt, so wird das Podest im zweiten Siegel zum Aufbau einer mit Fialen und zahlreichen Krabben versehenen tabernakelartigen Architektur benutzt. In ihr ist die Klarheit der Hochgotik zugunsten der reichen Zierelemente der Spätgotik gewichen. Zu diesen gehört auch die Damaszierung des Hintergrundes, die zwischen den beiden Heiligengestalten sichtbar wird. Der Begriff Damaszierung, abgeleitet von den Ornamenten auf den berühmten Damaszenerklingen, stammt aus der Heraldik. Weil man die gelegentlich vorkommenden „ledigen" (leeren) Wappenschilde bzw. leeren größeren Schildteile als unbefriedigend – man darf vielleicht auch sagen: langweilig – empfand, lockerte man diese Felder durch regelmäßig oder unregelmäßig gestaltete Linien auf, wodurch dann die häufig vorkommenden Arten des Rautendamastes oder aber des Rankendamastes entstanden.[33]

Die Heiligengestalten des zweiten Siegels sind schlanker, in den Gesichtszügen feiner und in der Faltenbildung eleganter als in dem ersten Siegel, und ohne Zweifel ist dem Goldschmied des Neuschnitts nicht nur eine anmutigere Darstellung der Heiligen, sondern auch eine ansprechende Gesamtkomposition gelungen. Zu ihr gehört auch die zumindest in der Siegelkunst ganz ungewöhnliche Darstellung von zwei Löwen, deren Oberkörper sich zu einem einzigen, dem Bildbetrachter zugewandten Löwenkopf vereinigen. Dieser ist überproportional groß ausgefallen. Man kann nur mutmaßen, daß der Grund für diese Art der Darstellung in dem Zwang liegt, in dem kleinen dreieckigen Feld unter dem Architekturrahmen zwei Löwen unterzubringen. Es gab für die hinteren Partien der Löwen nur wenig Platz her, mehr jedoch für den Löwenkopf in der Bildmitte. So hat der Siegelstecher die beiden Löwen in der Mitte zu einem Löwen zusammengezogen. Gerade diese ungewöhnliche, „originelle"[34] Darstellung in dem unteren Dreieck des Siegelfeldes, das man leicht mit Zierelementen, etwa einem gotischen Dreipaß oder Dreiblatt, hätte ausgestalten können, legt den Schluß nahe, daß die Löwen dem Auftraggeber und dem Künstler wichtig waren. Da der Löwe kein spezielles Attribut des hl. Franziskus und der hl. Clara ist – sie sind ja durch das Kreuz bzw. durch die Monstranz und das Buch hinreichend kenntlich gemacht –, wird man den Löwen so interpretieren müssen, wie er seit jeher gesehen wird: als Symbol der Stärke. Im Mittelalter findet sich der Löwe häufig bei Grabmälern, oft zu Füßen männlicher Grabfiguren (wie der Hund als Symbol der Treue bei Frauen). Auch in Siegeln kommen Löwen zu Füßen von Heiligen[35], auch von weiblichen Heiligen[36], vor. Man wird das zweite Siegel des Clarissenklosters St. Clara wohl so verstehen dürfen, daß dieses sich im Schutze „seiner" beiden Heiligen befindet. Ihre Stärke ist auch die des Klosters.

Sind wir mit dieser Interpretation der Löwen auf der sicheren Seite? Wenn wir die späteren persönlichen Siegel von Angehörigen des Clarissenklosters betrachten, werden wir in zwei Fällen einem Wappenschild mit dem Löwen zur Linken der hl. Clara begegnen. In diesen Fällen handelt es sich um den Wappenschild der Grafen und späteren Herzöge von Geldern.[37] Da der Löwe in den Wappen des Adels sehr häufig begegnet – im Rheinland etwa bei den Grafen/Herzögen von Berg, Jülich und Geldern[38] –, könnte der Löwe auch, sozusagen aus dem Wappenschild herausgenommen, für ein Geschlecht mit einem Löwenwappen stehen. Es wäre also auch daran zu denken, daß die beiden Löwen auf die Gründerin des

33 Ein Beispiel hierfür ist das Wappen der Stadt Köln: Es zeigte ursprünglich unter den drei goldenen (gelben) Kronen im roten Schildhaupt ein leeres silbernes (weißes) Feld, das in frühen Darstellungen sowohl durch Rautendamast (z. B. im großen Universitätssiegel von 1392) als auch durch Rankendamast (z. B. in der Kreuzigungsminiatur des städtischen Eidbuches von ca. 1398–1400 und auf dem Knauf des Richtschwertes aus dem späten 15. Jahrhundert) aufgelockert wurde; vgl. Heiko Steuer, Das Wappen der Stadt Köln, Köln 1981.

34 Zur Originalität beim mittelalterlichen Künstler vgl. Günter Bandmann, Mittelalterliche Architektur als Bedeutungsträger, Berlin 1951, S. 50 f.

35 Ein Beispiel ist das große Siegel des adeligen Damenstiftes St. Vitus in Elten, abgebildet bei Toni Diederich, Siegelkunst, in: Die Parler und der Schöne Stil 1350–1400. Europäische Kunst unter den Luxemburgern, Handbuch zur Ausstellung, Band 3, Köln 1978, S. 161.

36 Zum Beispiel im Siegel des Priors des Kartäuserklosters St. Barbara in Köln. Dort sind in die äußeren Fialen der spätgotischen Architektur, in welche die hl. Barbara hineingestellt ist, zwei kleine Löwen eingearbeitet; vgl. Toni Diederich, Die Siegel des Kartäuserklosters St. Barbara zu Köln und die kölnische Siegelkunst um 1500, in: Die Kölner Kartause um 1500, Aufsatzband, hrsg. von Werner Schäfke, Köln 1991, S. 252–270 mit Abb. 28 und S. 229 (Farbtafel 5 mit Abbildung des Typars).

37 Der Wappenschild mit dem steigenden Löwen kommt bei ihnen häufig vor; vgl. A. P. van Schilfgaarde, Zegels en genealogische gegevens van de graven en hertogen van Gelre, graven van Zutphen (Werken Gelre 33), Arnhem 1967.

38 Das Vorherrschen des Löwenmotivs (24 von 150) zeigt sich eindrucksvoll bei den Teilnehmern der Schlacht von Worringen; vgl. Ulrich Lehnart, Die Wappen der Teilnehmer der Schlacht bei Worringen, in: Der Name der Freiheit (wie Anm. 1), S. 171–193, Wappentafeln A–E auf den Seiten 172–176.

Kölner Clarissenklosters am Römerturm anspielen sollen, denn ihr mußte der Konvent sich nachhaltig verpflichtet fühlen. Bei der Gründerin handelt es sich bekanntlich um Richardis von Jülich, die nach dem Tod ihres Gatten, des Grafen Wilhelm IV. von Jülich, gemeinsam mit ihren Söhnen Walram und Gerhard 1304 das Kloster stiftete. Als Gräfin von Jülich führte sie natürlich das Jülicher Wappen mit dem steigenden schwarzen Löwen im goldenen (gelben) Schild. Von Hause aus war sie eine gebürtige Gräfin von Geldern, der als solcher auch das Führen des ererbten Wappens mit dem steigenden goldenen Löwen im damals noch mit goldenen Schindeln[39] bestreuten blauen Feld zustand. Tatsächlich gibt es zahlreiche Siegel, in denen sich adlige Damen stehend und begleitet von dem Wappenschild des Ehegatten auf der vornehmeren rechten Seite sowie dem ererbten väterlichen Wappen auf der linken Seite darstellen lassen.[40] Die Bedeutung der Heraldik im 14. Jahrhundert darf jedenfalls nicht unterschätzt werden, so daß letztlich auch die Interpretation des/der Löwen im zweiten Siegel des Clarissenkonventes in der Schwebe bleibt. Wir fragen uns manchmal wie im vorliegenden Falle, ob eine mehrdeutige Botschaft vielleicht bewußt intendiert war.

Eine Neuerung enthält auch die Umschrift: nicht in ihrer Aussage, sondern in der verwendeten Schrift. War die Umschrift des ersten Siegels noch in großen, geradezu massigen Buchstaben der gotischen Majuskel mit ihren typischen Zierstrichen beim C und E, ihren ansatzweise vorhandenen Brechungen und ihren durchgängigen Fett-Fein-Gegensätzen gestaltet worden (und damit auf der Höhe der Zeit), so wird für die Umschrift des zweiten Siegels konsequent die gotische Minuskel benutzt. Diese mit zahlreichen Brechungen versehene gitterartige Schrift dominierte in Deutschland während des ausgehenden Mittelalters. In Kölner Siegeln erscheint sie seit den 1390er Jahren. Die bekanntesten, wegen ihrer sorgsamen Gestaltung der Einzelbuchstaben auch schönsten Beispiele sind das große Universitätssiegel von 1392 und das Siegel der Gaffel Eisenmarkt von 1396.[41] Da das zweite Siegel des Clarissenklosters St. Clara vor seinem Erstbeleg vom Jahre 1399 entstanden sein muß, rückt es in die Nähe der vorgenannten Siegel, darf also durch die Wahl der gotischen Minuskel anstelle der gotischen Majuskel (die nach 1400 durchaus noch in Siegeln vorkommt) als ausgesprochen modern gelten. Es ist das qualitätvollste Siegel, das von dem Kloster geführt worden ist, und so darf man am Schluß seiner Betrachtung vielleicht doch annehmen, daß man den neuen Siegelstempel in Auftrag gegeben hat, weil das ältere Siegel dem Konvent ein knappes Jahrhundert nach der Gründung des Klosters als unbefriedigend erschien.

---

39 Seit etwa 1330 verschwanden die Schindeln aus dem Wappen, vgl. Klemens Stadler, Deutsche Wappen. Bundesrepublik Deutschland 1: Die Landkreiswappen, Bremen 1964, S. 37.

40 Etliche Beispiele dieser Art finden sich bei A. P. van Schilfgaarde (wie Anm. 37) und Wilhelm Ewald, Rheinische Siegel VI: Siegel der Grafen und Herzöge von Jülich, Berg, Cleve, Herrn von Heinsberg (Publikationen der Gesellschaft für Rheinische Geschichtskunde 27), Bonn 1941; Textband, bearb. von Edith Meyer-Wurmbach, Bonn 1963.

41 Beide sind behandelt und abgebildet bei Toni Diederich, Siegelkunst (wie Anm. 35), S. 162 f. Die Stempel zu beiden Siegeln befinden sich heute im Kölnischen Stadtmuseum.

Drittes Siegel des Konventes

Bild: Ganz ähnlich dem zweiten Konventssiegel. Unter dem Architekturrahmen befinden sich auf einem Podest zwei einander zugewandte Löwen.

Umschrift: SIGILLV(M) : CO(N)VENTVS · SORORVM · [SANCTE CLARE IN CO]LONIA

Größe: 7,1 : 4,5 cm.

Abbildung: Abguß von Originalabdruck an Urkunde vom 13. Juli 1530 im HAStK, Best. 235 (Clara), Urk.2/194. – Foto: Rhein. Bildarchiv, Pl. S 358.

Literatur: Wilhelm Ewald (wie Anm. 7), Tafel 50, Nr. 6; Edith Meyer-Wurmbach (wie Anm. 7), S. 168.

Das dritte Siegel des Clarissenkonventes erweist sich als Nachschnitt[42] des zweiten Siegels. Edith Meyer-Wurmbach konnte es mit guten Argumenten auf das Jahr 1530 datieren, weil das zweite Siegel noch an einer Urkunde vom 8. Mai 1530 vorkommt, das dritte aber schon an einer Urkunde vom 13. Juli 1530 überliefert ist. Dazu paßt auch die jetzt benutzte Schrift, die klare Renaissance-Capitalis, die sich im Kölner Raum seit etwa 1510 durchsetzt. Eine deutliche Neuerung gegenüber dem Vorbild ist die Gestaltung

42 Zum Phänomen des Nachschnitts und seiner Bewertung vgl. Toni Diederich, *Nachgravur, Umgravur, Nachschnitt und Neuschnitt. Beobachtungen an Dürener und anderen rheinischen Siegelstempeln,* in: Dürener Geschichtsblätter 84 (1997), S. 185–215.

des Löwenmotivs im unteren Zwickel des Siegelfeldes. Es handelt sich jetzt um zwei selbständige, zur Mitte blickende, also einander zugewandte Löwen. Beim Aufbau der Architektur und der Darstellung der beiden Heiligen hat sich der Siegelstecher eng an sein Vorbild gehalten, dessen Qualität aber nicht erreicht. Auch ist bemerkenswert, daß er im Jahre 1530 bis auf die Schriftart konsequent der Spätgotik huldigt, also keinen Versuch unternimmt, die Heiligen in eine Renaissance-Architektur hineinzustellen.

Es ist hier mehr noch als bei dem früheren Siegelwechsel zu fragen, warum der Konvent 1530 ein neues Typar anfertigen ließ. Ästhetische Gründe können nicht maßgebend gewesen sein, so daß man geneigt sein könnte, an einen Verlust oder eine Beschädigung des vorhergehenden Typars zu denken. Dagegen spricht aber, daß das zweite Siegel des Konventes später wieder benutzt wurde.[43] Vielleicht hatte der Stempel zu diesem Siegel 1530 nicht zur Verfügung gestanden, so daß sich der Konvent dazu entschließen mußte, ein neues Typar in Auftrag zu geben. Da der neue Stempel in seiner Qualität den des zweiten Konventssiegels nicht erreichte, könnte man später, als das alte Typar wieder auftauchte, sich bewußt wieder des schöneren zweiten Siegels bedient haben. Wir können hier zugegebenermaßen nur vage Vermutungen anstellen. Zur Herstellung eines weiteren Konventssiegels ist es bis zur Auflösung des Klosters im Jahre 1802 offenbar nicht mehr gekommen. Hierbei ist allerdings zu bedenken, daß die Bedeutung der Urkunde in der Neuzeit erheblich zurückging und nur noch selten Anlaß bestand, Urkunden mit dem großen Konventssiegel zu beglaubigen. Kleinere Nebensiegel hat der Konvent offenbar nicht anfertigen lassen. Eine definitive Aussage dazu ist nach derzeitigem Kenntnisstand nicht möglich. Um diesbezüglich Klarheit zu gewinnen, müßten zahlreiche andere (Empfänger-)Archive durchgesehen werden, was im Rahmen der vorliegenden kleinen Studie nicht geleistet werden kann.

---

43 Es ist im Archiv des Clarissenklosters St. Clara noch überliefert an Urkunden vom 15. September 1570 (HAStK, Best. 235, Clara, Urk. 1/217), vom 1. März 1577 (ebd., Urk. 1/219 a), vom 1. Juni 1690 (ebd., Urk. 3/264) und vom 1. Dezember 1706 (ebd., Urk. 3/268).

ÄBTISSINNENSIEGEL

Unpersönliche Siegel der Äbtissin

Erstes unpersönliches Äbtissinnensiegel

Bild: Rechts der hl. Franziskus, seine linke stigmatisierte Hand weisend; links die kniende Äbtissin mit betend erhobenen Händen.

Umschrift: S(IGILLVM) · ABBATISSE · SOR ... CLARE I(N) COLO[N(IA)]

Größe: ca. 4 : ca. 3 cm.

Abbildung: Originalabdruck an Urkunde vom 24. Juli 1311 im HAStK, Best. 235 (Clara), Urk. 2/7. Foto: Rhein. Bildarchiv, L 18 322/11 (Wolfgang F. Meier).

Schon verhältnismäßig früh – spätestens seit der Mitte des 11. Jahrhunderts – führten die Äbte der angesehenen alten Benediktinerklöster eigene Siegel. Da diese Äbte in mancher Hinsicht eine den Bischöfen vergleichbare Stellung einnahmen, wählten sie wie diese den Typ des Bildnissiegels. Vom 12. bis 14. Jahrhundert zeigten ihre Siegel meist den thronenden Abt mit Pontifikalgewändern, Buch und Stab.[44] Es handelte sich bei den Siegeln der Äbte lange Zeit um persönliche Siegel. In deren Umschrift wurde regelmäßig der Name des Siegelführers ausgewiesen. Ähnliches gilt für die Pröpste als Vorsteher der alten Stifte und die Äbtissinnen der alten, ebenfalls sehr angesehenen Benediktinerinnenklöster. Mit dem Tod des Siegelführers ging auch sein Siegel unter, d. h. der Stempel wurde entweder bewußt zerbrochen oder aber mit ins Grab gegeben. Die Amtsnachfolger mußten sich dann jeweils ein neues Siegel zulegen. Seit dem 13. Jahrhundert kommen, wenn man die rheinischen Verhältnisse zugrunde legt, vereinzelt auch unpersönliche Siegel von Äbten, Pröpsten, Äbtissinnen und Inhabern anderer Kloster- oder Stiftsämter vor. Ein Beispiel für die letztgenannten

44 Erich Kittel (wie Anm. 3), S. 399.

ist das unpersönliche Custodensiegel des Stiftes St. Kastor in Karden an der Mosel, das 1236 belegt ist.[45] Solche unpersönlichen Siegel – das war ihr Vorteil – konnten nach dem Tod eines Amtsinhabers vom Nachfolger problemlos weitergeführt werden.

Bei den jüngeren Orden, die sich in vielem von dem alten Benediktinerorden absetzten und sich als Reformorden verstanden, erlangten die unpersönlichen Siegel eine größere Verbreitung. So sind für das Zisterzienserkloster Altenberg von 1211 bis 1294 nacheinander drei unpersönliche Abtssiegel überliefert; ab dem 14. Jahrhundert führten aber auch hier die Äbte persönliche Siegel. Ähnliches gilt für die Zisterzienserklöster Kamp und Heisterbach, während bei einer Reihe von kleineren Zisterzienserinnenklöstern unpersönliche Äbtissinnensiegel geradezu dominieren[46], doch gibt es bei der Vielzahl der Zisterzienserinnenklöster auch wiederum andere, von denen überwiegend oder nur persönliche Siegel bekannt sind.[47] Die Siegelführung der Äbte und Äbtissinnen war in dieser Hinsicht also nicht von festen Gewohnheiten bestimmt und entsprechend vielgestaltig.

Nach allem ist es keine Besonderheit, daß wir von dem Clarissenkloster St. Clara in Köln nur unpersönliche Äbtissinnensiegel kennen, die sich hinsichtlich ihrer Größe von der Masse der anderen Siegel dieser Siegelführergruppe nicht unterscheiden. Auch bezüglich der Ikonographie fügen sich die unpersönlichen Äbtissinnensiegel gut in das Gesamtbild ein, waren doch zwischenzeitlich bei der Wahl des Siegelmotivs Änderungen dergestalt eingetreten, daß man sich nicht mehr auf die Darstellung des thronenden Siegelführers bzw. der thronenden Siegelführerin beschränkte; vielmehr ließen sich Äbte und Äbtissinnen im 14./15. Jahrhundert häufiger auch stehend oder kniend vor den Heiligen abbilden.[48] Für den letztgenannten Siegeltyp, in dem Heiligensiegel und Bildnissiegel (hier das Bild der knienden Äbtissin) vereinigt sind, wird gern die treffende Bezeichnung Adorantensiegel benutzt. Die Aussage des ersten unpersönlichen Äbtissinnensiegels ist klar: Die Äbtissin stellt sich selbst im Siegel dar, aber eben nicht allein (thronend oder stehend) mit ihren Würdezeichen, sondern in demütiger Haltung vor dem im Kloster besonders verehrten Heiligen: Sie vertraut sich selbst und ihr Kloster betend „ihrem" Patron, dem hl. Franziskus, an. Daß man hier auf die Darstellung der hl. Clara verzichtete (die in den Konventssiegeln neben dem hl. Franziskus, aber eben an der weniger vornehmen Stelle erscheint) lag nahe, weil das verhältnismäßig kleine Siegelfeld nur wenig Platz bot. Solche Reduktionen stellten, wie wir aus vielen Beispielen wissen, für den mittelalterlichen Menschen kein Problem dar, und der Künstler nahm sich immer dann seine Freiheiten, wenn es die Gesamtkomposition erforderte.

Da das hier betrachtete Siegel von der ersten Äbtissin des Klosters, Petronella, zur Beglaubigung einer Urkunde vom Jahre 1311 benutzt wurde – die Äbtissin erscheint hier in der damaligen Sprachform als *Nella* –, kann man davon ausgehen, daß das Typar dieses Siegels zusammen mit dem des ersten Konventssiegels in derselben Kölner Goldschmiedewerkstatt entstanden ist.

---

45 Wilhelm Ewald, Rheinische Siegel IV (wie Anm. 7), Tafel 77 Nr. 10, Texterläuterungen bei Edith Meyer-Wurmbach (wie Anm.7), S. 55.

46 Vgl. Wilhelm Ewald, Rheinische Siegel (wie Anm. 7), Tafeln 105–109, Texterläuterungen bei Edith Meyer-Wurmbach (wie Anm. 7), S. 127–146.

47 Zu bedenken ist, daß Wilhelm Ewald bei diesen Siegeln nur eine Auswahl publiziert hat.

48 Erich Kittel (wie Anm. 3), S. 399.

Zweites unpersönliches Äbtissinnensiegel

Bild: Auf einem Postament steht links der hl. Franziskus mit einem Buch in der Linken; unter seiner das Stigma weisenden Rechten kniet rechts die Äbtissin mit betend erhobenen Händen.

Umschrift: [+ S]IGILLVM : ABBATISSE : SANCTE : CLARE : COLONIE[N(SIS)]

Größe: 4,5 : 3 cm.

Abbildung: Originalabdruck an Urkunde vom 21. Januar 1368 im HAStK, Best. 235 (Clara), Urk. 1/90. – Foto: Rhein. Bildarchiv, L 18 322/5 (Wolfgang F. Meier).

Literatur: Wilhelm Ewald (wie Anm. 7), Tafel 50 Nr. 8; Edith Meyer-Wurmbach (wie Anm. 7), S. 169.

Das zweite unpersönliche Äbtissinnensiegel muß zwischen 1360 und 1368 entstanden sein, da das erste Siegel noch an einer Urkunde von 1360 belegt ist.[49] Die stilistische Weiterentwicklung bei dem neuen Siegel zeigen der verzierte Vielpaß, der sich um die Adorantenszene legt, und die etwas aufwendiger gestalteten Spitzbögen zwischen den Pfosten des Postamentes. Auffällig ist die Tatsache, daß die Figuren im neuen Siegel die Seiten gewechselt haben: Der hl. Franziskus erscheint nun (heraldisch) links, die Adorantin rechts. Durch das Zurücklehnen des Oberkörpers des hl. Franziskus hat der Siegelstecher den Zeigegestus der stigmatisierten Hand betont und Bewegung in das Siegelbild gebracht, welche durch die einfach herabfallenden Parallelfalten des Mönchshabits noch verstärkt wird.

[49] HAStK, Best. 235 (Clara), Urk. 2/61 vom 7. Januar 1360.

In der Siegelsammlung Ewald findet sich eine Karteikarte zum Kloster St. Clara in Köln, auf der drei Abgüsse von Äbtissinnensiegeln dieses Klosters mit ihren Belegen notiert sind.[50] Als Vorlagen sind Urkunden aus den Jahren 1557 und 1561 angegeben. Auf der Karteikarte sind auch Fotos von drei Siegeln aufgeklebt, deren Negative sich unter den Platten-Nummern S 336, S 616 und S 609 im Rheinischen Bildarchiv befinden. Zwei dieser Siegel sind spitzoval; sie haben eine Höhe von ca. 4,7 cm bzw. 4,2 cm. Dargestellt ist beide Male in einer spätgotischen Architekturnische (heraldisch) links der hl. Franziskus mit dem Kreuz in der erhobenen Rechten und einem Buch (?) in der Linken. Neben ihm kniet eine betende Nonne. Der mit einem Baldachin bekrönte Architekturrahmen wird seitlich jeweils begleitet von einer kleinen Figur mit vor der Brust verschränkten Armen, die auf einem Podest steht; darüber befindet sich ein kleiner Baldachin. Die Umschriften sind so undeutlich, daß eine sichere Lesung nicht möglich ist. Das größere Siegel ist zweifellos älter und in die Zeit nach 1408[51], das kleinere in die Zeit um 1500 zu datieren. Es spricht einiges dafür, daß es sich hier um Nachschnitte nach dem ersten unpersönlichen Äbtissinnensiegel handelt. Der Siegelstecher hat der Mode seiner Zeit folgend den Heiligen und die Adorantin in eine spätgotische Architektur hineingestellt, wie dies ähnlich auch bei dem zweiten und dritten Konventssiegel geschehen ist. Das sind Zierelemente, die im ausgehenden Mittelalter regelmäßig verwandt werden. Über der Adorantenszene beider Siegel – zwischen den Pfeilern, welche den Baldachin tragen – hat der Siegelstecher den Hintergrund mit einem Rautenmuster versehen, das er noch dadurch betont, daß er jede Raute mit einer Kugel gefüllt hat. Dies ist ebenso wie die beiden kleinen Figürchen, die an den Außenseiten in die Architektur eingearbeitet sind, eine Neuerung gegenüber den bisherigen Siegeln von St. Clara – vielleicht ein Vorschlag des Siegelstechers, der seine Kunstfertigkeit demonstrieren wollte.

Man wird die beiden hier nicht abgebildeten Siegel mit großer Wahrscheinlichkeit als unpersönliche Äbtissinnensiegel ansprechen können, woraus sich dann für diese eine Abfolge von vier Siegeln in gut zweieinhalb Jahrhunderten ergibt. Wie die Belege zeigen, kommt der nach unserer Zählung dritte Stempel zu einem unpersönlichen Äbtissinnensiegel häufiger an den erhaltenen Rentquittungen von 1486 bis 1500 vor[52] und ist später noch in der zweiten Hälfte des 16. Jahrhunderts benutzt worden[53]. Dem will sich allerdings das mit demselben Motiv ausgestattete, wohl um 1500 entstandene und von uns als viertes unpersönliches Äbtissinnensiegel angesehene Siegel, von dem, wie oben erwähnt, ein Foto auf der Ewaldschen Karteikarte existiert, nicht recht einfügen. Man müßte unterstellen, daß der betreffende Stempel bald nach 1500 angefertigt wurde, dann aber nur eine begrenzte Zeit im Gebrauch blieb und man spätestens 1561 wieder den noch zur Verfügung stehenden Stempel zum dritten unpersönlichen Äbtissinnensiegel zum Beglaubigen von Urkunden heranzog. Denkbar wäre auch, daß die Äbtissin um 1560 ein persönliches Siegel vom Typ des unpersönlichen Äbtissinnensiegels besessen hat und das Typar nach ihrem Tod nicht mehr benutzt wurde. Da die Umschrift, die hierüber Auskunft geben müßte, nicht lesbar ist und die Zahl der Urkunden und damit der Siegel ab der 2. Hälfte des 16. Jahrhunderts stark abnimmt, wird man in dieser Frage wohl kaum Klarheit gewinnen können.

---

50 Vgl. hierzu die Angaben zu dem Siegel der Äbtissin Hadwig von Schonenberg.

51 Dieser Ansatz ergibt sich aus der Tatsache, daß das zweite unpersönliche Äbtissinnensiegel noch an einer Urkunde vom 18. November 1408 (HAStK, Best. 235, Clara, Urk. 2/138) belegt ist.

52 HAStK, Best. 76 /Rentquittungen), passim (Einzelbelege in der dortigen Siegelkartei). Das Siegel wird dort sehr treffend als amptssegell *(der hier offenbar urkundenden Äbtissin) bezeichnet.*

53 Zwei Belege von 1561 finden sich im HAStK, Best. 235 (Clara), Urk. 2/208 und 2/209.

Siegel der Äbtissin Hadwig von Schonenberg

Bild: Wappenschild, darin ein Schrägbalken; im linken Obereck ein sechsstrahliger Stern.

Umschrift: SIG(ILLVM) HADW ... SCHONB[ERG]

Größe: 2,1 cm im Durchmesser.

Abbildung: Foto im AEK, Siegelsammlung Ewald, Nr. 11 (Karteikarte unter Köln, St. Clara am Römerturm) nach Abguß von Originalabdruck an Urkunde vom 20. Juni 1561 im HAStK, Best. 235 (Clara), Urk. 2/208).

Das Siegel ist als Rücksiegel zu dem oben erwähnten (vermutlich) dritten unpersönlichen Äbtissinnensiegel überliefert. Die in einer Renaissance-Capitalis gehaltenen Buchstaben der Umschrift passen ebenso wie der tartschenförmige Wappenschild in die Zeit um 1560. Das Siegel ist ein Beispiel für die beim niederen Adel und beim Bürgertum seit dem Spätmittelalter weit verbreiteten persönlichen Siegel, die in aller Regel das eigene Wappen zeigen. Die Äbtissin Hadwig von Schonenberg benutzte 1561 also das im Kloster vorhandene unpersönliche Äbtissinnensiegel, fügte aber auf der Rückseite ihr persönliches Siegel hinzu, was die im Kloster St. Clara zu beobachtende Siegelpraxis um eine neue Variante bereichert.

SIEGEL VON KLOSTERSCHWESTERN

Siegel der Schwester Philippa von Geldern

Bild: In der Bildmitte steht die hl. Clara mit einer Monstranz in der Rechten und einem Buch in der Linken. Neben ihr, unter der Monstranz, kniet eine ihr zugewandte Nonne mit betend erhobenen Händen. Zur Linken der Heiligen befindet sich ein spitzer Wappenschild, darin ein steigender Löwe.

Umschrift: + S(IGILLVM) · PHIL(I)P(E) · DE · GELR(E) · SOROR(IS) · S(AN)C(T)E · CLARE · IN COLON(IA)

Größe: ca. 3 cm im Durchmesser.

Abbildung: Originalabdruck an Urkunde vom 31. März 1340 im HAStK, Best. 235 (Clara), Urk. 2/38. – Foto: Rhein. Bildarchiv, L 18 322/6 (Wolfgang F. Meier).

Literatur: Wilhelm Ewald (wie Anm. 7), Tafel 50 Nr. 7; Edith Meyer-Wurmbach (wie Anm. 7), S. 169.

Philippa von Geldern war eine Tochter des Grafen Reinald I. von Geldern (1271–1326). Sie trat zwischen 1328 und 1333 in das Clarissenkloster St. Clara zu Köln ein[54] und starb dort am 23. August 1352.[55] Das Siegel, das sie als Nonne des Kölner Clarissenkonventes führte, unterscheidet sich von den bisher behandelten unpersönlichen Siegeln ihres Klosters zunächst einmal durch die runde Form. Diese war bei Siegeln der Geistlichkeit anfangs absolut dominierend und kam auch nicht ganz außer Gebrauch, als die für verschiedene Motive günstigere spitzovale Siegelform geradezu zum Erkennungszeichen der Siegel von geistlichen Institutionen und Personen avancierte. Im vorliegenden Falle wurde nicht nur die eingangs erörterte Hierarchie bei der Siegelgröße beachtet, sondern auch ein Bildprogramm gewählt, das den damaligen Gepflogenheiten entsprach. Gegenüber dem Bildmotiv des unpersönlichen Äbtissinnensiegels (Heiliger – Bildnis der Äbtissin als Adorantin) tritt nun noch ein weiteres Element hinzu: das Wappen. Für eine adelige Dame war das Wappen als Identifikationssymbol von einiger Bedeutung, so daß das kleine Rundsie-

54 Christoph Bellot (wie Anm. 31), S. 208.
55 A. P. van Schilfgaarde (wie Anm. 37), S. 91.

gel als Mischtyp drei Elemente (die des Heiligensiegels, Bildnissiegels und Wappensiegels) vereinigt. Daß die Adorantin zur Rechten der hl. Clara sehr klein geraten ist, hat zunächst einmal den handfesten Grund, daß unter der Monstranz nur wenig Platz für ihre Darstellung vorhanden war. Aber – das darf nicht vergessen werden – es gehörte zum Wesensmerkmal der mittelalterlichen Ikonologie, daß Christus größer als die Heiligen und die Heiligen größer als andere auf sie Bezug nehmende Gestalten, wozu auch Adoranten und Adorantinnen gehören, dargestellt wurden.

Eine bemerkenswerte Abweichung gegenüber dem Äbtissinnensiegel besteht darin, daß in dem Siegel der Nonne Philippa von Geldern nicht der hl. Franziskus, sondern die hl. Clara erscheint. Es ist müßig, über die Gründe, die hierfür maßgebend waren, zu spekulieren. Beide Heiligen werden eine besondere Verehrung im Kloster genossen haben, und es ist geradezu „normal", daß der namengebende Schutzheilige im Siegel abgebildet wird.

Zum geldrischen Wappen wurde oben schon das Nötige gesagt. Hier sei nur darauf hingewiesen, daß der leicht geschwungene Dreiecksschild mit dem geldrischen Löwen typisch für das 14. Jahrhundert ist. Nähere Anhaltspunkte zur Datierung des Siegels bietet die Schildform aber nicht. Man wird davon ausgehen können, daß das Siegel nicht lange vor dem oben genannten Beleg vom Jahre 1340 entstanden ist.

Siegel der Schwester Isabella von Geldern

Bild: Darstellung wie im vorangehenden Siegel der Philippa von Geldern.

Umschrift: [+] S(IGILLVM) ... GELR(E) · SOROR(IS) · S(AN)C(T)E · CLARE · IN COLON(IA)[56]

Größe: ca. 3 cm im Durchmesser.

Abbildung: Originalabdruck an Urkunde vom 31. März 1340 im HAStK, Best. 235 (Clara), Urk. 2/38. – Foto: Rhein. Bildarchiv, L 18 322/7 (Wolfgang F. Meier).

Literatur: Wilhelm Ewald (wie Anm. 7) Tafel 50 Nr. 9; Edith Meyer-Wurmbach (wie Anm. 7), S. 169.

56 *Lesung von Edith Meyer-Wurmbach (wie Anm. 7), S. 169. Die Umschrift ist allerdings so beschädigt, daß ihre Lesung nicht sicher ist und nur aus dem zuvor angeführten (besser erhaltenen) Siegel der Philippa von Geldern erschlossen werden kann.*

Isabella (Elisabeth) von Geldern war wie die vorgenannte Philippa eine Tochter des Grafen Reinald I. von Geldern. Sie trat zwischen 1328 und 1333 in das Clarissenkloster St. Clara in Köln ein[57] und stieg später zu dessen Äbtissin auf. Sie starb im Jahre 1354.[58] Als Äbtissin firmiert sie bereits in der oben angeführten Urkunde vom 31. März 1340, benutzt dort aber ihr hier angeführtes persönliches Siegel.[59] Obwohl ihr Siegel sehr viel schlechter erhalten ist als das ihrer Schwester Philippa, kann kein Zweifel bestehen, daß beide von demselben Siegelstecher hergestellt wurden. Da sie in Größe und Gestaltung des Siegelfeldes übereinstimmen, gilt für das Siegel der Isabella das oben Gesagte.

Die hohe adelige Abkunft beider Schwestern macht erst verständlich, warum sie als Nonnen überhaupt eigene Siegel besaßen. Viele Anlässe zur Benutzung ihres Siegels werden sie jedenfalls nicht gehabt haben. Die beiden Siegel lassen aber deutlich erkennen, daß das Kloster St. Clara sich in der Zusammensetzung seines Konventes von vielen anderen Frauenklöstern in Köln abhob.

Die hier abgebildeten acht Siegel[60] bestätigen und verdichten insgesamt den bisher schon von der Forschung erarbeiteten Eindruck, daß das Clarissenkloster St. Clara am Römerturm zu den angesehensten Klöstern in Köln gehörte.[61]

Im Vergleich zu den Siegeln anderer Klöster des Franziskaner- und Clarissenordens, die eine große motivische Bandbreite (mit zahlreichen Christus- und Marienmotiven) aufweisen[62], halten die Siegel des Kölner Clarissenklosters am Römerturm konsequent an der Darstellung des hl. Franziskus und der hl. Clara fest, eine Tatsache, die sich im Umfeld der vielen geistlichen Institutionen im „Heiligen Köln" leicht erklären läßt. Die Siegelkunst des Franziskaner- und Clarissenordens insgesamt wird, was die Ikonographie angeht, durch die Kölner Siegel in bemerkenswerter Weise bereichert.

57 Christoph Bellot (wie Anm. 31), S. 208.
58 A. P. van Schilfgaarde (wie Anm. 37), S. 91.
59 Edith Meyer-Wurmbach (wie Anm. 7), S. 169.
60 Hinzu kommen noch die beiden oben erwähnten, aber nicht abgebildeten Siegel.
61 Christoph Bellot (wie Anm. 31), S. 206.
62 Vgl. die 123 Siegel, die bei Morand Guth (wie Anm. 23) abgebildet und beschrieben sind.

Ralf Gier

St. Claren – Ein Obstgut inmitten der Stadt

I. Säkularisation und Folgenutzung

Über die Geschichte der Bauten auf dem Gelände des Klarissenklosters St. Clara nach dessen Auflösung, liegen nur wenige Dokumente vor. Die Einträge in der einschlägigen Literatur sind zudem widersprüchlich. Nach Aufhebung des Klosters (21.08.1802[1]) und Veröffentlichung des Säkularisationsbeschlusses am 22.09.1802 hatten die Ordensschwestern zehn Tage Zeit ihre bisherige Heimstatt zu verlassen. Sie erhielten unter anderem zur Auflage, auf die rechte Rheinseite zu ziehen, durften jedoch ihren beweglichen Besitz mitnehmen und bekamen ein Reisegeld von 150 Francs.[2]

Joseph Klersch schrieb 1925: „Das Kloster wurde 1802 als Domaine verkauft und von dem Seidenfabrikanten Riedel aus Krefeld erworben. Als dieser in Konkurs geriet, errichtete der Makler Mahlberg in dem Gebäude eine Tabakfabrik. Seine Witwe in Compagnie mit Lauterborn fallierte ebenfalls im Jahre 1819."[3] Dem Clemenschen Kunstdenkmälerinventar von 1937 ist zu entnehmen, dass „zwei Jahre später (Anm.: nach Abbruch des Kirchenbaus 1804) das Domänengut an H. Riedel aus Krefeld für 2400 Fr. zur Errichtung einer Seiden- und Sammetmanufaktur verkauft, sodann in eine Tabakfabrik umgewandelt" wurde.[4] Diese Daten wurden in späterer Sekundärliteratur übernommen oder fortgeführt.[5] Bei Einsicht in Originalunterlagen können diese Angaben keine vollständige Bestätigung finden. Nach dem auch durch Büttner[6] ausgewerteten „Verzeichnis der in Kölln gelegenen Domanial-Gebäuden & ca. welche unter der französischen Regierung veräussert worden sind"[7] vom 08.11.1815 erfolgte ein erster Verkauf des Klosters einschließlich etwa sechs Morgen Gartenland am 04.02.1808 für 24.000 Kaufschillinge (Francs) an den in Köln ansässigen N.N. Riedel. Riedel war wohl von Krefeld nach Köln übersiedelt, womöglich hatte er die Anlage bereits vor dem Kauf in Pacht.[8] Vertragsgemäß geschah „Die Zahlung der Kaufpreise ... in 4Jahr und 5monath vom Tage des Verkaufs an gerechnet und Zwaren in 5 gleichen Terminen, mit fünf von hundert Zinsen". Blieben die Raten aus, wurde der Verfall erklärt, im Fall Riedel am 18.04.1809. Folglich wurde das Klostergut am 24.06.1809 erneut zur Versteigerung angesetzt. Für 15.600 Kaufschillinge (Francs) gelangte es nun an den Juristen Johann Baptist Balthasar Kraemer.[9] Der in Aachen ansässige Domänen-Empfänger des Roer-Departements richtete am 07.07.1809, zwei Wochen nach dem Zuschlag, an Bürgermeister Wittgenstein ein französisch abgefasstes Schreiben, auf dessen Rückseite ein Zusatzvermerk in deutscher Sprache angebracht wurde. Er schrieb: „Um darauf acht zu haben dass der Hr. Joh. Baptist Balthasar Kraemer Ankäufer des hiesigen Claren Klosters eher nichts davon abbreche, bis daran Er für die Kaufschillinge eine gute gültige Kaution gestellet habe".[10] Tatsächlich erfolgte 1810 der Abbruch weiterer Gebäudeteile.[11]

Der Besitz ging „später in das Eigenthum des Waaren-Maklers Joseph Mahlberg[12] und des Ludwig Joseph Sugg über, gegen deren Erben und Rechtsnachfolger es im Jahre eintausend achthundert Neunzehn bei dem

1 Büttner, Richard, Die Säkularisation der Kölner geistlichen Institutionen, Köln, 1971, S. 132-133.
2 a.a.O., S. 62-63.
3 Klersch, Joseph, Von der Reichsstadt zur Großstadt, Köln 1925, Anm. 12.
4 Clemen, KD der Rheinprovinz, 7. Band, III. Abt., Düsseldorf 1937, S. 282.
5 Siehe z.B. Deutscher Städteatlas, Ausgabe Köln, Dortmund 1979, dieser bringt ebenfalls das Jahr 1804 oder Kier, Hiltrud, Zur Geschichte des Hauses „Am Römerturm" Nr. 7 (heute Nr. 3) in Köln, in Rheinische Heimatpflege Nr. 1/1976, S. 42. Nach ihr stirbt Riedel vor Einrichtung der Seidenfabrik.
6 Büttner, Richard, Die Säkularisation der Kölner geistlichen Institutionen, Köln, 1971, S. 233ff.
7 HAStK, Best. 400, I-14c-1, Bl. 19. Die Liegenschaft ist auf Grund der Verfallserklärung nicht im Hauptverzeichnis eingetragen.
8 HAStK, Best. 1010, Bd. 30, Bl. 58ff. Nach den in der Smmlg. Bayer enthaltenen Zeitungsausschnitten erwarb der von Krefeld übersiedelte Riedel Kloster und Land und richtete eine Seidenfabrik ein, machte jedoch Bankrott.
9 a.a.O., Smmlg. Bayer, Johann Baptist Balthasar Kraemer, geb. 30.11.1781 Köln St. Alban, gest. 04.07.1836 Köln Schildergasse 99, Justizrat, Sohn des Friedrich Joseph K., Advokat-Anwalt am Appellhof und Beisitzer des Mönchshof in Köln-Sürth sowie der Maria Adelgunda Mayer, verh. 25.09.1805 mit Katharina Franziska Sugg, geb. 28.09.1784 Köln, gest. 08.11.1843 Köln Richmodstr. 5.
10 HAStK, Best. 350, Nr. 1638.
11 Clemen, 7.,III., S. 278.
12 Joseph Mahlberg, geb. 29.10.1764 Schweinheim bei Rheinbach, gest. 22.09.1810 Köln, verh. 05.02.1799 Bonn mit Christine Hellermann, geb. 19.05.1776 Bonn, gest. (?). Witwe Mahlberg lebte laut Adressbuch 1828 und 1831 als Rentnerin in der Johannisstr. 52. Bei den Geburtsanzeigen seiner Kinder Eduard Joseph Jacob (geb. 03.07.1808) und Franz Carl (geb. 21.10.1809) bezeichnet sich Mahlberg als Makler (courtier), seine Adresse gibt er mit Haus 1076 an.

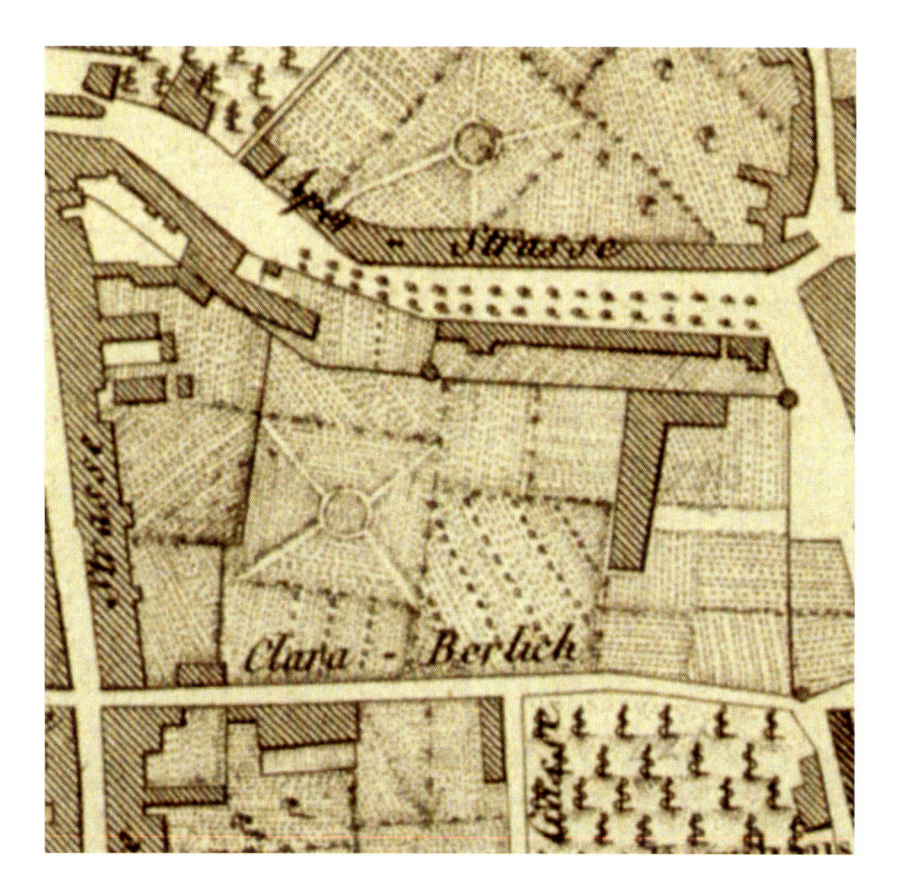

Ausschnitt aus dem Stadtplan von Th. F. Thiriart, Kupferstich, Köln 1815, Kölnisches Stadtmuseum.

13 *Landesarchiv NRW, HStaD, Notare, Rep. 2883, Nr. 5234 v. 11.04.1840.*

14 *Landesarchiv NRW, HStaD, Not., Rep. 2848, Nr. 4543 und 4545. Witwe Mahlberg ist Eigentümerin zur einen, ihre vier Söhne zur andern Hälfte. Sie selbst wird 1817 als Kaufhändlerin, 1824 ohne Gewerbe bezeichnet. Der Betrag wird zur Deckung rückständiger Kaufraten benötigt.*

15 *Landesarchiv NRW, HStaD, Not., Rep. 2816, Nr. 1056 v. 08.07.1824. Offensichtlich führte ein am 16.12.1823 beendetes Vergleichsverfahren vor dem Landgericht (Urteil vom 16.04.1822) und dem Rheinischen Appellationshof (Urteil vom 19.04.1823) zu einer Herausgabe seitens Sandt zu Gunsten der Kinder Mahlberg (19.026 Franken 85 Centimes oder 4.994 Taler 16 Silbergroschen 7 Pfennige). 3.500 Taler dieser Summe übertrugen Mahlbergs 1824 auf die Kölner Armenverwaltung und ließen sich den Betrag von dieser auszahlen.*

16 *Taufdatum. Johann Gottfried Alexander Maria Hubert Sandt wurde in St. Severin getauft.*

17 *In Folge des Verlusts von Lüttich.*

18 *Bär, Max, Die Behördenverfassung der Rheinprovinz seit 1815, Düsseldorf 1998, S. 385.*

Königlichen Kreisgerichte zu Köln licitirt, und durch Adjudications Urtheil desselben Gerichts vom vierundzwanzigsten Dezember eintausendachthundertneunzehn" dem Gottfried Sandt zugeschlagen worden ist.[13] Sugg erklärte am 07.05.1817, dass die Witwe des Joseph Mahlberg alleinige Eigentümerin sei, zugleich belastete diese das Gut mit weiteren 3.540 Berliner Talern (11.600 Franken).[14] Letztlich gelangte die Liegenschaft aber durch den Konkurs eines Gläubigers zur erneuten Versteigerung.[15]

Der 1819 folgende Eigentümer Johann Gottfried Alexander Maria Hubert (von) Sandt wurde als Sohn des kurkölnischen Geheimrats und Oberamtmanns (Deutz) Johann Stephan Sandt am 09.09.1786[16] in Köln geboren. Jurist, wie sein Vater, trat er ebenfalls in französische Dienste. Während dieser Zeit schloss er am 01.05.1811 in Paris den Bund der Ehe mit Anna Elisabeth von Saur, Tochter des französischen Senators Andreas von Saur. Ihr erstgeborener Henri Charles erblickte am 24.01.1812 in Köln das Licht der Welt. Gottfried lebte zu dieser Zeit in Düsseldorf, als Generalvokat vertrat er vor dem dortigen Appellationshof das Reich. Mit Bildung des Kölner Appellationshofs[17] wurde Sandt als Generaladvokat nach Köln überwiesen. Man übertrug ihm die Geschäfte des Öffentlichen Ministeriums.[18] Im Haus Eigelstein 37 wurde am 12.09.1816 Maria Theresia Carolina von Sandt als zweites Kind geboren, während ihr Vater Generaladvokat bei dem Ober-Appellations-Hofe zu Köln war. Zehn Monate darauf (08.07.1817) starb seine Frau im Alter von erst 31 Jahren; die Familie lebte nun in der Martinstr. 5/7. Seine zweite Ehe schloss Sandt am 09.09.1818 in Köln mit Maria Johanna Philippina Helena von Ghisels, der 1786 in Lüttich geborenen Tochter eines fürstbischöflich Lütticher Finanzrats und Enkelin des Kölner Ratsherren und Bürgermeisters Everhard Joseph Melchior zum Pütz. Zum Zeitpunkt der Trauung lebte Gottfried Sandt in der Kapitolstraße. Dort wohnte die Familie auch am 15.08.1819, zur Zeit der Geburt des dritten Kindes, Maria Laurentia Antonetta. Wenige Tage darauf, am ersten September, wurde der Appellationsgerichtshof in Köln eröffnet. Als Ersatz für das bisherige Übergehen der Stadt bei der Zuweisung übergeordneter preußischer Dienststellen beherbergte Köln nun das höchste Gericht der Rheinprovinz.[19] Sandt, am alten Gerichtshof Generaladvokat, wurde zum dritten Generaladvokaten ernannt. Für seine größer werdende Familie und angesichts seiner gesellschaftlichen Stellung suchte er ein angemessenes Domizil. So ersteigerte Sandt am Heiligen Abend 1819 das günstig gelegene St.-Claren-Kloster.

Die mehrfachen Nutzungs- und Eigentumswechsel der vergangenen 17 Jahre, aber auch die vorhergehende Zeit des Stillstands, wenn nicht Rückschritts, seit 1794 waren der Bausubstanz sicherlich nicht zuträglich. Auf jeden Fall sah Sandt die Notwendigkeit einer Neugestaltung für seine Bedürfnisse. Nach dem schon erwähnten Güterwechselverzeichnis von 1821[20] betrug vor Umbau des Hauses der Mietwert 600 Taler jährlich, nachher 800 Taler. In der Protokollniederschrift vom 25.09.1820 wurde neben dem Vermerk „neu gebaut" festgehalten, dass sich steuerlich relevante 20 Türen und Fenster sowie ein Tor am Haus befinden. Die Mietwertsteigerung und Zahl der Türen und Fenster ist in Relation zur Gesamtzahl zu sehen. So wurde dokumentiert: „Gegenwärtiger Etat, nach vorläufig vorgenommener Besichtigung der theils neu erbauten theils bedeutend verbesserten oder steuerfreien, sowohl neu als erhöht abgeschätzten Häuser der Stadt Cöln pro 1821 „festgesetzt zu einem reinerhöheten Steuerbaren Total Mietwerthe von Sechzehn Tausend Zweihundert Zwanzig und fünf Franken; ferner zu Neunzehn Thoren und Fünfzehnhundert Siebenzig sechs Thür & Fenster". Der Mietwert des Sandtschen Hauses an der Zeughausstraße erbrachte somit 5% aller im Abschätzungszeitraum veränderten und folglich neu bewerteten Objekte, obwohl es nur 20 von 1576 Fenstern und Türen besaß (1%).

Nur wenige Baumeister kommen für den Umbau 1820–22 in Frage.[21] Der spätere Regierungsbaumeister Biercher scheidet aus, auch wenn Sandt wenige Jahre darauf Geschäftsbeziehungen zu diesem pflegte. Biercher befand sich 1820 noch in der Ausbildung und hatte erst kurz zuvor seine erste Staatsprüfung als Feldmesser abgelegt.[22] Der spätere Stadtbaumeister Johann Peter Weyer hingegen trat 1840 als Gutachter über die Liegenschaft auf.[23] Es ist unwahrscheinlich, dass er bei Erstellung der Expertise mitwirkte, während er zuvor entscheidenden Einfluss auf die Wertsteigerung genommen hat. Sandt hingegen kannte, hiervon ist auszugehen, den Regierungs- und Baurat Johann Martin Schauss (vgl. S. 163) bereits aus der „französischen Zeit". Nun war Schauss mit der Realisierung des neuen Gerichtshofs befasst, Sandts neuem Dienstgebäude. Führte dieser auch die Modernisierung an St. Clara durch?

Kurze Zeit nach Ende der Umbauarbeiten an St. Clara wurde Gottfried Sandt von seiner zweiten Frau am 29.10.1822 ein weiteres Kind geboren, Maria Sophia Antonetta; Zeugen bei der Anzeige von deren Geburt waren die „Mitbewohner" Königlicher Steuerinspektor Carl von Ayx[24] und der gewerbelose Adolph von der Bourg[25]. Von Beginn an vermietete Sandt „herrschaftliche" Wohnungen auf seinem Besitz. Zwei Wochen später,

19 S.a. Strauch, Dieter u.a, Der Appellhof zu Köln, Bonn 2002.
20 HAStK, Best. 480, Nr. 16.
21 Auch wenn das Gebäude bereits im Herbst 1820 steuerlich veranlagt wird, so ist ausweislich des Inventars von 1839 der Umbau offensichtlich erst 1822 abgeschlossen. In diesem wird unter den Papieren ein Paket aufgeführt: „Bau- und Lieferanten-Rechnungen welche noch ganz oder theilweise zu zahlen, am zehnten November achtzehnhundert zwei und zwanzig".
22 S.a. Brucker, Rudolf Franz, Der Kölner Regierungs-Bauinspector Matthaeus Biercher, Dissertation, Aachen 1981. Matthaeus Biercher, geb. Köln, getauft 23.08.1797 St. Aposteln, gest. 02.05.1869 Köln.
23 1820–22 ist Weyer dem noch amtierenden Stadtbaumeister Schmitz als Mitarbeiter „beigeordnet".
24 U.a. Schleicher, Smmlg. E. v. Oidtmann, Bd. 1, S. 160–161. Carl Heinrich Leopold Joseph Anton Maria von Aix, geb. 30.05.1773 Bonn, gest. vor 09.09.1838 (Rheinbach), zuletzt Steuerkontrolleur für den Bezirk Rheinbach.
25 Schleicher, Totenzettel, Bd. I, S. 301: Johann Adolph Franz Tillmann von der Bourg, gest. 21.05.1862 Köln, Probsteigasse 27, 77 Jahre alt. v.d.B. war Sohn des Notars Franz v.d.B. und der Agnes zur Hoven und so mit Sandts langjährigem Hausnotar verwandt.

26 Sandts dritte Frau pflegte die deutsche, offensichtlich nicht als (erste) Sprache; eine von ihr verfasste Anlage zum Inventar ist in Französisch abgefasst.

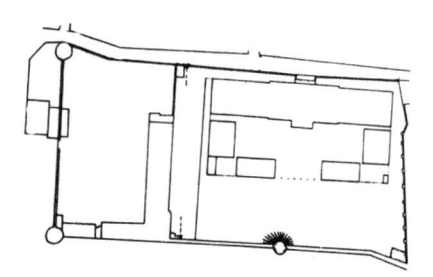

am 10.11.1822, war Gottfried Sandt erneut verwitwet. Der Tod seiner Frau brachte vermutlich auch den weiteren Ausbau des St.-Claren-Guts zum Stillstand. Als Sandt am 12.02.1830 zum dritten Mal zum Traualtar schritt, wiederum in Paris und diesmal mit der 1809 in Danzig als Tochter des damaligen französischen Konsuls geborenen Josephine Angelika Andriel[26], war er im Begriff, Teile seines Gutes St. Clara zu veräußern.

In Köln gab es 15 Jahre nach Regierungsübernahme durch Preußen Bestrebungen, die Zustände betreffend der Unterbringung der Regierungsstellen zu beseitigen. Bei der Suche nach einem Grundstück für die neuen Regierungsgebäude branchte Gottfried von Sandt den Gartenteil hinter seinem Haus in Vorschlag. Zu diesem Zweck richtete er ein ausführliches Begründungsschreiben an den Regierungs- und Baurat Peter Joseph Hetzrodt. Der dem Schreiben beigefügte Plan stammte aus der Feder des Baumeisters Carl Bolle (s. St.-Apern-Str. 32).

Projektierung der Regierungsgebäude, Jan. 1830. (Abb.: Brucker, Biercher, Diss)

> „An
> Eure Kgl. Hochl. Regierung
> hierselbst
> Dem äußeren Vernehmen nach soll zur Ausführung des neuen Regierungs-Gebäudes ein passendes Lokal ermittelt werden, auch deshalb schon eine Unterhandlung mit mehreren meiner Nachbarschaft angeknüpft sein.
> Ich nehme hieraus umso mehr Anlaß, Eure Kgl. Hochl. Regierung in Kenntniß zu setzen, daß ich nicht abgeneigt bin, meine hiesige Besitzung St. Claren zu jenem Behufe käuflich abzulassen, als ich mich überzeugt halte, daß diese Erwartung zu dem fraglichen Endzwecke für den Staat mit sehr wesentlichen Vortheilen verknüpft ist, die vereint anderswo wohl nicht anzutreffen sind. Namentlich ist dieses in Ansehung eines nach mehreren Seiten hin völlig ausreichenden Raumes zu den beabsichtigten Neubauten die der Umfassung des 6 Morgen kölnisch betragenden... mit starken Ringmauern und der Gelegenheit die beträchtlichen bereits vorhandenen Gebäulichkeiten benutzen zu können der Fall. Dies und überhaupt das Details der Sache wird sich aber am besten bei einer an Ort und Stelle vorzunehmenden Rücksprache auseinandersetzen und nachweisen lassen.
> Eure Kgl. Hochl. Regierung stelle ich daher ganz ergebenst anheim, ob und wie fern sie es ihrem Interesse für angemessen empfinden wollen, obigen Vorschlag wenigstens in reifliche Überlegung zu ziehen.
> Köln, den 7. Jänner 1830
> G. Sandt"

Unterschrift Gottfried von Sandt 1833. (Abb.: Personenstandsarchiv Rheinland, Brühl)

Und auf Nachfrage führt Gottfried von Sandt aus:

> „Euer Hochwohlgeboren mündlichen Aufforderung gemäß, den Preis meines hinter dem Wohngebäude gelegenen Gartens anzugeben, beehre ich mich ganz ergebenst zu bemerken, daß ich diesen Preis mit allem Fuge nach folgenden Maaßgebungen anschlagen zu können glaube:
> 1. Das meinem Garten ganz nahe gelegenen Terrain, auf welchem sich das Gebäude des Appelationshofes befindet, wurde vor 6 oder 7 Jahren für 10 000 Thaler Pr.Ct. zufolge notarieller Urkunde angekauft.

Mein Garten hat ungefähr den nemlichen Flächen-Inhalt wie jenes Terrain, und es liegt am Lage, daß es seit jenem Ankauf bedeutend im Werthe gestiegen ist, da mittlerweile der Sitz des Appelationshofes und des Erzbischofes, sowie das neue Theater in seine Nachbarschaft gekommen sind. Hiernach schlage ich die Areal-Fläche mind. an zu 10 000 Thlr.

2. Dieses Areal ist aber von 3 Seiten mit starken, z.T. der Zeit trotzenden Ringmauern (wovon die westliche 8 à 9 Schuhe dick und über 24 Schuh hoch ist) eingeschlossen, die, wenn sie auch nur nach der gewöhnlichen Dicke und Höhe erbaut werden sollten, wenigstens 5 à 6000 Thaler kosten würde. Der Regierung werden diese mauern im Falle eines Ankaufes ganz zu Statten kommen; mag die Facade des Regierungs-Gebäudes meinem Wohngebäude gegenüber, oder nach der Seite, der Berlich-Straße hin errichtet werden; denn im letzten Falle würden die vorhandenen Mauern nach dreien Seiten unverändert zu Grenzmauern des Gartens des Reg. Geb. dienen und im ersteren würde die Mauer längst der Berlich-Straße zwar wegfallen, aber doch ihr bedeutendes Material zu den Fundamenten benutzt werden können. Nichts kann daher billiger seyn, als ein Vergütungs-Anschlag für diese Ringmauern zu 3000 Thlr.

3. Im Garten befindet sich auf einer künstlichen Anhöhe ein Sommersaal mit Keller und Küche und Vorrichtungen zum Obstdürren etc., welcher gleichzeitig als Glashaus eingerichtet ist, um die Blumen darin überwintern zu können. Dies Gebäude ist ganz neu, und hat mich erweislich über 900 Thlr. gekostet. – Ich kann hierin umso weniger verlieren sollen, als dieses Gebäude im garten des Reg. Geb. verbleibt, und dessen wirklichen Werth erhöht; folglich setze ich hierfür an 900 Thlr.

4. Am äußersten Ende des Gartens befindet sich ebenfalls ein von mir noch kürzlich erbauter großer Schoppen mit innerem Anschlusse, der mich erweislich kostet über 200 Thlr., folglich 200 Thlr.

5. Der Garten ist mit wenigstens 600 Stck. 10–20jährigen völlig tragbaren Obstbäumen und Weinstöcken der edelsten und vorzüglichsten Sorten bepflanzt, die gering angeschlagen reell werth sind 200 Thlr.

6. Muß billigerweise die aus der Trennung eines so geräumigen und schönen Gartens von dem Wohngebäude erwachsende Verminderung des Werthes der ganzen Besitzung (die dann aufhört gewissermaßen ein Landgut in der Stadt zu seyn) so wie die mit dieser Trennung verknüpfte Nothwendigkeit mehrere bauliche Änderungen an meinen Gebäuden in Betracht kommen, die ich geringer nicht anschlagen kann als zu 2 000 Thlr.

Hieraus ergibt sich ein Total von 16 400 Thlr.

Ich beschränke indessen meine Forderung auf die runde Summe von 15 000 Thlr. für den Fall, wo der ganze Garten nach Abzug des längst dem Wohngebäude gelegenen Theils desselben welcher durch eine mit der Facade dieses Gebäudes parallel und 48 Fuß davon entfernten geraden Linie begrenzt wird, gekauft werden sollte, und ich beschränke jenen Totalbetrag ferner auf die Summe von 14 000 Thlr. falls der ganze Garten bis an das Wohngebäude angekauft und der eben besagte längst dem Wohngebäude herlaufende Theil zu öffentlichen Straße bestimmt werden soll.

"Schließlich bemerke ich noch, daß ich mich auf eine Abdingung jener Preise nicht einlassen werde, da ich nicht einsehe, wie man die Richtigkeit der Grundlagen, worauf der Anschlag beruht, bestreiten können. Auch glaube ich nicht, daß eine in jeder Hinsicht angemessene und zugleich wohlfeilere Localität in diesem Stadtviertel zu erhalten seyn wird, und nehme ich mir die Freiheit noch darauf aufmerksam zu machen, daß der Boden meines Gartens keineswegs aufgeschüttet ist, wie dies in den Gärten jenseits der Zeughausstraße, welcher früherhin außerhalb der Stadt lagen, und Stadtgraben und Sumpfgelände bildeten, der Fall ist, weshalb dann die Fundamente des Schauspielhauses viele tausend mehr gekostet haben, als sie veranschlagt waren.
Köln, den 25. Januar 1830
G. Sandt
An
den Kgl. Bau- u. Regierungsrath
Herrn Hetzrodt
Hochwohlgeboren
Hier"[27]

Der Verkauf erfolgte letztlich nicht. Das Regierungsgebäude wurde schließlich an der Zeughausstraße 6–8 in Sichtweite des Römerturms errichtet.[28]

Mitte der 1820er Jahre stieg Gottfried von Sandt zum zweiten Generaladvokaten und Anfang der 1830er Jahre zum ersten Generaladvokaten am Appellationsgerichtshof in Köln auf. Einher ging die Königliche Adels-

27 Entnommen aus: Brucker, Rudolf Franz, *Der Kölner Regierungs-Bauinspector Matthaeus Biercher*, Diss., Aachen 1981.
28 Dieses Grundstück wurde auch von Biercher bevorzugt.

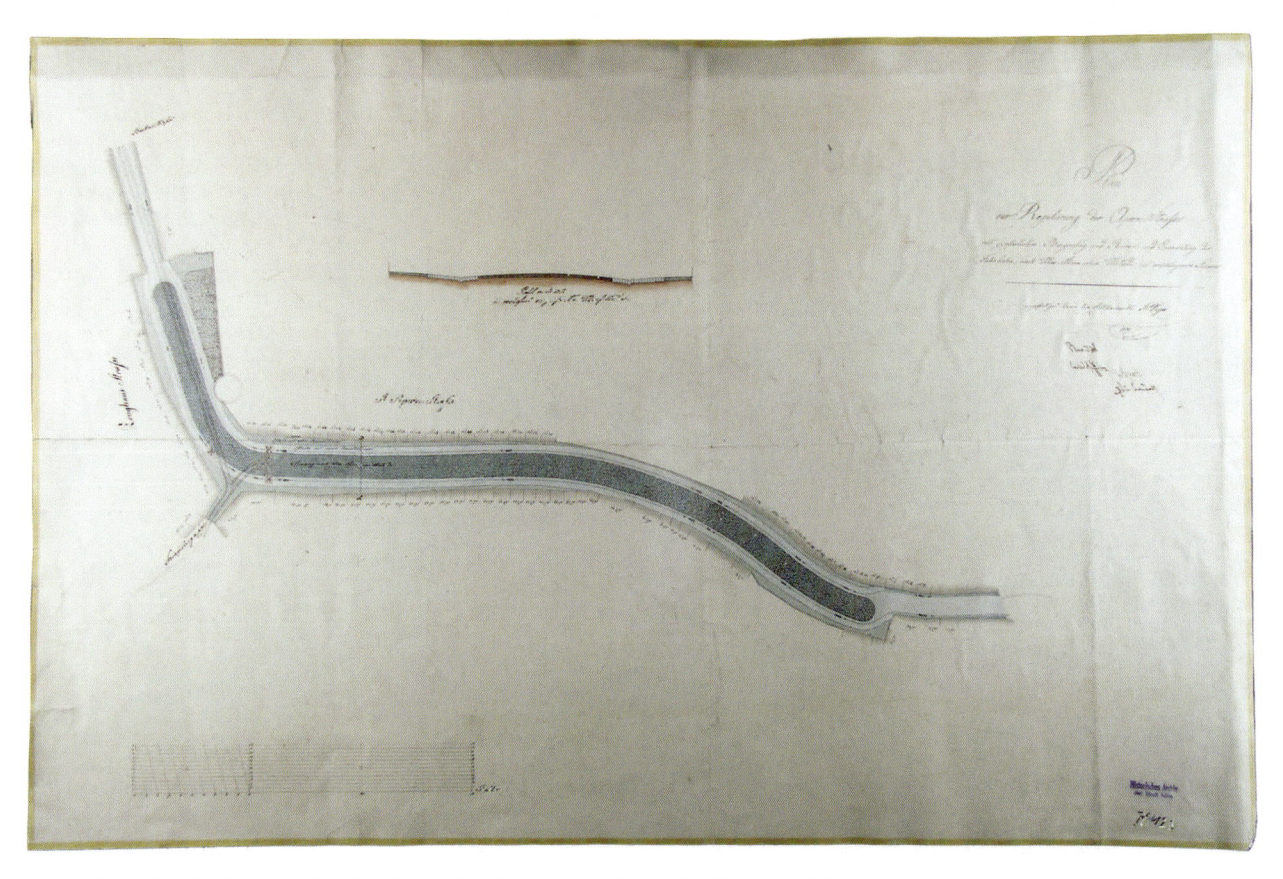

Fluchtlinienplan der St.-Apern-Straße mit dem St.-Claren-Platz. (Abb.: HAStK, 7101 P123)

anerkennung Berlin, den 19.07.1832²⁹, sowie die Ernennung zum Geheimen Justizrat.³⁰ Gottfried von Sandt widmete sich spätestens ab 1817 auch in schriftlicher Form seiner Profession. So war er Mitherausgeber der Zeitschrift „Niederrheinisches Archiv für Gesetzgebung, Rechtswissenschaft und Rechtspflege", die 1817–19 in vier Bänden erschien. Sie hatte die Reform der Justizverfassung unter Berücksichtigung der Erfahrungen mit den Gesetzen des Code Napoleon zum Thema. Weiter war er Begründer des „Archiv für das Civil- und Criminalrecht der Königlichen Rheinprovinzen"³¹, dieses wurde zu Anfang auch als „Sandts Archiv" bekannt und erschien ab 1820 in 111 Fortsetzungen.

Generaladvokat Sandt war auch der Kunst zugetan. In Gemeinschaft mit seiner 1835 verstorbenen Schwester Jakobine und der Sophie von Beeswordt³² erwarb er 1825 eine Theateraktie, entsprechend einem Achtel des alten Theatergebäudes in der Komödienstraße.³³ Auf dessen Grund und Boden wurde dann 1827/28 das neue Schauspielhaus nach Plänen von Biercher ausgeführt.³⁴

Sandts 1830 und 1833 geborene Söhne dritter Ehe blieben unverheiratet und lebten zuletzt in Berlin. Bei der Geburtsanzeige seines letztgeborenen am 28.12.1835 trat der genannte Adolph von der Bourg erneut als Zeuge auf; mit ihm erscheint der 29jährige Advokat-Anwalt am Landgericht Köln, Franz Carl Eduard Forst, Sandts Schwiegersohn.

Der erwähnte Advokat Forst³⁵ hatte am 16.09.1833 in Köln die älteste Sandt-Tochter, Theresia, geheiratet. Zu gleicher Zeit ließ Sandt den Römerturm umbauen und aufstocken. Das über der Küche gelegene erste Geschoss wurde als Saal genutzt, die beiden oberen Etagen nahmen das eheliche Schlafzimmer und die Zimmer der Kinder auf. Der südlich angrenzende Bau wurde neu aufgeführt und in den oberen Stockwerken zu Wohnzwecken genutzt. In ihm befanden sich die Bibliothek, weitere Wohn- und

Der Römerturm mit der alten Hofbebauung, um 1876/77. (Abb.: KStA vom 30.04.1932)

29 Schleicher, Smmlg. Von der Ketten, Bd. IV, Köln 1986. Besonders das „von" im Namen war für G. Sandt offensichtlich von Bedeutung. Der später beschriebene Ausbau des Gutes mit dem Stadtturm 1833/34 geben hiervon symbolisch Zeugnis.

30 Etwa zwei Jahre vor seinem Tod verlieh der König Sandt zudem das Eiserne Kreuz 4. Klasse. Quellen u.a.: Kalender für den Bezirk und die Stadt Köln, 1818, ab 1819 Kalender für den Regierungsbezirk und die Stadt Köln,1819, 1822, 1823, 1824, 1826–1828, 1830–1839.

31 Ab 1912 Rheinische Archiv für Zivil- und Strafrecht.

32 Landesarchiv NRW, HStaD, Not., Rep. 2881, Nr. 2044 v. 28.10.1835 und Nr. 2051 v. 05.11.1835: Sophie von Beerswordts Vermögen wird mit 13.407 Talern angegeben. Am 05.11.1835 erklärt sie den Premier Leutnant im 4. Kgl. Dragoner-Rgt. Philipp von Leliva heiraten zu wollen. Leliva tritt 1839 als Nebenvormund der minderjährigen Brüder Leo, Eduard und Joseph Sandt auf.

33 Landesarchiv NRW, HStaD, Notare, Rep. 2883, Nr. 5059 v. 25.01.1840.

34 S.a. Brucker, S. 86ff. Biercher war ebenfalls mit einer Aktie beteiligt.

35 Franz Carl Eduard Forst, geb. 06.05.1806 Werden, gest. 24.05.1884 Köln, Sohn des Franz Hugo Edmund F.(seit 1814 Hypothekenbewahrer in Köln, zuvor Schultheiß in Stolberg und Notar in Werden). Justizrat Forst wird ein geachtetes Mitglied seines Berufsstands, so gehört er von 1867 bis 1875 in der Nachfolge von Jean Marie Heimann dem Aufsichtsrat des Mechernicher Bergwerks Aktienverein (MBAV) an. Unter seinen Kindern wird der Sohn Willy (1837–1899) später Regierungsbaumeister in Köln und dessen jüngerer Bruder Carl (1846–1897) Generaldirektor des Selbecker Bergwerksvereins. 19 Jahre nach dem frühen Tod seiner Ehefrau (20.02.1855) erwirbt Franz Carl Eduard Forst 1874 von dem Bankier Adolph vom Rath (geb. 23.04.1832 Würzburg, gest. 17.06.1917 Berlin, dieser gehörte als führendes Mitglied des Bankhauses Deichmann 1871 zu den Mitbegründern der Deutschen Bank und von Beginn an deren Aufsichtsrat an.) das Haus Gereonsdriesch 10 und verbringt dort seine zehn letzten Lebensjahre.

Schlafräume sowie die Zimmer der Dienerschaft. 1834 waren die neuen Räume bewohnbar.[36] Offensichtlich verschlangen die Baumaßnahmen mehr Mittel als Sandt zur Verfügung standen, er sah sich gezwungen, sein neues Wohnhaus nebst Turm mit 2.300 Talern zu belasten. Diesen Betrag stellte ihm am 04.11.1835 Sophia von Beerswordt zur Verfügung.[37]

Die Ausführung des Turmaufbaus lässt die geschulte Hand eines militärisch versierten Baumeisters oder Ingenieurs vermuten. Womöglich war der Festungsingenieur Carl Eduard Hummell (vgl. S. 166) in diese Arbeiten eingebunden, Baumeister Bolle (s. St.-Apern-Str. 32) könnte ausführend tätig gewesen sein. Belegt ist, dass Ferdinand Pommer für Sandt eine Bau-Skizze anfertigte. Pommer war als Wegebaumeister[38] von 1832 bis 1841 für das Gebiet des Landkreises Köln zuständig.[39] War Pommer durch die Architektur der Festung Magdeburg, seiner Heimatstadt, beeinflusst?

Das Klösterliche Hauptgebäude vermietete Sandt teilweise an den Advokat-Anwalt am Appellations- und später Landgericht, Dr.jur.Friedrich August Gruner. Dieser nutzte im Südflügel die Räumlichkeiten des kompletten Obergeschosses. Nach der Versteigerung 1840 beschränkte er sich jedoch auf die Räume im Klösterlichen Hauptgebäude[40], später bezog Gruner den Westtrakt. Das Erdgeschoss des Südflügels bewohnte nach Umbau des Turms Familie Forst; dort werden bis zum Umzug im Frühjahr 1839 drei ihrer Kinder geboren.[41] Auf Forst folgte die Freimaurer-Loge ‚Agrippina'. Diese musste nach der Versteigerung bis zum 01.10.1840 ihr Domizil aufgeben.[42]

Nach dem im Rheinland gültigen Code Napoleon war im Falle von Erb- und Vormundschaftsangelegenheiten ein Inventar anzufertigen. Betreffend das Sankt-Claren-Gutes wurde dieses vom 05.09. bis zum 27.09.1839 in 18 Terminen aufgestellt.[43] Der Taxator begann mit der Bestandsaufnahme in dem erst fünf Jahre zuvor fertig gestellten Turm: „In der ersten Etage im Saale des Thurms: zwölf Stühle, ein großer und ein kleiner Spiegel, ein Spiegeltischchen, ein Sopha, eine Pendel-Uhr, ein aufrechtstehendes Clavier, ein Fußbänkchen, ein runder Tisch von Kirschbaum nebst Spreide, zwei kleinere Abschlagtischchen, ein Kronleuchter, sieben Fenster-Drapperieen nebst Halter und Stangen und ein Behälter zur Aufbewahrung von Musiknoten nebst einem halben runden Tisch." So wurden alle von der Familie Sandt bewohnten und genutzten Räume durchschritten und das bewegliche Inventar verzeichnet, von einem Klavier über Windeltücher bis hin zu Kompottschälchen. Sandts Bibliothek umfasste in 578 aufgelisteten Positionen 3.710 Exemplare, überwiegend juristischer Art. Es finden sich jedoch auch Titel wie die „Eiflia Illustrata", „Der Obstbaumfreund" oder Goldschmidts dreibändige „Geschichte der Römer". Neben seiner Bibliothek verfügte Sandt über eine seinem Stand als Burgenbesitzer (Knollenburg in Kasbach bei Linz[44]) entsprechende Waffensammlung. 14 Pistolenpaare, eine Armbrust, Jagdgewehre, Hirschfänger und Dolche werden notiert. Seine Gemäldesammlung beinhaltete neben einer Mappe mit Kupferstichen 70 weitere Werke. Auch wenn es der vorliegenden Aufstellung hinsichtlich Datierung und künstlerischer Zuweisung an Genauigkeit mangelt, ist erkennbar, dass Sandt sich nicht auf eine Kunstrichtung spezialisierte. Die Kunstsammlung bestand aus Originalen und Kopien von Genregemälden, Portraits, Landschaften sowie religiösen Bildern, vorwiegend aus dem 16. und 17. Jahrhundert.[45] Kurz vor seinem 53. Geburtstag verschied Gottfried von Sandt am 14.08.1839, als er zur Kur in Karlsbad weilte.

---

36 Da mit Ausnahme des Klösterlichen Hauptgebäudes die Aufbauten im wesentlichen nicht unterkellert sind, wird dessen Gewölbekeller von allen Bewohnern gemeinschaftlich genutzt.

37 Landesarchiv NRW, HStaD, Not., Rep. 2881, Nr. 2050. Diese Schuld ruhte noch 1839 auf der Liegenschaft.

38 Später auch als Kreisbaumeister bezeichnet.

39 In dieser Zeit bewohnte er das Haus Christophstr. 2, dort stirbt am 23.07.1838 sein Bruder (?), der aus Magdeburg gebürtige Dr.med. Eduard Pommer, im Alter von 31 Jahren. Inventar zur Geschichte der preuß. Bauverwaltung 1723–1848, Berlin 2005, Nr. 645: 1831–32 Anstellung des Baukonduktors Pommer als Wegebaumeister, 03.1832 Übernahme des 2. Wegebaukreises. Friedwald Moeller, Amtsblatt der Kgl. Preußischen Regierung zu Marienwerder. Personenkundliche Auszüge 1834–1870. S. 37: 1841 wird Pommer zum Wegebauinspektor für den Regierungsbezirk Marienwerder ernannt.

40 Gruners Mietvertrag lief bis zum 01.08.1842, nach seinem Auszug lebte Gruner auf dem Mauritiussteinweg 11.

41 Forst hatte am 03.05.1838 aus dem Fürthschen Gut einen Bauplatz Ecke Berlich / Schwalbengasse erworben und sich auf diesem einen Neubau errichten lassen. Nicht auszuschließen, dass er mit der Ausführung Johann Bruère beauftragte. Dieser könnte den Verdienst zum Erwerb des auf der anderen Straßenecke gelegenen Grundstückes des Freiherrn Friedrich Wilhelm von Geyr genutzt haben (Landesarchiv NRW, HStaD, Notare, Rep. 2775, Nr. 8582 vom 04.10.1838. Kaufpreis: 8.000 Taler). Bruère bezieht das erworbene Haus mit seiner Familie selbst, errichtet auf einem Teil zwei Neubauten und tritt eine Baustelle ab. Die von ihm ausgeführten Häuser Berlich 12 und 14 veräußert er am 17.02.1841 für 12.000 Taler. Das Restgrundstück verkauft er im Folgejahr. Bei der Verpflichtung zur Räumung bis zum 01.10.1842 erhält er noch 9.000 Taler, 1.000 mehr als bei Erwerb für das gesamte Grundstück (Landesarchiv NRW, HStaD, Notare, Nr. 1281 v. 30.08.1842. Die erste Etage des Hauses Berlich 16 ist vermietet und von der Vermietung ausgeschlossen. Die neuen Besitzer, die Kaufleute Hubert Weynen und Gottfried Keutter übertragen das Grundstück mit Vertrag vor Notar Degreck vom 15.07.1843 für 6.800! Taler an Anton Volck).

42 Die Loge genoss offensichtlich höchstes Ansehen; so spielte am 12.09.1842 Franz Liszt in Gegenwart des Prinzen F.W. von Preußen in ihren Räumen. Protzies, Günther, Studien zur Biogra-

Advokat Forst sah sich auf Grund des geltenden Rechts veranlasst, im Namen seiner Frau Teilungsklage gegen deren Geschwister einzureichen. Dies lag nicht in Familienstreitigkeiten begründet, sondern in der Existenz mehrerer minderjähriger Kinder. Besitzer des St.-Claren-Gutes waren zu einer Hälfte die Schwestern Laurence und Sophie Sandt, da ihr Vater die Liegenschaft während der Ehe mit deren Mutter angekauft hatte, die andere Hälfte war allen Kindern gemeinschaftlich zugefallen. Mit Urteil des Landgerichts Köln vom 24.12.1839 wurde die Teilung der Nachlassenschaft angeordnet, zugleich wurden drei Experten zur Feststellung „über den Werth und die Natural Theilbarkeit" ernannt: Stadtbaumeister Johann Peter Weyer und die Maurermeister Wallé und Bruère (vgl. S. 164).

Vor dem kommissarischen Landgerichtsrat Schwechten erschienen diese am Morgen des 29.01.1840 auf dem Landgericht Köln zur Vereidigung, ehe sie am 03.02.1840 zwecks Erstellung ihres Gutachtens das Anwesen in der Zeughausstraße 9 betraten.

„Nachdem wir die Besitzung oberflächlich angesehen hatten, erkannten wir die Nothwendigkeit eine Geometrische Vermessung der Lokalitäten zu besitzen, welche auch bereits im Voraus durch Herrn Geometer G. Eschweiler, angefertigt worden war, und uns eingehändigt wurde, bei der demnächst begonnenen genauen Inspection fanden wir folgendes:
1. die ganze Grundfläche der Besitzung Nummer neun in der Zeughausstraße beträgt nach der beiliegenden Vermessung des Geometers Herrn G. Eschweiler sechs Morgen siebenzehn Ruthen und sechszehn Quadratfuß Magdeburgermaaß, oder 157991 außgeschrieben hundert sieben und fünfzig tausend neun hundert ein und neunzig quadrat Fuß, preußisch Werkmaß und mit Berücksichtigung, dass diese Grundfläche rundum mit Mauren eingeschlossen ist, schätzen wir den Werth im Durchschnitt pro quadrat Fuß zu vier Silbergroschen welches überhaupt ausmacht Ein und zwanzigtausend fünf und sechzig Thaler, vierzehn Sgroschen.
2. Auf dem Thore besteht ein kleines Gebäude aus Fachwerk welches für eine Stube eingerichtet ist, und mit einem Satteldach, und mit Hohlziegeln gedeckt ist, wovon wir den Werth anschlagen auf Einhundert Thaler.
3. die Gärtnerswohnung links neben dem Thorweg bedeckt einen Flächenraum von etwa hundert ein und neunzig ein viertel quadratfuß ist mit Fachwerk erbaut, und ist mit einem Pultdach und mit Hohlziegel gedeckt; der innere Ausbau liefert eine Stube und eine Kammer, und zwei Hängestübchen, der Werth davon schlagen wir an, ohne den bereits angerechneten Grund und Boden, auf drei und sechzig Thaler zwanzig Groschen.
4. das Gewächshaus neben der Gärtner-Wohnung bedeckt den Flächenraum von etwa zweihundert sechs und dreißig ein viertel quadratfuß und ist mit einem Pultdach und mit Hohlziegeln bedeckt, die vordere Seite ist ganz verglast, der Werth davon schlagen wir an, ohne den bereits angerechneten Grund und Boden auf 59 Thaler 1 Groschen.
5. der Zugang zu dem Thurme an der Nordwestlichen Ecke, bedeckt den Flächenraum von etwa fünfhundert sechs und zwanzig ein viertel quadratfuß, ist an der Südseite mit Glasfenstern versehen, und mit

phie Franz Liszts und zu ausgewählten seiner Klavierwerke in der Zeit der Jahre 1828–1846, Diss., Bochum 2004. Nach der „Geschichte der Freimaurer in Köln a.Rh. 1815–1872 nebst Rückblicken auf ältere Epochen, Köln 1873 von Bruder Leopold Böhmer erwarb die Loge im Laufe des Jahres 1840 ein Ladenlokal in der Budengasse 9.
43 Landesarchiv NRW, HStaD, Notare, Rep. 2883, Nr. 4768 ff.
44 Die Knollenburg bewirtschaftete noch 1884 Ludwig Forst (1842–1921), Enkel des G. von Sandt.
45 Für die Beurteilung danke ich Frau Bettina Mosler, Stadtmuseum Köln.

einem Pultdach, und mit Hohlziegeln bedeckt; der Werth daran schlagen wir ohne den bereits abgerechneten Grund und Boden an, auf die Summe von 131 Thaler 9 SGroschen 3 Pfennig.

6. der Thurm an der Nordwestlichen Ecke, bedeckt den Flächenraum von etwa fünfhundert acht und achtzig quadratfuß hat massive Umfassungsmauern, ein mit Balken bedeckter Keller, vier Stockwerke und ist mit einer Terrasse oder Plattform und mit Bleitafeln gedeckt; der innere Ausbau liefert an dem Erdgeschoß eine Küche mit einem Regensarg; in dem zweiten Stockwerk einen Saal; in dem dritten Stockwerk drei Stuben, in dem vierten Stockwerk ebenfalls drei Stuben; der Werth davon schlagen wir ohne den bereits verrechneten Grund und Boden an auf die Summe von 1000 Thalern.

7. Der Treppenflur südöstlich neben dem Thurm bedeckt die Grundfläche von etwa 115 Quadratfuß, enthält außer dem Treppenflur noch ein Kämmerchen und Abtritt ist größtentheils mit Fachwerk erbaut und mit Pultdach u. Hohlziegel gedeckt, geschätzt ohne Grund und Boden auf 76 Thaler 20 Sgroschen

8. das Gebäude zwischen dem ad 5. beschriebenen Zugang zu dem Thurme und dem ad 7. beschriebenen Treppenflur bedeckt die Grundfläche von etwa dreihundert fünf und siebenzig drei viertel quadratfuß ist theilweise mit Mauren und theilweise mit Fachwerk erbaut, hat zwei Stockwerke und ist mit einem Pultdach und mit Hohlziegeln gedeckt, der innere Ausbau liefert an dem Erdgeschoß eine Küche und eine Waschküche, in dem zweiten Stockwerk ein Zimmer mit Alkoven und unter dem Dache Speicher; der Werth dieses Gebäudes schlagen wir an, ohne den bereits verrechneten Grund und Boden, auf die Summe von 375 Thaler 22 Sgroschen 6 Pf.

9. das Gebäude südlich neben dem ad 6. beschriebenen Thurm bedeckt die Grundfläche von etwa Tausend fünf und siebenzig ein viertel quadrat Fuß, ist theilweise mit Mauren, aber größtentheils mit Fachwerk erbaut, hat drei Stockwerke, und ist mit einem Satteldache und mit Hohlziegeln gedeckt, der innere Ausbau liefert ein kleines Kellerchen; an dem Erdgeschoß drei Pferdeställe wovon der erste für zwei Pferde, der zweite für drei Pferde, und der dritte ebenfalls für drei Pferde Raum hat; außerdem ist auch noch eine Sattelkammer angebracht; ein Halbgeschoß dient als FourageMagazin; in dem zweiten Stockwerk sind ein Flur und drei Zimmer, und unter dem Dache zwei Kammer und Speicher angebracht; der Werth dieses Gebäudes, ohne den bereits abgerechneten Grund und Boden schätzen wir auf die Summe von 1612 Thaler 26 Sgr. 3 Pfg.

10. das Abtritts Gehäuse mit dem Hofe, vor dem ad 9. beschriebenen Gebäude, hat zwei Abtheilungen und ein Vogelbehälter darüber, und ist mit einem Strohdach gedeckt, und hat nach unserer Abschätzung ohne Grund und Boden den Werth von 30 Thaler.

11. das Vogelhaus neben dem erwähnten Abtrittsgehäuse ist mit einem Pultdach und mit Hohlziegeln gedeckt, nimmt eine Grundfläche von sechs und sechzig quadratfuß ein, und hat nach unserer Abschätzung ohne den bereits verrechneten Grund und Boden den Werth von 15 Thaler.

12. den Werth eines Regensarges mit Regenwasserpumpe, welche vor dem ad 8. beschriebenen Gebäude steht schätzen wir auf fünfzehn Thaler.

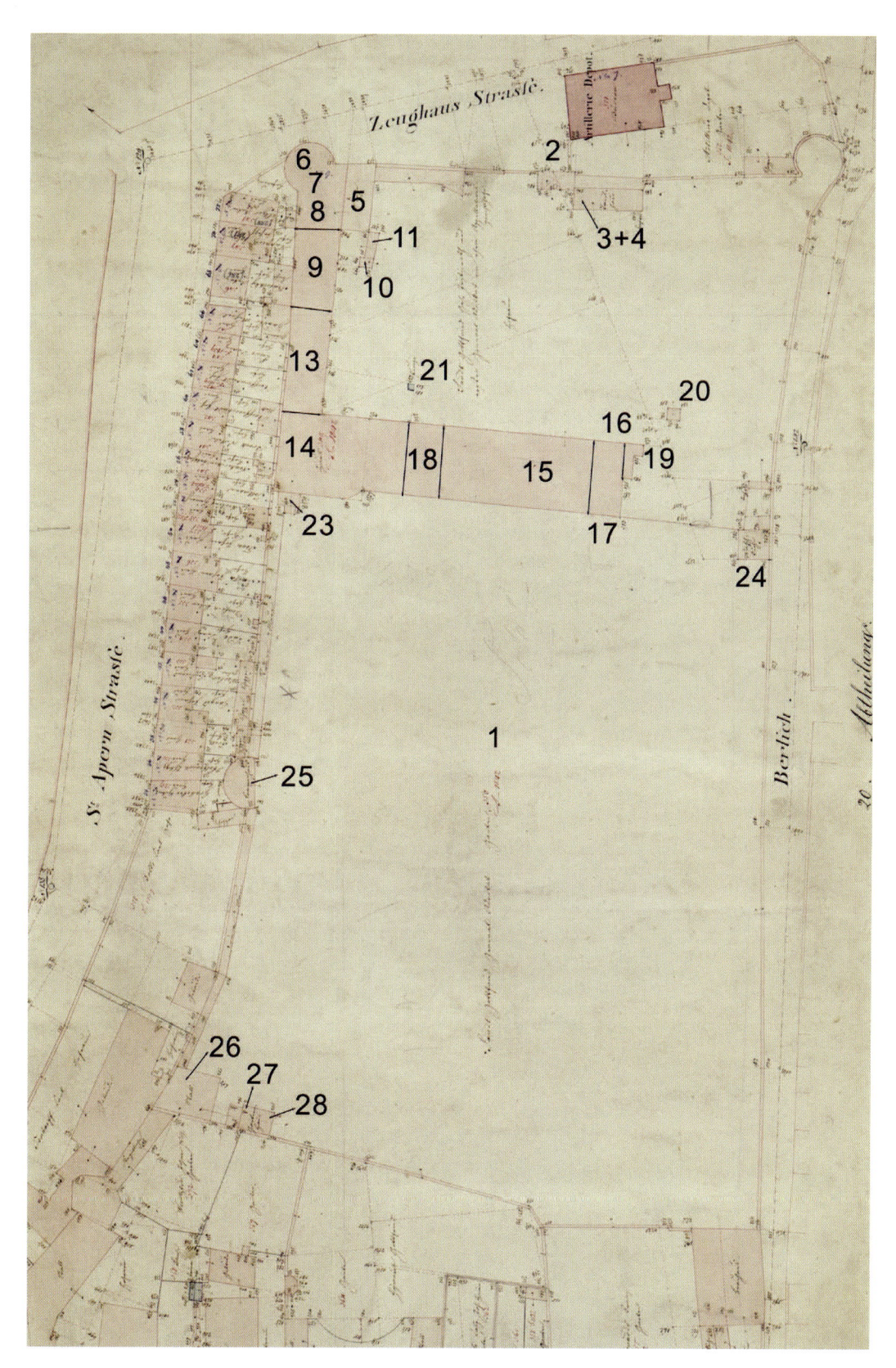

Urriß 1836 mit Eintragung der laufenden Nummern des Gutachtens, 1840 (Entwurf: R. Gier, Ausarbeitung: Oskar Molnar, Büro Kraemer)

Nach der Besichtigung der oben beschriebenen Gegenstände haben wir die Operation des dritten Februar beschlossen, und haben uns am fünften Februar Nachmittags drei Uhr neuerdings, in dem bezeichneten Lokale versammelt, woselbst wir abermals den Advokat Anwalt Herr Forst vorfanden, und mit demselben die Besichtigung folgender Lokalitäten fortsetzten.

13. das Gebäude rechts am Vorhofe neben dem ad 9. beschriebenen Gebäude deckt eine Grundfläche von nahe tausend sechshundert neun und siebenzig Quadratfuß, hat massive Umfassungsmauren, ein kleiner überwölbter Keller, zwei Stockwerke, und ist mit einem Satteldache und mit Schieffer gedeckt, der innere Ausbau liefert an dem Erdgeschoß eine Küche mit einem Hängestübchen und drei Zimmer, in dem zweiten Stockwerk sechs Zimmer, und unter dem Dache drei Kammern und zwei Speicher; der Werth dieses Gebäudes ohne den bereits verrechneten Grund und Boden, schätzen wir auf 2098 Thaler 22 Sgr. 6 Pfg.

14. das Gebäude in dem südwestlichen Ecke des Vorhofes, en face beim Eingang neben dem ad 13. beschriebenen Gebäude, deckt einen Flächeninhalt, von nahe dreitausend ein und fünf achtel Quadratfuß, hat massive Umfassungsmauren, zwei Stockwerke und ist mit einem Satteldache größtentheils mit Hohlziegeln, theilweise mit Schieffer gedeckt, der innere Ausbau liefert an dem Erdgeschoß vier Zimmer, ein Kabinet und große Remise, in dem zweiten Stockwerk eine Küche mit Spinde, acht Zimmer und Flur mit Abtritt; unter dem Dache zwei Speicher mit einigen Lattenabschlüssen. Hinter dem Gebäude Gartenwärts sind Gebäulichkeiten für mehrere Abtritte angebracht; der Werth dieser Gebäude ohne den bereits verrechneten Grund und Boden, schätzen wir einstimmig auf dreitausend neunhundert zwei Thaler preußisch Crt.

15. das Hauptgebäude en face, des Haupt-Eingang zwischen dem Vorhof, und dem Garten, deckt einen Flächenraum von nahe dreitausend zweihundert vierzehn drei viertel quadratfuß, hat massive Umfassungsmauren, schöne überwölbte Keller mit kleiner Oberstellung und mehreren Lattenverschlägen, zwei Stockwerke, und ist mit einem Satteldache mit Hohlziegeln und bleierner Wasserrinnen gedeckt; der innere Ausbau liefert an dem Erdgeschoß geräumige Flur, sieben Zimmer, und zwei Hängestübchen, in dem zweiten Stockwerke neun Zimmer, und unter dem Dache eine Kammer und Speicher; der Werth dieses Gebäudes ohne den bereits verrechneten Grund und Boden, schätzen wir einstimmig auf die Summe von 6429 Thaler 15 Sgroschen.

16. der Ueberbau der Kellerschroth von dem ad 15. beschriebenen Hauptgebäude ist mit Fachwerk verbaut, und deckt eine Grundfläche von etwa Zweihundert zwanzig drei achtel quadrat Fuß hat theilweise nur ein Stockwerk, liefert an dem Erdgeschoß Raum für die Kellerschroth[46], und ein Zimmerchen, und in dem zweiten Stockwerk zwei Zimmerchen; der zweistöckige Theil ist mit einem Satteldach und mit Hohlziegeln und der einstöckige Theil mit einer Plattform, und mit Blei gedeckt; der Werth dieser Gebäulichkeiten schätzen wir ohne den Grund und Boden auf 192 Thaler 5 Sgroschen 7 Pfg.

17. der Anbau des Hauptgebäudes links neben dem ad 16 beschriebenen Gebäulichkeiten ist mit Fachwerk ausgeführt, für eine Küche eingerichtet, mit einem Pultdach und mit Hohlziegeln gedeckt, und

---

46 Zur Erklärung einzelner Baudetails siehe u.a. Vogts, Hans, Das Kölner Wohnhaus bis zur Mitte des 19. Jahrhunderts, Neuß 1966; Hier: Band I, S. 73 und 94.

bedeckt eine Grundfläche von Zweihundert acht und dreißig quadratfuß, und hat ohne den Grund und Boden einen Werth von 198 Thaler 10 Sgroschen.

18. der Anbau rechts neben dem Hauptgebäude, zwischen den ad position vierzehn und fünfzehn beschriebenen Gebäuden deckt einen Flächenraum von etwa Tausend und dreißig sieben achtel quadratfuß, hat massive Umfassungsmauren, zwei Stockwerke und ist mit einem Satteldache, mit Hohlziegeln und bleiernen Wasserrinnen gedeckt, der innere Ausbau liefert an dem Erdgeschoß einen Saal, in dem zweiten Stockwerke eine Küche mit einer Regenwasserpumpe, ein Zimmer und zwei Kabinette, und unter dem Dache Speicher; ohne den bereits verrechneten Grund und Boden schätzen wir den Werth dieses Gebäudes auf die Summe von 1288 Thaler 15 Sgr.

19. der Werth der Abtritte neben den Anbauten des Hauptgebäudes links schätzen wir auf 25 Thaler.

20. der Werth des Pavillions mit sechs Säulen und Kegelförmiger Verdachung auf dem Vorhofe schätzen wir auf 50 Thaler.

21. die Brunnenpumpe auf dem Vorhofe schätzen wir auf 200 Thaler.

22. der zweite Brunnen links auf dem Vorhofe schätzen wir auf Vierzig Thaler.

23. zwei Behälter mit Regenwasserpumpe an den Gebäulichkeiten Gartenwärts schätzen wir auf dreißig Thaler.

24. Ein Gebäude für die Waschküche zwischen Hof und Garten an der Mauer zur Seite der Berlichstraße, ist in einer Tempelform von Holz konstruiert, mit einem Paristil von vier Säulen, deckt eine Grundfläche von dreihundert drei und zwanzig drei viertel Quadratfuß, und ist mit einem Satteldach und mit Hohlziegeln gedeckt, ohne den bereits verrechneten Grund und Boden, schätzen wir den Werth dieses Gebäudes auf 53 Thaler 28 Sgr.

25. der Gartensaal in dem halbkreisförmigen Thurm, in dem Garten westlich, mit einem Kellerchen, und mit einem Wasserbecken neben an, schätzen wir ohne Grund und Boden auf die Summe von 250 Thaler.

26. das Stallgebäude in der Südwestlichen Ecke, am Ende des Gartens ist mit Fachwerk erbaut, und mit einem Pultdach mit Hohlziegeln gedeckt, und hat den Werth von 5 Thaler.

27. das kleine Geschirr-Häuschen neben dem Stallgebäude hat den Werth von 5 Thaler Crt.

28. Ein kleines Gebäude enthaltend eine Kammer mit Fachwerk erbaut, und mit einem Pultdach und mit Hohlziegeln gedeckt, schätzen wir im Werth auf 75 Thaler.

29. Ein offener mit Hohlziegeln gedeckter Schuppen, in dem Hintergrunde des Gartens, schätzen wir im Werth von 5 Thaler.

Den Werth der ganzen Besitzung schätzen wir demnach zusammen auf 39.437 Thaler 29 Sgroschen 2 Pfg. Geschrieben Neun und dreißigtausend vierhundert sieben und dreißig Thaler neun und zwanzig Silbergroschen zwei Pfennige preußisch Courant."

Auf Grund des Grundstückszuschnitts, aber auch der Anordnung und Art der Gebäude, waren die Gutachter der einstimmigen Auffassung, dass eine Teilung ausgeschlossen sei; hierauf wurde durch Urteil des Landgerichts Köln vom 24.03.1840 das Anwesen zur Versteigerung ausgeschrieben.

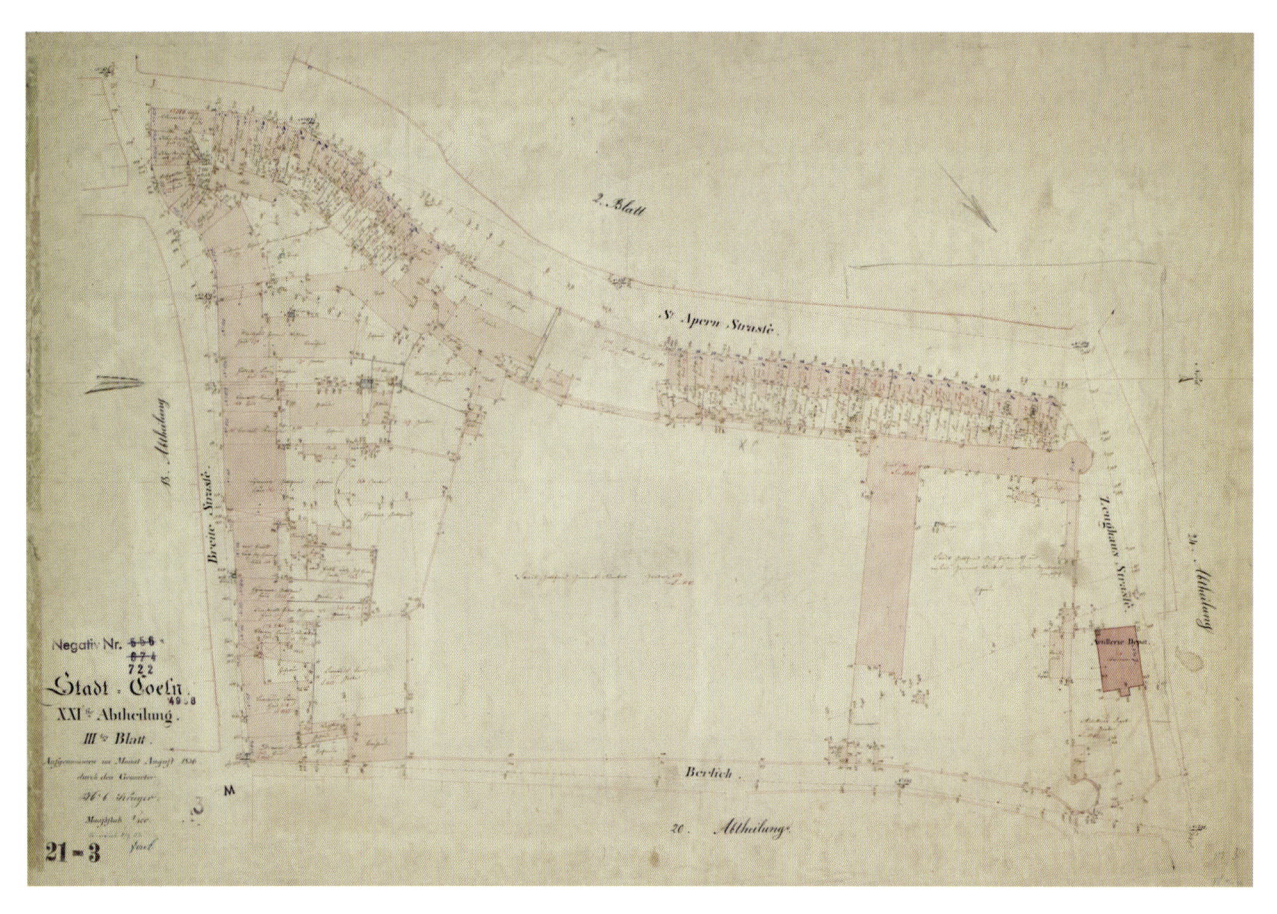

Urriss, 1836. (Abb.: Katasterarchiv)

Advokat Forst war durch seine Ehefrau nicht nur an den möglichen Einnahmen der Versteigerung beteiligt, sondern verfasste am 11.04.1840 auch das „Heft der Bedingungen". Er legt detailliert fest, wie das Areal zu teilen ist und die Straßenanlage zu erfolgen hat. Womöglich war Stadtbaumeister Weyer, zunächst Gutachter und im Anschluss Berater betreffend der weiteren Verwertung?

In den Allgemeinen Bedingungen legte Forst fest:

> 1. Das Grundstück nebst aufstehenden Gebäuden wird zuerst Parzellenweise und dann nach Belieben der anwesenden Versteigerer im Ganzen ausgestellt; inzwischen bleiben die Letztgebote auf die Parzellen bindend.
> 2. Der Übergang erfolgt mit dem Zuschlag.
> 3. Steuern und sonstigen Lasten trägt der Ansteigerer ab dem 01.07.1840.
> 4. Die Kaufpreise sind in vier gleichen Raten zu zahlen: am 01.10.1840 und jeweils zum 01.07. der Folgejahre. Dies bei einer Verzinsung mit 5% pro Jahr ab 01.07.1840
> 5. „Zur Deckung der gerichtlichen Lizitationskosten zahlt jeder Steigerer einen halben Silbergroschen von jedem Taler des gebotenen Steigpreises, sodann auch die Kosten des verhältnismäßigen Kaufstempels und eines Auszugs aus dem Versteigerungsprotokoll, insoweit ihn dieses betrifft und falls er den Auszug begehrt."

6. „Alle Zahlungen an Notar zur Hoven und nur in harten preußischen Silbermünzen mit Ausschluss von Kassenbeweisungen und sonstigem Papier Gelde."

7. Die Gebäude sind ab 01.01.1841 für 25.000 Taler gegen Feuer zu versichern.

„<u>Parzelle A</u>, nämlich die an dem nordwestlichen Winkel gelegene, mit den Buchstaben abcd des Planes abgegränzt, nebst dem daraufstehenden Thurme und sonstigen Gebäuden, haltend zusammen einen Flächen Raum von ungefähr sechstausend sechshundert Quadratfuß, wird ausgesetzt für die verhältnismäßige Taxe von viertausend einhundert sechs und achtzig Thaler achtzehn Groschen einen Pfennig.

a: Ansteigerer hat die zwischen den Gebäuden dieser Parzelle und dem südlich anschliessenden Nebenhauses der Parzelle B in den verschiedenen Stockwerken befindlichen Verbindungsthüren sofort auf seine Kosten zu vernichten und alle Oeffnungen zuzumauern.

b: diese Parzelle hat den Mitgebrauch der Brunnenpumpe P auf der Parzelle B.

c: bis zur Zahlung des ganzen Kaufpreises hat Ansteigerer vom 1. Januar eintausend achthundert einundvierzig ab die Gebäude für dreitausend Thaler gegen Feuerschaden zu versichern.

<u>Parzelle B</u>, südlich neben der vorigen Gelegen, auf dem Plane mit den Buchstaben cdghik angegränzt, nebst dem daraufstehenden Wohngebäude haltend an Grundfläche ungefähr sechstausend dreißig Quadratfuß Rheinisch wird ausgesetzt für die verhältnismäßige Taxe von dreitausend drei Thalern vier Groschen sechs Pfennigen.

a: Gemeinschaftlich mit dem südlichgelegenen Nebenhause erwirbt Ansteigerer dieser Parzelle den gepflasterten Weg von der Brunnenpumpe P bis an das Wohngebäude dieser Parzelle.

b: an der Brunnenpumpe P auf dieser Parzelle steht allen umliegenden Parzellen der Mitgebrauch zu.

c: das haus ist vom ersten Januar eintausend achthunderteinundvierzig ab bis zur gänzlichen Zahlung des Kaufpreises für dreitausend Thaler gegen Feuerschaden zu versichern.

d: Ansteigerer ist gehalten die von dem Speicher des Wohngebäudes dieser Parzelle auf den Speicher des südlich anschließenden Hauses führende Thüre sofort zu vernichten und zuzumauern.

<u>Parzelle C</u>, südlich neben der vorigen gelegen auf dem Plane von den Buchstaben ghqst eingeschlossen nebst dem daraufstehenden Wohnungs Gebäude, haltend an Grundfläche ungefähr dreizehntausend fünfhundert Quadratfuß, wird ausgesetzt für die verhältnismäßige Taxe von fünftausend siebenhundert zwei und fünfzig Thalern.

a: Gemeinschaftlich mit dem nördlich gelegenen Nebenhause erwirbt Ansteigerer dieser Parzelle den nördlich angränzenden gepflasterten Weg von der BrunnenPumpe P bis an das Wohngebäude der Parzelle B.

b: die Parzelle C hat das Recht der Mitbenutzung der Brunnenpumpe P.

c: das theilweise nämlich zwischen opqr auf dem Terrain dieser Parzelle nach Osten zustehende Gebäude wird nicht mitverkauft, sondern soll nach dem ersten Oktober des laufenden Jahres für Rechnung der Versteigerer abgebrochen werden.

d: Ansteigerer ist gehalten, das Gebäude vom ersten Januar eintausend achthundert einundvierzig bis zur gänzlichen Bezahlung des Steigpreises für wenigstens viertausend Thaler gegen Feuergefahr zu versichern.

e: das obere Quartier des auf dieser Parzelle stehenden Wohngebäudes ist bis zum ersten August eintausend achthundert zweiundvierzig vermiethet; Ansteigerer bezieht vom ersten Juli des laufenden Jahres an den Miethpreis im Verhältniß von zweihundert zwanzig Thalern pro Jahr. Die von der Loge Agrippina occupierten Stuben im Erdgeschoß werden am ersten Oktober dieses Jahres geräumt werden.

Parzelle D, östlich neben der vorigen gelegen, nebst dem daraufstehenden Haupt Gebäude und dessen östlichen Anbau, enthaltend einen Flächenraum von ungefähr achtzehntausend achthundert Quadratfuß Rheinisch, auf dem Plane abgegränzt durch die Buchstaben suvkqp, wird ausgesetzt für neuntausend vierhundert vier und dreißig Thaler zwanzig Groschen sieben Pfennige als verhältnismäßigen Taxwerth.

a: die Parzelle hat das Recht der Mitbenutzung der Brunnen Pumpe P auf der Parzelle B.

b: das an der Westseite, theilweise auf dem Terrain dieser Parzelle nämlich zwischen Buchstaben pqxw stehende Gebäude wird von dem Ansteigerer nicht miterworben, sondern für Rechnung der Versteigerer nach dem ersten Oktober eintausend achthundertvierzig zur Eröffnung der Straße weggeschafft.

c: das auf dieser Parzelle stehende Haus nebst Zubehörungen ist theilweise an die Loge Agrippina bis zum ersten Oktober des laufenden Jahres für vierhundert Thaler Preußisch Courant, und theilweise an den Advocat Anwalt Gruner für dreihundert Thaler per Jahr vermiethet. Das Miethrecht des letztgenannten kann von Seiten der Eigenthümer zu jedem Augenblicke mit dreimonatlicher Frist aufgeküdigt werden. Ansteigerer dieser Parzelle bezieht die erwähnten Miethpreise vom ersten Juli des laufenden Jahres ab, und tritt auch in das Kündigungs Recht gegen den Advocat Anwalt Gruner, mit der besonderen Verpflichtung jedoch, zu bewirken, daß dieser Anmiether seine Miethrechte auf das obere Stockwerk des zwischen den Parzellen C und D gelegenen zum Abbruch bestimmten Gebäudes vom ersten Oktober des laufenden Jahres ab aufgibt, und im allgemeinen nur auf die Parzelle D beschränkt, oder daß das ganze Miethverhältniß am genannten ersten Oktober aufgelöst sein wird.

Mit diesem Tage werden auch die von andern bisher benutzten Keller-Abtheilungen geräumt sein.

d: das auf dieser Parzelle stehende haus ist vom ersten Januar eintausend achthundert einundvierzig ab bis zur genzlichen Zahlung des Kaufpreises für wenigstens achttausend Thaler gegen Feuer Gefahr zu versichern.

Parzelle E, bestehend in dem östlichen, an die Berlichstraße gränzenden Streifen, und enthaltend an Grundfläche ungefähr sechstausend vierhundert Quadratfuß wird ausgesetzt mit dem nordöstlichen alten Römerthurme für die verhältnismässige Taxe von achthundert dreiundfünfzig Thalern zehn Groschen.

a: die Parzelle wird zuerst im ganzen, wie sie auf dem Plane zwischen den Buchstaben fbayzhkl abgezeichnet ist, und dann nach Belieben der anwesenden Versteigerer in Unterabtheilungen mit den anschliessenden Parzellen ausgesetzt.

b: Im Falle des Zuschlages im Ganzen wird 1. der Kaufpreis zinsenfrei am ersten Oktober des laufenden Jahres entrichtet, und 2. den Versteigerern die auf dieser stehende Mauer vom südlichen Ende bis an den alten Thurm vorbehalten und besonders auf den Abbruch versteigert.

c: Im Falle der Versteigerung in Unterabtheilungen mit den anschließenden Parzellen erwerben die Ansteigerer der letztern auch die Mauer soweit sie ihre Parzelle berührt, und gelten im Uebrigen für Zahlungsfrist und dergleichen die Bedingungen der verschiedenen Parzellen.

Parzelle F, eingeschlossen auf dem Plane mit den Buchstaben bckyz, haltend an Flächen Raum ungefähr zwanzigtausend Quadratfuß Rheinisch, wird ausgesetzt nebst dem Einfahrt Thore und Ueberbau, der Gärtner Wohnung und dem Gewächshause für die Verhältnismäßige Taxe von zweitausend neunhundert neunundzwanzig Thaler eilf Groschen.

Die Gärtner Wohnung am Thore wird bis zum ersten Juli des laufenden Jahres von H. Engelskirchen bewohnt.

Parzelle G, auf dem Plane durch die Buchstaben vyau abgegränzt, enthaltend einen Flächen Raum von ungefähr eilftausend sechshundert Quadratfuß wird ausgesetzt nebst der daraufstehenden Regenpumpe und einem Theile Waschküche für den verhältnißmässigen Taxwerth von eintausend sechshundertfünfzehn Thalern achtzehn Groschen.

a: Ansteigerer ist verpflichtet bis zum ersten Oktober des laufenden Jahres die Waschküche, die Regenpumpe und den Hundestall zum Gebrauche der jetzigen Miether der umliegenden Gebäude zu belassen.

b: Im Falle die Parzelle E besonders versteigert und also der östliche Theil des Hundestalles und der Waschküche auf einen anderen Ansteigerer übergehen wird, hat Ansteigerer das Recht und die Verpflichtung am ersten Oktober des laufenden Jahres die über die Linie ay verspringenden Theile dieser Gebäude wegzunehmen.

Parzelle H, abgegränzt auf dem Plane durch die Buchstaben abdegsu, enthaltend an Grundfläche ungefähr dreiundzwanzig Tausend achthundert Quadrat Fuß wird ausgesetzt für den verhältnißmässigen Taxwerth von dreitausend einhundert dreiundsiebenzig Thalern zehn Silbergroschen.

Parzelle J, abgezeichnet auf dem Plane mit den Buchstaben fedc, enthaltend an Grundfläche ungefähr neunundzwanzig tausend fünfhundert Quadratfuß, wird ausgesetzt für den verhältnißmässigen Taxwerth von dreitausend neunhundert dreiunddreißig Thaler zehn Groschen.

Parzelle K, auf dem Plane abgegränzt durch die Buchstaben eihgcd, und enthaltend an Grundfläche ungefähr achtzehntausend Quadratfuß rheinisch wird ausgesetzt mit den daraufstehenden Gebäuden für den verhältnismässigen Taxwerth von zweitausend fünfhundert fünf und dreißig Thalern.

Parzelle L, bezeichnet auf dem Plane mit den Buchstaben ghts, und enthaltend an Grundfläche ungefähr neuntausend Quadratfuß rheinisch wird ausgesetzt mit dem Gartensaale auf dem Halbthurme für den verhältnismässigen Taxwerth von eintausend vierhundert fünfzig Thaler zwanzig Groschen. Ansteigerer ist gehalten die von dem Gartensaale in das Bassin des östlich anschließenden Grundstückes H zum Zwecke der Wasserleitung führenden Röhren, so weit sie in dem Boden dieser Parzelle L liegen sofort wegzunehmen.

Dagegen soll auch die früher vom Dache des Hauses auf der Parzelle C nach dem Gartensaale der Parzelle L angebrachte Wasserleitung ferner nicht mehr statt finden.

M Das zwischen den Gebäuden der Parzellen C und D bestehende graue Gebäude bestehend im Erdgeschoße aus einem von der Loge Agrippina bis zum ersten Oktober des laufenden Jahres benutzten Saale, und im oberen Stockwerke aus einigen von Advocatanwalt Gruner gemietheten Cabinetten nebst Küche wird besonders auf den Abbruch versteigert.

a: Der Ansteigerer darf nicht vor dem ersten Oktober des laufenden Jahres mit dem Abbruche beginnen, und muß denselben am letzten desselben Monats beendigt haben.

b: die Zahlung des Steigpreises geschieht am ersten Oktober des laufenden Jahres und muß geleistet sein, (bevor) der Abbruch beginnen kann.

c: Sollte Ansteigerer säumig werden, so haben Versteigerer das Recht, auf Schaden und Kosten des Ansteigerers das Gebäude abbrechen zu lassen, und außerdem den Steigpreis nebst Zinsen zu fünf vom Hundert vom ersten Oktober des laufenden Jahres ab gegen den Ansteigerer einzufordern.

d: Für alle bei dem Abbruch entstehenden Beschädigungen ist der Ansteigerer verantwortlich.

N Für den Fall, daß die oben bezeichnete Parzelle E im Ganzen zugeschlagen werden sollte, wird die daraufstehende Mauer von dem südlichen Ende bis in den nordöstlichen alten Eckthurm auf den Abbruch versteigert werden, und zwar entweder in einzelnen Abteilungen oder in ihrer ganzen Länge.

A: Vor dem Abbruche muß Ansteigerer den ganzen Steig Preis zinsenfrei entrichten.

B: der Abbruch muß spätestens Ende des Monates Juli beendigt sein, jedoch ist Ansteigerer verpflichtet früher schon auf Erfordern einzelner Parzellen Käufer wenigstens solche Oeffnungen in die Mauer zu brechen, welche das durchfahren auf die verschiedenen Parzellen möglich machen.

C: Nur an demjenigen Punkte, wo die Mauer die Waschküche und die Hundeställe der Parzelle G begränzt, muß dieselbe bis zum ersten Oktober dieses Jahres stehen bleiben.

Also aufgestellt durch den unterzeichneten betreibenden Anwalt zu Köln am eilften April eintausend achthundert vierzig. Forst"[47]

[47] Landesarchiv NRW, HStaD, Notare, Rep. 2883, Nr. 5234 vom 11.04.1840.

Unterschriften der Familie Sandt-Forst, 1841.

Am 13.04.1840 richtete Forst an die Stadtverordneten eine Eingabe betreffend des Ankaufs eines Streifens entlang des Berlichs bis zum Parfusenturm und zugleich des Grundstückes neben dem Haus St.-Apern-Straße 28; letzteres, um die „südlichste der beiden Durchschneidungsstraßen vom Berlich bis auf die St. Apernstrasse durchzuführen". Während der Ankauf am Berlich wegen dessen Funktion als „wichtige Verbindung" befürwortet wurde, erfolgte in der Sitzung vom 19.05.1840 für den zweiten Punkt die Ablehnung. Stadtrat von Wittgenstein hielt namens des Oberbürgermeisters fest, dass „die Durchführung der einen Verbindungsstraße bis zur Apernstraße aber, als hauptsächlich im Interesse der Erben Sand oder ihrer Rechtsnachfolger liegend, denselben überlassen bleiben muß."[48]

Am 15.06.1840 gelangte das Sankt-Claren-Gut zum vierten Mal zur Versteigerung. Entsprechend dem Heft der Bedingungen wurde zuerst der Turm angesetzt.

A) Parzelle A, nämlich an dem nordwestlichen Winkel gelegene, mit den Buchstaben abcd des Planes abgegränzt nebst dem darauf befindlichen Thurme und sonstigen Gebäulichkeiten fassend zusammen einen Flächenraum von sechs Tausend einhundert vierzig Quadratfuß. Diese Parzelle wurde ausgesetzt für die verhältnissmässige Taxe von vier Tausend einhundert sechs und achtzig Thaler achtzehn Groschen, ein Pfennig, und nachdem drei nacheinander angezündete Lichter, wovon jedes wenigstens eine Minute brannte, ohne Erfolg eines Höhengebotes erloschen waren, dem in Coeln ohne Geschäft wohnenden Herrn Paul Theisen für die Summe von fünf Tausend und zehn Thalern und unter den obigen Bedingungen als Letzt- und Meistbietender zugeschlagen. Derselbe stellte den hierbei anwesenden in Coeln wohnenden Maler Herrn Heinrich Dahmen zum Solidar-Bürgen, und haben beide nach der ihnen geschehenen Verlesung unterschrieben.
P.Theisen (Anm.: Unterschrift von geringer Qualität!)
J.H.Dahmen
B) Parzelle B, südlich neben der vorigen gelegen auf dem Plan mit den Buchstaben cdghik abgegränzt nebst dem daraufstehenden Wohnungsgebäude, haltend an Grundfläche ungefähr fünf Tausend zweihundert sieben und dreißig Quadratfuß. Der Ansteigerer dieser Parzelle ist außer der Erfüllung der bereits erwähnten Bedingungen noch verpflichtet, sämtliche Oeffnungen nach dem südlich gelegenen Hause zuzumauern sowie auch den südlich gelegenen Spülstein zu vernichten. Diese Parzelle wurde ausgesetzt für die verhältnismässige Taxe von drei Tausend drei Thaler, vier Groschen sechs Pfennige, und nachdem drei nacheinander angezündete Lichter, wovon jedes wenigstens eine Minute brannte, ohne Erfolg eines höheren Gebotes erloschen waren, dem in Coeln ohne Geschäft wohnenden Herrn Heinrich Schlaeger für die gebotene Summe von drei Tausend drei Thaler, vier Groschen, sechs Pfennige, und unter den obigen Bedingungen als Meist- und Letzbietender zugeschlagen. Derselbe stellte den hierbei anwesenden in Coeln wohnenden Maurermeister Herrn Eduard Schulteis zum Solidar-Bürgen, und haben beide nach der ihnen geschehenen Verlesung unterschrieben.
Heinrich Schlaeger (Anm: sehr einfache Unterschrift).
Ed. Schulteis

48 HAStK, Best. 410, Nr. 4, Seite 572 und 574, Sitzung vom 19.05.1840. sowie Straßenbauvertrag zwischen Bürgermeister Steinberger und Hagen: Landesarchiv NRW, HStaD, Notare, Rep. 2808, Nr. 10342 vom 17.03.1842.

C) Die Parzelle C, südlich neben der vorigen gelegen, auf dem Plane von den Buchstaben ghqst eingeschlossen nebst dem daraufstehenden Wohnungsgebäude, haltend an Grundfläche ungefähr zwölf Tausend sechs hundert acht und dreißig Quadratfuß. Dem Ansteigerer dieser Parzelle ist außer der Erfüllung der erwähnten Bedingungen noch verpflichtet, von dem ersten October laufenden Jahres dem Anmieter des Wohngebäudes einen Keller zu seinem Gebrauche auf der Parzelle zu bauen, und demselben Anmiether den zur Parzelle gehörigen Garthentheil bis zur Beendigung der Miethe zu belassen. Noch wird bemerkt, daß dem Anmiether das Recht zusteht, das Miethverhältnis zu jeder Zeit nach vorheriger vierteljährlicher Aufkündigung aufzulösen. Diese Parzelle wurde ausgesetzt für die verhältnissmässige Taxe von fünf Tausend siebenhundert zwei und fünfzig Thalern und nachdem drei nacheinander angezündete Lichter, wovon jedes wenigstens eine Minute brannte, ohne Erfolg eines höheren Gebotes erloschen waren, dem obengenannten in Cöln wohnenden Herrn Paul Theissen, ohne Geschäft, für die Summe von fünf Tausend achthundert zwanzig Thalern und unter den obigen Bedingungen als Meist- und Letztbietender zugeschlagen. Derselbe stellte den hierbei anwesenden in Coeln wohnenden Maurermeister Herrn Johann Wagener zum Solidar-Bürgen, und haben beide nach der ihnen geschehenen Verlesung unterschrieben.
P. Theisen
Johann Wagener (Anm.: schlechte Unterschrift)
D) Parzelle D, östlich neben der vorigen gelegen, nebst dem daraufstehenden Hauptgebäude und dessen östlichem Anbau, enthaltend einen Flächenraum von ungefähr achtzehn Tausend achthundert Quadratfuß Rheinisch auf dem Plane abgegränzt durch die Buchstaben suvkqp. Diese Parzelle wurde ausgestellt für die verhältnissmässige Taxe von neun Tausend vierhundert vier und dreißig Thaler, zwanzig Groschen sieben Pfennige ausgesetzt, und unter der zusätzlichen Bedingung, daß das von Herrn Gruner bewohnte Quartier ebenfalls am ersten October laufenden Jahres von demselben geräumt werden wird[49], und nachdem drei nacheinander gezündete Lichter, wovon jedes wenigstens eine Minute brannte ohne Erfolg eines höheren Gebotes erloschen waren, dem in Coeln wohnenden Kaufmann Herrn Gustav Friedrich Esch für die Summe von zehn Tausend Thalern und unter den obigen Bedingungen als Meist- und Letztbietenden zugeschlagen und hat derselbe nach Verlesung unterschrieben.
Gust. Fried. Esch
E) Parzelle E, bestehend in dem östlichen an die Berlichstraße gränzenden Streifen und enthaltend an Grundfläche ungefähr sechs Tausend acht und dreißig Quadratfuß Rheinisch. Diese Parzelle wurde ausgesetzt für die verhältnissmässige Taxe, den Fuß zu vier Groschen berechnet, im Ganzen also für achthundert fünf Thaler und zwei Groschen, und nachdem drei nacheinander angezündete Lichter, wovon jedes wenigstens eine Minute brannte, ohne Erfolg eines höheren Gebotes erloschen waren, dem in Coeln wohnenden Stadtbaumeister Herrn Johann Peter Weyer, als Bevollmächtiger der hiesigen Stadt Coeln zufolge der hier beiligenden, am heutigen Tage ausgestellten und von dem Herrn Oberbürgermeister unterzeichneten Privat-Vollmacht, für und

---

49 Diese 24 Wörter wurden bereits während der notariellen Aufnahme gestrichen.

Namens der Stadt Coeln für die obengenannte Taxe von achthundert fünf Thaler, zwei Groschen zugeschlagen, und hat derselbe nach der ihm geschehenen Verlesung unterschrieben.

J.P.Weyer im Namen der Stadt Köln

F) Die Parzelle F, eingeschlossen auf dem Plane mit den Buchstaben bckyz, haltend einen Flächenraum von ungefähr drei und zwanzigtausend Tausend dreihundert dreißig Quadratfuß Rheinisch nebst dem Einfahrtsthor und Ueberbau, die Gärtnerwohnung und dem Gewächshause. Diese Parzelle wurde ausgesetzt für die verhältnismässige Taxe von drei Tausend dreihundert drei und siebenzig Thalern eilf Groschen, welche im Heft der Bedingungen irrthümlich auf die Summe von zwei Tausend neunhundert neun und zwanzig Thalern eilf Groschen angegeben ist, und nachdem drei nacheinander angezündete Lichter, wovon jedes wenigstens eine Minute brannte ohne Erfolg eines höheren Gebotes erloschen waren, dem in Coeln wohnenden Kaufmann Herrn Georg Heuser für die Summe von sieben Tausend dreihundert Thalern als Meist- und Letzbietenden, und unter den obigen Bedingungen zugeschlagen, und hat derselbe nach der ihm geschehenen Verlesung unterschrieben.

G. Heuser

G) Die Parzelle G, auf dem Plane durch die Buchstaben vyau abgegränzt, enthaltend einen Flächenraum von ungefähr eilf Tausend einhundert sieben und vierzig Quadratfuß Rheinisch, nebst der daraufstehenden Regenpumpe und einem Theile Waschküche. Diese Parzelle wurde ausgesetzt für die verhältnismässige Taxe von sechszehnhundert fünfzehn Thalern achtzehn Groschen, und nachdem drei aufeinanderangezündete Lichter, wovon jedes wenigstens eine Minute brannte, ohne Erfolg eines höheren Gebotes erloschen waren, dem in Coeln wohnenden Baumeister Johann Baptist Leydel[50] für die Summe von vier Tausend sechshundert vierzig Thalern und unter den obigen Bedingungen als Meist- und Letztbietender zugeschlagen, derselbe stellte den hierbei anwesenden, in Coeln wohnenden Maurermeister Herrn Jacob Pallenberg zum Solidar-Bürgen, und haben beide nach der ihnen geschehenen Verlesung unterschrieben.

J.B.Leydel

J.Pallenberg

H) Parzelle H, abgegränzt auf dem Plane durch die Buchstaben abdegsu, enthaltend an Grundfläche ungefähr zwei und zwanzig Tausend zweihundert vier und vierzig Quadratfuß. Diese Parzelle wurde ausgesetzt für die verhältnismässige Taxe von drei Tausend einhundert drei und siebenzig Thalern zehn Silbergroschen, und nachdem drei nacheinander angezündete Lichter von denen jedes wenigstens eine Minute brannte, ohne Erfolg eines höheren Gebotes erloschen waren, dem in Coeln ohne Geschäft wohnenden Herrn Mathias Kirch für die Summe von sechs Tausend neunhundert vierzig Thalern, und unter den obigen Bedingungen als Meist- und Letztbietender zugeschlagen, und hat derselbe nach der ihm geschehenen Vorlesung unterschrieben.

Mathias Kirch (Anm: schlechte Unterschrift)

J) Die Parzelle J, bezeichnet auf dem Plane mit Ia und Ib, abgegränzt auf demselben mit den Buchstaben fedc enthaltend an Flächenraum ungefähr ein und dreißig Tausend achthundert ein und siebenzig

---

50 Johann Baptist Leydel, geb. 1800 in Bonn, gest. 20.11.1841 in Bonn, wohin er sich offensichtlich kurz zuvor krankheitsbedingt zurückzog. Als Nachkomme der Baumeisterfamilie Leydel errichtet er in den 1830er Jahren einige Bauten im Bereich zwischen St. Aposteln, St. Gereon und St. Andreas. S.a. Rechtsrheinische Köln, Band 15, 1989, S. 63ff.

Quadratfuß. Diese Parzelle wurde ausgesetzt für die verhältnissmässige Taxe von vier Tausend zweihundert neun und vierzig Thaler, vierzehn Groschen welche irrthümlich im Hefte der Bedingungen auf die Summe von drei Tausend neunhundert drei und dreißig Thalern zehn Groschen angegeben ist, und nachdem drei nacheinander angezündete Lichter, wovon jedes wenigstens eine Minute brannte, ohne Erfolg eines höheren Gebotes erloschen waren, dem in Coeln wohnenden Tischler und Weinwirthe Herrn Anton Volck für die Summe von zehn Tausend zehn Thalern und unter den obigen Bedingungen als Meist- und Letztbietenden zugeschlagen. Derselbe stellte den hier anwesenden in Coeln wohnenden Frachtenbestätter Herrn Paul Joseph Hagen zum Solidar-Bürgen und haben beide nach der ihnen geschehenen Verlesung unterschrieben.
Anton Volck
P.J. Hagen

K) Parzelle K, auf dem Plane abgegränzt durch die Buchstaben eihgcd und enthaltend an Grundfläche ungefähr fünfzehntausend zweihundert neunzig Quadratfuß nebst den daraufstehenden Gebäuden. Diese Parzelle wurde ausgesetzt für den verhältnissmässigen Taxewerth von zwei Tausend fünfhundert fünf und dreißig Thalern und nachdem drei nacheinander angezündete Lichter, wovon jedes wenigstens eine Minute brannte, ohne Erfolg eines höheren Gebotes erloschen waren, dem obengenannten in Coeln wohnenden Kaufmann Herrn Gustav Friedrich Esch für die Summe von viertausend zehn Thalern und unter den obigen Bedingungen als Meist- und Letzbietenden zugeschlagen. Derselbe erklärte, daß er diesen Ankauf für sich und den hierbei anwesenden in Coeln wohnenden Kaufmann Herrn Peter Gaul, welcher dies annahm, gemacht habe und haben beide nach der ihnen geschehenen Verlesung unterschrieben.
Gust. Fried. Esch
PGaul

L) Die Parzelle L, bezeichnet auf dem Plane mit den Buchstaben ghts und enthaltend an Grundfläche ungefähr neuntausend Quadratfuß rheinisch nebst dem Gartensaale auf dem Halbthurme. Diese Parzelle wurde ausgesetzt für den verhältnissmässigen Taxwerth von eintausend vierhundert fünfzig Thalern zwanzig Groschen, und nachdem drei nacheinander folgend angezündete Lichter, wovon jedes wenigstens eine Minute brannte, ohne Erfolg eines höheren Gebotes erloschen waren, dem obengenannten Kaufmann Herrn Gustav Friedrich Esch, in Coeln wohnhaft für die Summe von zwei Tausend achthundert Thalern und unter den obigen Bedingungen, als Meist- und Letztbietenden zugeschlagen. Derselbe erklärte, daß er diesen Ankauf für sich und den obengenannten hier in Coeln wohnenden Kaufmann Herrn Peter Gaul, welcher hierbei anwesend, dies annahm, gemacht habe, und haben beide nach der ihnen geschehenen Verlesung unterschrieben.
Gust. Fried. Esch
PGaul

Hierauf wurde das obenbeschriebene ganze Gut mit allen darauf befindlichen Gebäulichkeiten, ausschließlich jedoch der Parzelle

Litera E, welche von der städtischen Verwaltung angesteigert wurde, und derselben hiermit defintiv zugeschlagen wird, und einschließlich der auf dieser Parzelle stehenden Mauer nebst nordöstlichem Thurme, welche dem Ansteigerer zu dem bis Ende Juli laufenden Jahres zu bewerkstelligenden Abbruch mitversteigert werden, der öffentlichen Versteigerung ausgestellt. DIe bei einzelnen Parzellen in den Miethverhältnissen gemachten Aenderungen fallen weg, und treten Ansteigerer in alle Rechte und Verbindlichkeiten, wie die vorliegenden Verträge stipulieren. Das obige Gut wurde demnach in der vorbeschriebenen Weise, nachdem drei nacheinander angezündete Lichter, wovon jedes wenigstens eine Minute brannte, ohne Erfolg eines höheren Gebotes, erloschen waren, dem obengenannten Herrn Paul Joseph Hagen, Frachtenbestätter in Coeln wohnhaft, für die Summe von sechzig Tausend achthundert und dreißig Thalern und unter den obigen Bedingungen, als Meist- und Letztbietender zugeschlagen, wodurch bedingnisweise die Zuschläge der einzelnen Parzellen als nicht geschehen zu betrachten sind. Der Ansteigerer Herr Hagen hat sodann nach der ihm geschehenen Verlesung unterschrieben.
P.J.Hagen
Bei der gegenwärtigen Verhandlung waren anwesend die Eingangs genannten Parteien Herr Franz Carl Eduard Forst, Herr Franz Xavier von Ghisels in seiner angegebenen Eigenschaft, die Frau Wittwe des Herrn Godfried Sandt, der in Deutz wohnende Lieutnant im vierten Dragoner-Regiment Herr Philipp von Leliva, als Nebenvormund der Minderjährigen Leo, Eduard und Joseph Sandt, die Herren Advokat Anwälte Bloemer und Zimmermann und Esser, der inzwischen aus Griechenland zurückgekehrte Herr Heinrich Sandt, gegenwärtig ohne Geschäft in Coeln wohnhaft. Letzterer erklärte, daß er nicht nur die gegenwärtige Versteigerung, sondern auch alle früheren in dieser Theilungssache stattgehabten Verhandlungen hiermit genehmige.
Ueber obigen Hergang hat der Notar dem der Name, Stand und Wohnort sämtlicher bei der gegenwärtigen Versteigerung erschienen Personen bekannt sind, das gegenwärtige Protokoll abgefasst, und dasselbe mit den vorgenannten Komparenten, mit Ausnahme des Herrn Advokat-Anwalt Esser, welcher sich vor dem Schlusse der Verhandlung entfernt hatte, sodann mit den Zeugen nach der ihnen geschehenen Verlesung unterschrieben. So geschehen zu Coeln auf dem versteigerten Gute, im Jahres, Monat und am Tage, wie Eingangs, nachdem die gegenwärtige Verhandlung bis nach acht Uhr Abends gewährt hatte."[51]

Zwei Tage nach dem Versteigerungstermin trafen sich die Ansteigerer erneut, diesmal zur Feststellung der neuen Eigentumsverhältnisse.

„Vor Johann Jacob Zur Hoven, Königlicher Notar wohnhaft und residierend in der Stadt Cöln am Rhein in Gegenwart der beiden hierzu ersuchten in Cöln wohnenden Zeugen, namentlich Heinrich Franck, ohne Gewerb und Theodor Niessen, Schuster, erschien der in Cöln wohnende Frachtenbestätter Herrn Paul Joseph Hagen, und erklärte auf dem Grund der ihm durch das Gesetz vom vierten Juli achtzehnhundert vier und dreißig, das Verfahren bei Versteigerungen von Mündelgütern betreffend, zustehenden Befugniß, daß er in der durch den

51 Landesarchiv NRW, HStaD, Notare, Rep. 2883, Nr. 5370 vom 15.06.1840.

Stadtplan 1942 mit Eintragung der Versteigerungsparzellen, 1840 (Entwurf: R. Gier, Ausarbeitung: Oskar Molnar, Büro Kraemer)

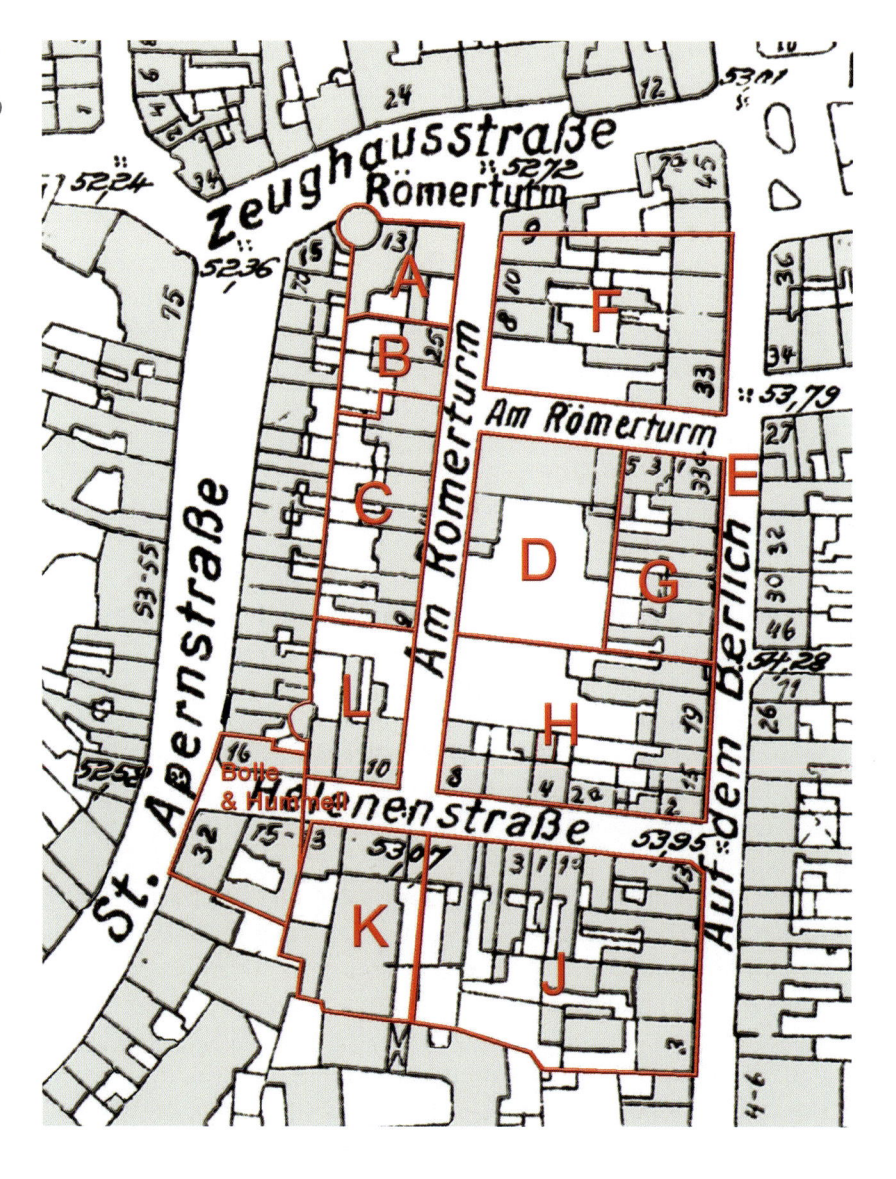

52 Georg Friedrich Heuser, geb. 1801 Gummersbach, gest. 18.03.1862 Köln, verh. 28.05.1829 Düsseldorf mit Elisabeth Uellenberg, geb. 1807 Elberfeld, gest. 25.09.1837 Neumarkt 8. Heuser, Stadtrat von 1850–1862, erwarb am 02.11.1833 in Gemeinschaft mit seinen Brüdern Franz und August (unter der Firma Peter Georg Heuser Söhne in Ronsdorf) das Anwesen Neumarkt 8. Ob Heuser am Berlich neu bauen wollte ist nicht belegt, jedoch in Anbetracht seiner weiteren dort ankaufenden Anverwandten wahrscheinlich.

instrumentierenden Notar am fünfzehnten Juni des laufenden Monats Juni in der gerichtlichen Theilungssache der Erben Sandt abgehaltenen öffentlichen Versteigerung das in dem desfallsigen Protokolle näher beschriebene, hier in Coeln in der Zeughausstraße sub numero neun gelegene sogenannte Sanct Claren-Gut für sich und Namens a) des Herrn Johann Peter Weyer, Stadtbaumeister, b) des Herrn Georg Heuser[52], c) des Herrn Gustav Friedrich Esch, d) des Herrn Peter Gaul, diese drei Kaufleute und e) des Herrn Friedrich von Ammon, Appellations-Gerichtsrath und f) des Herrn Anton Volck, Tischler, alle in Coeln wohnhaft und zwar in der Art, daß er: a) für den Herrn Weyer die Parzelle A, am nordwestlichen Winkel gelegen, mit den Buchstaben abcd des Planes abgegränzt nebst dem darauf befindlichen Thurme und sonstigen Neben-Gebäulichkeiten, haltend zusammen einen Flächenraum von ungefähr sechs Tausend einhundert vierzig Quadratfuß für die Summe von fünf Tausend und zehn Thalern, b) für die Herren Heuser und von Ammon die Parzelle F, eingeschlossen auf dem Plane mit den Buchstaben bckyz, haltend an Flächenraum ungefähr dreiundzwanzig Tausend dreihundert dreißig Quadratfuß Rheinisch nebst dem Einfahrtsthore und Ueberbau, der Gärtnerwohnung und dem Gewächshause, und zwar für Herrn von Ammon ein drittel dieser Parzelle, beginnend am südlichen Ende derselben, von der projektierten Straße angerechnet, mit einem dritten Theile der an dem Berlich anschliessenden Fronte und der Tiefe der ganzen Parzelle und haltend ein drittel des ganzen Flächeninhalts für die Summe von zwei Tausend vierhundert drei und dreißig Thalern zehn Groschen, und für Herrn Heuser die übrigen zwei drittel dieser Parzelle für die Summe von vier Tausend achthundert sechs und sechzig Thaler zwanzig Groschen, c) für Herrn Esch die Parzelle D, östlich neben der Parzelle C gelegen, nebst dem darauf stehenden Hauptgebäude und dessen östlichem Anbau, enthaltend einen Flächenraum von ungefähr achtzehntausend achthundert Quadratfuß Rheinisch, auf dem Plane abgegränzt durch die Buchstaben surkqp für zehn Tausend Thalern, unter der Verpflichtung, der Loge und dem Herrn Doctor Gruner die Miethe gleich zu kündigen, und das Nebengebäude bis zum ersten October laufenden Jahres zum Abbruch freizustellen, d) für die Herren Esch und Gaul gemeinschaftlich die Parzelle K, abgegränzt auf dem Plane durch die Buchstaben eihgcd und enthaltend an Grundfläche ungefähr fünfzehn Tausend zweihundert neunzig Quadratfuß Rheinisch nebst den daraufstehenden Gebäulichkieten für die Summe von vier tausend zehn Thalern, und die Parzelle L begränzt auf dem Plane mit den Buchstaben ghts und enthaltend an Grundfläche ungefähr neun Tausend Quadratfuß Rheinisch nebst dem Gartensaale auf dem Halbthurme für die Summe von achtundzwanzig hundert Thaler und e) für sich selbst die noch übrigen Parzellen angesteigert zu haben. Die hierbei miterschienenen obengenannten Herren Weyer, Heuser, von Ammon, Esch, Gaul und Volck nahmen die gegenwärtige von Herrn Hagen zu ihren Gunsten abgegebene Erklärung hiermit an, und verpflichten sich die ihnen zur Last stehenden obenangegebenen respektiven Kaufpreise an den ihnen bekannten Verfallstagen pünktlich zu entrichten, so wie die der Versteigerung zu Grunde liegenden ihnen ebenfalls bekannten Bedingungen genau zu erfüllen. Da durch die von Herrn Hagen abgegebene Command-Erklärung die Versteigerung als Parzellen-Versteigerung zu betrachten ist so verpflichten die Comparenten sich Einer dem Andern und den Uebrigen gegenüber die auf dem Plane projektierten Straßen auszuführen, und überhaupt alle dem Parzellen-Verkauf zu Grunde liegenden Bedingungen genau zu erfüllen. Insbesondere verpflichten die Herren Weyer, Heuser und von Ammon sich, die in der Zeughausstraße mündende, neu projektierte Straße sogleich zu eröffnen."[53]

[53] Landesarchiv NRW, HStaD, Notare, Rep. 2883, Nr. 5373 vom 17.06.1840.

Unterschriften der Ansteigerer, 1840.

Kleinertz irrt, wenn er, auf das Areal am Römerturm bezogen unterstellt, dass „die Festlegung neuer Straßen ... einen eintönigen und gleichförmigen Charakter hatten und sich z.T. kaum in das bestehende Straßennetz integrierten".[54] Als beispielhaft führt er unter anderem die Berlich und St. Apern verbindende Helenenstraße und Am Römerturm an. Im Gegenteil, Forst wie auch die Erwerber des Jahres 1840 waren sich um die Bedeutung der Liegenschaft und auch des zentralen klösterlichen Hauptgebäudes bewusst und stellten dieses durch ihre Planung besonders heraus.

Bei der Versteigerung behielten Hagen und Volck (vergleiche S. 167) die Parzellen B, C, G, H und J zu gleichen Teilen für eigene Nutzung. Am 08.08.1840 erfolgte ein erster Austausch zwischen den Partnern: Volck wurde alleiniger Besitzer der Parzelle J und Hagen von B[55]. Am selben Tag verabredeten sie mittels Gesellschaftsvertrag[56] die weitere Nutzung der gemeinsamen Parzellen C, G und H, ferner des Anteiles am „Frommschen Nachlass", Trankgasse 20, 22 und 24[57]. Die Parzellen G und H wurden in Bauplätze zerlegt und von August 1840 bis September 1841 an insgesamt sechs Erwerber übertragen, die diese wiederum mit 16 Wohnhäusern bebauten. Ursprünglich sollte die an den Garten Esch angrenzende Fläche Am Römerturm auch bebaut werden, gelangte jedoch über den Maurermeister Schulteis an Notar Degreck.

Die bei der Versteigerung den Kaufleuten Esch und Gaul zugefallenen Parzellen K und L erwarb Volck von diesen mit Vertrag vom 23.11.1841 für 8.403 Taler 17 Gr. 3Pf. Ein Betrag, der um gut 1.500 Taler über dem Steigpreis aus der Einzelansetzung vom 15.06.1840 lag. Abzüglich der auf den Grundstücken ruhenden Belastungen musste Volck 4.147 Taler 9 Gr. 9 Pf. an die Verkäufer auszahlen, hierbei bis zum 01.07.1842 1285 Taler 20 Gr. 2 Pf. an Gaul und bis zum 01.01.1843 2.861 Taler 19 Gr. 7 Pf. an Esch.[58] Volck verpflichtete sich, auf seine Kosten die Helenenstraße bis zur St.-Apern-Straße durch das Eigentum von Bolle und Hummell (St.-Apern-Straße 32, s.u.) zu legen. Mit diesen Arbeiten muss er spätestens fünf Wochen nach Vertragsabschluss beginnen. Bei wertgleichem Tausch erhielt Volck einen etwa 15m breiten Grundstücksteil an der St.-Apern-Straße und stellte Bolle und Hummell einen an der Helenenstraße gelegenen Garten hinter deren Haus zur Verfügung.[59] Als Entschädigung für abzubrechende Aufbauten im Garten und den Wiederaufbau der Begrenzungsmauer zahlte Volck 800 Taler. Die aus „Tuffstein" aufgeführte Römermauer ging im Gartenbereich auf Bolle und Hummell über; sie wurde niedergelegt. Nach Beginn des Straßenausbaus, durch den die Bildung der Hausgrundstücke Helenenstraße 9 und 10–16[60] überhaupt erst möglich wurde, stellte Volck bei der Stadt einen Entschädigungsantrag. In der Stadtratsitzung vom 15.03.1842 wurde dieser abgelehnt, da das Interesse nicht auf Seiten der Stadt, sondern in erster Linie der Eigentümer sei.[61] Im letzten Verwertungsschritt übertrug Hagen seinen Anteil an der Parzelle C, das Eckgebäude des Klosters an der Römermauer einschließlich des angrenzenden Gartens am 24.02.1842 für 3.600 Taler auf Volck.[62] Dieser veräußerte das Grundstück einen Monat darauf für 6.600 Taler an den Holzhändler Balthasar Hewel.

Da die Bebauung der Berlichstraße voranschritt und zudem eine Verfügung vom 17.05.1841 des allgemeinen Kriegsdepartements dem Stadtrat vorlag, beriet dieser am 17.06.1841 über die Durchleitung der Berlichstraße bis zur Zeughausstraße. Der Römerturm am Berlich war bereits abgebrochen; die hierbei zerstörte Gartenabschlussmauer des Artilleriedepotbüros

---

54 Kleinertz, Everhard, Die Bau- und Bodenspekulation in Köln 1837 bis 1847, in: Kölner Unternehmer und die Frühindustrialisierung im Rheinland und in Westfalen (1835–1871), Köln 1984, S. 151.

55 Landesarchiv NRW, HStaD, Notare, Rep. 2883, Nr. 5468, für 5186 Taler, 1 Gr., 6 Pf: J = Auf dem Berlich 3–13 und Helenenstraße 1–9; a.a.O, Nr. 5469, 1501 Taler, 15 Gr.: B = alte Adresse Am Römerturm 19.

56 a.a.O., Nr. 5472 v. 08.08.1840. Hagen verpflichtet sich vertraglich Bau- und sonstige Investitionsgelder einzubringen. Weiter liegt die alleinige Verwaltung der Geschäfte, der Verkauf und Geldempfang in seiner Hand. Von den erzielten Gewinnen gelangen zunächst 10% an Hagen, der Rest wird zu gleichen Teilen geteilt. Sollten die Partner selbst bauen wollen, so nach Plänen die Hagen genehmigt hat, die Beaufsichtigung übernimmt Volck. In § 3 des Vertrages wird schließlich vereinbart: „Herr Volck ... wendet seinen Gewerbefleiß im Interesse der Gesellschaft an, beaufsichtigt die erworbenen Grundstücke, so wie die einzelnen Baustellen und die zu errichtenden Bauten. Er muß Jedem über die Bauplätze Auskunft geben, und sich wegen des Verkaufs möglichst bemühen. Er ist ferner für die richtige Abmessung der zu verkaufenden Bauplätze verantwortlich, und muß über alle von Herrn Hagen herzugebenden Gelder genaue Rechnung führen, und deren Verwendung nachweisen."

57 Diese am 07.08.1840 erworbenen Grundstücke veräußern sie mit Vertrag vor Notar Fier vom 11.01.1841 für 30.000 Taler an die Rheinische Eisenbahngesellschaft.

58 Landesarchiv NRW, HStaD, Notare, Rep. 2884, Nr. 6385 vom 23.11.1841.

59 a.a.O., Nr. 6386 vom 23.11.1841. Auf dem an Bolle und Hummel gehenden Gartenstück befand sich noch ein Gartenhaus aus der Zeit des von Sandt, dass jetzt als Waschküche genutzt wurde.

60 Das Eckgrundstück Helenenstraße 16 erwarb der Maurermeister Jacob Pallenberg.

61 HAStK, Best. 410, Nr. 4, S. 927.

62 Landesarchiv NRW, HStaD, Notare, Rep. 2790, Nr. 934, Kaufpreis: 3.600 Taler.

wurde im Zuge eines Flächenaustauschs seitens der Stadt neu aufgeführt.[63] Im November 1841 erklärte sich der Stadtrat schließlich zur Straßenbenennung: "Der Name ‚Am Römerthurm' erscheint dem Stadtrathe um so angemessener für diese beiden ineinander fliessenden Straßenlinien, als der Römerthurm ein allbekanntes Bau-Monument ist und der daher genommene Name in sofern bezeichnend und populär, auch leicht auszusprechen und nicht leicht zu verstümmeln ist". „Die südliche Verbindungsstrasse dagegen zwischen dem Berlich und der Apernstrasse im Durchbruche welcher augenblicklich projektiert ist, soll den Namen „Helenenstraße" und ein besonderes Haus Nummernsistem erhalten. Der Name Helenenstraße ist von der geschichtlichen Thatsache oder Sage hergeleitet, dass zur Zeit Constantin des großen dessen Mutter Helena, das ehemalige römische Militär-Prätorium, welches auf dem Boden des ehemaligen St. Claren Klosters gestanden, bewohnt hat, oder haben soll. Zudem ist der Name Helenenstraße wohl auszusprechen und der Volkssprache ohne Verstümmelung und Umbildung leicht zugänglich."[64]

Für die bauliche Entwicklung des ehemaligen Klostergeländes war der Zeitraum von 1819 bis 1843 von großer Bedeutung. Fünf Baumeister und Bauunternehmer nahmen hier mutmaßlich besonderen Einfluss. Im Folgenden werden ihre Biographien vorgestellt, beginnend mit Johann Martin Schauss als möglichem Architekten des Umbaus 1820–22.

I.1 Johann Martin Schauss

Sechs Jahre vor Schinkel[65] wurde Johann Martin August Schauss 1775 in Berlin geboren.[66] Es ist davon auszugehen, dass er ebenfalls den Vorläufer der Bauakademie, die „Architektonische Lehranstalt bei der Akademie der Künste" unter Oberhofbaurat Becherer besuchte. Nach einer Notiz wurde Schauss 1793 als Königl. Preuß. Baukonducteur eingestellt.[67] Vogts bezeichnet ihn als Kölner, Freund Wallrafs und Lehrmeister Hittorfs[68]; 1829 habe es ihn „dahingerafft". In seiner 1929 erschienen Abhandlung „Das Bürgerhaus in der Rheinprovinz" benennt Vogts Schauss schließlich als „Baudirektor des Roerdepartementes" und einen der „Architekten von Einfluß" in Aachen.[69] Vogts Quellen sind nicht bekannt, lediglich sein Zitat aus einem Brief Goerres an Sulpiz Boisserée vom 10.08.1823 soll unwidersprochen bleiben: „Es soll gar arg mit dem Verwittern (des Domes) zugehn, und was die Elemente nicht zwingen, das soll der königl. Preuß. Baurat Schauß, bekanntlich ein Baugenie des ersten Ranges, glücklich zustande bringen."

1799/1800 für die Übernahme der Aufsicht über die Ruhrbauten vorgesehen, betätigte Schauss sich auch in den kommenden Jahren auf diesem Gebiet. So entwarf er unter anderem Skizzen zum Strömungsverhalten der Kähne und ein auf der Ruhr eingesetzter Kohlenkahn wurde als „Schaußscher" bezeichnet. Offensichtlich gab er Zeichenunterricht an der Berliner Bauakademie und war mehrfach für die Besetzung von Stellen an dieser im Gespräch, zuletzt 1821.[70] 1814/15 als Oberbauinspektor für die Verwaltung des Roer-Departements in Aachen tätig, trat Schauss mit dem Übergang der Rheinlande an Preußen wieder in dessen Dienste. Seine Bekanntschaft zu Wallraf und Sulpiz Boisserée rührte vielleicht aus seiner Aachener Zeit.[71] Boisserée war seit 1808 davon beseelt, die Vollendung des Doms herbeizuführen. Er initiierte eine Mappe mit Darstellungen des Kirchenbaus, zu der verschiedene Künstler Entwürfe lieferten: Schauss 1810 einen Grundrissplan.[72]

63 HAStK, Best. 410, Nr. 4, S. 799;. S. 829, Sitzung vom 31.08.1841: Die Neupflasterung des Berlich kostete 2503 Taler, 1 Silbergroschen, 11 Schillinge.
64 HAStK, Best. 410, Nr. 4, S. 861, Sitzung vom 25.11.1841
65 Karl Friedrich Schinkel, geb. 13.03.1781 Neuruppin, gest. 09.10.1841 Berlin.
66 Laut International Genealogical Index wurde er am 17.09.1775 im Dom getauft. Der Vater Johann Schauss könnte identisch sein mit Hofschneider J. Schauss der 1799 am Schlossplatz in Berlin ein Haus besaß.
67 HAStK, Smmlg. Bayer, Familienkartei.
68 Vogts, Hans, Denkmalpflege und Heimatschutz, Nr. 45, 1929, S. 28ff und Das Kölner Wohnhaus bis zur Mitte des 19. Jahrhunderts, 1966, Bd. 2, S. 606ff.
69 S.a. Dauber, Reinhard und Klaus Winands, Napoleonische Architektur und Stadtplanung in Aachen 1804–1814, in: Aachener Kunstblätter, Band 53/1985, S. 127–187. Interessanterweise findet Schauss in dieser Abhandlung keine Erwähnung! Im Gegenteil, nach Rücksprache ist Schauss Herrn Dauber, zumal als „Architekt von Einfluß" in Aachen kein Begriff.
70 Inventar zur Geschichte der preuß. Bauverwaltung 1823–1848, Berlin 2005. Nr. 169, 311, 631, 674, 1025, 1037, 1069, 1071. Die Einsicht in diese Akten war aus Zeitgründen nicht möglich, ergibt jedoch sicher ein genaueres Bild über Schauss Lebenslauf.
71 Sulpiz Boisserée, Tagebücher 1808–1854, Köln 1978. Boisserée korrespondierte noch bis 1833 mit Schauss und besuchte diesen auch in Berlin. Mitt. aus dem Stadtarchiv von Köln, 71. Heft, Der Nachlass Ferdinand Franz Wallraf (Best. 1105), Köln 1987, in diesem wird lediglich eine Korrespondenz 1814/15 vermerkt.
72 Geschichte und Beschreibung des Doms von Köln, Sulpiz Boisserée, München 1842. Der Grundriss, Pl. III.

Nach Bär wurde „der bisherige Oberbauinspektor in Berlin Schauss (Wasserbaurat)" am 22.04.1816 an die Regierung Koblenz überwiesen,[73] von dort 1818 an die Kölner. Für die hiesigen Aufgaben war Johann Martin Schauss mit seiner Vorliebe für den Wasser- und die Schiffsbaukunst für einige Kölner vielleicht die falsche Besetzung. Alle größeren oder öffentlichen (Hoch-)Bauvorhaben mussten von ihm gegengezeichnet nach Berlin weitergereicht werden. Entscheidungen über Teilniederlegungen einsturzgefährdeter Kirchen (wie im Fall von St. Kunibert oder St. Mauritius) trafen nicht immer die allgemeine Zustimmung.

Das erste große öffentliche Kölner Bauprojekt war die Errichtung des Appellationsgerichtes. Schauss fertigte 1820 einen Entwurf, der jedoch nicht zur Umsetzung gelangte.[74] 1829 standen die Planungen für die Regierung im Mittelpunkt seiner Tätigkeit. Regierungsbaumeister Biercher fertigte die Entwürfe,[75] eine letzte Gegenzeichnung von Schauss datiert 14.05.1829. Kurz darauf nahm er seinen Abschied, kehrte nach Berlin zurück und ehelicht dort am 12.08.1829 die Witwe Maria Luise Amalia Suchland. Nur wenige Wochen nach Schauss als Tochter eines Maurermeisters geboren, hatte diese 1799 den Ratsmaurermeister Johann Gottlob Nauck geheiratet. Nach dessen Tod um 1826 lebte sie weiter in ihrem Haus Kochstraße 23. Ließ sich Schauss 1799 ins Rheinland versetzen, weil seine Angebetete einen anderen ehelichte? Kehrte er 1829 zurück, da diese nun frei war und er sie heiraten konnte? Der pensionierte Regierungsrat Johann Martin Schauss lebte bis 1847 in der Kochstraße, vormittags hatte er Sprechstunde. Seine Witwe starb offensichtlich nur wenige Monate nach ihm.[76]

Zu der Zeit als Schauss nach Berlin zurückkehrte, traf in Köln der junge Architekt Johann Bruère ein. 1840 war er einer der Gutachter an St. Claren, nicht auszuschließen, dass er bereits zuvor für die Familie Sandt-Forst tätig wurde.

I.2 Johann Bruère

Johann (Jean) Bruère wurde als Nachkomme von aus der Champagne stammenden Glaubensflüchtlingen (Hugenotten) am 03.02.1805 in St. Goar geboren. Nach Köln gelangte er vermutlich auf Vermittlung seines Halbbruders Jean Louis, dem Buchhändler und Herausgeber des „Rheinischen Konversations- Lexikons". 1829 ehelichte Jean die Wilhelmina Charlotte Jäger,[77] ältere Halbschwester der späteren Ehefrau des Baumeisters Bolle. Vielleicht nutzte Bruère seine Einnahmen aus dem Verkauf seines Hauses Auf dem Berlich 16 (1842) für die Auswanderung nach Nordamerika. Er selbst starb zwar am 29.05.1854 in der Martins-Abteigasse 2, fehlende oder lückenhafte Eintragungen im Adressbuch deuten jedoch daraufhin, dass die ganze Familie 1842 Köln verließ, er selbst möglicherweise alleine Anfang der 1850er Jahre zurückkehrte. Seine Witwe starb am 23.04.1876 in St. Charles, Missouri. Seine Söhne, insbesondere Theodor, stiegen zu einflussreichen und angesehenen Persönlichkeiten auf.[78] Auffallenderweise wurde Jean in Köln häufiger als Architekt benannt, eine Bezeichnung die ansonsten nicht vorkam. 1831/32 unterstützte Bruère als Gehilfe Regierungsbaumeister Biercher bei Erstellung des Zivilcasinos;[79] wie ein Tagelöhner wurde er mit 1 Taler entlohnt. Im Adressbuch von 1841 findet sich der Zusatz: „Baubeflissener und Zeichenlehrer am Taubstummeninstitut" und wie sein Schwager Bolle gehörte Jean Bruère als Sec. Leutnant dem I. Bataillon (Kölnisches) im 28. Landwehr-Regiment an.

---

73 Bär, Max, *Die Behördenverfassung der Rheinprovinz seit 1815*, Düsseldorf 1998, S. 174.

74 S.u.a. Bollenbeck, Karl Josef, *Der Kölner Stadtbaumeister Johann Peter Weyer*, Diss., Aachen, 1969; Leser, Petra, Die Baugeschichte des Rheinischen Appellationsgerichtshofes in Köln, in: *Architekturgeschichten. Festschrift für Günther Binding zum 60. Geburtstag*, Köln 1996, S. 183-196.

75 S.a. Brucker, S. 28ff und B 93-101.

76 Quellen: u.a. Adressbuch Berlin und International Genealogical Index. Maria Louisa Suchland wurde am 03.11.1775 in der selben Kirche wie Schauss getauft.

77 Wilhelmina Charlotte Jäger stammte aus dem hessischen Rödelheim, dort starb 1823 auch Bruères Mutter.

78 Neben Informationen aus dritten Quellen (Internet, PA Brühl, HStaD) danke ich insbesondere Frau Gabriele Wichert für die Übermittlung ihres Artikels „Die Bruères – Glaubensflüchtlinge aus der Champagne", in: *Hessische Familienkunde*, Heft 3/2005, Spalte 190ff. Nach einem noch zu Lebzeiten des Theodor Bruère erstellten Portrait kam dieser 1850 alleine und unbemittelt (1 Taler) in New York an. Die Darstellung weist jedoch Mängel auf, so das nicht zu klären war, wo die Dichtung anfängt und die Wahrheit aufhört. Quelle: History of St. Charles County, Missouri.

79 Brucker, Biercher, S. 61.

Der Römerturm mit Blick auf den Stübbenschen Neubau, 1897. (Abb.: RBA)

Neben seiner Bau- und Lehrtätigkeit wurde Bruère als Gutachter geschätzt. So fungierte Architekt J. Bruère am 15.03.1832[80] in Gemeinschaft mit Baumeister Johann Baptist Leydel und Zimmermeister Schmitz als gerichtlich bestellter Sachverständiger bei Bewertung des Hauses „Stadt Prag" am Neumarkt und am 03.02. und 05.02.1840 in gleicher Funktion in Gemeinschaft mit Johann Anton Wallé und Stadtbaumeister Johann Peter Weyer in der Zeughausstraße 9.

Die höheren preußischen Beamten pflegten nicht nur dienstlichen Umgang, ihre Wohnsitze lagen oft im Umfeld von Regierung und Gericht. So war es nahe liegend, wenn von Sandt Aufträge in Bau- und Grundstücksangelegenheiten an „Kollegen" oder deren Kinder vergab. Neben Regierungs- und Baurat Johann Martin Schauss sind Wegebaumeister Ferdinand Pommer, Baukonducteur Carl Bolle und der Festungsingenieur Carl Eduard Hummell zu erwähnen. In Folge Herkunft und militärischer Fertigkeiten ist nicht unwahrscheinlich, dass der Entwurf zu Umbau und Aufstockung des Römerturms aus seiner Feder stammte.

I.3 Carl Eduard Hummell

Das Interesse für die Baukunst wurde dem am 29.01.1806 in Berlin geborenen Carl Eduard Hummell[81] bereits in die Wiege gelegt. Sein früh verstorbener Vater, Carl Wilhelm Hummell[82], war im September 1801 zum Baukondukteur in der Kurmark bestellt und erst wenige Monate vor seinem Tod zum Königlichen Bauinspektor ernannt worden (1810).[83] Vermutlich waren er und Schauss Absolventen derselben Schule, ebenso bestand wohl eine Bekanntschaft zwischen den Familien Hummell und Bolle. Die Witwe Hummell heiratete 1815 erneut; mit ihrem Mann Carl Friedrich Ludwig Haldensleben und drei minderjährigen Kindern zog sie nach Köln. Haldensleben wurde als Sekretär an die neu errichtete Regierung versetzt. 1823 trat Carl Eduard Hummell in die 4. Pionier Abteilung ein.[84] Kurze Zeit später beginnen seine Studien an der Artillerie- und Ingenieurschule in Berlin.

1827 kehrte Hummell in seine Stammeinheit zurück und wurde 1831 zum Adjutanten der Abteilung ernannt; mit dem 01.09.1833 erfolgte die Zuteilung zum Fortifikationsdienst. Sechs Wochen zuvor hatte er geheiratet. Wie bei Militärangehörigen üblich, bedurfte es der Einwilligung des Königs; das Ingenieur-Corps richtete zu diesem Zweck im April 1833 ein Gesuch nach Berlin. Generalleutnant und Ingenieur-Inspektor von Aster teilte am 05.06.1833 mit, dass „Seine Majestät der König mittels Allerhöchster Kabinets-Ordre vom 25ten v. Mts. geruht" habe, die Erlaubnis zur Eheschließung zu erteilen. Weitere berufliche Kölner Stationen: 02.12.1835 Adjutant der zweiten rheinischen Festungs-Inspektion und 03.06.1841 Premier-Leutnant, ehe Hummell im Sommer 1842 zum Fortifikationsdienst in die Festung Wesel versetzt wurde. 1848–51 erneut in Köln, folgten 1848 (Major), 1859 (Oberstleutnant) und 1861 (Oberst) weitere Beförderungen. 1851 gelangte Hummell als Ingenieuroffizier vom Platz erneut nach Wesel und 1859 als Inspekteur der 3. Festungs-Inspektion in die Festung Neisse/Schlesien. 1865 schied er als Generalmajor aus dem aktiven Dienst. Er starb hochbetagt am 09.04.1892 in Düsseldorf.[85] Interessanterweise bewohnte Hummell nicht das gemeinsam mit Bolle errichtete Haus in der St.-Apern-Straße, sondern blieb am Cäcilienkloster 11 wohnhaft. Dieses schmale Haus hatte Hummell kurz nach der Geburt seiner ersten Tochter Wilhelmine am

---

80 Landesarchiv NRW, HStaD, Notare, Rep. 2881, Nr. 1802 v. 26.06.1835. Auf dem Gelände wurde in der Folge die Richmodstraße angelegt, an deren Bebauung und Ausbau Josef Felten maßgeblichen Anteil hatte.

81 C.E. Hummell heiratet am 25.07.1833 in Köln Wilhelmine Francisca Christina Mathilde Henriette Proebsting. Die am 16.01.1813 in Hamm/Westfalen geborene (Ihr Vater war Bezirksarzt und Medizinalrat), lebt als Waise in Köln bei Anverwandten auf der Gereonstr. 7. Unter ihren angeheirateten Onkeln befinden sich der Landrentmeister Johann Vorster und der Kollege von Hummels Stiefvater Haldensleben, Johann Carl Wilhelm Groote. So lernte sich auch das Ehepaar Hummell – Proebsting über die (berufliche) Herkunft der Eltern kennen.

82 Carl Wilhelm Hummel, gest. 15.06.1811 in Berlin, 40 Jahre alt, verh. am 26.06.1803 in der Jerusalem Kirche in Berlin mit Caroline Henriette Haldensleben.

83 Inventar zur Geschichte der preuß. Bauverwaltung, Berlin 2005, Nr. 43 und 399.

84 Bis zu deren Wechsel 1859 nach Deutz ist diese in der Weidenbachkaserne, in direkter Nachbarschaft zum Festungsbauhof (St. Pantaleon) untergebracht.

85 C.E. Hummels 1836 in Köln geborener Sohn, Carl Friedrich Eduard Hummell wird ebenfalls Festungsingenieur. Er dient in Köln, Thorn und Mainz und scheidet 1892 aus dem Dienst, wie sein Vater im Rang eines Generalmajors. Für die Informationen zu dem beruflichen Lebensweg von Vater und Sohn Hummell danke ich Herrn Reinhard Montag.

12.08.1834 erworben.[86] Die anschließenden Umbau- und Vergrößerungsmaßnahmen nahm vermutlich Carl Bolle vor.

1840 ersteigerte der Metzgersohn Paul Joseph Hagen für über 60.000 Taler das Claren-Gut. Es wurde sein erstes bedeutendes und daher vielleicht auch sein wichtigstes Spekulationsobjekt. Hagen wie auch sein Kompagnon bei der Vermarktung und Bebauung an Berlich und Helenenstraße, Anton Volck, werden nachstehend als letzte vorgestellt.

I.4 Paul Joseph Hagen und Anton Volck

Paul Joseph Hagen[87] wurde am 12.06.1800 in der Mühlengasse 23 geboren. Bereits 1827 Geschäftsführer der oberrheinischen Bestätterei,[88] wirkte er in der Folge als Schiffsbestatter bzw. Hauptagent der Düsseldorfer Dampfschifffahrtsgesellschaft. Im selben Jahr erwarb er das Haus Thurnmarkt 24. Dieses erweiterte Hagen durch Zukauf des Hauses 22 (1840) und einen umfassenden Umbau.[89] Von 1840 bis 1845 leitete er vornehmlich in Zusammenarbeit mit dem Stadtbaumeister Johann Peter Weyer und dem A.Schaaffhausen´schen Bankverein die Parzellierung und Anlage von Straßen in der Kölner Altstadt in die Wege: Helenenstraße und Am Römerturm (1840), Elisenstraße (1844), Mohrenstraße (1844), Paulstraße (1844, in ihr lag auch sein Stadthaus), Rosenstraße (1845), Landsbergstraße (1845), Im Sionstal (1845) sowie die Mechtildisstraße (1845).[90] Zwischenzeitlich verfügte Hagen über einen großen, doch auch hoch belasteten Immobilienbesitz. Dieser versetzte ihn scheinbar in die Lage, eine standesgemäße Villa nebst umliegenden Ländereien und Gutshof im Süden der Stadt zu erbauen (1844 durch Weyer).[91] Hagen benannte die neue Ansiedlung ähnlich wie zwei der von ihm inszenierten Straßenanlagen[92] nach einem Familienangehörigen, seiner Tochter aus erster Ehe, Marie „Marienburg" und ist so quasi Gründungsvater des Villenvorortes. Vielleicht plante er in dem späteren Lindenthal eine ähnliche Anlage: so erwarb Hagen mit Vertrag vom 09.06.1845 insgesamt gut 800 Morgen Land von dem Kölner Kaufmann Philipp Engels.[93] Doch funktionierte Hagens Geschäftsprinzip nur so lange, wie er Gelder zum Ankauf neuer Areale akquirieren konnte. Als erkennbar wurde, dass die Einnahmen mit den Investitionen nicht Schritt hielten, rächten sich die exorbitant steigenden Grundstückspreise während des Baubooms 1840 bis 1845. Zahlreiche Spekulanten, Bauunternehmer und in der Folge auch kleine Handwerker wurden im Sog mitgerissen; das Bankhaus Schaafhausen konnte nur durch staatlichen Eingriff und Umwandlung in eine AG gerettet werden.[94] Nachdem Hagen bereits durch Verträge vom 23.05.1846 und 24.01.1848 seine Geschäftsanteile aus den Partnerschaften mit Weyer, Schaaffhausen und Landrentmeister Johann Fischer an den Bankverein abgetreten hatte, schied er mit dem 25.01.1848 aus der Verbindung aus. Weder an Gewinnen noch Verlusten war er fortan beteiligt. Sein Landgut Marienburg gab er 1849 auf; es gelangte im Wege der Versteigerung für 70.000 Taler an das Bankhaus Oppenheim. In den 1850er Jahren strengte seine Frau Elisabeth Loosen die Gütertrennung an; faktisch lebten sie in den letzten Jahren getrennt. 1861/62 zog sich Hagen nach Wiesbaden zurück und starb dort am 12.10.1868.

Noch während der Hochphase des Immobilienhandels in Köln errichtete Hagen mit Vertrag vom 15.03.1845 an der Alteburg gemeinsam mit dem Techniker Emil Justus Baehrens[95] und dem Gießer Alois Berger die

86 Wilhelmine Caroline Auguste Mathilde wird am 17.05.1834 noch in der Ehrenstraße 37 geboren. Der Verkauf des Hauses erfolgt mit Vertrag vor Notar Dubyen, Köln, am 19.03.1841.

87 Hagen heiratete am 25.10.1827 in Köln die erst 17jährige Cäcilia Maria Wirtz, geb. 31.01.1810 Köln, gest. 27.08.1831 Köln, die einzige Tochter: Marie, und in zweiter Ehe am 29.02.1832 Köln Elisabeth Loosen, geb. 24.01.1803 Köln, Tochter eines Rotgerbers. Aus dieser Ehe gehen zwei weitere Kinder hervor. Familie Loosen betätigt sich auch in der Leimproduktion und betreibt z.B. zeitweise die Mühle zu Schleifkotten (Efferen).

88 Disponent für die Frachtzuteilung der für die Oberrheinische Dampfschifffahrtsgesellschaft, Thurnmarkt 26 (1837) fahrenden Schiffe. In den Stadtverordnetenprotokollen (HAStK, Best. 410, Nr. 4) ist unter der Sitzung vom 14.05.1839 vermerkt, dass Hagen ausstehende Lagergebühren für seit 1831 im Gürzenich stehende 6 Faß Braunstein verschulde. Im Wege der Güte seien die knapp 74 Taler nicht zu erlangen, daher war ein gerichtliches Verfahren anhängig.

89 Vertrag vom 24.12.1841.

90 Die Jahreszahlen beziehen sich jeweils auf das Jahr der Genehmigung der Straßenanlage durch die Stadt Köln.

91 Siehe zu dieser Villa auch: Hagspiel, Wolfram, Stadtspuren, Köln: Marienburg, Bd. II, S. 585ff, Köln 1996.

92 Die Paulstraße wurde nach ihm selbst, die Elisenstraße nach seiner zweiten Frau benannt.

93 Zu diesem Besitz gehörten der Neuenhof (333 Morgen), die Lindenburg und der Lindenburger Hof (zus. 176 Morgen), die Decksteiner Mühle sowie 206 Morgen im Bereich zwischen dem Weißen Haus und der Brühler Straße.

94 S.a. Kleinertz, Everhard, Die Bau- und Bodenspekulation in Köln 1837 bis 1847, in: Kölner Unternehmer und die Frühindustrialisierung im Rheinland und in Westfalen (1835–1871), Köln, 1984, S. 147–170.

95 Emil Justus Baehrens, Sohn des Dr.med. Friedrich Carl Baehrens und der Emilie Stucke, stirbt am 03.03.1852 in Bayenthal, verh. seit 1847 mit Anna Maria Adelheid Hagen, geb. 25.07.1828 Köln, gest. 03.09.1867 Köln, Marie heiratet 1857 den Kgl. Oberst- und Regimentsarzt (später Privatarzt in Köln) Gustav Adolf Hesse.

„Gießerei von Hagen, Baehrens et Compagnie". Dieser Gründung folgte mit Gesellschaftsvertrag vom 30.03.1845 die „Dampfkesselfabrik Hagen, Baehrens et Compagnie"; ihr gehörte neben den beiden erstgenannten der Dampfkesselfabrikant Lambert Collardin an. Hagen wird jeweils zum Geschäftsführer bestimmt. Ferner errichten Hagen und Baehrens eine Fabrik unter dem Namen „Maschinenfabrik von Hagen & Baehrens". Während Berger und Collardin 1847 als Teilhaber ausschieden[96], erfolgte in Verbindung mit dem Anverwandten Dr.med.Carl Friedrich August Stucke die Umwandlung in „Emil Baehrens et Compagnie", diese Firma hat die Verschmelzung der bisherigen drei Teilbereiche zum Ziel.[97] Baehrens übernahm die technische, Hagen die kommerzielle Leitung. Die Kommanditeinlage von Stucke belief sich auf 15.000 Taler, Hagen hingegen verpflichtete sich der Firma ein Konto über 30.000 Taler zu verschaffen.[98] Nach dem Tod von Baehrens erfolgte mit Gründung der „Cölnische Schiff- und Maschinen Bau-Anstalt", am 17.11.1853, der Versuch einer Neuorganisation.[99] Doch die finanziellen Mittel reichten nicht aus, 1855 erfolgte die Veräußerung. Die später als Kölnische Maschinenbauanstalt AG (gegr. 1856) und Zweigstelle der Berlin-Anhaltischen Maschinenbau AG (1909) umfassend erweiterte und jenseits der Alteburger Straße ausgebaute Fabrik schloss erst in den 1960er Jahren ihre Pforten.

1839 lernte Hagen bei Verkauf von Grundstücken an der Bobgasse den Tischler Anton Volck als Geschäftspartner kennen. Anton Franz Volck wurde in Köln als Sohn eines bereits früh in Deutz verstorbenen Schmieds geboren, seine Mutter ernährte als Krämerin die Familie. 1831 heiratet er im Alter von 21 Jahren die aus Küppersteg gebürtige Sibilla Stachel, deren älterer Bruder Werner in Köln als Maurermeister arbeitete. In den Folgejahren betrieb Volck neben der Tischlerei eine Weinwirtschaft, ehe er sich um 1840 dem Grundstücksgeschäft zuwandte. Während der Umsetzung des Projektes Am Römerturm erfolgte die geschäftliche Weiterentwicklung zum Bauunternehmer. Er erschloss in Eigenregie Grundstücke und führte auf diesen schlüsselfertig Wohnhäuser aus. Während der kommenden Jahre fand sich Volcks Unterschrift unter ungezählten notariellen Verträgen. Letztlich gehörte er zu den Verlierern der Krise am Immobilienmarkt. Laut Adressbuch lebte Volck 1846 noch in seinem Haus Apostelnstraße 6b; 1848 und 1850 findet sich kein Eintrag mehr.

II. Ein Spaziergang durch das Viertel im 19. Jahrhundert

Geprägt durch die zentrale Lage zwischen dem Gerichtsgebäude im Osten, der Regierung im Norden und der Provinzialsteuerdirektion im Süden bezogen zahlreiche Angehörige dieser Behörden ihren Wohnsitz im Viertel zwischen Breite Straße, St.-Apern-Straße, Zeughausstraße und Berlich.

Bis um 1870 beherbergten die Reste der alten Klostergebäude Handwerksbetriebe wie den Holzhändler Hewel oder später die kleine Firma für Beleuchtungseinrichtungen eines gewissen Johann Carl Pellenz. Bergwerksbesitzer finden sich ebenso unter den Bewohnern wie Konditoren, Friseure, Lederfabrikanten oder städtische Beigeordnete. Am augenfälligsten jedoch die große Zahl von Juristen, von Gottfried von Sandt über dessen Schwiegersohn Franz C.E. Forst und Friedrich von Ammon bis zu Johann Nepomuk Bossier, Anton Pelmann und Peter W. Jonen. Nicht zu vergessen die Notariate Degreck und später Custodis sowie Bermbach. Verschiedene Bewohner und deren Familien werden im Folgenden vorgestellt.[100]

---

96 *Die ehem. Partner blieben den Gesellschaften aber zum Teil anderweitig verbunden, so Collardin als Meister.*

97 *An der neuen Gesellschaft sind Hagen und Baehrens mit je 15/32 beteiligt.*

98 *Das Bankhausen Schaffhausen ist Hagen auch bei seinen Bayenthaler Unternehmungen verbunden.*

99 *Von den 2.500 Aktien á 200 Talern befinden sich je 75 im Besitz von Marie Baehrens und Stucke sowie 50 von Hagen.*

100 *Selbstverständlich können an dieser Stelle nur einzelne Lebensstationen angerissen und keine Lebens- und Firmengeschichten bis ins letzte Detail dargestellt werden. Im Einzelfall wurde zu Gunsten der Lesbarkeit auf die Nennung der Einzelquelle verzichtet. Die Personen- und Firmendaten entstammen überwiegend der Sammlung des Autors. Darüber hinaus wurde, insbesondere für Familiendaten, im wesentlichen folgende Literatur verwandt: Schleicher, Herbert M., 80.000 Totenzettel aus rheinischen Sammlungen, 7 Bände, Köln 1987-1991, dito, Sammlung von Oidtmann, 18 Bände, Köln 1992-1999, dito, Sammlung von der Ketten, 5 Bände, Köln 1983-1986. Steimel, Robert, Kölner Köpfe 1958, dito, Mit Köln versippt, 2 Bände, 1955-1956. Deres, Thomas, Der Kölner Rat, Biographisches Lexikon, Band I, 1794-1919, Köln 2001. HAStK, Smmlg. Sanitätsrat Bayer. Landesarchiv NRW, Personenstandsarchiv Rheinland.*

Breite Str. 108 / Auf dem Berlich 1

Die ursprüngliche Zufahrt in das Hintergelände der Breite Straße am Berlich war schmaler und unregelmäßiger als wir sie heute vorfinden. Erst in den 1850er Jahren entwickelte sie sich durch verschiedene Käufe und Arrondierungen in die heutige Form. Ende des Jahres 1856 erwarb der Kaufmann August Braubach das in Bau befindliche Eckhaus, sein Eingang befand sich Auf dem Berlich, weshalb hier auch unser Rundgang seinen Anfang nimmt.

1805 versteigerte die Französische Verwaltung das in der Weissbüttengasse gelegene Karmeliterinnenkloster vom Berge Mariae an den Aachener Rentner und Eigentümer Daniel Brammerz.[101] Von diesem gelangte es an Hermann Joseph Braubach, einen Kölner Kaufmann und Seidenwarenfabrikanten, der 1810 die Produktion seiner Waren in die Klostergebäude verlegte. Nach seinem Tod betrieben seine Söhne Wilhelm Michael und August Braubach die nun unter „Gebrüder Braubach" firmierende Handlung an gleicher Stelle fort. 1858 erwarben sie am Laurenzplatz den rückwärtigen Teil des Grundstückes Unter Goldschmied 7 und ließen sich dort durch den Privatbaumeister und Lehrer an der Provinzialgewerbeschule Johann Anton Wallé[102] einen repräsentativen Verkaufs- und Fabrikationsbau errichten, zeitweise bewohnten diesen auch Teile der Familie.

August starb 1876 in Florenz, wo er ein kleines Anwesen besaß. Aus seiner Ehe mit Bernhardine Zillken[103] gingen lediglich zwei Kinder hervor. Sohn Everhard lebte bis 1914 in Bonn, zuletzt entmündigt. Augusts Tochter Maria Elisabeth heiratete Johann Joseph Kreuser,[104] Sohn des Mitgründers des Mechernicher Bergwerks Aktien Verein (MBAV) Johann Hilarius Kreuser. Mit dem Ausscheiden von Wilhelm Braubach zum 31.12.1872[105] wurde Kreuser neuer Teilhaber der Fa. Gebrüder Braubach. Kreuser engagierte sich nicht wie sein Vater im Bergbau, er investierte sein Vermögen in andere kaufmännische Bereiche. Nach der Aufnahme seines Schwagers, des Kunstsammlers Heinrich Horten,[106] in die Braubachsche Geschäftsleitung beteiligten sie sich 1889 maßgeblich an der in Schwierigkeiten geratenen Kammgarnspinnerei Carl Schaefer & Cie, Eitorf. Doch nicht nur der frühe Tod Hortens (1895), auch die Eitorfer Fabrik bereiteten große Sorgen. 1901 konnte sie nur durch Intervention des Bankhauses A. Schaaffhausen gerettet werden. Durch im selben Jahr erfolgten Eintritt der Familie Schöller zeichnete sich ein Wechsel in der Führung ab. Seit 1901 unter „Kammgarnspinnerei und Weberei Eitorf, AG" firmierend, geht die Gesellschaft 1908 durch Fusion mit der Schöllerschen Kammgarnspinnerei in Breslau auf die „Schoeller'sche und Eitorfer Kammgarnspinnerei Aktiengesellschaft" über. Neuer Firmensitz wurde Breslau, Eitorf Zweigniederlassung. Joseph Kreuser war als stellvertretender Aufsichtsratsvorsitzender zu diesem Zeitpunkt noch mit Aktien im Wert von ½ Million Mark beteiligt. Seit 1925, das Breslauer Werk wurde stillgelegt, lautete der Firmenname „Schoelllr'sche Kammgarnspinnerei Eitorf Aktiengesellschaft", geläufiger als Schoeller Wolle.

Die Kinder der Eheleute Kreuser-Braubach heirateten in Familien, deren Namen auch heute in Köln noch einen guten Klang haben und in der Folge weitere Erwähnung finden. So heiratete Maria den Bankier Ferdinand Esser, Sohn des Rechtsanwalts und Justizrates Robert Esser und Enkel des Geheimen Justizrates Ferdinand Esser[107]. Bernhardine Kreuser ehelichte Johann Wilhelm Langen, den 1914 früh verstorbenen Geschäftspartner ihres Vaters in „Gebrüder Braubach", nach dem Tode Hortens. Schließ-

---

101 S.u.a.Büttner, Richard, Die Säkularisation der Kölner geistlichen Institutionen, Köln 1971 und Oepen, Joachim u.a., Klosterkultur und Säkularisation im Rheinland, Essen, 2002

102 Johann Anton Wallé, Baumeister und Lehrer an der Provinzial-Gewerbeschule. Geb. 23.10.1807 Köln, gest. 13.09.1876 Köln, verh. 23.09.1838 mit Anna Maria Baer, gest. nach dem 16.04.1881 (Pfaffendorf bei Koblenz).

103 August Braubach, geb. 29.09.1815 Köln Weisbüttengasse 35, gest. 17.02.1876 Florenz, verh. 22.01.1846 mit Bernhardine Bertramina Johanna Josephina Zillken, geb. 22.10.1818 Köln, Große Sandkaul 4, gest. 10.12.1883 Köln, Brückenstr. 7.

104 Johann Joseph Kreuser, geb. 20.04.1842 Glehn bei Mechernich, gest. 07.02.1917 Köln-Lindenthal, verh. 13.04.1869 Köln mit Maria Elisabeth Braubach, geb. 17.12.1849 Köln Hohe Str. 20–24, gest. 28.12.1920 Hohenzollernring 54.

105 Bei einer Herausgabe von 900.000 Mark.

106 Großonkel des Gründers der gleichnamigen Warenhauskette Horten, Helmut H..

107 Ferdinand Esser sr. und Robert Esser waren lange Jahre Präsidenten des Zentralen Dombau-Vereins.

lich verband sich die jüngste, Anna Kreuser, 1899 mit dem Juristen Max Heimann,[108] Sohn des Jean Marie Heimann, der 1861 Erster Aufsichtsratsvorsitzender und stellvertretender Generaldirektor des MBAV wurde; 1867 schied er aus diesen Funktionen aus, seinen Sitz im Aufsichtsrat übernahm Justizrat Forst.

1873 wurde der Kaufmann Johann Maria Farina jr. Eigentümer des Hauses Auf dem Berlich 1, seine Tochter Maria Margaretha lebte ab 1875/76 unweit des Vaters auf der St.-Apern-Straße 75. Gemeinsam mit ihrem Mann Christian Friedrich August Mumm von Schwarzenstein hatten sie sich an der Ecke zur Friesenstraße ein stattliches Palais durch Hermann Otto Pflaume errichten lassen.

Mit dem nächsten Haus betreten wir das Gelände des Klosters St. Clara.

Auf dem Berlich 3

Die Familien Helmentag und Uellenberg treffen wir mehrfach bei unserem Gang durch das Viertel. Mit Vertrag vom 07.01.1842[109] erwarb der vormalige Ober-Grenz-Kontrolleur und nun als Rentner in Bonn lebende Edmund Helmentag, verheiratet mit Amalie Uellenberg,[110] das stattliche Anwesen. Helmentag gelangte durch seinen Vater, den Königlichen Steuerrat und ab 1837 Provinzial-Steuerdirektor und Preußischen Geheimen Oberfinanzrat Georg Christian Ludwig Helmentag,[111] nach Köln. Anton Volck als Bauherr und Eigentümer des Hauses Berlich 3 vereinbarte mit Helmentag bei einem

---

108 S. zu diesem u.a. Handbuch von Köln, Köln 1925, S. 40.

109 Landesarchiv NRW, HStaD, Notare, Rep. 2768, Nr. 4327.

110 HAStK, Smmlg. Bayer u.a. Christian Martin Edmund Helmentag, geb. 02.08.1816 Mülheim/Rh., gest. 02.12.1872 Köln, Berlich 3, 1840 Ober-Steuer-Kontrolleur in Nieheim bei Paderborn, verh. 27.06.1840 Köln mit Amalie Uellenberg, geb. 13.12.1810 Elberfeld, gest. 03.08.1888 Köln, Berlich 3.

111 HAStK, Smmlg. Bayer u.a., Georg Christian Ludwig Helmentag, geb. 23.04.1791 Arolsen, gest. 03.08.1853 Köln, Breite Str. 98. 1816 Kreissekretär in Köln-Mülheim, 1824 Steuerrat, 1837 bis 1853 Direktor der Provinzialsteuerdirektion der Rheinprovinz, verh. mit Anna Margaretha Hack, geb. 06.12.1789 Mülheim/Rh., gest. 27.07.1855 Köln, Berlich 3.

Luftbild des Klaren-Viertels, 1930er Jahre. Zur Linken die Breite Straße, im Vordergrund der Berlich, mittig die Helenenstraße und im Hintergrund: St.-Apern-Straße (Abb.: HAStK)

Erwerbspreis von 7.800 Talern den 15.04.1842 als Übergabetermin, damit „derselbe an diesem Tage mit seiner Familie und Gesinde" das Haus beziehen konnte.

Weiter wurde vereinbart: „In den noch nicht vollendeten Theilen soll der Zustand des Nebenhauses Nummer fünf der Berlichstraße normal für dieses Haus seyn und das noch nicht ausgeführte mit dem schon ausgeführten in Einklang stehen. Im Einzelnen verbindet sich Herr Volk den Hofraum mit einem Steinpflaster zu belegen, das Holzwerk des ganzen Hauses mit Ausnahme der Fußböden dreimal mit guter Oelfarbe anzustreichen. Drey Zimmer nach Wahl des Ankäufers werden mit weißer Firniß lactirt; die Farbe nach Wahl des Ankäufers. Die Hausflur und übrige Fluren werden in Wasserfarbe gesetzt mit carris. Sämmtliche Zimmer mit Ausnahme der Küche und er Speicherzimmer werden tapezirt: Sechs dieser Zimmer nach Wahl des Ankäufers müssen mit Glanztapeten im Preise bis zu fünf und zwanzig Silbergroschen, die nicht glasirten bis zu zehn Silbegroschen ausgeschlagen werden. Es versteht sich von selbst, dass die hinzu passenden Borten auch von dem Verkäufer beschafft werden. An die einfachen Thüren kommen Kastenschlösser, an die doppelten Einsteckschlösser – an dem hintern Thore werden die Fenster von buntem Glase gemacht. In der Küche muß ein Spülstein angelegt werden. Herr Volk verpflichtet sich ferner 1.) den im Bau begriffenen Stall zu einer Waschküche zu machen, einen eingemauerten eisernen Waschkessel hinzustellen und das Estrich mit

171

einem harten platten Ziegelstein zu belegen, auch die Waschküche selbst als Zimmer einzurichten und oben derselben einen kleinen Speicher anzulegen, welcher vermittelst einer passenden Treppe zugänglich sein soll. 2.) eine Remise an die Stelle und nach dem Plane, welcher darüber schon feststeht und welcher durch die schon gelegten Fundamente angedeutet ist, auszuführen. 3.) einen Brunnen und Regenpumpe an passender mit der Beystimmung des Ankäufers zu bestimmenden Stellen anzulegen – zwey Appartement auf dem fertigen Thurm hinzusetzen – Remise, Waschküche und Appartements mit glasirten Ziegeln zu decken und mit Schiefer einzufassen. Die Maurerarbeiten zur Einsetzung der Oefen, nach Anordnung des Herrn Helmentag auszuführen – im Keller einen verschliessbaren Abschluß von Latten zu machen, so wie auch das Küchenzimmer durch eine mit einem großen Fenster versehene Wand in zwey Gemächer abzutheilen. Den Garten von allem Schutte zu reinigen und zu planieren. Zwischen dem Garten und dem Hofplatz ein mit Oelfarben angestrichenes Geländer zu errichten, die beyden Speicherzimmer zu schieffern und zu weissen. Die Wandschränke mit Papier zu bekleben. Der Garten wird vom Hofe mit einer Maurer abgetrennt, auf welche das obenerwähnte Geländer aufgesetzt wird zu welchem der Ankäufer die Platten liefert".

Nach dem Tod des Vaters verlebte Edmunds Mutter ihre letzten Jahre auf dem Berlich. Edmunds Bruder Julius,[112] Doktor der Medizin und Geheimer Sanitätsrat, erwarb 1855 das Eckhaus Auf dem Berlich 13/Helenenstraße.

Amalie Helmentag war die Schwester der Ehefrau Gustav Friedrich Esch, Emilie Uellenberg (s. Am Römerturm 7) und der bereits 1838 verstorbenen Elisabeth Uellenberg, Ehefrau des mehrfach genannten Georg Heuser (Ansteigerer von zwei Drittel der Parzelle F, Auf dem Berlich 37–41). Zur Familie gehörte auch die Ehefrau des Kaufmannes Friedrich Heinrich Sölling,[113] Bertha Uellenberg. Sölling war neben seinem Kölner Stadthaus (Richmodstraße 13) Besitzer eines 40 Morgen umfassenden Landsitzes in Remagen-Rolandseck, der von Julius Carl Raschdorff entworfenen und ausgeführten Villa Rott. Der vermögende Sölling war Jugendfreund und seit den späten 1830er Jahren finanzieller Förderer und Partner (seit 1844) von Alfred Krupp. Sein Hang zu ständiger Kritik, Pessimismus und Einmischung in Firmenangelegenheiten, obwohl eigentlich nur Stiller Teilhaber mit einer 25%igen Gewinnbeteiligung, führten häufig zu Spannungen, fast zum Bruch der Beziehung.[114]

Wenige Monate nach dem Tod der Witwe Amalie Helmentag wurde ihr Haus zunächst an die Brüder August und Peter Wilhelm Jonen verkauft, bevor es mit Vertrag vom 23.05.1889[115] in den alleinigen Besitz der Eheleute Peter Wilhelm Jonen, Dr. der Rechte, Justizrat und Rechtsanwalt, und Maria Gertrud Caroline Hubertine Schmitz[116] gelangte. Diese bewohnten seit 1887 das Bermbachsche Haus Am Römerturm 21.

Traudchen Schmitz stammte aus Eiserfey bei Mechernich, wo ihr Vater Clemens August[117] Gewerke an der dortigen Eisenhütte Neuwerk war und maßgeblichen Anteil an deren Umwandlung zu einer Pulverfabrik besaß. 1850 wurde vor Notar Mathias Gaul in Schleiden der Nachlass ihres Großvaters Franz Josef Schmitz, Gutsbesitzer auf Heistartburg, Bürgermeister von Vussem und Eisenhüttenbesitzer geteilt. Als im Oktober 1856 die Geschwister Schmitz erneut zur Teilung schritten, arbeitete Gaul bereits für die Gebrüder Kreuser in der Leitung der Bleibergwerke zu Mechernich. An den Nachfolgegesellschaften, der aus dem Jahre 1780 stammenden Eisen-

---

112 a.a.O., Wilhelm Joseph Franz Julius Helmentag, Dr.med, Geheimer Sanitätsrat, geb. 31.07.1824 Neuwied, gest. 19.03.1890 Köln, Albertusstr. 27, verheiratet 30.04.1859 Köln mit Anna Maria Sofia Margaretha Simon, geb. 02.07.1835 Zeughausstr. 8, gest. 24.04.1907 Köln, Bismarkstr. 33, Tochter des Geheimen Regierungsrates Ludwig August Simon.

113 Friedrich Heinrich Sölling, geb. 11.10.1815 Essen, gest. 04.01.1859 Köln, Richmodstr. 13, verh. mit Bertha Uellenberg, geb. 25.05.1821 Elberfeld, gest. 23.03.1869.

114 S. u.a. Berdrow, Wilhelm, Alfred Krupp, München 1990. Gall, Lothar, Krupp. Der Aufstieg eines Industrieimperiums, Berlin, 2000. Rother, Thomas, Die Krupps. Durch fünf Generationen Stahl. Frankfurt, 2001.

115 Notar Goecke, Köln 04.04.1889 Erwerb durch August und Peter Jonen, Notar Custodis, Köln, 23.05.1889 Übergang auf Eheleute Peter W. Jonen.

116 Peter Wilhelm Jonen, geb. 02.04.1855 Köln, gest. 26.01.1914 Köln, Apostelnkloster 22 verh. vor 18.01.1887 mit Maria Gertrud Caroline Hubertine Schmitz, geb. 03.05.1863 Eiserfey, gest. 27.01.1914 Köln, Apostelnkloster 14.

117 Clemens August Schmitz, geb. 28.11.1821 Heistartburg bei Vussem, gest. 17.05.1878 Eiserfey, verh. 08.06.1857 Wachendorf mit Josephina Krewel, geb. 21.12.1826 Burg Zievel bei Satzvey, gest. 18.05.1893 Köln Gereonsstr. 15.

Ausschnitt aus dem Fries des Toni Avenarius. Unter den Dargestellten befinden sich Heinrich Heimsoeth (1), August Reichensperger (2), Friedrich F. von Ammon (3), Prinz Wilhelm von Preußen (4) und Eduard von Moeller (5).

hütte, waren unter anderem die Gebrüder Kreuser, Mathias Gaul, Martin Goltstein[118], Franz Wilhelm Koenigs[119], Gustav von Mevissen[120], Otto[121] und Laurenz Fischer[123], Clemens August Schmitz und verschiedene Mitglieder der Familie Poensgen beteiligt. Zu den Mitgesellschaftern der Pulverfabrik zählte Peter Herbrand[122], Eisenbahnwagenfabrikant in Aachen und später Köln-Ehrenfeld. 1873 ging die Pulverfabrik als Gründungsgesellschaft in den Vereinigten Rheinisch Westfälischen Pulverfabriken[124] auf, Vorgängerin der Vereinigten Köln-Rottweiler Pulverfabriken (1890).

Traudchen Jonens älterer Bruder Damian Schmitz (1859–1926) lebte nach einer Ausbildung zum Apotheker in Bonn. Seine Ehefrau Anna Lambotte entstammte zwar väterlicherseits einer aus Lüttich eingewanderten Familie, die in Ehrenfeld eine Dampfmühle betrieb und am Ehrenfelder Walzwerk beteiligt war, die Wiege ihrer Mutter jedoch stand auf der Breite Straße. Großvater Johann Wilhelm Wiertzfeld[125] betrieb im Haus 118 (alt 126) eine Bierbrauerei. Den auf seinem Grundstück stehenden Turm der römischen Stadtmauer hatte er in die Kegelbahn integriert.

118 Martin Hubert Goltstein, geb. 10.04.1824 Köln, gest. 28.02.1867 Köln-Bayenthal, verh. 26.06.1852 Monschau mit Hubertine Christiana Jacobina Jansen, geb. 04.01.1825 Monschau, gest. 25.01.1901 Bonn. Um 1851 von Franz Wilhelm Koenigs als Ingenieur engagiert, richtet Goltstein für diesen 1852 die Flachsspinnerei in Dülken ein, ehe 1856 durch Mevissen die Gründung der Kölner Maschinenbauanstalt initiiert wird, deren Leitung er übernimmt. S.u.a. Rheinische Westfälische Wirtschaftsbiographien XIII, 1986, S. 158/159; Steimel, Robert, Kölner Köpfe, Köln 1958, Sp. 145.
119 Franz Wilhelm Koenigs, geb. 08.05.1819 Dülken, gest. 06.10.1882 Köln, Zeughausstr. 2.
120 Gustav von Mevissen, geb. 20.05.1815 Dülken, gest. 13.08.1899 Bad Godesberg.
121 Otto Fischer, geb. Flamersheim 19.09.1810, gest. Köln 01.02.1885, Geh. Sanitätsrat und Oberarzt am Augusta-Hospital.
122 Laurenz Fischer, geb. Flamersheim 04.11.1807, gest. Berlin 16.10.1902. Großkaufmann, verh. mit Julie Poensgen, Vater des Nobelpreisträgers für Chemie Emil Fischer (1852–1919).
123 Peter Herbrand, geb. Kall/Eifel 09.04.1823, gest. 23.01.1870 Köln-Ehrenfeld.
124 Deren Aufsichtsratsvorsitz 1874–1890 Ernst Friedrich Wilhelm Koenigs, Direktor des A.Schaaffhausenschen Bankvereins und Sohn des Franz Wilhelm Koenigs innehatte. In der Nachfolgegesellschaft übernahm E. Koenigs bis zu seinem Tod 1904 den stellvertretenden Aufsichtsratsvorsitz.
125 Johann Wilhelm Wiertzfeld, geb. 15.10.1798 Erpel, gest. 15.07.1852 Köln, verh. 10.10.1826 mit Anna Margaretha Thelen, geb. 22.11.1800, gest. 21.02.1843 (Köln).

Ausschnitt aus dem Fries des Toni Avenarius. Unter den Dargestellten befinden sich Johann Maria Farina (1), Gustav von Mevissen (2), Hermann Becker (3), Johann Jacob Rennen (4), Otto Fischer (5) und Hermann Otto Pflaume (6).

Auf dem Berlich 5

Bereits am 11.12.1841[126] war das Nachbargebäude von Anton Volck für 7.500 Taler an Christian Heinrich Eduard Vahrenkampf[127] verkauft worden. Auf dem Berlich führte der aus Gummersbach gebürtige Apotheker seinen Beruf offensichtlich nicht fort.[128] Nach dem Kaufvertrag übernahm Vahrenkampf „das Haus, so weit es bis jetzt im Baue vorgerückt ist, in seinem gegenwärtigen Zustand, um dasselbe jedoch in seiner Einrichtung zu vollenden, verbindet sich Herr Volk, daran noch folgendes auf seine Kosten anfertigen und vollführen zu lassen:

a. das Bewerfen oder Ausfugen des hinteren Hausgiebels.
b. ein eisernes Geländer um den Balkon vor dem Hause.
c. auf dem Boden, vier Bodenkammer von der Größe der jetzt schon abgeschlagenen von denen zwei gepliestert und zwei geweisst sein müssen.
d. zwei neue Bodenfenster auf dem unteren Boden.

---

126 Landesarchiv NRW, HStaD, Notare, Rep. 2780, Nr. 13074.
127 Vahrenkampf verstirbt am 11.12.1853 als Apotheker im Alter von 52 Jahren in Köln. In der Sterbeurkunde ist keine Adresse angegeben.
128 Laut Adressbuch führte Vahrenkampf 1838 eine Apotheke am Waidmarkt 35.

e. eine Brunnenpumpe und eine Regensargpumpe.
f. die noch fehlenden Kellerthüren.
g. Auslegen des Kellers mit Ziegelsteinen in Traß.
h. Versetzen der Wände in den Zimmern linker hand, so dass nur eine Wand zwischen beiden Zimmern ist, welche durch eine Thüre verbunden werden.
i. Hölzerne Fensterläden von innen an sämmtlichen Fenstern im Souterrain und Parterre eben do. Kellerfenster.
j. Schelle und Fußeisen.
k. Anstreichen des Vorhauses in Wasserfarben bis oben hinauf.
l. Tapezieren sämmtlicher Zimmer des Hauses, wozu die Tapeten bereits ausgesucht sind. Es ist dem Ankäufer jedoch gestattet, sich statt derselben andere von gleichem Werthe auszusuchen, wenn ihm die vorhandenen nicht gefallen mussten. Die drei großen Zimmer in der ersten Etage und die zwei großen Zimmer rechts im Erdgeschosse werden mit Glanztapeten ausgestattet.
m. Schlösser in sämmtlichen Thüren des Hauses, und zwar in den doppelthüren eingestemmte Schlösser und an sämmtlichen Fenstern Treibriegel.
n. auf dem Hofe zwei Abtritte mit der dazu gehörigen ausgemauerten Grube, deren Tiefe auf zwanzig Fuß und Durchmesser auf drei und einen halben Fuß bestimmt sind.
o. Versetzen der hinter dem Hause befindlichen Mauer auf dem Hofe um drei Fuß, woran das Mauerwerk in Traß zu legen ist. Einfassung des Gartens in mauern, so weit solche noch nicht vorhanden, und Einfugung derselben.
p. eine Brücke aus der Parterre –Hofthüre auf den Garten mit Geländer.
… den fernerern Oel-Anstrich im Innern des Hauses wird der Ankäufer selbst machen lassen, wofür ihm Verkäufer pro Quadratfuß einen halben Silbergroschen vergüten respective sich von der Kaufsumme in Abzug bringen lassen muß."

Die Arbeiten hatte Volk bis zum 15.01.1842 durchzuführen, über die Qualität sollten bei Nichtzufriedenheit des Ankäufers zwei Experten urteilen. Auf dem Haus ruhte eine Hypothek zu Gunsten der Erben Sandt von 3.500 Berliner Taler; 500 Taler zahlte Vahrenkampf bei Vertragsabschluß. Die verbliebenen 3.500 übertrug Volk am 13.02.1842 auf Paul Joseph Hagen. Vahrenkampf zahlte an diesen seine Restschuld am 04.03.1842.[129]

Bereits am 14.11.1843 veräußerte Vahrenkampf für 11.200 Taler seinen Besitz weiter. Sicherer Beleg für die in diesen Jahren drastisch steigenden Immobilienpreise. 1856 gelangte das Haus erneut in neue Hände, diesmal an Adolf Baedeker, den jüngeren Bruder des durch seine Reiseführer zu Berühmtheit gelangten Karl Baedeker. Adolf führte verschiedene Buchhandlungen, so in Essen (1835–1850) und Köln (1844 bis 1867)[130]; er blieb bis 1865 Eigentümer.

Auf dem Berlich 7

Die Baugruppe Auf dem Berlich 7, 9, 11 und 13 besaß als Besonderheit einen gemeinsamen Brunnen im Gartenbereich. Mit Vertrag vom 01.12.1841[131] übertrug Volck das von ihm errichtete Haus an den Königl. Provinzial-

129 Landesarchiv NRW, HStaD, Notare, Rep. 2780, Nr. 13318.
130 Die Informationen beruhen teilweise auf: de.wikipedia.org/wiki/Adolf_Baedeker. Adolf B. wurde hiernach am 24.11.1810 (Essen) geboren.
131 Landesarchiv NRW, HStaD, Notare, Rep. 2808, Nr. 10167.

Steuer-Kassen Rendanten Hofrat Gustav Carl Kalisch. Es wurde vereinbart, dass Volck bis spätestens Ende Januar 1842 alle noch nicht zum Abschluss gebrachten Ausbauarbeiten beendete; diese unterschieden sich nicht wesentlich von den zuvor beschriebenen. Das für 4.100 Taler verkaufte Haus verfügte über Erdgeschoss, zwei Etagen, Balkon, Hofraum, Küche und Garten. Als eins der wenigen Objekte im Areal Am Römerturm gelangte es bereits in den Anfangsjahren an jüdische Eigentümer.[132] 1853 erwarb es zunächst Joel Levy Wolff, bevor es 1859 in den Besitz des Kaufmannes Elias Bing überging.

Auf dem Berlich 11

Die durch Anton Volck als Bauunternehmer ausgeführten Häuser Auf dem Berlich 7–13 und Helenenstraße 1–7 waren bei einer Straßenfront von 5,6–6,4m deutlich schmäler als die jeweiligen Endhäuser 3–5 bzw. 9. Bemerkenswert, dass Volck offensichtlich immer wieder im Zuge des Verkaufs seiner Neubauten bereits zahlreiche Mängel beheben musste, so auch im Fall Auf dem Berlich 11. Dem Käufer, Tischlermeister Heinrich Schulte, gegenüber verpflichtete er sich im Vertrag vom 13.12.1841 „sofort den Keller des obigen Hauses mit Ziegelsteinen zu estern; im Keller eine Kellerthür herzurichten, und die Kellerfenster mit Kellerladen zu versehen; im vordern Zimmer auf dem ersten Stockwerk zwei Fensterrahmen zu richten; in dem hintern Zimmer auf dem zweiten Stockwerk die Wand und Decke auszubessern; auf dem am Ende des Gartens befindlichen Brunnen eine Pumpe zu setzen, welche alsdann von den Eigenthümern der Häuser numero sieben, neun und dreizehn gemeinschaftlich mitbenutzt werden soll; alle Fensterscheiben ganz zu liefern; das Oberlicht in der Hausthüre mit Glas zu versehen und endlich die Wasserrinne am hintern Giebel wasserdicht zu machen."[133] In einem Zusatzblatt ist vermerkt, dass alle Scheiben ganz zu liefern sind und noch alles fertig angestrichen werden muß. Weiter schließen die Parteien einen Baukontrakt:

> „Über den Aufbau eines Hintergebäudes hinter dem Hause No. 11 auf dem Berlich hierselbst.
> Herr Anton Volck als Eigenthümer des vorbezogenen Hauses verpflichtete sich einen Hinterbau auf die gemeinschaftlichen Gartenmauern, wo dieselben jetzt stehen, in nachstehender Art aufzuführen.
> 1. derselbe erhält im Lichten die Breite des gegenwärtigen Hofraumes und eine Tiefe von zwanzig Fuß, wovon jedoch in der untersten Etage ein Raum von drey Fuß Tiefe zur Gelangung zum gemeinschaftlichen Brunnen abgesperrt wird.
> 2. der untere Theil desselben wird mit zwey Fensteröffnungen jede fünf Fuß hoch und drey Fuß breit, so wie mit einer einfachen Thür versehen; der Fußboden eird mit ein Fuß platten Ziegelsteinen geästert und erhält derselbe die Höhe von zehn Fuß.
> 3. der erste Stock wird mit drey Fenstern a fünf Fuß hoch und drey Fuß breit ohne Oberlicht, jedoch verglast, versehen; in denselben führt eine Stechtreppe von Tannenholz; das dielen derselben geschieht mit ordinairen Brettern.
> 4. zu dem Speicher führt eine wie vor angegebene Treppe, auf demselben werden zwei Zimmer, jedes mit einem verglasten Fenster und einer Thür gefertigt; der Fußboden wird ebenfalls mit ordinairen Brettern gedielt.

132 Ein weiteres Beispiel ist Auf dem Berlich 23. Dieses ist von 1845/46 im Besitz von Baruch Joseph Cassel. 1871 geht das Grundstück Auf dem Berlich 1 an einen Bernhard Levy und 1874 die Helenenstr. 1 an Selig Mannsbach.
133 Landesarchiv NRW, HStaD, Notare, Rep. 2883, Nr. 6448.

5. das Dach wird mit Schiefer gedeckt, und von zwei Seiten eine zinkene Stechkelle angebracht.
6. Sämtliche Gelasse in demselben, werden mit latten Decken versehen, der erste Stock, so wie die beiden Speicherzimmer werden verputzt und geweisst.
7. die Stärke der Balken in der unteren Etage beträgt vier a acht Zoll, die der oberen drey ½ a sieben Zoll.
8. In dieses Gebäude wird ein Schornstein sechs zehn Zoll im Durchmesser bis zur Giebelspitze aufgeführt, und wird der vordere Giebel so wie die beiden auf die stehenden Gartenmauern zu führenden Seitengiebel in Fachwand aufgeführt.
9. die Höhe des ersten Stocks beträgt zehn, die der Speicherzimmer sechs ein halben Fuß.
10. Die Mehraufertigung der Kniewand von vier Fuß Höhe zu den Speicherzimmer sowie die Scheidewand derselben, des einen Fenster, einer Thür und Mehrarbeit an der Treppe, wird auf fünf und zwanzig Thaler Pr. Court. Festgesetzt, welche mit dem bereits einig gewordenen Kaufpreis von viertausend zweihundert Thaler Pr. Court, welche der Zimmermeister Joh. Heinr. Schulte geboten hat, nichts gemein haben. Cöln den 8ten December 1841.
Nach mündlicher Rücksprache der Contrahenten wird nachträglich bemerkt, dass in der untern Etage des in Rede stehenden Hinterhauses Glasfenster angebracht, dagegen die Laden wegfallen; dass dasselbe nicht mit Schiefer, sondern mit schwarzen Pfannen, welche eingeschmiert werden, gedeckt wird und dagegen die Mehrforderung von fünf und zwanzig Thaler zurückfällt, mithin der einig gewordene Kaufpreis auf viertausend zweihundert Thalern Pr. Court. stehen bleibt. Cöln den 10ten. December."

Von Schulte gelangte das Haus an die Witwe Constantin Groyen geb. Schulte, von ihr 1854 an den Rentner Gottfried Keutter. Dieser war 1841–45 auch im Besitz des Eckhauses Berlich 13, erwarb 1851 dessen rückwärtigen Teil zurück und errichtete dort den Neubau Helenenstraße 1. Das zuvor beschriebene Hintergebäude von Auf dem Berlich 11 integrierte er anschließend in diesen.

Helenenstr. 8 / Am Römerturm

Theodor Joseph Ernst Fingerhut[134] war bereits der zweite Eigentümer nach Aufführung des Hauses, als er es 1845 erwarb. Als Sohn des von der Burg Kriegshoven bei Heimerzheim gebürtigen Papierfabrikanten Peter Josef Fingerhut[135] wurde Theodor 1807 in Eiserfey geboren. Er war der älteste Sohn aus der Verbindung mit Juliana Catharina Eleonora Hamacher, Mitbesitzerin der Eisenhütten zu Eiserfey (Neuwerk) und Ahrhütte. Nach dem frühen Tod des Vaters führte die Witwe die Geschäfte alleine oder unter Hilfe von Hüttenfaktoren weiter. Während sein Bruder später die Verwaltung des Anteiles an der Ahrhütte übernahm, lebte Theodor nur zeitweise in Eiserfey. 1835 schloss Theodor in Kuchenheim die Ehe mit Maria Elisabeth Jacobina Merlo, der älteren Schwester des Kölner Heimatforschers und Kunstsammlers Johann Jacob Merlo.[136] Nach wechselnden Wohnorten, so Eiserfey (1835 und 1839), Wesseling (1836) und Vussem (1841–1843), zogen Fingerhuts nach Köln. 1844 wurde ihr viertes Kind auf dem Kattenbug ge-

134 Theodor Josef Ernst Fingerhut, geb 10.05.1807 Eiserfey, gest. 27.03.1865 Bonn, verh. 18.08.1835 Kuchenheim mit Maria Elisabeth Jacobina Merlo, geb. 12.08.1808 Köln, gest. 17.03.1865 Bonn.
135 Fingerhut betrieb die Papierfabrik gemeinsam mit seinem Bruder auf der oberen Burg in Kuchenheim.
136 Merlo, Johann Jacob, geb. 25.08.1810 Köln, gest. 27.10.1890 Köln; Nachrichten von dem Leben und den Werken Kölnischer Künstler, 2 Bände, Köln 1850–52.

boren. Eine berufliche Tätigkeit scheint er bis zu seinem Tod am 27.03.1865 in Bonn nicht mehr ausgeübt zu haben. Ihr ältester Sohn Johann Jacob Hubert Ernst studierte Rechtswissenschaften an der Friedrich-Wilhelm-Universität in Bonn und trat 1864 als Referendar beim Landgericht Köln ein. Zu seinen dortigen Ausbildern gehörte der Appellationsgerichtsrat Bossier. Später Staatsanwalt, wurde Jacob Fingerhut 1898 als Landgerichtsrat am Landgericht Koblenz aus gesundheitlichen Gründen pensioniert.[137]

Das gegenüberliegende Eckhaus zur Straße Am Römerturm, Helenenstraße 10, besaß 1842 bis 1847 ein weiteres Mitglied der Familie Farina, der Kölnisch Wasser-Fabrikant Johann Maria Georg (1806–1858).

Helenenstr. 9

Im Januar 1843[138] erwarb Oberregierungsrat Georg Josef Aloysius Rolshausen von Anton Volck den Neubau Helenenstraße 9. Rolshausen, 1782 auf dem Ehrenbreitstein als Sohn eines Leutnants geboren, folgte diesem in den Staatsdienst. Unter französischer Verwaltung von 1808 bis 1814 Steueraufseher in Koblenz, trat er mit Einrichtung der preußischen Verwaltung als Kalkulator bei der Königlich preußischen Regierung seiner Heimatstadt ein.

Preußen bemühte sich, erste Anfänge der Franzosen aber auch früherer Landesherren um die Errichtung eines flächendeckenden Grundsteuerkatasters fortzuführen. Zu diesem Zweck wurde als Oberste Behörde die so genannte Generaldirektion des Katasters[139] eingerichtet. Bei den Regierungen befanden sich als untergeordnete Stellen die zugehörigen Plankammern, ab 1822 Katasterkommissionen. Joseph Rolshausen wurde 1818 zunächst kommissarischer Direktor der Koblenzer Plankammer, 1819 folgte die Berufung zum Generalkommissar in den westlichen Provinzen. In der Praxis übte Regierungsrat Rolshausen und sein Kollege Bönninghausen die gestalterische Führung der in Münster i.W. angesiedelten Generaldirektion aus.

Zum 01.01.1835 wurde die Generaldirektion des Katasters in eine Generalinspektion umgewandelt und zugleich ihr Sitz nach Köln verlegt. Mit der Leitung beauftragte man Rolshausen. Als Dirigent der II. Abteilung für direkte Steuern, Domänen und Forsten wurde er hierzu an die dortige Regierung versetzt. Entsprechend dieser Beförderung erfolgte 1836 die Ernennung zum Oberregierungsrat. Bei den Regierungen selbst wurden durch Steuerinspektoren geführte Kataster-Büros eingerichtet, denen fortan die Plankammer unterstand. Die praktische Arbeit führten vor Ort, eingeteilt in Kontrollbezirke, Steuerkontrolleure durch.[140] Diese Organisationsform sollte bis 1855 Bestand haben, als mit Erlass vom 08.06.1855 die Generaldirektion des Katasters in Münster wieder eingesetzt wurde. Zeitgleich nahm Rolshausen aus persönlichen Gründen nach 36 Dienstjahren seinen Abschied.[141] Am 07. April 1861 verstarb er im Haus Helenenstraße 7.[142] Sein ursprüngliches Wohnhaus hatte er 1849 an den Appellationsgerichtsrat Anton Pelmann[143] veräußert.

Richtung St.-Apern-Straße war bis 1868/69 das folgende zugleich das letzte Wohnhaus auf dieser Straßenseite.

Helenenstr. 11

Peter Gaul stammte aus dem im Rücken seines Neubaues gelegenen Haus Breite Str. 124 (alt 130). Als Kaufmann betrieb er eine Kohlen- und Gerisshandlung, 1841 noch in der St.-Apern-Str. 21. Bei Versteigerung des Claren-

---

137 Landesarchiv NRW, HStaD, OLG Köln, Nr. 85 und 86.

138 Landesarchiv NRW, HStaD, Notare, Rep. 2790, Nr. 1614 v. 31.01.1843. Volck verpflichtet sich das Haus binnen sechs Wochen, bis zum Schlüssel in der Tür, fertig zu stellen. Der Preis wird auf 7.000 Taler festgesetzt. Offensichtlich stellte Volck die Häuser Helenenstraße 1–9 bis Mitte März 1843 bezugsfertig, s.a. Landesarchiv NRW, HStaD, Notare, Rep. 2790, Nr. 1691 v. 22.02.1843 betr. Helenenstraße 1.

139 In groben Zügen einem heutigen Landesvermessungsamt vergleichbar.

140 Dies unterstützt durch Geometer, Feldmesser und Zeichner.

141 Die biographischen Daten zu Rolshausen wurden im Wesentlichen entnommen: Weber, Heinz, Die preußische Katasterverwaltung im Regierungsbezirk Trier 1835–1946. Koblenz, 1991, S. 260ff und 266.

142 1856–1861 befand sich die Helenenstraße 7 im Besitz einer Angelika Rolshausen.

143 Anton Joseph Maria Pelmann, geb. 20.12.1799 Düsseldorf als Sohn des Sekretärs beim Rheinischen Appellhof Peter Joseph Pelmann 1770–1837, gest. 23.03.1869 Köln, Helenenstr. 9, verh. 22.04.1829 mit Antoinetta Ludmilla Schmitz de Prée, geb. 11.03.1802 Köln, gest. 03.01.1891 Köln, Helenenstr. 9. Pelmann war 1830 Friedensrichter in Köln.

Gutes 1840 hatte Gaul in Gemeinschaft mit Esch zwei Parzellen erstanden. Am 23.11.1841 verkauften sie diese an Anton Volck; Gaul erwarb sogleich einen Teil derselben für 1.400 Taler zurück.[144] Nach Entwurf von Josef Felten wurde der 1843/44 durch Peter Gaul bezogene Neubau ausgeführt. Dessen jüngerer, bereits genannter Bruder Mathias, lebte nach dem Studium der Rechtswissenschaften 1842 als Notariatskandidat noch im elterlichen Hause, das heißt, er wartete auf die Zuweisung einer vakanten Notarsstelle. Mit Februar 1844 wurde ihm Marienberghausen im Oberbergischen übertragen. Im Sommer desselben Jahres heiratete Mathias in Gemünd/Eifel Jacobina Josepha Kaulen,[145] Tochter eines Königlichen Forstmeisters. Ende 1847 war die Episode Marienberghausen Vergangenheit, denn Gaul übernahm das Notariat in Schleiden. Er kehrte damit zurück in die Heimat seiner Frau, aber auch seiner Mutter. Diese stammte aus Vollem bei Mechernich, einem kleinen Dorf aus der Nachbarschaft des mehrfach erwähnten Eiserfey.

Das Schleidener Amt war finanziell lukrativ. Im Schleidener Tal waren immer noch zahlreiche Industrielle ansässig, so aus den Familien Peuchen, Poensgen und Schoeller. Spätestens hier gewann Gaul auch Kontakt zur Familie Kreuser. 1856 wechselte Gaul auf die Direktorenstelle in der Firma „von Meinerzhagen und Gebrüder Kreuser". Die wenigen Jahre bis zur Konstituierung der Mechernicher Bleibergwerke (MBAV) als Aktiengesellschaft zahlten sich für Mathias Gaul aus; sein Abschied wurde mit 50.000 Talern Abfindung entlohnt. Gemeinsam mit seiner Frau und sieben Kindern kehrte er 1859/60 nach Köln zurück. Auch Mathias Nachkommen blieben der Jurisprudenz treu. Urenkel Hans Kurt Gaul begründete als Makler schließlich die heute noch bestehende Grundstücks- und Vermögensverwaltung.

Peter Gaul vermietete bereits sehr früh nach Fertigstellung Teile des Hauses. Der erste Mitbewohner, Eduard von Moeller[146], zog zu Beginn des Jahres 1844 nach Köln. Als bisheriger Landrat von Simmern hatte ihn der Preußische Finanzminister zum Direktionsmitglied der Köln-Mindener-Eisenbahngesellschaft (Staatskommissar) ernannt. Von 1848 bis 1867 war von Moeller Kölner Regierungspräsident und als solcher, bis zu Franz Josef Antwerpes, der am längsten amtierende. Während seiner „Regentschaft" erfolgte auch die viermalige Verhaftung und schließlich Verurteilung des späteren Kölner Oberbürgermeisters Hermann Becker (s. Am Römerturm 21). Zeitweilig Interims-Oberpräsident der Rheinprovinz wurde v. Moeller nach den gewonnenen Kriegen von 1866 und 1871 zunächst von 1866–1871 als Administrator des Kurfürstentums Nassau bzw. Oberpräsident von Hessen-Nassau und anschließend bis 1879 in gleicher Funktion in Elsaß-Lothringen eingesetzt. Nach von Moellers Ernennung zum Kölner Regierungspräsidenten und dessen Umzug auf die Zeughausstraße bewohnte zunächst der Regierungsassessor Cäsar Robert Moritz von Vernov-Klevenow die freie Wohnung, ehe 1849/50 ein Major von Preetz und der Appellationsgerichtsrat August Reichensperger[147] in der Helenenstraße 11 einzogen. Schon als Jurist, Abgeordneter und Mitbegründer des Zentrums schuf sich Reichensperger einen Namen. Um Köln verdient machte er sich aber außerdem in seinen Bemühungen um die Fertigstellung des Doms. Preetz blieb nur kurz im Hause, seine Räume bezog Advokat Carl Hartzfeld, bis zur Versteigerung des Hauses.

Peter Gaul hatte das Grundstück durch Aufnahme zweier Obligationen hoch belastet. Zunächst nahm er am 10.03.1843 bei dem Rentner Servaz

Eduard von Moeller. (Abb. nach: 150 Jahre Regierungsbezirk Köln, Berlin 1966)

144 Landesarchiv NRW, HStaD, Notare, Rep., 3688, Nr. 3045 vom 23.11.1841.
145 Mathias Gaul, Notar, geb. 15.05.1815 Köln, Breite Str. 130, gest. 04.01.1890 Köln, Hunnenrücken 11, verh. 24.07.1844 Gemünd mit Jacobina Josepha Kaulen, geb. 24.10.1818 Gemünd, gest. 26.11.1891 Köln, Hunnenrücken 11. Jacobinas Bruder Franz Johann Wilhelm Kaulen heiratete in Helena Jacobina Hagen eine Schwester des Gottfried Hagen, der in Humboldt später eine Akkumulatorenfabrik begründet.
146 Eduard von Moeller, geb. 03.06.1814 Minden, gest. 03.11.1880 Kassel, Weitere Literatur zu ihm u.a.: 150 Jahre Regierungsbezirk Köln, Berlin 1966, S. 90–94; Landkreis Simmern, Bonn 1967, S. 73–75; Romeyk, Horst, Die leitenden staatlichen und kommunalen Verwaltungsbeamten der Rheinprovinz, Düsseldorf 1994, S. 635.
147 August Reichensperger, geb. 22.02.1808 Koblenz, gest. 16.07.1895 Köln.

Heinrich Gründgens 7.000 Taler auf; diese verwendete er vermutlich zur Begleichung eines Teiles der Erwerbs- und Baukosten. Durch eine weitere Obligation vom 21.06.1844 verschuldete Gaul dem Kanzlist beim Erzbischöflichen Generalvikariat, Franz Xaver Mennig, 10.000 Taler. Als Rechtsnachfolger Mennigs stützte das Königliche Banco-Comtoir seine Forderung auf ein Urteil des Kgl. Landgerichts vom 25.10.1852 und eine Urkunde vom 03.01.1853. Die Zwangsversteigerung gegen Peter Gaul und dessen Ehefrau Mathilde Urbach wurde jedoch eingeleitet durch den Kgl. Baurat Mathaeus Biercher und seine Gattin, Henriette Gründgens, Erben des Servaz H. Gründgens. In der angesetzten Zwangsversteigerung vom 25.01.1853 blieb das Kgl. Banco-Comtoir für 12.500 Taler Letztbietender. Aus diesem Steigerlös wurde zunächst Bierchers Forderung beglichen, diese war durch Zinsen und andere Kosten auf 7.718 Taler angewachsen. Aus dem Besitz des Banco-Comtoir gelangte das Gaulsche Haus zum 01.05.1853[148] für 13.000 Taler in den Besitz des Regierungsrats Engelbert Freusberg.[149] Vertraglich wurde festgehalten, dass Reichensperger noch bis zum 01.07.1854 Mieter der beiden oberen Etagen des Hauses war, eine ursprünglich geplante Verlängerung wurde verworfen. Um 1856/57 bewohnte die Witwe des im Dezember 1855 gestorbenen Notars Johann Jacob zur Hoven eine Wohnung des Hauses. Nach dem Tod des Oberregierungsrat Freusberg und dessen Witwe Isabella Herberz wurde die Liegenschaft 1878 an den Rentner Franz Schülgen[150] verkauft. Dieser, wie auch sein Bruder Everhard, gehörte zu einem Kreis Kölner Kaufleuten, die in den 1850er und 1860er Jahren im Kölner Umland zahlreiche Gutshöfe erwarben. Nach dem Tod Schülgens verkauften seine Erben das Grundstück, die Aufbauten wurden niedergelegt. Elisabeth und Philiomena Schülgen, die jüngeren Schwestern der erwähnten Brüder waren 1857/59 Eigentümer des Grundstücks Auf dem Berlich 33. Der Erbauer des Hauses, Peter Gaul verstarb bereits 1873, offensichtlich ohne Nachkommen zu hinterlassen.[151]

Schräg gegenüber dem Gaulschen Haus: der Helenenturm mit anschließender Römermauer. Von Sandt nutzte ihn seit 1829 als Sommerhaus; zur Zeit unseres Spazierganges Mitte des 19. Jahrhunderts wird er als Küche des Hauses Helenenstraße 14 verwandt.

Helenenstr. 12

1844 erwarb Franz Joseph Heimsoeth[152] das mittlere der zwischen der Straße Am Römerturm und dem Helenenturm errichteten Häuser. Heimsoeth, 1837 Beigeordneter Sekretär am Kölner Handelsgericht und Sohn eines Juristen entstammte Familien die hohe Ränge im Beamtenapparat der Grafen von Manderscheid-Blankenheim bekleideten. Nach Ende der Feudalzeit verband sich die Enkel-Generation durch Heirat mit angesehenen Familien der höheren Kölner und Bonner Bürgerschaft, so den Heimann, Hertmanni, Mertens-Schaffhausen, de Noel oder auch Braubach. Heimsoeths Schwiegervater war der Brühler Friedensrichter Hertmanni, seine Schwiegermutter eine gebürtige Seydlitz. Bereits 1842 wurde das Grundstück Auf dem Berlich 31 (s.u.) von seinem Schwager Peter Joseph Lindlau, beigeordneter Gerichtsschreiber und zuletzt Königlicher Kanzleirat, und seiner Schwester, Gisberta Franziska Heimsoeth,[153] erworben.

Nach einer Zeit des Leerstandes bezog 1855 Familie Bossier das schmale Haus. Hausherr Johann Nepomuk August Bossier[154] bekleidete das Amt eines Appellationsgerichtsrates am nahe gelegenen Gerichtshof. Alwine

---

148 Landesarchiv NRW, HStaD, Notare, Rep. 3688, Nr. 3045 vom 30.04.1853.

149 HAStK, Best. 480, Nr. 40. Engelbert Joseph Freusberg, geb. 27.03.1809 Arnsberg, gest. 12.05.1876 Berlin, verh. in zweiter Ehe seit 16.11.1847 mit Isabella Herberz, geb. 17.05.1817 Uerdingen, gest. 26.04.1878 Köln Helenenstr. 11. Freusberg war der ältere Bruder des Geh. Oberfinanzrats und Provinzial Steuerdirektor Adolf Friedrich F.

150 Franz Xaver Severin Aloys Hubert Apollinaris Schülgen, geb. 11.09.1829 Köln, gest. 27.10.1909 Helenenstr. 11, verh. I. 1859 mit Sophia Maria Adelgundis Dorff, geb. 26.04.1829 Hittorf, gest. 25.03.1867 Opladen, verh. II. um 1879 mit Maria Katharina Henrietta Clasen, geb. 03.02.1848 (Köln), gest. 16.07.1918 Köln, Rubensstr. 13. Auch unter Schülgens natürlichen wie eingeheirateten Nachkommen finden sich mehrere Juristen, Rechtsanwälte und Richter.

151 Laut Beerdingsbuch verstarb Peter Gaul zu Grünewald (?), die Beisetzung erfolgte am 01.09.1873 auf Melaten.

152 Franz Jos. Heimsoeth, geb. 01.03.1808 in Bernkastel, gest. Bonn, verh. 20.10.1837 Köln mit Maria Anna Hertmanni, geb. 25.09.1808 Brühl, gest. Bonn.

153 Peter Joseph Lindlau, geb. 23.08.1798 Köln, gest. 24.07.1885 Köln, Sohn des Latrinenaufsehers Stephan L., verh. 02.03.1832 Köln mit Gisberta Franziska Heimsoeth, geb. 14.01.1800 Blankenheim, gest. 13.03.1865 Köln.

154 HAStK, Smmlg. Bayer, Bossier, Johann August, geb. 22.04.1810 Aachen, gest. 03.03.1889 Bonn, verh. mit Nathalie Borschel, geb. 27.04.1821 Aachen, gest. 03.09.1886 Köln, Helenenstr. 12.

Mathilde Niny Emilie Bossier, seine am 03.02.1856 in der Helenenstraße geborene Tochter, ehelichte 1878 in Gustav Adolph Koenigs[155] einen Sohn des Kaufmannes und Kommerzienrates Franz Wilhelm Koenigs und somit einen Neffen von Gustav von Mevissen.

Gustav Adolph Koenigs, Absolvent des Kölner Friedrich-Wilhelm-Gymnasiums und studierter Jurist, wurde 1865 als Auskultator beim Kölner Landgericht auf den Staatsdienst vereidigt. Seine weiteren Stationen führten ihn an die Kölner (1867) und die Koblenzer Regierung (1868), von dort als Hilfsarbeiter in das Berliner Handelsministerium (1872–01.06.1874). Die folgenden „22 Monate verwendete Dr. Königs zu einer Reise nach den Vereinigten Staaten von Nordamerika, Japan, China, Hinter- und Nordindien, Ägypten und Italien um die Culturzustände und insbesondere die wirtschaftlichen und industriellen Verhältnisse dieser Länder kennen zu lernen"[156]. Wieder in Deutschland wurde Koenigs an die Regierung Düsseldorf überwiesen. 1881 zum Regierungsrat befördert, gehörten zu seinem Geschäftsbereich unter anderem die „Angelegenheiten bzgl. des Lebens und der Gesundheit der Arbeiter incl. Aufsicht jugendlicher Arbeiter". Seiner Ernennung zum Oberregierungsrat am 27.06.1888 folgte nur wenige Tage darauf die zum stellvertretenden Präsidenten der Regierung Düsseldorf.[157] Gisbert Knopp[158] schrieb in seiner 1974 erschienen Abhandlung „Die preussische Verwaltung des Regierungsbezirkes Düsseldorf 1899–1919": „Das Gewerbegerichtsgesetz und das ... Arbeiterschutzgesetz vom 1. Juni 1891 stellen zweifellos die Grundpfeiler der neueren Sozialgesetzgebung das; sie sind untrennbar verbunden mit dem Namen des Ministers für Handel und Gewerbe von Berlepsch, der bis Oktober 1889 als Regierungspräsident in Düsseldorf tätig gewesen war und hier die dringende Notwendigkeit sozialer Gesetzgebung im Bergarbeiterausstand des Jahres 1889 in krassester Form erfahren hatte. Über ihn schrieb Oberregierungsrat Hoffmann: „... Regierungspräsident Freiherr von Berlepsch und sein Referent Gustav Koenigs waren es, die im Wege der Verhandlungen, durch Polizeiverordnungen und Einzelanordnungen, soweit das bei dem Stande der Gesetzgebung möglich war, die Unterkunft und Lebensbedingungen der Fabrikarbeiter zu heben suchten. Beiden ist es vergönnt gewesen, was sie in Düsseldorf erprobt hatten, später als Handelsminister und als Vortragender Rat bei der Ausgestaltung der Arbeiterschutzgesetzgebung zum Segen der deutschen Arbeiterschaft verwerten zu können. Seit jener Zeit waren diese Fragen auf der Düsseldorfer Regierung stets mit besonderer Aufmerksamkeit bearbeitet worden." Von Berlepsch schied am 27.06.1896 53jährig aus dem Amt, Koenigs[159] verstarb keine 9 Wochen darauf in Coswig bei Dresden.

Neben Koenigs Schwiegersohn, dem Reichstagsabgeordneten der Weimarer Republik und Mitglied der Deutschnationalen Volkspartei Otto Hoetzsch,[160] verdient sein Sohn Gustav besondere Erwähnung. 1882 in Düsseldorf als drittes von vier Kindern geboren, trat dieser nach dem Studium der Rechts- und Sozialwissenschaften wie sein Vater in den Staatsdienst ein. Beruflichen Stationen in Blumenthal bei Hannover, Berlin und Düsseldorf folgte 1920 die Ernennung zum Vortragenden Rat im Preußischen Ministerium der öffentlichen Arbeiten, 1921 zum Ministerialdirigenten und 1932 zum Staatssekretär im Reichsverkehrsministerium. Im Zweiten Weltkrieg mit der Verwaltung des beschlagnahmten Vermögens in Luxemburg beauftragt, sehen ihn die Attentäter vom 20.07.1944 als Staatssekretär im Verkehrsministerium vor. Aus der Geschichte wissen wir, dass es hierzu

Helenenstraße 12. (Abb. nach: 40 Jahre Haus- und Grundbesitzer-Verein 1888–1928, Köln 1928)

155 *Gustav Adolph Koenigs, geb. Dülken 11.01.1845, gest. Coswig bei Dresden 01.09.1896.*
156 *LHA Koblenz, Best. 403, Nr. 14653.*
157 *Koenigs Vorgesetzter, Hans Hermann Freiherr von Berlepsch, wird 1889 zunächst Oberpräsidenten der Rheinpro-*

vinz und schließlich mit dem 01.02.1890 zum Minister für Handel und Gewerbe berufen. S. zu Berlepsch auch: Romeyk, Horst, Die leitenden staatlichen und kommunalen Verwaltungsbeamten der Rheinprovinz 1816–1945, Düsseldorf 1994, S. 355.

158 a.a.O., S. 283–284.

159 Auswahl seiner Arbeiten: Zur Ausbildung und Stellung der Beamten in Preußen, New York Dez. 1874, gedruckt Berlin, 1875. Das Patentsystem der Vereinigten Staaten von Nord-Amerika, Berlin, 1876. Die Durchführung des Schweizerischen Fabrikgesetzes, Berlin, 1891.

160 S.a. Die Reichstagsabgeordneten der Weimarer Republik in der Zeit des Nationalsozialismus. Droste, 1991, S. 293–294. Der Berliner Universitätsprofessor Hoetzsch, 1876–1946, wurde 1935 zwangsemeritiert, seit 1912 war er mit Cornelie Koenigs, 1879–1945 verheiratet.

161 S.u.a. www.gdw-berlin.de; Wer ist Wer, X. Ausg.

162 T.F. Bolle, geb. Berlin, gest. 18.09.1850 Köln Marsilstein 21, 80 Jahre alt, verh. 27.01.1799 Berlin Jerusalem-Kirche mit C.A. Dentzel, geb. Berlin, gest. 01.12.1858 Köln, St.-Apern-Str. 32 im Alter von 79 Jahren. Carl Friedrich Eduard Bolle sah sich bei Anzeige des Todes seiner Eltern außer Stande die Namen seiner Großeltern anzugeben. Weiterer Beleg für seine frühe Ankunft im Rheinland.

163 Kalender für den Bezirk und die Stadt Köln, 1818ff.

164 Diese Unterstellung beruht auf dem Umstand, dass Bolles Taufschein, der seiner Heiratsurkunde als Beleg beilag, am 15.10.1820 ausgestellt wurde; also nicht zum Zweck der Eheschließung, aber im Akademie-Eintrittsalter.

165 Zum Ausbildungsgang der höheren Baubeamten s. Grünert, Eberhard, Die Preußische Bau- und Finanzdirektion, Köln, 1983, S. 102ff.

166 Bollenbeck, Karl Josef, Der Kölner Stadtbaumeister Johann Peter Weyer, Diss. Köln, 1969, S. 111.

167 Die Kunstdenkmäler der Rheinprovinz. 6. Band, IV Abt., Düsseldorf, 1916, S. 238.

168 a.a.O., S. 253: Am 28.04.1830 kam es tatsächlich zum Einsturz des Turms, der weitere Teile der Kirche zerstörte.

169 Brucker, Rudolf Franz, Der Kölner Regierungs-Baumeister Matthaeus Biercher, Aachen, 1981, S. 28ff sowie B6.

170 Inventar zur Geschichte der preuß. Bauverwaltung 1723–1848, Berlin 2005, Nr. 646.

171 Augusta R.E. Jäger, geb. 17.02.1808.

172 Landesarchiv NRW, HStaD, Notare, Rep. 2797, Nr. 9356, Köln, Nr. 9356 vom

nicht kam. Gustav Koenigs kam am 15.04.1945 in Postdam bei einem Luftangriff ums Leben.[16]

Vis-à-vis befand sich seit Mitte der 1850er Jahre die Steinmetzhütte des Maurermeisters Vincenz Statz und zu dessen rechten, auf der St.-Apern-Str. 32, das Haus des Baumeisters Bolle.

St.-Apern-Str. 32

Carl Friedrich Eduard Bolle wurde am 25.01.1804 als Sohn des Königlichen Geheimsekretärs Thomas Friedrich Bolle und der Carolina Albertina Dentzel[162] in Berlin unweit der Jerusalems- oder Neuen Kirche geboren. Sein Vater wechselte mit Einrichtung der preuß. Regierung nach Köln. Als zweiter Kanzleiinspektor wurde er hier 1826 pensioniert.[163] Der tägliche Verkehr mit dem ebenfalls aus Berlin stammenden Regierungsrat Johann Martin Schauss beeinflusste vermutlich Carl Bolle bei der Entscheidung, nach dem Besuch einer Höheren Schule zu Ende des Jahres 1820 in die Berliner Bauakademie einzutreten.[164] Zunächst, so der übliche Weg, unterzog er sich einer Ausbildung zum Feldmesser mit abschließender Vereidigung.[165]

Nach der Vorprüfung als Bauzögling kehrte Carl Bolle nach Köln zurück, um dort bei dem Kölner Stadtbaumeister Johann Peter Weyer seinen praktischen Dienst bei einem staatlich besoldeten Baumeister zu absolvieren. So zeichnete Bolle 1822 Pläne für den Umbau des Kölnischen Hofs zur Nutzung als Gerichtsgebäude[166] – die Vorlagen hierzu stammten von Weyer. Nach der mindestens zwei Jahre währenden praktischen Ausbildung konnte sich der Aspirant zur Nachprüfung anmelden. Bei Bestehen war er berechtigt, sich als Baukonduktor, später auch Baumeister, zu bezeichnen. 1828 arbeitete Bolle als Baukonduktor Grundriss, Aufrisse, Längen- und Querschnitte der Kirche St. Kunibert[167] aus, wiederum unter der Leitung von Weyer. Zu dieser Zeit galten die Kirche oder Teile derselben als einsturzgefährdet.[168] Anfang 1830 war Bolle in Vorarbeiten zur Ausführung der Neubauten für die Königliche Regierung eingebunden. So fertigte er im Rahmen der Auswahl möglicher Baugrundstücke einen Plan an, der die Errichtung im Garten des Generaladvokaten von Sandt vorsah.[169] Und im Frühjahr 1833 gehörte Bolle als Vermessungskonduktor dem Baupersonal im Regierungsbezirk Köln an.[170]

Am 16.03.1836 heiratete C. Bolle in Köln Augusta Rebecca Emilie Jaeger.[171] Die auf dem Apostelnkloster 8 und somit im selben Haus wie Bolle lebende Tochter eines pensionierten Gräflich Solmschen Rentmeisters stammte aus dem Hessischen Rödelheim bei Frankfurt. Keine vier Monate darauf erwarb ihr Trauzeuge, Carl Eduard Hummell, für 3.050 Taler an der St.-Apern-Str. ein Grundstück, den so genannten englischen Garten.[172] Dieser reichte von dem Besitz des Verkäufers, dem Brauer Wilhelm Badorf, St.-Apern-Str. 28 bis an den Helenenturm und die dort beginnende Häuserzeile. Bolle und Hummell errichteten ein freistehendes dreistöckiges Wohnhaus nebst dahinter liegender Stallung und Remise.[173] Die Stuckarbeiten führte vermutlich Franz Lenhart, 1836 weiterer Trauzeuge Bolles,[174] aus.

Ursprünglich war die Durchführung der Helenenstraße bis zur St.-Apern-Straße nicht vorgesehen. Erst durch den bereits beschriebenen Tauschvertrag vom 23.11.1841 zwischen Bolle und Hummell sowie Volck wurde diese möglich. Einen Monat darauf – Hummells Umzug nach Wesel stand bevor – veräußerte dieser seinen ganzen Anteil an Haus und Grundstück an Bolle.[175] Im Ersatz für seinen 1837/38 aufgeführten und nun teilweise in das

St.-Apern-Straße 32, August 1939. (Abb.: RBA)

Straßenland fallenden Stall und Remise errichtete Bolle entsprechende Baulichkeiten im Rückraum seines Grundstückes. Abschließend erweiterte er 1845/46 das Wohnhaus bis an die Helenenstraße.[176]

Nur wenige Privatbauten aus dem Atelier Bolle sind bekannt. In den Bauzeitraum seines Privathauses fiel allerdings auch sein größtes Projekt, der Neubau für den Kaufmann Johann Wilhelm Eugen Wasserfall[177] in der Trankgasse. Wasserfall ließ 1837–1839 an Stelle ehemaliger Kanonikerhäuser einen fünfgeschossigen Neubau errichten und begründete in diesem 1846 das Hotel „Germanischer Hof".[178]

In Bolles Nachbarschaft lebte durch Einheirat seit 1845 der Maurer- und Zimmermeister Vincenz Statz.[179] Diesem veräußerte er am 25.09.1855[180] zunächst ein größeres Stück Garten entlang des Grundstückes Helenenstraße 11 in einer Breite von 9 ½ Metern; auf diesem errichtet Statz seine Steinmetzwerkstätte. Ende 1859 bezog Statz das seinen Schwiegereltern gehörende Haus St.-Apern-Str. 30; bereits im Juli d.J. hatte er von Bolle einen weiteren Teil dessen Garten erworben.[181] Nun konnte Statz, ohne das Grundstück zu verlassen, über den Hof in seine Werkstatt gelangen. Carl Bolle veräußerte seinen restlichen Besitz mit Vertrag vom 10.04.1862 an Baumeister Statz,[182] dessen Liegenschaft umfasste nun die Häuser St.-Apern-Str. 28, 30 und 32. Das ehemalige Haus Bolle ergänzte Statz um den Erweiterungsbau Helenenstraße 13/15, zeitgleich mit der Errichtung seines eigenen Hauses St.-Apern-Str. 28/28a in den Jahren 1867/68.

Carl Bolle firmierte um 1855–65 nicht nur als Maurermeister und Geometer, sondern gründet etwa 1857 mit dem Kaufmann Friedrich August

08.07.1836, auf dem Grundstück befand sich lediglich eine Remise, Pferdestall und Schuppen. Den ursprünglichen Kaufvertrag schloss Hummell alleine ab, Bolle wird nicht erwähnt. Der mitverkaufte Stall ist noch vermietet und kann erst zwei Monate nach Vertragsabschluß übernommen werden. In einem späteren Kontrakt vom 23.12.1841 gibt Hummell an, dass sie das Grundstück auf gemeinsame Rechnung erwarben und ebenso die Aufbauten ausführten. Siehe betr. des engl. Garten (von Gal) auch: Vogts, Hans, Das Kölner Wohnhaus bis zur Mitte des 19. Jahrhunderts, I. S. 120.

173 Am 27.04.1838 ist das Haus bereits bezogen (Geburt der Tochter Carolina Wilhelmina Albertina Rosina Bolle).

174 16.03.1836: Franz Lenhart, 42 Jahre alt, Stuckateur in Köln.

175 Landesarchiv NRW, HStaD, Notare, Rep. 2780, Nr. 13110 vom 23.12.1841. Für den ½ Teil werden 6.000 Taler vereinbart, die Bolle nach dem Ablauf von drei Jahren, also dem 01.01.1845, bei sechsmonatiger Kündigung zu zahlen hat.

176 HAStK, Best. 480, Nr. 32. Protokoll vom 05.11.1846. Anbau von 2 Stock mit 5 Fenstern.

177 Johann Wilhelm Eugen Wasserfall wird am 23.03.1784 als Sohn eines Gräflich Manderscheid-Blankenheimischen Regierungsrats in Köln geboren. 1825 Kaufmann und Mehlmüller, verst. 22.10.1853 Köln Trankgasse 4–6. Seine Söhne wandern nach Melbourne, New Orleans und Grizlyflat in Kalifornien aus.

178 S.a. J. Breuer, Die Kölner Domumgebung als Spiegel der Domrezeption im 19. Jahrhundert, Köln 1981, S. 19. Hiernach liegt dem Baugesuch ein Fassadenaufriß vom 13.08.1840 bei. Im Kataster ist der Bau jedoch bereits 1839 eingetragen. Das Hotel wird u.a. durch Raschdorff, Alfred Müller und Hermann Otto Pflaume erweitert und firmiert später als Hôtel du Nord.

179 S.a. Vogts, Hans, Vincenz Statz (1819–1898) Lebensbild und Lebenswerk eines Kölner Baumeisters. Mönchengladbach, 1960. S. 7ff. Statz hatte Cäcilia Wahlen, Tochter des Ziegeleibesitzers Johann Wahlen geheiratet.

180 Landesarchiv NRW, HStaD, Notare, Rep. 3684, Nr. 2345 vom 25.09.1855.

181 Landesarchiv NRW, HStaD, Notare, Rep. 3751, Nr. 9188 vom 20.07.1859. Kaufpreis: 1.800 Taler.

182 a.a.O., Rep. 3752, Nr. 12274 v. 10.04.1862. Der Antritt erfolgte zum 01.05.1862 bei einem vereinbarten Kaufpreis von 20.000 Talern.

Weigel auch die kleine Firma „Bollé et Weigel". Gegenstand derselben ist der Vertrieb von Asphalt, Dachfilz, Cement sowie Asphalt- und Metallfarbwaren. 1860 trennteen sich die Partner; Bolle führte die Handlung offensichtlich bis 1862 alleine weiter. Die Firma hat ihren Sitz auf der St.-Apern-Straße. Mit dem 01.05.1863 bezieht Bolle neue Räume. Den zu erwartenden Verkaufspreis von Statz nutzte er im März 1862 zum Erwerb eines neuen Grundstücks[183] in der Steinfelder Gasse, ließ dieses in zwei Bauplätze aufteilen und errichtete auf der einen sich selbst ein Wohnhaus, während das zweite in den Besitz des Advokaten Theodor Hermann Vagedes überging. Mitte der 1880er Jahre lebte Bolle als Rentner in der Alexianerstraße,[184] zuletzt in der Frankstraße 29. Mit dem Jahr 1893 enden die Einträge zu Bolle im Adressbuch.

Auf dem Berlich 19

Das Degrecksche Anwesen war mit gut 900m² Gesamtfläche bei einer Straßenfront von 12m nach dem Grundstück der Familie Esch das größte im Viertel. Carl Peter Degreck, von Februar 1840 bis 1847 als Notar in Köln niedergelassen,[185] erwarb den Gartenteil seines Besitzes für 1.900 Taler am

183 a.a.O., Nr. 12173 v. 21.03.1862. Kaufpreis 8.500 Taler.
184 Grevens Adressbuch 1886.
185 Peter Carl Maria Hubert Narcissus Degreck, geb. 29.10.1808 Ratingen (Sohn des Wilhelm Joseph D., 1808 Friedensrichter von Angermund und Landsberg, 1814 Bürgermeister in Düsseldorf (er beurkundet 1814 die Geburt seiner Schwiegertochter!), 1835 Appellationsgerichtsrat in Köln), verh. 11.08.1835 Düsseldorf mit Eva Franziska Catharina Amalia Greef, geb. 30.09.1814 Düsseldorf. Peter Carl Degreck arbeitet vor seinem Wechsel nach Köln vom 08.1832 bis zum 01.1840 als Notar in Mettmann. Die letzte in Köln von ihm ausgefertigte Urkunde datiert 09.06.1847.

Am Römerturm, v. rechts: Helenenstraße 8, Auf dem Berlich 19, Am Römerturm 3. (Abb.: RBA)

07.09.1841 von Hagen und Volck.[186] Das Haus- und Hofgrundstück am Berlich übernahm er am selben Tag aus dem Besitz des Maurermeisters Eduard Schulteis.[187] Dieser hatte das Grundstück in zwei Verträgen von Hagen und Volck erworben und anschließend, auf Grund einer besonderen Verabredung mit Degreck, mit der Errichtung eines Wohnhauses auf dessen Rechnung begonnen. Bei Abschluss des Vertrages zwischen Schultheis und Degreck am 07.09.1841 war dieses noch nicht vollendet. Den Kaufpreis von 3.850 Talern übertrug Schulteis mit selbem Kontrakt auf Hagen zur Begleichung offener Erwerbspreise für mehrere Bauplätze – dieser entsprach jedoch ausschließlich dem Grundstückspreis ohne Aufbauten.

Wieso es am 04.12.1849 vor dem Friedensgericht Köln II. zur (Zwangs)Versteigerung des Degreckschen Hauses kam, war nicht zu ermitteln; der Zuschlag erging für 13.180 Taler an seinen Kollegen Franz Wilhelm Gustav Custodis.[188] Dessen Notariat führte der älteste Sohn Friedrich August[189] fort, der bereits seit Juli 1883 in Köln tätig war. Friedrichs Ehefrau Susanna Heimann entstammte väterlicherseits der bereits mehrfach genannten Familie, ihre Mutter Susanna Heimsoeth war Tochter des Königlichen Justizrates Johann Marcus Heimsoeth und Schwester des späteren Oberlandesgerichtspräsidenten Johann Heinrich Heimsoeth. Die Ehefrau Lindlau (Berlich 31) und der zuvor genannte Franz Josef Heimsoeth waren ihre Cousine und Cousin. Der Architekt Eduard Custodis (1847–1939)[190] entstammte als jüngerer Bruder Friedrichs ebenfalls dem Haus auf dem Berlich.

Der Garten der Familie Custodis grenzte an das Anwesen Esch. Er bildet heute mit einem Teil des ehem. Gartens Esch die kleine Grünanlage inmitten des Viertels.

1841–1856 war Nachbar zur Linken, Auf dem Berlich 17, der langjährige Beigeordnete Johann Jacob Rennen.[191] Dieser hatte sein Haus ebenfalls von dem Maurermeister Eduard Schulteis erworben. Letzterer zeichnete auch für die Aufbauten Helenenstraße 2[192] und Auf dem Berlich 15 verantwortlich. Die drei jeweils nur knapp 5 Meter breiten Wohnhäuser erzielten mit 3.200 bis 3500 Taler entsprechend niedrige Verkaufserlöse. Für die Immobilienkrise der späten 1840er Jahre symptomatisch der um 20% niedrigere Wiederverkaufspreis von Auf dem Berlich 15 (3500 Taler 1841 zu 2705 Taler 1848) und im Gegensatz das erneute Anziehen nach Überwindung der Krise am Beispiel Helenenstraße 2 (3200 Taler 1841 zu 5200 Taler 1852).[193]

Die Grundstücke zur Rechten des Notariats waren mit 5,6 bis 6 Metern etwas breiter. Den Bauplatz Auf dem Berlich 21 erwarb im August 1840 der gewerbelose Johann Philipp Raeder von Hagen und Volck. Die anschließenden Häuser Auf dem Berlich 23, 25, 27 und 29 ersteigerte am 09.08.1842 der aus Grundremmingen in Bayern gebürtigen Maurermeisters Anton Mayrhofer.[194] Als sein Mitfinanzier und Geschäftspartner trat der Spiegelfabrikant Johann Adam Joseph Bloeming auf. Mayrhofer entwickelte nach seiner Ankunft in Köln um 1830 zunächst eine rege Bautätigkeit, ehe er in der Hochphase des Immobilienhandels in steigendem Maße Energie auf den Handel von Grund und Boden verwendet. Zu seiner Unterstützung kam Ende der 1830er Jahre auch der Maurerpolier Simon Mayrhofer nach Köln. Mit Antons plötzlichem Tod, erst 43jährig am 24.03.1847, fand das Treiben ein ebenso abruptes Ende. Die Krise auf dem kurz vor dem Zusammenbruch stehenden Immobilienmarkt breitete sich aus, da war sein Tod eventuell Folge dieser – oder hatte er sich zuviel zugemutet?

186 Landesarchiv NRW, HStaD, Notare, Rep. 2883, Nr. 6209.

187 a.a.O., Nr. 6208. Schulteis war, nach seiner Unterschrift zu urteilen, ein Baumeister feiner Schule bzw. Ausbildung.

188 HAStK, Smmlg. Bayer, Franz Wilhelm Gustav Custodis, Justizrat und Notar, geb. 29.03.1810 Düsseldorf, gest. 07.01.1896 Köln Berlich 19, verh. seit 16.04.1842 Düsseldorf mit Susanna Elisabeth Müller, geb. 10.05.1813 Düsseldorf, gest. 04.11.1884 Köln Berlich 19. Franz Custodis wirkte als Notar in Köln von September 1848 bis zum 31.03.1885, zuvor von 10.1841 bis 01.1842 in Barmen und von 02.1842 bis 11.1847 in Solingen. Anschließend übernahm er bis zu seinem Wechsel nach Köln ein Aachener Notariat.

189 a.a.O. u.a. Friedrich August Custodis, Justizrat und Notar, geb. 13.06.1843 Solingen, gest. 20.09.1910 Köln, Berlich 19, verh. 04.09.1876 mit Maria Helena Susanna Heimann, geb. 06.04.1851 Köln Minoritenstr. 3, gest. 28.03.1943 Oberwinter, Tochter des Dr. med. Franz Josef Heimann und der Helena Heimsoeth. Ihre Söhne Franz (1877–1956) und Friedrich Karl Maria (1880–1945) waren ebenfalls Notare.

190 S.a. Custodis, Paul Georg, Der Architekt Eduard Custodis in: Rheinische Heimatpflege, 30. Jahrgang, Heft 3, 1993, S. 179ff.

191 S.u.a. HAStK, Smmlg. Bayer. Johann Jakob Rennen, geb. 27.07.1807 Oberkassel, gest. 20.06.1895 Köln, Gereonsdriesch 7, verh. um 1837 mit Alwine Leopoldine Josephine Jansen, geb. 26.09.1808 Düsseldorf, gest. 03.04.1880 Köln, Gereonsdriesch 7. 1841 ist Rennen noch Hafenkommissar, vom 27.05.1851 bis zum 30.11.1884 städt. Beigeordneter. Rennens Schwiegervater war der in Kleve verstorbene Oberlandesgerichtsrat Stephan Theodor Jansen, einer seiner Söhne der Baurat Arnold Rennen.

192 Landesarchiv NRW, HStaD, Notare, Rep. 2790, Nr. 685 vom 30.09.1841. Schulteis veräußert das Eckhaus an den Wagenschmied Franz Joseph Platzbecker und dessen Ehefrau Maria Agnes Greven, bei der Auflage, dass Haus bis zum 15.10.1841 fertig zu stellen. Der Antritt ist für den 01.11.1841 vereinbart. Von Platzbecker gelangt das Haus 1852 an den Konditor Martin Joseph Neuss.

193 Landesarchiv NRW, HStaD, Notare, Rep. 2883, Nr. 6232 vom 15.09.1841. Im Gegensatz zu den Verkaufsverträgen Volcks, sind bei Schulteis Verkäufen keine Auflistungen über noch zu behebende Mängel oder nicht fertig gestellte Räume enthalten. HAStK, Best. 480, Nr. 27, 33 und 39.

194 Anton Mayrhofer gelangte vermutlich im Zuge der Errichtung der Regierung nach

Von links nach rechts: Auf dem Berlich 27–33a, Am Römerturm 1ff. (Abb.: Zeitung)

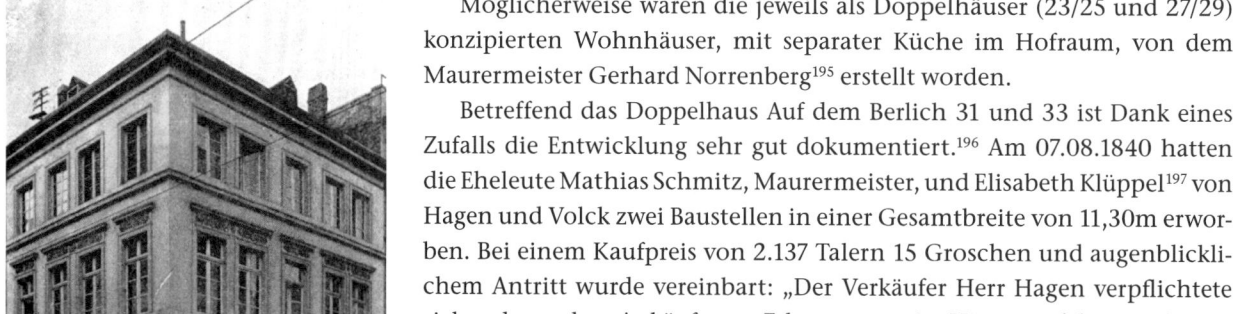

Auf dem Berlich 33a. (Abb.: Handbuch von Köln)

Köln. Am 12.04.1831 schloss Biercher mit ihm einen Bauausführungsvertrag. Mayrhofer sollte am 01.04.1831 mit den Arbeiten beginnen, der Termin verzögerte sich mangels Ziegelsteinen (Brucker, Biercher, S. 48). Während des Baubooms der 1840er Jahre beteiligte sich Mayrhofer auch bei Straßenneuanlagen (Am Salzmagazin). Seinen Tod bezeugt u.a. der 23jährige Bildhauer Laurenz Siegert.
195 Auf dem Berlich 29 wurde bereits seit August 1840 durch Norrenberg ausgeführt.
196 HAStK, Best. 1192a, Nr. 285–292.
197 Schmitz erwarb auch den Bauplatz der Häuser Helenenstraße 4, 6 und 8 und bebaute diesen bis zum Frühjahr 1843. Die Häuser waren mit 7,5 bzw. 10m deutlich breiter, als jene auf dem Berlich.

Möglicherweise waren die jeweils als Doppelhäuser (23/25 und 27/29) konzipierten Wohnhäuser, mit separater Küche im Hofraum, von dem Maurermeister Gerhard Norrenberg[195] erstellt worden.

Betreffend das Doppelhaus Auf dem Berlich 31 und 33 ist Dank eines Zufalls die Entwicklung sehr gut dokumentiert.[196] Am 07.08.1840 hatten die Eheleute Mathias Schmitz, Maurermeister, und Elisabeth Klüppel[197] von Hagen und Volck zwei Baustellen in einer Gesamtbreite von 11,30m erworben. Bei einem Kaufpreis von 2.137 Talern 15 Groschen und augenblicklichem Antritt wurde vereinbart: „Der Verkäufer Herr Hagen verpflichtete sich sodann, dem Ankäufer zur Erbauung zweier Häuser auf das angekaufte Objekt zweitausend Thaler in der Art lehnweise herzugeben, dass derselbe fünfhundert Thaler erhalten soll, wenn die beiden Häuser soweit gediehen sind, dass die erste Balkenlage liegt, ebenfalls fünfhundert Thaler wenn die dritte Balkenlage liegt wiederum fünfhundert Thaler, wenn die Dächer zugedeckt sind und die letztern fünfhundert Thaler wenn die Schreiner, Schlosser und Anstreicher Arbeiten geschehen, überhaupt die beiden Häuser zum Bewohnen fertig sind." Am 28.01.1841 zahlte Hagen die ersten 500 Taler, doch wurde darauf anders als vereinbart verfahren. Drei Monate später, am 20.04.1841, bescheinigten die Eheleute Schmitz, Hagen 800 Taler als bares Darlehen zu verschulden betreffend „ihrer Vollendung nahen, jedoch noch nicht nummerierten beiden Häuser". Zur Kenntnis und Genehmigung wurde schließlich Stadtbaumeister Weyer am 30.07.1841 die Vollendung zweier neuer Häuser und deren Nummerierung mitgeteilt. Zur Klärung der Finanzierung nahm Schmitz einen Tag zuvor pro Haus 2.500 Taler bei Anton Sieger in Frankfurt auf. Die Belastung belief sich auf nun auf je 1802 Taler 9 Groschen 6 Pfennig. Da Hagen zwischenzeitlich seine Forderungen an seinen Zessionar abgetreten hatte (Bankhaus Salomon Oppenheim jr. et Compagnie), übertrug Schmitz auf Sieger alle Rechte, wie sie zuvor das Bankhaus besaß. Mit Vertrag vom 14.10.1842 gelangte Haus 31 für 4.400 Taler in den Besitz der bereits zuvor genannten Eheleute Lindlau.

An der Ecke Auf dem Berlich/Am Römerturm stehend, befanden sich zur Linken drei Wohnhäuser: das Eckhaus selbst und die als Doppelhaus ausgeführte Nr. 3 und 5. Nur bei wenigen Objekten waren die Eigentumswechsel so zahlreich wie an dieser Stelle. Zwischen 1841 und 1880 wechselten sie jeweils sieben (Am Römerturm 1) bzw. achtmal (Am Römerturm 3 und 5) den Besitzer. Dem Umstand, dass Johann Peter Weyer 1845 alle drei Häuser erwarb, diese jedoch teilweise direkt (1845–46) oder zuletzt 1862 weiterverkaufte, verdankten die Häuser Stadtbaumeister Weyer zugeschrieben zu werden.[198] Hieraus folgte auch die Unterstellung, dass Weyer das klösterliche Hauptgebäude umgebaut habe. Tatsächlich jedoch übernahm der ehemalige Stadtbaumeister Johann Peter Weyer alle drei Häuser erst mit Vertrag vom 18.01.1845 von seinem Geschäftspartner Emil Pfeifer.[199] Ursprüngliche Eigentümer und Erbauer der Häuser waren der Kaufmann Franz Weyer und der Maurermeister Tilmann Göbbels.[200] Sie hatten die Bauplätze am 22.09.1840 von Hagen und Volck angekauft und die bebauten Grundstücke mit Vertrag vom 22.11.1841 für 9.000 Taler auf Pfeifer übertragen.

Am Römerturm 7 (heute 3)

Gustav Friedrich Esch[201] und seine Ehefrau Emilie Uellenberg (s. Auf dem Berlich 3) trugen mit 10.000 Talern etwa ein Sechstel des Steigpreises bei der Versteigerung vom 15.06.1840. Esch steigerte teilweise gemeinsam oder in Partnerschaft mit Peter Gaul auch für andere Teile des Klosterareals (s.o.).

Eheleute Esch stammten aus Elberfeld, heirateten jedoch 1825 in Düsseldorf. Das gleichaltrige Paar hatte sich im Sommer 1824 verlobt. Esch war zu dieser Zeit Komptorist, vermutlich im Haus seines Vaters. Die Eltern von Emilie hingegen lebten getrennt. Der Vater Peter Caspar Uellenberg (1770–1839) in Elberfeld und die Mutter Anna Catharina Everts (1778–1832) in Niederheid bei Düsseldorf-Benrath. Trotz der für die Zeit ungewöhnlichen Familiensituation war Emilie bemüht, die Zustimmung ihres Vaters zu ihrer Ehe zu erhalten. Dreimal erschien ihr Vater vor Notar Melchior Hopmann in Elberfeld mit der Bitte seine Einwilligung zu erteilen. Bei der ersten Unterredung am 13.08.1824 verweigerte Uellenberg und erklärte: „dass er eher erwarten wolle, wie der Herr Friedrich Esch seine Tochter und künftige Familie anständig und Standesmäßig ernähren könne." Fünf Wochen darauf, am 14.09.1824, stand Uellenberg erneut dem Notar gegenüber; auch diesmal verweigerte er und „erwiederte, dass er diesen Akt als Nullität ansehe, weil die Zeit verstrichen wär, im übrigen müsse er sich auf die frühere Antwort abbeziehen wonach er erwarten wolle, wie der Herr Friedrich Esch seine Tochter und künftige Familie anständig und standesgemäß ernähren wolle." Weitere acht Wochen darauf traf man sich erneut und der Notar begründete wiederum sein Anliegen. „Herr Uellenberg erwiederte hierauf, dass er sich in diesem Augenblick wegen vielen Geschäften hierauf nicht erklären könne, dass ich Notar aber zu einer andern Zeit wiederkommen möge, wo er mir alsdann das fernere mittheilen würde." Hopmann zog es vor, weitere derart gewinnbringende Unterredungen zu unterlassen. Am 28. September 1825 wurde die Ehe zwischen dem Kaufmann Gustav Friedrich Esch und der Emilie Uellenberg kirchlich und standesamtlich in Düsseldorf geschlossen. Zunächst begründeten sie ihre Familie in Elberfeld, ehe sie Mitte der 1830er Jahre nach Köln übersiedelten. Sie wohnten zunächst Unter Sachsenhausen 39; Gustav betrieb dort als Teilhaber der Fa. Bucherer et Esch eine Baumwollspinnerei.[202] Nach Umzug an den Römerturm firmiert er als Rentner.

Vielleicht war das Ende der Ehe ihrer Eltern auch schon ein Fingerzeig für Emilies eigene. Am 06. November 1849 wurde das ihrem Mann gehören-

---

198 Zuschreibung durch die Stadtkonservatoren Vogts und Kier. Siehe u.a. Geschichte des Hauses „Am Römerturm" Nr. 7 (heute Nr. 3) in Köln, in Rheinische Heimatpflege Nr. 1/1976, S. 42.

199 Landesarchiv NRW, HStaD, Notare, Rep. 2885, Nr. 8759. Weyer übernahm die Häuser Am Römerturm und andere Objekte für insgesamt 18.657 Taler.

200 Tilmann Göbbels, geb. um 1807 in Köln als Sohn eines Fischhändlers, verh. 10.06.1833 Köln mit Elisabeth Auler, geb. um 1808 in Köln als Tochter eines Dachdeckers. Elisabeths Bruder Johann ist ebenfalls Dachdecker.

201 Quelle: Landesarchiv NRW, Personenstandsarchiv, StA Düsseldorf, Belege zu Heirat 195 vom 28.09.1825. Esch wurde am 23.02.1802 und Emilie am 03.12.1802 in der evgl. ref. Gemeinde in Elberfeld getauft.

202 Die Firmengrundstücke Unter Sachsenhausen 37 und 39 sowie Komödienstraße 50 hatte Esch mit Vertrag vor Notar Bürgers, Köln am 09.01.1829 erworben. Sie grenzten rückwärtig an das von Biercher ausgeführte Theater in der Komödienstraße. Nach Verkauf der Wohnhäuser befanden sich die Fabrikationsräume noch im April 1854 im Besitz der Emilie Uellenberg, nun als Druckerei genutzt.

de Areal am Römerturm 7 vor dem Friedensgericht Köln II. zur Versteigerung angesetzt. Emilie blieb Letztbietende, ihre Ehe war gescheitert. Als sie am 05.03.1852[203] ihren Besitz an den Rentner Heinrich Schultz verkaufte, lebte Gustav Friedrich Esch, der frühere Kaufmann, offiziell zwar noch in Köln, tatsächlich aber geschäftslos in Heidelberg. Emilie Uelleberg zog als Rentnerin zunächst auf die Ehrenstraße 20. Am 05.02.1859 erwarb sie für 3.000 Taler von der Witwe Bertha Sölling, den an der Wolfsgasse gelegenen Teil des Grundstücks in der Richmodstraße und ließ dieses anschließend mit einem Wohnhaus bebauen.[204] Dort starb sie am 26.02.1862.

Bei der bereits am 01.02.1852 erfolgten Absprache zwischen der Ehefrau Esch und Schultz über den Verkauf wurden verschiedene Hauseinrichtungen ausdrücklich als in den Kontrakt eingeschlossen erklärt:

> a. „die beiden Öfen in den Parterre-Zimmern neben dem Salon.
> b. der Wärme-Apparat in dem westlichen Zimmer auf der ersten Etage Gartenwärts, welcher mit den beiden Öfen Parterre in Verbindung steht.
> c. der Waschkessel.
> d. der Badeapparat.
> e. die Hängelatten zum trocknen der Wäsche, auf dem Speicher."

Nach dem frühen Tod von Heinrich Schultz, keine fünf Monate nach Vertragsabschluss[205] ließ dessen Witwe um 1860 die Baulücke zu Am Römerturm 5 mit einer Remise schließen und eine Waschküche an der Grenzmauer errichten. 1876 kam es zu neuerlichen Baumaßnahmen. Offensichtlich wurde nun an Stelle der Remise der dreigeschossige Zwischentrakt aufgeführt. Nach Erwerb der Nachbarhäuser 3 (1880) und 5 (1879) ließ die Witwe Heinrich Schultz, Caroline geb. Rumpel diese durch Neubauten ersetzen. Spätestens jetzt erfolgte die Überformung mit einer einheitlichen Fassade. 1908 befand sich der Besitz im Eigentum des in Krefeld lebenden Kaufmannes Heinrich Schultz, 1919 ging er auf das im selben Jahr errichtete Bankhaus „Delbrück von der Heydt & Co" über. Zu dessen Gründern zählten die Bankiers Franz Koenigs und Gustav Ratjen, Enkel der mehrfach genannten Franz Wilhelm Koenigs und Gustav von Mevissen. Das Stammhaus „Delbrück & Co" kann auf einen Ursprung zu Beginn des 18. Jahrhunderts zurückblicken. 1857 erfolgte, unter Beteiligung von F.W. Koenigs und Mevissen, in Berlin die Gründung des Hauses „Delbrück Leo & Co". In diesem war als Abgesandter der Familie Koenigs ab 1865 Carl Felix Koenigs[206] tätig, seit 01.01.1878 als Sozius. Bankier Adelbert Delbrück (1822–90), Seniorchef des Hauses, gilt als der eigentliche Begründer der Deutschen Bank. Nach der Kriegszerstörung am Römerturm bezog das Bankhaus 1951 an der Gereonstraße 15–23 neue Räume, 1968 erfolgte die Zusammenlegung mit „Delbrück, Schickler & Co". Die Privatbank firmiert heute „Delbrück Bethmann Maffei AG". Ihr Stammgrundstück ‚Am Römerturm' veräußerte das Bankhaus 1952 an die KG Großpeter, Lindemann & Co., Steinzeugwerke in Frechen-Großkönigsdorf. Zwei Jahre nahm die Beplanung in Anspruch, die schließlich nach Entwürfen der Architekten Borgard & Volmer, Ehrenfeld den Neubau von Eigentumswohnungen vorsah. Deren Realisierung hätte vermutlich das Ende der überkommenen mittelalterlichen Substanz bedeutet. 1954 gab es innerhalb der Stadtverwaltung Überlegungen auf dem Block zwischen Helenenstraße, Am Römerturm und Auf dem Berlich eine

---

203 Landesarchiv NRW, HStaD, Notare, Rep. 3651, Nr. 7232 vom 05.03.1852.
204 Landesarchiv NRW, HStaD, Notare, Rep. 3692, Nr. 9049 vom 05.02.1859.
205 H. Schultz stirbt als Rentner erst 45jährig am 27.07.1852 Am Römerturm 7.
206 C.F. Koenigs, geb. 18.05.1846 Dülken, gest. 24.09.1900 Paris. Er ist Bruder des Gustav Adolph K. (s. Helenenstraße 12). Wie andere Familienmitglieder investiert der unverheiratete Felix Koenigs in die Künste und zählt zu den Begründern des Villenorts Grunewald

Am Römerturm 3 mit Blick auf den Berlich, um 1934. (Abb.: Privatbesitz Hans Schilling)

Volksschule zu errichten, die Grundstücke Auf dem Berlich 19, 21 und 23 waren hierzu bereits in städtischen Besitz gelangt.[207] Letztlich bildete dieses, nicht realisierte Vorhaben, die Grundlage zur Erhaltung der „Ruine". Nach Erwerb durch die Stadt Köln 1954 blieb das Grundstück unverändert bis 1971/72 liegen. Erst mit dem Verkauf 1972 wurde der Gartenteil abgetrennt und Teil der kleinen Parkanlage.

Bis um 1870 befanden sich auf der gegenüberliegenden Straßenseite „Am Römerturm" noch umfangreiche Gebäudeteile der Klosteranlage. Im Hof vor den folgenden Häusern der Hausbrunnen.

Am Römerturm 17 und 19 (alte Nr.)

Der Eckbau (17), in dessen Verlängerung das zuvor beschriebene Haus der Eheleute Esch (später Schultz) stand, wurde zunächst von Hagen und Volck gemeinsam angesteigert. 1842 teilten diese ihren Besitz, Volck veräußerte als neuer Eigentümer den Klosterbau an den Holzhändler Balthasar Hewel;[208] als Mieter wurde der Appellationsgerichtsrat Johann Friedrich Hector Philippi genannt. 1844, 1848 und 1850 erfolgten weitere Besitzwechsel. Während dieser Jahre wurde der vormalige Zimmerplatz in vier weitere Baugrundstücke zerlegt und bebaut.[209] 1850 bis 1870 bewohnte Familie Heinrich Kaltenborn[210] das alte Gemäuer, der Wagenbauer lebte zuvor in der St.-Apern-Str. 63. Rechtsnachfolger Kaltenborns wurde der aus Aschersleben in Sachsen-Anhalt gebürtige Hermann Otto Pflaume.[211]

207 Für diese Volksschule war ursprünglich das Gelände zwischen Alte Wallgasse und Albertusstr. vorgesehen, dort entstand jedoch die Königin-Luise-Schule
208 HAStK, Smmlg. Bayer, geb. 1809 in Filsen, gest. 30.10.1876 Köln, Benesistr. 2.
209 Am Römerturm 11 und 13 1847, Haus 9 im gleichen Zeitraum. Die Häuser sind mit Ausnahme von Nr. 13 (10,15m), lediglich 4,7–5,5m breit und im Schnitt 10m tief mit rückwärtig angebauter Küche. Am Römerturm 15 wurde offensichtlich 1847 durch den Baubeflissenen Johann Pilgram aufgeführt. Dieser ging insolvent.
210 HAStK, Smmlg. Bayer, geb. Weißenthurm 1808, gest. 18.11.1877 Köln, Palmstr. 14. Die Söhne Kaspar, geb. 03.01.1837 Eupen, Wilhelm, geb. 27.09.1842 Köln St. Apern Str. 63 und Jakob, geb. 27.09.1853 Am Römerturm 9 (17) waren ebenfalls Wagenbauer.
211 Landesarchiv NRW, HStaD, Notare, Rep. 3765, Nr. 15971 v. 06.03.1869, Erwerbspreis bei Übergang zum 01.04.1870: 12.250 Taler. Hermann Otto Pflaume, geb. 26.01.1830 Aschersleben, gest. 04.08.1901 Würzburg. Das Oeuvre des Geheimen Baurats als Königlicher

(Garnison)Baumeister, Preisrichter, Aufsichtsrat und Gründungsmitglied zahlreicher Aktiengesellschaften und Mitglied verschiedener Vereine umfasst über 200 Bauobjekte, Grabdenkmäler etc. Es ist geprägt durch vornehme Villen für die gehobene Bürgerschicht, vornehmlich in Köln und dessen Umland.

212 Landesarchiv NRW, HStaD, Notare, Rep. 3749, Nr. 3327 v. 13.02.1853 und Notar Bieger, Köln, Urkunde vom 11.04.1857.
213 U.a. 100 Jahre Pellenz & Co. Welter Hebezeuge. Inhaber Heinrich Pellenz. Köln Ehrenfeld. 1957 und Die Maschinenfabrik und Eisengießerei von Pellenz & Reuleaux in Ehrenfeld bei Köln, 1869.

links: Lageplan des Grundstücks Am Römerturm 9, 1844. (Abb.: Landesarchiv NRW, HstaD, Notare, Rep. 3711, Nr. 822)
rechts: Johann Carl Pellenz (Abb.: RBA)

Baumeister Pflaume erwarb bereits ein Jahr zuvor den Mittelteil des an der Römermauer gelegenen Baukörpers. Auch dieser sah seit 1840 zahlreiche Eigner und Mieter kommen und gehen. Zunächst im Besitz von Hagen und Volck, einigten sich diese bereits wenige Wochen nach der Versteigerung vom 15.06.1840 auf Hagen als alleinigen Besitzer. Zu diesem Zeitpunkt war das Wohnhaus an den Advokaten Gruner vermietet. 1842 gelangte der Bau in den Besitz des Direktors der Kölnischen-Feuer-Versicherung Johann Heinrich Daniel Kamp, der ihn bereits 1843 an den Kölner Kaufmann Jacob Meuser auf drei Jahre vermietete. Meuser gelangte zum 01.01.1845 auch in den Besitz, verlor sein Eigentum aber 1848 im Wege der Zwangsversteigerung. Der Steigerer, Kaufmann Emil Kühn, übertrug es wiederum Ende 1849 auf den A. Schaaffhausen'schen Bankverein. Im April 1852 einigte sich dieser mit der Familie Kamp auf eine Rückübertragung. Als diese im Februar des darauf folgenden Jahres erfolgte, war Kamp bereits in Berlin verstorben. Schließlich erwarb im April 1857 Johann Carl Pellenz die Räumlichkeiten.[212]

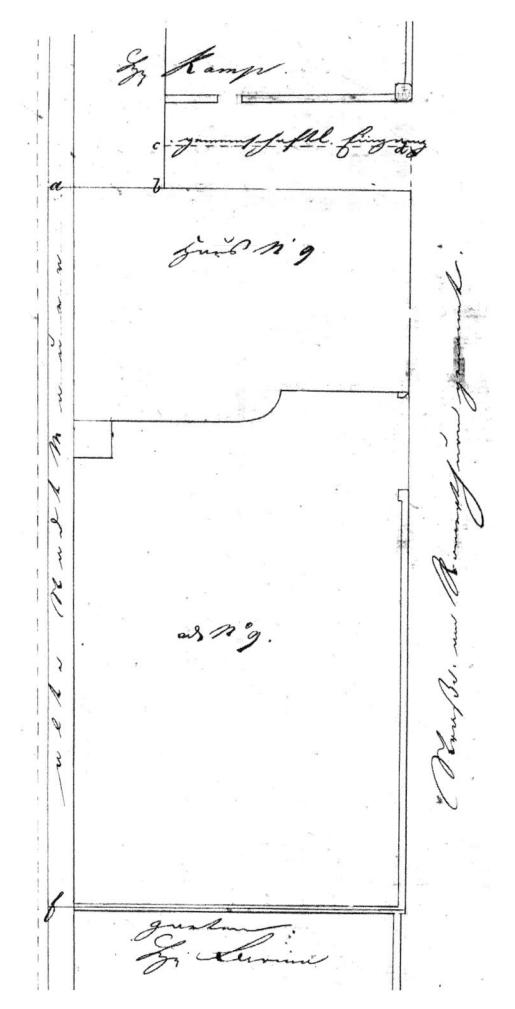

Nach einer Firmenschrift wurde Pellenz in Straßburg als Sohn eines Lehrers und vormaligen Kgl. Württembergischen Gartenbauinspektors geboren.[213] Er besuchte ein Trierer Gymnasium, studierte an der Berliner Gewerbeschule und trat im Anschluss bei der Rheinischen Eisenbahngesellschaft in Köln ein. 1841, bei Eröffnung der Eisenbahnverbindung Köln-Aachen, stand Pellenz auf dem Führerstand des ersten Zuges. Nach fünfzehnjähriger Tätigkeit, zuletzt als leitender Ingenieur, verließ er die Eisenbahngesellschaft und beschäftigte sich in Aachen als Maschinenbauingenieur. 1857 gelangte Pellenz zurück nach Köln, 1858 richtete er Am Römerturm seine kleine Fabrik ein, in der er zunächst Beleuchtungs- und Signaleinrichtungen für die Eisenbahn fabriziert. Bereits nach wenigen Jahren war die Firma derart erfolgreich, dass unweit der Stadttore, am Rande von Ehrenfeld, eine neue Fabrik aufgebaut werden kann. Seine erste Kölner Niederlassung Am Römerturm übertrug Pellenz zum 01.04.1869 auf Hermann Otto Pflaume.[214] Dieser ließ in der Folge die Aufbauten niederlegen und begann mit der Errichtung von fünf dreigeschossigen Neubauten. Bedingt durch den Ausbruch des Deutsch-Französischen Krieges 1870/71 – Pflaume nahm als Hauptmann des ersten Festungs-Bataillons der Kgl. Preußischen 8. Armee aktiv teil – verzögerte sich deren Fertigstellung beträchtlich. Zu den ersten Bewohnern der Neubauten Am Römerturm 17, 19, 21, 23 und 25 zählten die Witwe des Tuchhändlers Peter Michels, Constanze van Halen,[215] der Kaufmann und Fabrikant Richard Rocholl, der Prokurist des A.Schaaffhausen'schen Bankvereins Wilhelm Joseph Aenstoots und der Notar Adolph Bermbach.

Constanze Michels geb. van Halen. (Abb.: Jahrbuch des KGV, 1930)

Am Römerturm 21

Bermbachs neues Stadthaus war mit 14.000 Talern das teuerste der von Pflaume ausgeführten Wohnhäuser. Kaum ein Vierteljahrhundert zuvor hätte Bermbach wohl nicht gedacht, dass sein Leben nochmals solche Wendung nähme. Als Sohn eines Staatsanwaltes am Oberappellationsgericht wurde Adolph Joseph Maria Bermbach[216] am 14.09.1821 in Wiesbaden geboren. In Folge des frühen Todes des Vaters[217] übersiedelte die Witwe, Catharina Bermbach, geborene Nückel,[218] mit ihren Kindern nach Köln, ihrer Heimatstadt.

Am Römerturm 19–23, 1943. (Abb.: RBA)

Nach Besuch des Friedrich-Wilhelm-Gymnasiums (Reifeprüfung 1841) studierte Bermbach Rechtswissenschaften, vermutlich in Bonn, mit dem Ziel der späteren Übernahme eines Notariats. Der Ausbruch der Revolution von 1848/49 sollte diese Lebensplanung durchkreuzen. Bermbach wurde Mitglied der Frankfurter Nationalversammlung und nach deren im April 1849 erfolgten Teilauflösung Angehöriger des im Folgemonat in Stuttgart eingerichteten Deutschen Parlaments. Letzteres, noch etwa 130 Köpfe zählend, konnte sich jedoch nur bis zu seinem Verbot am 18.06.1849 halten.

Doch nicht seine Parlamentszugehörigkeit beendete vorerst Bermbachs juristische Laufbahn, sondern seine Kontakte zu dem nach London verzogenen Karl Marx. Mit diesem pflegte er eine rege Korrespondenz und er übersetzte bisweilen auch dessen in englischen Zeitungen erschienene Artikel. Im Zuge des Kölner Kommunistenprozesses wurde Bermbach am 23.10.1852 zum zweiten Mal unter dem Verdacht der Majestätsbeleidigung verhaftet. Wohl unterschlagend, dass nicht er diese beging, sondern sie nur (so die Worte Marx' als solche zu interpretieren sind) ins Deutsche übersetzt hatte. Bermbach blieb bis zum Ende des Prozesses (12.11.1852) in Haft, der mitangeklagte spätere Oberbürgermeister von Köln, Hermann Becker, wurde zu fünf Jahren Festungshaft verurteilt.

Aus der Liste der Notariatskandidaten gestrichen, betrieb Bermbach in den Folgejahren unter der Kölner Adresse Herzogstraße 2a eine Papier- und Schreibmaterialienhandlung.

Mit Übernahme der Regentschaft durch den späteren König und Kaiser Wilhelm I. 1858 setzte vorübergehend ein Vakuum ein, in dem liberale Strömungen gediehen. So erfolgte am 17.12.1860 die Ernennung von Bernuths[219] zum neuen Justizminister von Preußen.

Von ähnlicher „parlamentarischer" Vergangenheit wie Bermbach, gehörte von Bernuth 1849/50 der ersten preußischen Kammer an und war während dieser Zeit um eine Revision der Verfassung in einem liberaleren Sinne bemüht. Im Zusammenhang mit dieser Tätigkeit schied von Bernuth bis 1855 aus dem preußischen Justizdienst aus.

Nach von Bernuths Berufung zum Justizminister erhielt Bermbach eine neue berufliche Perspektive. Bernuths Amtsperiode hingegen war mit dem 19.03.1862 bereits beendet. Preußen richtete sich konservativer aus, demonstriert durch eine entsprechend besetzte Regierung, die liberal eingestellte Mitglieder ausschloss. Wie auch vier seiner Amtskollegen musste von Bernuth seinen Abschied nehmen.

Nach Wiederaufnahme in die Notarkandidatenliste wurde Bermbach im Jahre 1861 ein Notariat in Düsseldorf-Gerresheim zugewiesen, dieses bekleidete er bis zu seinem Amtswechsel nach Köln im Mai 1872. Während seiner letzten Lebensjahre wurde er 1874 als Abgeordneter der Fortschrittspartei in den Stadtrat berufen, wo er alsbald die Führung des linken Flügels seiner Partei übernahm.

Kurz vor seinem Tode durfte Bermbach als Stadtverordneter noch Zeuge einer Abstimmung werden, deren Gegenstand ihn ohne Zweifel ruhiger, glücklicher abgehen ließ. Schon von seiner schweren Erkrankung, einem Leberleiden, gezeichnet, fuhr Bermbach am Abend des 14. Januar 1875 in das Kölner Rathaus, wo er zu seinem Sitz geführt werden musste. An diesem Abend stand die Wahl von Kölns neuem Oberbürgermeister, Hermann Becker, auf der Tagesordnung. Auf den Tag zwei Monate später, am Sonntag den 14.03.1875, verstarb Bermbach des Nachmittags im Hause Am Rö-

---

214 Landesarchiv NRW, HStaD, Notare, Rep. 3765, Nr. 15952 vom 02.03.1869. Erwerbspreis: 14.500 Taler.

215 Peter Michels, geb. 02.02.1801 Köln, gest. 01.08.1870 Köln, verh. 16.06.1829 Maastricht mit Constance van Halen, gest. 1879 Köln.

*216 Adolph Joseph Maria Bermbach, verh. 11.08.1855 Köln mit Anna Maria Steinbach geb. 15.09.1828 Mülheim/Rh. Kinder: 1. Benedikt geb. 18.06.1856 Köln, Herzogstr. 2a, 1876: Gymnasiast. 2. Catharina geb. 31.07.1857 Köln, Herzogstr. 2a, 1885: Konzertsängerin, Im Klapperhof 3. 3. Ferdinand, geb. ?, 1876: Uhrmacherlehrling, Köln.
Landesarchiv NRW, HStaD, Best. Notare, Rep. 3766, Nr. 19097 v. 05.09.1872, Rep. 3674, Nr. 927 v. 11.12.1876, Rep. 1521, Nr. 1–2399 v. 27.05.1861–21.04.1871 u. Rep.1522, Nr. 2400–2790 v. 21.04.1871–30.04.1872 (Notariat in Düsseldorf-Gerresheim), Rep. 3672, Nr. 1–2491 v. 02.05.1872–06.03.1875 (Notariat in Köln).
UB Köln, Ztg 1, Nr. 350 vom 17.12.1860, Nr. 351 vom 18.12.1860, Nr. 79 vom 20.03.1862, Nr. 75 vom 16.03.1875, Nr. 77 vom 18.03.1875, Nr. 115 vom 26.04.1889.
Die Stadt Cöln im ersten Jahrhundert unter Preußischer Herrschaft, 1.Bd./II.Teil, S. 529; Das staatliche Friedrich-Wilhelm-Gymnasium und Realgymnasium zu Köln 1825–1925, Köln 1925, S. 45; Hackenberg, Karl, Der rote Becker, Leipzig 1922; Pleticha, Deutsche Geschichte in 12 Bänden, Band 9; Kosch, Wilhelm, Biographisches Staatshandbuch, Band I, S. 1024; Gebhardt, Handbuch der deutschen Geschichte, Band 15, München 1992; Schleicher, Ratsherrenverzeichnis von Köln, S. 455: Nückel, Johann Caspar, geb. 03.02.1754 Oberkirchen/Westfalen, gest. 18.08.1814 Köln; Grevens Adreßbuch, Jahrgang 1852, 1855, 1857, 1866–1870, 1885; Deres, Thomas, Der Kölner Rat. Biographisches Lexikon. Band I. 1794–1919, Köln 2001, S. 98.*

217 Ferdinand Willibald Joseph B., geb. 22.06.1789 Camberg als Sohn des Freiherr von Hohenfeldschen Kellners Andreas B., gest. 13.01.1829 Wiesbaden.

218 Tochter des Johann Caspar Nückel, Ratsherr aus Kölns reichsstädticher Zeit,.

219 August Moritz Ludwig Heinrich Wilhelm von Bernuth, geb. 11.03.1808 Münster i. W., gest. 25.04.1889 Berlin.

192

merthurm 21. Zu Zeiten auch Präsident der Gesellschaft „Verein" folgten seinem Trauerzuge neben Verwandten, Freunden und Berufskollegen auch der noch amtierende (Bachem) wie der zukünftige Oberbürgermeister Bekker.

Von Bermbachs Haus Am Römerturm waren es nur noch wenige Schritte bis zum Römerturm selbst. Seine Geschichte in der Zeit nach 1833, dem Jahr seiner Aufstockung, war sicherlich ebenso wechselhaft wie die seiner Bewohner. Zunächst betreten wir aber den Garten des Appellationsrates Friedrich Ferdinand von Ammon.

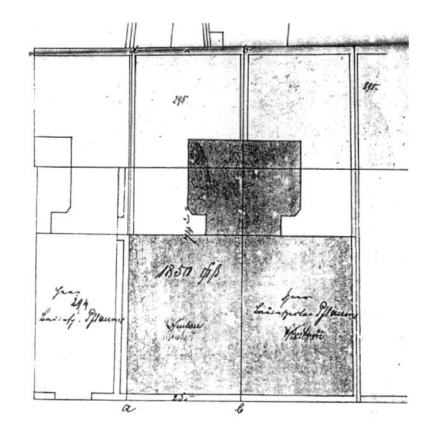

Am Römerturm 21–25, Lageplan von H.O. Pflaume, 1871. (Abb.: Landesarchiv NRW, HstaD, Notare, Rep. 3741, Nr. 21015)

Auf dem Berlich 35

Geheimer Justizrat von Ammon war Bewohner der ersten Stunde „Am Römerturm". Bereits bei der Versteigerung am 15.06.1840 erwarb er sein Grundstück und ließ es (vermutlich) durch Dombaumeister Ernst Friedrich Zwirner[220] mit Wohnhaus und rückwärtiger Küche bebauen (um 1860 wurde noch ein kleines Treibhaus hinzugefügt). Mit Kölner Wurzeln versehen wurde von Ammon am 17.11.1794 in Dinslaken am Niederrhein als Sohn eines Klevisch-Märkischen Kriegs- und Domänenrats geboren. Als Kind wohnte er durch den Umzug der Kriegs- und Domänenkammer einige Jahre in der Festung Wesel. 1804 zog die Familie, nach dem Abschied des Vaters nach Düsseldorf. Dort besuchte Friedrich Elementarschule und Lyzeum, sah allerdings auch Joachim Murat, den Schwager Napoleons, 1806–1808 Großherzog von Berg und Kleve in seinem Pomp und „abentheuerlichem Costume". In Heidelberg begann von Ammon 1813 mit seinem Jurastudium, in dieser Zeit verbrachte er viele Stunden mit den Brüdern Boisserée. Doch es war eine unruhige Epoche. Friedrich zog als Freiwilliger 1814 in die Befreiungskriege und nach Napoleons Rückkehr von Elba als Furieroffizier erneut die Waffe der Feder vor. Seine Studien in Göttingen (1816) fortsetzend (Abschluss 1817 in Heidelberg) besuchte er auf seiner Heimreise in Koblenz Josef Görres. Nach Ablegung des ersten und zweiten Staatsexamen, 1818 und 1825, und Übernahme verschiedener Richter- und Assessor-Stellen, so in Emmerich, Altena und Hamm, erfolgte 1828 seine Berufung an den Appellationsgerichtshof in Köln. 1831 wurde von Ammon zum Landgerichtsrat und Appellationsgerichtsrat befördert und im Jahr darauf als Oberprokurator an das Landgericht Düsseldorf verwiesen. 1835 kam es zur Disziplinierung durch den preuß. Justizminister von Kampitz und Rückversetzung an das Appellationsgericht nach Köln. Zu einer späteren Übernahme der Stelle des Senatspräsidenten kam es nicht, da „er sich mit seinem offenen Eintreten für verfassungsmäßige Freiheit die Gunst des Ministeriums verscherzt hatte." Seit dem 01.10.1832 war von Ammon mit Klara Sofie Marie Henriette, der Tochter des Kölner Regierungspräsidenten Daniel Heinrich Delius verheiratet. Dessen Nachfolger von Möller (s. Helenenstr. 11) trug ihm Jahre später auch die Oberbürgermeisterstelle in Köln an. Diese lehnte er unter dem Hinweis, dass er als Protestant in der katholischen Stadt wohl wenig bewirke ab. Von Ammon wurden auch andere Angebote unterbreitet, doch er blieb in Köln. Er zog mehrfach als Abgeordneter in die preußische erste Kammer ein und übernahm dort später den Vorsitz über die Verfassungskommission. An der Ausarbeitung der Verfassung von 1848 war er maßgeblich beteiligt. 1864 legte von Ammon sein Mandat nieder, sechs Jahre darauf schied er auch aus dem Justizdienst. Seine letzten Lebensjahre verbrachte er auf seinem Landgut in Niederdollendorf und

220 Ernst Friedrich Zwirner, geb. 28.02.1802 Jakobswalde/Oberschlesien, gest. 22.09.1861 Köln. Von Ammon benennt in seinen 1878 posthum erschienen „Erinnerungen" Zwirner als Freund, für den er nicht nur eine Rede zu dessen 25jährigem Dienstjubiläum (1858) hielt, sondern der z.B. auch den Wiederaufbau des Sommersitzes der Familie Delius-von Ammon übernahm: Der Abteigebäude von Maria Laach, die im Februar 1855 ein Raub der Flammen wurden. Der Neubau Auf dem Berlich 35 konnte gegen Ende 1842 bezogen werden.

221 Von Ammons Sohn Siegfried, verheiratet mit der aus dem Saarland stammenden Industriellentochter Camilla Röchling, war zuletzt Kgl. Preuß. Oberbergrat und Direktor des Oberbergamtes Bonn. Sein Bruder Bernhard lebte als Hüttenbesitzer in Witten/Ruhr; die Geschwister Fritz und Anna heirateten Angehörige der ebenfalls aus dem Saarland stammenden Eisenfabrikantenfamilie Böcking.

193

222 s.u.a. Zander, Josef, Friedrich von Ammon, Lebenserinnerungen, 1937; HAStK, Smmlg. Bayer, Familienkartei; Friedrich von Ammon, Lebenserinnerungen, als Manuskript gedruckt, 1878.

223 Max Arndts, geb. 04.06.1835 Düsseldorf, gest. 08.10.1897 Villa Kierberg bei Brühl, verh. 15.07.1879 Köln mit Ottilie Josefine Farina, geb. 07.08.1842 Köln, gest. 13.06.1920 Köln.

224 Christoph Stephan, geb. 12.10.1797, gest. 16.01.1864 Köln. Stephan erstellte u.a. Grabdenkmäler auf Melaten, die Kanzel von St. Severin, den Hochaltar von St. Georg und trat als Restaurator im Dom in Erscheinung (Steimel, Kölner Köpfe u.a.).

225 Jacob Pallenberg sr., gest. 04.10.1849 im Alter von 53 Jahren.

226 Das Grundstück geht mit Vertrag vor Notar Custodis vom 30.12.1871 an Paul Brölsch über.

227 Franz Pallenberg, geb. 10.03.1808 Köln, gest. 18.10.1895 Köln.

starb dort am 14.10.1874.[221] Friedrich von Ammon war langjähriger Freund von Ernst Moritz Arndt, Präsident der Rheinischen Eisenbahn Direktion seit deren ersten Stunde, Träger hoher preußischer und ausländischer Orden; 1866 wurde er gar einmal „der populärste Mensch in Deutschland" genannt.[222] Sein Kölner Stadthaus erwarb am 15.04.1879 Ottilie Farina, der späteren Ehefrau des Kaufmannes Max Arndts.[223]

Von Ammons Nachbarn wurden der Bildhauer Christoph Stephan[224] und Maurermeister Jacob Pallenberg.[225] In Gemeinschaft erwarben sie am 16.03.1842 für 7.800 Taler das große Schlussgrundstück, zwei Jahre zuvor zahlte Georg Heuser 4.866 Taler. Stephan bebaute seine Parzelle Auf dem Berlich 37 sogleich mit Wohnhaus und großer Werkstätte, nach seinem Tod (um 1860 war noch eine weitere Bildhauerwerkstätte errichtet worden) wurde das Grundstück 1864 in zwei Teile geteilt. Das elterliche Haus blieb im Besitz der Tochter Cordula Dietzmann. Der rückwärtige Teil, Am Römerturm, ging an deren Schwester Catharina, Ehefrau des Bildhauers Friedrich Rappuhn. Sie veräußerte den Teil Am Römerturm 10 1865 an die Handlung Paul Brölsch & Cie; Firmenbesitzer Paul Brölsch errichtete dort sein Wohnhaus.[226] Die Werkstätten wurden offensichtlich weitestgehend niedergelegt. Das Pallenbergsche Areal blieb zunächst Baustelle. Lediglich das Sandtsche Treibhaus und der verbliebene Rest der Römermauer standen noch. 1848 ging ein erster Teil (Auf dem Berlich 39) an einen Domenikus Lennarz, der dieses auch so gleich bebaut. Das bis zur Straße Am Römerturm reichende Reststück, Auf dem Berlich 41, gelangte 1857 aus dem Nachlass von Maurermeister Jacob an dessen Bruder Franz Pallenberg.[227] Erst jetzt erfolgte die

Auf dem Berlich 37–41, um 1944. (Abb.: RBA)

Bebauung und die verbliebenen Baureste wurden beseitigt. Nach Franz Tod wurde im Frühjahr 1897 der Garten abgeteilt, an Stadtbaumeister Stübben veräußert und von diesem mit seinem Privathaus bebaut.[228]

Zeughausstr. 13

Im Juni 1840 waren der Römerturm und die weiteren aufstehenden Gebäude offensichtlich unbewohnt. Stadtbaumeister Johann Peter Weyer reklamierte als Teilnehmer der Versteigerung bei einem Preis von 5.010 Taler den Turm zunächst für sich. Dass er dies jedoch im Bemühen um dessen Erhaltung tat, ist nicht belegt, veräußerte er ihn doch nach kurzer Zeit an den Weinhändler Joseph Bongartz weiter. Dieser geriet jedoch in Zahlungsschwierigkeiten. Weyer betrieb die Zwangsversteigerung, in deren Verlauf der Kaufmann Heinrich Monheim[229] am 10.05.1842 vor dem Friedensgericht II. letztbietender blieb. Als Monheim den Turm keine zwei Jahre darauf am 10.04.1844 weiterverkaufte, war dieser vermietet.[230] Zu den Mietern von Turm und dahinter liegendem Wohnhaus zählten in den Jahren nach 1840 immer wieder sowohl einfache Arbeiter als auch Künstler, wie z.B. 1865 der Bildhauer Pillartz oder 1844 der Kunstmaler Anton Dietzler. Letzterer ließ sich im selben Jahr mit dem Turm im Hintergrund portraitieren; nur 30jährig starb er am 27.04.1845 im Bürgerspital. Zu diesem Zeitpunkt lebte er auf der Hohe Str. 164.

Der Erwerber von Monheim, die Eheleute Heinrich Broelsch und Maria Jüsten,[231] übernahm das Mietverhältnis und zahlte für den Turm einschließlich Anbau 8.500 Taler. Doch auch Broelsch geriet in Verzug. In der

228 *Landesarchiv NRW, HStaD, Notare, Rep. 2785, Nr. 6682; HAStK, Best. 480 u.a.*
229 *Schleicher, Totenzettel, Heinrich Monheim, geb. 10.05.1803 Köln, gest. 02.08.1855, verh. 01.01.1826 mit Maria Sibilla Pick, geb. 18.04.1805 Worringen, gest. 07.10.1864 Köln.*
230 *Landesarchiv NRW, HStaD, Notare, Rep. 3648, Nr. 1027 v. 10.04.1844.*
231 *Schleicher, Totenzettel, Anna Maria Jüsten, gest. 21.05.1864 Köln, 72 Jahre alt, verh. 19.01.1812 mit Heinrich Broelsch, 1862 goldene Hochzeit.*

Blick auf den wiederhergestellten Römerturm. Im Hintergrund das Haus der Familie Mumm von Schwarzenstein und später von Stein. (Abb.: Werner Schäfke, Peter Ditgen (Hg.): Köln auf alten Ansichtskarten. Kölner Stadtbild. Köln 1996)

Der Römerturm, vor 1898. (Abb.: RBA)

Portrait des Anton Dietzler von Adam Brunhuber, 1844. (Abb.: RBA)

wiederum angestrengten Versteigerung fiel die Liegenschaft am 31.08.1852 an Monheim zurück. Sechs Jahre darauf der nächste Besitzwechsel: Die Kaufleute Paul Brölsch und Josef Schmitt (auch Schmitt-Peffenhausen genannt), firmierend unter der Holzhandlung Brölsch & Cie, wurden durch Vertrag vom 30.09.1858 Eigentümer.[232] Als Kaufpreis wurden 7.900 Taler vereinbart.

Die zahlreichen Besitzwechsel und stetig wechselnde Mieterschaft sind den Aufbauten sicherlich abträglich. Der gesellschaftliche Stand der Mieter sank entsprechend. Zeitgleich mit Paul Brölsch ließ Schmitt-Peffenhausen um 1865 auf der freien Hälfte des Turmgrundstücks einen Neubau aufführen.

1873 trennten sich die geschäftlichen Wege von Brölsch und Schmitt. Bei der Versteigerung des gemeinschaftlichen Eigentums vor Notar Custodis am 27.05.1873 blieb Schmitt für 11.850 Taler letztbietender für Turm und Anbau.[233] Die gemeinsame Handlung wurde liquidiert. Schmitt-Peffenhausen war jedoch letztlich nicht an dem Turm interessiert. Er reichte einen Antrag auf Niederlegung ein, auf Nachfrage unterbreitete er der Stadt Köln jedoch ein Kaufangebot. Vielleicht war die Ankündigung des Abbruchs lediglich ein geschickter Schachzug, um im Wege der Drohung kurzfristig einen hohen Preis zu erwirken. Auf dem freien Markt war dieser

232 a.a.O., Rep. 3740, Nr. 11311 (Bedingnisheft) und Nr. 11433.
233 Landesarchiv NRW, HStaD, Notare, Rep. 3767, Nr. 20055 v. 27.05.1873.

unter Berücksichtigung der Belastung Römerturm 1873 vermutlich nicht erzielbar.²³⁴ In der Stadtversammlung erklärte man sich nach Bekanntwerden des Verkaufsangebots am 09. Oktober 1873 bereit, dieses in Erwägung zu ziehen, so der Staat den Ankauf zum Zwecke der Erhaltung großzügig fördere.²³⁵ Auf eine Städtische Anfrage hin leitete die Königliche Regierung ihren Bericht nach Berlin. Das Ministerium der geistlichen, Unterrichts- und Medizinal-Angelegenheiten antwortete am 31.10.1873:

> „Auf den Bericht vom 12. d. Mts., betreffend die Erhaltung des sogenannten Clarenthurmes zu Köln, erwidere ich unter Rücksendung der Anlagen, dass ich im Hinblick auf das wichtige Interesse, welches sich an die Erhaltung dieses römischen Bauwerks knüpft im Einverständnis mit dem Herrn Finanz-Minister bereit sein würde, Allerhöchsten Orts ein Gnadengeschenk als Beitrag zu den Ankaufskosten nachzusuchen, wofern die Stadt Köln den Rest der Kaufsumme zu übernehmen bereit ist und sich zur Erhaltung des Bauwerks verpflichtet.
>
> „Wenn jedoch die Königl. Regierung einen Staats-Beitrag von 8.500 Thlrn. für diesen Zweck in Vorschlag bringt, so geht dies über das, was zu gewähren statthaft erscheint, entschieden hinaus. Vielmehr würde eine höhere Summe als 4000 Thlr. nicht bewilligt werden können. Vorausgesetzt, dass es bei dem von dem gegenwärtigen Besitzer geforderten Preise von 19,000 Thlrn. bleibt, so würde die Stadt Köln 15,000 Thlr. zu tragen haben, und somit in Anbetracht dessen, dass der weit überwiegende Theil dieser Aufwendung als eine nutzbringende Capitalanlage zu betrachten ist, ein im Verhältniß zu dem vorwiegend örtlichen Interesse, welches sich an die Erhaltung des Bauwerkes knüpft, nur sehr mäßiges Opfer zu bringen haben. Wenn sich der Miethertrag des Grundstücks auf jährlich 876 Thlr. beläuft, und 2pCt. für Amortisationen, Unterhaltung und Versteuerung erforderlich sind, so dürfte der Reinertrag 600–650 Thlr. betragen, und der Capitalwerth des Grundstücks auf 12–13,000 Thlr. zu berechnen sein, da eine Minderung des Miethertrags bei den Verkehrsverhältnissen der Stadt Köln nicht zu erwarten steht. Erwirbt die Stadt das Grundstück mit einem Aufwand von 15,000 Thlrn., so würde sie 2000 bis 3000 Thlr. für den außerordentlichen historischen Werth des Monuments aufgewendet haben, während die eventuel zu gewährende Staatsbeihülfe von 4000 Thlrn. ganz als Bewilligung à fonds perdu erscheint.
>
> „Die Königl. Regierung veranlasse ich demzufolge, die Stadt Köln sofort unter Hinweis auf die bezeichneten Gesichtspuncte zu einer schleunigen Erklärung darüber aufzufordern, ob sie bereit ist, sich zur Erwerbung und ferneren Erhaltung des Clarenthurms unter der Voraussetzung zu verpflichten, dass zu den Ankaufskosten eine Staatsbeihilfe von 4000 Thlrn. gewährt wird. Ueber den Erfolg dieser Verhandlung sehe ich möglichst schleunigem Bericht entgegen. Die Genehmigung zur Niederlegung des Clarenthurms ist demgemäß vorläufig noch auszusetzen, dagegen die Erledigung der Verhandlungen, um Unannehmlichkeiten zu vermeiden, thunlichst zu beschleunigen."

Oberbürgermeister Bachem ergänzte die Verlesung der an die Regierung gerichteten Antwort mit dem Hinweis, dass sich der Eigentümer des Grundstücks bis zum 05.12.1873 an sein Angebot gebunden fühle und der

---

234 HAStK, CE 20, Stadtverordneten-Versammlung und Best. 1010, Bd. 30, Bl. 58ff.
235 a.a.O., CE 20, Verhandlungen der Stadtverordneten-Versammlung zu Köln, Sitzung vom 09.10.1873.

A. Schaaffhausen'sche Bankverein aus einem hierfür zur Verfügung stehenden Fonds weitere 1.000 Taler der Stadt in Aussicht stelle.[236] Seine Majestät der Kaiser geruhte, der Stadt Köln das Gnadengeschenk von 4000 Talern als Beitrag zu gewähren, und so beschlossen die Stadtverordneten in der letzten Sitzung des Jahres 1873, einen Tag vor Silvester, den Ankauf.[237]

Der Erwerb und nicht zuletzt die Zuschüsse des Staates und deren Zweckbindung beschäftigten am 12.03.1874 erneut das Stadtverordnetenkollegium. Auch 1874 war es nicht einfach, an zugesagte staatliche Gelder auch wirklich zu gelangen. Oberbürgermeister Bachem führt aus:

> Von den Beschlüssen der Stadtverordneten-Versammlung vom 18. und 30. December v.J., wodurch das allerhöchste Gnadengeschenk zu den Kosten des Ankaufs des so genannten Claren – resp. Römerthurms von der Stadtverordneten-Versammlung mit der Uebernahme der Verpflichtung zur Unterhaltung des Thurms dankend angenommen worden sei, habe er der Königl. Regierung zur Zeit mit dem Ersuchen Mittheilung gemacht, die Flüssigmachung der genannten Summe erwirken zu wollen. Demzufolge sei ihm durch die Königl. Regierung ein Rescript des Königl. Ministeriums der geistlichen, Unterrichts- und Medicinal-Angelegenheiten vom 18. v.M. abschriftlich mitgetheilt worden, folgenden Inhalts:
>
> „Auf den Bericht vom 6. v.M. B. 132, betreffend die Erhaltung des sogen. Clarenthurms daselbst, er öffne ich der Königl. Regierung, dass ich es mindestens für zweifelhaft erachte, ob der Beschluß der dortigen städtischen Behörden vom 30. December v.J., nach welchem diese die Verpflichtung zu dauernder Unterhaltung des genannten Thurms übernommen haben, für sich allein genügt, um den Staatsbehörden eine nöthigenfalls zwingende Einwirkung auf die beständige Erfüllung der übernommenen Unterhaltungspflicht zu sichern. Eine solche Sicherung wird mit zuverlässiger Wirkung nur durch einen Vertrag, in welchem die Stadt Köln sich zu der fraglichen Unterhaltung gegenüber dem Fiskus verbindlich macht, und Namens des letzteren das hierauf bezügliche Versprechen angenommen wird, begründet werden.
>
> „Nach erneuter Erwägung der Sache aus dem angedeuteten Gesichtspuncte veranlasse ich die Königl. Regierung, bevor ich die mittels Ordre vom 24. November pr. zu den Kosten des Ankaufs des Clarenthurms, der Stadtgemeinde Köln als ein Gnadengeschenk bewilligten 4.000 Thlr. überweise, die vertragsmäßige Feststellung der in Frage stehenden Unterhaltungspflicht herbeizuführen, und davon, dass solches geschehen, Bericht zu erstatten." Von diesem Ministerial-Erlaß habe die Königl. Regierung ihm Mittheilung gemacht, und ihn gleichzeitig benachrichtigt, dass sie ihren Justitiar, Regierungsrath Schnitzler, beauftragt habe, sie bei Thätigung des notariellen Acts zu vertreten.
>
> Demgemäß ersuche er das Collegium, ihm durch einen förmlichen Beschluß die Ermächtigung zum Abschluß des Vertrags zu ertheilen. Der letztere werde einfach also lauten:
>
> „Die Stadt Köln hat von dem früheren Eigenthümer des sogen. Clarenthurms diesen durch Vertrag vor Notar Custodis vom .... als Eigenthum angekauft und verpflichtet sich zu dessen dauernder Unterhaltung für die Zukunft unter der Bedingung, dass ihr das zu den Kosten

---

236 a.a.O., Sitzung vom 13.11.1873.
237 a.a.O., Sitzung vom 18.12. und 30.12.1873 sowie Landesarchiv NRW, HStaD, Notare, Rep. 3767, Nr. 20826 v. 15.01.1874, Antritt zum 01.01.1874 bei einem Kaufpreis von 19.000 Taler.

> des Ankaufs der Stadtgemeinde Köln als ein Gnadengeschenk bewilligte Capital von 4.000 Thlrn. überwiesen und ausgezahlt werde." Stadtverordneter „Leyendecker macht darauf aufmerksam, dass mit dem sogen. Römerthurm andere Gebäude in gewissem Zusammenhang stehen, und glaubt unterstellen zu müssen, dass die Unterhaltungspflicht der Stadt sich nicht auch auf diese beziehe."
> Bachem antwortet: „ Selbstverständlich habe von der Unterhaltung der an den Römerthurm angebauten Gebäude niemals die Rede sein können." Hierzu ergänzt Stadtverordneter Meuser: „Es möchte sich indessen empfehlen, die Unterhaltungspflicht der Gemeinde ausdrücklich auf den alten Theil des Thurms zu beschränken, damit nicht, wenn früh oder spät zur Niederlegung des aufgebauten Theils übergegangen werde, dadurch Differenzen veranlasst werden können." Hierauf erwidert OB Bachem: „Letzteres sei zwar nicht zu besorgen, weil der Aufbau nicht zum Römerthurm gehöre, doch stehe nichts entgegen, in dem Vertrag nur von dem alten Theil des Thurms zu sprechen."

Das Kollegium ermächtigte anschließend Bachem, mit der Regierung einen entsprechenden Vertrag betreffend der Erhaltung des alten Teils des Turms zu schließen. Ob unter heutigen Denkmalgesichtspunkten der Aufbau erhalten bliebe?

Die Stadt Köln scheint zunächst nicht so recht zu wissen, was mit dem Turm anzufangen sei; denn auch sie vermietete das Grundstück und die zugehörigen Aufbauten. So schlug die Verwaltung 1874 die Neuvermietung einer demnächst frei werdenden Wohnung in den Nebengebäuden des Römerturms für den bisherigen Mietpreis von 8 ½ Talern monatlich bei 14tägiger Kündigung vor, was in der Stadtverordnetenversammlung vom 17.09.1874 Genehmigung fand.[238] Später erlaubte die Stadt dem Glasmaler Jakob Melchior die Niederlegung der Anbauten. Melchior errichtete 1877/78 im rückwärtigen Teil eine zweigeschossige Werkstätte,[239] er selbst bewohnte den Turm. Nachdem sein Atelier in der Nacht vom 7. zum 8. Februar 1895 ein Raub der Flammen geworden war, verlegte Melchior Wohnung und Werkstatt.

Entsprechend dem Zeitgeschmack Ende des 19. Jahrhunderts wurde der dreigeschossige Aufbau von 1833 als scheußlich und entstellend empfunden. Nun, da alle Räume leer standen, hoffte man auf dessen Beseitigung. Zur Neubebauung des Areals wurde ein Wettbewerb ausgeschrieben, zu dessen Umsetzung erfolgte der Ankauf einer Grundfläche von 16m² aus dem Grundstück Zeughausstraße 15.[240] In der Stadtverordnetenversammlung vom 06.04.1898 nahm der Beigeordnete Zimmermann zu den Plänen betreffend Römerturm Stellung:

> „Die Versammlung habe im vorigen Jahre die Skizze genehmigt, wonach auf dem Römerturm-Grundstück ein Wohnhaus errichtet werden solle unter gleichzeitiger Herstellung des Turmes in seiner früheren Gestalt: d.h. Abtragung des Ziegelsteinaufbaues und Erhöhung des Turmes auf seine ursprüngliche Höhe und in der Form, die er als Teil der alten Römerbefestigung gehabt habe. Der Kostenüberschlag habe sich auf 68.000M beziffert. Entsprechend der damaligen Skizze seien nunmehr nach längeren Verhandlungen mit der staatlichen Denkmalpflege die Pläne ausgearbeitet und in den zuständigen Commissionen

238 HAStK, CE 20, Stadtverordneten-Versammlung vom 20.08.1874, S. 162 und vom 17.09.1874, S. 171.
239 Katasterarchiv, 03.06.1879 Aufmessung des Neubaus. Melchior war Schüler des an der Ausgestaltung der Domfenster wirkenden Glasmalers Baudri, übernahm auch später dessen Werkstatt und führte sein Werk fort (Hinweis von Herrn Dr. Ralf Beines, Stadtkonservator).
240 HAStK, CE 20, Stadtverordneten-Versammlung vom 16.06.1897, S. 196, Genehmigung des Ankaufs sowie der Skizze X. der vorgelegten Bauentwürfe.

Am Römerturm, um 1906. (Abb.: Postkarte, Privatbesitz)

Die Zeughausstraße kurz nach dem Krieg. (Abb.: August Sander, aus dem Mappenwerk „Köln wie es war", Kölnisches Stadtmuseum, RBA)

> genehmigt worden. Sie lägen auf dem Tische des Hauses aus und Herr Bauinspector Moritz werde sie auf Wunsch erläutern. Der Kostenanschlag belaufe sich für das Wohnhaus auf 66.000M und für die Wiederherstellung des Römerturms auf 3.700M, zusammen auf 69.700M. Nachträglich sei noch ein Zwischengeschoß vorgesehen worden, welches die Verwertbarkeit des Wohngebäudes erhöhe. Dieses Zwischengeschoß koste 2.000M, sodaß der Gesamtkostenanschlag 71.700M betrage. Es werde angenommen, dass die Vermietung des Hauses eine entsprechende Verzinsung der Bausumme und des Grundstückswertes ergeben werde."

Das Kollegium genehmigte anschließend den entsprechenden Beschlussentwurf. Im Sommer 1898 wurde der Turmaufbau abgebrochen.

Zum Abschluss unseres Rundganges blicken wir vom Römerturm in Richtung Zeughaus. Wo wir zu Beginn des Dritten Jahrtausends annähernd freie Sicht haben, befand sich bis vor 100 Jahren eine Straßenverengung auf wenige Meter: Zur rechten das erst wenige Jahre alte Wohnhaus des

Blick von der Regierung zum Römerturm. (Abb.: RBA)

Stadtbaumeisters Stübben, links von diesem das gedrungene ehemalige Bürogebäude der Militärverwaltung und dahinter das Wohnhaus der Witwe Hof. Doch gehen wir noch etwas weiter zurück an den Beginn des 19. Jahrhunderts.

Zeughausstr. 7–7a – Auf dem Berlich 45

Ähnlich dem Eckgrundstück St.-Apern-Straße/Helenenstraße gehörte auch dieses im eigentlichen Sinne nicht zu dem Areal des Klarenklosters, lag es doch außerhalb dessen Mauern. Genau genommen lag es sogar seit Römerzeiten vor der Stadtmauer und später im Straßenland. Während der franzö-

Lageplan des Artillerie-Depot-Büros, 1866. (Abb.: Landesarchiv NRW, HstaD, Notare, Rep. 2824, Nr. 4446)

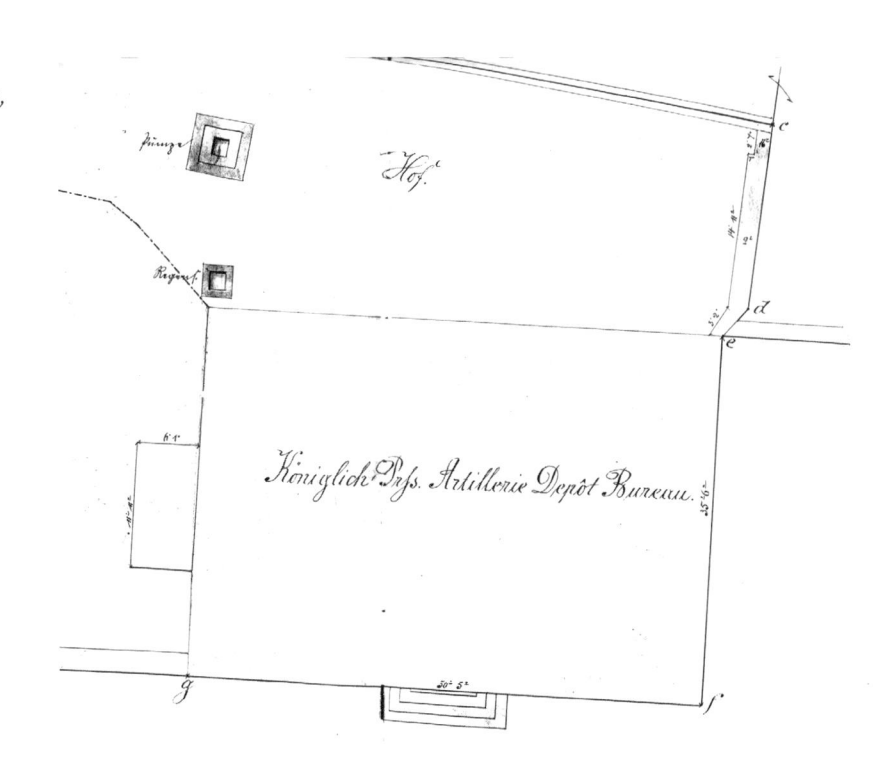

sischen Besatzungszeit versuchten die neuen Landesherren dem Umstand fehlender Militärgebäude zunächst durch die Nutzung der an den Staat gefallenen Klosteranlagen abzuhelfen. Deren Bausubstanz war jedoch einerseits nicht dem neuen Zweck entsprechend, andererseits sah sich spätestens der Preußische Staat mit der Übernahme der Regierungsgeschäfte in den Rheinlanden damit konfrontiert, Neubauten zu errichten. Die verfügbare und vor allem günstig erwerbbare innerstädtische Fläche war jedoch knapp bemessen. Als Ergebnis machte die Militärverwaltung aus der Not eine Tugend und erwarb 1818 von der Stadt eine Fläche aus dem Straßenland vor dem Parfusenturm und der alten Römermauer an St. Clara und errichtete auf dieser das „Königlich Preussische Artillerie Depot Bureau".[241]

241 Das Gebäude verfügte über eine Grundfläche von 15,8 zu 11,15m.

Blick Richtung Artilleriedepot, in der Mitte das alte Bürogebäude, zwischen 1898 und 1906. (Abb.: RBA)

Nach Zander wurde das Büro nach 1835 an St. Pantaleon in den Festungsbauhof verlegt.[242] Doch bleiben Benennung und Nutzung bis zur Fertigstellung des Büroneubaus Am Weidenbach 13 unverändert.[243]

Zum 01.05.1866 wurde die Liegenschaft auf Grund einer Verfügung des Königlichen Allgemeinen Kriegsdepartements vom 09.12.1865 versteigert. Vom Verkauf ausdrücklich ausgenommen sind „die im Gebäude befindlichen Utensilien lies, Oefen und sonstigen Utensilien" weiter „das im Garten befindliche, Eigenthum des Zeughauptmanns[244] bildende Sommerhäuschen, nebst dem Zaune welcher den Garten vom Hofe trennt".[245] Das Sommerhaus legte der Zeughauptmann in der Gartenecke an, die sich nach Begradigung der Grundstücksfront zum Berlich im Jahre 1840 ergeben hatte. Sicher ließ es sich in der lauschigen Nische vom Preußischen Militäralltag gut entspannen. Letztbietender blieb für einen Preis von 23.900 Talern der Lederfabrikant Eduard Tuckermann.[246] In den 1850er Jahren zog der aus Rheydt bei Mönchengladbach gebürtige Tuckermann mit seiner Familie von Stolberg nach Köln. Nach der Errichtung zweier Neubauten, Auf dem Berlich 43 und 45 (letztere später unter Zeughausstr. 7a), erfolgte 1869/70 der Einzug. Um 1877/78 ließ E. Tuckermann die Lücke zwischen dem von ihm bewohnten Eckhaus und dem ehemaligen Militärgebäude mit einem dreigeschossigen Ergänzungsbau von zwei Achsen schließen, zugleich wurde rückwärtig ein 1 ½ Stock hoher Stall von 10m² sowie ein 11m² großes Hühnerhaus aufgeführt. Erbin des 1899 hochbetagt sterbenden Vaters wurde dessen Tochter, die Witwe Maria Karolina Hof.[247] Von ihr gelangte der Grundstücksteil auf dem sich das Militärgebäude befindet mit Vertrag vom 17.10.1905 zurück an die Stadt Köln. 1906 erfolgte die Niederlegung des ehemaligen Artillerie-Depot-Büros. Witwe Hof lebte bis zu ihrem Tod 1927 im Haus Zeughausstraße 7a.

242 Zander, Ernst, Befestigungs- und Militärgeschichte Kölns, Band I, Köln 1944, S. 619.
243 a.a.O., S. 621. Dieser Bau wurde während der Amtsperiode von Hermann Otto Pflaume als Garnisonsbaumeister 1866/67 ausgeführt und ist ihm zuzuschreiben.
244 Zeughauptmann Friedrich Wilhelm Kohler vertrat gemeinsam mit August Eduard von Wellmann, Major in der 4. Artillerie- Brigade und Artillerie Offizier vom Platz den Königlich Preußischen Militärfiskus und insbesondere das Königliche Artillerie Depot in Köln.
245 Landesarchiv NRW, HStaD, Notare, Rep. 2824, Nr. 4446 v. 05.03.1866.
246 Eduard Tuckermann, geb. 15.06.1807 Rheydt, gest. 24.11.1899 Köln, Berlich 45, verh. 25.01.1847 Aldenhoven mit Elisabeth Busch, geb. 28.04.1821 Aldenhoven, gest. 05.10.1883 Köln, Berlich 45.
247 Ludwig Friedrich Hof, Kaufmann, geb. 1841 in Mühlacker, Württemberg, gest. vor 02.10.1905, verh. 02.01.1872 mit Maria Karolina Tuckermann, geb. 01.05.1850 Stolberg gest. 19.10.1927 Köln, Zeughausstr. 7a.

St. Apern Straße

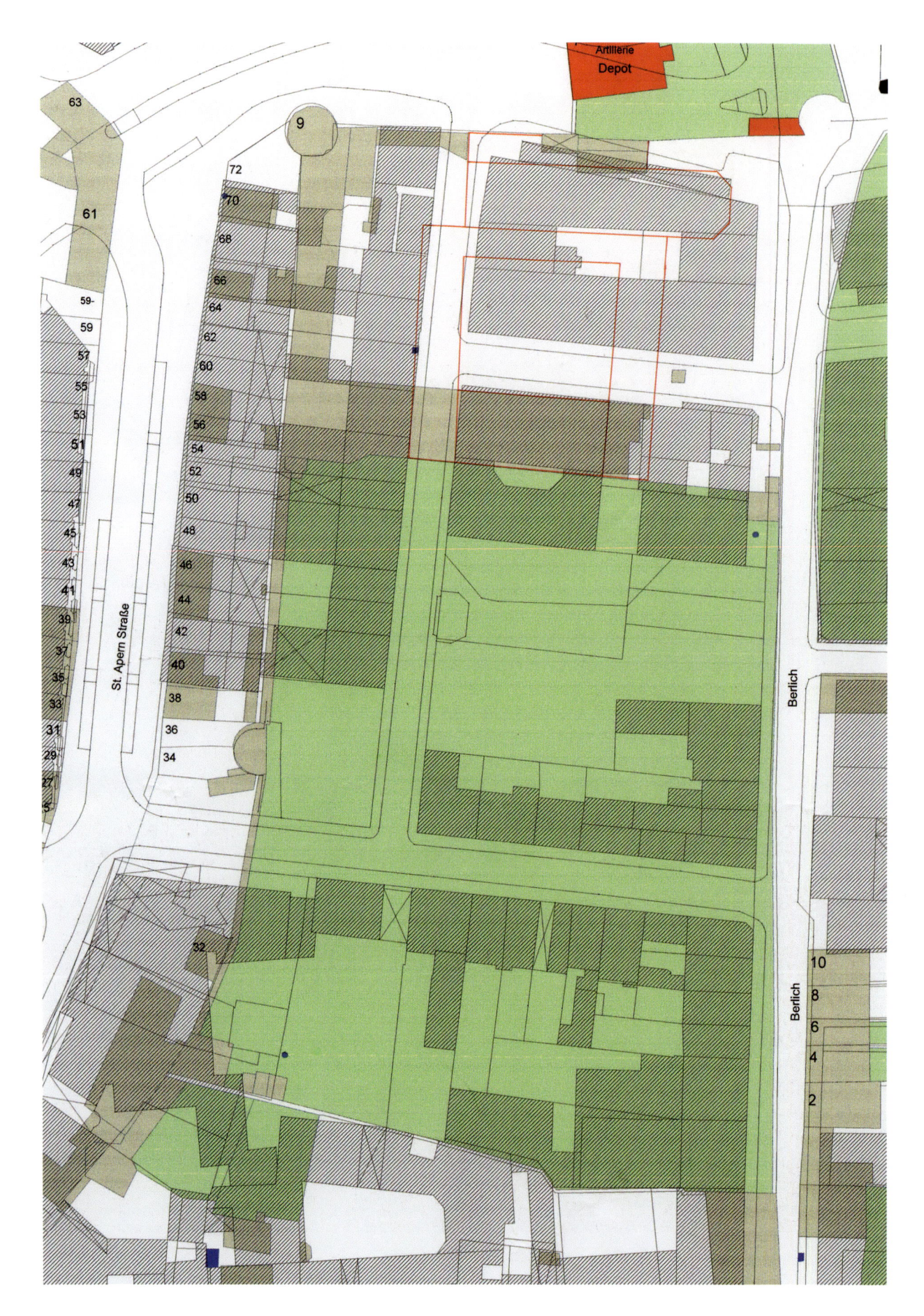

Berlich

Artillerie Depot

Wolfram Hagspiel

Das „St.-Claren-Viertel" – seine bauliche und städtebauliche Entwicklung bis zur Gegenwart

Es ist eine alte Tradition, besonders im „Heiligen Köln", die Quartiere, in denen man lebt, nach der nächsten großen Kirche zu benennen. In Erinnerung an dieses bedeutende Gotteshaus soll hiermit das Gebiet des in napoleonischer Zeit aufgelassenen und bald einschließlich Kirche weitgehend abgebrochenen Klosters, das sich heute überwiegend mit einer dichten Wohn- und Geschäftshausbebauung präsentiert, erstmals als „St.-Claren-Viertel" bezeichnet werden – mit der Hoffnung, dass sich dieser Name tief bei den Kölnern einprägt. Derjenige, der sich auf Suche nach baulichen Spuren dieses Klosters begibt, wird sie voller Erstaunen in Form von zwei stattlichen Gebäuden finden, die beide weit in die Zeit vor der Klostergründung zurückweisen können: der Römerturm und das Haus Am Römerturm 3.

Der Kölner Stadtbaumeister Johann Peter Weyer (1794–1864) hat auf einer seiner vom Treppenturm des Zeughauses aufgenommenen Panorama-Ansichten, die als „Rundgemälde von Köln – Panorama de Cologne" publiziert wurden,[1] den Blick auch in Richtung des Klosters gerichtet und

Abb. linke Seite: Rekonstruktionsversuch der Lage von Kirche und Kloster im Urkataster bzw. im heutigen Stadtplan. (Kartengrundlage: Preußisches Urkataster der Stadt Köln 1836–37, © Römischgermanisches Museum der Stadt Köln. Digitalisierung: Universität zu Köln, Kunsthistorisches Institut, Abt. Architekturgeschichte)

*1 Werner Schäfke (Bearb.): Köln in Vogelansichten. Köln 1992, S. 35–38
Karl Josef Bollenbeck: Der Kölner Stadtbaumeister Johann Peter Weyer. Diss. RWTH Aachen 1969*

Das 1838 gefertigte „Rundgemälde" von Johann Peter Weyer mit Blick in Richtung des Geländes des ehemaligen Clarissenklosters St. Clara. (Kölnisches Stadtmuseum, Abb.: RBA)

Detail des Mercator-Planes von 1571.

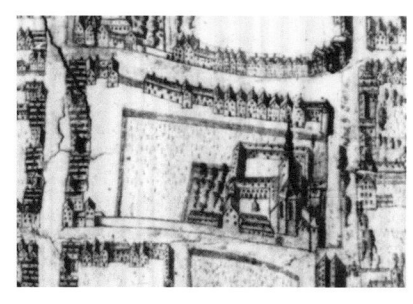

Ausschnitt aus dem von einem unbekannten Künstler im Jahre 1702 gefertigten Plan der Stadt Köln. (HAStK Best. 7103/16)

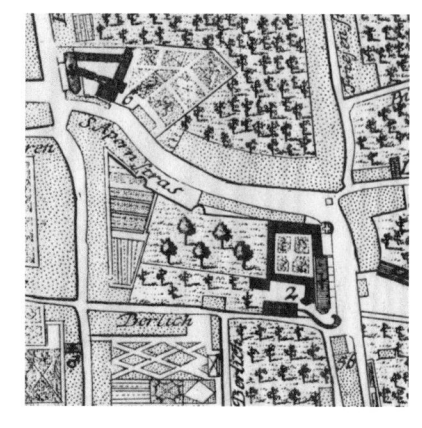

Detail des Reinhardt-Planes von 1752.

dort – zumindest im vorderen Bereich des Geländes – sehr detailliert die damalige Situation festgehalten. Die bisherige Datierung der Graphik „um 1840" lässt sich aufgrund der Forschungen von Ralf Gier[2] und durch Auswertungen des Katasters weiter präzisieren, was für die Interpretation der erhaltenen Baulichkeiten des Klosters und eventuelle Rekonstruktionsversuche der ehemaligen Anlage äußerst hilfreich ist. Eingegrenzt wird der Entstehungszeitraum des Bildes von Weyer durch das rechts im Vordergrund erkennbare, 1836/37 errichtete Artilleriewagenhaus[3] und die noch existente Klostermauer in der Straße Auf dem Berlich, die laut Verkaufsvertrag bis spätestens Juli 1840 niedergelegt sein musste. Da es bei keinem der Bilder Zweifel an dem Wahrheitsgehalt des Dargestellten gibt, kann die Ansicht aber nur kurz vor dem Beginn einer größeren Baumaßnahme auf dem Grundstück Auf dem Berlich 30/Schwalbengasse 46 (ehemals Auf dem Berlich 18) entstanden sein, das der Advokat-Anwalt Franz Carl Eduard Forst im Mai 1838 erworben hatte und anschließend direkt bebauen ließ. Bezieht man bei den Überlegungen noch die üppige Vegetation ein, dann kann es sich nur um den Sommer oder Frühsommer 1838, vielleicht auch 1837 handeln, doch zu letzterem Datum dürfte das Wagenhaus noch eine Baustelle gewesen sein.

Von zentralem Interesse sind bei diesem Thema die auf dem ehemaligen Klostergelände dargestellten Baulichkeiten, deren Standorte mit den Eintragungen des Katasters übereinstimmen. Lediglich im hinteren Bereich des Grundstückes – so bei der Wiedergabe des parallel zur Römermauer verlaufenden Gebäudetraktes – könnte es Ungenauigkeiten geben, vielleicht gab es aber zwischen den beiden auf einen senkrechten Winkel zulaufenden ehemaligen Klosterbauten noch einen niedrigeren, auf dem Bild durch Bäume verdeckten Verbindungstrakt, was dann wieder der grundrisslichen Darstellung im Kataster und auf dem Reinhardt-Plan von 1752 entsprechen würde. Den 1833 erfolgten dreigeschossigen Aufbau auf dem Römerturm kann man dagegen bestenfalls in dem durch die Luftperspektive verschwommenen Hintergrund vermuten. Das „Rätsel Baustelle Haus Am Römerturm 3" auf der Ansicht von Weyer, das Hiltrud Kier 1976 zu lösen versuchte,[4] entschlüsselte Ralf Gier durch seine umfangreichen Quellenforschungen. Dieses heute noch existierende, 1972–74 von Prof. Friedrich Wilhelm Kraemer (1907–1990) wiederaufgebaute Haus war der Ursprungsbau der gesamten Klosteranlage. Auch wenn die Ruine nach dem Krieg in keinster Weise, insbesondere im Fußbodenbereich des Erdgeschos-

[2] Beide Aufsätze, die sich mit dem Schicksal des Klostergeländes seit dem 19. Jahrhundert befassen, sind wegen ihrer starken Verzahnung in enger Abstimmung beider Autoren entstanden.
[3] Paul Clemen (Hg.): Die Kunstdenkmäler der Stadt Köln, Bd. 7, IV. Abteilung, Die profanen Denkmäler. Düsseldorf 1930, S. 356
Stadt-Anzeiger vom 7.10.1936
Westdeutscher Beobachter vom 3.4.1837
[4] Hiltrud Kier: Zur Geschichte des Hauses „Am Römerturm" Nr. 7 (heute Nr. 3) in Köln. In: Rheinische Heimatpflege, Jg. 13, 1976, S. 41–45

ses, bauforscherisch untersucht wurde, so geben der heutige Keller und die zahlreichen Fotos der Ruine doch genügend Anhaltspunkte für eine Teilrekonstruktion der ursprünglichen Klosteranlage. Der Keller ist eindeutig älteren Datums als das aufgehende Mauerwerk des zweigeschossigen Gebäudes. Deutlich ist in ihm zu erkennen, dass in sein Basalt-Tuff-Mauerwerk ein Ziegelmauerwerk eingreift, welches den Raum wölbt und sich weiter auch in den Obergeschossen findet. Ohne Zweifel sind dieses die Reste des aus dem frühen 13. Jahrhundert stammenden, wohl burgartigen Parfusenhofes, der 1304 als Stiftung in das Eigentum der Clarissen überging. Zunächst wurden dieses „Burghaus" und die übrige Anlage, von der sich bei Ausgrabungen der Nachkriegszeit auf dem Grundstück Am Römerturm 2–6 Mauerreste fanden, die im abgeschrägten Winkel auf die Mitte dieses „Burghauses", den heutigen Hauseingang, verliefen, weiter genutzt. Im Rahmen der Errichtung der klostertypischen Anlage, deren zentrales Gebäude die 1347 geweihte Kirche war, legten die Clarissen das altertümliche „Burghaus" bis auf den Keller nieder und errichteten auf seinen Mauern das zentrale und maßstabgebende Gebäude der gotischen Klosteranlage. Auf den Ruinenaufnahmen lässt sich deutlich ein dreischiffiger Raum ablesen, der sich in Richtung Kirche und auf beiden Seiten der Längsrichtung mit spitzbogigen Arkaden öffnete, was heißt, dass zum Hof wohl ein Kreuzgang existierte und hinter diesem als zweischiffiger Raum wohl das Refektorium lag. Die Höhe der gotischen Spitzbögen und deren Eingreifen fast in den Fensterbereich des heutigen Obergeschosses legen überwölbte Räume nahe, und zwar sowohl beim Kreuzgang, als auch beim „Refektorium". Bei der weiteren Rekonstruktion hilft die Ansicht von Weyer weiter, die westlich des heutigen Hauses Am Römerturm 3 ein etwas heruntergekommenes Haus mit nur drei Fensterachsen und anschließend ein größeres Wohngebäude zeigt, dass aufgrund seines relativ steilen Daches mit zwei Gaupenreihen grob in das 17. Jahrhundert datiert werden kann. Das dreiachsige Gebäude ergibt in seiner Architektur nur einen Sinn, wenn man es als Bindeglied versteht, und zwar als einen Zwischentrakt, der nach dem Abbruch des westlichen der beiden senkrecht auf die Kirche zulaufenden Flügel errichtet wurde. Dass es einen solchen Kreuzgang bzw. überwölb-

Die Ruinen der Häuser Am Römerturm 3 und 1 im Oktober 1955. (Abb.: RBA)

207

Inneres der Ruine Am Römerturm 3 im Oktober 1955, gesehen in Richtung der straßenseitigen Längsseite. (Abb.: RBA)

Inneres der Ruine Am Römerturm 3 im Oktober 1955, gesehen in Richtung der straßenseitigen Schmalseite. (Abb.: RBA)

te Räumlichkeiten im Anschluss an das „Refektoriums-Gebäude" gegeben haben muss, belegen die Binnengliederungen im untersuchten Haus, aber auch die Ansicht von Mercator, dem bei seiner Gesamtdarstellung zwar der Fehler unterlaufen ist, die Außenmauer des Kirchenseitenschiffes nicht in der Flucht der Römermauer verlaufen zu lassen und es zudem als fertiggestellt darzustellen, dennoch ist er in der übrigen Darstellung erstaunlich genau. Der auf präzisen Vermessungen beruhende Reinhardt-Plan von 1752 kennt diesen mittelalterlichen Kreuzgang nicht mehr, sondern zeigt in Bezug auf die Wohn- und Nutzgebäude grundrisslich nicht wesentlich mehr, als Weyer bildlich dargestellt hat. Eine im Historischen Archiv der Stadt Köln aufbewahrte Federzeichnung der gesamten Stadt, die ein unbekannter Künstler in Anlehnung an den Plan von Mercator im Jahre 1702[5] gefertigt hat, ist in ihrer Aussagekraft und Präzision ähnlich wie das Vorbild des 16. Jahrhunderts zu bewerten, was also heißt, dass auch hier nicht alle Details zu hundert Prozent stimmen müssen. Nach diesem Plan von

5 HAStK Best. 7103/16 (im Rahmen)

1702 bestand der mittelalterliche Kreuzgang noch komplett, es existierte aber auch ein nach Westen anschließender zweiter Hof, der in seiner Anbindung an die Kirche und die Römermauer allerdings nicht ganz stimmig wiedergegeben ist. Interessant ist auch das Detail eines barocken Dachreiters auf der Kirche. Die starken Vermauerungen der gotischen Arkaden, die auf den Ruinenfotos erkennbar sind, legen die Vermutung nahe, dass die gesamte Klosteranlage im frühen 18. Jahrhundert – also nach 1702 und wohl lange vor 1752 – modernisiert, sprich barockisiert wurde. Im Rahmen dieser Modernisierung wurde auch der westliche Kreuzgangflügel niedergelegt. Auch in dieser Anlage mit einem nun sehr großen Innenhof war das über den Kellern des Parfusenhofes entstandene „Refektoriums-Gebäude" – alleine wegen seiner zentralen Lage zur Kirche – die aufwendigste Architektur, die im Innern womöglich nun einen großen Saal mit barocker Stuckdecke beherbergte. Diese hypothetische Annahme wird durch die späteren Taxierungen der einzelnen ehemaligen Klostergebäude bestätigt. Fundamentreste des westlichen mittelalterlichen Klosterflügels könnten sich möglicherweise irgendwann einmal unter dem parallel zur St.-Apern-Straße verlaufenden Teiles der Straße Am Römerturm finden, die genau in der Flucht des westlichen Kreuzgangflügels verläuft.

Auf dem Bild von Weyer gibt es aber noch eine weitere Ungereimtheit zu erläutern, nämlich den auf eine Mittenbetonung hin ausgerichteten, aber aus der Mitte verschoben auf einem neunachsigen Haus sitzenden klassizistischen Dreiecksgiebel. Als dieser Giebel errichtet wurde, ging man ganz offensichtlich von einem zwölfachsigen Haus aus. Die dem harmonischen Gesamtbild fehlenden drei Achsen erscheinen dagegen zum Abbruch bestimmt, was darauf schließen lässt, dass ursprünglich an der Stelle des bald tatsächlich abgebrochenen Hauses eine Erweiterung des Hauses Am Römerturm 3 erfolgen sollte, die durch eine gravierende Änderung des Gesamtplanes für das ehemalige Klostergrundstück, nämlich dessen Aufteilung in Bau- und Straßenland, aufgegeben wurde. Der Grund für die abrupte Bauunterbrechung, die noch 1838 auf dem Weyer-Bild erkennbar ist, war aller Wahrscheinlichkeit nach der frühe Tod der zweiten Ehefrau des Gottfried von Sandt im Jahre 1822, der sich seit 1820 dieses Gebäude vermutlich durch den Architekten Johann Martin Schauss (1775–um 1847) umbauen, aber nicht vollenden ließ. Für seine dritte Ehefrau fand der offensichtlich architekturbesessene Gottfried von Sandt 1833 wieder den Mut, sich einen neuen Architekturtraum zu erfüllen, nämlich den von einem Wohnhaus auf dem Römerturm. Diese für damalige Zeit höchst verrückte Idee eines Wohnhauses mit Fernblick über die ganze Stadt wurde möglicherweise durch den Architekten Ferdinand Pommer oder Carl Eduard Hummel (1806–1892) konzipiert und durch den Architekten Friedrich Carl Eduard Bolle (1804–um 1893) realisiert. Als im Jahre 1840 der dreiachsige Zwischentrakt abgebrochen wurde, war damit zwangsläufig eine Neugestaltung des gesamten Hauses verbunden, die einmal eine neue Fassade an der Schmalseite und dann das Walmdach zum Inhalt hatte. Vermutlich wurde schon in der damaligen, sehr von den Harmoniegesetzen in den Künsten geprägten Zeit der jetzt nicht mehr mittige Giebel abgebrochen und das Haus einheitlich verputzt. Fraglich ist, ob es dieser höchst ungewöhnliche bänderartige Quaderputz war, der bei Kölner Wohnhäusern des Klassizismus sonst nicht belegbar ist, der sich andererseits aber in jener Zeit in unmittelbarer Nachbarschaft bei dem oben schon erwähnten

209

Die Gartenseite des Hauses Am Römerturm 3 vermutlich in den 1930er Jahren. (Abb.: Privatbesitz Hans Schilling)

Blick in die Treppenhalle des Hauses Am Römerturm 3 vermutlich in den 1930er Jahren. (Abb.: Privatbesitz)

6 Kölner Almanach 1963/64, S. 294–299

Artilleriewagenhaus finden ließ. Wenn dieser bänderartige Quaderputz tatsächlich in jener Zeit aufgebracht worden war, stellt sich die Frage, ob dieses durch den uns nicht bekannten Architekt dieses Militärgebäudes geschah oder ob der neue Eigentümer, Gustav Friedrich Esch, den für seine Verwandtschaft und seinen Freundeskreis häufig tätigen Architekten Josef Felten (1799–1880) damit beauftragt hat. Es ist aber durchaus auch möglich, dass diese ungewöhnliche Verputzung viel später erfolgte, denn die zum Garten hin gewandte Fassade mit ihren von Schlagläden begleiteten Fenstern war bis zum Zweiten Weltkrieg glatt verputzt. Ein weiteres Indiz für eine spätere Verputzung wären die Verankerungssteine für die Anbringung von Schlagläden, die deutlich auf den Trümmerfotos der straßenseitigen Außenfassade zu erkennen sind. Es könnte der in der Nachbarschaft wohnende Vincenz Statz gewesen sein, der das ihm gehörende Mehrfamilienhaus Helenenstr. 13–15 in auffallend ähnlicher Weise um 1870 verputzen ließ. Möglicherweise war Vincenz Statz – in Verbindung mit seinem Sohn Franz – der Architekt des 1882 fertiggestellten Neubaus Am Römerturm 1 (vor dem Zweiten Weltkrieg Nr. 5), der direkt an das heutige Haus Am Römerturm 3 anschloss und damals innerlich – und vermutlich auch äußerlich – mit diesem vereint wurde. Das 1972–74 von Prof. Friedrich Wilhelm Kraemer wiederaufgebaute, innen und zur Gartenseite hin gänzlich modern gestaltete Haus Am Römerturm 3 birgt in seinem Mauerwerk immer noch die kostbare mittelalterliche Bausubstanz, präsentiert sich äußerlich aber als ein vornehmes Wohnhaus des Klassizismus. Wie das Haus ursprünglich einmal ausgesehen hat, vermitteln Fotografien aus der Zeit, in denen es repräsentatives Domizil des seit 1919 hier residierenden Bankhauses Delbrück von der Heydt & Co.[6] war. Von dem großen Garten des Hauses Am Römerturm 3, dessen rückwärtiger Teil nach dem Krieg ausparzelliert und zu einem Kinderspielplatz umgestaltet wurde, hat sich einzig eine heute unter Naturschutz stehende Platane erhalten. Die Räumlichkeiten wurden, wenn der Bankbetrieb es verlangte, behutsam durch hölzerne Einbauten – wie im Falle der großen Diele – geändert. Der Blick in die Zimmer mit ihren reich stuckierten Decken vermittelt exemplarisch ein wenig

Postkarte des Hauses Am Römerturm 3 aus der Zeit um 1900. (Abb.: Privatbesitz)

Raum im Haus Am Römerturm 3 vermutlich in den 1930er Jahren. (Abb.: Privatbesitz)

Festlicher Raum im Haus Am Römerturm 3 vermutlich in den 1930er Jahren. (Abb.: Privatbesitz)

SCHNITT b-b   SCHNITT c-c   NORDSEITE

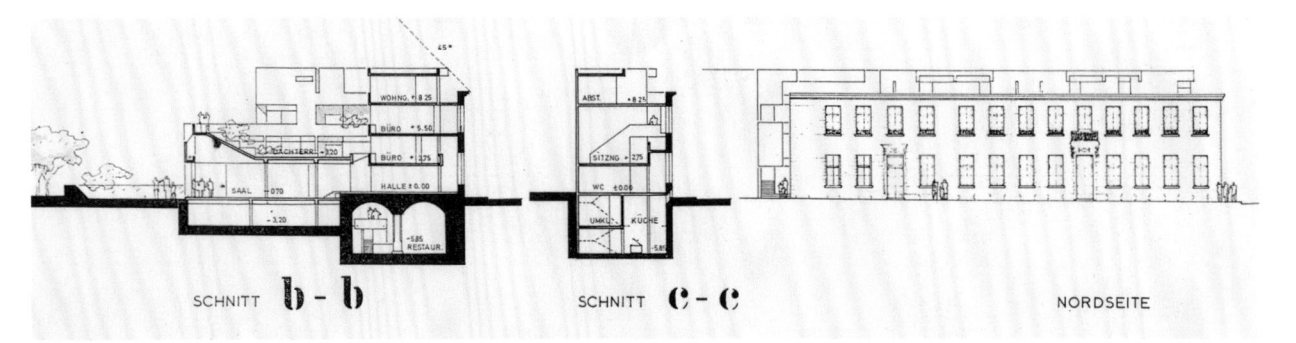

Wettbewerbsbeitrag des Architekten Prof. Max Bächer für die Bundeszentrale des BDA. (Abb.: Privatbesitz Kaspar Kraemer)

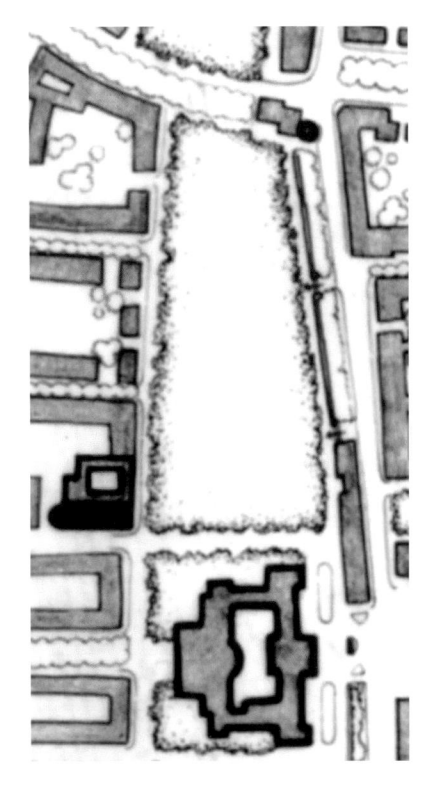

Ausschnitt aus der Planung von Theodor Nussbaum von 1945. (Abb.: Privatbesitz)

7 Vergl. hierzu: Marina Hemmersbach: *Die Wiederaufbauplanung der Stadt Köln 1945/46*. Magisterarbeit bei Prof. Dr. Dr. Günther Binding an der Universität Köln 1989. Hans Schilling: *Architektur 1945–2000*. Köln 2001

von der Pracht, die sich einst bei vielen der größeren Häuser des Viertels hinter den betont schlichten klassizistischen Fassaden verborgen hatte. Wer heute voller Erstaunen vor dem äußerlich sorgfältig restaurierten Haus innehält und sich wundert, dass eine solche architektonische Kostbarkeit inmitten eines weitgehenden Neubaugebietes offensichtlich den Krieg überdauert hat, wird nicht wissen, welch viele Zufälle zu diesem Erhalt beigetragen haben. Eigentlich blieb die Ruine nur deshalb auf dem Trümmergrundstück stehen, weil seitens der Stadt hier eine Volksschule entstehen sollte. Als dieses Projekt nicht mehr weiterverfolgt wurde, schrieb der Bund Deutscher Architekten, BDA, einen Wettbewerb für seine neue Bundeszentrale auf diesem Areal, einschließlich der Parzelle Nr. 1, aus. Als Sieger ging aus dem Wettbewerb der Stuttgarter Architekt Prof. Max Bächer hervor, der die Außenwände beider Häuser lediglich als Kulisse nutzen wollte. Da sich bald darauf der BDA entschied, für seine Zentrale besser eine Villa in Bonn zu nutzen, begann erneut die Suche nach einem geeigneten Interessenten. Dem damaligen Vorsitzenden des Kölner BDA, Hans Schilling, der ebenfalls an dem Wettbewerb teilgenommen hatte, gelang es schließlich, den zu jener Zeit noch in Braunschweig ansässigen Architekten Prof. Friedrich Wilhelm Kraemer, den er durch die gemeinsame Tätigkeit im Preisgericht für das Bundeskanzleramt in Bonn kennen gelernt hatte, für dieses Grundstück zu gewinnen.

Von den auf dem ehemaligen Klostergelände nach der Anlegung der neuen Straßen Am Römerturm und Helenenstraße errichteten Häusern hat sich nur sehr wenig erhalten. Lediglich in der Straße Auf dem Berlich, deren Westseite in weiten Teilen zum Kloster gehörte, finden sich wiederaufgebaute Gebäude, die den einst für dieses Viertel charakteristischen Maßstab mit dem so genannten Kölner Dreifensterhaus vermitteln. Direkt nach dem Zweiten Weltkrieg gab es auch Überlegungen, das Viertel überhaupt nicht mehr wiederaufzubauen, sondern statt dessen dort – wie auch in vielen anderen Bereichen der Stadt – eine große Grünfläche anzulegen, die sich, begrenzt von der Zeughausstraße und einer weitergeführten Schwalbengasse, vom Gerichtsgebäude am Appellhofplatz bis zur St.-Apern-Straße erstrecken sollte. Diese Planung des städtischen Garten- und Landschaftsarchitekten Theodor Nussbaum (1885–1956) vom Dezember 1945 war einer von vielen Beiträgen in der damals lebhaft geführten Wiederaufbaudiskussion,[7] in der man angesichts der Totalzerstörungen und Entvölkerungen vieler Stadtquartiere nicht so ganz an das Wiederentstehen einer Großstadt glaubte. In Teilen übernommen wurden für dieses Viertel – als auch für die gesamte Innenstadt – die im Juli 1947 von den Architekten Karl Band (1900–1995) und Hans Schilling (geb. 1921) sowie dem Garten- und Landschaftsarchitekten Victor Calles (1901–1969) formulierten und planerisch festgehalte-

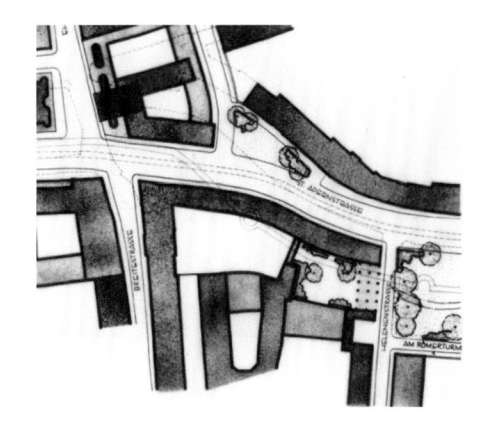

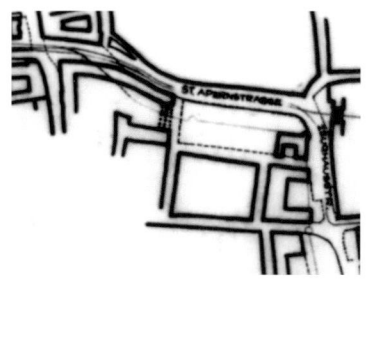

Ausschnitte aus der Planung von Karl Band, Hans Schilling und Victor Calles von 1947. (Abb.: Privatbesitz Hans Schilling)

nen Ideen zur „Umgrünung der Römerstadt C.C.A.A."⁸ Dieser wunderbaren Vision vom Wiedersichtbarmachen der römischen Stadtmauer, die nach jahrhundertelanger Überbauung durch die Kriegszerstörungen in großen Teilen wieder zum Vorschein kam, haben wir die Freilegung der römischen Stadtbefestigung an vielen Stellen der Stadt zu verdanken. Der Planung ist auch zu entnehmen, dass diese Architekten für den Abschnitt zwischen Römerturm und Helenenturm entlang der St.-Apern-Straße und der Westseite des entsprechenden Abschnittes in der Straße Am Römerturm keine Bebauung mehr vorgesehen hatten. Statt dessen sollte hier, ähnlich wie im Griechenmarktviertel, die römische Stadtmauer von einer Grünfläche umgeben werden. Was von dieser Idee übriggeblieben ist, finden wir beim Helenenturm mit einer kleinen Grünanlage vor.

Auf dem Plan von Band/Schilling/Calles erkennt man aber auch, dass ein eigentlich dem Konzept von der freigelegten Römermauer entgegenstehendes Haus, nämlich das im Besitz der Stadt befindliche, weitgehend unzerstörte neugotische Haus Zeughausstr. 13, erhalten werden sollte. Selbst wenn diese Planung in dieser Form nicht realisiert wurde, ist dieses

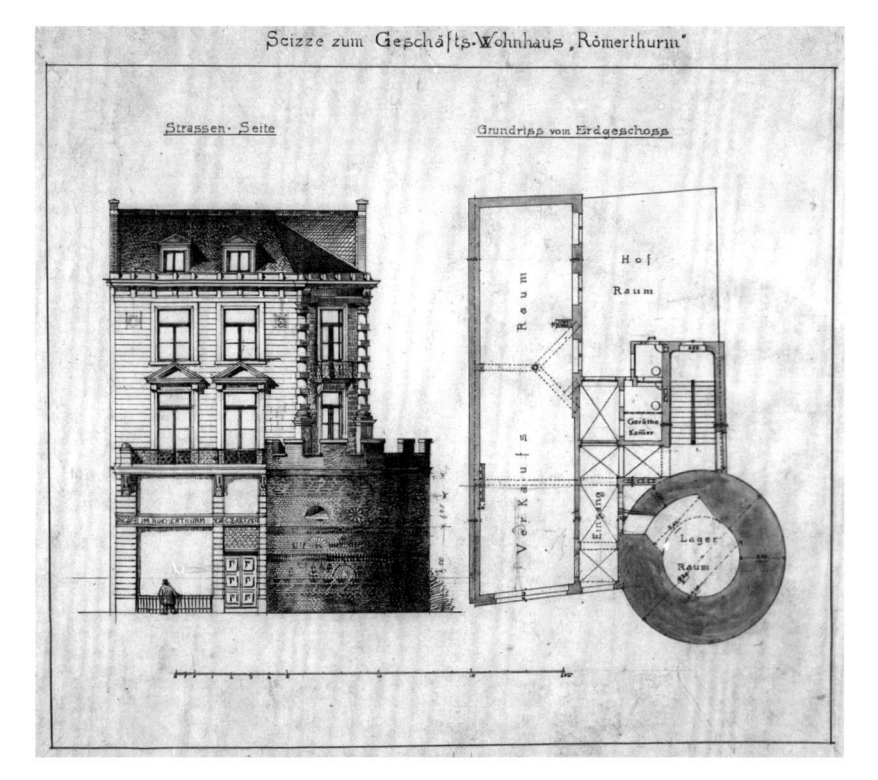

Zeughausstr. 13. Entwurf Schultze vom 24.9.1895. (Abb.: HAStK 7104 P 1594/1)

8 Mein besonderer Dank gilt dem Architekten Hans Schilling, von dem ich so manche wertvolle Information zu Bauten des „St.-Claren-Viertels" erhielt

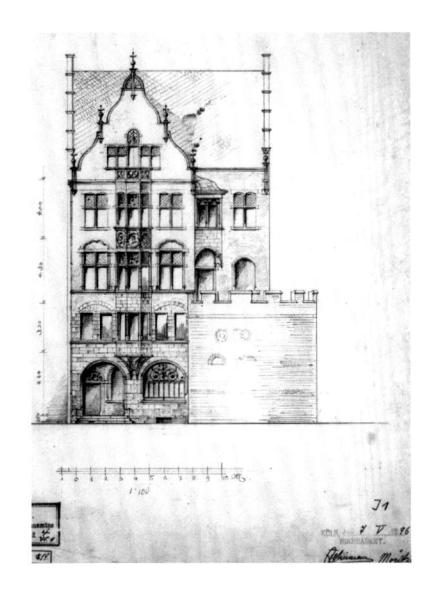

Entwurf Moritz vom 7.5.1896.
(Abb.: HAStK 7101 P 1596/5)

Entwurf Moritz vom 7.5.1896.
(Abb.: HAStK 7101 P 1596/4)

Entwurf Moritz vom 10.12.1896.
(Abb.: HAStK 7101 P 1598/2)

als Wertschätzung der baukünstlerischen Qualität dieses Kleinods neugotischer Architektur durch den Kunsthistoriker und Architekten Karl Band einzustufen – eine damals selten anzutreffende Einstellung gegenüber dem sonst allgemein verpönten 19. Jahrhundert. In den Besitz der Stadt gelangte der Römerturm samt anschließenden Baulichkeiten für den Kaufpreis von 19.000 Thalern im Jahre 1874 aufgrund eines Beschlusses der Stadtverordneten-Versammlung vom 20. November 1873. Vorausgegangen waren kurz zuvor öffentliche Äußerungen des damaligen Eigentümers, ihn abzureißen, worauf sich die Stadt schnell und fast unbürokratisch zu dem Kauf entschloss, obwohl sie vom Staat nur 4.000 Thaler und aus einem Fond des Schaaffhausen'schen Bankvereins 1.000 Thaler als Zuschuss zugesagt bekommen hatte. Als es in der Nacht vom 7. zum 8. Februar 1895 zu einem

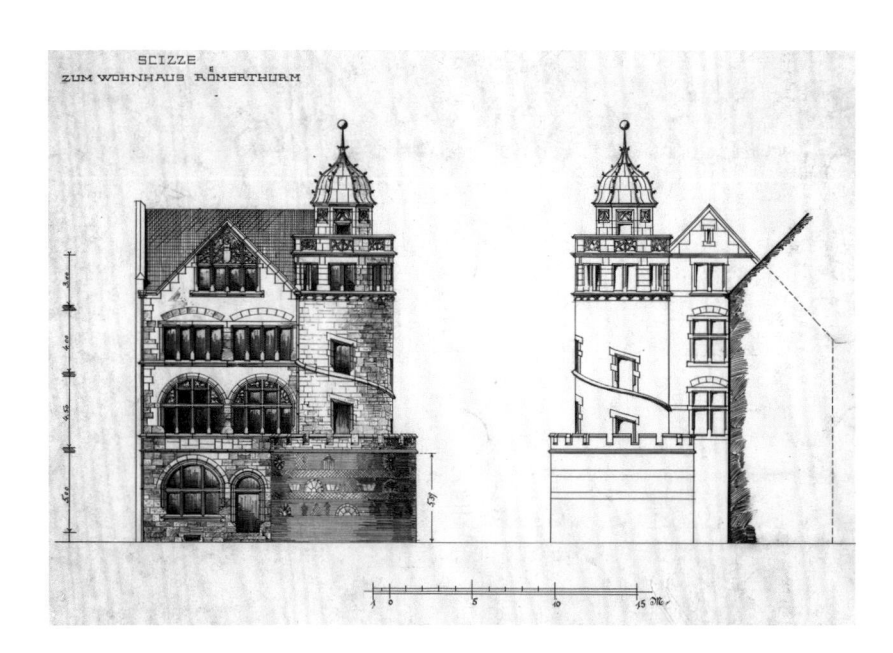

Entwurf Moritz vom 29.9.1896.
(Abb.: HAStK 7101 P 1597/4)

Abb. Seite gegenüber:
Entwurf Moritz vom 21.3.1898.
(Abb.: HAStK 7102 P 1263/4)

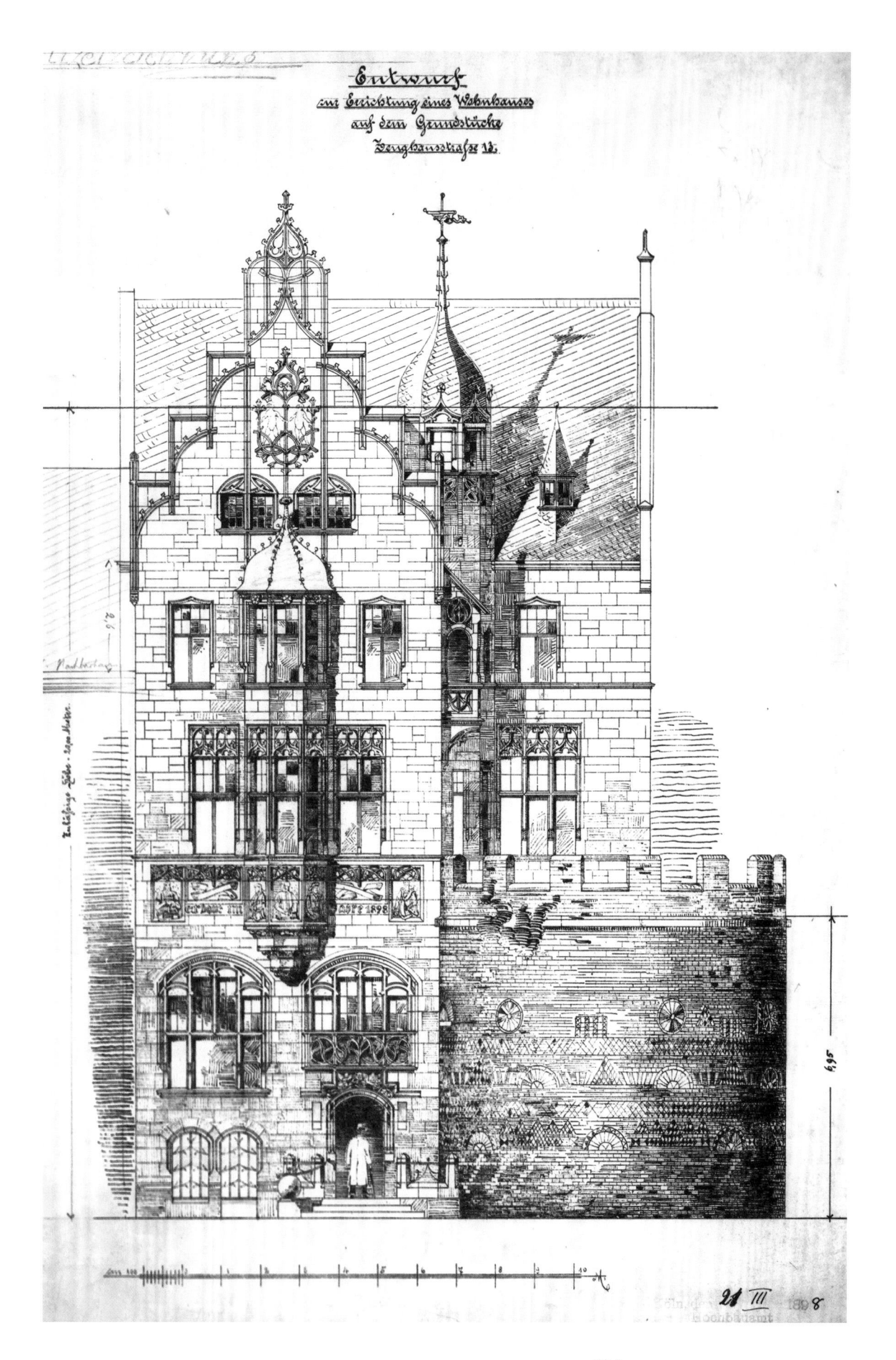

Entwurf
zur Errichtung eines Wohnhauses
auf dem Grundstücke
Zeughausstraße 12.

Situationsplan vom 26.3.1898.
(Abb.: HAStK 7104 P 2571)

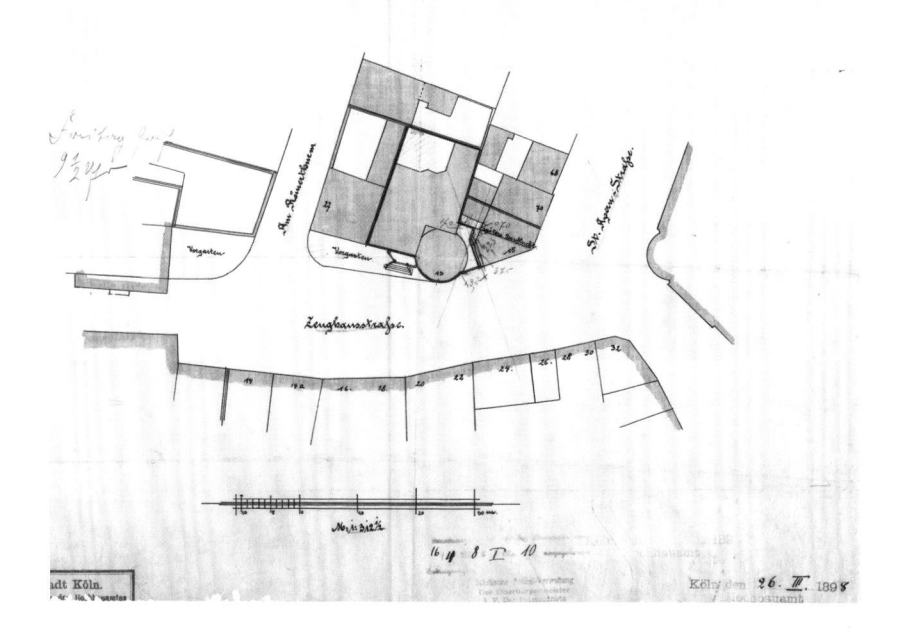

v. l. n. r.:
Revisionszeichnung.
(Abb.: HAStK 7104 P 2572)

Querschnitt.
(Abb.: HAStK 7101 P 1601/1)

Längsschnitt.
(Abb.: HAStK 7101 P 1601/1)

Brand in dem von dem Glasmaler Melchior angemieteten Baulichkeiten neben dem Turmaufbau von 1833 kam, entfachte sich umgehend eine Diskussion um den Abbruch dieses jetzt als hässlich empfundenen Backsteinturmes. Nach Verhandlungen in den Stadtverordnetenversammlungen[9] wurde die städtische Baubehörde mit Planungsvorschlägen beauftragt. Der erste Entwurf datiert vom 24. September 1895[10] und stammt von Rudolf Schultze (1854–1935), der drei Jahre zuvor die Ausgrabung der östlichen Hälfte des römischen Nordtores geleitet und sich so als profunder Kenner der römischen Architektur bewiesen hatte. Sein bekanntestes Kölner Werk ist der große Schlachthof in Neuehrenfeld. Als Rudolf Schultze Ende 1895 seine Stellung als Stadtbaumeister in Bonn angetreten hatte, übernahm gut

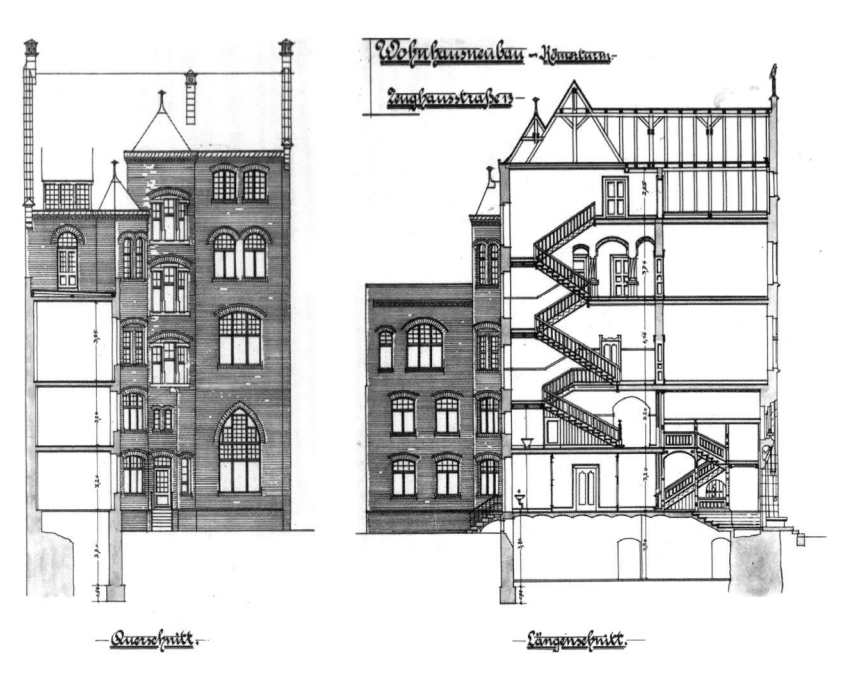

Das Haus Zeughausstr. 13 kurz nach der Fertigstellung. (Abb.: RBA)

ein halbes Jahr später der zuvor in Berlin tätige und seit 1896 beim Hochbauamt angestellte Architekt Carl Moritz (1863–1944) die weiteren Planungen, die im Gegensatz zu Rudolf Schultze, der sich ein konventionelles Neurenaissance-Haus mit dem Römerturm an der Ecke vorstellte, immer von ausgefallener Art waren. Seine beiden ersten Entwürfe datieren vom 7. Mai 1896 und zeigen einmal eine Vorstufe zu dem später realisierten neugotischen Haus,[11] und dann eine „staufische" Variante[12]. Am 29. September 1896 schlug Carl Moritz dann ein „neuromanisches Burghaus"[13] mit Treppenturm auf dem Römerturm vor, gefolgt am 10.12.1896 von einer romanischen Planung[14] mit Erhalt des Turmes von 1833. Spätestens im März 1898[15] war die Entscheidung für das neugotische Haus gefallen, wie der Entwurf vom 21.3.1898[16] zeigt, der zur Ausführung[17] noch einmal überarbeitet und besonders in Bezug auf den reichen Bauschmuck etwas vereinfacht wurde. Carl Moritz, der in seinen frühen Jahren die Gotik als Stil für seine Bauten favorisierte, wie z.B. 1897/98 beim Pavillon „Leichtenstern" im Augusta-Hospital oder 1898/99 beim „Moritzschen Pavillon" der Lindenburg, hat durch geschicktes Taktieren mit höchst merkwürdigen Varianten letztendlich das erreicht, was er von Anfang an wollte. Fertiggestellt wurde das

9 Verhandlungen der Stadtverordneten-Versammlung vom 8.5.1895
10 HAStK 7104 P 1594/1
11 HAStK 7101 P 1596/5
12 HAStK 7101 P 1596/4
13 HAStK 7101 P 1597/4
14 HAStK 7101 P 1598/2
15 Verhandlungen der Stadtverordneten-Versammlung vom 31.3.1898
16 HAStK 7102 P 1263/4
17 HAStK 7101 P 1601/1–2, 7102 P 1263/4

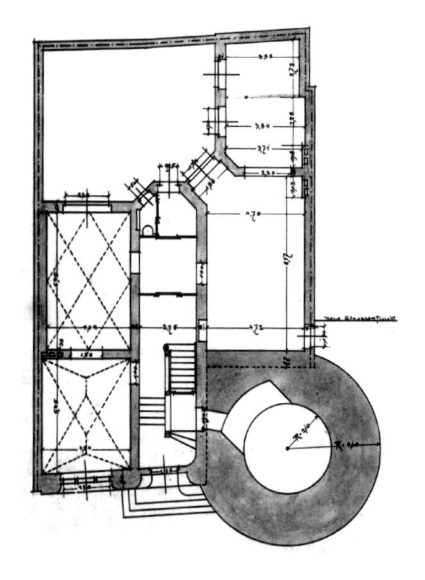

Grundriss Erdgeschoss.
(Abb.: HAStK 7101 P 1601/2)

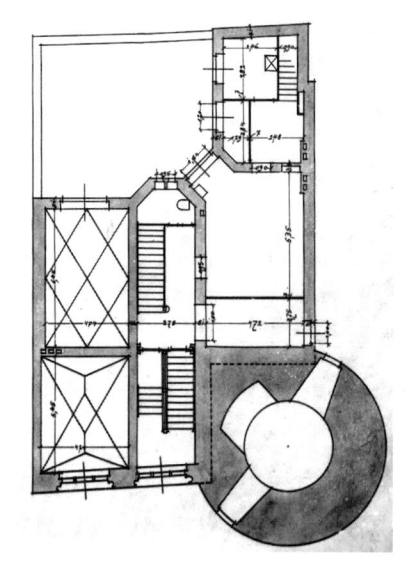

Grundriss Zwischengeschoss.
(Abb.: HAStK 7101 P 1601/2)

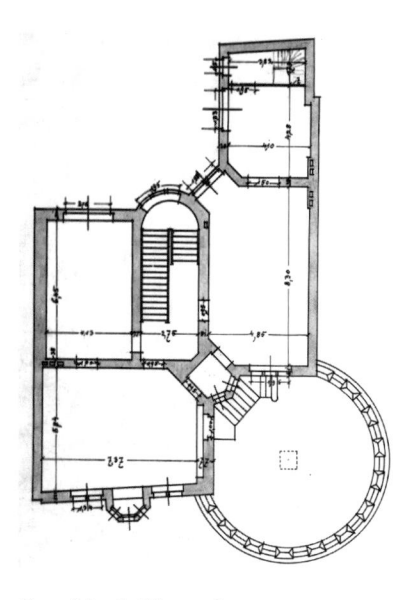

Grundriss 1. Obergeschoss.
(Abb.: HAStK 7101 P 1601/2)

Haus, bei dem das Dach des ebenfalls von ihm sanierten Römerturmes als Terrasse und Spielplatz für die Kinder des Hauses diente, im Jahre 1900. Der an dem Haus beteiligte Bildhauer Edmund Renard (1830–1905) verewigte sich über dem Portal mit dem Relief eines Fuchses, während kein einziger Hinweis auf Carl Moritz, einem der produktivsten deutschen Architekten auf allen Gebieten der Baukunst bis zum Ende seiner Tätigkeit um 1930, zu finden ist.

Von der übrigen das Klostergelände berührenden Bebauung an der Zeughausstraße ist durch die nach dem Krieg durchgeführte Straßenverbreiterung bis auf das direkt an das Moritz´sche Haus anschließende, im Kern von 1864/65 stammende Haus Zeughausstr. 11/Am Römerturm 27, das 1948–53 unter Einbeziehung des Hauses Am Römerturm 25 durch den Architekten Paul Held (1889–1972) in angenehm konservativer Weise wiederaufgebaut wurde, nichts mehr erhalten. Nicht wiederbebaut wurde dagegen das Grundstück Zeughausstr. 15, das in den 1870er Jahren um das Grundstück St.-Apern-Str. 72 und Teile von Nr. 70 erweitert worden war. Hier er-

Die Häuser Zeughausstr. 11/Am Römerturm 27 und Zeughausstr. 13 mit dem Römerturm kurz nach 1900. (Abb.: Postkarte Privatbesitz)

Der Römerturm mit dem Haus Zeughausstr. 15 im Jahre 1897. (Abb.: RBA)

richtete 1871 der Rentier Jacob Brunthaler ein möglicherweise von seinem gleichnamigen Sohn (1840–1920) entworfenes Wohn- und Geschäftshaus mit einer zunächst von der Witwe Breuer betriebenen Weinwirtschaft. 1886 war Johannes Nidecken Eigentümer des dann für seine Wirtschaft genutzten Hauses. Ein Jahrzehnt später wurde Friedrich Wilhelm Schemmann als Eigentümer des Hauses und Betreiber einer Wirtschaft genannt und zwei Jahre später Christoph Korff, dessen „Brau- und Brennerei" durch die überlieferten Bilder des Hauses noch heute bekannt ist.[18] Die Tradition einer Gaststätte wurde bis zur Zerstörung im Zweiten Weltkrieg bewahrt. Verschwunden sind auch das zur Ecke Am Römerturm gelegene prachtvolle neubarocke Mehrfamilienhaus Zeughausstr. 9, das 1897/98 der Planer der Kölner Neustadt, Hermann Josef Stübben (1845–1936), für sich errichtet hatte. Heute dominiert zwischen den Straßen Am Römerturm und Auf dem Berlich das ehemalige Möbelhaus May,[19] das bis vor einigen Jahren noch die Adresse Zeughausstr. 9–11/Auf dem Berlich 35–37 besaß. Es wurde 1961/62 nach den Entwürfen des Architekten und Bildhauers Arno Breker (1900–1991) errichtet, dessen Vorliebe für den bewährten Naturstein auch bei vielen Bauten des Gerling-Konzerns zu finden ist, bei deren Planung Arno Breker oft als künstlerischer Berater mitgewirkt hat. Bekannt geworden ist Arno Breker aber durch seine Tätigkeit als Bildhauer für Adolf Hitler und die Nationalsozialisten.

Das Möbelhaus May kurz nach der Fertigstellung. (Abb. aus: Deutscher Marmorverband (Hg.): Marmor 2. München 1964)

18 Franz Mathar: Prosit Colonia. Die vergessenen und die unvergessenen Brauereien, Bier- und Brauhäuser Kölns. Köln 1999, S. 232–233 (Die Angaben zu dem Haus sind hier allerdings gänzlich falsch)

19 Deutscher Marmorverband (Hg.): Marmor 2. München 1964

l.: Das Haus Am Römerturm 7 mit dem Helenenturm im Jahre 2006. (Abb.: Dr. Wolfram Hagspiel)

r.: Die Häuserzeile Am Römerturm 9–27 im Jahre 2006. (Abb.: Dr. Wolfram Hagspiel)

Das Haus Am Römerturm 8 im Jahre 1974. (Abb.: RBA)

20 Kölner Stadt-Anzeiger vom 26.3.1982
21 Kölner Stadt-Anzeiger vom 15.12.1977

l.: Der Architekt Friedrich Wilhelm Kraemer und das Modell des Hauses Am Römerturm 2-6. (Abb. aus: Kölner Stadt-Anzeiger vom 26.3.1982)

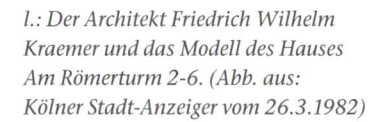

r.: Die Ecksituation Am Römerturm 2/ Auf dem Berlich im Jahre 2006. (Abb.: Dr. Wolfram Hagspiel)

In der Straße Am Römerturm ruft mit der Hausnummer 8 ein weiterer, zwei Jahre nach dem Moritz´schen Haus vollendeter, ebenfalls mit einer Werksteinfassade verblendeter Bau einiges Erstaunen hervor, weil er in seiner romanisch-gotischen Formensprache und mit seiner Hausmadonna sehr an Sakralbauten oder Pfarrhäuser erinnert. Bauherr dieses 1901/02 nach den Entwürfen des vielfach für die Kirche tätigen Architekten Adolf Nöcker (1856–1917) errichteten Hauses war der Rechtsanwalt, Justizrat und Domsyndikus Carl Custodis, der spätere Eigentümer dann das Metropolitankapitel. Der Wiederaufbau des teilzerstörten Hauses erfolgte 1948/49 durch Kobes Bong (1906–1994). Die meisten der übrigen Häuser stammen aus der frühen Nachkriegszeit und wurden, wie es damals üblich war, vielfach in zwei Abschnitten errichtet. Das städtebauliche Konzept des Wiederaufbaus, das sich auch in den angrenzenden Straßen wiederfindet, beabsichtigte eine ruhige Gesamterscheinung bei gleicher Anzahl der Geschosse, die jedoch in den letzten Jahren durch Aufbauten und Aufstockungen empfindlich gestört wurde. Die heutige Bebauung soll der Vollständigkeit wegen mit den Grunddaten genannt werden: das Haus Am Römerturm 7 wurde 1956/57 von Karl Preus (1905–1995) gebaut, das Haus Nr. 9 in den Jahren 1954/55 von Eduard Peter, Nr. 11 in den Jahren 1955/56 von Wilhelm Dücker, Nr. 13 in den Jahren 1951/52 von Walter Colombo (1910–1992) und 1955/56 von Wilhelm Dücker, Nr. 17 in den Jahren 1949/50 von August Schmieding (1882–1963), Nr. 23 in den Jahren 1951 und 1965/66 von Paul Schykowsky (1905–1991) und Nr. 25 in den Jahren 1951–54 von Paul Johänning (1884–?) und später von Paul Held. Das größte Bauvorhaben in der Straße Am Römerturm stellt der bis zur Straße Auf dem Berlich reichende Wohn-, Büro- und Geschäftshauskomplex Am Römerturm 2–6 dar, der 1982/83 von Prof. Friedrich Wilhelm Kraemer (1907–1990) bzw. das damalige Büro Kraemer, Sieverts und Partner für die Kirchliche Zusatzversorgungskasse errichtet wurde.[20] 1977 gab es vom selben Büro eine Planung, den Wohnflügel als Terrassenanlage[21] auszuführen, was sicher nicht sehr vorteilhaft für das sonst ruhige und meist konservati-

l.: Blick in die Straße Am Römerturm im Jahre 1955. (Abb.: RBA)

r.: Zeichnung von Kaspar Kraemer zu dem geplanten Neubau Am Römerturm 1. (Abb. aus: Kölnische Rundschau vom 19.5.1978)

ve Gesamtbild der Straße gewesen wäre. Zur Aufgabe des Architekturbüros gehörte auch der Umbau des ehemaligen Möbelhauses May im selben Häuserblock, der 1983 abgeschlossen war.[22] Nicht zu tragen kam dagegen eine aus dem Jahre 1978 stammende Planung von Kraemer, Sieverts und Partner für eine Erweiterung ihres Hauses. Die Besonderheit diese Projektes mit der Adresse Am Römerturm 1, das mit einer sehr sensiblen Zeichnung von Kaspar Kraemer (geb. 1949) in der Tagespresse[23] veröffentlich wurde, waren die Freistellung ihres „klassizistischen" Nachbarhauses und die mit modernen Mitteln versuchte stilistische Anpassung. Verhindert wurde dieses sehr maßstäbliche Projekt durch den damals noch gültigen Bebauungsplan, der eine teilweise Verbreiterung der Straße auf dem Berlich um eine Fahrspur vorgesehen hatte. Im Rahmen dieser Verbreiterung sollte das angrenzende, 1934/35 nach den Entwürfen von Albert Passauer (1879–1970) errichtete,[24] 1953 von Max August Breuer (1892–1957) wiederaufgebaute Eckhaus Auf dem Berlich 33 (auch Auf dem Berlich 33/Am Römerturm 1) zur Hälfte abgebrochen und der Eigentümer dieses Hauses mit dem besagten Grundstück, das sich damals im Eigentum der Stadt befand, entschädigt werden. Tatsächlich wurde das sehr maßstäbliche, an die ursprüngliche Bebauung des Viertels erinnernde Eckhaus für den Verkehr geopfert und das neue Gesamtgrundstück dann 1986–88 mit einem von Gerald Kheloufi entworfenen Wohn- und Geschäftshauskomplex bebaut.

Von der einstigen Bebauung der Straße auf dem Berlich hat sich kein einziges Haus mehr original erhalten. Lediglich bei den im Krieg weitgehend unversehrt gebliebenen Häusern Nr. 11, 15 und 17 lässt sich, obwohl teilweise erst in den 1970er Jahren ihres spätklassizistischen Dekors beraubt und neu verputzt, das ursprüngliche Aussehen der Fassade erahnen. Die meisten der übrigen Häuser sind betont schlichte Beispiele der frühen Wiederaufbauzeit, die zusammen gesehen ein angenehm ruhiges Straßen-

Die Ecksituation Auf dem Berlich/ Am Römerturm im Jahre 2006. (Abb.: Dr. Wolfram Hagspiel)

[22] Kölner Stadt-Anzeiger vom 27./28.8.1983
[23] Kölnische Rundschau vom 19.5.1978
[24] HAStK Best. 34/1106

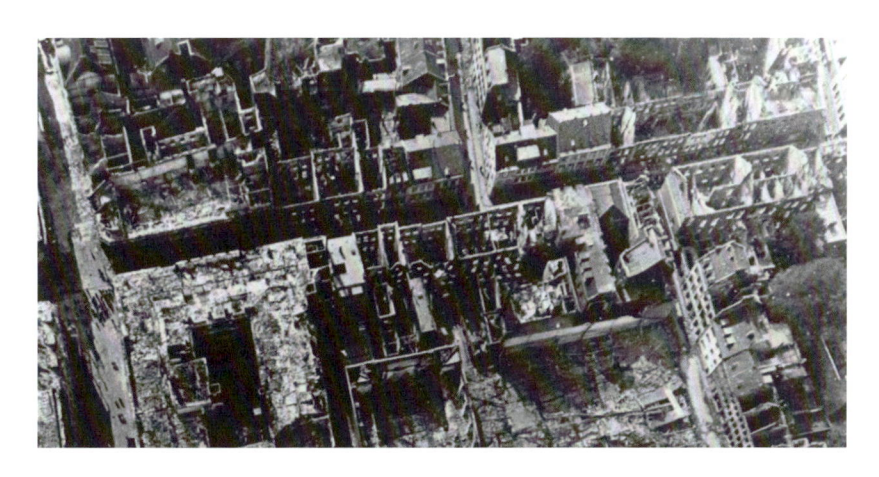

Die weitgehend zerstörte Straße Auf dem Berlich zwischen Breite Straße und Helenenstraße ca. 1943. (Abb. aus: Eric Taylor: 1000 Bomber auf Köln. Düsseldorf 1979, S. 80)

l.: Die Häuser Auf dem Berlich 17, 15 und Helenenstr. 2 (von rechts nach links) im Jahre 1948. (Abb.: HAStK ZSB 5-3040/6)

r.: Das Eckhaus Helenenstr. 2 im Jahre 2006. (Abb.: Dr. Wolfram Hagspiel)

Das Haus Helenenstr. 6-8 im Jahre 2006. (Abb.: Dr. Wolfram Hagspiel)

bild vermitteln. Von dem Architekten Josef Krahé (1909–1986) stammen das 1952/53 errichtete Wohn- und Geschäftshaus mit Post Auf dem Berlich 3–5 mit dem dazugehörenden Mehrfamilienhaus Helenenstr. 5–7, von Alfons Luchini das 1963 errichtete Eckhaus Auf dem Berlich 13/Helenenstraße und von Hans Georg Schmid (1909–um 1969) das 1955/56 gebaute Wohn- und Geschäftshaus Auf dem Berlich 19. Mit dem Galeriegebäude der Galerie Orangerie Reinz GmbH, für das der relativ gut erhaltene Ursprungsbau abgerissen wurde, leitet eine auffallend ungewöhnliche, fast mediterrane Architektur – ein hervorragendes Beispiel für den futuristischen Stil der 1970er Jahre – in die sonst eher schlichte Helenenstraße über. Dieser „marmorne", strahlend weiße Akzent mit der Adresse Helenenstr. 2 entstand 1972/73 nach einer Entwurfsidee des Bauherrn, die von dem Architekten Frank Streim planerisch umgesetzt und dem Statiker Jürgen Bernhardt realisiert wurde. Von Frank Streim stammt auch das ähnlich gestaltete, gleichzeitig errichtete Haus Auf dem Berlich 29–31. Die an die Galerie anschließenden Mehrfamilienhäuser Helenenstr. 4 und Helenenstr. 6–8/Am Römerturm wurden 1947–59 von Josef Kögl bzw. 1952/53 von Ernst Meller (1910–1974) errichtet. Im Jahre 1954, als die Entscheidung für eine Grünanlage um den Helenenturm noch nicht endgültig beschlossen war, reichte der Architekt Karl Band für das Grundstück Helenenstr. 12–14 eine Planung zu einem Wohn- und Bürohaus für den Notar Dr. Kurt Jovy ein, der sich nach der Ablehnung seines Bauantrages dann in der Elisenstraße ein Haus vom selben Architekten bauen ließ. Wenig später kaufte

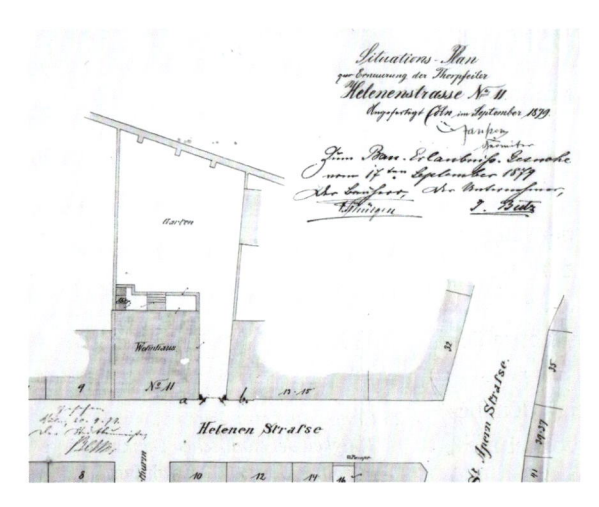

Situationsplan des Hauses Helenenstr. 11 aus dem Jahre 1879. (Abb.: HAStK Best. 34/243)

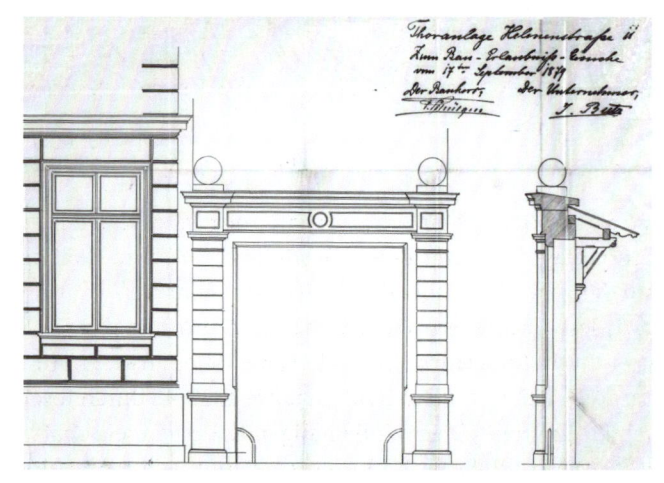

Der von Johann Butz 1879 gefertigte Entwurf zur Toranlage des Hauses Helenenstr. 11. (Abb.: HAStK Best. 34/243)

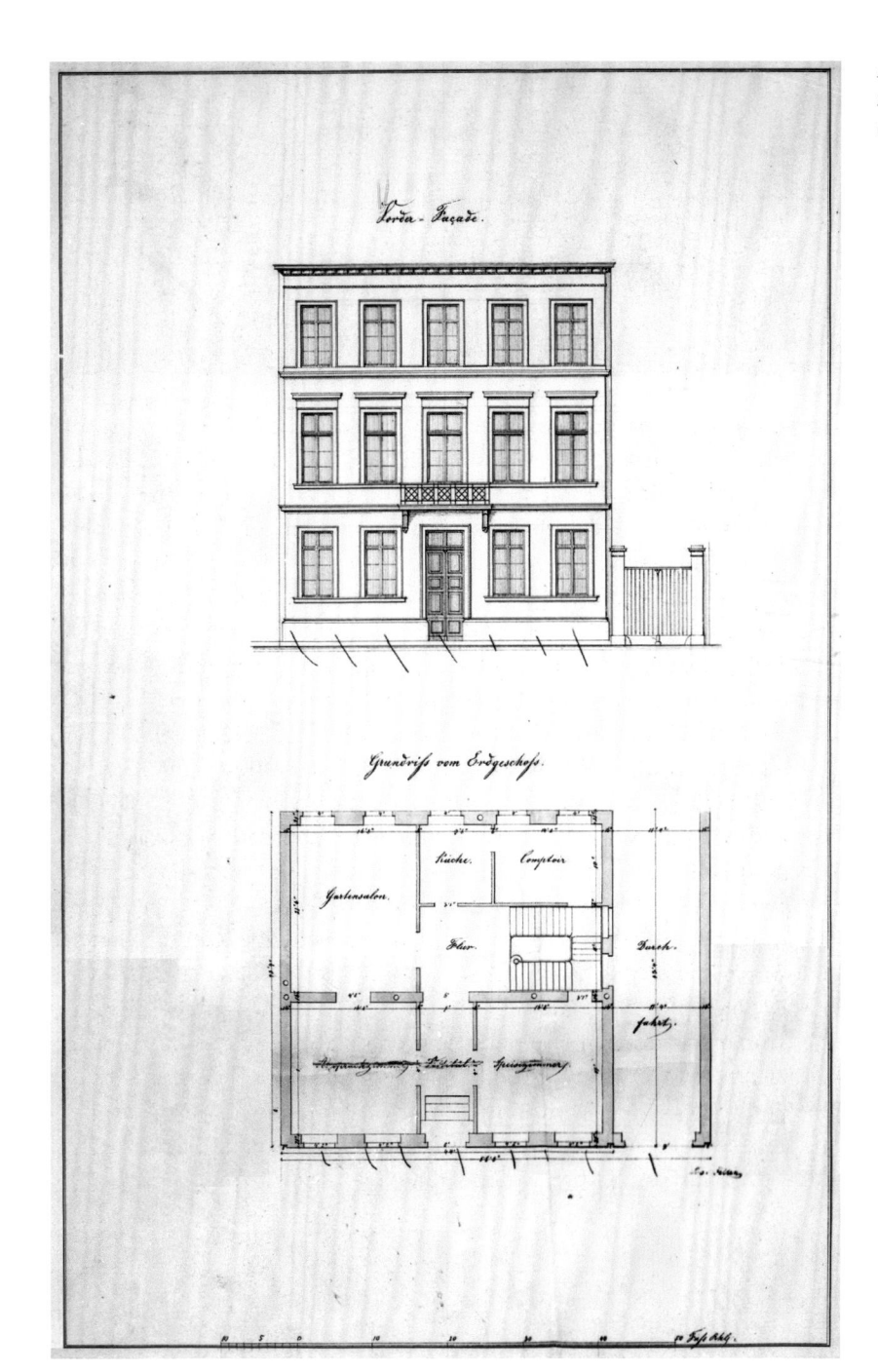

Entwurfszeichnung von Josef Felten zum Haus Helenenstr. 11. (Abb.: HAStK Best. 34/243)

die Stadt Köln das Grundstück mit Turm zwecks Anlegung einer kleinen Grünanlage an,[25] mit deren Gestaltung im Jahre 1957 begonnen wurde. Auf der gegenüberliegenden Straßenseite war das historisch und auch baukünstlerisch interessanteste Gebäude von Anfang an das in der Achse der Straße Am Römerturm liegende Haus Helenenstr. 11. An dieser exponierten Stelle ließ sich Peter Gaul im Jahre 1842/43 durch Josef Felten, dem beliebtesten Architekten der damaligen Kölner Gesellschaft, ein vornehmes, wohl proportioniertes Wohnhaus errichten, das 1879 durch den Architekten Johann Butz um eine seitliche Toranlage erweitert wurde.[26] Im Jahre 1910 wurde dieses klassizistische Kleinod abgebrochen und an seiner Stelle

[25] Hanna Adenauer: Bericht über die Tätigkeit der städtischen Denkmalpflege in Köln 1953-1956. In: Jahrbuch der Rheinischen Denkmalpflege, Bd. 21, 1957, S. 127-142

[26] HAStK Best. 34/243

l.: *Der erste Entwurf von Carl Moritz zum Kolpinghaus Helenenstr. 11. (Abb. aus: Schweitzer: Hospize und Ledigenheime der kath. Gesellenvereine. Mönchengladbach 1911, S. 99)*

r.: *Der zweite Entwurf von Carl Moritz zum Kolpinghaus Helenenstr. 11. (Abb. aus: Die kathol. Gesellenhospitien zu Cöln 1853-1913. Festschrift zur Einweihung des Kolpinghauses am 20. Juli 1913. Köln 1913, S. 21)*

Das Kolpinghaus Helenenstr. 11 im Jahre 2006. (Abb.: Dr. Wolfram Hagspiel)

27 Schweitzer: Hospize und Ledigenheime der kath. Gesellenvereine. Mönchengladbach 1911
HAStK 7104 P 2904–2905
28 Gerta Wolff: Das römisch-germanische Köln. 4. Aufl. Köln 1993, S. 136–138
29 Vergl. die von Elisabeth Maria Spiegel gefertigte Neukartierung des römischen Kölns. In: Werner Eck: Köln in römischer Zeit. Köln 2004 [=Hugo Stehkämper (Hg.): Geschichte der Stadt Köln, Bd. 1]
30 Peter Glasner: Die Lesbarkeit der Stadt. Lexikon der mittelalterlichen Straßennamen Köln. Köln 2002, S. 98
31 Robert Steimel: Kölner Köpfe. Köln 1958, Sp. 230

1910–14 das zum Kolpinghaus in der Breite Straße gehörende, von Carl Moritz entworfene Ledigenheim errichtet, dessen Pläne während der Bauzeit erheblich verändert wurden.[27] 1958/59 entstand an seiner Stelle für das Katholische Gesellenhospitium ein Neubau durch den Architekten Albert Weiss (1907–2003). Das heute interessanteste Gebäude auf dieser Seite der Helenenstraße ist das 1983 vom Architekten Paul Georg Hopmann (geb. 1930) gebaute Haus Nr. 1a, wenngleich es durch seinen Erker und das Material Backstein etwas aus dem ruhigen Straßenbild herausbricht. Ferner sind zu nennen das 1959/60 von Adam Lang (1888–1970) errichtete Haus Helenenstr. 3 und die aus dem Jahr 1959 stammende Nr. 9 von Heinz Niederwettberg (1912–2003).

Die Verbindung der Breite Straße zum Kloster St. Clara ist durch deren hinter den Häusern gelegenen Gartengrundstücke gegeben, die vielfach unmittelbar an die Mauer des Klostergeländes grenzten. Der behandelte Abschnitt dieses Straßenzuges, der von der Straße Auf dem Berlich und der St.-Apern-Straße begrenzt wird, endete bis zur Errichtung der staufischen Stadtmauer an dem vermutlich noch bis ins 14. Jahrhundert existenten, 1887 bei Bauarbeiten teilweise wiederentdeckten, zur römischen Stadtbefestigung gehörenden „Ehrentor" (auch „Erea Porta", „Erenporce" oder „Porta Honoris") ab, das nicht mit dem staufischen „Ehrentor" am Ende der Ehrenstraße zu verwechseln ist. Im frühen Mittelalter hieß die zu römischen[29] Zeiten angelegte Breite Straße, bei der sich das Wort Breite nicht auf die tatsächliche Ausdehnung der Straße, sondern lediglich auf deren besondere Bedeutung innerhalb des Straßennetzes der Stadt bezog, Ehrenstraße. Der Name Breite Straße tauchte um 1187/1200 im Namen „in lata platea" oder 1349 in „super Lata platea dicta Erenstraisse" bzw. 1400 deutsch in „up der Brederstrassen" auf.[30]

Wie dieser Bereich einst bebaut war, wissen wir von dem detailgetreuen Mercator-Plan von 1571. Einen großen Teil der dort aus der Vogelschau wiedergeben Bausubstanz konnte der Buchdrucker, Verleger, Antiquar und Schriftsteller Franz Anton Kreuter (7.3.1810–27.1.1877)[31] noch antreffen, als er um 1840 – wohl beeindruckt von der 1836/37 durchgeführten Vermessung der gesamten Altstadt – zu zahlreichen Kölner Straßen erstaunlich genaue bildliche Abwicklungen mit historisch fundierten textlichen Kommentaren fertigte, die als kostbarer Schatz unter Bezeichnung „Kreuter´sche Sammlung" heute im Historischen Archiv der Stadt Köln aufbewahrt werden. Seine Bilder sind für viele Bereiche die einzigen bildlichen Dokumente des noch mittelalterlich geprägten Köln, bevor ab den

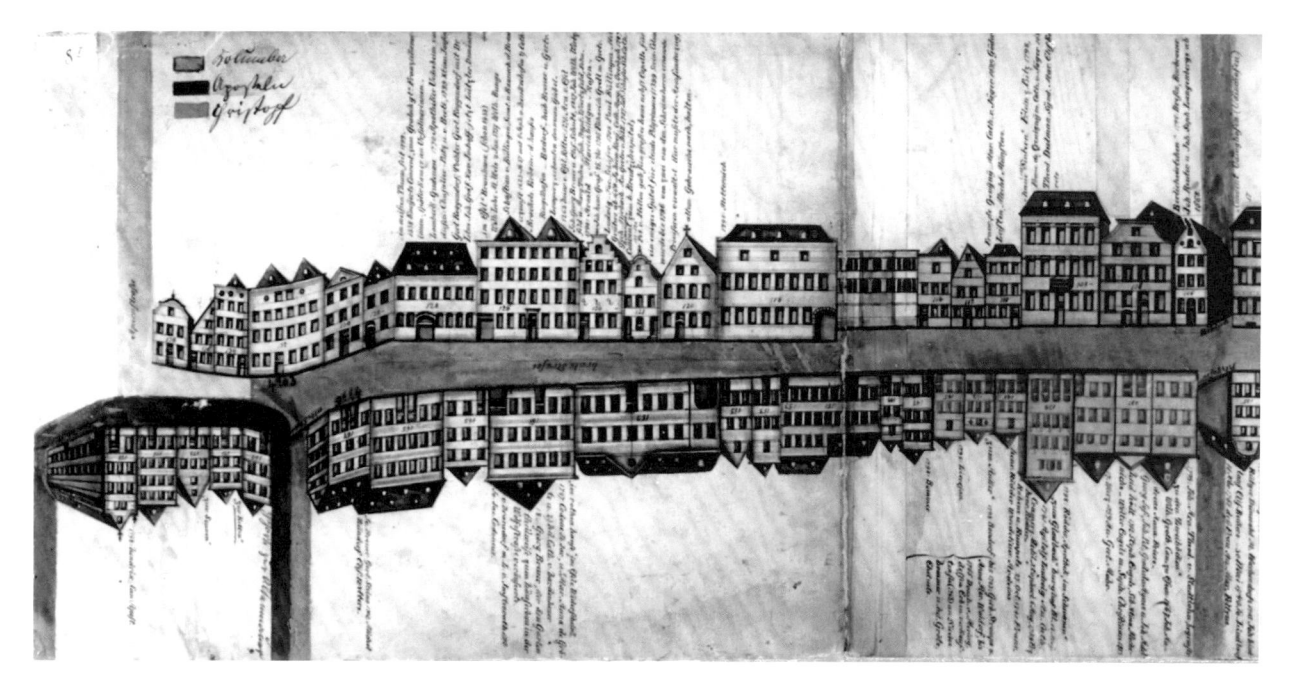

1840er Jahren der große Bauboom einsetzte, der mit neuen Straßenzügen und Neubauten auf alten Parzellen zahlreiche Bereiche der Altstadt völlig veränderte. Mit großem Erstaunen muss vermerkt werden, dass trotz einer leichten Korrektur der Bauflucht und einer Verbreiterung der Straße Auf dem Berlich das von Kreuter festgehaltene Straßenbild sich noch in der heutigen Bebauung nachvollziehen lässt. Vielfach handelt es sich noch um die annähernd gleichen Grundstücke, die – bedingt durch den Ausbau der Straßen Auf dem Berlich, Helenenstraße und auch St.-Apern-Straße – zwar in ihrem rückwärtigen Bereich oft mehrfach verändert wurden, die aber an der Breite Straße – abgesehen von einigen Teilungen, Parzellenzusammenlegungen und ebenso vielen späteren Korrekturen von diesen Vorgängen – ihre alte Ausdehnung zeigen. Im Falle des Restaurants „Bieresel", und bedingt auch bei dem Kolpinghaus, werden in situ noch mittelalterliche Traditionen fortsetzt. Von der Bausubstanz her ist das heute älteste Gebäude das 1878 gebaute Eckhaus Breite Str. 132/St.-Apern-Straße, während das Kolpinghaus sich heute wie ein Neubau der 1950er Jahre präsentiert, der in Wirklichkeit aber eine Überformung eines Gebäudes von 1911–14 ist, das wiederum fast vollständig einen Vorgängerbau von 1885/86 als Kern besitzt. Aus der Vorkriegszeit datiert ferner das in weiten Teilen erhaltene Haus Breite Straße 118–120 von 1911/12 sowie der während des Zweiten Weltkriegs als Provisorium neu gebaute „Bieresel", in dessen Mauerwerk noch mittelalterliche Bausubstanz enthalten sein müsste.

Die ersten mit Abbrüchen und Neubauten verbundenen Veränderungen in der Breite Straße begannen, als die Straße Auf dem Berlich und die Helenenstraße schon weitgehend fertiggestellt waren. Den wichtigsten Impuls für die Entwicklung der Breite Straße in diesem Abschnitt und in der Folge für die angrenzenden Straßen gab der Gesellenvater Adolph Kolping, dessen von ihm 1849 gegründeter Gesellenverein am 14. August 1852 das Lendersche Anwesen, Breite Str. 108, das zuletzt der Familie von Gymnich gehörte, zum Preise von 14.200 Talern erworben hatte. Kurz zuvor hatte er mit seiner Schrift „Für ein Gesellen-Hospitium" die Kölner Bürger und ihre führenden Kreise auf die kargen Lebensumstände der Handwerksgesellen

Die von Anton Kreuter um 1840 gefertigte Ansicht der Breite Straße. (Historisches Archiv, Abb.: RBA)

Der Ursprungsbau des Kolpinghauses. (Abb. aus: Heinrich Festing: Adolph Kolping und sein Werk. Freiburg, Basel, Wien 1981)

l.: Ansichtszeichnung des Saalbaus von Vincenz Statz. (Abb. aus: Ellen Lilischkies, Franz Lüttgen (Hg.): Kolping Köln-Zentral. Köln 1999)

r.: Blick in den Saalbau von Vincenz Statz. (Abb. aus: Die kathol. Gesellenhospitien zu Cöln 1853-1913. Festschrift zur Einweihung des Kolpinghauses am 20. Juli 1913. Köln 1913, S. 7)

32 *Mein besonderer Dank gilt Herrn Franz Lüttgen vom Deutschen Kolpingwerk, der mir auf bemerkenswert unkomplizierte Weise zahlreiches Material über das Kolpinghaus zur Verfügung stellte. Heinrich Fischer, Theo Rempe, Albert Schröder: Kolpinghaus International in Köln. Köln 1971. Ellen Lilischkies, Franz Lüttgen (Hg.): Kolping Köln-Zentral. Köln 1999. Kölner Localanzeiger vom 11.10.1910, 16.10.1910*

33 *Die kathol. Gesellenhospitien zu Cöln 1853-1913. Festschrift zur Einweihung des Kolpinghauses am 20. Juli 1913. Köln 1913. Hans Vogts: Vincenz Statz (1819-1898). Lebensbild und Lebenswerk eines Kölner Baumeisters. Mönchengladbach 1960, S. 83*

34 *Schweitzer: Hospize und Ledigenheime der kath. Gesellenvereine. Mönchengladbach 1911. Ellen Lilischkies, Franz Lüttgen (Hg.): Kolping Köln-Zentral. Köln 1999*

und jungen Arbeiter aufmerksam gemacht und an ihr Gewissen appelliert, dass die Gesellschaft nur dann ihrem Ruin entgehen kann, wenn für die Jugend ausreichend gesorgt wird. Es sollte keine Stätte der Almosen für gescheiterte Existenzen sein, sondern ein Haus der Bildung und Weiterbildung sowie der frohen Gemeinschaft für tüchtige, strebsame Bürger und Christen.[32] Bisher hatten die Versammlungen des Vereins in verschiedenen, für die Beherbergung von Handwerksgesellen kaum geeigneten Häusern in Köln stattgefunden. Das nach Renovierungen am 8. Mai 1853 eingeweihte Haus in der Breite Straße, eine Art Jugendherberge für zu- und durchreisende Mitglieder, ist die Keimzelle aller Kolping-Hospize Deutschlands. Im Erdgeschoss befanden sich ein großer Versammlungssaal sowie gartenseitige Wirtschaftsräume und im Obergeschoss ein Unterrichtssaal, die Räume der Gesellen und die Wohnung Kolpings. Mit seinen Räumlichkeiten, die zunächst nur für zureisende Handwerksburschen bestimmt waren, genügte es aber kaum den bescheidensten Ansprüchen der damaligen Zeit.

Als nächstes Ziel stand die Schaffung von Unterkünften für die Gesellen an, die schon in Köln Arbeit und damit verbunden meist karg bei ihrem Meister Quartier gefunden hatten. So machte Adolf Kolping dem Vorstand schon im Januar 1855 den Vorschlag, das benachbarte, in Besitz der städtischen Armenverwaltung befindliche Kreuzkonvent, Breite Str. 110, für Erweiterungen zu erwerben. Es folgten zahlreiche erfolglose Verhandlungen, bis am 6. Mai 1861 das Konvent im Rahmen einer öffentlichen Versteigerung für eine hohe Summe an den Gesellenverein fiel, was aber nicht hieß, dass die Immobilie an ihn übertragen werden konnte. Durch eine groß angelegte Kampagne gegen den katholischen Verein, die bis nach Berlin hin ausgetragen wurde, war schließlich die Kölner Armenverwaltung im Herbst 1863 genötigt, den Verkauf rückgängig zu machen. Für Adolf Kolping hieß das, seine Erweiterungspläne in dem für ihn so wertvollen Gartengelände zu realisieren. Hierfür gewann er seinen Freund Vincenz Statz, seinerzeit Diözesanbaumeister in Köln und einer der wichtigsten Vertreter der Neugotik, der 1864/65 dann dort den großen „Saalbau" – ein „in seinem Stil die schlichte bürgerliche Gotik repräsentierendes Gebäude"[33] – errichtete, der neben dem an drei Seiten von einer Galerie umgebenen Saal und einem Zeichensaal vor allem Schlafzimmer für rund 120 Gesellen enthielt.[34] Für die Ausführung zuständig waren der Maurermeister Franz Koch und der Zimmermeister Heinrich Josef Odendahl. Zu beobachten ist ferner, dass bald sehr häufig die gotische Architektur als Vorbild für Neubauten in diesem Viertel herangezogen wurde. Am 17. September 1865, kurz vor dem Tod von Adolf Kolping, fand durch den Weihbischof Dr. Johann Baudri die feierliche Weihe dieses ersten deutschen Ledigenheimes statt.

Am 21. März 1871 beschloss der Vereinsvorstand den Abbruch des ehemaligen Lenderschen Hauses und beauftragte den Kölner Stadtbaumeister Julius Raschdorff (1823–1914), der später durch den Berliner Dom berühmt wurde, mit einer Neuplanung. Diese am 10. Mai 1871 vorgestellten Entwürfe erwiesen sich allerdings als zu teuer und in der Zeit des beginnenden Kulturkampfes, in der sämtliche Veranstaltungen des Vereins von der Polizei observiert wurden, waren sie auch kaum realisierbar. 13 Jahre später konkretisierten sich auch die Vorstellungen von einem neuen Projekt, das durch den Hinzukauf des erst 1833/34 neu errichteten Wohnhauses des General-Advocaten Caspar Johann Heinrich von Groote, Breite Str. 106, jetzt noch größer werden sollte, als es Raschdorff geplant hatte. Als Architekt konnte Jean Schmitz (1852–1937) gewonnen werden, der in Hannover und vor allem in Wien, wo er Meisterschüler des einst in Köln tätigen Friedrich Freiherrn von Schmidt war, vor allem „Neugotik" gelernt hatte. Mit diesem ersten großen Projekt des Architekten in Köln, das nach rund 14monatiger Bauzeit am 25. Juli 1886 eingeweiht wurde, hatte die Breite Straße in dem behandelten Abschnitt erstmals einen breit gelagerten Baukörper erhalten, der in seinen Ausmaßen und seinem steinernen Erscheinungsbild „in Formen der bürgerlichen Gotik" das Straßenbild dominierte. Erst bei näherer Betrachtung fällt die Differenzierung des Fassadenablaufs nach den ursprünglichen Parzellen auf, die auf der Erweiterung während der Bauzeit beruht. Auch funktional bildete das Haus Breite Straße 106 eine selbstständige Einheit, die zunächst vom Verein fremdvermietet und erst später von ihm selbst genutzt wurde. Auch wenn die Breite Straße zu jener Zeit noch nicht die spätere Bedeutung als Geschäftsstraße besaß, erhoffte sich der Verein vor allem durch den Einbau von Ladenlokalen im Erdgeschoss eine besonders gute Rendite. Im Erdgeschoss des eigentlichen Gesellenhauses befanden sich dagegen ein kleiner Saal für die Meister, die Wohnungen des Hausmeisters und Pförtners, ein geräumiger Speisesaal und die Küche, im ersten Obergeschoss die Wohnung des Präses sowie Wohnräume für das Personal, im zweiten Obergeschoss die Zimmer für den Vicepräses sowie Wohnräume für Gesellen und im dritten, im Dachbereich befindlichen Obergeschoss ausschließlich Zimmer für die Gesellen. Insgesamt konnten in der gesamten Anlage rund 250 Gesellen Aufnahme finden.[35]

Aus späterer Sicht wurde wegen des sich bald einstellenden akuten Raummangels die Vermietung eines Teils des Hauses als Fehler eingeräumt; dieser Notstand wurde aber bald durch den Erwerb und Neubau von Häusern an anderen Stellen der Stadt behoben. Überlegungen aber, den Standort Breite Straße aufzugeben und in einem der Vororte ein neues großes Kolpinghaus zu errichten, wurden stets in Anbetracht der historischen Bedeutung des Ortes als Wirkungsstätte von Adolf Kolping verworfen. Statt dessen wurde darüber nachgedacht, die wirtschaftlichen Vorteile des Standortes an einer der nun beliebtesten Kölner Geschäftsstraßen durch Hinzukauf von Grundstücken in angrenzenden Nachbarstraßen zu nutzen. Eine besondere Gelegenheit war hierbei das an das Gartengelände des Kolpinghauses anschließende Grundstück Helenenstr. 11, das zu Beginn des Jahres 1910 vom Verein erworben wurde. Als es dann noch gelang, zu günstigen Konditionen das Gebäude der Armenverwaltung, Breite Str. 110, von der Stadt zu erhalten, wurde der Kölner Architekt Carl Moritz beauftragt, einen großen Neubaukomplex auf diesem Gesamtareal zu planen.[36] In den Jahren 1911–13 entstand so auf einem rund 4000 qm gro-

Ansicht des Kolpinghauses von Jean Schmitz. (Abb. aus: Die kathol. Gesellenhospitien zu Cöln 1853-1913. Festschrift zur Einweihung des Kolpinghauses am 20. Juli 1913. Köln 1913, S. 9)

35 Franz Le Brun: Vereinshäuser. In: Köln und seine Bauten. Köln 1888, S. 584–603. Heinrich Fischer, Theo Rempe, Albert Schröder: Kolpinghaus International in Köln. Köln 1971. Ellen Lilischkies, Franz Lüttgen (Hg.): Kolping Köln-Zentral. Köln 1999. Schweitzer: Hospize und Ledigenheime der kath. Gesellenvereine. Mönchengladbach 1911
36 Grundsteinlegung zum Neubau des Zentralgesellenhospitiums Kolpinghaus zu Cöln am Pfingstmontag, den 5. Juni 1911. Köln 1911. Schweitzer: Hospize und Ledigenheime der kath. Gesellenvereine. Mönchengladbach 1911. Die kathol. Gesellenhospitien zu Cöln 1853-1913. Festschrift zur Einweihung des Kolpinghauses am 20. Juli 1913. Köln 1913. Festschrift zur Jahrhundertfeier des Geburtstages Adolf Kolpings. Düsseldorf 1913. Ellen Lilischkies, Franz Lüttgen (Hg.): Kolping Köln-Zentral. Köln 1999. Kölner Localanzeiger vom 3.6.1911, 6.6.1911, 6.4.1913, 6.7.1913. Stadt-Anzeiger vom 24.10.1926. Rheinischer Merkur vom 19.7.1913

Entwurf von Jean Schmitz zum neuen Kolpinghaus. (Abb. aus: Köln und seine Bauten. Köln 1888, S. 602)

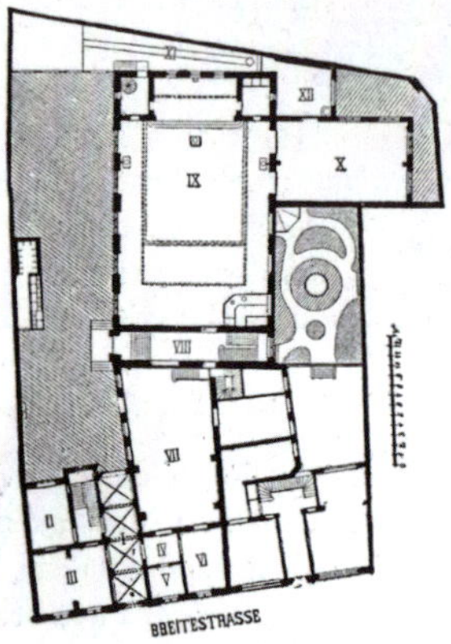

Lageplan mit Erdgeschossgrundriss des Kolpinghauses von Jean Schmitz. (Abb. aus: Köln und seine Bauten. Köln 1888, S. 601)

Der erste Entwurf von Carl Moritz zum neuen Kolpinghaus. (Abb. aus: Schweitzer: Hospize und Ledigenheime der kath. Gesellenvereine. Mönchengladbach 1911, S. 99)

Ausführungsentwurf von Carl Moritz zum neuen Kolpinghaus. (Abb. Postkarte Privatbesitz Dr. Wolfram Hagspiel)

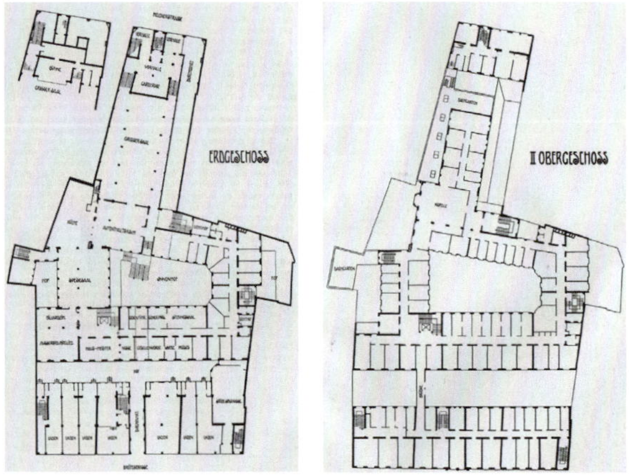

Erdgeschoss und zweites Obergeschoss des Kolpinghauses von Carl Moritz. (Abb. aus: Die kathol. Gesellenhospitien zu Cöln 1853–1913. Festschrift zur Einweihung des Kolpinghauses am 20. Juli 1913. Köln 1913, S. 38)

ßen Grundstück, von dem fast drei Viertel bebaut wurden, ein dreiteiliger Komplex mit einem Wohn-, Büro- und Geschäftshaus unter der Adresse Breite Str. 106–110, mit dem Wohnhaus für den General- und Lokalpräses in der Helenenstraße und im gemeinsamen Gartenbereich, von beiden Grundstücken aus erreichbar, das eigentliche Gesellen-Hospitium. Einige Wochen nach der am 5. Juni 1911 erfolgten Grundsteinlegung kam es zu einer nicht unerheblichen Planungsänderung, die wohl mit einer neu gewünschten Höherzonung des Baukörpers an der Breite Straße um ein Geschoss zusammenhing, aus der dann eine Geschossreduzierung in der Helenenstraße resultierte. Diese Planänderung hat im ersten Bauabschnitt während der Errichtung des Hauses Helenenstr. 11 stattgefunden, während das für den zweiten Bauabschnitt vorgesehene Gebäude an der Breite Straße fast gänzlich neu geplant wurde. Ein Vergleich mit den Fassadenaufrissen des Kolpinghauses von Jean Schmitz und der ersten Planung von Carl Moritz zeigt deutlich, dass wesentliche Teile des Außenmauerwerks vom Altbau integriert werden sollten, während beim realisierten Projekt der Anteil des wiedergenutzten Mauerwerks kaum auszumachen ist. Der Gebäudeteil an der Breite Straße wurde betont sachlich als Geschäftshaus konzipiert und sollte mit der fremdvermieteten Ladenzone und der darüberliegenden Büroetage die notwendigen Erträge zur Ausbalancierung des Vereinsetats bringen. Erst darüber folgten auf drei Etagen Räumlichkeiten für die Gesellen. Bei der Fassadengestaltung fällt die besondere Betonung der Mitte auf, die darauf hindeutet, dass hier das alte Durchgangsportal wiederverwendet wurde, welches einst von unzähligen Gesellen und Persönlichkeiten durchschritten wurde, um zu Adolf Kolpings historischer Wirkungsstätte zu gelangen. Was sich hinter diesem Hauptbau entwickelte, hatte wenig mit der Gartenidylle zu Adolf Kolpings Zeiten zu tun. Hier – mit dem eigentlichen Gesellen-Hospitium – hatte Carl Moritz bei höchst intensiver Grundstücksausnutzung einen mulifunktionalen Großbau geschaffen, der in seiner Disposition an seine zahlreichen Gewerbebauten denken lässt. Das Innere erinnerte gleichzeitig an Hotels, Krankenhäuser, Schulen oder Klöster und war einerseits geprägt von höchster, aber nüchterner Funktio-

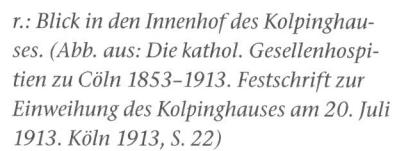

l.: Das Kolpinghaus während des Neubaus im Jahre 1912.

r.: Blick in den Innenhof des Kolpinghauses. (Abb. aus: Die kathol. Gesellenhospitien zu Cöln 1853–1913. Festschrift zur Einweihung des Kolpinghauses am 20. Juli 1913. Köln 1913, S. 22)

l.: Die Einweihungsfeierlichkeiten des neuen Kolpinghauses. (Abb. aus: Ellen Lilischkies, Franz Lüttgen (Hg.): Kolping Köln-Zentral. Köln 1999)

r.: Der Speisesaal. (Abb. aus: Die kathol. Gesellenhospitien zu Cöln 1853–1913. Festschrift zur Einweihung des Kolpinghauses am 20. Juli 1913. Köln 1913, S. 27)

Blick in die Kapelle. (Abb. aus: Die kathol. Gesellenhospitien zu Cöln 1853–1913. Festschrift zur Einweihung des Kolpinghauses am 20. Juli 1913. Köln 1913, S. 26)

nalität, andererseits, sobald es in Gemeinschaftsbereiche überging, von sehr stimmungsvollen, künstlerisch besonders sorgfältig durchgestalteten Raumschöpfungen. In ihnen, wie im Festsaal, dem Speisesaal oder der Kapelle, hatte der große Baukünstler Carl Moritz seine Handschrift ganz besonders deutlich hinterlassen. Insgesamt bot das neue Kolpinghaus 450 Betten in 197 Räumen sowie eine Vielzahl von Ausbildungsräumen und Werkstätten. Größtes Geschäft in dem vermieteten Erdgeschoss des an der Breite Straße gelegenen Gebäudes war die legendäre Konditorei von Josef Eisenmenger und Albert Linder.[37] Weitere Geschäfte waren u. a. eine Filiale der Stadtsparkasse, ein Tapetengeschäft, eine Pelzhandlung, ein Fischladen sowie Bekleidungsgeschäfte. Vom Krieg blieben große Teile des eigentlichen Gesellen-Hospitiums weitgehend verschont, während das Haus in der Helenenstraße völlig und das in der Breite Straße in großen Bereichen zerstört wurden. Die erhaltenen Gebäudeteile bildeten direkt nach dem Krieg einen wichtigen innerstädtischen Veranstaltungsort, an dem u.a. die Gründung bzw. Wiederbelebung der CDU vollzogen wurde. Der komplette, unter Verwendung der erhaltenen Teile vollzogene Wiederaufbau des Hauses in der Breite Straße erfolgte 1951/52 durch den „Hausarchitekten" der Kolpingfamilie, Albert Weiss (1907–2003), einem ehemaligen Mitarbeiter von Moritz & Betten und Schüler von Dominikus Böhm. Zu Beginn der 1970er Jahre, kurz nach Fertigstellung des „Kolpinghauses International" in der St.-Apern-Straße, wurden dagegen die im Krieg erhaltenen Bauteile abgerissen. Im Rahmen dieser Maßnahme erhielt 1971/72 ein Teil des Ge-

37 Franz Bender (Bearb.): Köln. 1. Aufl. Berlin 1922, S. 216–217 (=Deutschlands Städtebau). Erhard Schlieter, Rudolf Barten: Köln, Café, Kuchen. Köln 1987, S. 80

Die Konditorei J. Eisenmenger im Kolpinghaus. (Abb. aus: Franz Bender (Bearb.): Köln. 1. Aufl. Berlin 1922, S. 216 (=Deutschlands Städtebau))

bäudes an der Breite Straße, und zwar der Bereich, der einst der Armenverwaltung gehörte, durch den Architekten Hans Schilling eine Aufstockung und in Teilen eine neue Fassade. Im Jahre 2000 wurde dieser Gebäudeteil abgerissen und 2001/02 durch einen Neubau des Architekten Wolfgang Raderschall (geb. 1952), der u.a. Mitarbeiter von Joachim Schürmann war und einst in einer Arbeitsgemeinschaft mit Hadi Teherani in Köln geplant hatte, ersetzt. Bauherr dieses Büro- und Geschäftshauses mit der Adresse Breite Str. 110 war das „Kolpinghaus International – Katholisches Gesellen-Hospitium zu Köln".[38]

Heute vergessen ist, das hier einst eine der vielen mittelalterlichen Wohlfahrtseinrichtungen der Stadt, das Kreuzkonvent oder „Buschoffs convent beneven dem Heilgen Cruytze", wie es 1487 genannt wurde, ge-

Das zerstörte Kolpinghaus direkt nach dem Krieg. (Abb. aus: Ellen Lilischkies, Franz Lüttgen (Hg.): Kolping Köln-Zentral. Köln 1999)

Blick in die Breite Straße mit dem Kolpinghaus um 1930. (Abb.: Postkarte Privatbesitz Dr. Wolfram Hagspiel)

38 Kölnische Rundschau vom 14.7.2001, 24.1.2002

Der Bieresel, das im Abbruch befindliche Haus Breite Str. 112, die Armenverwaltung und das Kolpinghaus im Jahre 1911. (Abb.: RBA)

standen hat.³⁹ Dieses auf eine Stiftung des Jahres 1288 zurückgehende Hospital für Beginen und Arme, das in dem Wohnhaus des Schenkers, Hermann Bischof, Kanonikus zu St. Gereon, eingerichtet wurde, existierte mit seiner im Jahre 1623 veränderten Gestalt bis ins 19. Jahrhundert. Eine Besonderheit stellte die Kreuzigungsgruppe an der Kapelle dar, vor der ein Geistlicher den zur Richtstätte geleiteten Verbrechern eine Ansprache hielt. 1863 plante der Stadtbaumeister Julius Raschdorff im Auftrage der städtischen Armenverwaltung einen Neubau des Kreuzkonvents als „Asyl für alte Frauen", der bis 1866 realisiert wurde.⁴⁰ Im Laufe der Zeit entstanden insgesamt drei Gebäude auf dem Grundstück. Wenige Jahre vor dem Verkauf des Areals an den Kolpingverein wurde das straßenseitige Haus durch den städtischen Architekten Carl Bollweg (1856–1928) für die Einrichtung einer Filiale der Stadtsparkasse umgebaut, wobei mittig in die Fassade ein großes Fenster und seitlich eine Tür eingebrochen wurde.

Versetzt man sich zurück in das Jahr 1886, als gerade das neugotische Kolpinghaus fertiggestellt worden war, dann fiel an der Ecke zur St.-Apern-Straße ein weiteres neugotisches Gebäude als Besonderheit auf. Es handelt sich um das heute noch existierende Wohn- und Geschäftshaus Breite Str. 132, das 1878 von dem Kölner Architekten Josef Seché (gest. 1901) für den Bäckermeister Johann Blumacher gebaut wurde, dessen Familie – nun in zweiter Generation – an diesem Ort seit ca. 1830 eine Bäckerei betrieb. Zum besseren Verständnis dieser Architektur trägt die in einer zeitgenössischen österreichischen Bauzeitschrift publizierte Kommentierung bei: „... Die Façade ist in gelben Blendsteinen und Sandsteinen in frühgothischen

---

39 Paul Clemen (Hg.): Die Kunstdenkmäler der Stadt Köln, Bd. 2, III. Abteilung, Die ehemaligen Kirchen, Klöster, Hospitäler und Schulbauten der Stadt Köln. Düsseldorf 1937, S. 363–364. Hans Vogts: Das Kölner Wohnhaus bis zum Anfang des 19. Jahrhunderts. Köln 1914, S. 385, 453. Paul Clemen (Hg.): Die Kunstdenkmäler der Stadt Köln, Bd. 7, IV. Abteilung, Die profanen Denkmäler. Düsseldorf 1930, S. 428

40 HAStK Best. 34/101. Klaus Peters: Leben und Wirken des Architekten Julius Carl Raschdorff 1823–1914. (Phil.-Diss. Universität Hannover 1999) Hannover 2004 [=Schriften des Instituts für Bau- und Kunstgeschichte der Universität Hannover, Bd. 14], S. 206. Julius Schantz: Die Conventsstiftungen. In: Lent (Hg.): Köln. Festschrift für die Mitglieder und Teilnehmer der 61. Versammlung deutscher Naturforscher und Aerzte. Köln 1888, S. 305–311

Formen ausgeführt. Die Oberlichterfenster haben durchwegs einfache Maasswerke mit Bleiverglasung. Der Erker an der abgeschrägten Ecke entwickelt sich aus den Schlusssteinen des Segmentbogens der Ladenthüre. Der grosse Konsolstein ist frei gearbeitet, so dass über dem Segmentbogen noch Oberlichtfenster angebracht werden konnten. Hierdurch erscheint der Erker leichter und die an sich niedrige Eingangsthüre nicht gedrückt. Das Haus hat nur eine geringe Tiefe, so dass, um einen Raum für den Abort zu gewinnen, ein Theil des Korridors zur Mitbenutzung zugezogen werden musste. Die Thüre... schliesst fest vor den Sitz und ist genau so breit wie der Flur selbst. Dieselbe ist so eingerichtet, dass sie in der Stellung.. verschlossen werden kann."[41] Vermutlich ist das Haus Blumacher das erste Werk von Josef Seché als selbstständiger Architekt, der zuvor in der Bauabteilung der Rheinischen Bahn und dann bei der Eisenbahndirektion in Köln tätig war. Später wirkte er auch als Lehrer für Entwerfen und Freihandzeichnen an der Baugewerkschule in Köln und zählte zu den produktivsten Architekten seiner Zeit in der Altstadt und Neustadt. Von ihm stammen aber auch zahlreiche Kirchen und Synagogen außerhalb von Köln. Bezeichnend für viele seiner Bauten ist die reichliche Verwendung von Erkern, Türmen und Bau-

41 *Allgemeine Bauzeitung, Jg. 56, 1891, S. 16 u. Taf. 7*
Mein besonderer Dank gilt Frau Ludmilla Siman, die mir diese Publikation besorgt hat.

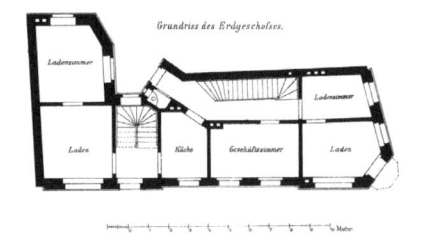

Erdgeschossgrundriss des Hauses Breite Str. 132. (Abb. aus: Allgemeine Bauzeitung, Jg. 56, 1891, S. 16)

Entwurfszeichnung zum Haus Breite Str. 132. (Abb. aus: Allgemeine Bauzeitung, Jg. 56, 1891, Taf. 7)

Blick auf das Haus Auf dem Berlich 1/Breite Straße im Jahre 1913 mit dem kurz zuvor fertiggestellten Agrippina-Haus (rechts). (Abb.: RBA)

Werbeansicht des Hauses Auf dem Berlich 1/Breite Straße. (Abb. aus: Franz Bender (Bearb.): Köln. 1. Aufl. Berlin 1922, Inserateil [=Deutschlands Städtebau])

plastik, atypisch dagegen der gotische Stil, der sich in seinem übrigen Werk nicht nachweisen lässt. Vermutlich geht die Wahl des Stils auf den Wunsch des Bauherrn zurück, der in seiner unmittelbaren Nachbarschaft wohl mit Begeisterung die Entstehung des Saalbaus des Kolpingvereins und des Privathauses von Vincenz Statz verfolgt hat.

Im Gegensatz zum Haus Breite Str. 132 erhielt die mit der Straße Auf dem Berlich gebildete Ecksituation, für die seit den 1850er Jahren die Adresse Auf dem Berlich 1 galt, im 19. Jahrhundert zwei neue Fassungen. Die bei Kreuter abgebildeten Häuser (damals Nr. 106 und 108) waren 1850 abgerissen worden. Anschließend wurde das ehemalige Grundstück Nr. 108 unter Einbeziehung von Teilen des Grundstückes Nr. 106 neu bebaut, während der Rest des Grundstückes Nr. 106 für die Verbreiterung der Straße Auf dem Berlich dienen musste. Das neue Haus, das zuletzt der Familie Johann Maria Farina gehörte, bestand zunächst rund sieben Jahre als eine Bauruine. Die

l.: Das Kaufhaus „Ehape" im Oktober 1929. m.: Die „amerikanische Bar" im Kaufhaus „Ehape". r.: Die damals höchst moderne Rolltreppe im Kaufhaus „Ehape". (Abb. aus: Vierzig Jahre Kaufhalle 1925–1965. Köln 1965)

l.: Blick im Jahre 1944 auf das ehem. Kaufhaus Landauer und das Haus Auf dem Berlich 1/Breite Straße. (Abb.: RBA)

r.: Das Haus Auf dem Berlich 1/Breite Straße 100 im Jahre 2006. (Abb.: Dr. Wolfram Hagspiel)

Witwe Louise Farina, geb. Heimann, die zur Dynastie der Kölnisch-Wasser-Fabrikanten gehörte, veräußerte ihr Wohnhaus dann an den Spediteur Arthur Vrancken, der hier 1897/98 ein höchst modernes Geschäftshaus errichtete, in das die von Max Löwenstein und Alex Grünberg neu gegründete Firma Löwenstein & Grünberg mit ihrer Manufakturwarenhandlung und dem Spezialgeschäft für Damenmoden und Ausstattungen als Mieter einzog.[42] Später ging das Haus in das Eigentum der Firmeninhaber über, die ihr Geschäft jedoch nach dem Tod von Max Löwenstein aufgaben und das Haus dann an die zum Warenhauskonzern Leonhard Tietz gehörenden Billigmarken-Firma „Ehape", der 1925 gegründeten „Einheitspreis Handelsgesellschaft m.b.H.", vermieteten. Nach einem gründlichen Umbau durch das Baubüro Ehape und die weitgehend dem Architekten Georg Falck (1878–1947)[43] gehörende Rheinische Bauunternehmung[44] wurde die Filiale am 25.10.1929 mit großer Begeisterung der Bevölkerung eröffnet.[45] Dem Geschmack der Zeit entsprechend wurden beim Umbau die Fassade geglättet und das Innere ganz im Sinne des Bauhauses neu gestaltet, wobei ein großer Stolz die damals höchst moderne Rolltreppenanlage war. Nach der Machtübernahme der Nationalsozialisten richteten sich die ersten Maßnahmen gegen die großen jüdischen Firmen, wie die Leonhard Tietz A.G und die mit ihr verbundene Firma Ehape. Im Rahmen der dann folgenden „Arisierung"[46], bei der die jüdischen Eigentümer aus den Firmen gedrängt und vielfach zur Emigration gezwungen wurden, erhielten viele Geschäfte neue Eigentümer und auch neue Namen, in diesem Fall Kaufhof und Kaufhalle. Da auch die Eigentümer des Hauses Juden waren, folgten Enteignung bzw. Zwangsverkauf. Im Rahmen wohl komplizierter Rückübertragungsverhandlungen nach dem Krieg, in dem das Gebäude völlig zerstört wurde, scheiterte zunächst eine Neubebauung mit dem „Kaufhaus Hubert Springob", für die Rudolf Schwarz (1897–1961) und Josef Bernard (1902–1959) 1947/48 erste Entwürfe eingereicht hatten. Bebaut wurde das Grundstück unter Einbeziehung des Trümmergrundstückes Breite Str. 100 in den Jahren 1953–55 durch den Architekten Jakob Traut (1907–1972), der dieses bis heute mehrfach überformte, 1964 zur Ecke hin aufgestockte Wohn- und Geschäftshaus, das heute den Namen „Concordia-Haus" trägt, für die Poppe & Wirth AG entworfen hatte, die seit dem späten 19. Jahrhundert auf dem Grundstück Breite Str. 100 ansässig war.

Die 1868 in Berlin gegründete Firma Poppe & Wirth[47], eine Ledertuch-, Wachstuch- und Linoleumfabrik sowie Hersteller von Cocosläufern und Matten, betrieb spätestens seit den 1880er Jahren in Köln eine Niederlassung, die sich 1886 in dem Haus Vor St. Martin 32 befand. Wenige Jahre

42 Franz Bender (Bearb.): Köln. 1. Aufl. Berlin 1922, Inserateil [=Deutschlands Städtebau]

43 Wolfram Hagspiel: Köln: Marienburg. Bauten und Architekten eines Villenvorortes. Köln 1996. Wolfram Hagspiel: Georg Falck (1878–1947). Der „Hausarchitekt" der Leonhard Tietz AG. In: Polis, Jg. 13, 2001, H. 1, S. 34–41

44 Rheinische Bauunternehmung G.m.b.H., Köln-Ehrenfeld. Köln o. J. (um 1930)

45 Stadt-Anzeiger vom 24.10.1929 (Werbung). Vierzig Jahre Kaufhalle 1925–1965. Köln 1965

46 Britta Bopf: „Arisierung" in Köln. Die wirtschaftliche Existenzvernichtung der Juden 1933–1945. Köln 2004 [=Schriftenreihe des NS-Dokumentationszentrums der Stadt Köln, Band 10]
Peter Fuchs: 100 Jahre Kaufhof Köln 1891–1991. Köln 1991

47 Festschrift 100 Jahre Poppe-Wirth. 1968
Britta Bopf: „Arisierung" in Köln. Die wirtschaftliche Existenzvernichtung der Juden 1933–1945. Köln 2004 [=Schriftenreihe des NS-Dokumentationszentrums der Stadt Köln, Band 10]

l.: *Ansicht des Geschäftshauses der Firma Poppe und Wirth nach dem Umbau durch Jacob Koerfer. (Abb. aus: Moderne Bauformen, Jg. 13, 1914, S. 294)*

r.: *Ansicht des Geschäftshauses der Firma Poppe und Wirth vor dem Umbau. (Abb. aus: Festschrift 100 Jahre Poppe und Wirth. 1968)*

48 *Moderne Bauformen, Jg. 13, 1914, S. 294*
49 *Hans Vogts: Das Kölner Wohnhaus bis zum Anfang des 19. Jahrhunderts. Köln 1914, S. 47, 51, 56, 62, 77, 164, 186, 188, 195, 383, 453. Hans Vogts: Das Kölner Wohnhaus bis zur Mitte des 19. Jahrhunderts. Neuss 1966, S. 66, 71, 81, 90, 242, 273, 279, 287, 519–520. Paul Clemen (Hg.): Die Kunstdenkmäler der Stadt Köln, Bd. 7, IV. Abteilung, Die profanen Denkmäler. Düsseldorf 1930, S. 428. HAStK Best. 34/102*

später erwarb sie das Haus Breite Str. 100, das damals die Adresse Breite Straße 108–110 hatte. Hier waren zwei Parzellen zusammenlegt worden, wobei es sich bei der Nr. 108 um eine ältere Ausparzellierung des einst großen Anwesens Nr. 108 handelt. Der rechte Teil des Hauses Breite Straße 108–110 wurde 1872 neu gebaut, während die andere Hälfte, also die Nr. 110, im Jahre 1877 neu errichtet wurde. Dieses also in zwei Abschnitten errichtete Gebäude nutzte über Jahre der Justizrat und Rechtsanwalt Cornelius Balduin Trimborn für seine Wohnzwecke und die Kanzlei. Mit dem Übergang in das Eigentum der Firma Poppe & Wirth fand ein größerer Umbau statt, bei dem das Erdgeschoss gänzlich für Läden und die übrigen Etagen meist für Kontor- und Fabrikationszwecke umgestaltet wurden. Ein erneuter größerer Umbau fand 1910/11 durch die Architekten Leopold Schweitzer (1871–1939) und Jacob Koerfer (1875–1930) statt, durch die das Haus – entsprechend den Empfehlungen des damaligen Technischen Beigeordneten Carl Rehorst (1866–1919) – auch eine zeitgemäße Fassade in Werkstein erhielt.[48]

Die beiden zwischen dem heutigen „Concordia-Haus" und dem Kolpinghaus gelegenen Häuser geben noch die ursprüngliche, bis ins Mittelalter zurückreichende Parzellenbreite wieder. Die Nr. 102, ein Neubau des Architekten Paul Krücken von 1950, steht an der Stelle eines im Krieg zerstörten, wohl aus den 1860er Jahren stammenden Wohn- und Geschäftshauses, während das 1969/70 nach den Entwürfen von Ernst Ludwig Haase errichtete Wohn- und Geschäftshaus Nr. 104 einen Vorkriegsbau von 1869/70 ersetzt, in dem die Witwe Johann Eduard Prillwitz zunächst eine Sonnen- und Regenschirmfabrik betrieb. Äußerlich ähnelte dieses Haus sehr dem heute noch erhalten Haus St.-Apern-Str. 4. Westlich des Kolpinghauses stand bis zu seinem Abbruch im Jahre 1911 das aus dem Jahre 1543 stammende und um 1600 für Dietrich Hambloch durch einen Neubau ersetzte Haus „Zur Rose", Breite Str. 112.[49] Dr.-Ing. Hans Vogts (1883–1972), der ambitionierteste, wissenschaftlich fundierteste und produktivste Kölner Stadtkonservator in der Geschichte dieser städtischen Dienststelle, der sich schon lange vor seinem Eintritt in die Kölner Denkmalpflege im Jahre 1925 und vor seinem Wirken als Stadtkonservator, 1932–48, für die Belange der historischen Bausubstanz eingesetzt hatte, der aber gleichzeitig auch die anerkannte Kritikerpersönlichkeit für die jeweils gegenwärtigen Architektur war, ist es zu verdanken, dass dieses Haus fotografisch und zeichnerisch dokumentiert wurde. Er war zudem der einzige in Köln, der 1911 in einem Presseartikel den Verlust dieser typisch altkölnischen Wohnhausarchitektur angemahnt hatte.[50] Seiner Beschreibung nach besaß das Haus – mit Erd-, Zwischen- und Obergeschoss sowie zwei Speichergeschossen – bis zu seinem Abbruch eine wohlerhaltene Innenausstattung mit reich gestalteten „Kölner Decken". Bis in die frühen 1830er Jahre wurden hier durch den Klavierbauer Johann Weber Klaviere hergestellt. Der anschließende Eigentümer, Franz Mathias Göbbels, produzierte in dem Haus Weinfässer und verkaufte nebenbei auch Wein, den man auch im Ausschank erhalten konnte. Im Laufe der Jahre entwickelte sich daraus eine „Weinwirthschaft und Weinhandlung", die – in Anlehnung an das benachbarte Haus „Zum Esel", dem „Bier-Esel" – seit etwa 1899 im Volksmund gerne „Zum Wein-Esel"[51] genannt wurde. So relativ gut das Haus „Zur Rose" dokumentiert ist, so schlecht sind die Informationen über den Neubau von 1912, von dem weder der Name des Architekten, noch genauere Ansichten zu ermitteln waren. Lediglich auf einer Gesamtansicht der Breite Straße erkennt man hinter dem Kolpinghaus einen ebenso hohen Bau mit markantem übergiebelten Dachhaus und reich verzierten Balkonen, die in den einzelnen Geschossen unterschiedlich gestaltet waren. Bauherr war Heinrich Torbeck, der in dem Haus Breite Straße 147–151 eine Seilerei, Rosshaarspinnerei und Polstermaterialienhandlung sowie ein Geschäft für Teppiche, Möbelstoffe und Linoleum betrieb. Das Wohn- und Geschäftshaus Breite Straße 112, in dessen Erdgeschoss sich 1914 das Damenkleidergeschäft Elisabeth Birken und das Restaurant Franz Krebs befanden, diente dagegen lediglich der Vermietung. Ab ca. 1934 betrieb der neue Eigentümer, Walter Treptau, in dem Haus eine größere Gaststätte, die nach dessen Tod sein gleichnamiger

50 Stadt-Anzeiger vom 28.3.1911
51 Kölner Tageblatt vom 16.11.1899

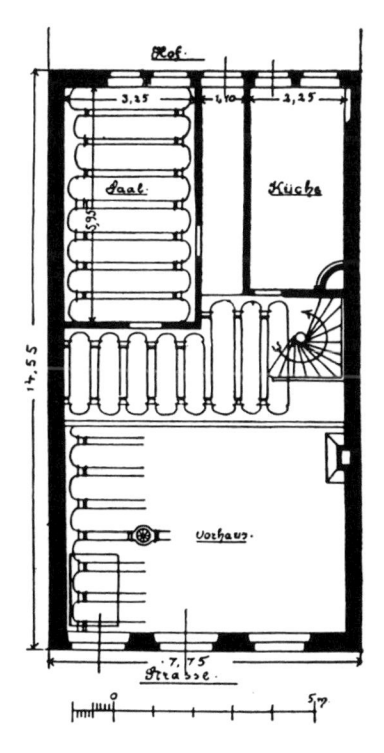

l.: Das Haus Breite Str. 112 kurz vor dem Abbruch im Jahre 1911. (Abb.: RBA)

r.: Erdgeschossgrundriss des Hauses Breite Str. 112. (Abb. aus: Hans Vogts: Das Kölner Wohnhaus bis zum Anfang des 19. Jahrhunderts. Köln 1914, S. 51)

Der Ladenbau Breite Str. 112 Mitte der 1950er Jahre. (Abb.: Privatbesitz)

Sohn weiterführte. Interessant ist, dass dieser 1945 durch den Architekten Alfons Luchini einen Bauantrag zur Errichtung eines jüdischen Restaurants als „Wiederherstellung des jüdischen Restaurants" in dem Erdgeschoss der Ruine einreichen lässt. Statt dessen wurde wohl um die Zeit der Währungsreform der Ladenbereich für Verkaufszwecke hergerichtet und 1952 im Zuge des Abbruchs der übrigen Ruine durch den Architekten Hubert Molis (1899–1969) ganz im Sinne der „50er Jahre" neu gestaltet. Das heutige Büro-, Wohn- und Geschäftshaus entstand als völliger Neubau 1972/73 nach den Entwürfen von Hans Hermann Szanto.

Mit der Adresse Breite Straße 114 schließt das Haus „Zum Esel", das als einziges Gebäude in der Breite Straße Ort, Namen und eine Jahrhunderte alte Tradition seiner Nutzung bewahrt hat. Der heute für seine Muschelspezialitäten über die Grenzen der Stadt bekannte „Bier-Esel" wird urkundlich erstmals im Jahre 1297 als Haus „Zum Esel" erwähnt.[52] Spätestens im Jahre 1319 war mit dem Haus eine Brauerei verbunden, die im Jahre 1400 von dem Clarissenkloster St. Clara an Gerhard den Brauer, Sohn des Otto, verkauft wurde. Das mittelalterliche Gebäude wurde im späten 18. Jahrhundert oder möglicherweise auch erst während der französischen Herrschaft niedergelegt und durch einen achtachsigen, viergeschossigen Neubau in einer für Köln damals typischen einfacheren Variante des Louis-XVI-Stiles ersetzt. Möglicherweise war Everhard Badorff, ein noch „zünftiger" Brauer, der Bauherr. Um 1830 übernahm der Bierbrauer Johann Wilhelm Wiertzfeld von dem Bierbrauer Johann Georg Breuer, der anschließend auf der

Die Breite Straße vor 1904 (Abb. aus: Werner Schäfke, Peter Ditgen (Hg.): Köln auf alten Ansichtskarten. Kölner Stadtbild. Aus der Sammlung Peter Ditgen. Köln 1996, S. 80)

Das Brauhaus „Zum Esel" auf einer alten Postkarte. (Abb. aus: Kölnisches Stadtmuseum, Michael Euler-Schmidt, Peter Ditgen (Hg.): Köln auf alten Ansichtskarten. Aus der Sammlung Peter Ditgen. Kölner Leben. Köln 1995, S. 74)

gegenüberliegenden Straßenseite eine Gastwirtschaft eröffnete, die Baulichkeiten. Ein Kuriosum stellte die Kegelbahn der Gaststätte dar, die in den mit zu seinem Grundstück gehörenden Römerturm an der St.-Apern-Straße (heute Grundstück „Kolpinghaus International") integriert war. Johann Baptist Wiertzfeld, der Sohn von Johann Wilhelm Wiertzfeld, schloss im Jahre 1873 die Brauerei und ließ ein Jahr darauf das Grundstück teilen, um womöglich das gesamte Areal später besser als Bauland verkaufen zu können. Schicksalhaft für das Haus „Zum Esel" war die Zeit um das Jahr 1892, als das nun zweigeteilte Haus in zwei Hälften verkauft wurde. Die linke Hälfte brach man in diesem Zusammenhang ab und ersetzte sie durch einen Neubau, während die verbliebene rechte Seite des Hauses „Zum Esel" von der Brauerei Gebr. Sünner, die bis heute hier einen Pachtbetrieb unterhält, erworben wurde. Dieser Traditionsbrauerei, die vor dem Krieg ihr Bier gerne in alten Gemäuern ausschenken ließ, ist letztendlich die Bewahrung dieses historischen Ortes zu verdanken. Der im Krieg nahezu gänzlich zerstörte Bau wurde im Erdgeschossbereich schon während des Krieges in einem kleinen Teilbereich wiederaufgebaut und 1944 fertiggestellt. 1945 erfolgte durch den Architekten Bernhard Ricken (1878–1950) die weitere Instandsetzung einschließlich des Verputzes der Fassade. Die umfangreichen Wiederaufbauarbeiten begannen aber erst mit der Währungsreform und dauerten bis 1962.

Bauherr des Hauses Breite Straße 116, das 1892/93 auf dem linken Teil des ehemaligen Grundstückes „Zum Esel" sowie auf einer weiteren Parzelle, die einst zum Haus des folgenden Nachbarn gehörte, errichtet wurde, war die Hermann Jonas, Samuel Stierstadt und David Leiser gehörende Firma H. Jonas & Stierstadt, eine Fabrik und Großhandlung in Woll- und Strumpfwaren, die in den 1880er Jahren ihren Sitz in der Straße An St. Agatha hatte. Wer der Architekt dieses vornehmen Gründerzeithauses mit Wohn-, Geschäfts- und Fabrikationsnutzung war, ist ebenso nicht bekannt wie das Aussehen des Hauses in seiner Gesamtheit. Im „Dritten Reich" erfolgte – zusammen mit den später dazu erworbenen Grundstücken St.-Apern-Str. 20–26 die „Arisierung" des Besitzes der schon seit den 1920er Jahren nicht mehr existierenden Firma.[53] Nach dem Krieg war die Metag Metallwaren GmbH, St.-Apern-Str. 20–22, Eigentümer des Trümmergrundstückes, auf dem 1951 lediglich ein eingeschossiger Ladenbau errichtet war. In

Das Restaurant Bier-Esel im Jahre 2006. (Abb.: Dr. Wolfram Hagspiel)

52 Hans Vogts: Das Kölner Wohnhaus bis zum Anfang des 19. Jahrhunderts. Köln 1914, S. 438. Hans Vogts: Das Kölner Wohnhaus bis zur Mitte des 19. Jahrhunderts. Neuss 1966, S. 143. Franz Mathar: Prosit Colonia. Die vergessenen und die unvergessenen Brauereien, Bier- und Brauhäuser Kölns. Köln 1999, S. 54–57. Kölnisches Stadtmuseum, Michael Euler-Schmidt, Peter Ditgen (Hg.): Köln auf alten Ansichtskarten. Aus der Sammlung Peter Ditgen. Kölner Leben. Köln 1995, S. 72, 74
53 Britta Bopf: „Arisierung" in Köln. Die wirtschaftliche Existenzvernichtung der Juden 1933–1945. Köln 2004 [=Schriftenreihe des NS-Dokumentationszentrums der Stadt Köln, Band 10]

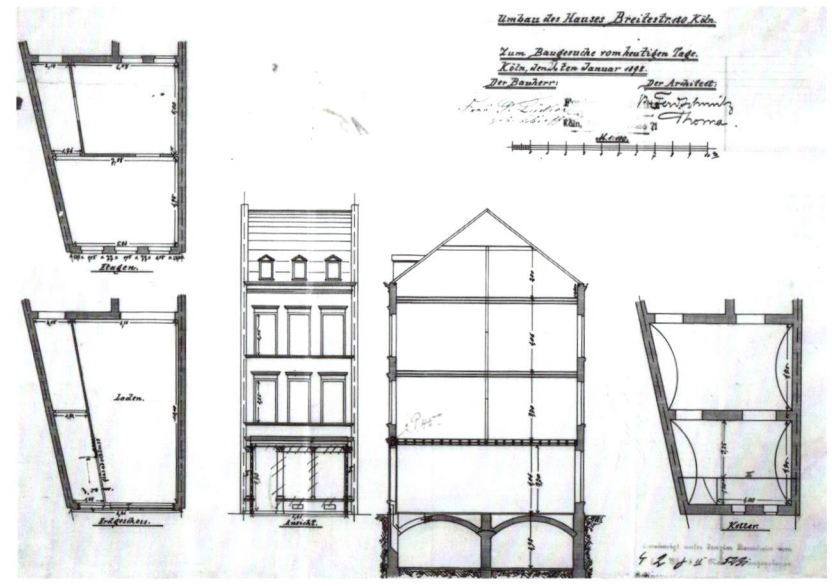

Bauplan des Hauses Breite Str. 120. (Abb.: HAStK Best. 34/104)

o.: Vorkriegsansicht des Hauses Breite Str. 118–120. (Abb.: Privatbesitz)

u.: Die Häuser Breite Str. 116, 118–120 und 122–124 im Jahre 2006. (Abb.: Dr. Wolfram Hagspiel)

54 HAStK Best. 34/104
55 HAStK Best. 34/104
   Holger A. Dux: Heinrich Nagelschmidt. Leben und Werk eines Kölner Privatbaumeisters 1822–1902. Diss. RWTH Aachen 1992
56 HAStK Best. 34/104

den späten 1960er Jahren erwarb der Immobilienkaufmann Günter Kaußen die Besitzungen der Metag Metallwaren GmbH und ließ sie durch den Architekten Ferdi Dolfen (geb. 1930) 1966/67 umbauen bzw. deren Grundstücke, wie das in der Breite Straße, neu bebauen.

Die beiden folgenden Grundstücke 118 und 120, ehemals Ausparzellierungen aus einem noch größeren Grundstück, wurden durch den heute noch existierenden Neubau von 1911/12 in Teilen wieder vereint. Bauherr dieses von dem Architekten Paul Gerlach (1853–nach 1943) entworfenen Wohn-, Büro- und Geschäftshauses,[54] das relativ gut den Krieg überstanden hat, war die Emmy Ball, geb. Beyschlag, gehörende Firma W. Ball & Cie, die hier zusammen mit ihrem Ehemann Willy ein Versandgeschäft betrieb. Zu Beginn der 1930er Jahre erwarb der Konditormeister Josef Eisenmenger die Immobilie und richtete hier seine bis dahin im Kolpinghaus ansässige Konditorei ein. Nach dem Krieg ließ er, der jetzt Inhaber einer Dragée-Fabrik in Nippes war, das Haus zunächst in Teilen wiederherstellen und dann 1955/56 durch den Architekten Ernst Scheidt (1889–1961) gänzlich – allerdings in veränderter Form – wiederaufbauen. Vor Errichtung des Neubaus von 1911/12 standen auf dem Grundstück zwei Häuser, von denen das 1870–72 für Johann Baptist Wiertzfeld errichtete, sehr schlichte Wohn- und Geschäftshaus Nr. 118 von dem berühmten Kirchenarchitekten Heinrich Nagelschmidt (1822–1902) entworfen worden war.[55] Gut überliefert sind bei dem Haus die mehrfachen Umbauten des Ladenbereiches, so 1896 durch den Architekten Heinrich J. Schumm (gest. 1908) und 1908 durch Jean Klein, einem damals bekannten Villen- und Geschäftshausarchitekten. Sehr ähnlich gestaltet war das ein Jahr jüngere, um eine Fensterachse breitere Wohn- und Geschäftshaus Nr. 120, als dessen Bauherr der Kaufmann Peter Lücker, Inhaber eines Ausstattungsgeschäftes, genannt ist. Überliefert ist lediglich der Name des Architekten Ferdinand Schmitz (1833–1909) für einen Erdgeschoss-Umbau im Jahre 1898, nicht aber der des Hauses.[56]

Über die folgenden Häuser bis zu dem dann wieder gut dokumentierten Eckhaus Breite Str. 132 ließen sich keine bildlichen Nachweise erbringen. Sie alle sind als Nachfolgebauten der bei Kreuter dargestellten Häuser in dem Zeitraum zwischen 1870 und 1880 neu entstanden. Lediglich von dem 1877/78 errichteten, viergeschossigen Wohn- und Geschäftshaus Breite Str. 122, das 1893 in das Eigentum des Kaufmanns Ludwig Fromme überging, sind Ansichten mit dem Café Fromme bekannt.[57] Ein Café, das 1922 zunächst eine „Kaffee-Wirtschaft" war, wurde in diesem Haus aber erst nach dem Ersten Weltkrieg betrieben. Gegen Ende der 1920er Jahre erwarb die Familie Fromme auch das benachbarte Haus Nr. 124, wobei die bauliche Vereinigung beider Grundstücke erst mit dem 1949 durch Ferdinand Schnüge im Erdgeschoss begonnenen und ab 1950 durch den von Walter Colombo (1910–1992) darüber neu konzipierten Neubau erfolgte. Eine besonders glückliche Hand bei der Wahl des Architekten bewies Ansgar Fromme, der auf dem nach 1945 nur mit einem schlichten eingeschossigen Laden bebauten Grundstück Breite Straße 126, das er Ende der 1980er Jahre erworben hatte, im Jahre 1991 ein von Stephan Nasse entworfenes Wohn- und Geschäftshaus errichten ließ. Der anerkannte Architekturkritiker Dr. Werner Strodthoff lobte schon vor Baubeginn dieses Projekt in den allerhöchsten Tönen: „… Nasse und sein Bauherr haben in puncto Gebäu-

57 Erhard Schlieter, Rudolf Barten: Köln, Café, Kuchen. Köln 1987, S. 79–80

Der Erweiterungsbau des Cafés Fromme von 1998 im Jahre 2006. (Abb.: Dr. Wolfram Hagspiel)

Das Café Fromme in der Vorkriegszeit. (Abb. aus: Erhard Schlieter, Rudolf Barten: Köln, Café, Kuchen. Köln 1987, S. 80)

Blick in die Breite Straße mit dem Eckhaus Breite Str. 132 im Jahre 2006. (Abb.: Dr. Wolfram Hagspiel)

deästhetik alles vermieden, was an architektonisches Backwerk erinnern könnte: Die dreiachsige Fassade ist symmetrisch klar, grafisch elegant gegliedert, ihre wenigen Materialien (Glas, Holz, Alu) wirken sympathisch. Das erste und zweite Obergeschoß sind nahezu gänzlich verglast, öffnen sich großzügig zu Straße und Platz. Die Wohnebenen darüber erhalten schmale Austritte hinter einem vorgehängten Alu-Rahmen, in dessen quadratisch gerasterten Feldern verschiebbare Jalousien aus Zedernholzlamellen das Tageslicht filtern. Das wirkt leicht, mediterran inspiriert, freundlich. Ein Zugewinn auch fürs Stadtgesicht."[58] Im Keller des Hauses verbirgt sich als Überraschung die sichtbar gelassene römische Stadtmauer, von der ein Teilstück bei den Ausschachtungsarbeiten gefunden wurde. Im Zusammenhang mit diesem Neubau erhielt auch das Stammhaus durch Abschlagen der weißen Kacheln und Aufbringen eines freundlichen gelben Putzes ein neues Gesicht. Das anschließende Wohn- und Geschäftshaus Breite Str. 128–130 stellt eine erst 1961 durch den Architekten Ludwig Heckel für seinen Sohn, den Goldwarenhändler Ludwig Heckel, erfolgte Vereinigung von zwei nach dem Krieg durch die Architekten Theo Heuser (1907–?) und Heinz Bernd Schautes (1913–1999) wiederaufgebauten Einzelhäusern dar – eine bemerkenswerte, immer noch aktuelle architektonische Lösung.

Im Gegensatz zur Breite Straße ist das Wissen über die frühere Bebauung in der St.-Apern-Straße recht dürftig. Der Mercator-Plan von 1571 vermittelt wohl für jene Zeit einen sehr guten Überblick, doch gibt er bei der relevanten Straßenseite nur die rückwärtigen Ansichten wieder. Belegt ist der Straßenname schon 1368 als „s. Aperenstraisse" und in der Franzosenzeit als „Rue S. Apre", während die Straße bei Mercator als „Hinder Sant Claren" bezeichnet wird.[59] Diese Straße, die bis zum Bau der staufischen Stadtmauer außerhalb der Stadt bzw. außerhalb der römischen Stadtmauer lag, wurde 1170/90 als „iuxta hospitale s. Apri", 1288 als „extra veterem murum" und

58 Werner Strodthoff: Café mit freiem Blick. In: Kölner Stadt-Anzeiger vom 13.1.1998
59 Peter Glasner: Die Lesbarkeit der Stadt. Lexikon der mittelalterlichen Straßennamen Köln. Köln 2002, S. 198–199.
Helmut Signon: Alle Straße führen durch Köln. Köln 1975, S. 174–175

1302 als „apud hospitale s. Apri" genannt, nahm also namentlich Bezug auf das nahe der Ehrenstraße gelegene Zisterzienserinnenkloster S. Apern und S. Bartholomäus.[60] Für die Beantwortung der Frage, wie sich die Straße vor dem großen Bauboom ab den 1840er Jahren präsentiert hat, fehlt leider eine Ansicht in der Art von Franz Anton Kreuter. Auf einem von Johann Peter Weyer 1820 gefertigten Plan zur Regulierung und Pflasterung der Straße,[61] auf dem die Anlegung einer kleinen Platzfläche zwischen dem Römerturm und dem alten Zugang zur Kirche vermerkt ist, sind mit Nummern versehen auch die einzelnen Hausgrundstücke bezeichnet. Dieser Plan gibt grob eine Bebauung wieder, die schon auf dem schematischen Reinhardt-Plan von 1752 zu finden und auf dem Kataster von 1836/37 dann präzisiert ist. Vermutlich haben sich hier, wie es der Vergleich mit Mercator belegt, seit dem Mittelalter kaum die Bebauungsgrenzen verändert. Zu erkennen sind zwei Bebauungsabschnitte, die in etwa – auf die Bebauung direkt an der Straße bezogen – einmal den Bereich der heutigen Häuser St.-Apern-Str. 2 bis Mitte des Hauses St.-Apern-Str. 22–26a und dann den Bereich ab dem Helenenturm bis zu Römerturm umfassen. Am Ende des ersten Abschnittes gab es schon im 18. Jahrhundert eine Bebauung, die teilweise aus der Straßenflucht zurücksprang. Hier standen nach einem Ende des 18. Jahrhunderts gefertigten Planes zu Regulierung und Befestigung der Straße „Haus und Garten des Herrn von Gall".[62] Hans Vogts erwähnt diesen bis zum Grundstück Nr. 28 reichenden Garten als „englischen Garten", der 1790 dem Herrn F. von Gal gehörte.[63] Auffallend ist der große unbebaute, später von der Helenenstraße durchbrochene Abschnitt zwischen den beiden Häuserzeilen, der damals einen Blick auf das von der Römermauer begrenzte Klostergelände zuließ. Es ist anzunehmen, dass die Häuser im Abschnitt zwischen Helenenturm und Römerturm im Zusammenhang mit dem Kloster St. Clara standen, während die zur Breite Straße gelegenen Bauten wohl meist Privatleuten gehörten.

60 Paul Clemen (Hg.): Die Kunstdenkmäler der Stadt Köln, Bd. 2, III. Abteilung, Die ehemaligen Kirchen, Klöster, Hospitäler und Schulbauten der Stadt Köln. Düsseldorf 1937, S. 317–321
61 HAStK 7101 P 123
62 HAStK 7101 P 122
63 Hans Vogts: Das Kölner Wohnhaus bis zur Mitte des 19. Jahrhunderts. Neuss 1966, S. 120

Die St.-Apern-Straße am 4. Juni 1931 auf einem Foto von Bernhard Valier-Großmann. (Abb. aus: Dieter Corbach: Die Jawne zu Köln. Köln 1990, S. 37)

St.-Apern-Straße/Ecke Helenenstraße im August 1939. (Abb.: RBA)

Das Doppelhaus Vincenz Statz. (Abb. aus: Coelner Neubauten, Serie II, Taf. 28)

Bis zum Zweiten Weltkrieg waren die bauhistorisch bedeutendsten Häuser das Haus Bolle, St.-Apern-Str. 32, das Haus Statz, St.-Apern-Str. 28–28a, und das Lagerhaus Jonas & Stierstadt, St.-Apern-Str. 20, von denen lediglich letzteres – allerdings stark verändert – erhalten blieb. Als wichtigster Neubau der Nachkriegszeit ist, wenngleich er etwas den Maßstab des ursprünglichen Straßenbildes sprengt, das „Kolpinghaus International", St.-Apern-Str. 32, zu nennen. Von den Vorkriegsbauten existieren neben dem Haus Jonas & Stierstadt heute lediglich noch die Häuser St.-Apern-Str. 2, 4, 66–68 und mit veränderter Fassade das Haus Nr. 64. Das 1836/37 auf dem Grundstück des „englischen Gartens" von dem Architekten Carl Friedrich Eduard Bolle (1804–um 1893) für sich und Carl Eduard Hummell gebaute, zunächst freistehende dreigeschossige, fünfachsige Wohnhaus war zur Erbauungszeit mit seiner strengen klassizistischen Architektur eine fast majestätische Erscheinung innerhalb einer überwiegend ein- und zweigeschossigen, vielfach einige hundert Jahre alten Bebauung. Von diesen alten Häusern hatte sich bis zum Zweiten Weltkrieg lediglich das vermutlich aus dem 18. Jahrhundert stammende, um 1830 mit einem klassizistischen Giebel „verschönerte" Haus St.-Apern-Str. 12 erhalten. Neben dem Haus

Blick in die Treppenhalle des Hauses Vincenz Statz. (Abb.: RBA)

von Bolle entstand 1843/44 in einem doch schon deutlich gewandelten Klassizismus, der an die zahlreichen Wohnhäuser von Johann Peter Weyer erinnert, das Haus Johann Wahlen. Dieser war seit 1845 der Schwiegervater des damaligen Maurer- und Zimmermeisters und späteren Erzdiözesanbaumeisters Vincenz Statz, der seit selbigem Jahr in unmittelbarer Nachbarschaft lebte und dort auch seine Werkstätten hatte. 1867/68 baute Vincenz Statz für sich auf dem anschließenden Grundstück St.-Apern-Str. 28–28a sein über die Grenzen der Stadt hinaus bekannt gewordenes „gothisches Haus", das man im 19. Jahrhundert zu den schönsten Schöpfungen der profanen Neugotik in Köln zählte.[64] Interessant mag in diesem Zusammenhang der stilkritische Kommentar von 1869 sein: „...Wir haben manchen Gegner der Gothik gehört, der mit lebhafter Anerkennung oder wenigstens mit vorsichtiger Billigung über die gefällige Anmuth, ja, über die reizende Leichtigkeit der ästhetischen und structiven Motive dieses Planes sich ausgesprochen. Zwar ist es nicht zu läugnen, dass, wie es scheint, mit Absicht ein moderner, zierlicher Zug durch die Bildung des Ganzen geht; es sind in der That Concessionen gemacht, mit denen wir uns einverstanden erklären, bis auf die hölzernen Rahmen, die statt steinerner Fensterkreuze

64 Ein neues gothisches Haus in Köln. In: Organ für christliche Kunst, Jg. 18, 1868, H. 17, S. 193–194 u. Abb. nach S. 204. Deutsche Bauzeitung, Jg. 3, 1869, S. 630. Karl Schellen: Wohn- und Geschäftshäuser. In: Köln und seine Bauten. Köln 1888, S. 628–724. Coelner Neubauten, Serie II, Taf. 28. Kölner Stadt-Anzeiger vom 5.9.1938. Hans Vogts: Vincenz Statz (1819–1898). Lebensbild und Lebenswerk eines Kölner Baumeisters. Mönchengladbach 1960. Hans Vogts: Das Kölner Wohnhaus bis zur Mitte des 19. Jahrhunderts. Neuss 1966, S. 624. Hiltrud Kier: Wohnhäuser in Köln in der zweiten Hälfte des 19. Jahrhunderts. In: Eduard Trier, Willy Weyres (Hg.): Kunst des 19. Jahrhunderts im Rheinland, Band 2, Architektur II. Düsseldorf 1980, S. 413–463

Die St.-Apern-Straße mit dem Doppelhaus Vincenz Statz im August 1939. (Abb.: RBA)

Detailansicht der St.-Apern-Straße in Richtung Breite Straße aus der Zeit vor dem Ersten Weltkrieg. (Abb.: RBA)

Die Ruine des Doppelhauses Vincenz Statz im Jahre 1948. (Abb.: HAStK)

eingesetzt sind. Wenn wir in der Gothik zwischen dem kräftigen Knochengerüste, der auf geometrischer Strenge beruhenden Structur und dem in individueller Freiheit sprossenden Ornament, also den ästhetischen Blüthen unterscheiden, dann können wir sagen, dass das Erstere gemildert, erweicht, zum Theil in Ornament umgedeutet ist, ohne darum die rationelle, geometrische Entwicklung zu verwirren. Eben nur ein Meister vom Fach, wie Statz, der sonst der ganzen Strenge des gothischen Gesetzes sich beugt, darf einmal bis an die Gränze gehen, ohne sich zu verlieren, er darf in der Gothik den auf das Leichte, Zierliche und Wechselvolle gerichteten Sinn unserer Zeit berücksichtigen und also seine Gedanken in diese Form einschmelzen, ohne an Gehalt und Gesetz einzubüssen. Wir sind überzeugt, vor diesem Hause lässt sich manche Differenz der architektonischen Richtungen, die zum Theil auf einseitiger Schärfung der Gegensätze beruhen, schlichten; auch der Anhänger der Renaissance, der die schlanke Leichtigkeit und die zierliche Anmuth in den Schöpfungen der Architektur sucht, wird gern, wenn sein Widerwille gegen Gothik nicht ein künstlicher ist, sich befriedigt fühlen... Wir haben den Wunsch und die Hoffnung, durch diese Notizen... die auswärtigen Besucher von Köln in erfolgreicher Weise zur Besichtigung des Hauses anzuregen..."[65] Auch bezüglich der Beschreibung des Hauses empfiehlt es sich, auf einen historischen Text zurückzugreifen: „... Schon im Auesseren ist ausgesprochen, dass der Bauherr das mächtige Gebäude nicht allein bewohnen will. Der rechte Eingang führt in das Treppenhaus des Besitzers, welches ebenso wie der Flur mit Kreuzgewölben überspannt ist. Von den Treppenläufen, welche ganz mit Marmor bekleidet sind, umschlossen, steht ein Springbrunnen (Gänsemännchen) nach der Zeichnung des verstorbenen Professors v. Steinle... Im Erdgeschoss befinden sich zwei grosse Ateliers, Ansprachs- und Wartezimmer, während im ersten Stockwerk die Wohn- und Gesellschaftsräume liegen. Das zweite Stockwerk enthält die durch besondere Treppe erreichbare und vollständig abgeschlossene Miethswohnung. An dem Sockel ist Stenzelberger Trachyt,

65 Ein neues gothisches Haus in Köln. In: Organ für christliche Kunst, Jg. 18, 1868, H. 17, S. 193–194

am Aufbau Udelfanger Sandstein verwendet. Die Bildhauerarbeiten, auch diejenigen des zierlichen Erkers, bestehen aus französischem Kalkstein (Savonnières)."[66] Ende der 1920er Jahre wurde der gesamte Immobilienbesitz von Vincenz Statz in diesem Areal, zu dem auch das um 1890 gebaute, von Vincenz Statz und seinem Sohn Franz entworfene ziegelsteinverblendete neugotische Giebelhaus St.-Apern-Str. 26a gehörte, von den Erben an das Katholische Gesellen-Hospitium, den Kolpingverein, verkauft. Nach dem im Jahre 1949 erfolgten Abbruch der beiden Ruinen, von denen sich relativ gut die Fassaden erhalten hatten, entstand Ende der 1960er Jahre auf dem Gesamtgelände – einschließlich des alten Kolpinghaus-Grundstückes Helenenstr. 11 – das neue „Kolpinghaus International", wobei das in den 1950er Jahren ausparzellierte und verkaufte Grundstück St.-Apern-Str. 26a natürlich nicht einbezogen war.

Ein bemerkenswerter Gewerbebau ist das 1906/07 gebaute, von dem Architekten Peter Gaertner (1863–1932) und seinem Mitarbeiter Jacob Berns (1876–1965) entworfene Lagerhaus der Firma Jonas und Stierstadt,[67] die ihren Sitz im Haus Breite Str. 116 hatte und seit den 1890er Jahren mehrere Häuser auch in der St.-Apern-Straße besaß. Die aufwendig mit vielen meist abstrakten Bildhauerarbeiten stark plastisch gestaltete Sandsteinfassade zeigte über dem hohen Erdgeschoss eine über drei Geschosse reichende monumentale Pfeilergliederung, deren Zwischenfelder sich polygonal gebrochen fast wie Erker präsentierten. Mit Fertigstellung dieses Gebäudes

66 Karl Schellen: Wohn- und Geschäftshäuser. In: Köln und seine Bauten. Köln 1888, S. 628–724 (hier: S. 637–639)
67 Der Profanbau, Jg. 3, 1908, S. 116. Stadt-Anzeiger vom 6.8.1907

Das Lagerhaus der Firma Jonas und Stierstadt. (Abb. aus: Der Profanbau, Jg. 3, 1908, S. 116)

Die St.-Apern-Straße mit dem Haus Nr. 14–18 im Vordergrund im Jahre 2006. (Abb.: Dr. Wolfram Hagspiel)

Die Häuser St.-Apern-Str. 2 und 4 im Jahre 2006. (Abb.: Wolfgang F. Meier)

Die Häuser St.-Apern-Str. 64 und 66-68 im Jahre 2006. (Abb.: Dr. Wolfram Hagspiel)

Vorkriegszustand des Hauses St.-Apern-Str. 64. (Abb. aus: Walter Gerhard: Das Buch der alten Firmen der Stadt Köln. Köln 1932)

beauftragten auch andere jüdische Familien bzw. Firmen diese Architekten, die später auch Mitglied im Deutschen Werkbund waren, mit Planungen zu Gewerbebauten, Fabriken und auch deren Privathäuser, wie die Firmen Caan & Heumann, Rubens & Cie., Rollmann & Mayer, Silberberg & Mayer und Jonas. Es bleibt aus der heutigen Sicht völlig unverständlich, dass dieser im Krieg weitgehend unversehrte Bau, der 1955/56 von der Metag Metallwaren GmbH durch ein von dem Architekten Peter Franz Nöcker (1894–1984) entworfenes Büro- und Lagergebäude erweitert wurde, 1966/67 durch den Architekten Ferdi Dolfen (geb. 1930) bis auf Teile der Fassade abgerissen bzw. entkernt wurde, um hinter der Fassade für das dann errichtete Mehrfamilienhaus ein Geschoss mehr zu erhalten. Dort, wo einst die bildhauerisch gestalteten „Erker" waren, gab es jetzt bänderartige Kachelfelder, die bei der durch Hans Fritz Hoffmanns (1927–1984) durchgeführten Sanierung zu Beginn der 1980er Jahre durch Sandsteinplatten in ihrer krassen Wirkung gemildert wurden. Wie das Gebäude ursprünglich ausgesehen hatte, war damals weder dem Architekten noch der Denkmalpflege bekannt.

Die beiden ältesten heute erhaltenen, im Krieg allerdings stark im Innern zerstörten Häuser stehen am Anfang der Straße. Das Haus St.-Apern-Str. 4 ist ein typisches Beispiel für die hier um 1860 gebaute Wohnhausarchitektur, wurde aber später, wohl im Zusammenhang mit dem 1891/92 erfolgten Neubau des Hauses Nr. 2, um ein Geschoss aufgestockt. Das Grundstück St.-Apern-Str. 6–8, auf dem einst zwei Häuser standen und für das es 1952 eine Neuplanung des Architekten Ernst Scheidt für ein Wohn- und Geschäftshaus gab, weist bedauerlicherweise immer noch die provisorische

Erdgeschossbebauung der frühen Nachkriegszeit auf. Die beiden anschließenden, sehr ähnlichen Wohn- und Geschäftshäuser St.-Apern-Str. 10–12, in denen in den 1980er Jahren der Architekt Hadi Teherani neben seinem Büro das avantgardistische Modegeschäft „Herrenhaus"[68] betrieb, entstanden 1958/59 und 1967/68 nach den Entwürfen von Paul-Hermann Bosen, gefolgt von der 1960/61 errichteten Eigentumswohnanlage der „Kölner Wohntreubau G.m.b.H." mit der Adresse St.-Apern-Str. 14–18. Spektakuläre Nachkriegsarchitektur sucht man in der Straße vergebens, dafür trifft man aber auf ein angenehm ruhiges Gesamtbild, das letztendlich den Stadtplanern der 1950er Jahre zu verdanken ist. Besonders deutlich lässt sich der Geist jener Jahre in dem Abschnitt zwischen Helenen- und Zeughausstraße spüren, der gegenüber der Vorkriegszeit durch die Freilegung des Helenenturmes nicht mehr auf allen Grundstücken neu bebaut wurde. In den 1920/30er Jahren gab es wohl das Bestreben, der Gegend – entsprechend dem Martinsviertel – eine altkölnische Note zu verleihen, wie es der einzige erhaltene Bau in diesem Straßenabschnitt, das 1938 nach den Entwürfen von Johannes Weiler (1880–1950) errichtete doppelgieblige Haus St.-Apern-Str. 66–68, noch heute zeigt, von dessen stark beschädigter Fas-

68 Annett Dinger: Denn weniger ist mehr – Läden in Köln. In: Harald Herzog (Hg.): Kölner Architektur der achtziger Jahre. Köln 1989, S. 53–73

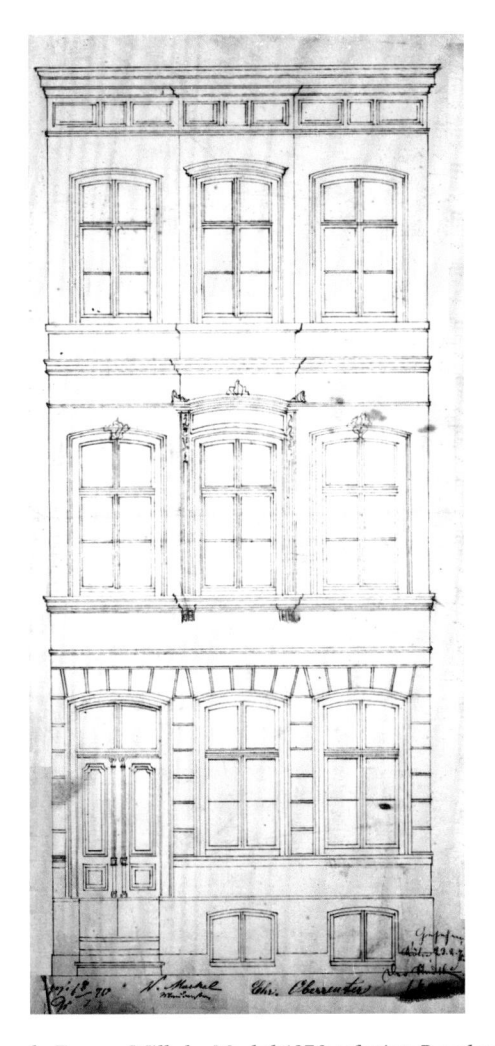

l.: Der von Wilhelm Mockel 1870 gefertigte Bauplan des Hauses St.-Apern-Str. 50. (Abb.: HAStK Best. 34/1094) r.: Das Haus St.-Apern-Str. 50 im Jahre 1936. (Abb.: RBA)

Die St.-Apern-Straße in Höhe Helenstraße am 26. Mai 1944. (Abb.: RBA)

Die St.-Apern-Straße in Höhe Helenstraße im Jahre 2006. (Abb.: Dr. Wolfram Hagspiel)

69 Westdeutscher Beobachter vom 15.9.1938. Hiltrud Kier u. a. (Hg.): Architektur der 30er und 40er Jahre in Köln. Köln 1999, S. 387–388
70 Walter Gerhard: Das Buch der alten Firmen der Stadt Köln. Köln 1932
71 HAStK Best. 34/1094

sade 1945 zunächst die verbliebene Tuffsteinverkleidung entfernt werden musste, bis das Haus zu Beginn der 1950er Jahre wieder im alten Glanz erscheinen konnte.[69] In großen Teilen wiederverwandt wurde auch die Ruine des 1843 gebauten, um 1929 durch den Architekten Heinrich Forthmann neu gestalteten Hauses St.-Apern-Str. 64,[70] dessen Wiederaufbau im Jahre 1950 durch den Architekten Josef Kögl erfolgte. Wie Häuser in diesem Straßenabschnitt im Detail aussahen, vermitteln die erhaltenen Unterlagen zu dem Haus St.-Apern-Str. 50,[71] das bis zu dem im Jahre 1870 erfolgten Neubau des Maurermeisters Wilhelm Mockel wahrscheinlich noch aus der Zeit vor 1800 stammte. Dieses Haus, dessen Bauherrin Christine Oberreuter war, wurde jedoch nur in Teilen und bezüglich der Fassadengestaltung zudem verändert ausgeführt, bis im Jahre 1936 an seine Stelle ein Neubau des Architekten Wilhelm Hilscher trat. Der Vollständigkeit wegen sollen auch die Daten zu der übrigen Nachkriegsbebauung genannt werden: St.-Apern-Str. 40 gebaut 1962 von Heinz Erlemann (1908–1989), Nr. 42 von Heinz Bernd Schautes (1913–1999) 1947–50, Nr. 44–46 von Herbert Baumann (1922–1997) 1957/58, Nr. 48–50 gebaut 1971 von Herbert Baumann, Nr. 52–54 begonnen 1948 durch Alexander Wilhelm Nelson und mit einer Neuplanung weitergebaut 1950 durch Karl Dieker und Hans Kaiser, Nr. 56–62 gebaut 1956/57 durch Karl Alfons Hammer und St.-Apern-Str. 70 gebaut unter Verwendung der Ruine 1949/50 durch Heinz Bernd Schautes.

Das Kolpinghaus International kurz nach der Fertigstellung. (Abb. aus: Ellen Lilischkies, Franz Lüttgen (Hg.): Kolping Köln-Zentral. Köln 1999)

Das „St.-Claren-Viertel", ein kleines Kölner Innenstadt-Quartier am nordwestlichen Eckpunkt der römischen Stadt, kennt niemand unter dieser Bezeichnung, wie wohl auch wenige wissen, dass hier einst ein bedeutendes Kölner Kloster gestanden hat. Über Jahrhunderte war diese Gegend durch kirchliche Bauten und Institutionen geprägt, deren bauliche Reste sich teilweise noch aufspüren lassen. Diese kirchliche Präsenz hat sich – wenn auch nicht durch ein Kloster oder eine Kirche – bis heute in diesem Viertel durch den seit über 150 Jahren hier ansässigen Kolpingverein bzw.

Das Foyer des Kolpinghauses International. (Abb. aus: Heinrich Fischer, Theo Rempe, Albert Schröder: Kolpinghaus International in Köln. Köln 1971)

Das Kolpinghaus International im Jahre 2006 vom Innenhof aus gesehen. (Abb.: Dr. Wolfram Hagspiel)

das Kolpinghaus erhalten. An einer der Nahtstellen zum alten Klostergelände, an der Ecke von St.-Apern-Straße und Helenenstraße, rückwärtig verbunden mit den Grundstücken an der Breite Straße, dominiert seit 1970 das „Kolpinghaus International" als großer und auch heute in seiner Architektursprache immer noch aktueller Bau das Straßenbild.[72] Für seine Errichtung wurde 1965 ein engerer Wettbewerb unter den Architekten Hans Schilling, Fritz Schaller (1904–2002) und Josef Lehmbrock (1918–1999) aus Düsseldorf ausgeschrieben, den Hans Schilling gewann. Im Februar 1968 war Baubeginn und im Juli 1970 wurde der von Hans Schilling entworfene, gegenüber dem Wettbewerbsentwurf etwas höher geworden Komplex eingeweiht. Aus seiner heutigen Sicht hätte Hans Schilling den Baukörper mehr dem historischen Verlauf der St.-Apern-Straße angepasst,[73] dann hätten wir aber nicht mehr ein so typisches Beispiel einer sehr qualitätsvollen Architektur der 1960er/1970er Jahre, der ein solcher historischer Ansatz weitgehend fremd war. Der vor gut einem Jahrzehnt erfolgte elegante Umbau des Erdgeschosses einschließlich des Restaurants lag in den Händen von Johannes Schilling (geb. 1956) und seinem damaligen Büropartner Thomas Kostulski (geb. 1956) – auch eine Kontinuität, die an Vincenz Statz, den ersten Architekten des Kolpingvereins erinnert, dessen Sohn später ebenfalls bei den Projekten in dem „St.-Claren-Viertel" beteiligt wurde.

72 Ellen Lilischkies, Franz Lüttgen (Hg.): Kolping Köln-Zentral. Köln 1999. Hier wird gebaut an der Zukunft des Volkes. Geschenkband zur Grundsteinlegung des Hauses. Köln 1968. Heinrich Fischer, Theo Rempe, Albert Schröder: Kolpinghaus International in Köln. Köln 1971. Kölnische Rundschau vom 8.9.1967. Hans Schilling: Architektur 1945–2000. Köln 2001
73 Von Herrn Hans Schilling im Frühjahr 2006 gegenüber dem Autor geäußert

Bettina Mosler

Eine romantische Sicht auf den Kölner Römerturm

Das Aquarell von Georg Osterwald (1803–1884) in der Graphischen Sammlung des Kölnischen Stadtmuseums

1. Einführung

Von den wenigen künstlerischen Darstellungen des Römerturmes in Köln ist das Aquarell von Georg Osterwald wohl das Schönste.[1] Im Laufe der Betrachtung, die sich mit einer möglichst genauen zeitlichen und räumlichen Einordnung des Blattes in den Kontext der Geschichte des Römerturms im 19. Jahrhundert beschäftigte, erwies es sich jedoch diesbezüglich als schwierig zu entschlüsseln. Etliche Fragen an das schöne Aquarell müssen daher zurzeit leider noch ohne Antwort bleiben.

2. Weitere Darstellungen des Römerturms

Einige Aufschlüsse ergab der Vergleich mit früheren Darstellungen des Römerturms. Bis heute sind lediglich zwei künstlerische Darstellungen bekannt, die sich vor dem 19. Jahrhundert als Einzelansichten mit dem Römerturm beschäftigen: zum einen die Zeichnung des Kölner Humanisten und Historikers Stephan Broelmann (1551–1622) vom Beginn des 17. Jahrhunderts[2] und die Tuschzeichnung aus dem Skizzenbuch des holländischen Architekten Justus Finckenbaum (1664/65)[3], beide im Besitz des Kölnischen Stadtmuseums. Während Stephan Broelmann den Römerturm vollständig isoliert hat und als antikes Steindokument in seiner brüchigen Würde darstellt, hat Justus Finckenbaum ihn an den Rand des Gebäudekomplexes verrückt und den alltäglichen Aspekt des Turmes im

1 Erstmals publiziert in: Stadt Köln (Hrsg.): Altkölnisches Bilderbuch. Eine nachdenkliche Wanderung durch Zeiten und Räume. (Hans Schmitt-Rost: Bilder und Texte). Köln 1950.
2 Vgl. dazu Uwe Süßenbach: Die Stadtmauer des römischen Köln. Köln 1981, S. 27.
3 Vgl. dazu Günther Binding: Köln- und Niederrhein-Ansichten im Finckenbaum-Skizzenbuch 1660–1665. Köln 1980, zu St. Clara mit dem Römerturm, S. 118 f. und Abb.

oben: Justus Finkenbaum: St. Clara und der Römerturm, 1664/65 (größere Ansicht s. S. 15), Kölnisches Stadtmuseum. (Abb.: RBA)

links: Stephan Broelman: Der Römerturm, 1608 (Ausschnitt, vollständige Ansicht s. S. 13), Kölnisches Stadtmuseum. (Abb.: RBA)

*Georg Osterwald: Der Römerturm,
Aquarell, 1832, Kölnisches Stadtmuseum.
(Abb.: RBA)*

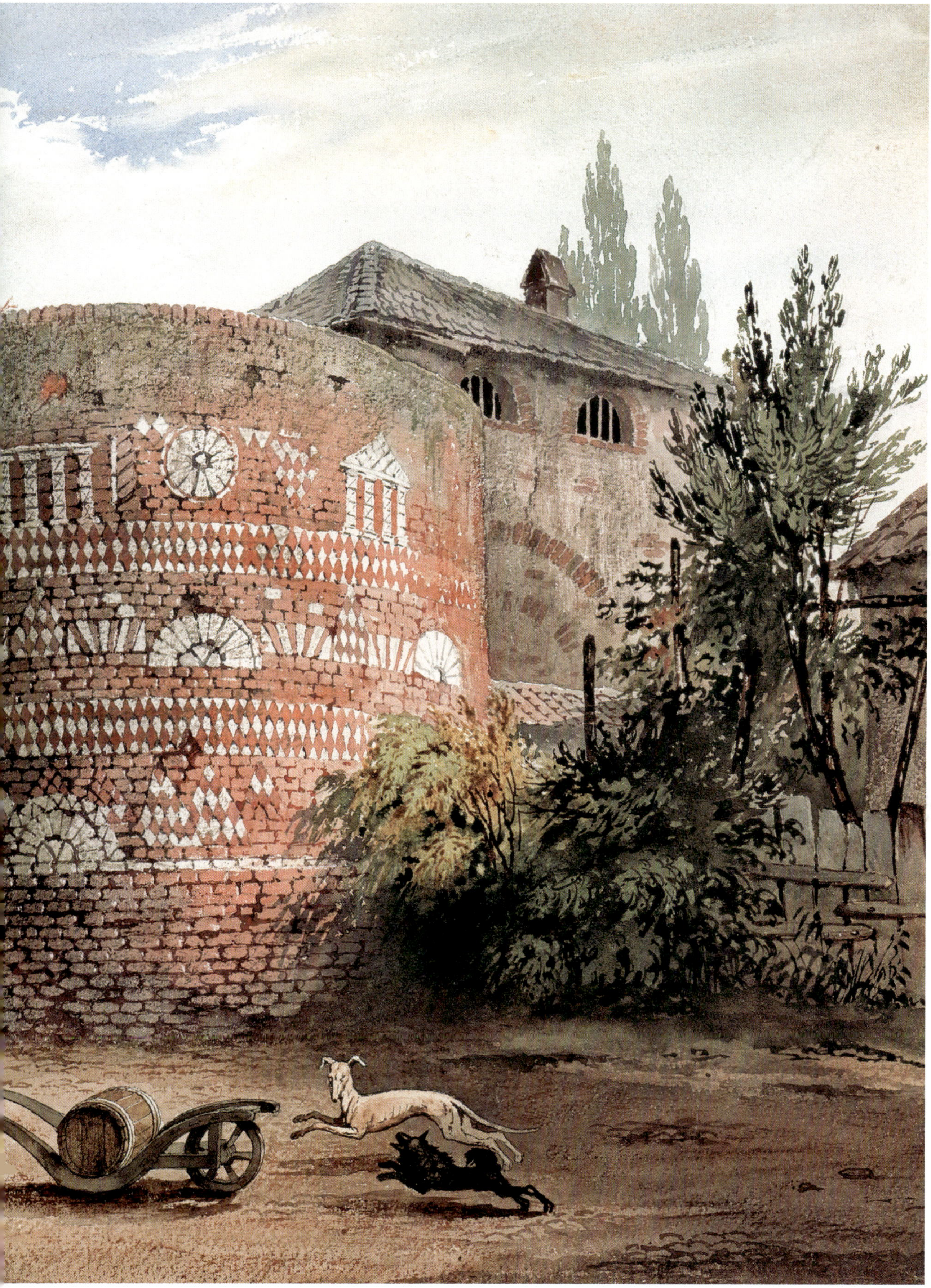

Verbund mit den Aufbauten der einschiffigen, die Reste der Römermauer aufnehmenden Klosterkirche der Clarissen betont. Auf abschüssigem Gelände stehend und von einem wie eine Wunde klaffenden Riss am oberen Abschluss des Mauerwerks gespalten ist er mit einem Kegeldach und Belüftungsschächten versehen. Seine jahrelange traurige Nutzung als Abortanlage (*cloaca*) des Clarissenklosters ist auf dieser Ansicht gut nachzuvollziehen. Daraus ergibt sich aber auch, dass auf der Tuschzeichnung von Justus Finckenbaum die künstlerischen musivischen Dekorationen des Turmes nur angedeutet werden. Dagegen ist bei dem Humanisten Broelmann das archäologische Interesse nicht nur in den erklärenden Randbemerkungen zum Aufbau des Turms, sondern auch in der – wenn auch ungelenken – jedoch sichtbar schematisierenden, deutlich untergliederten und fast didaktisch klaren Wiedergabe der Ornamentrasterung greifbar. Bei beiden taucht jedoch das Fischgrätmuster im unteren Sockelbereich nicht auf.

Die wahrscheinlich früheste Darstellung des Turms nach dem Abriss des Clarenklosters (1804) ist die schematische Federlithographie eines unbekannten Künstlers, die 1818 oder kurz davor entstanden ist.[4] Hier ist der Turm – wie bei Broelmann – ganz und gar isoliert dargestellt, jedoch ohne ausgeprägtes archäologisches oder didaktisches Interesse nüchtern und ein wenig ungelenk wiedergegeben. Dies entspricht auch dem knappen Textausschnitt, den der Kölner Kunstsammler und Altertumskenner Ferdinand Franz Wallraf zur römischen Stadtmauer verfasst hat und in dem er die „mit runden Thürmen abwechselnd besetzten Gußmauern" hervorhebt, „unter deren Überrest jene bei St. Claren und St. Apostelen Kloster-Ecke, wegen ihrer alten Musiv-Arbeit noch jeden Beobachter fesseln".

Die zeitliche Nähe zum Abriss der Klosterkirche spiegelt sich auf dieser Lithographie – wie in einer Beschreibung in dem etwa zehn Jahre später erschienenen Führer „Köln und Bonn"[5] – in der Bildunterschrift: „Römi-

4 Publiziert in: Ferdinand Franz Wallraf: Sammlung von Beiträgen zur Geschichte der Stadt Köln und ihren Umgebungen. Köln 1818, Abb. 1.

5 Köln und Bonn mit ihren Umgebungen. Für Fremde und Einheimische. [Karl Georg Jacob, Matthias Joseph de Noël, Johann Jacob Noeggerath]. Köln 1828.

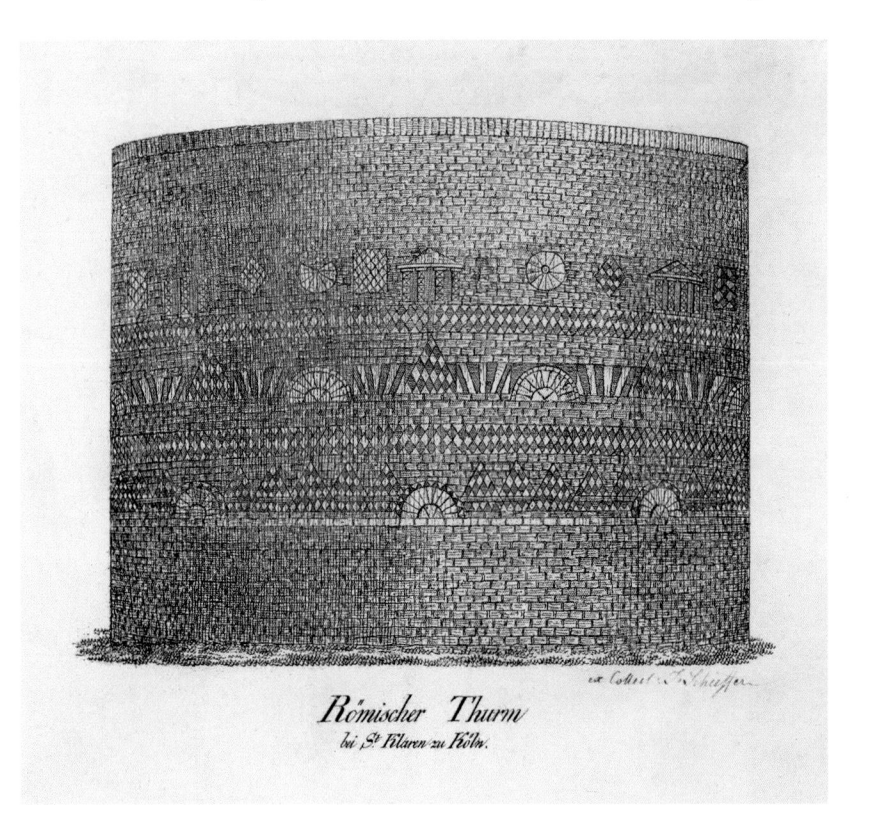

Römerturm, Lithographie, 1818, Kölnisches Stadtmuseum. (Abb.: RBA)

Portrait des Malers Anton Diezler, 1844 (links: gesamt, rechts: Ausschnitt, größere Gesamtansicht s. S. 196), Kölnisches Stadtmuseum. (Abb.: RBA)

scher Thurm bei St. Klaren zu Köln". Die wenig künstlerische Darstellung ist mehr eine komprimierte Wiedergabe des Mauerwerks, auf der zu erkennen ist, dass der über dem obersten Ornamentband aufgemauerte Streifen über regelmäßiges und damit wohl neueres Steinwerk verfügt. Auch hier sind die musivischen Dekorationen äußerst präzise wiedergegeben, spiegeln jedoch ein völlig intaktes und damit idealisiertes Aussehen. Der Rhythmus der Ornamentstreifen ist hier recht pointiert dargestellt und unverkennbar soll eine gewisse Systematik den Betrachter die horizontale Ornamentbandgliederung des Turms verstehen lernen helfen. Wie bei den erwähnten Ansichten des 17. Jahrhunderts ist auch auf dieser fast 150 Jahre später entstandenen Darstellung das Fischgrätmuster des Sockelbereiches ausgespart.

Ein im Zusammenhang mit dem Römerturm bisher nicht beachtetes Ölgemälde in der Sammlung des Kölnischen Stadtmuseums ist das Portrait eines Malers. Der hier Dargestellte wird als der früh verstorbene Maler Anton Diezler (oder nach anderer Schreibweise Ditzler (Koblenz 1811–Köln 1845) bezeichnet. Das steife und düstere Portrait ist signiert und datiert. Der kaum bekannte Maler (Johann) Adam Brunhuber (Köln 1812–1893/94) hat Anton Diezler, seinen Altersgenossen, mit dem er vielleicht bekannt oder befreundet war, portraitiert.[6] Hinter einem Vorhang wird der Blick auf die Zeughausstraße und den Römerturm frei. Doch der Römerturm, der hier nur ganz im Hintergrund und entsprechend klein auftritt, wird nicht wie bei Osterwald in dem Zustand nach dem Abbruch der Klosterkirche, sondern bereits nach der Aufstockung des Turmes zu einem Wohnhaus 1833/34 dargestellt.

Nach dem Abbruch der Klosterkirche 1804 war das gesamte Gelände des ehemaligen Klosters und seiner dazugehörigen Klosteranlagen – also zusammen mit dem Clarenturm (Römerturm) – in Privatbesitz übergegangen. Nach mehreren Besitzerwechseln kaufte es dann 1819 Gottfried von Sandt, der als Jurist am Appellhof, also ganz in der Nähe tätig war. Von Sandt ließ den Turm um drei Geschosse erhöhen und wohnte bis zu seinem Tod 1839 mit seiner Familie selbst darin. Es folgten erneute Besitzerwechsel und der Turm und sein angrenzendes Gebäude mit Pultdach, das auf dem Portrait

6 Kölnisches Stadtmuseum, HM 1895/4, vgl. dazu den Bestandskatalog der Gemäldesammlung des Kölnischen Stadtmuseums von Rita Wagner (Bearb.): Kölnischer Bildersaal. Die Gemälde im Bestand des Kölnischen Stadtmuseums einschließlich der Sammlung Porz und des Kölner Gymnasial- und Stiftungsfonds. Hrsg. von Werner Schäfke. Köln 2006.

Anton Diezlers von Brunhuber sich östlich an den Römerturm anschließt, werden vermietet.[7] Ein Blick in die Kölner Adressbücher dieser Jahre erklärt schließlich den Zusammenhang dieses Ausblicks mit der Lebenssituation von Anton Diezler: 1844 ist der Maler als wohnhaft „Am Römerturm 13" gemeldet, womit eine der Wohnungen des Römerturms selber oder das daneben stehende Haus mit Pultdach gemeint sein kann.[8] Der Reiz, neben oder gar auf einem so prominenten Mauerwerk in Köln zu wohnen, ist heute mehr denn je gut nachvollziehbar. Um 1844 wird die prominente Immobilie mit der für alle Wohnparteien gemeinsamen Küche allerdings nur wenige Bequemlichkeiten geboten haben. Doch Anton Diezler hat wohl nur für kurze Zeit in dem Gebäudekomplex gewohnt. Schon 1845 ist er im Kölner Bürgerhospital gestorben. Den Kölner Adressbüchern ist zu entnehmen, dass er bei seinem Tod schon in der Kölner Hohestraße und nicht mehr in dem Wohnkomplex Am Römerturm lebte.[9] Festzuhalten ist aber in jedem Fall, dass es sich bei dem Portrait Anton Diezlers von Brunhuber wohl um die früheste Darstellung des Römerturms nach den eingreifenden Umbauten handelt.

3. Die Römerturm-Vedute von Georg Osterwald

Im Gegensatz zu dem Ölgemälde von (Johann) Adam Brunhuber tritt der Römerturm auf dem Aquarell von Georg Osterwald ganz zentral hervor. Die heitere, von Licht und Farbe geprägte Vedute in querrechteckigem Format bietet einen frontalen Blick auf den nordwestlichen Eckturm der ehemaligen römischen Verteidigungsmauer. Georg Osterwald hat – von Nordwesten gesehen – den am stärksten hervorkragenden Punkt der Rundwölbung des ehemaligen Befestigungsturms, von dem etwa ¾ des Volumens sichtbar werden, ins Zentrum seiner Ansicht gerückt. Auf diese Weise werden die etwa in rechtem Winkel an ihn grenzenden Mauer- und Straßenzüge diagonal angeschnitten. So schließen sich links vom Turm – auf dem in Ost-West-Richtung verlaufenden Straßenzug, welcher der heutigen Zeughausstraße entspricht – Mauerwerk mit Resten von abgetreppten Strebepfeilern und rechts davon – in fast rechtem Winkel abknickend, dabei in Richtung Süden abbiegend und längs der heutigen St.-Apern-Straße ausgerichtet – ein den Turm überragender Bau mit Satteldach an. Diese auf unserer Ansicht nicht ganz eindeutig zu entschlüsselnden und in der Präzision der Darstellung im Vergleich zu der brillanten Wiedergabe des Turmes abfallende Charakterisierung der bescheidenen Gebäudekomplexe (s. u.) sind wohl mit der Absicht weniger differenziert gemalt worden, den Eckturm der römischen Stadtmauer als eigentlichen Hauptdarsteller der Vedute prominent hervortreten zu lassen.

Nach heutigen topographischen Gegebenheiten entspricht der Standpunkt des Künstlers der heute vierspurigen Straße auf der Höhe des Grundstücks Zeughausstraße Nr. 28–38 und wäre konkret in der Mitte des von einem begrünten und verkehrsumtosten Mittelstreifen getrennten, stadtauswärts führenden zweispurigen Teils zu finden. Der Blick auf den Turm ist in leichter Untersicht gehalten, der etwa 6 m hohe Turm wirkt gedrungen, jedoch eindrucksvoll in seiner künstlerischen Ausgestaltung durch die geometrischen Ornamentbänder in Steinmosaik. Möglicherweise hat der Künstler auf der in den 1830er Jahren nicht gepflasterten und ruhigen Zeughausstraße (in der Verlängerung einer platzartigen Erweiterung vor dem Turm, die auf einem Stadtplan von Thiriart aus dem Jahr 1815 noch

---

[7] Zu der wechselhaften Geschichte des Klostergutes nach der Säkularisation vgl. in dieser Publikation den Aufsatz von Ralf Gier, S. 137.

[8] Seit 1841 wohnte der aus Koblenz stammende Anton Diezler in Köln, zuerst in der Machabäerstraße 6, 8 und 10. In dem darauf folgenden Adressbuch von 1844 ist er unter der Adresse Am Römerturm 13 gemeldet. Für die freundlichen Hinweise danke ich Herrn Ralf Gier.

[9] Zu Diezler oder Ditzler vgl. AKL (Allgemeines Künstlerlexikon) Bd. 27, 2001, S. 235. Den Hinweis auf den Tod des noch jungen Malers im Bürgerhospital und seines letzten Wohnortes in der Kölner Hohe Straße verdanke ich Herrn Ralf Gier, der die Adressbücher dieser Jahre und die Sterbeurkunde im Personenstandsarchiv Brühl gesichtet hat.

[10] Auf einen Entwurf von Johann Peter Weyer, die platzartige Straßenerweiterung (St. Clara-Platz) zu pflastern (vgl. HAStK 7401, Plan 123), hat mich Herr Dr. Wolfram Hagspiel, Köln, hingewiesen, dem ich auch zahlreiche weitere Hinweise verdanke.

St. Clara-Platz hieß) im Sitzen Position für seine Skizzen genommen.[10] Mit dem Blick des geschulten Vedutenmalers hat Georg Osterwald die reich gestaltete Außenhaut des Römerturms analytisch beobachtet. Im 19. Jahrhundert gab es noch insgesamt 9 sichtbare Rundtürme der römischen Stadtmauer mit musivischem Schmuck.[11] Der Eckturm im Nordwesten der ehemaligen Römermauer scheint aber seit dem wiedererwachten Interesse an den Zeugnissen der römischen Geschichte in Köln der bekannteste gewesen zu sein. Dessen musivischen Dekorationen preist beispielsweise zeitnah zu dem Aquarell von Georg Osterwald der schon erwähnte Reiseführer „Köln und Bonn etc." von 1828: „An seinen (i. e. des Zeughauses, die Verf.) Fundamenten sieht man noch altrömisches Mauerwerk, wie auch an dem nahe dabeistehenden St. Clarathurme, der den nordwestlichen Winkel der alten Römerstadt bildete und von wo die Mauer mit den noch vorhandenen Zwischenthürmen bis zur Pfaffenpforte fortlief. Die zierliche Bauart des Thurmes verdient alle Aufmerksamkeit. Denn in der Zusammenfügung verschiedenfarbiger Steine haben Alterthumsforscher die im alten Rom zu Agrippas Zeit sehr gewöhnliche *structura reticulata* erkannt."[12]

Die dekorativen Ornamentbänder vom Ende des 1. Jahrhunderts sind auf Osterwalds Aquarell in starkem Farbkontrast zum Mauerwerk abgesetzt und leuchten in hartem Weiß auf ziegelrotem Grund. Tatsächlich besteht das äußere Mauerwerk des Turmes jedoch nicht aus Ziegelstein, wie die Darstellung vermuten lässt, sondern aus verschiedenfarbigen Steinsorten, wie Grauwacke, weißem Kalkstein, rotem Sandstein und grauem Trachyt.[13] Auf dem Aquarell weisen die Verzierungen Verwitterungsspuren und Ausbrüche einzelner Steingruppen auf. Am oberen Rand des Turmes haben sich Moose abgesetzt und Feuchtigkeit hat das Mauerwerk angegriffen.

Die geometrischen Muster sind in drei Streifenfeldern eingepasst: Ornamentbänder, auf denen Halbkreise, Kreise, Dreiecke, Rauten, Palmzweige und Tempelfassaden mit vier Säulen und Dreiecksgiebeln in regelmäßigen Mustern angelegt sind. Dagegen fehlt auch auf dem Aquarell von Osterwald das Fischgrätenmuster im Sockelbereich, das heute sichtbar ist. Daher ist anzunehmen, dass erst im Verlauf, bzw. gegen Ende des 19. Jahrhunderts dieser untere Ornamentstreifen durch Restaurierungsarbeiten wieder zu Tage getreten ist.

Ein Vergleich mit dem in der Gegenwart düsteren und traurigen Aussehen der leider teilweise stark verrußten, teilweise auch verwitterten Außenhaut des Turmes ergab, dass sowohl die Proportionen als auch das Volumen sehr genau wiedergegeben sind. Dies gilt auch für die Höhe dieses ehemaligen Stadtmauerturmes, dessen heutiger Ringkragen unterhalb des historisierenden Zinnenkranzes von 1897 in etwa mit der Höhe des bemoosten Turmabschlusses vor 1833 identisch ist. Besonders überzeugend ist vor allem die präzise Darstellung der musivischen Dekorationen durch Georg Osterwald. Bei einem genauen Vergleich des Aquarells mit dem heutigen Aussehen des Turms stellte sich heraus, dass bis auf das fehlende Fischgrätenmuster im Sockelbereich und die fehlende Farbdifferenzierung der verschiedenen Steinarten die Detailgenauigkeit überaus groß ist.

Malerisch sind an den römischen Stadtmauerturm die schon erwähnten bescheidenen, auch farblich zurücktretenden Bauten und Mauerwerk angesetzt, die mit Buschwerk alternieren. Der Vergleich mit der Tuschzeichnung aus dem Finckenbaum-Skizzenbuch von 1664/65 zeigt jedoch,

11 Vgl. dazu in dieser Publikation den Aufsatz von Elisabeth Maria Spiegel: Das Gebiet des Clarenklosters in römischer Zeit, S. 9ff.

12 Vgl. Köln und Bonn etc. (wie Anm. 5), S. 121.

13 Gerta Wolff: Das Römisch-Germanische Köln. Führer zu Museum und Stadt. Köln 52000, S. 156.

AB...
OBERFLÄCHE DE...
alten Römischen-Stadtma...

Lithographie von Joseph Felten. Im Blatt irrig mit "H" bezeichnet: "Aufgen.u.gez. v.H.Felten. In Stein grav.v.B.Wohlmuth." Die Zeichnung des Kölner Architekten Josef Felten (1799–1880) ist um 1860 entstanden. Er versucht eine idealisierte Rekonstruktion der Ornamente des Römerturmes. Neben dem Haus Helenenstraße 11 (Vgl. den Beitrag von W. Hagspiel in diesem Band) ist der vielbeschäftigte Architekt auch am Bau des ersten Wallraf-Richartz-Museums beteiligt gewesen. (Graphische Sammlung des Kölnischen Stadtmuseums, Abb.: RBA)

dass auf dem gut 170 Jahre später entstandenen Aquarell von Osterwald sich auch die Darstellung der an den Turm angelehnten Gebäudeteile auf wirklich vorhandene Gegebenheiten zum Entstehungszeitpunkt des Aquarells stützt.

Gut sichtbar verbindet auf der Darstellung von Justus Finckenbaum eine hohe Mauer die wehrhafte Abortanlage im Rundturm mit dem ersten Strebepfeiler des Kirchenschiffs. Möglicherweise wurde an dieser Stelle schon im Mittelalter dieser Trakt der Römermauer abgebrochen und durch eine dünnere Verbindungsmauer ersetzt,[14] die kurz vor dem Strebepfeiler nach oben abknickt und die Nordwestecke der Klosterkirche St. Clara in stabilisierender Funktion abstützte. Im weiteren Verlauf setzte sich dieser Mauerzug als wesentlich niedrigere, an dieser Stelle erhaltene römische Mauer und gleichzeitig nördliche Kirchenschiffwand in den Formen eines nicht vollendeten nördlichen Seitenschiffes mit Pultdach fort und zog sich weiter nach Osten über den Chorabschluss der Kirche hinaus bis zum nächsten römischen Stadtmauerturm, dem Parfusenturm hin.[15]

Auf dem Aquarell von Georg Osterwald bildet diese nach dem Abbruch der Kirche 1804 erhaltene, aber wohl um einige Steinlagen aufgestockte Mauer vielleicht den Rest der Kirchenschiffwand mit den nach der ersten Stufung abgebrochenen und flach aufgesetzten Strebepfeilern. Dafür spricht, dass die Lage, die Höhe und die Beschaffenheit des vor dem Abbruch noch zweistöckigen Portals, vor dem ein preußischer Wachsoldat steht, durchaus dem ehemaligen Portal der Klosterkirche entsprechen könnten. In diesem Falle wäre allein der preußische Soldat an dieser Stelle ein volkstümliches Phantasieprodukt, denn das Königlich Preußische Artillerie-Depot-Büro befand sich nicht an dieser Stelle, sondern hinter dem erst 1845/46 abgebrochenen, auf Osterwalds Aquarell nicht sichtbaren, Parfusenturm am Berlich.

Das rechts an den Turm angesetzte Bauwerk mit Satteldach überragt den Römerturm noch. Sein verwittertes Mauerwerk, die hohen vergitterten Rundbogenfenster lassen an einen noch erhaltenen, jedoch nicht genau zu identifizierenden Bau des ehemaligen Klosters denken. Dahinter ragen zwei Pappelspitzen hervor, die zusammen mit den schemenhaft dargestellten Spitzen der Zweiturmanlage des Kölner Domes am linken Bildrand den gesamten Gebäudekomplex asymmetrisch rahmen. Auf dem unebenen Gelände der Zeughausstraße stehen wie auf einer Bühne paarweise Staffagefiguren, die eine biedermeierliche Idylle hervorrufen: der schon erwähnte preußische Wachsoldat, das volkstümliche Paar direkt vor dem Turm, das elegante Paar dahinter und die bürgerliche Familie mit Kleinkind weiter entfernt auf der Zeughausstraße und schließlich – ganz im Vordergrund – die beiden herumtollenden Hunde, schwarz und weiß, vornehm und weniger vornehm von Rasse.

4. Signatur und Datierung des Aquarells

Ganz andere Fragen und Probleme ergeben sich bei einem vertieften Blick auf die Signatur und die Datierung des Aquarells von Georg Osterwald. Am linken Bildrand unten ist das Blatt bezeichnet: „G. Osterwald 1836". Die erste Fragestellung bleibt auf die Biographie des Malers konzentriert: Der aus Rinteln bei Hannover stammende Maler Georg Osterwald hat sich erst 1842 definitiv in Köln niedergelassen. Im Kölner Adressbuch von 1846 ist er als wohnhaft in der Straße „auf der alten Mauer Aposteln 2b" (heute

14 Für den freundlichen Hinweis danke ich Herrn Ralf Gier. Vgl. Abb. S. 253.
15 Eine kritische Diskussion der Darstellungen von Kirche und Kloster St. Clara mit dem Römerturm – unter Einbeziehung der Vogelschaupläne von Mercator (1571) und des aktualisierten Vogelschauplans eines anonymen Zeichners aus dem Jahr 1702 im Historischen Archiv der Stadt Köln (HAStK Plan 3/16) findet sich bei Christoph Bellot: St. Clara, in: Colonia Romanica Bd. X, 1995, S. 206–240, besonders S. 208 f. und Anm. 68.

Gertrudenstraße), der vorherigen Adresse seines Bruders Wilhelm) eingetragen. In Köln hat Georg Osterwald bis zu seinem Tod 1884 gelebt und gearbeitet. Stimmt die Datierung, müsste er sich also schon 1836 einmal in Köln aufgehalten haben. Seit 1832/33 war Osterwald jedoch in Hannover, wo er für Mitglieder des Hannoveraner Hofes als Zeichenlehrer und für das Fürstenpaar als künstlerischer Gestalter von Festlichkeiten tätig war. 1836 war er mit Stadtansichten von Hannover beschäftigt. Erst 1841 verließ Osterwald Hannover und wechselte nach einem mehrmonatigen Studienaufenthalt der alten Meister in Dresden 1842 nach Köln.[16]

Neben dieser biographischen Problematik ergeben sich jedoch weitere chronologische und topographische Fragen. So ließe das Jahr 1836 in Anbetracht der eingreifenden Umbaumaßnahmen von 1833/34 darauf schließen, dass Osterwald den Römerturm in seinem damaligen Erscheinungsbild retrospektiv dargestellt hätte. Die bedeutendste chronologische Unstimmigkeit, die wegen des allzu gewohnten Blicks auf den Kölner Dom dann beinahe noch übersehen werden kann, ist jedoch die silhouettenartige Präsenz der beiden vollendeten Domtürme am linken Bildrand, deren Weiterbau 1836 noch nicht einmal in die konkrete Planungsphase getreten war und deren diagonale Stellung aus diesem Blickpunkt ihrer realen Position keineswegs entspricht. Ihre Anwesenheit ließe an eine spätere, nach 1880 entstandene Ergänzung oder an ein ganz und gar retrospektives Werk denken.[17] In diesem Falle wäre das schöne Aquarell erst nach 1880, aber vor dem Tod von Georg Osterwald 1884 entstanden und möglicherweise eine frühere Skizze wieder aufgegriffen worden. Hier gaben weder das Papier noch die Technik, deren Frische und lineare Präzision jedoch die frühere Datierung aus den 1830er Jahren vermuten ließen, eine nachvollziehbare Antwort.

Erst durch eine genaue Betrachtung und Hinterfragung der Signatur des Malers und der Datierung des Blattes unter dem Mikroskop kam heraus, dass die Jahreszahl geändert worden war. Unter der „6" des Jahres 1836 ließ sich eine vom Malgrund abgeschabte Zahl erkennen, die am wahrscheinlichsten mit einer „2" zu identifizieren ist. Die überarbeitete Jahreszahl 1832 jedoch ergibt eine eindeutigere Vorstellung von der Entstehung des Aquarells, von der biographischen Einordnung in das Curriculum von Georg Osterwald, von den künstlerischen Intentionen und von der topographischen Einbettung in den zeitgenössischen Kontext und kulturgeschichtlichen Rahmen.

5. Das Aquarell in der Biographie des Künstlers

Das wahrscheinliche Datum des umdatierten Blattes macht vor allem die Einbettung in den Lebenslauf des noch nicht dreißigjährigen Georg Osterwald schlüssiger. 1832 hatte er eine zweijährige Spezialisierung zum Aquarellmaler in Paris abgeschlossen. Nach seiner Rückkehr scheint Osterwald jedoch nicht sofort nach Hannover gegangen zu sein,[18] sondern er blieb im Rheinland und war für einige Monate in Koblenz als Zeichenlehrer tätig.[19] In jedem Fall hätte er auf dem Weg über Bad Pyrmont nach Hannover oder während seines Aufenthaltes in Koblenz 1832/33 einen Zwischenaufenthalt in Köln einlegen können. Auch während seiner ersten Ausbildungsjahre in Bonn von 1819–22, wo er am Oberbergamt die Zeichenschule besuchte, hätte Georg Osterwald erste Kontakte nach Köln knüpfen können. Allerdings wäre das schöne Aquarell in diesem Falle ein allzu frühes Beispiel ausgereifter Architekturmalerei des jungen Zeichners aus Rinteln.

16 Die jüngsten Forschungsergebnisse zu Georg Osterwald hat Oliver Glißmann: Lebensstationen eines romantischen Malers. Georg Osterwalds Weg von Rinteln nach Köln, in: Jahrbuch des Kölnischen Geschichtsvereins, Bd. 75, 2004, S. 57–86, zusammengetragen.

17 Das Aquarell von Georg Osterwald ist zweimal kopiert worden: einmal in einer impressionistischen Umgestaltung von Carl Rüdell (um 1910?) und bereits nach dem Kauf des Blattes durch das Historische Museum (Kölnisches Stadtmuseum) im Jahr 1917 noch einmal detailgetreuer von einem wenig bekannten Künstler, dessen Signatur sich wie E. Moißl 1924 liest, mit dem möglicherweise der aus Offenbach stammende Graphiker Ernst Moisel zu identifizieren ist. In beiden Fällen wurden die beiden Domtürme weggelassen.

18 Vgl. Nekrolog der Kölnischen Zeitung vom 7. Juli 1884.

19 Johann Jakob Merlo: Kölnische Künstler in alter und neuer Zeit (Neuauflage bearbeitet von Eduard Firmenich-Richartz). Köln 1895, Sp. 632–39, v. a. Sp. 633.

20 O. Glißmann (vgl. Anm. 16), S. 72, Anm. 50.
21 Egid Beitz: Urkundliches zu den frühen Neujahrsplaketten und anderen Eisenkunstgüssen der Sayner Hütte, in: WRJb II, 1925, S. 88–104. Laut Beitz soll Carl seinem Bruder in Sayn mehrere Aufträge vermittelt haben, selber mehr der Antike als dem Mittelalter verpflichtet gewesen sein und nur geringe künstlerische Ambitionen gehabt haben, ebda., S. 102.
22 Sulpiz Boisserée: Tagebücher, Bd. II, 1823–1834, Darmstadt 1981, S. 778.
23 So lieferte Georg Osterwald die zeichnerischen Entwürfe für die Neujahrsplaketten der Jahre 1831 (Kirche zu Münstermaifeld), 1832 (Kirche zu Andernach), 1834 (Chor der Abteikirche Heisterbach), 1835 (Kirche zu Sinzig am Rhein), 1836 (St. Kastor-Kirche in Koblenz), 1839 (Stiftskirche St. Aposteln in Köln), 1840 (Stiftskirche St. Gereon in Köln), 1842 (Stiftskirche St. Kunibert in Köln), 1844 (Ruine der Werner-Kapelle in Bacharach), 1846 (Abteikirche in Altenberg – zusammen mit Carl Osterwald), 1852 (Vorhof der Münsterkirche in Essen), 1853 (Tabernakel im Kölner Dom), vgl. Sayner Hütte. Architektur, Eisenguss, Arbeit und Leben, mit Beiträgen von Paul-Gerog Custodis, Barbara Friedhofen, Dietrich Schabow. Koblenz 2002, v. a. S. 86–91.
24 Vgl. Roland Krischel: Kölner Maler als Sammler und Händler, in: Ausstellungskatalog Lust und Verlust. Kölner Kunstsammlungen zwischen Trikolore und Preußenadler. Köln 1995, S. 237–262, zu Wilhelm Osterwald vgl. v. a. S. 244 und Anm. 66.
25 Ebda.
26 Vgl. Auktionskatalog Venator & Hanstein 2006, Auktion Nr. 96, S. 50, Nr. 160.
27 Vgl. Bettina Mosler (Bearb.), Werner Schäfke (Hrsg.): Köln von seiner schönsten Seite. Das Kölner Stadtpanorama von 1791 bis 1939 in der Druckgraphik der Graphischen Sammlungen des Kölnischen Stadtmuseums und der Kreissparkasse Köln, Köln 2005, S. 171 ff., Kat. Nr. 130, 130 c.
28 Catalog einer reichen Auswahl von Gemälden, Aquarellen und Zeichnungen älterer und neuerer Meister aus der Verlassenschaft des kgl. Professors Herrn Georg Osterwald in Köln (dabei sein künstlerischer Nachlass … etc.) Köln 1884.
29 Sayner Hütte (vgl. Anm. 21) 2002, S. 87.
30 In einem Inventar der von Heinrich Lempertz 1839 taxierten Gemäldesammlung von Sandts im Römerturm ist das Blatt jedoch nicht aufgeführt (freundlicher Hinweis auf das Inventar von Ralf Gier). Über die ersten Käufer und über die späteren Eigentümer des Aquarells ist leider

Einen Terminus ante quem zur Datierung des schönen Aquarells hat schließlich Oliver Glißmann gefunden. Im Nachtrag des Katalogs der Akademie-Ausstellung in Berlin von 1834 ist als Ausstellungsstück des Hannoveraner Künstlers Georg Osterwald „Ein alter römischer Thurm zu Cöln" aufgeführt.[20] Damit wird das Jahr 1832 mit an Sicherheit grenzender Wahrscheinlichkeit als konkreter Zeitpunkt der Entstehung unseres Blattes bestätigt.

Auch Georgs Brüder Carl und Wilhelm lebten und waren im Rheinland tätig: Carl war seit den 1820er Jahren als Zeichner und Hüttenbeamter für die Eisenhütte in Sayn bei Neuwied tätig.[21] Hier traf ihn auch Sulpiz Boisserée im September des Jahres 1833: „Zeichner Osterwald. Schönes Taufbecken". (Eintrag vom 11. September 1833).[22] Georg Osterwald selbst soll sich 1829 für einige Zeit in Sayn aufgehalten haben. Sein Bruder Carl wird ihm in den folgenden Jahren immer wieder Aufträge für Zeichnungen und Entwürfe für Neujahrsplaketten der Eisenhütte gegeben haben, von denen etliche überliefert sind.[23]

Auch der Bruder Wilhelm (1808–1871) lebte im Rheinland und war in Köln mit dem Kunsthändler Heberle verschwägert.[24] Er handelte mit und sammelte Kunstwerke und scheint seinem Bruder v. a. Aufträge zur Illustration von Sammlungs- und Nachlasskatalogen vermittelt zu haben.[25]

Georg Osterwald hat einige schöne Aquarelle gemalt, unter vielen anderen auch ein kürzlich im Handel aufgetauchtes Köln-Panorama aus dem Jahre 1868,[26] das er nach seinem eigenen, um 1860 entstandenen, Stahlstich gemalt hat.[27] Nach seinem Tod waren noch etliche Aquarelle mit norwegischen und schwedischen Landschaften in Osterwalds Nachlass.[28] Unser Kölner Blatt vom Römerturm scheint jedoch zeitlich zu seinen frühesten Beispielen zu gehören. Hier setzte er möglicherweise die in Paris soeben erlernte Aquarellmalerei an dem einzigen übrig gebliebenen, schön- und starkfarbigen römischen Bauwerk in Köln um. Die Auswahl des Römerturms anstelle eines der zahlreichen Denkmäler mittelalterlicher Baukunst in Köln, wie es in romantischer Gesinnung viele zeitgenössische Maler und Zeichner betrieben, mag einem Echo des ausgehenden Neoklassizismus in Paris um 1830 entsprochen haben. Auch die Motive der Neujahrsplaketten der Eisenkunstgussfabrik in Sayn zeigten noch in den 1820er Jahren antike Motive aus dem Rheinland, wie die Porta Nigra (1822) und der Grabstein des Centurio Marcus Caelius (1824).[29] Überaus spekulativ bleibt die Möglichkeit, dass Georg Osterwald den Römerturm in Köln als Motiv gewählt hat, um später eine zeichnerische Skizze an die Eisenkunstgussfabrik in Sayn zur Umsetzung als Neujahrsplakette vorzuschlagen. Möglich, aber ebenso wenig wahrscheinlich ist die Annahme, dass Osterwald das Blatt im Auftrag und für den Besitzer des Römerturms, Gottfried von Sandt, in Aquarell umgesetzt hat; also für denselben von Sandt, der nur ein Jahr später das Aussehen des Turms durch die dreistöckigen Aufbauten entscheidend verändert hat.[30]

6. Der Lebenslauf von Georg Osterwald

Wer aber war der Künstler, der dieses schöne Aquarell ausgeführt hat? Das Selbstportrait von ca. 1837 zeigt den bärtigen Maler mit Brille und Barett, die Palette mit einer Auswahl von Pinseln in der Hand Georg Rudolf Daniel Osterwald wurde 1803 in Rinteln bei Hannover geboren. Er war eines von mehreren Kindern eines Küsters und Lehrers in Rinteln und hatte mehrere Geschwister, darunter die bereits erwähnten Brüder Carl und Wilhelm. Nach dem Besuch des Gymnasiums in Rinteln ging der begabte Georg Osterwald 1819 an das Oberbergamt nach Bonn, wo ein namentlich nicht genannter älterer Bruder (wahrscheinlich Carl, der dann später nach Sayn wechselte) bereits tätig war. Dort wurde Georg Osterwald in der Zeichenkammer eingesetzt. Gleichzeitig besuchte er an der Bonner Universität Vorlesungen in Mathematik, Archäologie und Kunst bei A. W. Schlegel, Diesterweg, d'Alton und Welcker. Von 1822 bis 1825 hielt sich Georg Osterwald in München auf. Während ihn die ältere Literatur in Verbindung mit dem Münchener Architekten Friedrich von Gärtner (Koblenz 1791–München 1847) bringt, verknüpft ihn die jüngere Literatur mit dem Berliner Architekturmaler Eduard Gaertner (Berlin 1801–1877).[31] Für den Münchener Architekten[32] als Lehrer Osterwalds sprechen jedoch mehrere Argumente. So wird Georg Osterwald selbst nicht nur als Maler, sondern öfters auch als „Architekt" bezeichnet. In der Tat ist nach seinen Plänen sogar ein kleiner Sakralbau, die Friederiken-Kapelle in Bad Rehburg in der Nähe von Hannover entstanden. Möglicherweise hat Osterwald aber die Architekturmalerei von Eduard Gaertner in Paris kennen lernen können, denn der Berliner Maler hatte sich dort von 1825 bis 1828 aufgehalten, also wenige Jahre vor dem Aufenthalt von Georg Osterwald selbst in Paris.[33] Von Gaertner kann Osterwald die klare und präzise Linienführung der architektonischen Formen, die Gestaltung der Atmosphäre als mit Farbe durchwirktes Licht und die Einbettung des urbanen Kontextes in den Alltag des von Menschen geprägten Stadtbildes übernommen haben.[34]

Seit 1842 in Köln lebend, scheint sich Osterwald – wohl auch mit Hilfe seines Bruders Wilhelm – schon bald in das wachsend lebhafte Kunstleben integriert zu haben. Eines der frühesten künstlerischen Zeugnisse der Kölner Jahre ist eine lithographierte Zeichnung mit der Darstellung der Feierlichkeiten anlässlich der Grundsteinlegung zum Weiterbau des Kölner Domes 1842 durch König Friedrich Wilhelm von Preußen und Kardinal Geissel.[35] Schon bald konnte Georg Osterwald auch Kontakte zum Preußischen Hof knüpfen. König Friedrich Wilhelm IV. selbst soll Osterwald geraten haben, sich ausschließlich der Architektur zu widmen.[36] Das Gemälde Der Saal im Kölner Rathhause (1846) wurde vom König angekauft.[37] Seit 1843 war Osterwald Mitglied im Kölnischen Kunstverein, seit 1844 stellte er hier zum ersten Mal aus.[38] Minutiös notiert Sulpiz Boisserée am 5. Januar 1846: „in Köln ... bei Osterwald dem Maler. Das Äußere des Rathauses das Äußere von Altenberg. Ölbilder von Verdienst. // Zur Herausgabe der Dom-Gemälde einen kurzen Text angeboten!"[39] Der Dom stand in den 1840er Jahren ganz im Zentrum des Schaffens von Osterwald: Wiederum im Auftrag des Königs fertigte er nach den 1842 wieder aufgefundenen Chorschrankenmalereien große Aquarell-Kopien in vier Bildern, bei jeweils sieben Darstellungen, an[40] (auf diese Kopien könnte das oben zitierte Angebot von Sulpiz Boisserée, dazu einen Begleittext zu verfassen, Bezug nehmen) und schuf danach auch Entwürfe für die verschollenen Glasfenster der Marienkapelle im Domchor.[41] Eine bei Merlo erwähnte „Große Ansicht des Doms zu Köln" (1846) scheint heute verschollen zu sein,[42] während eine Darstellung des gotischen Sakramentshäuschens sich heute im Wallraf-Richartz-Museum befindet.[43] Weitere Kölner Themen von Georg Osterwald sind in den folgenden Jahren immer wieder das Kölner Straßenbild als Gesamt-, Straßen- und Einzelansicht, namentlich des Kölner Rathauses.

Selbstportrait des Georg Osterwald, Eulenburg – Museum Rinteln. (Abb.: Eulenburg – Museum Rinteln)

nichts bekannt. Am 19. 10. 1918 wurde es vom damaligen Historischen Museum der Stadt Köln vom Antiquariat Kaspar Anton Stauff & Cie in der Straße Unter Goldschmied 40 für 250 Mark angekauft, vgl. Inventarbuch des Historischen Museums, 1908–1918.

31 *Die Verbindung von Georg Osterwald zum Architekturmaler Eduard Gaertner stellt wohl erstmals Wolfgang Becker her, in: Deutsche Maler in Paris von 1750 bis 1840 etc. Phil. Diss. (MS) 1967, S. 154 und dann von Dirk Kocks aufgegriffen, in: Georg Osterwald. Ein Kölner Künstler im Zeitalter der Domvollendung, in: Weltkunst, Nr. 5, 1981, S. 516–519.*

32 *Zu Friedrich von Gärtner vgl. AKL (Allgemeines Künstlerlexikon) Bd. 47, 2005, S. 158 ff.*

33 *Zu Eduard Gaertner vgl. AKL (Allgemeines Künstlerlexikon) Bd. 47, 2005, S. 156 f.*

34 *Vgl. auch die Monographie von Irmgard Wirth: Eduard Gaertner. Der Berliner Architekturmaler. Frankfurt am Main, Berlin, Wien 1979, über den Aufenthalt Gaertners in Paris v. a. S. 18–22.*

35 *Vgl. Arnold Wolff: Dombau in Köln. Photographen dokumentieren die Vollendung einer Kathedrale. Stuttgart 1980, S. 35, Nr. 49.*

36 *Nekrolog der Kölnischen Zeitung vom 7. Juli 1884.*

37 *Es befindet sich heute in Potsdam, Stiftung Preußische Schlösser und Gärten Berlin-Brandenburg, Inv. Nr. GK I, 7782. Die Vorzeichnung zu dem Gemälde ist im Besitz des Kölnischen Stadtmuseums, HM 1907/306.*

38 Kölnischer Kunstverein. 150 Jahre Kunstvermittlung in Köln, 4 Bde, hrsg. Von Stephan Andreae, Köln 1989 (Anhang).
39 Sulpiz Boisserée: Tagebücher IV, 1844–1854, Darmstadt 1985, S. 235 f. Und weiter zu Wilhelm Osterwald: Bruder Osterwald Gemälde- und Antiquitäten-Handel Schwiegersohn vom verstorbenen Heberle., S. 236.
40 Merlo 1895, Sp. 635.
41 Ausstellungskatalog: Der Kölner Dom im Jahrhundert seiner Vollendung, Bd. 1, Katalog, Köln 1980, S. 324, Kat. Nr. 20.6.
42 Merlo 1895, Sp. 634.
43 Wallraf-Richartz-Museum Köln. Vollständiges Verzeichnis der Gemäldesammlung, Köln/Mailand 1986, S. 70 (WRM 3025).
44 Davon befinden sich zahlreiche Beispiele in der Graphischen Sammlung des Kölnischen Stadtmuseums, z. B. die Zeichnung „Barrikade ohne Verteidiger", HM 1896/35.
45 Auch Beispiele seiner Portraitkunst sind in der Graphischen Sammlung des Kölnischen Stadtmuseums zu finden, z. B.: G 7822 a (Ramboux), G 9506 b (Hiller), G 10176 a (J. P. Weyer).
46 Heute in Windsor Castle, vgl. Ausstellungskatalog Der Kölner Dom im Jahrhundert seiner Vollendung, Bd. 1, 1980, S. 410–19, von Osterwald die Kat. Nr. 16, 17, 18, 19.
47 Wallraf-Richartz-Museum Köln. Vollständiges Verzeichnis der Gemäldesammlung, Köln/Mailand 1986, S. 70 (WRM 2230).
48 Oliver Glißmann (vgl. Anm. 16), 2004, S. 85.
49 Oliver Glißmann (vgl. Anm. 15) aus Porta Westfalica bereitet eine Dissertation über Georg Osterwald vor.

Aber auch Tagesaktualitäten wie die Barrikaden während der Revolutionstage von 1848 oder vom Dombauverein, dem preußischen Herrscherhaus oder von der Bürgerschaft organisierte Feste beschäftigten ihn thematisch immer wieder.[44] Darüber hinaus ist Georg Osterwald in den vielen Jahren seines Schaffens auch freundlich-gründlicher und teilweise auch humorvoller Portraitist gewesen, wie sein eigenes Selbstportrait im Museum Eulenburg in Rinteln, aber auch die Bildnisse von Familienangehörigen, seines Schwagers Heberle, des Komponisten Ferdinand Hiller, des Malers und Museumskonservators Johann Anton Ramboux oder des Architekten und Kölner Stadtbaumeisters Johann Peter Weyer zeigen.[45]

Seit seiner festen Bindung an Köln ist Georg Osterwald jedoch nicht immer in der Stadt geblieben. Reisen führten ihn an den Rhein, wo er für die englische Königin Victoria als Erinnerung an deren Rheinreise 1845 Motive aus dem Kölner Dom und von Schloss Stolzenfels bei Koblenz ausführte, das König Friedrich Wilhelm als Rheinresidenz zeitweise bewohnte und wo ihm die Königin mit ihrem Gefolge einen Besuch abstattete.[46]

Später, zwischen 1855 und 1859, verbrachte Georg Osterwald einige Jahre in Rom und erwanderte von dort die Toskana und ihre wichtigsten urbanen Zentren wie Florenz und Siena. Von Rom brachte er sein heute bekanntestes Landschaftsbild, den Blick vom Palatin im Kölner Wallraf-Richartz-Museum mit.[47]

Eine weitere Reise führte Osterwald 1864 nach Skandinavien, wo die großartige Landschaft der norwegischen Fjorde mit ihrem Zusammenspiel aus hohen Felsmassiven, tiefen Wasserzungen und der Weite des Himmels sein Talent und seine Aufmerksamkeit als Virtuosen der Landschaftsmalerei fesselten. Die Serie von etwa 25 Aquarellen, die er der Kronprinzessin in Berlin überreichte, trug ihm den vom König verliehenen Titel „Professor" ein.[48] Weitere Aquarelle, die wohl während dieses Aufenthaltes in Skandinavien entstanden, sind – wie gesehen – in seinem Nachlass geblieben.

Es ist gut zu wissen, dass eine Dissertation über Georg Osterwald in Vorbereitung ist, damit dieser überaus vielseitige Künstler, Maler, Zeichner, Graphiker an seinen verschiedenen Lebensstationen, von denen – aus Kölner Sicht – die Kölner Jahre die meiste Zeit und wohl auch die wichtigsten und intensivsten Schaffensjahre in einer lebhaften Umbruchphase dieser Stadt verkörpern, endlich einmal gebührend und umfassend gewürdigt werden kann.[49]

Ulrich S. Soénius

Zur Wirtschafts- und Sozialgeschichte des Römerturm-Viertels von der Mitte des 19. Jahrhunderts bis zum Zweiten Weltkrieg

„Am Römerturm" ist nicht nur eine Straße in der Kölner Innenstadt, sondern seit rund zweihundert Jahren ein Stadtviertel, ein Mikrokosmos in der Stadt. Begrenzt wird dieses Viertel im Osten durch die Straße Auf dem Berlich, im Süden mit einem Teil der Breite Straße, im Westen durch die St.-Apern-Straße und im Norden durch einen kurzen Teil der Zeughausstraße. Letzteres wirkt optisch wie eine eigene Straße. Nur mit Mühe wird der Anschluss an den weiter im Osten gelegenen Rest der Straße mit dem Sitz der Bezirksregierung Köln und dem Kölnischen Stadtmuseum im alten Zeughaus durch die Verschwenkung und die Reste der Mauer als Bestandteil derselben Straße wahrnehmbar. Auch die verkehrliche Trennung durch einen Mittelstreifen verstärkt diesen eigenständigen Eindruck. Im Adressbuch von 1797 findet sich mit dem Straßennamen An St. Claren, unter dem nur das Kloster St. Clara eingetragen ist, eine treffendere Bezeichnung für diesen Straßenteil.

Seit 200 Jahren ist die Wirtschaft ein wichtiger Bestandteil des Viertels. Die Säkularisation zu Beginn des 19. Jahrhunderts setzte in der Stadt eine Reihe von Immobilien frei, von denen mehrere im ersten Modernisierungsschub gewerblich genutzt wurden. Das 1304 von Gräfin Richardis von Jülich gestiftete Kloster St. Clara fiel ebenfalls der Säkularisation zum Opfer: Am 21. August 1802 wurden das Kloster und der Klosterbesitz, der u. a. aus Ländereien in den Kantonen Bergheim, Brühl, Jülich, Lechenich, Neuss und Weiden bestand, aufgehoben. Die 17 Nonnen und zwei Laienschwestern mussten das Haus verlassen. Zwei Jahre später wurde die Kirche abgerissen, die Gebäude verkauft und zeitweise als Manufakturen benutzt.[1]

Während die an den Außengrenzen dieses Viertels gelegenen Straßen bereits im Mittelalter existierten,[2] wurden die beiden inneren Straßen erst um 1840 angelegt. Dies geschah durch die Parzellierung des ehemaligen Gartenlandes des Klosters. Die Helenenstraße erinnert an die römische Kaiserin Helena (um 248 – um 328), Mutter von Konstantin dem Großen. Diese wandte sich noch vor ihrem Sohn dem Christentum zu und soll – so die Legende – das Kreuz Christi gefunden haben. Über der Fundstelle wurde unter ihrem Sohn Konstantin die Grabeskirche errichtet. Laut der Sage soll Helena zudem die Kirche St. Gereon – zu deren Pfarrbezirk die Straße gehört – in Erinnerung an den Märtyrer Gereon von der Thebäischen Legion gestiftet haben.[3] Ausgrabungen haben jedoch den spätantiken Vorläufer des mittelalterlichen Baus auf das letzte Drittel des 4. Jahrhunderts datiert.[4] Die Straße Am Römerturm wurde benannt nach dem nordwestlichen Eckturm der alten Römermauer. Dieser Turm wurde in früheren Zeiten auch in Erinnerung an das Kloster als „Clarenturm" bezeichnet.

Der Mikrokosmos Römerturm-Viertel soll im Folgenden nach seiner Bedeutung als Wirtschaftsstandort untersucht werden. Dabei wird exem-

1 Christoph Bellot: Clarissenkloster St. Clara. In: Kölner Kirchen und ihre mittelalterliche Ausstattung, Bd. 1, Köln 1995 (Colonia Romanica, X), S. 206–240; ders.: St. Clara. In: Kölner Kirchen und ihre Ausstattung in Renaissance und Barock, Bd. 2, Köln 2003/2004 (Colonia Romanica, XVIII/XIX), S. 241–246; Richard Büttner: Die Säkularisation der Kölner geistlichen Institutionen, Köln 1971 (Schriften zur rheinisch-westfälischen Wirtschaftsgeschichte, Bd. 23), S. 132–133, 261 (Nr. 4242 ½).

2 Peter Glasner: Die Lesbarkeit der Stadt. Lexikon der mittelalterlichen Straßennamen Kölns, Köln 2002, S. 87 (Zeughausstraße), 98 (Breite Straße), 198–199 (St.-Apern-Straße) und 229–230 (Auf dem Berlich).

3 Die Attribute der Heiligen sind das Kreuz und Nägel (Kreuzigungsnägel) – sie ist die Schutzpatronin der Nagelschmiede. Edward Gibbon: Verfall und Untergang des Römischen Reiches, Nördlingen 1987, S. 199, 202; Johannes Irmscher (Hrsg.): Lexikon der Antike, Leipzig 1985, S. 226; Rüdiger Schünemann-Steffen: Kölner Straßennamen-Lexikon, 2. Aufl., Köln 2006, S. 223–224.

4 Christoph Bellot: St. Gereon. In: Kölner Kirchen und ihre Ausstattung in Renaissance und Barock, Bd. 2, Köln 2003/2004 (Colonia Romanica, XVIII/XIX), S. 33–103, bes. S. 33–34.

plarisch auf die Berufszugehörigkeit der Bewohner als sozialhistorisches Merkmal eingegangen. Die Untersuchung beschränkt sich auf die Zeit von 1850, nach der die erste Bebauung des Viertels abgeschlossen wurde, bis zum Zweiten Weltkrieg, greift aber in einigen Fällen auf die unmittelbare Vorgeschichte und die anschließende Zeit des beginnenden Wiederaufbaus zurück. Als Hauptdatenquelle dient das Kölner Adressbuch.[5]

Das gesamte Viertel wurde als Wohnort durch die umliegenden Behörden beeinflusst. In erster Linie machten sich die Gerichte am Appellhofplatz bemerkbar. Im 19. Jahrhundert lebten um den Römerturm Richter, Rechtsanwälte und Notare sowie Justizbeamte. Auf dem Berlich waren 1871 z. B. unter den Nummern 23, 25, 27 und 33 jeweils Anwälte ansässig. Später waren die Rechtsanwälte vor allem durch Societäten vertreten, während sie mit ihren Familien in die Kölner Neustadt und dann in die weiter entfernten Stadtviertel zogen. 1932 waren etwa in der Straße Am Römerturm in den Häusern 11, 13, 17 und 23 sowie 10 Büros von Rechtsanwälten verzeichnet. In den Straßen des Viertels wurden im 19. Jahrhundert Wohnungen an Offiziere vermietet, die zum Dienst beim Militärgouverneur am Apostelnkloster abkommandiert waren. Wie bei Militärs üblich, wechselten sie nach mehreren Jahren an andere Standorte, so dass die Fluktuation relativ hoch war. Auch die Beamten der nahe gelegenen Bezirksregierung wählten das Viertel als Wohnsitz. Immer wieder sind in den Adressbüchern Regierungsräte vermerkt.

Zur Verdeutlichung der wirtschaftshistorischen Entwicklung des Viertels wurde die Untersuchung für die einzelnen Straßen vorgenommen. In einigen Fällen wechselten Unternehmen, Verbände und Personen innerhalb des Viertels ihren Sitz. Damit dient dieser Mikrokosmos zur Untermauerung der bestehenden These, dass sich die Mobilität innerhalb der Stadt häufig auf die Stadtviertel beschränkt. Die Datenmenge zu dem hier untersuchten Viertel ist jedoch zu gering, um eine entsprechend allgemein gültige Aussage treffen zu können.

Am Römerturm
Die Straße wurde in der seltenen T-Form angelegt. Von der Straße Auf dem Berlich kommend, beginnt die Zählung ungerade links, gerade rechts. Die Häuser mit den geraden Nummern wurde erst Mitte der 1860er Jahre erbaut, zuerst vorhanden waren die Nummern 8 und 10. Das längere Straßenstück zwischen Helenenstraße und Zeughausstraße hat nur auf der linken Seite (ungerade) Hausnummern. Neben den genannten Berufen aus Justiz, Regierung und Militär siedelten hier vor allem im 19. Jahrhundert Rentner und eine Reihe von Witwen an. Vermutlich lag dies an der besonderen Lage der Straße inmitten der Stadt. Wie sehr die Entwicklung der Straße von ihren Bewohnern gestaltet wurde, zeigt das Beispiel der Witwe Heinrich Schultz. 1854 ist im Adressbuch die Rentnerin erstmals unter der Hausnummer 7 gemeldet. Kurz vorher war ihr Mann gestorben, mit dem sie bereits dort wohnte. Im Adressbuch 1874 ist zudem unter der gleichen Adresse als Mieter der Advokatanwalt Dr. Otto Welter eingetragen, seit 1881 seine Witwe. Welter war bereits seit 1867 Mieter in Haus Nr. 11. Im gleichen Jahr übernahm die Witwe Schultz die Häuser 3 und 5 – auf dem Grundstück der drei Häuser wurde nun ein Neubau errichtet. 1899 starb die Eigentümerin, die Rentnerin Welter lebte weiter dort und erwarb das Haus einige Jahre später von den Krefelder Erben ihrer bisherigen Vermieterin. Auch wenn in

5 Auf Einzelnachweise aus dem Adressbuch wird verzichtet.

einzelnen Häusereintragungen über die gesamte Zeit hinweg immer wieder Handwerker oder kleinere Angestellte auftauchen, kann für diese Straße ein eher gehobenes soziales Niveau konstatiert werden. Mitte der 1850er Jahre gab es in dem Haus 15 (damals noch 7D) bereits eine „Kleinkinderverwahrschule" – die Ehefrau des Sprachlehrers Josef Pesch leitete diese. Unter- und Mittelschichten konnten sich um diese Zeit keine Beaufsichtigung ihrer Kinder gegen Honorar leisten.

In der relativ kleinen Straße lebten über den gesamten Berichtszeitraum auch immer wieder Künstler: 1850 ein Kapellmeister, 1852 ein Musikdirektor, 1857 ein Musiker, 1859 und 1876 jeweils ein Schauspieler (1859 Christian Avenarius), 1879–80 ein Organist, 1882–87 eine Musik- bzw. Klavierlehrerin, die im letzten Jahr gleich zwei weibliche und einen männlichen Kollegen in ihrer Nachbarschaft wissen konnte. 1893 lebte hier ein Opernsänger mit dem wohl klingenden Namen Max Mosel, 1905 ein Schauspieler, Anfang der 1920er Jahre die Opernsängerin Anna Willkomm, genannt Valthéry, sowie die Zeichnerin Laura Gösser und Mitte der 1930er Jahre ein Künstleragent sowie ein Pianist. Im Zweiten Weltkrieg war unter der Hausnummer 17 die Schauspielerin Maria Schwarz gemeldet.

An interessanten Berufen sind aus der Straße z. B. zu nennen 1868 den Diätar Baptist Wolff – wobei nicht ganz klar ist, für welche „Diät" er arbeitete. 1876 wohnten hier eine Deckenstepperin Wilhelmine Füser und 1929 ein „Lederschärfer" W. Winter. Die Friseurin Fanny Geelhaar hatte Anfang der 1930er Jahre einen passenden Beruf zu ihrem Nachnamen. Womit sich 1934 Maria Schmitz als „Stundenarbeiterin" und 1939 Josef Rath als „Heilkundiger" beschäftigten, bleibt offen.

Von Beginn an waren gewerbliche Eigentümer oder Mieter in der Straße ansässig – neben verschiedenen Handwerkern sind in den Adressbüchern unter anderem genannt 1854 eine Zigarrenfabrik Eduard Michaelis, 1857 eine Schmirgelleim-, Bläue- und Wichsfabrik von Louis Berninghaus und 1873 für wenige Jahre erstmalig eine Zinkgiesserei. In den 1870er Jahren war an der Ecke Auf dem Berlich ein Restaurant, zunächst unter der Leitung von C. Lahs, dann unter Josef Weingarten. Am Ende des Jahrzehnts eröffnete dort Carl Seidel-Schwartz ein Geschäft für Wildbret, Seefisch, Geflügel und Delikatessen, das später Auf dem Berlich 2 ansässig war.

Das wohl bekannteste Unternehmen aus dieser Straße war die spätere Aufzugsfirma Pellenz. Im Haus Nummer 19 gründete 1858 der Ingenieur der Rheinischen Eisenbahngesellschaft Johann Carl Pellenz (1818–1901) eine Firma für Eisenbahnsignal- und -beleuchtungsanlagen. Pellenz hatte das Haus von dem Königlichen Stempel-Fiskalat, eine Steuerbehörde, übernommen, die aber nur wenige Jahre nach Erbauung 1855 dort ansässig war. 1841 hatte der spätere Unternehmer bei der Eröffnung der Eisenbahn zwischen Köln und Aachen die Lokomotive als Maschinenmeister geführt. 1863 siedelte das Unternehmen nach Ehrenfeld über, richtete dort eine Eisengießerei ein, nahm einige Jahre später die Herstellung von Hebe- und Wiegevorrichtungen auf und war bis in die zweite Hälfte des 20. Jahrhunderts in Köln mit der Anfertigung von Aufzügen bekannt. Pellenz hatte vermutlich das gleiche Problem wie andere Gewerbetreibende: Die zunehmende industrielle Produktion erforderte neue und größere Räumlichkeiten, die in der engen Innenstadt nicht geschaffen werden konnten. So entschlossen sich viele Unternehmen zur Umsiedlung vor die Stadtgrenze. Mit dem Unternehmen Pellenz ging ein solches aus der Gegend um den

1858 gründete Johann Carl Pellenz (1818–1901) Am Römerturm 19 sein Unternehmen. (Abb. aus: 100 Jahre Pellenz & Co., Köln 1958)

6 Klara van Eyll: Wirtschafts- und Sozialgeschichte Kölns vom Beginn der preußischen Zeit bis zur Reichsgründung. In: Hermann Kellenbenz (Hrsg.): Zwei Jahrtausende Kölner Wirtschaft, Bd. 2, Köln 1975, S. 163–266, hier S. 192; 100 Jahre Pellenz & Co. Welter Hebezeuge, Köln 1957.
7 Robert Steimel: Kölner Köpfe, Köln 1958, Sp. 97–98.

Römerturm vor die Stadt.[6] Nachdem Pellenz, der privat Am Römerturm einige Jahre länger lebte, ausgezogen war, wohnten 1869 sechs Mietparteien in dem Haus: zwei Angestellte (Kalkulator, Assistent) sowie vier Handwerker (Kappenmacher, Schreiner, Drechsler und Schlosser). Das Haus muss von einer entsprechenden Größe gewesen sein. Vielleicht war der in den Adressbüchern 1859 bis 1866 in Haus 17 genannte und dort zur Miete wohnende „Mechanicus" Nikolaus Brüll bei Pellenz beschäftigt?

Anfang der 1920er Jahre übernahm das Bankhaus Delbrück von der Heydt & Cie. die Häuser 3–7, vermietete die ersten beiden Häuser und unterhielt im Haus Nr. 7 das Bankgeschäft bis zum Zweiten Weltkrieg. Auch diese Bank war eines der bekannteren Kölner Unternehmen – dass es diese Straße als Domizil wählte, spricht ebenfalls für eine „bessere Adresse". Ende der 1920er Jahre kaufte das Bankhaus zusätzlich die Nr. 1. Die Büroräume wurden aber erst Mitte der 1930er Jahre auf die Häuser 3 und 5 ausgeweitet. Zu diesem Zeitpunkt wurde das Haus Nr. 1 neu gebaut.

Einige andere umsatzstarke Unternehmen hatten in der Straße ebenfalls ihren Sitz genommen. Dass Wirtschaft auch Wandel bedeutet, kann teilweise an einzelnen Häusern konstatiert werden: 1868 übernahm Paul Brölsch, Inhaber der gleichnamigen Holz- und Baumaterialienhandlung aus der Zeughausstraße 12, das Haus mit der Nummer 10. Sieben Jahre später war er zudem im Besitz des Nachbarhauses Nr. 8. Er verlegte kurzzeitig das Büro der Handlung nach hier, setzte sich aber dann zur Ruhe und lebte als Rentner weiterhin in dem Haus. Sein Kompagnon Josef Schmitt-Peffenhausen lebte Am Römerturm in Nr. 21. Von der Witwe Brölsch bzw. deren Erben übernahm 1892 die Witwe Marie Merz, Weingutbesitzerin, die beiden Häuser 8 und 10. Um die Wende zum 20. Jahrhundert erwarb diese der Rechtsanwalt Carl Custodis, riss das Haus Nummer 8 ein und wohnte dort nach Errichtung eines Neubaus. In Nummer 10 siedelte er sein Büro an, einige Jahre später wurde es von anderen Rechtsanwälten benutzt. Custodis (1844–1925) war Geheimer Justizrat, Domsyndikus und zweimaliger Präsident der Deutschen Katholikentage. Der Gründer von mehreren bürgerlichen Gesellschaften war kirchlich hoch dekoriert und trug den Titel päpstlicher Geheimkämmerer.[7] Vor dem Ersten Weltkrieg verkaufte Custodis das Haus Nr. 8 an die Domkirche, das Haus Nr. 10 an eine Frau Müller-Sanders. Unter gleicher Anschrift war dann ein Rechtsanwalt gleichen Namens tätig. Nach dem Ersten Weltkrieg mietete Richard Düren das Haus Nr. 8 und betätigte sich von hier mit einer Holzhandlung, die bis Mitte der 1920er Jahre bestand. Nachdem einige Mieter darin lebten, ließ sich 1931 hier Dr. Eugen Bertram als Zahnarzt nieder.

Das Haus mit der Nummer 17 kaufte 1883 der Hofjuwelier Carl Becker und nutzte es als Wohnung. Nach seinem Tod lebte ab 1889 seine Witwe

Der Juwelier Carl Becker bevorzugte die Straße Am Römerturm als Wohngegend. (Abb. aus: Grevens Adressbuch 1884)

an dieser Adresse. Zehn Jahre später übernahm Ludwig Ströver das Haus. Seine Handlung für Bergwerks- und Hüttenerzeugnisse war am Hohenzollernring, hier wohnte er bzw. seine Witwe bis in die 1920er Jahre. Ab 1934 wohnte hier der Architekt Jakob Bong, dessen Frau nach einigen Jahren den Handel mit Damenhüten aufnahm. Nach dem Krieg war 1953 hier Josef Habbig mit einer Damenhutfabrik tätig.

Kurzfristig waren 1905 bis 1908 in Hausnummer 11 die Geschäftsstellen des Kölner Haus- und Grundbesitzer-Vereins und deren Westdeutschen Bürger-Zeitung ansässig. Von dort siedelte der Verein mit seinen anhängenden Organisationen in die Helenenstraße. Vorher hatte der Verein seine Büroräume Auf dem Berlich (s. u.). In den 1950er Jahren siedelte sich die Bauunternehmung Wilhelm Dücker im Haus Nr. 13 an. Von hier aus beteiligte sich das Unternehmen am Wiederaufbau, auch als Bauherr und Eigentümer. 1953 kam auch das Geschäft für Zentralheizungen von Kurt Wefers in die Straße (Nr. 19). Gegründet wurde es 1928 am Westbahnhof, das Unternehmensgebäude wurde im Krieg zerstört. Der Wiederanfang startete in Deutz, Am Römerturm war Wefers bis 1973. In diesem Jahr verlegte das Unternehmen den Firmensitz an die Nußbaumer Straße nach Ehrenfeld. Seit 1999 ist es in Bilderstöckchen angesiedelt. Am Ende der Straße Am Römerturm eröffnete Anfang der 1950er Jahre der bekannte Notar Dr. Friedrich-Wilhelm Berndorff sein Büro, wobei der Eingang zum Notariat auf der Zeughausstraße lag.

Auf dem Berlich
Die Straße beginnt an der Breite Straße und endet an der Zeughausstraße. Die Zählung beginnt auf der linken Seite. Die Geschichte der Straße zeichnet sich durch lange Kontinuitäten aus – die Geschäfte waren über Jahrzehnte an einem Ort und bestimmten dadurch den Charakter der Straße. Die Gewerbetreibenden stammten zu einem großen Teil aus der Bekleidungsbranche (Wäsche und Oberbekleidung), diesen schlossen sich Luxusgeschäfte für Möbel, Dekoration, Uhren, Seifen, Papierwaren, Blumen und Lebensmittel an. Dienstleistungsfirmen wie Tapezierer, Friseure, Fotografen, Näherinnen und Schneider waren ebenfalls zu finden. Auch einige Ärzte waren ansässig. In dieser Straße machte sich ebenfalls die Nähe zum Gericht bemerkbar, einige Büros von Rechtsanwälten waren im Berichtszeitraum hier angesiedelt. Unter den Juristen ist – wie bei der Straße Am Römerturm – die Familie Custodis herauszuheben. 1852 wurde der Notar Franz Wilhelm Gustav Custodis erstmalig in Haus Nr. 19 genannt – bis zu seinem Tod 1896 blieb er dort wohnen. Seine Witwe war dort weiter ansässig, der Sohn Dr. Franz Custodis folgte unter der gleichen Anschrift als Notar bis zum Zweiten Weltkrieg.

Die längste Tradition hatten die Modewaren. Bereits um 1844 waren in Haus Nr. 15 die Geschwister Christiane, Helene und Marie Schnorrenberg und in Haus Nr. 29 die Witwe Röder mit einer Modewarenhandlung gemeldet. Während die Modehandlung Schnorrenberg bis 1870 im Adressbuch genannt ist, war der Königliche Hof-Damenkleidermacher Heinrich Winand Brückmann nur bis 1857 ansässig. Im Adressbuch 1860 ist in Nr. 7 der Kaufmann Elias Bing genannt, der Teilhaber bei der bekannten Seiden- und Samtgroßhandlung der Gebr. Bing war. Ein Nachfolgeunternehmen dieses Unternehmens war später am Neumarkt ansässig, das Geschäftshaus wurde von der Stadt arisiert,[8] um das Gesundheitsamt dort unterzubringen.

8 Britta Bopf: ‚Arisierung' in Köln. Die wirtschaftliche Existenzvernichtung der Juden 1933–1945 (Schriften des NS-Dokumentationszentrums der Stadt Köln, Bd. 10), Köln 2004, S. 362; Thomas Deres: Das Bing-Haus. In: Geschichte in Köln, 49 (2002), S. 193–204.

Bing bzw. seit 1878 seine Witwe wohnte hier nur, aber dreißig Jahre nennt das Adressbuch nach 1866 die Tuchgroßhandlung der Gebrüder Klein in Haus Nr. 5. 1865–72 wirkte in Nr. 17 der Kaufmann Ludwig Rothschild, wo er eine Leinenhandlung en gros betrieb und den „Import von ächtem Amerikanischen Ledertuch" anzeigte. In dem Neubau Nr. 45 war seit Ende der 1860er Jahre der Lederfabrikant Eduard Tuckermann ansässig. Zwanzig Jahre später verlegte er sein Lager und schließlich sein Geschäft, blieb aber hier wohnen. Anschließend wohnten seine Witwe und sein gleichnamiger Sohn bis 1900 dort. Anfang des 20. Jahrhunderts unterhielten in Haus Nr. 23 Gustav und Richard Müller ein Maßgeschäft für Herrenbekleidung – neben mehreren Schneidern in der Gegend. Daher bot sich diese Straße gut für eine Zuschneideschule an, die die Frau des Vertreters Adam Busch 1903 Auf dem Berlich 11 eröffnete. Herrenmode wurde nicht nur von Männern verkauft: Auguste Ötzel war in Nummer 21 im Ersten Weltkrieg in diesem Teil der Branche aktiv. In dieser Zeit eröffnete Auguste Treiber ein Haus weiter ihre Modewarenhandlung, die zu Beginn der NS-Zeit von zwei Damen übernommen wurde und bis ca. 1935 bestand. In den „goldenen" Zwanzigern kamen Pelzgeschäfte hinzu. 1933 eröffnete in Haus Nr. 31 Mathias Kiel eine Schnittmusterhandlung. Ende der 1930er Jahre war im Nachbarhaus 35 eine Schneidereibedarfshandlung der Gebr. Roitzheim ansässig.

Auf dem Berlich 1 wohnte seit 1876 Johann Maria Farina (1837–1892), Kaufmann und Inhaber der Eau-de-Cologne-Fabrik Johann Maria Farina gegenüber dem Jülichs-Platz. Seine Witwe Louise Friederike geborene Heimann wohnte noch bis 1897 dort. Anschließend errichteten die Kaufleute Moritz Löwenstein und Alex Grünberg in diesem Haus unter ihrem Namen eine Manufakturhandlung. Einige Jahre später kauften sie das Haus, schlossen aber Ende der 1920er Jahre ihr Unternehmen. Das Haus blieb in ihren Händen. 1930 wurde darin eine Filiale des Einheitspreisgeschäfts Ehape AG eröffnet. Diese Filialkette war 1925 von der Leonhard Tietz AG, der späteren Kaufhof AG, gegründet worden. Das erste Geschäft wurde am Anfang der Breite Straße errichtet. Der Firmenname musste 1936 in Rheinische Kaufhalle AG geändert werden.

Neben Modewaren und Tuchen war die Straße Auf dem Berlich aber auch für andere Produkte eine „gute Adresse". Seit 1887 wurde in Haus Nr. 29 ein „Lager der Hildesheimer Sparherdfabrik A. Senking" unterhalten. 1907 kam eine Gardinenhandlung in die Straße. Es entstanden um diese Zeit die ersten Schuhhandlungen. Bereits seit 1892 gab es die erste Straußenfedernfärberei und -wäscherei einer Nancy Kalversiep in Haus Nr. 33, die zwei Jahre später von „Fräulein" Isabella Boogers übernommen wurde. Weitere Federngeschäfte folgten in den nächsten Jahrzehnten. In diesem Jahr ist die erste Zigarrenhandlung im Adressbuch genannt, in Haus Nr. 29. Dort wurden bis Ende der 1920er Jahre Tabakwaren verkauft, lange Zeit von Johann Lülsdorff. 1894 kam das erste Schmuckwarengeschäft (Haus Nr. 37), 1898 der erste Blumenladen (Haus Nr. 21). 1901 ist die erste Drogerie in der Straße mit der Hausnummer 31 genannt. Der Besitzer war Hermann Andriessen. Nach zwei Jahren übernahm der Geigenmacher Georg Stössel die Räume, in denen er bis 1927 Musikinstrumente baute und mit ihnen handelte.[9] Um 1935 eröffnete Bernhard Beckers eine Drogerie in Haus 15, die nach dem Zweiten Weltkrieg noch bestand. 1902 war die erste Kaffeehandlung im Adressbuch – neben den Metzgern, Konditoren und Bäckern in der Straße ein Luxusgeschäft. Zwanzig Jahre später ist erstmalig der Metzger

Modewaren und Kleiderstoffe Löwenstein & Grünberg, Ecke Auf dem Berlich/Breite Straße, ca. 1925. (Abb.: RBA)

9 Helmut Hoyler (Bearb.): Die Musikinstrumentensammlung des Kölnischen Stadtmuseums (mit Beiträgen von Detlef Altenburg und Christoph Dohr), Köln 1993, zu dem bekannten Geigenbauer Georg Stössel vgl. v. a. S. 125–127, Kat Nrn. 116, 117, 118.

> **Herm. Andriessen, „Drogerie Berlich".**
> **Berlich 31.**
> **Medicinal-Drogen und Chemikalien,**
> **Verbandstoffe aller Art. Artikel zur Krankenpflege.**
> **Südweine.**
> **Parfümerien, Seifen. Drogen aller Art.**

Drogerie Berlich – Anzeige von 1901. (Abb. aus: Grevens Adressbuch 1901)

Max Steffens im Adressbuch gemeldet, dessen Geschäft nach dem Zweiten Weltkrieg – als einer der wenigen überlebenden – an derselben Stelle ansässig war: Auf dem Berlich 9. In Haus Nr. 17 war seit 1904 bis zum Weltkrieg die Papier- und Schreibwarenhandlung von Hermann Dewald tätig. Im gleichen Jahr wurde das Fahrradgeschäft von Heinrich Lindlau an der Apostelnstraße gegründet, das von 1906 bis 1931 Auf dem Berlich 5 ansässig war. Ab 1932 war das Unternehmen auf dem Friesenplatz. Im selben Haus begann laut Adressbuch 1908 Alfred Bernheim seine Stoff- und Lederhandschuhfabrikation, die bis 1934 genannt wird. 1880 war das Unterneh-

> **Gg. STÖSSEL KÖLN**
> – Berlich 31 –
>
> Schüler des k. k. Hofgeigenmachers Hamberger in Wien u. a.
>
> Schüler des bekannten Reparateurs Siebenhüner in Zürich u. a.
>
> **Reichhaltiges Lager von gediegenen Schüler- und alten Meistergeigen usw.**
>
> **Atelier für Neubau von Saiten-Instrumenten und deren fachmännische Reparaturen.**
>
> Schülergeigen, alte und neue Konzertgeigen in jeder Preislage. Violinkästen, Bögen, sowie alle Zubehörteile solid und billig. Beste Saiten.
>
> Anfertigung jedes Saiten-Instrumentes nach alten Museumstücken, mit reichen Schnitzereien, Einlagen in jedem Material.
>
> Weitgehendste Garantie.
>
> Mäßige Preise.
>
> Geschäftsprinzip: Streng reell.
>
> Anfertigung von Instrumenten nach speziellen Wünschen.
> Ankauf und Umtausch von alten, wenn auch sehr zerbrochenen Instrumenten.

Um 1914 entwickelte Georg Stössel die „Stössel-Laute". Das durch eine Tabulaturgrifftechnik von oben her zu spielende Instrument sollte auch ohne Notenkenntnisse leicht zu erlernen sein. (Abb. aus: Helmut Hoyler (Bearb.): Die Musikinstrumentensammlung des Kölnischen Stadtmuseums, Köln 1993)

Geschäftsprinzip: Streng reell – Georg Stössel stellte Geigen her und verkaufte sie auch. (Abb. aus: Grevens Adressbuch 1909)

Hugo Zöller (1853–1933), Kölner Journalist und Weltreisender wohnte Auf dem Berlich 13. (Abb. aus: Karlheinz Graudenz: Deutsche Kolonialgeschichte, München 1984, S. 228)

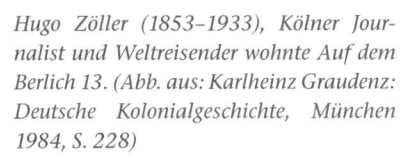

Wilhelm Leyendecker (1816–1891), Bleifabrikant und Präsident der Handelskammer, Bewohner von Auf dem Berlich 9. (Abb.: RWWA FF 12785)

men bereits in Köln gegründet worden. Ein zweiter Eingang, besonders für die Anlieferung und den Abtransport bestand in der Helenenstraße 7. 1920 kam in dem Gebäude Auf dem Berlich 5 zudem Wilhelm Oppitz mit seiner Schreibmaschinenhandlung unter. Weniger bekannte Firmen kamen und gingen. Seit 1910 war für mehrere Jahre in Haus Nr. 11 die optische Anstalt Wamsler & Fischer, 1929 wird in dieser Straße erstmals die Stempelanfertigung von Karl Gülich aufgeführt, ursprünglich war die Firma in der Victoriastraße, an der Venloer Straße in Ehrenfeld bestand eine Zweigniederlassung. Mitte der 1930er Jahre eröffnete der Büromaschinenhändler Freund & Co. in Haus 21 ein Geschäft.

Nach dem Zweiten Weltkrieg behielt die Straße ihren Charakter als Einkaufsstraße bei – bereits 1951 waren neben der Drogerie Beckers und einer Milchhandlung eine Maßschneiderei, eine Parfümeriehandlung und eine Möbelhandlung in den wenigen erhaltenen Häusern ansässig. 1955 eröffnete das Einrichtungshaus May, das bereits seit 1936 als Möbeleinzelhandelsgeschäft in der Richmodstraße ansässig war, ein weiteres Möbelgeschäft, das bis 2004 im Eckhaus Zeughausstraße untergebracht war. Die 1957 erstmalig genannte Kunsthandlung Dillbohner gehörte zu den ersten Galerien, die sich später in dem Viertel vermehrt ansiedelten.

Bekannte Namen waren Auf dem Berlich zu finden. Der Journalist und Weltreisende Hugo Zöller (1852–1933) wohnte laut Adressbuch 1876 zunächst als Volontär und dann 1877 als Journalist in Haus 13, das einem Professor Pütz gehörte. Zöller, der bei der Kölnischen Zeitung seit 1874 beschäftigt war und die ihren Sitz an der Breite Straße hatte, wurde berühmt durch seine Reisen nach Amerika, Afrika und der Südsee, über die er in der Zeitung berichtete. In Kamerun benannte Zöller, der in Deutschland als Kolonialagitator auftrat, die Wasserfälle des Njong-Stroms nach der Verlegerfamilie: Neven-DuMont-Fälle, im Finisterre-Gebirge auf Neuguinea den damals höchsten erreichbaren Berg „Neven-DuMont-Berg".[10]

Der Fabrikant Wilhelm Leyendecker (1816–1891) wohnte bis 1857 Auf dem Berlich 9. Nach einer Lehre bei dem Bankhaus A. & L. Camphausen

10 Ulrich S. Soénius: Koloniale Begeisterung im Rheinland während des Kaiserreichs, Köln 1992 (Schriften zur rheinisch-westfälischen Wirtschaftsgeschichte, Bd. 37), S. 18–20.

blieb er einige Jahre dort, bevor er 1849 eine Bleifabrik Am Klapperhof errichtete. Neben seinen Produkten machte sich Leyendecker vor allem mit seinem vorbildlichen Arbeiterschutz und seinen sozialen Einrichtungen einen Namen. Von 1870 an war Leyendecker liberaler Stadtverordneter, von 1880 bis 1890 zeitgleich Präsident der Handelskammer.[11] Der Bildhauer Christoph Stephan (1797–1864) lebte und arbeitete Auf dem Berlich 37. Er unterhielt eine Werkstatt Am Römerturm. Von ihm stammten die Kanzel in der Kirche St. Severin und der Hochaltar in St. Georg. Zudem restaurierte er Denkmäler am Dom und gestaltete Grabdenkmäler auf Melaten.[12] Nach seinem Tod übernahm sein Bruder und Kollege Michael Stephan die Werkstatt. Dieser wohnte an der St.-Apern-Straße 6. Dort hatte bereits der Vater Hermann Stephan als Bildhauer gewirkt, die Mutter kurzzeitig nach dem Tod des Ehegatten eine Kurzwarenhandlung unterhalten. In das Haus Auf dem Berlich zogen nach ihm die Kaufleute Hundhausen für einige Jahre ein – sie unterhielten dort für kurze Zeit die Leinenhandlung Scotti & Hundhausen. 1870 bis 1875 war die Leinenhandlung Mannsbach & Lebach in Haus 23 ansässig.

Auf der gegenüberliegenden Seite wohnte lange der Geheime Sanitätsrat Prof. Dr. Franz Bernhard Bardenheuer (1839–1913),[13] der die „äußere Abteilung" im Bürgerhospital und von 1904 bis 1907 die Akademie für praktische Medizin leitete (im Adressbuch 1876–1900 unter der Nummer 20). Für seine Bahn brechenden Behandlungen von Knochenbrüchen und die erste Entfernung der menschlichen Harnblase erlangte Bardenheuer große Berühmtheit. In Haus 3 wirkte von 1906 bis 1910 Elise Rosenstein als praktische Zahnärztin – für die Zeit war eine weibliche Zahnärztin sicher eine Seltenheit.

Verschiedene Büroetagen wurden früh genutzt. In den 1890er Jahren z. B. die Handwerker-Credit-Genossenschaft GmbH (Haus Nr. 9) sowie die Geschäftsstellen des Kölner Haus- und Grundbesitzer-Vereins (gegründet 1888) und dessen „Westdeutschen Bürger-Zeitung", die seit 1899 im Adressbuch mit der Anschrift Auf dem Berlich 17 auftauchen. Ab 1905 war die Geschäftsstelle Am Römerturm (s. o.) sowie später in der Helenenstraße. Auf dem Berlich 25 unterhielt Maria Raspiller-Laigneaux 1912 eine Schreibstube. Eleonore Robertshaw war als Sprachlehrerin kurz vor dem Ersten Weltkrieg in Nummer 13 tätig. In den 1920er Jahren waren Büros der Rheinischen Braunkohlen-Syndikat GmbH und der Union Kohlen-, Koks- und Briketthandelsgesellschaft genannt. Die Büros wurden in die Breite Straße verlegt (s. d.). Seit 1929 war in diesem Haus (35) das Postamt Nr. 7 ansässig. 1922 war Heinrich Vleugels mit seinem Rheinland-Verlag in Nummer 33 gemeldet. Im Adressbuch 1925 ist er als Kunsthändler genannt. Im selben Jahr waren in Haus 45 die Büros der Bank Basten, Mayer & Cie., der Breitestraße Liegenschafts-GmbH, der Deutschen Theater GmbH, der Domkloster Grundstücks GmbH und der Stahlwerk Mark KG. In diesem Haus war 1927 bis 1929 die „Produktions-Verbilligung Compendium GmbH" ansässig, eine Vertretung für Spezialmaschinen. Eine Bank gründete in den 1920er Jahren Julius Ullrich, die spätere Küster, Ullrich & Cie., in Hausnummer 25. 1933 bis 1936 war unter der gleichen Adresse ein Bankgeschäft Josef Cammann gemeldet. In Haus 45 war ab Mitte der 1930er Jahre die Beamten-Spar- und Darlehenskasse Köln eGmbH ansässig. Im Adressbuch 1937 taucht mit Regine Erbel eine Immobilienmaklerin in Nr. 27 auf – Frauen ergriffen in dieser Zeit Männerberufe.

11 Hermann Kellenbenz, Klara van Eyll: Die Geschichte der unternehmerischen Selbstverwaltung in Köln 1797–1914, Köln 1972, S. 173.
12 Steimel, Köpfe (Anm. 7), Sp. 400; zu Christoph Stephan vgl. v.a. Peter Bloch: Skulpturen des 19. Jahrhunderts im Rheinland, Düsseldorf 1975, S. 22–25.
13 Thomas Deres (Hrsg.): Ausstellungskatalog krank/gesund. 2000 Jahre Krankheit und Gesundheit in Köln, Köln 2005.

o.: Adolph Kolping (1813–1865), Gründer der Katholischen Gesellenvereine (Abb.: RWWA FF 14446)

folgende Seite o.: Eintrittskarte zum Stiftungsfest des Gesellenhospizes am 8. Mai 1853 mit Originalunterschrift von Adolph Kolping (Abb.: Privatbesitz)

folgende Seite u.: Kolpinghaus, die Minoritenkirche und der Dom – Postkarte anlässlich des 50-jährigen Jubiläums der Gesellenvereine 1899 (Abb.: Archiv Kolping Köln-Zentral)

14 Nicole Peterlein: Edith Ostendorf. Kirchliche Gewandkunst, Paderborn 2002; Karin Stolleis: Messgewänder aus deutschen Kirchenschätzen vom Mittelalter bis zur Gegenwart, Regensburg 2001; dies.: Liturgiegewänder. Ein Überblick über die Entwicklung liturgischer Gewänder vom Mittelalter bis ins 20. Jahrhundert. In: Andreas Poschmann (Hrsg.): Liturgiegewänder für den Gottesdienst heute, Trier 2003, S. 9–73.

15 Victor Conzemius: Adolf Kolping. In: Rheinische Lebensbilder, Bd. 3, Düsseldorf 1971, S: 221–233; Kolpinghaus International Köln, Köln 1971; Hans Joachim Kracht: Adolph Kolping, Köln 1977 (Kölner Biographien, H. 9); Franz Lüttgen: Zwei Kolpinglegenden aus Köln. In: Jahrbuch des Kölnischen Geschichtsvereins, 62 (1991), S. 97–108.

Auch in der Straße Auf dem Berlich waren Künstler ansässig: 1876 ein Schauspieler, 1919 ein Oboist, 1913 ein Kunstmaler. 1925 bis 1927 ist im Adressbuch die Kunstgewerblerin Ada Böse genannt, die u. a. liturgische Gewänder herstellte.[14]

Breite Straße

Die Geschichte der Breite Straße ist sicher ein Desiderat der lokalhistorischen Forschung. Die Straße war bereits in der Römerzeit von besonderer Verkehrsbedeutung. Mit der Begrenzung auf das Römerturm-Viertel kann hier nur ein minimaler Einblick gegeben werden. Dieser bezieht sich – wie oben ausgeführt – auf den nördlichen Endteil der Breite Straße zwischen Auf dem Berlich und St.-Apern-Straße. Heute sind hier die Hausnummer 100 bis 132 vorhanden. Bis 1888 waren dies die Hausnummern 106 bis 138. Durch eine Umnummerierung 1888 wurden – nicht nur in diesem Teil – im Laufe der Jahre entstandene Zusatznummern eliminiert. Zum besseren Verständnis werden im Folgenden durchweg die heutigen Nummern verwendet. Die Zählung des hier interessierenden Teils beginnt rechts Auf dem Berlich.

Der berühmteste Bewohner des Viertels am Römerturm und dieses Teilstücks der Breite Straße war Adolph Kolping. Hier lebte er nicht nur, sondern von der Breite Straße aus gingen Impulse zur Entwicklung und Verbreitung der nach ihm benannten Bewegung. Das von ihm gegründete Katholische Gesellen-Hospitium war Vorbild für viele andere Herbergen in der ganzen Welt. Am 8. Mai 1853 feierte Kolping Stiftungsfest in dem Haus mit der Nummer 108 (damals 118), das er im Jahr zuvor erworben hatte. In dem so genannten Lenderschen Haus lebte zuvor der Kaufmann Hubert Thoennissen, der ein Speditions- und Kommissionsgeschäft sowie eine Weinhandlung unterhielt. Kolping zog in das Haus ein. Der Priester wurde am 8. Dezember 1813 in Kerpen geboren. Nach dem Studium und der Priesterweihe 1845 war er vier Jahre Priester in Elberfeld, bevor er 1849 Domvikar in Köln wurde. In diesem Jahr rief er einen Ortsverein des Elberfelder Gesellenvereins ins Leben, aus dem er 1850 den Rheinischen Gesellenbund gründete. Dieser benannte sich im folgenden Jahr in Katholischer Gesellenverein um. Aus Finanznot und wegen des Unterhalts des Hauses an der Breite Straße begann Kolping eine Karriere als Volksschriftsteller und Verleger der Rheinischen Volksblätter. Hauptberuflich war er immer noch als schlecht besoldeter Domvikar tätig. Von dem Haus in der Breite Straße begann der Siegeszug der Gesellenvereine, von denen im Todesjahr Kolpings 418 Vereine mit 24.000 Mitgliedern in den deutschen Staaten, Österreich und den USA existierten. Kolping, der 1862 Rektor der Minoritenkirche wurde und in der sich seit 1866 sein Grab befindet, starb am 4. Dezember 1865 in dem Haus an der Breite Straße. Einige Wochen vor seinem Tod hatte er am 17. September den Erweiterungsbau an der Breite Straße eingeweiht. 1991 wurde Adolph Kolping selig gesprochen. 1885/86 wurde das alte Kolpinghaus abgerissen und durch einen Neubau ersetzt, der zudem zwei aufgekaufte Nachbarhäuser umschloss. 1910 wurde das Terrain an der Helenenstraße (s. u.) hinzugekauft sowie das Kreuzkonvent erworben. Es wurden die drei Häuser 106–110 abgerissen und 1911 bis 1913 ein Neubau errichtet, der als Gebäudekomplex die Breite Straße mit der Helenenstraße verband. Mittelpunkt war ein 1.200 Personen fassender Saal. An der Breite Straße wurden Gebäudeflächen an Geschäftsleute vermietet.[15]

Eintritts-Karte

zu der

FEST-VERSAMMLUNG

des

GESELLEN-VEREINS

im Vereinshause Breitestrasse Nro. 118,

am 8. Mai 1853, Abends 7 Uhr.

—

Für das Festcomité. *Kolping*

Minoritenkirche

Gott segne das ehrbare Handwerk.

Ottmar Zieher München.

Grabkirche.

Kathol. Gesellenhaus.

Gruss vom 50 jähr. Jubelfest des Kath. Gesellenvereins zu KÖLN a./Rh.

o.: Die Einweihungsfeier des Neubaus des Gesellen-Hospitiums 1913 (Abb.: Archiv Kolping Köln-Zentral); u.: Die Fassade des 1911–13 neu errichteten Kolpinghauses (Abb. aus: Ellen Lilischkies und Franz Lüttgen (Hrsg.): Kolping Köln-Zentral, Köln 1999, S. 236)

Das Kolpinghaus erlebte seit seinem Bestehen Geschichte und Geschichten – eines der herausragenden Ereignisse war am 17. Juni 1945 die Gründung der Christlich-Demokratischen Union. Mit Mühe konnten die Initiatoren, besonders Dr. Leo Schwering, die Einladung an 18 ehemalige Zentrumspolitiker und christliche Gewerkschafter übermitteln. Das durch Kriegseinwirkung nicht zerstörte Kolpinghaus bot eines der wenigen Versammlungsräume in der Stadt – aber es war auch der Genius loci, der die Parteigründer, darunter die Jugendpflegerin Sibille Hartmann, der Dominikanerpater Dr. Eberhard Welty, der spätere Regierungspräsident Dr. Wilhelm Warsch und der Handwerkskammerpräsident Bernhard Günther, inspirierte. Den Konferenzraum konnten die Politiker nur über Trümmer und durch einen dunklen Gang betreten. Es wurden ersten Programmansätze und organisatorische Fragen diskutiert.[16]

Neben dem Kolpinghaus war der Konvent zum Hl. Kreuz in Nummer 110 ansässig. Ursprünglich handelte es sich dabei um zwei Häuser (120 und 122), wobei das erste Haus auch als Konvent Heribert bezeichnet wurde. 1288 stiftete Hermann Bischof, Kanonikus an St. Gereon, sein Haus für die

Dr. Leo Schwering und Sibille Hartmann gründeten 1945 die CDU mit. (Abb. aus: Kraft einer Idee. 20 Jahre CDU Rheinland, Recklinghausen 1965, vor S. 17)

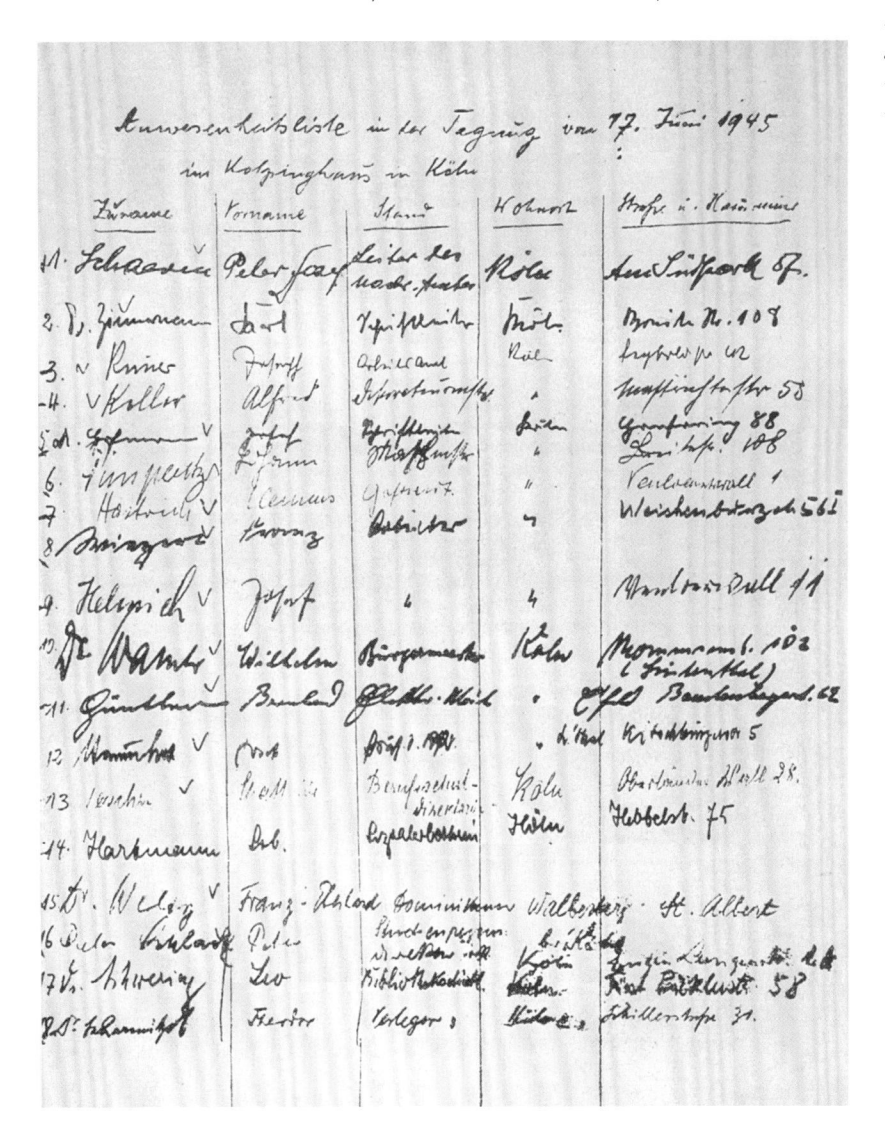

Anwesenheitsliste von der CDU-Gründungsversammlung im Kolpinghaus am 17. Juni 1945. (Abb. aus: 20 Jahre CDU Köln, 1965)

16 Ulrich S. Soénius: Neubeginn im zerstörten Köln. Die CDU in der Gründungsphase 1945. In: CDU Köln (Hrsg.): 50 Jahre CDU Köln 1945–1995, Köln 1995, S. 8–11.

Der Bieresel im Jahre 1911. (Abb.: RBA)

17 Für die Geschichte bis 1866 Uta Scholten: Hl. Kreuz. In: Kölner Kirchen und ihre Ausstattung in Renaissance und Barock, Bd. 2, Köln 2003/2004 (Colonia Romanica, XVIII/XIX), S. 298. Der Konvent Heribert ist in dem Band nicht erwähnt. Laut Kölner Kirchen und ihre mittelalterliche Ausstattung, Bd. 1, Köln 1995 (Colonia Romanica, X), S. 62, gab es bis zur Säkularisation auf der Breite Straße auch einen Konvent St. Anna (s. auch Karte III in Bd. 2). Im Kölner Adressbuch von 1797, S. 158–159, ist dieser nicht genannt.

18 Stiftung Rheinisch-Westfälisches Wirtschaftsarchiv zu Köln (RWWA), Bäcker-Innung für die Stadt Köln un den Rhein-Erft-Kreis, Mitgliedsakte Göppel, 126-8-2.

19 Franz Mathar: Prosit Colonia. Die vergessenen und die unvergessenen Brauereien, Bier- und Brauhäuser Kölns, Köln 1999, S. 54–56.

Einrichtung eines Armenhospitals. Betreut wurde dieses von einem 1487 erwähnten Beginenkonvent, der in dem Nachbargebäude untergebracht war. In den 1850er Jahren standen beide Häuser eine Zeit lang leer, wurden dann wieder von Geistlichen und Ordensangehörigen bewohnt und gingen schließlich in den Besitz der städtischen Armenverwaltung über. Ende der 1850er Jahre übernahm die Armenverwaltung die beiden Häuser, sie wurden 1867 abgerissen, aber an ihrer Stelle ein Neubau errichtet. Die Armenverwaltung nutzte das Haus weiterhin, ein früherer Verkauf an das Kolping-Hospitium scheiterte am öffentlichen Widerstand.[17] Im Adressbuch wird bis 1910 das „Convent Kreuz" genannt. Zeitweise waren dort eine Pförtnerin und eine „Wärterin" angeführt. Mitte der 1880er Jahre hatte das Katholische Gesellenhospiz (Kolping) bereits das Haus mit der Nummer 106 erworben. Dies war auch durch die Ausweitung der Tätigkeiten bedingt, das Adressbuch verzeichnet Spar- und Kreditkassen, An- und Verkaufsvereine sowie eine Wohnungsgenossenschaft unter dem Dach des Kolpingvereins. Vor dem Ersten Weltkrieg kaufte das Kolpinghaus dann – wie geschildert – die ehemaligen Konventgebäude von der Stadt Köln.

Bereits zu Beginn des Untersuchungszeitraums war die Breite Straße eine Geschäftsstraße, die den täglichen Bedarf abdeckte. 1850 sind für das hier untersuchte Teilstück im Adressbuch genannt u. a. zwei Weinwirte, ein Bierbrauer, eine Spezereihandlung, zwei Kurzwarenhandlungen, eine Leinenhandlung, ein Schuhmacher, ein Tischler, ein Regenschirmfabrikant und ein Bäcker. Die Bäckerei bestand bereits 1797. Ein gewisser Michael Schenck war im Haus Nr. 4206, dem letzten Haus Auf der Breitenstraße, als Bäcker tätig. 1830 nahm mit Peter Blumacher das erste Mitglied dieser Familie in dem nunmehrigen Haus 132 (nach alter Zählung 138) das Bäckerhandwerk als Nachfolger auf. Die Familie Blumacher blieb hier bis 1934 tätig. In diesem Jahr übernahm Karl Göppel die Bäckerei, die im Krieg bis auf den Backkeller vollständig zerstört wurde. Göppel begann 1945 im Notbetrieb an dem bisherigen Standort, verlegte aber sein Unternehmen 1955 in die Apostelnstraße 27.[18] Mitte der dreißiger Jahre, als Göppel Nachfolger von Johann Blumacher wurde, waren seine Nachbarn ein Konkurrent, zwei Konditoreien, eine Zuckerwarenfabrik, eine Feinkosthandlung, eine Obsthandlung, ein Tabakhändler, zwei Gaststätten, eine Wachstuchgroßhandlung, eine Wollwarenhandlung, ein Pelzhandelsgeschäft, eine Lederwarenhandlung, ein Korsettgeschäft, ein Herrenmodengeschäft, ein Rundfunkgeschäft, ein Schuhgeschäft, ein Schuhmacher, drei Schneider, eine Musikalienhandlung, ein Porzellangeschäft, ein Goldschmuckgeschäft, ein Friseur, eine Zweigstelle der Städtischen Sparkasse, zwei Versicherungsmakler, ein Assekuranzmakler und ein Büro einer Versicherung.

Neben dem Kolpinghaus war und ist wohl der „Bier-Esel" das bekannteste Haus an der Breite Straße 114. Im Mittelalter war die Benennung von Häusern mit Eigennamen gängige Praxis. Das Haus „Zum Esel" wurde erstmals 1297 in den Quellen erwähnt, bereits 22 Jahre später tauchte die Bezeichnung „Brauhaus" auf. Aufgrund der Nähe zum Ehrentor war das Gast- und Brauhaus Jahrhunderte lang bei Reisenden beliebt.[19] Zu Beginn des 19. Jahrhunderts war es der Brauer Everhard Badorff, der im „Esel" Bier braute. Es folgte der Brauer Johann Wilhelm Wiertzfeld, dem mehrere Kinder nachfolgten, von denen sich der Sohn Johann Baptist Wiertzfeld als Brauer betätigte und der nach Beendigung der Brautätigkeit 1873 dort als Rentner lebte. 1889 ist im Adressbuch ein Hermann Kuth genannt, der das

Haus kaufte und die Restauration wieder aufnahm. Von ihm übernahm die Brauerei Gebr. Sünner in Kalk 1892 das Haus als Brauereiausschank, erster Pächter war Wilhelm Kraus. Ihm folgte im Adressbuch 1904 Fritz Minder und 1912 Fritz Austermühle, der Muscheln als Spezialität einführte und der Gaststätte den Beinamen „Erstes Kölner Muschelhaus" gab. Anfang der 1950er Jahre war der Sohn des bisherigen Pächters, Willy Austermühle, Nachfolger. Neben dem Bier-Esel, heute noch immer als Gaststätte mit der Spezialität Muscheln bekannt, bestand in Haus Nr. 112 zwischen 1832 und 1910 die Gaststätte „Zum Wein-Esel".[20] Diese Weinwirtschaft mit angegliedertem Weinhandel wurde durchgehend von der Familie Göbbels betrieben. Anschließend gab es wechselnde Betreiber für das Weinrestaurant, bis am Anfang der 1930er Jahre für kurze Zeit das Automatenrestaurant Stadt Innsbruck einzog. Nachfolger wurde bis zum Krieg mit einer Gaststätte Walter Treptau bzw. sein gleichnamiger Sohn.

A. Schermers versprach „prompte und reelle Bedienung". (Abb. aus: Grevens Adressbuch 1875)

Ein weiteres sehr bekanntes Haus ist das Café Fromme. Die Ursprünge des Unternehmens gehen zurück auf eine Kolonialwarenhandlung von A. Schermers im Haus Breite Straße 122 (alt 128), die 1875 erstmalig im Adressbuch genannt ist. Die Spezialität des aus den Niederlanden stammenden Unternehmens waren Tee, Kolonialwaren und Delikatessen. Fünf Jahre später war Andreas Brungs Inhaber der Handlung und Eigentümer des Hauses. In diese Eigenschaft trat 1893 der Kaufmann Ludwig Fromme ein, die Firma firmierte zunächst unter Brungs Nachfolger, dann aber drei Jahre später unter dem Namen des neuen Eigentümers. Dieser eröffnete um 1904 zusätzlich unter derselben Adresse das „Kölner Kakao-Haus Ludwig Fromme" – das Produkt Kakao war eine der Kolonialwaren. 1916 ist im Adressbuch Fromme mit einer Kaffeewirtschaft eingetragen, 1930 wird dann die Konditorei genannt. Einige Jahre gab es seit 1912 einen Konkurrenten Eisenmenger in Nr. 108, dem Gebäude des Kolpinghauses.

Weitere Geschäfte waren in der Lebensmittelbranche angesiedelt. 1869 wurde erstmals in Haus Nr. 130 ein Viktualiengeschäft von Josef Schulte genannt, der vorher als Schuhmachermeister dort residierte. Um 1883 eröffnete die Frau von Professor James Fr. Greene „aus London" eine „Theeniederlage" in Haus Nr. 120 – vermutlich reichte das Lehrergehalt nicht mehr, der Ehemann war dann später als Sprachlehrer tätig. Zur Versorgung mit Milchprodukten eröffnete Anfang der 1890er Jahre die Holsteinische Meierei-Gesellschaft Lepper & Comp. eine Verkaufsstelle in Haus 126. An derselben Stelle wurden anschließend hintereinander eine Margarine- und eine Butter-Verkaufsstelle eingerichtet. Ende der 1920er Jahre zog in das Haus Nr. 118 eine Verkaufsstelle des Einheitspreisgeschäfts Ehape. Wilhelm Joisten eröffnete 1934 eine Zuckerwarenfabrik in Nr. 108. Drei Jahre später

Das Café Fromme in der Vorkriegszeit. (Abb. aus: Erhard Schlieter, Rudolf Barten: Köln, Café, Kuchen. Köln 1987, S. 80)

20 Klara van Eyll: In Kölner Adressbüchern geblättert, Köln 1978, S. 184.

Anzeige der Holzhandlung Justin Odenthal. (Abb. aus: Grevens Adressbuch 1875)

Justin Odendahl, Zimmergeschäft und Holzschneiderei, Handlung in Bord-, Tannen- u. Eichenholz, Holzschneiderei und Zimmerplatz Aachener Straße vor dem Hahnenthor, Breitestraße 126A.

hieß sie Pralinenfabrik – im selben Haus logierte Peter Wilhelm Joisten mit einer Firma für die Herstellung von Film-Reklame, der ein Jahr später ein Haus weiter umzog.

Die Textilwarenbranche war in diesem Teil der Straße stark vertreten. Ende des 19. Jahrhunderts gab es Ausstattungsgeschäft, Korsettfabrik, Spitzengroßhandlung, Kürschner, Weißwaren, Herrenkleidergeschäft, Modeartikel und Schuhe. Der Bekleidung dienten 1871 die Schirmfabrikation der Witwe J. E. Prillwitz („Sonnen- und Regenschirme") und die Modistin mit dem passenden Nachnamen Elise Leinen, die weitere Angehörige ihres Berufsstandes nachzog. 1874 kam eine Weißwarenhandlung Wachendorff & Dietz hinzu. Nachdem Prillwitz die Schirmfabrikation aufgab, folgte 1876 in das Gebäude Breite Straße 114 Hermann Jansen mit einem „Möbel-Magazin". Neben dem – inzwischen geschlossenen – Bier-Esel begann Justin Odenthal 1875 mit einer „Holzschneiderei", einem Dampfsägewerk. Nach wenigen Jahren verlegte er dieses aber – sicher zur Freude der Nachbarschaft – nach Riehl und unterhielt nur noch ein Lager an der Breite Straße. Dafür nahm in dem Haus Ende der 1870er Jahre – zeitweise parallel – die Gasanlagenfabrik Bosch & Haag ihre Tätigkeit auf. Ebenfalls beherbergte das Haus für drei Jahre Anfang der 1880er Jahre die „Handels- und Gewerbeschule für Frauen und Mädchen" von E. Lehmann & E. Köppelmann. Für den alltäglichen Bedarf stellte das Berliner Unternehmen Poppe & Wirth, gegründet 1868, Wachstücher her. Seit 1889 war das Unternehmen Eigentümer des Hauses Breite Straße 100 – dem ehemaligen Trimbornschen Haus. Die Firma war schon seit 1878 in Köln ansässig und stellte neben dem genannten Produkt Linoleum her. Nach dem Zweiten Weltkrieg verkaufte Poppe & Wirth vorwiegend Teppiche und Bodenbeläge, wie schon seit 1905.[21] 1897 bis 1907 war hier zusätzlich das Unternehmen Bähr & Comp. gemeldet, zunächst mit einer Fabrik, dann mit einer Großhandlung für Taschentücher. Im Ersten Weltkrieg und danach unterhielt Werner Stieldorf eine Blumenhandlung in Nr. 106 – er selbst wohnte am anderen Ende der Straße in Haus Nr. 132. 1892 bezogen die Strumpfwarenfabrik Jonas & Stierstadt, die Schirmfabrik Münter & Sturhan sowie die Seidenwarengroßhandlung Rosenberg & Speyer einen Neubau unter der Nummer 116. Die beiden Erstgenannten blieben bis nach dem Ersten Weltkrieg dort. Im folgenden Jahr

Geschäftshaus der Firma Poppe und Wirth. (Abb. aus: Festschrift 100 Jahre Poppe und Wirth. 1968)

21 100 Jahre Poppe & Wirth, Köln 1968.

Fritz Breitfuß Erste Kölner Glühlichtfabrik. Beleuchtungsgegenstände aller Art. Badeeinrichtungen, Gas-, Koch- u. Heizöfen, Gas- u. Wasserinstallation ꝛc. Breitestraße 120. 804.

Anzeige der „Ersten Kölner Glühlichtfabrik" Fritz Breitfuß. (Abb. aus: Grevens Adressbuch 1899)

kam noch die Weißwarengroßhandlung Meyerhoff & Wehrland hinzu. Das Haus hatte anscheinend genug Platz, denn 1897 sind zudem noch eine Gesangschule und eine Manufakturwarenhandlung gemeldet. 1902 tauchte eine mechanische Weberei mit dem – 100 Jahre später modernen – Namen „Media GmbH" auf. Fünf Jahre lang war das Unternehmen als Strumpfwarenfabrik tätig. Die Schirmfabrik Münter & Sturhan wurde seit Mitte der 1920er Jahre fortgesetzt von dem Unternehmen Remak & Silber, das jedoch 1932 letztmalig im Adressbuch genannt ist. Das Kaufhaus von Leonhard Tietz unterhielt in den 1890er Jahren eine Verkaufsstelle für Kurzwaren in Haus Nr. 120. Ende des Jahrhunderts war Fritz Breitfuß mit einer Glühlichtfabrik in demselben Haus, die 1905 mit dem Unternehmenszweck „Beleuchtungsgegenstände" firmierte. 1900 unterhielt Julius Hellmuth einen „Modebazar Old England" in Nr. 126, sechs Jahre später firmiert der Nachfolger nur noch unter Modewaren. Manche Unternehmen wechsel-

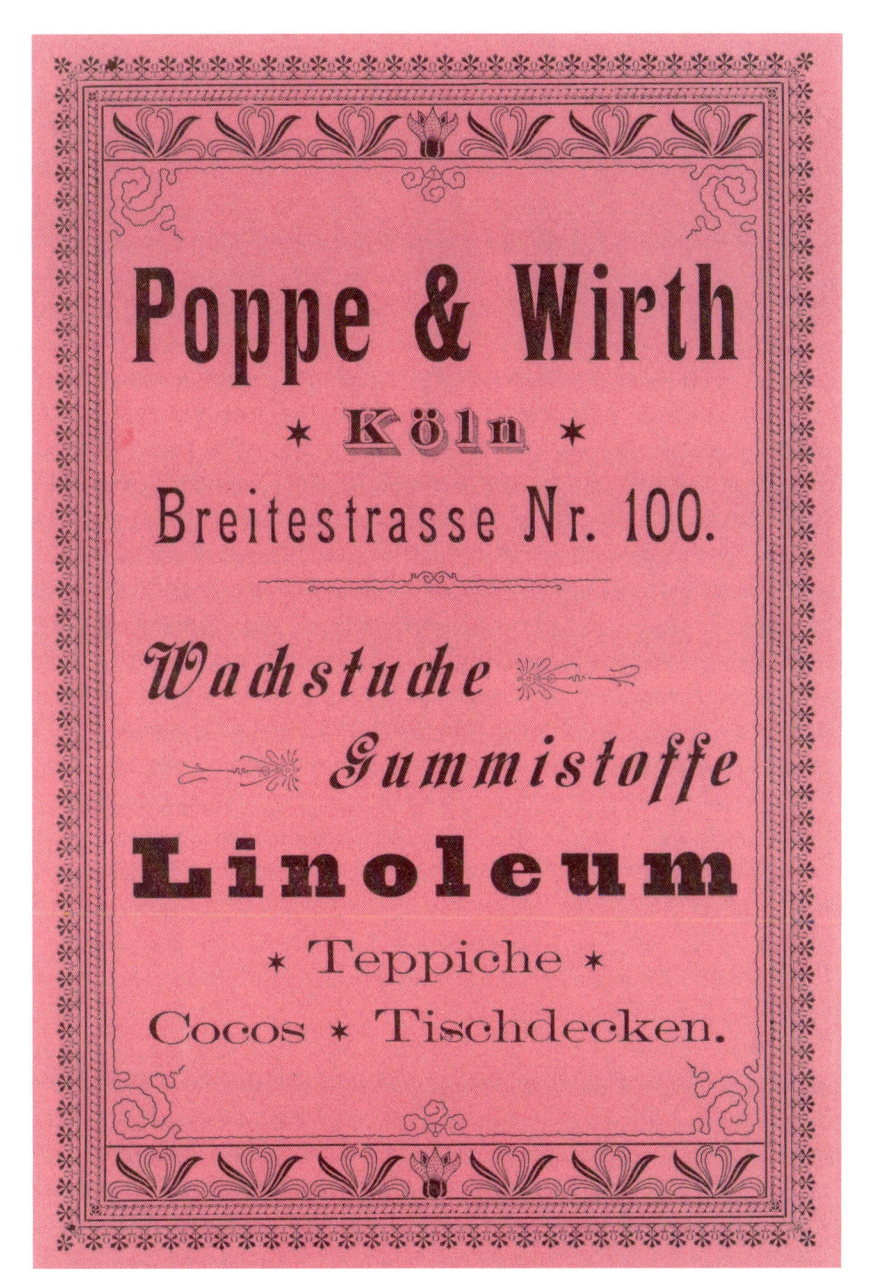

Poppe & Wirth boten ihre Spezialitäten Wachstücher und Linoleum an. (Abb. aus: Grevens Adressbuch 1901)

ten ihre Produktpalette. Im Adressbuch 1900 taucht zum ersten Mal die Strumpfwarengroßhandlung Löwenstein & Marum im Haus von Poppe & Wirth auf – bei der letzten Eintragung 1928 firmiert das Unternehmen unter Wollwarengroßhandlung. Im Jahr 1893 nennt das Adressbuch „Fräulein" Sara Meyer mit einer Leinenhandlung, sie änderte später ihr Angebot in Weißwaren, firmierte aber im 20. Jahrhundert als Wäschegeschäft. Im Haus Jonas & Stierstadt war 1922 die Manufakturwarengroßhandlung Gebrüder Fried & Alsberg (s. auch St.-Apern-Straße). Pelzgeschäfte für den Luxus gab es auch – Osias und Moritz Pinsker kamen Ende der 1920er Jahre in die Breite Straße 128 – 1938 war Paul Engert Inhaber, die beiden Pinsker tauchen im Adressbuch nicht mehr auf. 1937 kam Salomon Großmann in das Haus 116 mit einer Kleideraufbügelanstalt – ab dem folgenden Jahr ist Wilhelm Kissenbeck als Inhaber genannt. Der Verdacht auf Arisierung liegt in beiden Fällen nahe. Neben den Textilien waren eine Reihe von Unternehmen – insbesondere im 20. Jahrhundert – als Schuhhändler tätig. 1899 taucht unter der Breite Straße 102 die Schuhhandlung von Franz Seemann auf – bis 1929 blieb er als Geschäftsinhaber aktiv, anschließend wohnte er dort als Rentner. Drei Jahre länger war die Schuhgroßhandlung Gustav Lippmann in Nr. 100 tätig, in dem in den 1930er Jahren eine Filiale der Schuhfabrik J. Speier ansässig war. 1939 ist unter derselben Adresse die Schuhhaus Hammer KG gemeldet. Für die Inneneinrichtung boten verschiedene Möbelhändler, 1920 gar ein „Perser Teppichhaus", ein entsprechendes Angebot. Die neuen Medien machen sich Ende der 1920er Jahre im Handel bemerkbar – Karl Furter eröffnete ein Radiogeschäft, das nach einigen Jahren von seiner Witwe und dann von seinem Sohn Leo fortgeführt wurde. Mehrer Unternehmen wurden vor dem Krieg gegründet und setzten anschließend an gleicher Stelle ihre Tätigkeit fort. Ende der 1920er Jahre kaufte Max Hammermeister das Haus Nr. 130 und siedelte hier seine Lederwarenhandlung an, die nach dem Zweiten Weltkrieg weiter existierte. Neben den bereits genannten Poppe & Wirth sowie Café Fromme war das bekannte Schuhhaus Lachmayr vor dem Krieg bereits an der Breite Straße, wenn auch nicht in dem hier behandelten Teil. Nach dem Krieg kam Lachmayr in das Haus 106, wo noch heute verkauft wird. Der Juwelier, Gold- und Silberschmied Dedo Gadebusch kam 1946 nach Köln, gegründet wurde das Unternehmen 1844 in Potsdam, und bezog 1953 das Haus 106, wechselte aber später in das Haus 108, wo es noch heute ansässig ist.[22] Zwei Beispiele für Unternehmen, die nach dem Krieg hier wieder begonnen haben, dann aber ihren Standort verlegten, sind das Miederwarengeschäft (heute Dessous und Bademoden) Worms, und der Juwelier Heinrich Offezier. Maria Worms eröffnete ihr Miederwarengeschäft 1934 in der Weyerstraße. Der Wiederaufbau begann 1949 in der Breite Straße 108–110, seit 1955 in Nr. 112. Seit dem 1. Dezember 1972 ist das Unternehmen am Neumarkt 33 tätig.[23] Das Juweliergeschäft Offezier, heute Hohe Straße, wurde 1957 an der Breite Straße 132 gegründet.

Neben den Ladengeschäften gab es Banken und Versicherungen, die in dem Teil der Breite Straße ansässig waren. Die Städtische Sparkasse unterhielt Breite Straße 110 – im Kolpinghaus – seit Jahrhundertbeginn bis Ende der 1930er Jahre eine Zweigstelle. Einige kleinere Bankgeschäfte und Darlehenskassen entstanden, hatten zeitweise ein Büro und verschwanden nach nur kurzer Zeit wieder aus der Straße. Büroetagen entstanden früh – 1893 hatte in der Beletage des Hauses 106 die Kölnische Rückversicherung ein

22 Kölnische Rundschau, 05.11.2004.
23 Der Händlerschutz, 30.06.1994.

Büro. Sechs Jahre später waren in Nr. 120 Ihle & Bachmann als Vertreter patentierter Artikel ansässig. Kurz vor dem Ersten Weltkrieg gründete Willibald Ball ein Versandgeschäft, das im dritten Stock des Hauses 118 residierte. Die berühmte Feuerlöschapparatefirma Minimax war seit 1914 in diesem Haus – nur wenige Jahre, wie in Haus 108 die Verkaufsstelle der Cölner Tapetenfabrik vorm. Chrysant Josef Klein im Ersten Weltkrieg. Nach dem Ersten Weltkrieg siedelte sich die Exportabteilung des Stahlwerks J. H. Becker am Beginn dieses Teilstücks der Breite Straße an der Ecke Auf dem Berlich an. Auch die Hamburger Versicherung Bleichröder & Cie. hatte hier ihren Sitz. Aus der Straße Am Römerturm siedelte die für Köln so wichtigen Büros der Rheinischen Braunkohlen-Syndikat GmbH und der Union Kohlen-, Koks- und Brikettshandelsgesellschaft in Haus Nr. 118 über. 1932 kam die Nova-Lux Tages-Spar-Licht GmbH dazu. Im Zweiten Weltkrieg eröffnete die Metag Metallwaren GmbH ihr Büro. Betrachtet man die Listen in den Adressbüchern, so entsteht der Eindruck eines ständigen Kommens und Gehens auf den Büroetagen.

Obwohl sich die Straße zu einer Geschäftsstraße entwickelte, blieb sie doch Wohnstraße. 1850 wohnten hier ein Kaufmann, zwei Offiziere, ein Justizrat, ein Domainenrat, ein Lehrer, zwei Postbeamte, ein Sekretär und ein Tischlergeselle sowie zwei Privatiers. 85 Jahre später gingen die Haushaltsvorstände der Wohnbevölkerung folgenden Berufen nach: Lehrer (2), Arzt, Tanzlehrer, Pianist, Musikdirektor, Bildhauer, Apotheker (2), Kaufmann (3), Händler, Immobilienmakler, Versicherungsvertreter, Kontoristin, Polizeioberwachtmeister, Postbeamter, Vollziehungsbeamter, städtischer Arbeiter, Schneider, Küfer, Hausmeister (2) sowie zwei Mieter ohne Gewerbe. Die Zahl der Haushalte verdoppelte sich in den mehr als acht Jahrzehnten. Nicht einberechnet wurden die Geschäftsleute, die auch unter der Geschäftsadresse wohnten. Mit Beginn des Untersuchungszeitraums wohnte in Haus 106 mit dem Generaladvokat und späteren Geheimen Oberjustizrat Kaspar von Groote (1794–1883) ein Mitglied der bekannten Kölner Familie. Er vermachte dem Historischen Archiv der Stadt Köln die genealogisch-heraldische Sammlung von der Ketten.[24] Anfang der 1870er Jahre zog in die Straße der Anwalt und Politiker Cornelius Balduin Trimborn (1824–1889). 1880 bis 1882 und 1884 bis 1889 war er Mitglied des Preußischen Landtags, seit 1884 des Reichstags.[25] In dem Haus hatte vorher der Notar Werner Krahé residiert. Nachdem er seinen Wohnsitz verlegte, vermietete Trimborn das Haus an Agnes Weynen, die ein Pensionat darin unterhielt. Neben den bekannteren Kölnern lebten hier natürlich auch weniger bekannte. Ende der 1880er Jahre wohnte kurze Zeit der junge Stadtarchivar Dr. Hermann Keussen in der Breite Straße 120. Aufgrund der Quellenlage bleiben die Geschichten von „normalen" Leuten wie die des Apothekers Heinrich Unkraut, der Lehrerin Barbara Neunzig und des Bahnbeamten August Schnapp im Dunkeln – alle drei sind 1880 im Adressbuch als Bewohner dieses Teils der Straße aufgeführt. Auch die Geschichte der Malerin Agnes Dörrer kann nicht erzählt werden, sie wohnte immerhin von 1886 zehn Jahre in Haus Nr. 102. Wie im gesamten Viertel waren in der Breite Straße einige Künstler ansässig. Der „Schriftsteller und Privatgelehrte" (im Straßenteil „Schriftgelehrter") Hans Willy Mertens (1866–1921) war nur ein Jahr, 1895, in Haus Nr. 102 gemeldet. Der Heimatschriftsteller verfasste Werke, wie „Leben und Lieben am Rhein", „Goldene Kindheit", „Des Heilands Erdenwallen" oder „Schlemmereien aus Kindertagen". Immerhin

24 Steimel, Köpfe (Anm. 7), Sp. 149.
25 Bernhard Mann: Biographisches Handbuch für das Preußische Abgeordnetenhaus 1867–1918, Düsseldorf 1988, S. 390.

wurde nach ihm in Köln-Weiden eine Straße benannt.²⁶ 1900 waren die Schauspielerin Josephine Rottmann und die Kunstgewerblerin Gertrud von Wassenberg, die kirchliche Kunstgegenstände herstellte, gemeldet, in den 1920er und 1930er Jahren im Haus des Café Fromme der Bildhauer Heinrich Broich. Die Künstleragentur von Melanie Herrmann war in der Mitte der 1920er Jahre aktiv. Ob sie die Filmschauspielerin „Frau Dr. Erwin" de Brieß aus Nr. 118 managte, bleibt offen. Deren Vornamen verschweigt das Adressbuch – ebenso, was mit Dr. Erwin de Brieß passiert ist. In dieser Zeit, 1920er/1930er Jahre, wohnten Musiker wie Josef Schießl hier. Diese konnte sich in der Musikalienhandlung von Gustav Gerdes, die seit Beginn der 1920er Jahre bis in den Zweiten Weltkrieg hinein in Nr. 104 ansässig war, versorgen.

Helenenstraße

Die Straße beginnt auf dem Berlich mit der Zählung linksseitig und endete im Berichtszeitraum an der St.-Apern-Straße. Heute wird die Helenenstraße über die Straße hinweg an dem Hotel Dorint vorbei bis zur Magnusstraße geführt. Mehr noch als die anderen hier behandelten Straßen, war die Helenenstraße vornehmlich eine Wohnstraße, an der Unternehmen nur im Ausnahmefall ihren Sitz nahmen. Dennoch finden sich in den Quellen zu dieser Straße interessante Funde. Unter der Wohnbevölkerung waren einzelne bekannte Namen, wie die des Politikers August Reichensperger (1808–1895), der bis 1855 in Haus Nr. 11 als Appellationsgerichtsrat gemeldet war. Der Jurist war Anfang der 1840er Jahre und dann wieder seit 1849 in Köln tätig. Hier betätigte er sich für den Zentral-Dombauverein. Nach der gescheiterten Revolution war er bis an sein Lebensende einer der führenden Köpfe des deutschen politischen Katholizismus. Er war 1870–73 und 1879–85 Mitglied des Preußischen Landtags und 1871–84 des Reichstags sowie Mitgründer der Zentrumspartei. Der Ehrenbürger von Köln erhielt zahlreiche Auszeichnungen.²⁷ Auch andere Juristen vom nahe gelegenen Gericht suchten sich – wie Am Römerturm und Auf dem Berlich – in dieser Straße eine Wohnung bzw. auch Büros. Von 1878 bis 1909 lebte dort der Anwalt und Justizrat Jakob Kyll, der dort sein Büro hatte. Sein Vater Franz Ulrich, ebenfalls Anwalt, und sein Bruder Theodor Wilhelm, Chemiker und Inhaber eines Laboratoriums, waren bekannte Zentrumspolitiker. In mehreren Fällen lebten die Bewohner über Jahrzehnte in dem Haus. Dr. Josef Mertznich (1809–1906) war zu Beginn seiner Laufbahn Wundarzt und starb im hohen Alter von 96 Jahren als Geheimer Sanitätsrat. Die Praxis in der Helenstraße 14 übernahm sein Sohn Dr. Mathias Mertznich (1850–1921), dessen Witwe wiederum bis Anfang der 1930er Jahre hier lebte.²⁸

Nach 1911 wurde die Straße durch den Neubau des Kolpinghauses in Nr. 11 geprägt. Auf der Rückseite der Kolpinggebäude an der Breite Straße (s. d.) wurde dort das Ledigenheim errichtet, in dem einige führende Kolpingfunktionäre wohnten. Fortan hatten die Generalpräsides wie Franz Schweitzer (1865–1924) und sein Nachfolger Theodor Hürth, der am 27. September 1944 bei einem Bombenangriff an der Helenenstraße starb (geboren 1877), ihren Sitz hier. Gemeldet war hier auch Heinz Richter, Lokalpräses der Kolpingfamilie Zentral, der am 15. August 1944 von der Gestapo verhaftet und im Frühjahr 1945 im KZ Buchenwald ermordet wurde. Neben Richter wurde Theodor Babilon, der Geschäftsführer des Kolpinghauses, vom NS-Regime ermordet. Die Gebäude wurde im Zweiten

Theodor Hürth (1877–1944), Generalpräses der Kolping-Vereine (Abb.: RWWA FF 14447)

26 Schünemann-Steffen, Straßennamen-Lexikon (Anm. 3), S. 209; Enno Stahl: Kölner Autoren-Lexikon 1750-2000, Bd. 1: 1790-1900, Köln 2000, S. 164.
27 Hans-Jürgen Becker: August Reichensperger. In: Rheinische Lebensbilder, Bd. 10, S. 141-158; Mario Kramp u. a. (Hrsg.): August Reichensperger. Koblenz – Köln – Europa. Koblenz 2005.
28 Lebensdaten aus Herbert M. Schleicher: 80.000 Totenzettel aus Rheinischen Sammlungen, Bd. 3, Köln 1988, S. 418.

Der spätere Bundesarbeitsminister Hans Katzer (1919–1996) mit seinem älteren Bruder Franz im Garten des Hauses Helenenstraße 4, Juli 1929. (Abb.: Elisabeth Katzer)

Weltkrieg teilweise zerstört. Auf den Ruinengrundstücken entstand zwar nach dem Krieg wieder die Kolpingbewegung, doch entschied man sich zu einem Neubau, der 1970 fertig gestellt wurde. Im Ersten Weltkrieg zog in Nr. 4 der Verwaltungsdirektor der Katholischen Gesellenvereine Deutschlands (Kolping) Karl Katzer mit seiner Familie in das dort erworbene Haus ein. Hier wurde der spätere Bundesarbeitsminister Hans Katzer (1919–1996) geboren, in dem Haus wuchs er mit seinen Geschwistern auf. Der Vater war Stadtverordneter für das Zentrum in der Weimarer Zeit. 1933 sorgte das NS-Regime für seine Entlassung, eine lange Arbeitslosigkeit und Notzeit brach über die Familie ein.[29]

Gewerblich genutzt wurden besonders die Häuser an den Ecken zu der Geschäftsstraße Auf dem Berlich (s. d.). In Haus Nr. 1 war in den 1850er Jahren eine Samenhandlung, im vierten Quartal des 19. Jahrhunderts eine Kurz- und Weißwarenhandlung. Das Haus Nr. 2 beherbergte bis kurz vor der Wende zum 20. Jahrhundert stets eine Konditorei – mit wechselnden Konditoren –, dann eine Etuifabrik und seit dem Ersten Weltkrieg eine Kunststopferei. Ähnliches galt für die beiden Endhäuser der kurzen Straße. In Haus Nr. 16 war lange Zeit ein Lebensmittelgeschäft, anfangs als Spezerei-, dann als Viktualienhandlung bezeichnet, bis Ende der 1880er Jahre ein Schenkwirt Wilhelm Seiwerth einzog. 1906 übernahm Peter Tiefenthal die Gaststätte, die bis zur Zerstörung im Zweiten Weltkrieg bestand. Während das Endhaus mit der Nummer 15 vorwiegend als Wohnhaus genutzt wurde, gab es eine Gaststätte auch in Haus Nr. 9. Ursprünglich wurde es bewohnt von dem Appellationsgerichtsrat Anton Pelmann, dessen Witwe um 1893 das Haus an den Rentner Heinrich Rechtmann verkaufte. Rechtmann wohnte bereits vorher dort. Er war ehemaliger Besitzer einer Druckerei auf der Westseite der St.-Apern-Straße, die nun von seinen Söhnen weitergeführt wurde. 1900 richtete dort Heinrich Maaß als Mieter ein

Das Haus Helenenstraße 4 blieb im Krieg unversehrt, die links daneben liegenden Häuser mit den Nummern 6 und 8 wurden zerstört. Foto vor 1953. (Abb.: Elisabeth Katzer)

29 Walter Henkels: 99 Bonner Köpfe, Düsseldorf u. a. 1963, S. 158–160.

Weinrestaurant ein. Nach dem Tod des Eigentümers Heinrich Rechtmann fiel das Haus nach dem Ersten Weltkrieg an eine Erbengemeinschaft. Das Weinrestaurant übernahm Hedwig Rechtmann, die Frau des Architekten Heinrich Rechtmann jr. Nach 1930 wurde die Gaststätte von verschiedenen Pächtern bewirtschaftet, bis diese 1938 Angela Sartory aus der Kneipierfamilie übernahm, später unterstützt von Hans Sartory. Bis 1952 waren die Sartorys dort tätig.

Eigentümer des Hauses 1 A war seit 1872 Bernhard Levy. Vorher hatte es einem Vermieter aus Leutesdorf gehört, der das Haus von 1864 bis 1871 dem Rabbiner Dr. Israel Schwarz vermietet hatte. Levy unterhielt in dem Haus eine Kurzwarengroßhandlung, die um 1890 verlegt wurde. In dem Haus, das in Eigentum der Familie Levy blieb, waren unterschiedliche Gewerbe tätig. Lange Zeit wurde es von einem Buchbinder Mathias Füser genutzt, der 1900 eine Passepartoutfabrik und ein Einrahmengeschäft aufmachte. Nach 1911 hatte die Witwe Preel eine Pension in dem Haus aufgemacht, die Mitte der 1920er Jahre auf Christine Coutrempée und 1928 auf Frau Wilhelm Schindler überging, nach 1932 aber nicht mehr genannt wurde. 1935 eröffnete Peter Neuen in dem Haus eine Milchhandlung. Immer wieder tauchen über die Jahre hinweg Firmen auf, die nur für kurze Zeit in der Straße ansässig waren: 1886 bis 1896 z. B. die Essenzfabrik Blumhoffer in Nr. 1 B, 1895 bis 1901 die Kurzwarenhandlung Mandewirth & Cie. in Nr. 15 oder 1899 der Blumenversand Kaczka & Schröder, der nach drei Jahren von dem zweiten Kompagnon für einige Jahre als Blumenhandel fortgeführt wurde. Immerhin bis nach dem Ersten Weltkrieg war als Nachfolger der Buchdrucker Franz Kempges dort tätig. 1903 ist im Adressbuch für ein Jahr eine Kolonialwarenhandlung von Michael Maus in Haus Nr. 2 genannt, 1904 das Kautabaklager von F. C. Lerche im Nachbarhaus 2 A. Vier Jahre später war in Haus Nr. 15 die „Orientierungsstelle für Vermietungswesen mbH", 1910 für ein Jahr die Pelzhandlung von Lucie Huppertz und die Ansichtsartikelgroßhandlung von Mathias Reuter. Etwas länger logierte das Bankgeschäft Anton Richolt & Cie. in Nr. 8: 1909 bis 1912. 1909 bis 1916 ist unter der Anschrift Helenenstraße 12 der Kölner Haus- und Grundbesitzerverein eingetragen, der zuvor bereits Auf dem Berlich und an der Breite Straße seinen Sitz hatte. Die Konkurrenz nahm 1932 für ein Jahr Sitz in Nr. 3, dort war ein Büro des Mieterbund e. V. Wer einen Brief oder ein Paket bevorzugt zustellen lassen wollte, bediente sich der Eilbotenanstalt von C. Reidt, die von 1911 an in der Helenenstraße 7 tätig war. Das Adressbuch 1915 nennt nur noch den Nachfolger Gustav Thelosen. Das Haus mit der vorherigen Nummer beherbergte 1928 bis 1936 die Möbeltransportfirma Kaspar Brassert. Die gesamten 1920er Jahre war das Geschäft für Damenoberbekleidung von Alex Beretz in Haus Nr. 8 tätig. Zu den kurzzeitigen Anwohnern gehörten 1934 der Fleischbrühvertrieb von Dr. Fritz Müller und die Tabakwarengroßhandlung von Emanuel Englezos (Nr. 8 und 14). In den 1930er Jahren war in der Straße der Geschäftsbücher- bzw. Formularverlag Gebr. Wende.

Die Häuser 13 und 15 wurden erst in den 1860er Jahren erbaut, sie waren Eigentum von Vincenz Statz in der St.-Apern-Straße 28. Seit 1877 wohnte dessen Sohn Baumeister Jean Statz für einige Jahre dort. In dem Haus wohnte laut Adressbüchern zwischen 1877 und 1879 auch der Kaufmann Heinrich Cassel, der an der Breite Straße einen „Internationalen Bazar" unterhielt. 1880 bis 1883 war in dem Haus 13 das Atelier des Modelleurs Peter Münster, 1885 bis 1896 die Schreinerwerkstätte von Jean Lamprecht.

1910 ist erstmalig das Installationsgeschäft von Eduard Kneiff mit der Anschrift Helenenstraße 1 B genannt, das noch nach dem Zweiten Weltkrieg dort bestand. Aus dem Baubereich stammte die kurzzeitige Ansiedlung der Plattenschiefer GmbH für zwei Jahre vor dem Ersten Weltkrieg. Zu den längerfristigen Geschäften gehörte die Schreibmaschinenhandlung von Alex Schweins und das Dekorations-, später Möbelgeschäft von Anton Mülhens. Beide sind erstmalig im Adressbuch 1914 unter den Hausnummern 3 bzw. 6 zu finden. Während Schweins seinen Sitz Ende der 1920er Jahre verlegte, aber dennoch Hauseigentümer in der Helenenstraße blieb, war Mülhens bis zu seinem Tod 1935 tätig.[30] 1925 bis 1928 war die Baumwollgroßhandlung E. Hirsch KG in Haus Nr. 10, es folgt die Bauunternehmung Schnüge. Breisig & Altschul handelten in dieser Zeit mit Rohtabaken in Nr. 15, Paul Horstmann Anfang der 1930er Jahre mit Radiogeräten (Nr. 8).

Künstler gab es in dieser Straße weniger unter den Bewohnern. Anfang der 1850er Jahre war ein Kammersänger und ein Opernsänger verzeichnet. 1869 wohnte für ein Jahr der bekannte Bildhauer Wilhelm Albermann in Haus Nr. 8. Seine Werkstatt war An den Dominikanern. Er war kurz vorher von Berlin her nach Köln gezogen. Der gebürtige Werdener (1835–1913) schuf zahlreiche Denkmäler im Rheinland, u. a. die von Wallraf und Richartz vor dem heutigen Museum für Angewandte Kunst sowie den Jan-von-Werth-Brunnen auf dem Altermarkt. Von 1893 bis 1900 war er für die Zentrumspartei Stadtverordneter.[31] 1906 wohnte kurzzeitig der Porträtmaler Albert Heiliger in Haus Nr. 2, 1911 in 2 A der Kunstmaler Walter Senker. 1932 war es der Kunstmaler Heinz Mindermann, der ein Jahr in Nr. 8 lebte. Heute ist in der Helenenstraße 2, Ecke Auf dem Berlich die Galerie Orangerie-Reinz ansässig. Seit 1960 ist Gerhard F. Reinz in Köln als Galerist tätig, seit 1973 unter dieser Adresse. Der langjährige Vorsitzende des Bundesverbandes deutscher Galerien war maßgeblich an der Etablierung der Art Cologne in Köln beteiligt. Ende der 1950er Jahre zog die Schauspielerin Marga-Maria Werny in Haus Nr. 6/8, die 1991 als „Oma Sharif" in der Show „Schmidteinander" von Harald Schmidt bekannt wurde. Immer wieder begegnen uns Berufe, die es in heutiger Zeit nicht mehr gibt: 1884 bezeichnete sich W. Topilowsky als „Pergamentschreiber", 1886 ein Johann Hoffmann als Schäftenstepper. Welches Schicksal mag sich wohl hinter den Meldungen von Anton Tombach verstecken? 1910 ist er im Adressbuch unter Nr. 1 B als „Privatgeistlicher" gemeldet, bereits im folgenden Jahr nur noch „ohne Gewerbe". Heinrich Krudewig ging 1929 dem heute noch wichtigen Beruf des „Finanziers" nach.

St.-Apern-Straße

Die St.-Apern-Straße ist benannt nach dem ehemaligen Kloster St. Apern auf der westlichen Seite. Im 18. Jahrhundert zählte die Straße zu den wenigen „besseren Straßen" in Köln.[32] Sie beginnt an der Breite Straße und endet an der Zeughausstraße. Zu Beginn des Untersuchungszeitraums lebten hier zwar auch einige Kaufleute, Gerichtsbeamte, Ärzte und Offiziere der nahe gelegenen Garnison, aber in der Mehrheit waren es auf der Seite der geraden Hausnummern überwiegend Handwerker und Tagelöhner. Dies blieb mit einigen Abstrichen bis zum Zweiten Weltkrieg der Fall. Die Mehrzahl der Bewohner der Straße mit dem höchsten Bevölkerungsanteil in dem hier beschriebenen Viertel stammte aus dem unteren Mittelstand. Die Gewer-

Der Bildhauer Wilhelm Albermann (Abb. aus: Werner Schmidt: Der Bildhauer Wilhelm Albermann (1835–1913). Leben und Werk (Publikationen des Kölnischen Stadtmuseums, Band 3), Köln 2001)

30 Todesdatum laut Schleicher, Totenzettel (Anm. 28), Bd. 3, S. 499.
31 Steimel, Köpfe (Anm. 7), Sp. 29; Thomas Deres: Der Kölner Rat. Biographisches Lexikon, Bd. 1, Köln 2001, S. 93. Vgl. auch: Werner Schmidt: Der Bildhauer Wilhelm Albermann (1835–1913). Leben und Werk (Publikationen des Kölnischen Stadtmuseums, Band 3), Köln 2001, S. 117–121; Iris Benner: Kölner Denkmäler 1871–1918. Aspekte bürgerlicher Kultur zwischen Kunst und Politik (Publikationen des Kölnischen Stadtmuseums, Band 5), Köln 2003, S. 232, 237.
32 Hans Pohl: Wirtschaftsgeschichte Kölns im 18. und beginnenden 19. Jahrhundert. In: Hermann Kellenbenz (Hrsg.): Zwei Jahrtausende Kölner Wirtschaft, Bd. 2, Köln 1975, S. 9–162, hier S. 14.

betreibenden zeichneten sich aber – im Gegensatz etwa zu denen an der Breite Straße – durch besonders lange Kontinuität aus. Dies soll an einigen Beispielen deutlich gemacht werden.

Einer der frühen Gewerke war der Klempnermeister Theodor Brunthaler in Haus 12, der 1874 hier tätig wurde. Nach seinem Tod 1906 übernahm seine Witwe das Ladenlokal und führte hier bis 1915 eine Kolonialwarenhandlung. Anschließend wurden die Räume von einem Automatenvertrieb genutzt. Noch früher begann 1863 der Fassbinder Heinrich Frings in Haus Nr. 10, der 1884 eine Weinhandlung eröffnete und diese bis 1900 als Weinwirtschaft führte. 1876 taucht der Kunstgärtner Carl Lutz in Hausnummer 6 auf, nach seinem Tod 1884 führte seine Witwe dort eine Blumenhandlung fort, die bis zum Ende des Ersten Weltkriegs – also über 40 Jahre – bestand. 1885 eröffnete die Witwe Volkmuth im Nebenhaus eine Spezereihandlung. 1890 ging diese auf Peter Scheiffarth über. Zwischen 1894 und 1897 war in diesem Haus zwar kein vergleichbares Geschäft, aber dann begann Peter Ferber mit einer Kolonialwarenhandlung, die zuletzt von seiner Witwe Elise bis 1915 geführt wurde. Überhaupt scheinen die Frauen solche Geschäfte nicht nur weitergeführt, sondern neben der Berufstätigkeit des Mannes als eigenständiges Geschäft betrieben haben, sicher auch aus finanziellen Gründen. Über Jahre hinweg führte in den 1920er und 1930er Jahren „Frau Gereon Hövelmann" einen Kolonialwarenladen in Nr. 50 – ihr Mann war Fabrikarbeiter. Andere Gewerbetreibende setzten in dieser Zeit auf Umfirmierung des Geschäfts zu einer vornehmeren Bezeichnung. Der Schneider Hermann Hunhege arbeitete seit 1893 in Haus 48, nannte sich aber seit 1903 Maßgeschäft. Die Idee war gut, doch nach zehn Jahren wechselte er wieder zu seiner Ursprungsbezeichnung – vermutlich war die Umbenennung dann doch zu hochtrabend. 1922 setzte er sich zur Ruhe. Mit der gleichen Masche versuchte sich übrigens der Schneider Heinrich Füchtenhans – seit 1901 in Haus Nr. 44 ansässig. Er wählte seit 1911 die vornehmere Variante – blieb aber bis zu seinem Tod 1931 dabei. 1899 wurde erstmals die Musikalienhandlung von Henry Vries in Nr. 2 erwähnt – in der Ausgabe 1941/42 ist sie immer noch an dieser Adresse zu finden. In manchen Fällen wurden Familienmitglieder am gleichen Ort tätig. 1898 begann Friedrich Wilhelm Hehn als Bildhauer in Haus Nr. 42, nach 1904 ist nur seine Witwe genannt, später sein Sohn Jakob als Bautechniker, dann Architekt und schließlich als Baugewerksmeister, bevor er sich 1932 mit einer Bauunternehmung dort selbstständig machte. Diese bestand noch bis in die Mitte der 1950er Jahre. 1902 begann Franz Kuhlmann mit einer Schreibwarenhandlung in Nr. 40. Ab 1910 firmierte er dort als Buchdruckerei, die Mitte der 1930er Jahre auf die andere Straßenseite in Haus 37 verlegt wurde. In Haus 40 blieb Kuhlmann mit einem Geschäft für Bürobedarf bis zum Krieg. Von 1903 bis 1937 unterhielt Eleonore Bender ein Modewarengeschäft in der St.-Apern-Straße 16. Bei den Handwerkern waren einige Unternehmen mit längerer Lebensdauer. 1902 übernahm Heinrich Barion die Metzgerei von Josef Weber, die dieser 1898 in Haus 4 eröffnet hatte. Das Unternehmen bestand bis 1958 – zum Schluss fortgesetzt vom Sohn Wilhelm. Ebenfalls ein Traditionsgeschäft wurde die Metzgerei Dohmen – 1908 taucht Jean Dohmen in Nr. 70 erstmals auf – bis 1969 bestand dieses Handwerksunternehmen, zuletzt geführt von Josef Dohmen, an unveränderter Stelle. Dies galt auch für das Sanitär-Installationsgeschäft Honnef – 1868 gründete Gottfried Stilbach eine Pumpenmacherei, später sanitäre Installationen und Heizungen, seit 1880 arbeitete er in Haus Nr. 64. 1906 führte das Geschäft seine Witwe fort und im selben Jahr zog der Installateur Heinrich Honnef in das Haus ein. Seit 1910 firmierte das Unternehmen unter seinem Namen und dies blieb über die 1950er Jahre hinweg so.[33]

Zu den frühen Gewerbetreibenden gehörten 1850 die Weinwirtin Witwe Sybilla Junggeburth und der Inhaber eines Kommissionsgeschäfts namens Hermann Lewie. Das Fuhrgeschäft des Johann Reifferscheidt übernahm für einige Jahre nach 1852 seine Witwe Sophie selbstständig. 1866 waren zwei Klavierfabrikanten ansässig: In Haus Nr. 36 produzierte Johann Thönig Pianos, in Haus Nr. 52 Gustav Hartkopf Klaviere. Nach kurzer Zeit wechselte dieser um und produzierte Regenschirme. In seiner Nachbarschaft wohnte die Möbelhändlerin Clara Oberreuther, deren Tochter Christina als Modistin im selben Haus tätig war. 1872 war eine Lederhandlung Bier & Cahn neu, die bis 1888 hier ansässig war, zum Schluss als Kommissionsgeschäft. Zudem hatte ein Unternehmen Bier & Cie. eine Modewarengroßhandlung unter der Anschrift gemeldet. Ein Jahr nach der Erstnennung von Bier & Cahn kam in Haus Nr. 4 die Nähmaschinenfabrik Frings & Herkenrath unter. Nach zwei Jahren trennten sich die Kompagnons, Herkenrath handelte noch einige Jahre mit Nähmaschinen. Die Elektrizitäts-AG vorm. Lahmeyer & Cie. war da schon ein größeres Unternehmen, seit 1903 war sie in Haus 32 gemeldet. Auch die Westdeutsche Kalkwerke AG, die mit Tochterunternehmen 1915 in Nr. 26/28 ihren Sitz nahm, war im Vergleich zu den anderen hier ansässigen ein größeres Unternehmen – es war bis 1928 mit den Büroräumen in der St.-Apern-Straße. Ebenfalls größerer Art war das Textilunternehmen Gebr. Fried & Alsberg, das 1920 in Haus 20/22 seinen Sitz nahm und bis 1929 dort blieb – fast zeitgleich übrigens mit der Niederlassung auf der Breite Straße (s. d.), die seit 1922 dort genannt wird. Das Unternehmen wurde 1936 in die Kölnische Mode- und Textilgroßhandlung GmbH ungewandelt. In dem Gebäude St.-Apern-Straße war kurze Zeit zeitgleich die Aachener und Münchener Feuerversicherungs-Gesellschaft mit einem Büro vertreten. Bessere Zeiten symbolisierte seit 1922 der Pelzhandel von Klaus Hilden in Nr. 52, fortgesetzt von Willy Böhme seit 1928 bis zum Beginn des Zweiten Weltkriegs. Nach dem Krieg setzte Adolf Hilden an derselben Stelle die Tradition fort. Immer mehr nahmen nun die „Schreibtischfirmen" Räume in der Straße – 1927 bis bot Wally Bogenrieder mit einem Schreibbüro Dienste an.

Einige Unternehmen waren nur von kurzer Dauer, etwa eine Kaffeehandlung 1881 in Haus Nr. 56, eine Leihbibliothek 1892 in Haus Nr. 26, die Stoffrestehandlung in Haus Nr. 2 A in den Jahren 1893/94, die Käserei in 66 für drei Jahre zu Beginn des 20. Jahrhunderts oder 1903 die Produktion von Vogelkäfigen. Nur drei Jahre – zwischen 1909 und 1912 – konnte Bernhard Gierlich sein Fensterreinigungsgeschäft in Haus Nr. 24 anbieten. 1913 bestand für ein Jahr ein „Kochgeschäft". 1932/33 unterhielt Josef Vey eine Autozubehörhandlung (Nr. 46).

Neben den Geschäftsleuten waren Ärzte längere Jahre in der Straße ansässig: Der Sanitätsrat Dr. Eugen Schniewind praktizierte seit Mitte der 1850er Jahre, dem praktischen Arzt, Operateur und Geburtshelfer folgte sein Sohn Dr. Otto Schniewind bis nach der Wende zum 20. Jahrhundert. Seit 1861 behandelte unter der Nummer 60–62 der Arzt Dr. Hermann Eulenburg, 1871 folgte ihm unter derselben Adresse der Geheime Regierungs- und Medizinalrat Dr. Oskar Schwartz bis 1916. Neben den Ärzten gab es

Das Installationsgeschäft Honnef, ca. 1932. (Abb. aus: Das Buch der alten Firmen der Stadt Köln, Leipzig 1932, S. 166)

33 S. a. Walter Gerlach (Hrsg.): Das Buch der alten Kölner Firmen der Stadt Köln im Jahr 1932, Leipzig 1932, S. 166.

Der Homöopath Gustav Malitz behandelte unentgeltlich. (Abb. aus: Grevens Adressbuch 1893)

KLINIK
zur Heilung durch Homöopathie, Massage, Electricität und Magnetismus,
speciell
für Nerven-, Haut-, Frauen- und Geschlechtsleiden, Drüsen, Wunden etc.
Sprechstunden von 9—12 und 3—5 Uhr,
Unbemittelte Dienstags und Freitags von 8—9 Uhr unentgeltlich,
von
GUSTAV MALITZ
St. Apernstrasse 64 **KOELN**, St. Apernstrasse 64.

schon früh Gesundheitsdienstleister, wie 1891 die „Massiererin" Frau Theodor Hubbach, oder die ersten Gegner der Schulmedizin, wie den „Homöopathen" Gustav Malitz, der 1893/94 in Haus Nr. 64 praktizierte und die sozial Schwachen sogar kostenlos behandelte.

Einer der Bewohner der Straße war stadtbekannt und ist auch heute noch im historischen Gedächtnis präsent: Vincenz Statz (1819–1898), Dombaumeister in Köln und Erzdiözesanbaurat, war der Erbauer von über 40 Kirchen im Bistum.[34] 1860 erwarb Statz das Haus mit der Nr. 30. Vorher lebte er mit seiner Familie zeitweise auf der gegenüberliegenden Straßenseite im Haus 21. Er wechselte die Straßenseite und kaufte sukzessive die umliegenden Häuser 26–32 auf. Das Haus 28 baute er um und wohnte dort seit Beginn der 1870er Jahre. Die Häuser in der Nachbarschaft vermietete Statz. Dies behielt auch sein Sohn Franz (1848–1930), Geheimer Erdiözesanbaurat, bei, der bis zu seinem Tod ebenfalls in Nr. 30 wohnte. Bereits 1927 hatte er aber den Grundbesitz an das Katholische Gesellenhospitium veräußert, das nun über ansehnlichen Grundbesitz auf dieser Straße verfügte – neben der Breite Straße und der Helenenstraße bestimmte nun auch hier Kolping das Bild der Straße in dem einige katholische Verbände hier ihren Sitz nahmen.

Im Haus mit der Nummer 35 – auf der hier nicht beschriebenen Seite der Straße – wurde eine berühmte Mäzenatin des 19. und frühen 20. Jahrhunderts am 5. Januar 1846 geboren: Henriette Hertz war die Tochter des Kaufmanns und Viehhändlers Abraham Hertz. Die Kölnerin jüdischen Glaubens erhielt eine höhere Schulbildung. Seit der Mitte der 1870er Jahre war sie ständige Gesellschafterin ihrer Schulfreundin Frida Loewenthal (1847–1923), die mit dem Unternehmer Ludwig Mond (1839–1909) verheiratet war und in Großbritannien lebte. 1889 kaufte Henriette Hertz die Villa Driessen in Bad Honnef. Gemeinsam mit dem Ehepaar Mond unternahm sie jährliche Reisen nach Italien. Seit den 1890er Jahren nahmen sie im römischen Palazzo Zuccari Quartier, der 1904 von Mond gekauft und Hertz geschenkt wurde. Diesen Palast, in dem sie berühmte Salons veranstaltete, vermachte Hertz kurz vor ihrem Tod der Kaiser-Wilhelm-Gesellschaft mit der Auflage, dort eine kunsthistorische Bibliothek einzurichten. Grundlage der weltberühmten und heute noch bestehenden „Bibliotheca Hertziana" war ihre eigene Sammlung mit 2.000 Bänden. Henriette Hertz starb am 9. April 1913 in Rom.[35]

Vereinzelt wohnten auch Künstler in der Straße. Bereits im Adressbuch 1850 taucht der Bildhauer Johann Wagner auf, 1861 kam der Bildhauer Franz

Vincenz Statz (1819–1898), Kölner Dombaumeister und Architekt vieler Kirchen (Abb. aus: Hans Vogts: V. S., Mönchengladbach 1960)

34 Vgl. Hanz Vogts: Vincenz Statz (1819-1898). Lebensbild und Lebenswerk eines Kölner Baumeisters, Mönchengladbach 1960.
35 Julia Laura Rischbieter, Henriette Hertz. Mäzenin und Gründerin der Bibliotheca Hertziana in Rom, Stuttgart 2004.

Liddau hinzu. 1895 wohnte die Opernsängerin Kirch für ein Jahr in Nr. 26, 1899 ihre Kollegin Amanda Tscherpa in 22. Im selben Haus wie Frau Kirch sang morgens ihr Kollege Louis Obermaier – aber nur 1904. 1920 war es dann die Konzertsängerin Emma Mager, die im eigenen Haus 16/18 wohnte. In der Mitte der 1930er Jahre wohnte der Schauspieler Hans Kautz in Nr. 38. Im Krieg wählte der Kunstmaler Josef Oster die Straße zu seinem Domizil. Sogar einen echten Rennfahrer konnte die St.-Apern-Straße als Einwohner 1937 gewinnen: Hans Bragard wohnte in Haus Nr. 34. Nach dem Krieg gewann die St.-Apern-Straße einen Ruf als Kunsthandelsstraße – 1951 war der erste Kunsthändler Richard Henriques in Nr. 2. Dessen Geschäft wurde 1961 von dem Kunst- und Antiqitätenhändler-Ehepaar Klein übernommen, das bereits 1955 das Unternehmen in Bonn gegründet hatte. Heute besteht es immer noch unter dieser Adresse und wird von der Ehefrau des inzwischen verstorbenen Kunsthändlers Klein fortgeführt. H. G. Klein Alte Kunst Antiquitäten ist spezialisiert auf qualitativ hochwertige alte Gemälde und altes Silber.

Von den Menschen mit besonderen Namen stechen 1854 der Tabakarbeiter Christian Staubesand heraus – dessen so ähnlich klingender Name und Berufsbezeichnung wohl nur zufällig an Peter Stuyvesant erinnern. Welchem Spott war wohl der Handelsmann Christian Knackwurst, St.-Apern-Straße 8, nach 1894 ausgesetzt? Wahrscheinlich mehr als sein Kollege Hermann Höflich (1901 in Haus Nr. 24). Ob der Polizeiseketär Carl Ferrari am Beginn des 20. Jahrhunderts eine schnelle Arbeitsweise an den Tag legte, bleibt leider unbekannt.

Zeughausstraße
Von der Straße interessieren hier nur die Nummern 7 bis 13. In Haus Nummer 9 – einem Teil des ehemaligen Frauenklosters zur hl. Clara nahm nach der Säkularisation ein gewisser Riedel die Seiden-, Samt- und Bandherstellung auf.[36]

Das Eckhaus zu der Straße Auf dem Berlich, Zeughausstr. 7, wurde bis 1871 von der preußischen Artillerie als Depot benutzt. Anschließend erwarb es der Lederfabrikant Eduard Tuckermann, der es als Lederfabrik und als Lager nutzte (s. Auf dem Berlich). Im 20. Jahrhundert gehörte es einer Witwe Maria Hof, geborene Tuckermann, vermutlich die Tochter des Lederfabrikanten, die noch zu dessen Lebzeiten als Mieterin dort gewohnt hatte.

Die Häuser 9 und 11 wurden als Wohnhäuser genutzt, verfielen aber um 1860. Erst gegen Ende des 19. Jahrhunderts erbaute der Stadtbaumeister Hermann Josef Stübben das Haus Nr. 9 wieder und vermietete es an den Augenarzt Prof. Dr. August Pröbsting, leitender Arzt der Städtischen Augenklinik, der bis zum Zweiten Weltkrieg darin wohnte.

Das Haus mit der Nr. 13 wurde als Wohnhaus genutzt. In den 1850er Jahren wohnte hier der Kaufmann Paul Broelsch (s. Am Römerturm). Er war auch Eigentümer des Hauses, das er an mehreren Mietsparteien vermietete, als er auf die andere Straßenseite zog. Für 1855 ist darin eine Plüsch- und Sammetpresserei erwähnt, für 1857 eine Lithographische Anstalt und eine Kunstausstellung von Glasgemälden. Zeitweise wohnten bis zu zehn Mietsparteien in dem Haus, das Mitte der 1870er Jahre in städtisches Eigentum überging. Die Stadt ließ es einige Jahre leer stehen, bevor sie wieder Wohnungen vermietete. Von 1879 bis zu einem verheerenden Brand

36 Pohl, Wirtschaftsgeschichte (Anm. 32), S. 64.

Gaststätte Christoph Korff neben dem Römerturm. (Abb.: RBA)

1895 wohnte und arbeitete hier der Glasmaler und Kunstverglaser Jakob Melchior. Nach dem Abriss und dem Neubau war zunächst der Rechtsanwalt Dr. Hans Blatzheim ansässig, bevor das Haus 1905 zum Sitz der Dombauverwaltung wurde und dem jeweiligen Dombaumeister als Wohnsitz diente. Zunächst war es Prof. Bernhard Hertel (1862–1927), dann Hans Güldenpfennig, seit 1944 Willy Weyres. Nach dem Zweiten Weltkrieg wurde es wieder von der Dombauverwaltung genutzt, Ende der 1950er Jahre durch verschiedene katholische Institutionen. Eine gewerbliche Nutzung erfuhr es seit 1983 durch die Galeristin Inge Baecker.

Erst 1871/72 wurde das Haus Nr. 15 – westlich des Römerturms – im Auftrag von Jakob Brunthaler, der in der Palmstraße lebte, erbaut. Es diente von Beginn an einer Gaststätte mit anfangs wechselnden Pächtern. Im Adressbuch 1874 wird erstmals der Wirt Franz Käsmacher genannt, 1880 bis 1893 dann Johann Nidecken, der das Haus erwarb. Sein Nachfolger war für neun Jahre Christoph Korff. Ihm folgte – nach einem Jahr in der Hand eines Schenkwirts Johann Esser – 1903 Gottfried Schieffer als Pächter der Gaststätte. Nach dem Ersten Weltkrieg bewirtete Mathias Hohenschuh die Gaststätte, bis 1930 Hugo Werntgen hier ansässig wurde. Im Jahr 1933 sind genannt Hans und Ludwig Welter, 1934 bis 1936 Frau Eberhard Wattler. Anschließend war bis zum Krieg Erich Offermann der Restaurantpächter.[37] Das Haus wurde im Krieg vollständig zerstört.

Fazit

Die Untersuchung der Wirtschaftsstruktur des Viertels hat die unterschiedliche Struktur der einzelnen Straßen in den ca. 100 Jahren zwischen 1850 und Entfesselung des Zweiten Weltkriegs ergeben. Die beiden Hauptgeschäftsstraßen Auf dem Berlich und Breite Straße bestimmten das Bild. Dennoch war an den anderen Straßen, obwohl vornehmlich Wohnstraßen, eine eigene wirtschaftliche Entwicklung möglich. In mehreren Fällen hat sich Gewerbe im Viertel selbst entwickelt. Bestimmend für das Bild des Viertels war auch die starke Präsenz der Kolping-Bewegung – aber obwohl die katholische Dominanz sicher im Alltag spürbar war, konnten z. B. eine Reihe von jüdischen Unternehmen entstehen. Dies wurden durch die Ansiedlung der jüdischen Trennungsgemeinde Adass Jeschurun mit Synagoge und Lehrerseminar in der St.-Apern-Straße 29–31 im Jahr 1884 unterstützt[38] bzw. durch die starke Stellung der Textilunternehmen, von denen einige jüdische Eigentümer hatten.

Haben die Bewohner das Viertel als solches wahrgenommen – die ausgewählten Quellen können auf diese Frage keine Antwort geben. Aber dafür können doch stadthistorisch bedeutsame Entwicklungen anhand der Untersuchung solcher Viertel, von denen es innerhalb der Innenstadt durchaus mehrere gibt, herausgearbeitet werden. So dienen die unterschiedlichen Viertel der Entstehung von Beziehungsgeflechten, Nachbarschaften und Geschäftsbeziehungen. Alteingesessene Unternehmen zogen neue nach. Einige Unternehmen siedelten sich aufgrund der Lage zu den Behörden an, für andere war der Charakter der Geschäftsstraße maßgeblich. Weitere Fragestellungen ließen sich evtl. mit erweiterten Quellenbasen beantworten. Neben der Untersuchung der ehemals eingemeindeten Gemeinden und Städte sollte auch verstärkt der stadthistorische Blick auf eine solche mikrokosmische Untersuchung gelenkt werden.

---

37 Die Darstellung bei Mathar, Prosit Colonia (Anm. 19), S. 233–234, ist grob falsch und oberflächlich. Das dort abgebildete Brauhaus von dem oben genannten Korff hat nichts mit dem 1874 geschlossenen Brauhaus „Zur Rübe" zu tun, das nachweislich auf der anderen Seite der St.-Apern-Straße mit der Nummer 75 lag! Das Haus wurde abgerissen. An dieser Stelle errichtete der Kölner Kaufmann Christian Mumm von Schwarzenstein einen Neubau, in dem ab 1908 der Kölner Bankier Heinrich von Stein wohnte. Die Karte bei Mathar bezeichnet nur das 1871 errichtete Haus.

38 Helmut Fußbroich: Gedenktafeln in Köln, Köln 1985, S. 143–145.

Iris Benner

Der Turm als Marke: Poensgen & Heyer, Römerturm Feinstpapiere

Ein solch dauerhaftes Markenzeichen zu prägen, dürfte der Traum so manches modernen Werbeexperten sein: Seit nunmehr fast 125 Jahren steht der Römerturm nicht nur für ein berühmtes Kölner Bauwerk, sondern auch für Papier. Mit sicherem Blick für ein werbewirksames Symbol wählten die Firmengründer Carl Eduard Poensgen und Wilhelm Heyer den schräg gegenüber ihres Geschäftshauses gelegenen Turm zum Herzstück ihrer ersten Schutzmarke.

Zur Verwirklichung ihres Konzepts von einer frühen Form der ‚Corporate Identity' verwendeten sie anfangs sogar in ihrem Briefkopf anstelle der korrekten Adresse (Zeughausstraße) die Angabe „Am Römerturm". Und selbst als sich relativ kurz nach der Firmengründung das äußere Erscheinungsbild des tatsächlichen Bauwerks vollkommen veränderte, hielten sie an dem entwickelten ‚Logo' fest – mit Erfolg, wie man heute weiß. Denn auch wenn kaum ein Kölner den hohen Turm im allseits bekannten Wasserzeichen heute noch mit dem Baudenkmal gleichsetzen würde, so kennen in aller Welt doch mehr Menschen den ‚Römerturm auf dem Papier' als jenen an der Zeughausstraße.

Die Anfänge der Firma wurden vor allem von einem Unternehmer geprägt: Wilhelm Heyer. Als Sohn des Leiters der Höheren Töchterschule zu Köln Peter Wilhem Heyer und der Handarbeitslehrerin Johanna Heyer, geb. Mengelberg – übrigens Tochter des Kunstmalers Egidius Mengelberg –, kam er im Revolutionsjahr 1849 in Köln zur Welt.[1] In der Zeit des deutsch-französischen Krieges 1870 begann er seine kaufmännische Lehrzeit bei der Papierfabrik J.W. Zanders in Bergisch-Gladbach. In dem kleinen, nahe Köln gelegenen Ort stellte man schon seit dem 17. Jahrhundert Papier her und bereits 1822 begann sich die Familie Zanders einen herausragenden Namen zu machen. 1843 hatte sie in der Dombachmühle die erste Papiermaschine des Ortes in Betrieb genommen und in den Jahren nach der Reichsgründung (1871), also in der Lehrzeit Wilhelm Heyers, freute man sich über den allgemeinen wirtschaftlichen Aufschwung.[2]

In der von Heyers Schwiegersohn, Albert Krohn, anlässlich des 25jährigen Firmenjubiläums zusammengestellten Chronik heißt es: „12 Jahre angestrengter Arbeit in dieser sich schnell entwickelnden, vorzüglich geleiteten Fabrik machten ihn zu einem hervorragenden Papierkenner,

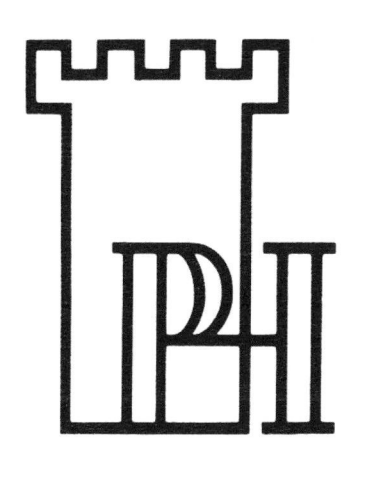

von oben nach unten: Schutzmarke der Firma von 1888, 1985 und heute

Anzeige im Stadt-Anzeiger der Kölnischen Zeitung vom 29.3.1886

1 Robert Steimel: Mit Köln versippt. Bd. II, Köln 1956.
2 Ingrid Bauert-Keetmann: Geschichte des Hauses Poensgen & Heyer, Köln. Maschinenschriftliches Manuskript im Firmenarchiv, um 1960, S. 2–3.

Porträt von Wilhelm Heyer als Wasserzeichen auf Römerturm-Papier (Abb.: Firmenarchiv)

dem sich auch durch Kenntnis der Papierfabrikation, vom Einkauf der Rohmaterialien bis zum fertigen Fabrikat, eine unschätzbare technische Erfahrung hinzugesellte."[3]

Diese Fähigkeiten und die Feststellung, dass der Handel mit feinen Papiersorten im deutschsprachigen Gebiet vor allem von ausländischen Fabrikaten dominiert wurde, führten bei Heyer zu der Idee, sich mit einer Papiergroßhandlung selbständig zu machen, die vor allem hochwertige Produkte des erweiterten Kölner Umlandes anbot. Zu den Papierfabriken des Dürener Raumes bestanden ebenso Geschäftsbeziehungen wie zu denjenigen im Bergischen Land und im Sauerland.

Sein erster Geschäftspartner war im Jahre 1882 der ebenfalls ursprünglich bei Zanders beschäftigte Ernst Verwohlt. Heyer & Verwohlt, wie sie sich als Firma nannten, übernahmen 1882 eine bereits bestehende Kölner Papiergroßhandlung in der Agrippastraße 13, die zuvor Carl Goecke gehört hatte, welcher übrigens ein Onkel von Heyers späterem Geschäftspartner Carl Eduard Poensgen war.[4] Schon zwei Jahre später wurden die Räume für die aufstrebende Firma zu eng und man zog in das Gebäude Agrippastraße 59.[5] Der Eintrag im Kölner Adressbuch des Jahres 1885 zeigt, dass Heyer & Verwohlt schon damals nicht nur Handel, sondern auch Weiterverarbeitung betrieben: „Fabrik von geklebten Cartonpapieren, Blancokarten, Papiergroßhandlung"[6]. Doch noch im selben Jahr trennten sich die beiden Geschäftspartner wieder und Wilhelm Heyer tat sich mit seinem bisherigen Konkurrenten Carl Eduard Poensgen zusammen.[7]

Die bereits erwähnte Chronik von Heyers Schwiegersohn Albert Krohn schildert die Fusion als eine Art „Vernunftehe": „War es nicht für Heyer wie für Poensgen besser zusammenzugehen, als sich gegenseitig das Leben sauer zu machen? Mit solchen Gedanken begab sich der Weitschauende zu seinem Konkurrenten Poensgen und hatte die große Freude zu erleben, daß letzterer bereitwillig auf seine Vorschläge einging."[8]

3 Maschinenschriftliches Manuskript im Firmenarchiv.
4 wie Anm. 2, S. 4.
5 wie Anm. 3.
6 Grevens Kölner Adress-Buch 1885.
7 Eintrag ins Gesellschaftsregister am 31.7.1885 (wie Anm. 2, S. 7).
8 wie Anm. 3.

Das Kreuz markiert das Geschäftshaus der Firma Poensgen & Heyer in der Zeughausstraße, zugleich Wohnhaus von Wilhelm Heyer, um 1903. (Abb.: Firmenarchiv)

Wenig mehr als ein halbes Jahr später zog man an jenen geschichtsträchtigen Ort schräg gegenüber dem Römerturm, und der Stolz auf die Adresse bzw. das Bewusstsein um die Werbewirksamkeit des historischen Bauwerks lässt sich schon der Umzugsanzeige entnehmen (vgl. Abb. S. 219).[9] Die dort verwendete Ortsbezeichnung „am Römerturm" wurde auch in die Gestaltung der ersten Schutzmarke im Jahr 1888 übernommen und ab dann beibehalten, obgleich der Firmensitz ja tatsächlich ein Stückchen entfernt auf der anderen Seite der Zeughausstraße lag, in die verwirrenderweise zudem eine Gasse mit dem Namen „Am Römerturm" gleich bei dem Baudenkmal einmündete. Kunden und Briefträger scheint diese kartografische Inkorrektheit zugunsten der Werbung jedoch nicht weiter gestört zu haben.

Schlimmeres drohte der engen „Geschäftsverbindung" von Bauwerk und Firma neun Jahre nach dem Einzug von Poensgen & Heyer, als in der Nacht zum 8. Februar 1895 im Atelier des Glasmalers Jakob Melchior, der den Römerturm zu dieser Zeit bewohnte, ein Brand ausbrach.[10] Baufällig geworden stand das Wahrzeichen in den folgenden Jahren leer und es gab immer wieder Beschwerden über die „unansehnliche Brandruine".[11] Der schon im Jahre 1873[12] einmal formulierte Plan, die alten Mauern abzureißen, wurde zwar auch jetzt nicht in die Tat umgesetzt, aber man entschloss sich, das Erscheinungsbild des Baudenkmals grundsätzlich zu verändern. Dem eigentlichen Römermauerwerk war nämlich im Jahre 1833 vom damaligen Besitzer des Turmes ein dreistöckiger Aufbau hinzugefügt worden, um ihn als Wohnhaus nutzbar zu machen (vgl. Abb. S. 165).[13] Diesen aus denkmalpflegerischer Sicht bedenklichen Eingriff in historische Bausubstanz beseitigte man 1898 und stellte damit jenen gedrungenen Rundturm wieder her, der heute noch erhalten ist. – Er hatte nur leider nicht mehr viel Ähnlichkeit mit jenem Bauwerk, das sich Poensgen & Heyer ein Jahrzehnt zuvor als Markenzeichen wählten.

Markenzeichen und Geschäftshaus – zugleich auch Wohnhaus von Wilhelm Heyer, seiner Frau und ihren drei Kindern[14] – wurden aber beibehalten und die Veränderung des Wahrzeichens tat der Geschäftsentwicklung keinen Abbruch. Ebenfalls beibehalten wurde die firmeneigene Weiterverarbeitung des nach patentierten Rezepten gefertigten Papiers. Eine eigene

Porträt von Carl Eduard Poensgen (Abb.: Firmenarchiv)

Papierherstellung bei der Firma J. W. Zanders in Bergisch Gladbach. Hier war Wilhelm Heyer zwölf Jahre lang beschäftigt gewesen, bis er sich 1882 selbständig machte. Die renommierte Firma blieb ein wichtiger Feinpapier-Lieferant für Poensgen & Heyer. (Abb.: Firmenarchiv)

9 Stadt-Anzeiger der Kölnischen Zeitung vom 29.3.1886.
10 Stadt-Anzeiger der Kölnischen Zeitung vom 2.8.1897.
11 Stadt-Anzeiger der Kölnischen Zeitung vom 29.11.1896, 28.12.1896, 19.05.1897.
12 1873 wollte der Inhaber des damals noch in Privatbesitz befindlichen Turmes das Bauwerk abreißen lassen, doch die Stadt Köln rettete den Römerturm durch Übernahme in städtischen Besitz (Stadt-Anzeiger der Kölnischen Zeitung vom 2.8.1897).
13 Kölnische Zeitung vom 18.7.1876.
14 Wilhelm Heyer war seit 1882 mit Martha W. Laura Schmidt verheiratet, mit der er zwei Töchter (Grete und Eugenia) und einen Sohn, den späteren Firmenchef Fritz, hatte.

Der Briefkopf wurde 1899 für die neu geschaffene Exportabteilung gestaltet. Er zeigt, dass die Firma – obgleich sie an der Zeughausstraße saß – die Bezeichnung „am Römerturm" als Adressenangabe verwendete und dass das Baudenkmal auch als Telegrammadresse diente. (Abb.: Firmenarchiv)

Kaiser Wilhelm II. als Wasserzeichen auf Römerturm-Papier (Abb.: Firmenarchiv)

Abteilung, geleitet von dem späteren Prokurist und Leiter der Verkaufsabteilung Wilhelm Schmidt, stellte mit anfänglich sechs Kreisscheren Karten mit schräg geschabtem, vergoldetem und Perlrand her.[15] Die Firmenchronik des Schwiegersohns nennt als Rezept des geschäftlichen Erfolgs besonders die Briefpapiere mit ihren vielfältigen Wasserzeichen und die stets modernisierte Produktpalette: „Niemals war die Firma um Neuheiten verlegen und unerschöpflich zauberte die Phantasie in Arten und Farben neue Effekte hervor. Grundsätzlich an dem Prinzip festhaltend, nur an Wiederverkäufer und Druckereien zu liefern, wurden die edelsten Erzeugnisse der Fabrikation in Schreib-, Druck- und Postpapieren, Kartons, Karten, Billetpapieren, Bütten- und Umschlagpapieren auf den Markt gebracht."[16] Auf einigen in dieser frühen Zeit entwickelten Papierpatenten wie „Pfeil und Bogen" (1903) oder „Colambo" (1904) wird noch heute geschrieben.

Den ganz großen Geschäftserfolg hat Mitinhaber Carl Eduard Poensgen nicht mehr erlebt. Er starb bereits 1891. Sein Bruder Otto Poensgen, der kurze Zeit an seiner Stelle zum Teilhaber wurde, war zugleich an einer Papierfabrik in Bergisch-Gladbach, der Kieppemühle, beteiligt. Dadurch wurde die Papiergroßhandlung „am Römerturm" zeitweilig auch zum Produzenten. Die am Strunderbach gelegene Kieppemühle hatte im Verlauf des 19. Jahrhunderts zwar einen rasanten Aufschwung erlebt, schon 1844 eine Papiermaschine in Betrieb genommen und sogar nach England sowie in die Kolonien exportiert, doch der Betrieb mit seinen 92 Mitarbeitern war inzwischen relativ veraltet.[17] Trotz großer Investitionen war die Verbindung zur Kieppemühle 1893 nicht mehr lukrativ, so dass Wilhelm Heyer und Otto Poensgen ihre Geschäftsbeziehung auflösten. Den bereits wohl bekannten Firmennamen Poensgen & Heyer behielt ersterer jedoch bei.[18]

Mit einer dem weiteren Florieren der Papiergroßhandlung sehr viel zuträglicheren Neuerung wurde ebenfalls in dieser Zeit begonnen: der Gründung von Filialen im ganzen damaligen deutschen Reich. Von den Standorten Berlin (1890), Hamburg (1891), München (1892), Leipzig (1899) und Frankfurt (1900) aus konnte der inländische Markt effektiv erschlossen werden. Die Filialleiter waren relativ selbständig, prozentual am Umsatz beteiligt und mussten monatlich in Köln Bericht erstatten.[19]

Ebenso wichtig für den wachsenden wirtschaftlichen Erfolg der Papiergroßhandlung „am Römerturm" wurde das Erschließen ausländischer

15 wie Anm. 2, S. 9.
16 wie Anm. 3.
17 wie Anm. 3 und wie Anm. 2, S. 12–17.
18 ebd.
19 wie Anm. 2, S. 19–20.

Märkte. Zusammen mit seinem neuen Teilhaber Wilhelm von Recklinghausen jr., mit dem er 1893 eine OHG gegründet hatte,[20] eröffnete Wilhelm Heyer 1899 die Exportabteilung der Firma in der Norbertstraße.[21] „Alfa Mill Fine" hieß das erste, 1899 patentierte Wasserzeichen für den englischsprachigen Raum, der in der Zeit des Kolonialismus fast weltweite Absatzchancen versprach. Ab 1901 wurde der internationale Handel von Hamburg aus koordiniert,[22] das von nun an mit seinem bedeutenden Hafen auch für Poensgen & Heyer das „Tor zur Welt" darstellte. In Südamerika und Mexiko, Skandinavien und Südeuropa, ja sogar im Orient waren Römerturm-Papiere mit so klangvollen Wasserzeichen wie „Marran", „Jacana", „Santa Lucia", „Sindtbad" und „Buddha" begehrt. Ein besonders edles Papier – „Koh-i-noor" (1902) – wurde z.B. nach einem Glanzstück der englischen Kronjuwelen, einem riesigen indischen Diamanten, benannt.

Wilhelm Heyer am Flügel in seinem „Musikhistorischen Museum" (Abb.: Firmenarchiv)

Der geschäftliche Erfolg erlaubte es dem Firmengründer auch seinen persönlichen Leidenschaften nachzugehen: 1898 war Wilhelm Heyer Bauer im Kölner Karneval, 1905 ließ er sich von dem renommierten Architekten Carl Moritz eine Villa in Rheinnähe bauen[23] und vor allem trug er eine Sammlung von 2600 historischen Musikinstrumenten sowie 1700 Musikerhandschriften – darunter den gesamten kompositorischen Nachlass Paganinis – zusammen.[24] Diese Kollektion bildete das Herz des „Musikhistorischen Museums von Wilhem Heyer", dessen Eröffnung im Jahre 1913 der Sammler selbst nicht mehr erleben sollte.[25]

Doch nicht nur das eigene Glück lag dem Unternehmer am Herzen, sondern auch die Sorge um das Wohlergehen seiner Angestellten. Ein langjähriger Mitarbeiter, Wilhelm Schmidt, erinnerte sich anlässlich des 65jährigen Firmenjubiläums: „Es gab Ferien, Bilanz- bzw. Weihnachtsgeschenke und wenn ein Arbeiter in Not kam, wurde er durch eine Kasse unterstützt. Diese Kasse wurde durch Spenden des Herrn Heyer und seines Teilhabers Herrn W. von Recklinghausen von Zeit zu Zeit aufgefrischt."[26] Sogar zwei Ferienheime für erholungsbedürftige Mitarbeiter – in St. Peter-Ording und am Tegernsee – wurden eingerichtet.[27] Auch um die städtische Armenfürsorge machte sich Heyer verdient und wurde 1906 u.a. aufgrund dieser Verdienste zum Kommerzienrat ernannt.[28]

Wie untrennbar im Hause Heyer Geschäftliches und Privates verbunden waren, zeigt die Tatsache, dass die älteste Tochter Grete 1909 den seit 1908 als Prokurist[29] fungierenden Albert Krohn heiratete,[30] während ihre

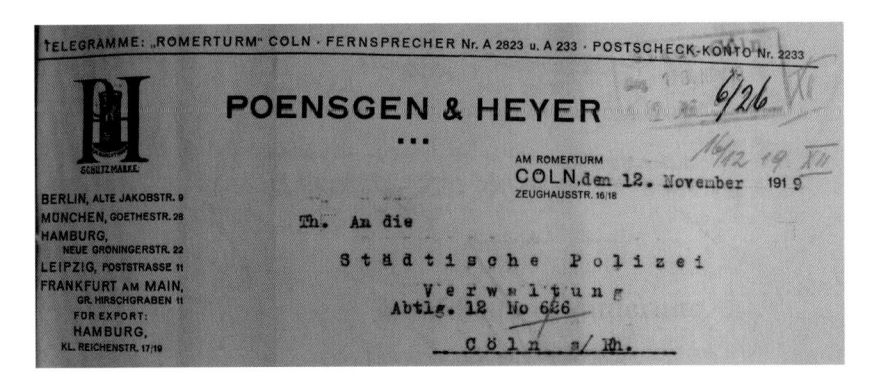

Der modernisierte Briefkopf des Jahres 1919 zeigt sämtliche Filialgründungen. Nun ist zu der werbewirksamen Adresse „am Römerturm" noch die korrekte Anschrift „Zeughausstraße" hinzugetreten. (Abb.: Firmenarchiv)

20 ebd., S. 18. Die OHG bestand bis zum Austritt v. Recklinghausens 1907. Danach wurde die Firma wieder zu der eines Einzelkaufmanns.
21 Grevens Kölner Adress-Buch 1900.
22 wie Anm. 2, S. 55. Italien und Österreich wurden von München aus beliefert.
23 In dem Gebäude in der Worringer Straße befindet sich heute ein Hotel.
24 Stadt-Anzeiger der Kölnischen Zeitung vom 27.5.1926.
25 Zur Eröffnung des Musikhistorischen Museums von Wilhelm Heyer, Cöln. Köln 1913.
26 Maschinenschriftliches Manuskript im Firmenarchiv.
27 wie Anm. 2, S. 22.
28 wie Anm. 26.
29 Prokuristen gab es bei Poensgen & Heyer von diesem Zeitpunkt bis zur Umwandlung in eine Kommanditgesellschaft 1931. Sie hießen Albert Krohn (Einzelprokura, 1908-1914, danach Mitinhaber), Adolf Heyer (Gesamtprokura, 1909-1918), Hermann Schwerdtfeger (Gesamtprokura, 1909-1917), Arthur Trautmann (Gesamtprokura, 1912-1925), Wilhelm Schmidt u. Richard Simon (Gesamtprokura, 1926), Fritz Erhardt (Einzelprokura, 1927-1931, danach Mitinhaber).
30 wie Anm. 1.

Der erste Entwurf von Carl Moritz für den Neubau des Geschäftshauses von Poensgen & Heyer aus dem Jahr 1915 zeigt eine neoklassizistische Betonung der Vertikalität. (Abb.: HAStK)

31 Brita Asbrink: The Nobels in Baku. Swedes' Role in Baku's First Oil Boom, in: Azerbaijan International (10.2) Summer 2002, S. 56–59: „By 1918, the Nobel family had partly fled to Stockholm, having lost all of their Russian assets to the Bolsheviks. As they had no more oil for their European partners, they sold the companies that they still owned in Europe. The Red Army entered Baku in April 1920. A few months later, during the Great Depression, half of the Nobel's oil company shares were sold to Standard Oil in New Jersey, a masterstroke negotiated in New York by GÖSTA NOBEL, Ludvig's youngest son. And the family's economic future was secured."
32 Zur Hochzeit erschienen: Papierbuch. Dem zukünftigen Namensträger der Firma und seiner Braut gewidmet von P & H. Anlässlich der Hochzeit am 12.12.1912, Firmenarchiv.
33 1912 taucht die Zeppelinstraße erstmals in Grevens Kölner Adress-Buch auf, 1913 ist unter Hausnummer 7 in der ersten Etage die Einkaufsabteilung von Poensgen & Heyer verzeichnet.
34 wie Anm. 26.
35 Gesellschafter waren die Witwe Laura Heyer, die Schwestern Grete Krohn und Eugenia Nobel sowie Fritz Heyer und Albert Krohn.
36 Heute im Historischen Archiv der Stadt Köln (HAStK, Abt. 34/1064). Für den Hinweis sei Herrn Dr. Wolfram Hagspiel herzlich gedankt.

Schwester Eugenia 1911 den schwedischen „Ölbaron" Gösta Nobel[31], einen Neffen des Nobelpreis-Stifters Alfred ehelichte, wodurch bis in die jüngste Zeit Mitglieder der Familie Nobel Kommanditisten der Firma waren. Sohn Friedrich, genannt Fritz, erfuhr eine sorgfältige Ausbildung bei Hoesch und Schoeller in Düren sowie bei Zanders in Bergisch-Gladbach, die ihn auf seine zukünftige Funktion als Firmenchef vorbereiten sollte. 1912 heiratete er Helene Bücklers, die Enkelin des Dürener Papierfabrikgründers Felix Heinrich Schoeller.[32]

Mit seinem Eintritt in die väterliche Firma begann eine neue Ära. In einem modernen Repräsentationsbau an der soeben erst angelegten Zeppelinstraße wurde die zentrale Einkaufsabteilung der Großhandelsfirma eingerichtet, die auch für die Belieferung der Filialen zuständig war.[33] Der langjährige Mitarbeiter Wilhelm Schmidt erinnerte sich 1950: „Weiter wurde in der Zeppelinstraße eine Couvertfabrik eingerichtet, die zuerst einmal die Couvertschnitte von Zerkall verarbeitete und auch alle Extra-

Auf Wunsch der städtischen Baupolizei musste in dem korrigierten Entwurf aus dem Jahr 1916 der „vertikale Charakter" gemildert werden. (Abb.: HAStK)

formate und Hüllen herstellen konnte. Ebenso wurde hier ein Laboratorium eingerichtet, wo Papiere auf ihre Bestandteile, Reißlänge, Dehnung u. Aschengehalt untersucht werden konnten. Dieses Labor wurde von [...] Herrn Fritz Heyer eingerichtet."[34]

Nach dem Tod seines Vaters im Jahre 1913 übernahm er zusammen mit seinem Schwager Albert Krohn die Leitung der nun wieder als OHG organisierten Firma.[35] Während Heyer mit dem Cousin seines Vaters, dem Prokurist Adolf Heyer, weiterhin die Einkaufsabteilung leitete, war Krohn zusammen mit den Prokuristen Hermann Schwerdtfeger und Arthur Trautmann für die Verkaufsabteilung zuständig.

Trotz Ausbruch des Ersten Weltkriegs bemühte man sich mit frischem Elan ein schon seit langem als notwendig empfundenes Projekt voranzutreiben: den vergrößerten Neubau des Geschäftshauses in der Zeughausstraße. Eindrucksvolle Pläne wurden von dem schon 1905 mit dem Bau der Heyer'schen Villa betrauten Architekten Carl Moritz entworfen.[36] Ein

Argument für die geforderte Planänderung war die Eingliederung der Neubaufassade in die bestehende Straßenfront aus deutlich niedrigeren Gebäuden. (Abb.: HAStK)

Die neue Firmenmarke der 1920er Jahre (Abb.: Firmenarchiv)

fünfgeschossiges Vorderhaus mit monumentaler, neoklassizistischer Fassadengliederung sowie ein tief in den Baublock hineinreichendes viergeschossiges Hinterhaus zu Lagerzwecken wurden geplant. Doch der in Kriegszeiten noch etwas schwerfälligere Gang der Behörden und die vielleicht allzu bombastische Planung verzögerten die Ausführung des 1915 auf 90.000 Reichsmark veranschlagten Projekts immer wieder.

Zunächst lehnte 1915 die Baupolizei die Erteilung einer Baugenehmigung ab, weil die Grundstücksgröße für das geplante Gebäudevolumen als nicht ausreichend angesehen wurde.[37] Daraufhin erwarb die Firma ein weiteres Grundstück im gleichen Baublock an der um die Ecke gelegenen Mohrenstraße. Doch nun erhob die königliche Regierung Einspruch, da der Moritz'sche Entwurf durch seine Höhe und deren zusätzliche Betonung durch vertikale Gliederungselemente sich von den angrenzenden Häusern zu sehr abhebe. Moritz entwarf daraufhin eine komplett neue Fassade mit stärkerer Horizontalgliederung, zu der der Baupolizei-Sachverständige 1916 in schönem Beamtendeutsch bemerkte: „Ich konstatiere mit Befriedigung, dass die architektonische Gestaltung ganz bedeutend besser geworden ist und die Fassade die namentlich von der Kgl. Regierung getadelte Steigerung des vertikalen Charakters abgelegt hat."[38] Er befürwortete jetzt die Erteilung der Baugenehmigung unter der Voraussetzung, dass neben der genauen Einhaltung von Verputz-Vorschriften folgende wenig geschäftsfreundliche Voraussetzungen erfüllt würden: „Die Verwendung des Daches und des Gebäudes überhaupt zu Lichtreklamezwecken ist ausgeschlossen. Firmenschilder und sonstige Aufschriften bedürfen besonderer Genehmigung."[39]

Nun schaltete sich aber auch noch die Feuerwehr ein, die wegen der Enge in den geplanten Lagerräumen Bedenken hatte und eine Wendeltreppe als Fluchtweg forderte. Nach einer erneuten Planänderung hieß es dann aber: „Falls in den Lagerräumen nur männliche Arbeiter beschäftigt werden, kann die anstatt der Wendeltreppe vorgesehene Feuerleiter als ausreichender Ersatz gesehen werden."[40]

Schließlich wurden sogar aus der Nachbarschaft Stimmen gegen das großartige Bauprojekt laut. Im Namen seiner Mutter, deren Haus auf einem angrenzenden Grundstück, stand, meldete sich ein Rittmeister namens Maus, der klagte, dass das mütterliche Grundstück durch den geplanten Neubau im Wert gemindert werde. Er befürchtete, dass dem Garten seiner Mutter das Licht genommen werde und dass das Vorderhaus „wie ein Turm aus den umliegenden Privathäusern herauswächst, diese drückt und das Straßenbild vollständig verunziert, namentlich wenn auch die gegenüberliegenden Gebäude und insbesondere der aus der Römerzeit stammende Römerturm mit in die Rechnung gezogen werden"[41]. Doch die Gefahr einer Schmälerung der Wirkung ihres Markenzeichens fürchtete die Firma offensichtlich nicht und sie schreckte auch nicht vor einem Rechtsstreit mit dem Rittmeister zurück. Die Folge waren weitere Planänderungen im Juli 1916, auf die schon fünf Monate später die offizielle Nachricht folgte, „dass die Bautätigkeit, die nicht mit der Kriegsindustrie zusammenhängt, gänzlich eingestellt wird"[42]. Danach wurde die bereits erteilte Baugenehmigung zwar bis 1920 jährlich immer wieder verlängert, doch in Zeiten der beginnenden Inflation zog die Firma ihren Bauantrag mit der Bemerkung zurück: „Voraussichtlich kommen wir unter den obwaltenden Umständen erst in fünf und mehr Jahren dazu, unsere Neubaupläne zu verwirklichen..."[43]

---

37 wie Anm. 35, Schreiben von Carl Moritz an die städt. Polizeiverwaltung vom 31.5.1915.
38 ebd., Schreiben der Bauinspektion für Städtebau vom 26.2.1916.
39 ebd.
40 ebd., Schreiben der Berufsfeuerwehr Cöln vom 13.3.1916.
41 ebd., Schreiben des Rittmeisters Maus vom 16.7.1916.
42 ebd., Schreiben der städt. Polizei-Verwaltung vom 16.7.1916.
43 ebd., Schreiben von Arthur Trautmann im Auftrag von Poensgen & Heyer vom 4.12.1920.

POENSGEN & HEYER
PAPIERFABRIK LENNEMÜHLE
STAMMHAUS KÖLN AM RÖMERTURM

ZWEIGNIEDERLASSUNGEN:
HAMBURG · BERLIN · LEIPZIG
FRANKFURT A.M. · MÜNCHEN.
FABRIK IN LETMATHE (WESTF.)

TELEGRAMME:
RÖMERTURM KÖLN / FERN:
SPRECHER A 2823 UND A 233.
POSTSCHECK-KTO.; KÖLN N° 2233.

KÖLN, DEN 4. Dezember 1920.
ZEUGHAUSSTR. 16/18

Der neu gestaltete Briefkopf zeigt die 1917 erworbene Papierfabrik in Letmathe neben dem Kölner Stammhaus. (Abb.: Firmenarchiv)

Eine andere Idee der „zweiten Generation" in der Firmenleitung bei Poensgen & Heyer war – zumindest zeitweise – erfolgreicher: Noch während des Ersten Weltkriegs erwarb man die Papierfabrik Lennemühle in Letmathe bei Iserlohn.[44] Die von Ingrid Bauert-Keetmann verfaßte Firmenchronik berichtet: „Damals mußte man schon befürchten, daß der Krieg ein für Deutschland ungünstiges Ende nehmen würde. Bei P & H hatte man Wind davon bekommen, daß in einem solchen Fall möglicherweise die Rheinlande besetzt würden."[45] Also baute die Firma einerseits auf eine eigene Papierproduktion und andererseits auf einen zeitweiligen Wechsel des Firmensitzes in einen Ort außerhalb der Besatzungszone. Fritz Heyer leitete die Firma von nun an aus dem Sauerland, während Albert Krohn die Stellung im Stammhaus in Köln hielt. Diese Kalkulation scheint zunächst auch aufgegangen zu sein, wie die Chronistin berichtet: „In den Jahren nach dem ersten Weltkrieg, in denen das Rheinland von dem übrigen, unbesetzten Reichsgebiet abgeschnitten war, war die eigene Papierfabrik für die Firma P & H von großem Nutzen. Von dort aus konnten die Kunden im unbesetzten Gebiet beliefert werden. In der Lennemühle wurden alle Papiere hergestellt, die bisher aus Düren und Oberkirchen bezogen worden waren, die nun aber wegen der politischen Verhältnisse nicht mehr zu bekommen waren. [...] In Letmathe wurden sehr gute Papiere hergestellt, die in größerem Umfang nach Holland exportiert wurden."[46]

Allerdings war zunächst eine Modernisierung der noch aus dem 18. Jahrhundert stammenden Fabrik notwendig gewesen, an die sich der langjährige Mitarbeiter Wilhelm Schmidt folgendermaßen erinnerte: „Die Fabrik war in schlechtem Zustand, hatte nur 2 Papiermaschinen, aber eine gute Wasserkraft. Nun ging die Bauerei los und zum Schluß stand ein mustergültiges ausgebautes Werk da mit 3 Papiermaschinen, grossem Kesselhaus, Brücke über die Lenne und Eisenbahnanschluß."[47]

Diese großen Investitionen, „mancherlei Versuche, die viel Geld kosteten"[48] sowie die Inflation und vielleicht auch das Ausscheiden des Teilhabers Albert Krohn, der sich 1922 von Grete Heyer scheiden ließ,[49] bedeuteten allerdings eine große Belastung für die Firma. Hinzu kam noch ein katastrophaler Brand im Jahre 1923, bei dem nicht mehr zu erforschen ist, ob er tatsächlich – wie Wilhelm Heyer jr., der das Unglück als Zehnjähriger miterlebte, vermutete – von Kommunisten gelegt wurde.[50]

---

44 *Die Lennemühle hatte ursprünglich der Familie Ebbinghaus gehört, die seit 1770 Papier herstellte und seit 1818 in Letmathe tätig war. 1833 hatte man hier schon eine Papiermaschine in Betrieb genommen und alsbald bereits Papiere nach England exportiert. (wie Anm. 2, S. 31)*

45 *ebd., S. 34.*

46 *ebd.*

47 *wie Anm. 26.*

48 *ebd.*

49 *1922 erfolgte die Scheidung, nach der Grete den Freiherrn Günter von Diergardt heiratete. Mit ihm hatte sie eine Tochter namens Lotte, die als verheiratete Goldsmith später in New York lebte und bis zu ihrem Tod Kommanditistin der Firma blieb (wie Anm. 2, S. 29).*

50 *ebd., S. 34–35.*

Fritz Heyer, 1913 bis 1945 Firmenchef bei Poensgen & Heyer (Abb.: Firmenarchiv)

Obgleich die Lennemühle fast 300 Arbeiter beschäftigte und nach neuesten Standards wieder aufgebaut wurde – „das Kesselhaus war damals eine der neuzeitlichsten Anlagen dieser Art in der deutschen Papierindustrie, die Beschickung der Kessel wurde vollautomatisch durchgeführt"[51] –, erwies sich ihr Betrieb als nicht mehr rentabel für Poensgen & Heyer. Zudem hatte die Inflationszeit, in der aufgrund des raschen Geldverfalls zeitweilig drei Rechnungen pro Posten ausgestellt werden mussten (bei Auftragsannahme, bei Lieferung und einen Tag nach der Lieferung), das Kapital der Firma fast aufgezehrt.[52] So wurde die Lennemühle zusammen mit allem Besitz, den die Familie Heyer inzwischen in Letmathe erworben hatte, verkauft. Der Firmensitz wurde 1926 wieder nach Köln zurückverlegt.

In diesem Jahr musste auch das vom Firmengründer zusammengetragene „Musikhistorische Museum" zugunsten der Erhaltung des Betriebs verkauft werden. Da die Stadt Köln keine ausreichenden Geldmittel aufbringen konnte, ging der Zuschlag an die Stadt Leipzig, die die Sammlung mit Hilfe des sächsischen Staats erwarb.[53]

Nach dem Austritt von Albert Krohn entschied man sich, die OHG in eine Kommanditgesellschaft umzuwandeln, bei der Fritz Heyer als Komplementär, also persönlich haftender Gesellschafter, fungierte, während seine Mutter und seine beiden Schwestern Kommanditistinnen waren. Die Filialleiter, die von Anfang an sehr selbständig wirtschafteten, hatten in der Krisenzeit ihre Position teilweise noch verstärken können. Besonders die Karriere von Fritz Erhardt war laut Firmenchronik beeindruckend: „Dies führte in der Folgezeit dazu, dass aus dem Kreis der sehr starken Filialleiter Fritz Erhardt, der Leiter der Filiale Berlin, in den Vorstand der Gesellschaft hineingenommen wurde. Erhardt erhielt 1927 Prokura und trat 1931 als persönlich haftender Gesellschafter in die Firma ein. [...] Fritz Heyer und Fritz Erhardt besaßen nun über 50 % der Stimmen in der Gesellschafter-Versammlung."[54]

Mit der Doppelspitze Heyer-Erhardt wurde die Talsohle überwunden; der Papiergroßhandel „am Römerturm" blühte wieder auf. Die Bedeutung von feinsten Papieren vor allem im geschäftlichen Briefverkehr war auch in dieser neuen Zeit groß, denn eine edle Schreibgrundlage wirkte damals wie heute als „Visitenkarte" für Firmen und Privatleute. An die Auswirkungen des neuerlichen Aufschwungs erinnerte sich der langjährige Mitarbeiter Wilhelm Schmidt noch lebhaft: „Der Umsatz stieg von Monat zu Monat.

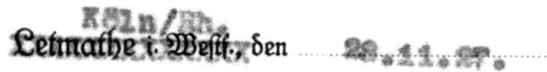

51 wie Anm. 2, S. 35.
52 wie Anm. 2, S. 29.
53 Stadt-Anzeiger der Kölnischen Zeitung vom 27.5.1926.
54 wie Anm. 2, S. 38.

Der Briefkopf von 1927 dokumentiert in der Schreibmaschinenkorrektur der Adresse die Rückverlegung des Firmensitzes von Letmathe nach Köln. (Abb.: Firmenarchiv)

Wir in Köln hatten 3 Lieferwagen [...] Die 3 Vertreter hatten jeder einen eigenen Wagen [...] Mittlerweile wurde im eigenen Hause Zeughausstraße eine Groß-Garage gebaut, [...] Wir hatten eine vollständige Werkstätte, Hebebühne, Tankstelle und Öl-Tanker..."[55]

Die „Machtergreifung" durch die Nationalsozialisten tat dem Florieren des Papiergeschäfts „am Römerturm" zunächst keinen Abbruch, obwohl man – mündlicher Überlieferung zufolge – im Hause Heyer aus religiöser Überzeugung nicht mit dem neuen Regime sympathisierte und auch nicht an Parteiveranstaltungen teilnahm. Der Betrieb wurde im Gegenteil sogar 1938 mit dem „Gaudiplom für hervorragende Leistungen" ausgezeichnet.[56] Diese Auszeichnung, die im gleichen Jahr z.B. auch die Firma Klosterfrau, der Gerling-Konzern und die Zigarettenfabrik Haus Neuerburg erhielten,[57] bedeutete eine zweifelhafte Ehre. Einerseits wurden damit u.a. vorbildliche Sozialleistungen für Mitarbeiter honoriert – ein Anspruch den sich Poensgen & Heyer schon seit dem 19. Jahrhundert auf die Fahne geschrieben hatten (s.o.). Andererseits bedeutete der so genannte „Leistungskampf der Betriebe" aber auch, dass die Firmen nach nationalsozialistischem Verständnis aufgefordert waren, Privatleben und politische Gesinnung ihrer Mitarbeiter im Auge zu behalten. Oder, wie die Kölnische Zeitung anlässlich der Diplom-Verleihung markig formulierte: „Alle Gebiete, nicht nur die der Arbeit selbst, sondern auch des Lebens der Gefolgschaftsmitglieder, wurden in den Kreis der Aufgaben gezogen, die durch den Leistungskampf bewältigt werden, alle Fragen, die sich mit der Erhaltung und Gewährleistung des sozialen Friedens, mit der Steigerung und Erhaltung der Volkskraft, mit der Pflege der Arbeitskraft des einzelnen und der Gesamtheit und mit der Steigerung der Lebenshaltung beschäftigen, wurden beherzt angefaßt und weitgehend im Sinne der nationalsozialistischen Auffassung von Arbeit und Arbeitsverhältnis gelöst."[58]

Die 1933 angemeldete Firmenmarke wurde von dem Berliner Grafikprofessor Uli Huber entworfen. (Abb.: Firmenarchiv)

55 wie Anm. 26.
56 Für diesen Hinweis sei Frau Astrid Sürth vom NS-Dokumentationszentrum der Stadt Köln herzlich gedankt.
57 Westdeutsche Wirtschafts-Zeitung, 16. Jg., Nr. 18, 5.5.1938, S. 368.
58 Kölnische Zeitung vom 29.4.1938, Nr. 212.

Einzug der Alliierten in Köln: Amerikanische Panzer rollen auf der Zeughausstraße an dem zerstörten Geschäftshaus mit dem Römerturm-Markenzeichen vorbei. (Abb.: Firmenarchiv)

Wilhelm Heyer übernahm nach dem Tod seines Vaters 1945 die Firmenleitung. (Abb.: Firmenarchiv)

Wie sehr solche Forderungen von den einzelnen Betrieben jedoch tatsächlich umgesetzt wurden, ist heute kaum noch zu erfahren. Ebenso wenig kann ermittelt werden, wie ernst Fritz Erhardt jene Aufforderung nahm, die anlässlich seiner Einsetzung als Obmann der Fachgruppe Feinpapier vom Leiter der Bezirksgruppe Rheinland der Wirtschaftsgruppe Groß-, Einzel- und Ausfuhrhandel ausgesprochen wurde: „Der Dank [...] könne dem Führer am besten bei der bevorstehenden Wahl [am 29.3.1936] gegenüber gezeigt werden und deshalb bitte er die Obleute, bei ihren Mitgliedern dafür einzutreten, daß sie den Beweis erbringen: Ein Volk, ein Führer, ein Wille..."[59] Die Obleute waren also aufgerufen, auf die politische Gleichschaltung ganzer Branchen einzuwirken – ein weiteres Beispiel für die Perfidie dieses verbrecherischen Staates.

Der durch jene größenwahnsinnigen Machthaber angezettelte Zweite Weltkrieg brachte der Firma Poensgen & Heyer große Verluste. Zunächst wurde der Außenhandel, eine wichtige Stütze des Firmenerfolgs, stark eingeschränkt. Und dann kam die Zeit der Bombenangriffe, deren Stimmung zwischen Zerstörung, Improvisieren und Wiederaufbau vom langjährigen Mitarbeiter Wilhelm Schmidt eindrucksvoll beschrieben wurde: „So wurde am 31.5.1942 auch unser schönes Geschäftshaus, in welchem sich auch meine schöne Privatwohnung befand, ein Opfer der Bomben und Flammen. In Köln standen also nach diesem Tage Chef und Gefolgschaft vor einem grossen Trümmerhaufen. Es wurde von den Arbeitern und Angestellten zuerst der Schutt im Eingange der Garage weggeschaufelt, um einen Weg in den hinteren Gefolgschaftsraum zu schaffen. Nachdem dies geschehen, wurde hier ein Büro eingerichtet, um Kunden bearbeiten zu können. [...] Aber nach kurzer Zeit kam ein neuer Angriff, der diese Zwischenlösung vernichtete. Daraufhin wurde die Verkaufsabteilung nach Düren zum Lager verlegt und die Zentrale siedelte [...] in die Villa Heyer über. [...] Eines Tages kam auch der große Angriff auf Düren. [...] Im Februar 1945 kurz vor Tores-

59 *Westdeutsche Wirtschafts-Zeitung, 14. Jg., Nr. 12, 19.3.1936, S. 243.*

Am Ende des Zweiten Weltkrieges standen von dem Geschäftshaus in der Zeughausstraße fast nur noch die Außenmauern. (Abb.: Stadtkonseravtor)

Messestand in Frankfurt, 1955: Die Namen der Firmengründer sind nun ganz der Darstellung des Wahrzeichens gewichen und nur noch in den Initialen „PH" präsent. (Abb.: Firmenarchiv)

schluß traf die Firma das grösste Unglück, weil eine Bombe das herrliche Anwesen unseres Herrn Fritz Heyer in Godesberg Elligerhöhe I vollständig zerstörte. Leider waren dabei 13 Menschen zu beklagen darunter Frau Fritz Heyer, Herr Felix Heyer [geb. 1915, Sohn von Fritz] und unser Mitarbeiter Herr Großenbeck. Herr Fritz Heyer starb an den Folgen des Angriffs später in Ansbach."[60]

Nun musste der damals 32jährige Wilhelm Heyer die Firma in die neue Friedenszeit führen. Nachdem Fritz Erhardt ausgeschieden war, wurde Wilhelm als persönlich haftender Gesellschafter eingetragen, während seine Tanten Eugenie Nobel und Lotte Goldsmith sowie seine Geschwister Fritz und Herta als Kommanditisten fungierten. Man suchte im Dürener Lager jene Reste zusammen, die den Einzug der Amerikaner überstanden hatten. Da Papier als „kriegsdienliches" Material eingestuft wurde, war von den Lagerbeständen jedoch nicht viel übrig geblieben.[61] Das Büro wurde zunächst in der Privatwohnung der Geschwister Heyer eingerichtet.

1948 waren zwei Räume in der Zeughausstraße wieder bezugsfähig und ein anlässlich des dort gefeierten Betriebsfestes vorgetragenes Gedicht

60 wie Anm. 26.
61 ebd.

SCHREIB AUF RÖMERTURM

Auch in den 1950er Jahren ließ sich mit dem traditionellen Markenzeichen noch zeitgemäße Werbung machen. Frei nach dem Motto: „History sells". (Abb.: Firmenarchiv)

zeigt, dass die Bindung der Mitarbeiter an ihre Firma und die Identifikation mit dem Römerturm nach wie vor groß war: „… Wir hoffen, dass in Zukunft hier / ein Arsenal für Feinpapier / mit altbekannten Wasserzeichen. / Drum woll'n wir uns die Hände reichen, / um treu zum Römerturm zu stehen, / in alter Blüte ihn zu sehen, / durch uns're Arbeit aufzuleben. / Das sei der Lohn für unser Streben!"[62]

Im Jahr 1950 konnten sogar schon wieder neue Niederlassungen in Mainz und Braunschweig eröffnet werden und Wilhelm Heyer sagte anlässlich der Feier des 100. Geburtstags des Firmengründers im wiederhergestellten Bürohaus in der Zeughausstraße: „So konnte ich heute früh am Grabe des Großvaters sagen: Der Römerturm steht und wird weiter auf- und ausgebaut."[63]

62 Gedicht von Klaus-Joachim Ackermann zum Betriebsfest 1948, Firmenarchiv.
63 Rede Wilhelm Heyers am 30.3.1949, Firmenarchiv.

Eine ähnlich positive Aufbruchsstimmung verstand man in der Wirtschaftswunderzeit auch durch die stets modisch aktuelle Werbung zu vermitteln, bei der man die historische Tradition und die Betonung der hohen Qualität immer im Blick behielt. So wurde das 1955 erschienene „Römerturm Brief-Brevier" – ein Büchlein, dass die Kunst des Briefeschreibens mit der edlen Wirkung des Feinstpapiers vermitteln sollte – z.B. dem damaligen Bundespräsidenten Theodor Heuss überreicht. Der Staatsmann antwortete darauf: „... Zu meinem Vergnügen erfahre ich (bis jetzt hatte ich mich darum noch gar nicht gekümmert), dass wir hier auch Römerturm Briefpapier benutzen. Ich werde bei meinen gelegentlichen handschriftlichen Briefen nun von einer zusätzlichen Feierlichkeit beeindruckt sein."[64]

Mit solch hochrangigen Kunden war das weitere Gedeihen der Firma gesichert. Auch der Export wurde erneut aufgenommen. Römerturm-Vertreter reisten wieder nach Venezuela, Kolumbien, Mexiko oder Kuba.

Einen traditionsreichen Markt konnte man außerdem wiederbeleben, als der Betrieb der Familie Abels in Düren übernommen wurde: Hier werden bis heute u.a. Trauerkarten nach alt überliefertem Rezept mit Trauerrändern versehen.[65]

Während alle westdeutschen Filialen in gleichem Maße wieder erstarkten, wurde die Niederlassung in Leipzig im Zuge der deutsch-deutschen Teilung unter staatliche Verwaltung der DDR gebracht. Es entstand der absurde Zustand, dass die Filiale zwar juristisch noch zur Kölner Firma

64 Brief von Theodor Heuss an Wilhelm Heyer vom 28.10.1955, Firmenarchiv.
65 wie Anm. 2, S. 47.

Zum Firmenjubiläum im Jahre 1960 wurde – wie schon in den Jahren 1935 und 1911 (sic!) – eine Dampferfahrt unternommen. Während man 1911 noch den Einzug in die Zeughausstraße als Gründungstag ansah, wurde der Termin ab 1935 mit dem Zusammenschluss von Poensgen und Heyer gleichgesetzt. (Abb.: Firmenarchiv)

Bis zum Umzug nach Frechen im Jahre 1967 blieb der Firmensitz in der Zeughausstraße – hier eines der letzten Fotos vor dem Abriss. (Abb.: Stadtkonseravtor)

gehörte, aber nur ein Bruchteil des dort erzielten Gewinns auf ein Konto bei der deutschen Notenbank eingezahlt wurde und nun praktisch eingefroren war.[66]

Obwohl man in den 1950er Jahren noch Grundstücke in der Mohrenstraße angekauft hatte, um das Geschäftsgrundstück zu vergrößern, wurde es der Firma zehn Jahre später in der Zeughausstraße endgültig zu eng. Die Einschränkung des Befahrens mit LKW war der Tropfen auf den heißen Stein, der schließlich dazu führte, dass man sich entschloss „auf die grüne Wiese" nach Frechen zu ziehen – eine, wie die große Presseresonanz zeigt, zur damaligen Zeit noch relativ ungewöhnliche Pioniertat.[67] Hier bot sich der Firma 1967 ein angemessenes Areal ausgerechnet in der Alfred-Nobel-Straße, zu deren Namensgeber noch immer verwandtschaftliche und geschäftliche Beziehungen bestanden.

Zehn Jahre später übernahm Franz Schweigert das Ruder in der traditionsreichen Firma. Er entschied, dass die ursprüngliche Philosophie der Firmengründer – ausschließlich mit feinsten Papiersorten zu handeln – auch für die Zukunft gelten sollte. So konnte Römerturm zwar nicht auf dem riesigen Markt des „Wegwerfpapiers" mitmischen, wurde aber von Geschäftshäusern, Staatsleuten und Künstlern umso mehr geschätzt. Obgleich man sich zwar räumlich vom altbekannten Wahrzeichen entfernt hatte, steht den weltweit zu findenden Nutzern von Römerturm-Feinstpapier das Bauwerk bis heute vor Augen, wenn Sie Brief- und Büttenpapiere oder Gruß- und Trauerkarten zur Hand nehmen.

66 wie Anm. 2, S. 70.
67 Kölnische Rundschau vom 21.9.1967, Nr. 220.

Heutiges Logo: Bild- und Wortmarke konzentrieren sich auch fern des eigentlichen Baudenkmals ganz auf den Turm als Wahrzeichen. Die Namen der Firmengründer sind verschwunden.

Kaspar Kraemer
Das Haus Am Römerturm 3 in der Gegenwart

Seit nunmehr 32 Jahren ist das Haus Am Römerturm 3 nach seiner langen und wechselvollen Geschichte und vollständigen Zerstörung 1942 wiederum Wohn- und Geschäftshaus, insbesondere aber Ort produktiver Architektentätigkeit, nachdem mein Vater Friedrich Wilhelm Kraemer 1974 nach seiner Emeritierung von Braunschweig nach Köln übersiedelte und das schon seit 1966 bestehende Kölner Büro hier seine neuen, von ihm gestalteten Räume bezog. So verlagerte sich der Schwerpunkt der Planungsaufgaben von Braunschweig in den Westen der Republik, nachdem sich das 1935 gegründete Büro in den fast 30 Jahren seit Kriegsende zusammen mit Dr. Ernst Sieverts zu einer der großen Planungspartnerschaften entwickelt hatte, die unter dem Namen KSP Kraemer Sieverts und Partner firmierte und bundesweit sowie im Ausland anspruchsvolle Bauaufgaben plante und umsetzte. Nach dem Studium trat ich 1977 in das Büro ein, wurde 1985 Partner und leitete seit 1992 die Kölner Filiale, bis ich 1999 mein eigenes Büro Kaspar Kraemer Architekten BDA gründete. 25 Jahre nun in diesem Haus arbeitend – von 1980 bis 1983 war ich im Braunschweiger KSP-Büro tätig – möchte ich einiges über den augenblicklichen ‚Lebensabschnitt' des Gebäudes sagen, das mein Vater nach seinem 30-jährigen ‚Ruinen-Dasein' zu jenem leuchtenden Baustein im urbanen Kontext zurückverwandelte, der nicht nur äußerlich im Quartier „Am Römerturm" einen besonderen Akzent setzt, sondern zugleich seit seiner Wiedererrichtung Ort geschäftiger Produktion, kultureller Veranstaltungen und bürgergesellschaftlichen Austausches ist.

Friedrich Wilhelm Kraemer (Abb.: Schmölz-Hut)

Das Haus Am Römerturm 3 nach der Kriegszerstörung (Abb.: Friedhelm Thomas)

Haus Am Römerturm 3: Schnitt (Abb.: Kaspar Kraemer Architekten BDA)

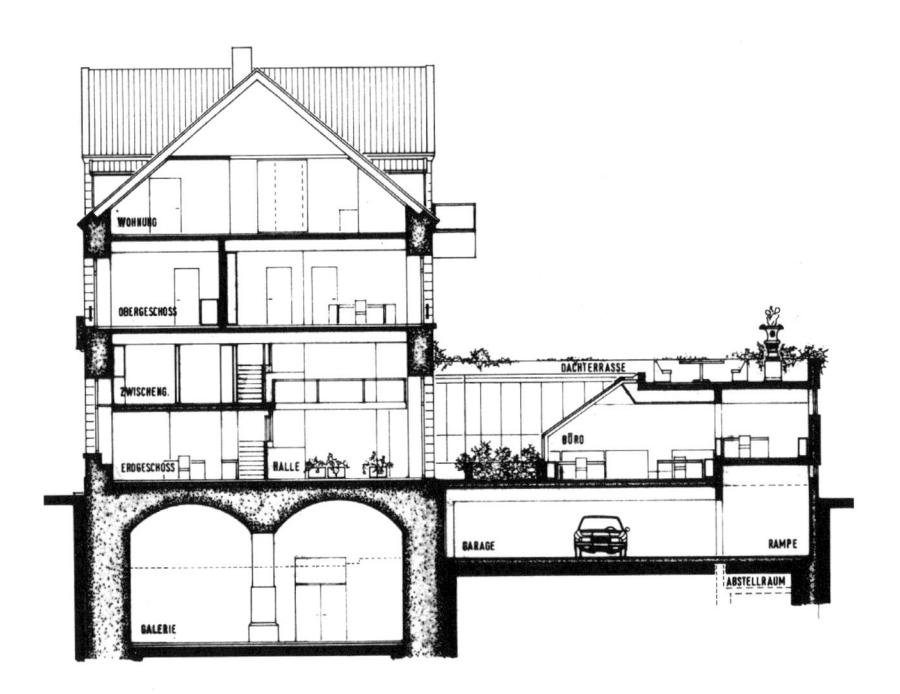

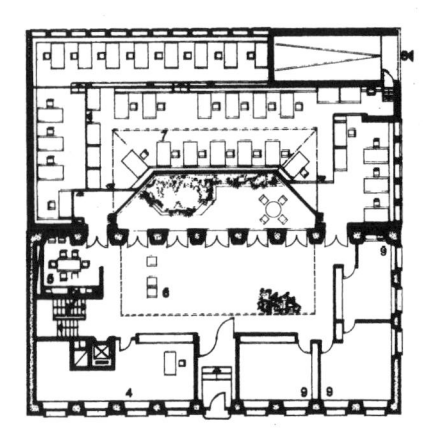

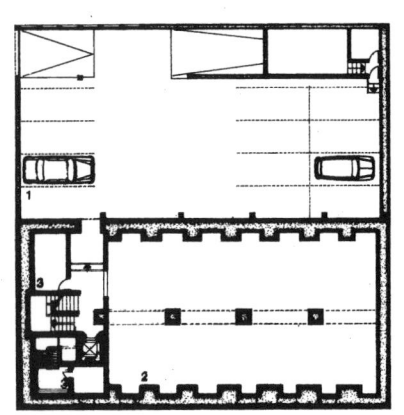

Haus Am Römerturm 3: Grundrisse von Unter- und Erdgeschoss (Abb.: Kaspar Kraemer Architekten BDA)

Im Prozess dieser ‚Wiederbelebung' nimmt der Sancta-Clara-Keller eine herausragende Rolle ein, gleichwohl macht erst der Zusammenklang aller Besonderheiten des Ortes seine Charakteristik aus: Die zentrale Lage auf seit 2000 Jahren besiedeltem Grund im nordwestlichen Mauerwinkel des römischen Castrums mit dem erhaltenen Römerturm, das Grün des ehemaligen Klostergartens im Süden, die verschiedenen Bauepochen, die das Haus in seiner Geschichte überformt haben, der lebendige Kontrast von alter und neuer Architektur sowie die unterschiedlichen Nutzungen des Wohnens, des Arbeitens und des Zusammenkommens aus musisch oder festlich bestimmtem Anlass.

Dies war so nicht vorauszusehen und es will mir als ein Zeichen der singulären Kraft der Architektur erscheinen, aus den Trümmern einer Ruine durch die ordnende, Chancen erkennende und gestaltende Kraft des Entwerfers eine neue Wirklichkeit entstehen lassen zu können, die den beglückenden Rahmen abgibt für Arbeit und Muße, Geschäft und Kultur, Alltag und Fest.

Dass es dazu kam, ist der Energie, dem Mut und dem Können meines Vaters zu verdanken. Denn 30 Jahre hatte die Ruine vergessen im Zentrum des Wiederaufbaus gelegen, unerkannt und scheinbar unter den Auflagen des Denkmalschutzes nicht zu nutzen. Er war es, der die Chance erkannte, die Ruinengestalt ‚zu lesen' verstand, ihren Wiederaufbau beschloss und umsetzte. Ihm verdanken wir somit die Rückgewinnung dieses Ortes und seiner Geschichte, von deren Fülle und Bedeutung diese Publikation ein so eindrucksvolles Zeugnis ablegt. Die ihn damals leitenden Grundgedanken beschrieb er wie folgt:

„Als ich das Grundstück zum ersten Mal sah, beeindruckten mich die herrliche Platane und die übrigen großen Bäume auf dem angrenzenden Kinderspielplatz und die auch nach der Ausbombung noch als wohl proportioniert zu erkennende Fassade des Trümmergrundstücks. Ich erkundigte mich, wem das Objekt gehörte und erfuhr, dass der Eigentümer, die Stadt Köln, geneigt war, das Grundstück zu veräußern unter der Bedingung, dass der Bewerber sich verpflichtete, das Haus im äußeren Erscheinungsbild wieder herzustellen. Ich habe dann nach kurzer Überlegung den Aufbauplan entwickelt, nämlich die Decke über dem Erdgeschoss um 80 cm anzuheben, um damit eine so hohe Eingangshalle zu gewinnen, dass darin an drei Seiten noch ein Zwischengeschoss eingeschoben werden konnte; sein Fußboden liegt in Kämpferhöhe der Erdgeschossfenster, so dass man diese Zusatzebene in der Fassade nicht ablesen kann. Damit ergab sich der Vorteil, alle die Nebenräume unterbringen zu können, die für ein Architekturbüro notwendig sind, wie Besprechungszimmer, Archiv, Bibliothek, Teeküche und WC-Anlagen. Damit ist zugleich das Obergeschoss auf eine angenehme Höhe reduziert worden, wobei die nun zu Fenstertüren gewordenen hohen, ursprünglich mit Brüstungen versehenen Fenster hier die Räume vorteilhaft bereichern. Hier ist die Fritz Thyssen Stiftung untergebracht, mit Vorstands- und Referentenräumen und großem Sitzungssaal für das Gesamtkuratorium.

Der romanische Keller hatte ursprünglich fünf Joche, das fünfte habe ich opfern müssen, um die Haustechnik, Fernheizungsübergabe, Treppe, Aufzug usw. unterbringen zu können. Das Erdgeschoss wird als Eingangshalle und für den Empfang genutzt, woran sich das auf dem ehemaligen Garten in Stahl und Glas errichtete Architektur-Atelier anschließt, unter dem sich eine Garage für 20 Wagen befindet, was in der Innenstadt für ein Architekturbüro besonders vorteilhaft ist. Der Gegensatz zwischen dem massiven historischen Gebäude und dem leichten Anbau ist von besonderem Reiz.

Der Haupteingriff musste im Dachgeschoss für die Wohnung erfolgen, wo es für die Unterbringung des Raumbedarfs nötig wurde, das ehemals nur als Bodenraum genutzte Satteldach aufzuweiten, um es für den beabsichtigten Wohnzweck nutzbar zu machen. Wohl konnte durch das Aufsetzen von 12 Gauben auf Vorder- und Rückseite der übliche Wohnbedarf gewonnen werden bis auf den großen Wohnraum, für den in der Mitte des Daches eine Fläche von 8 x 10 m verblieb. Zu seiner Belichtung mauerte ich straßenseitig vor das Satteldach mit ehemals durchgehender Traufe einen Giebel mit 3 Fensterachsen auf. Neben dem funktionellen Zweck verband ich damit aber auch eine architektonisch-ästhetische Absicht: in der alten Dachform mit durchgehendem Traufgesims fehlte der Straßenfassade bei ihrer Symmetrie eine eigentliche achsiale Mitte. Über dem noblen Eingangsportal und seiner Balkonfortsetzung mit reichem Gitter im Obergeschoss vermisste man die Weiterführung der Dominante in den Dachabschnitt. Dieser Mangel wurde mit dem Giebel behoben und damit dem Haus sein klassizistisches Gesicht gegeben. Wiedergegeben, wie sich zu meiner Genugtuung später herausstellte: Im Stadtarchiv fand sich eine Zeichnung aus dem Jahre 1840 von Johann Peter Weyer, in der er vom Südturm des Zeughauses aus unser Viertel aus der Vogelschau mit der Römermauer gezeichnet hatte. Im anschließenden Gartengelände ist ein neunachsiges, zweigeschossiges Haus mit dreiachsigem Dachgiebel zu sehen. Der liebenswürdige Zufall bestätigte nachträglich die Richtigkeit meines intuitiven Vorgehens und ich möchte folgern, dass ein Architekt solche durch Einfühlung zustande kommende Abänderung am nicht befriedigend überlieferten Bestand vornehmen darf.

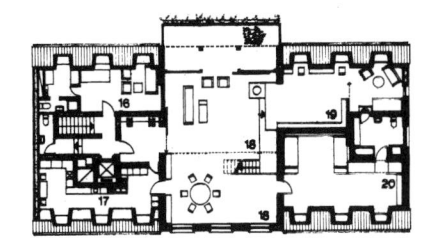

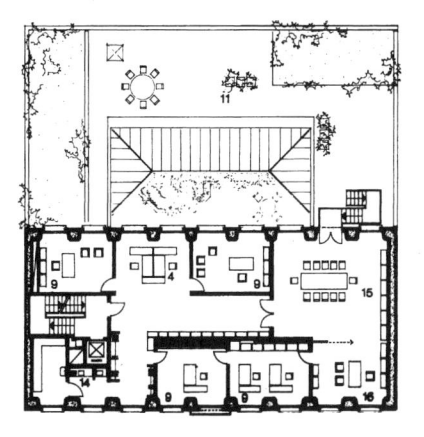

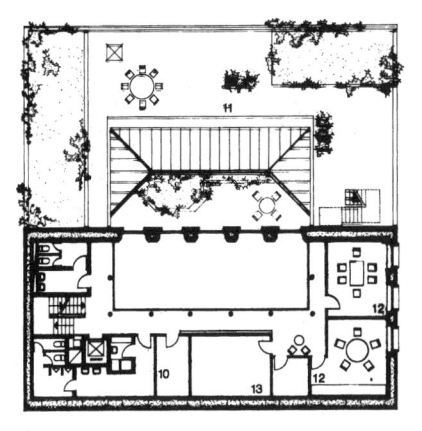

Haus Am Römerturm 3: Grundrisse von erstem, zweitem und drittem Obergeschoss (Abb.: Kaspar Kraemer Architekten BDA)

Haus Am Römerturm 3: Eingangshalle (Abb.: Friedhelm Thomas) und Dachgarten (Abb.: Kaspar Kraemer Architekten BDA)

Kritischer kann, wie ich gern zugebe, die Veränderung auf der Gartenseite gesehen werden, doch hatte diese Seite durch den gestatteten Aufbau des Ateliergebäudes ohnehin seinen Denkmalcharakter verloren. Da sich für den Wohnraum hier die Nutzung des großen Dachraumes einschließlich seiner Schrägen bis 5,50 m Höhe anbot, lag es weiter nahe, diese Wohnhalle auf der Südseite in ganzer Höhe und Breite zu öffnen und in einem Balkon (4 x 8 m, teilweise überdacht) enden zu lassen. Für sein Brüstungsgeländer wurden die vorhandenen historischen Fenstergitter nachgegossen. Von hier sieht man auf eine letzte Erinnerung an den ehemaligen Klostergarten, einen schönen Grünbereich und Kinderspielplatz. Seine großen Bäume, insbesondere die über hundert Jahre alte Platane, die größte Kölns, beherrschen durch die 8 m breite und bis zu 5 m hohe Glaswand den 10 m tiefen Wohnraum."

Betrachtet man die damaligen Umstände des Wiederaufbaus, ist es immer wieder erstaunlich, wie viel Besonderes zusammenkommen musste, um ihn möglich zu machen und man weiß nicht, was man mehr bewundern soll: Den Mut der Entscheidung, in die Kölner Innenstadt zu ziehen und eine devastierte Situation durch die Rekonstruktion einer klassizistischen Ruine zu neuer glanzvoller Erscheinung zu führen oder aber die Kraft, mit 65 Jahren in klarer Entschiedenheit einen neuen Lebensabschnitt zu beginnen und im Bild dieses Wiederaufbaus der eigenen Lebensleistung einen würdigen Ausdruck in baulicher Gestalt abschließend

Der Sancta-Clara-Keller vor dem Wiederaufbau (Abb.: Kaspar Kraemer Architekten BDA)

hinzuzugesellen. 16 Jahre durfte mein Vater sein eigenes Werk genießen, in dem er Büro, Veranstaltungsräume und Wohnung lebensklug seinen geschäftlichen und musischen Interessen entsprechend zu anspruchsvoller Gestalt zusammenzubinden verstand. Wer wie ich täglich die Möglichkeit hat, zwischen Sancta-Clara-Keller, Büro und Dachgarten sowie Wohnung mit Dachterrasse unter der alten Platane nach Belieben zu wechseln, dem erschließt sich dieses gestaltete Zusammenspiel von Räumen, Stimmungen, Farb-, Material- und Lichtschwingungen in besonderer Weise. Das Haus besitzt einen wunderbaren Klang, der sich aus kluger Disposition der Grundrisse, geschickter Raumbildung und feinfühligem Detail bildet und jeden Eintretenden augenblicklich mit seiner Atmosphäre umfängt.

So ist es nicht erstaunlich, dass das Haus in den Jahren seit seiner Wiedererrichtung 1974 Ort zahlreicher Begebenheiten war, wobei die Veranstaltungen im Sancta-Clara-Keller einen besonderen Rang einnehmen. Zu erinnern ist hier an die wunderbaren Musikabende mit Christoph Eschenbach und Justus Frantz, mit Boris Bloch, Simon Barto und Andreas Staier, Peter Reidemeister, Karl-Heinz Zöller sowie Wolfgang Böttcher, aber auch an Dichterlesungen mit Siegfried Unseld, Uwe Timm und Peter Härtling sowie Ausstellungen von Heinz Mack, Claus Bury und Martin Claassen. Darüber hinaus bot der Sancta-Clara-Keller die stimmungsvolle Kulisse für zahlreiche gesellschaftliche Veranstaltungen wie die ersten Festessen des Kölsch-Konventes, die Soireen der Fachhochschule und Festakte der Uni-

Der Sancta-Clara-Keller als heutiger Veranstaltungsort (Abb.: Kaspar Kraemer Architekten BDA)

Haus Am Römerturm 3 nach dem Wiederaufbau (Abb.: Kaspar Kraemer Architekten BDA)

versität. Nachdem wir aufgrund der großen Nachfrage den Raum auch für private Veranstaltungen zur Verfügung stellen, hat das Gewölbe zudem viele Jubiläen, Geburtstage und Firmenempfänge insbesondere während der Messetage gesehen. Der Sancta-Clara-Keller ist dadurch in den Jahren zu einem öffentlichen Raum der Stadt geworden, der zwar im Verborgenen schlummert, immer wieder aber jederzeit als Ort festlich-geselligen Zusammenkommens wachgerufen werden kann.

Die Herausstellung des Sancta-Clara-Kellers sollte jedoch nicht vergessen lassen, dass das Haus Am Römerturm 3 zwar auf ihm ruht und wesentlich von seiner besonderen Atmosphäre bestimmt wird, gleichzeitig aber Ort geschäftiger Tätigkeit nicht nur der Fritz Thyssen Stiftung, sondern auch eines Architekturbüros war und ist, das in den Jahren von 1974 an kleine und große, auch das Stadtbild Kölns prägende Bauwerke entworfen und umgesetzt hat.

Gebäude der DKV, Köln (Abb.: Kaspar Kraemer Architekten BDA)

Gürzenich, Köln (Abb.: KölnKongress GmbH)

Hauptverwaltung der Gothaer Versicherung (Abb.: Willebrand)

Wenn auch die Wettbewerbsentscheidung für den Neubau der Deutschen Krankenversicherung DKV an der Kreuzung Aachener Straße-Melatengürtel schon 1966 getroffen wurde und die Grundidee dieses Meilensteins in der Entwicklung des Bürohausbaues nicht Am Römerturm geboren wurde, so sind doch alle Erweiterungen, Aufstockungen und Innenausbauten dieses bedeutenden und singulären Großraumbürokomplexes in den folgenden Jahren bis 1999 hier geplant worden.

Auch die ebenso auf dem Großraumprinzip basierenden Bürogebäude der Hauptverwaltung GEW Köln – heute RheinEnergie Köln – am Parkgürtel (1980) und der Deutschen Eisenbahnversicherungskasse DEVK an der Zoobrücke (1985) sind hier bearbeitet worden, ebenso wie der Neubau der Hauptverwaltung der Berlin-Kölnischen Versicherung – jetzt Gothaer Versicherung – an der Pohligstraße in Köln-Zollstock, der wieder das Prinzip des Normalbüros aufnahm und als weiteres großes Verwaltungsgebäude 1995 übergeben werden konnte.

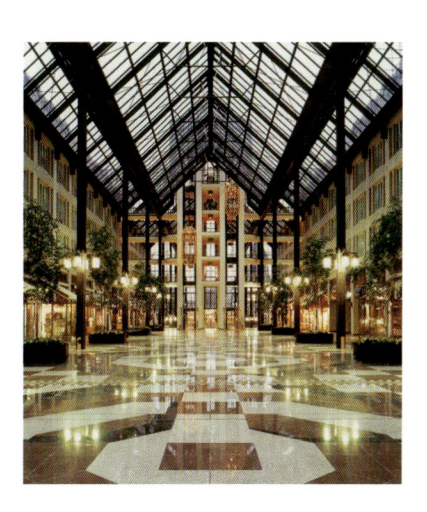

Zu diesen großen Bürohäusern gesellten sich Bauten der Denkmalpflege wie der Umbau des Kreishauses zur Kreishausgalerie samt Wohnkomplex für die Allianz Versicherung 1980 an der St.-Apern-Straße, die Wiedererrichtung des Café Reichhardt und Rundfunkgebäudes für den WDR Unter Fettenhennen 1982, die Sanierung des Dom-Hotels 1988 sowie die herausfordernde Instandsetzung des Gürzenich mit seinem prägnanten Glasaufzug an der Südseite 1997. Es entstanden zudem Bauten für die Arbeitsverwaltung in Bochum 1984 und Düsseldorf 1995, für die Deutsche Bundespost in Aachen 1986 und Sankt Augustin 1988 sowie zahlreiche Büro- und Geschäftshäuser in Köln und Umgebung wie z.B. das Verwaltungsgebäude der Strabag an der Siegburger Straße 1998. Zu nennen sind weiterhin das Umspannwerk der RheinEnergie im Mediapark 1990 sowie das daran anschließende Wohngebäude 1991, das Wohn- und Geschäftshaus Am Römerturm 2 für die Kirchliche Zusatzversorgungskasse dem Architekturbüro gegenüber 1987 sowie die Wohnanlage An Farina 1986 und das pyramidale Glasdach über der Mikwe auf dem Rathausvorplatz 1984 sowie in Zusammenarbeit mit Gottfried Böhm das Maritim-Hotel am Heumarkt 1988.

Bedeutenden Raum nahm von 1977 bis 1993 die Arbeit an der Umgestaltung des gesamten Baukomplexes der Deutschen Bank an der Königs-

Maritim-Hotel, Köln (Abb.: MARITIM Hotelgesellschaft mbH)

Deutsche Bundespost, Aachen (Abb.: Kaspar Kraemer Architekten BDA)

Deutsche Bank, Königsallee, Düsseldorf (Abb.: Kaspar Kraemer Architekten BDA)

Deutsche Bank, Königsallee, Düsseldorf, Zustand vor dem Umbau (Abb.: Kaspar Kraemer Architekten BDA)

Deutsche Bank, Königsallee, Düsseldorf (Abb.: Kaspar Kraemer Architekten BDA)

allee in Düsseldorf ein, eine Bauaufgabe, die Neu- und Altbauten zu einem funktionierenden Ensemble zusammenfasste und in der Verbindung von fünfgeschossigem Tiefkeller für Parkplätze, Tresorräume, Ver- und Entsorgungseinrichtungen, Anlieferung und sechsgeschossiger Blockrandbebauung mit Kundenhalle, Kasino, Vorstandsbereichen und Veranstaltungsräumen sowie klein- und großräumigen Büroflächen unter Wahrung der Auflagen des Denkmalschutzes eine äußerst anspruchsvolle Bauaufgabe darstellte. Insbesondere die Integration neuer Fassaden in das denkmalgeschützte Ensemble an der Königsallee war eine Herausforderung, die das Büro über einen langen Zeitraum beschäftigte. Dass dann auch die Umgestaltung und der Neubau der östlich angrenzenden Dresdner Bank als Auftrag hinzukam, führte zu der großartigen Möglichkeit, über 200 Meter das Gesicht der Königsallee architektonisch gestalten zu dürfen, ein wohl seltener Glücksfall für ein Architekturbüro.

Von Köln aus wurden auch die Neubauten für die Hauptverwaltung der Vereinigten Elektrizitätswerke VEW in Dortmund 1976, die Hauptverwaltung Veba Oel in Gelsenkirchen 1984 sowie die Stadtsparkasse Mönchengladbach 1991 ebenso geplant wie die Hauptverwaltung des Ruhrverbandes 1994 und der Nationalbank in Essen 1999 wie auch die Zentrale der Deutschen Genossenschaftsbank in Luxemburg 1997.

Wenn auch fast alle oben genannten Projekte erste Preise in Wettbewerbsverfahren darstellten, darf darüber nicht vergessen werden, dass statistisch für einen Planungsauftrag 10(!) Wettbewerbsteilnahmen notwendig waren. Von den zahlreichen Wettbewerben, die Am Römerturm bearbeitet wurden und nicht zum Erfolg führten, sind die Hauptverwaltung der Colonia Versicherung – jetzt AXA – in Köln-Holweide 1982, die Landeszentralbank LZB in Frankfurt 1986, die Deutsche Bank in Köln an der Komödienstraße 1987, das Deutsche Historische Museum in Berlin 1988 sowie der Bahnhofsbereich Regensburg 1993 besonders zu erwähnen.

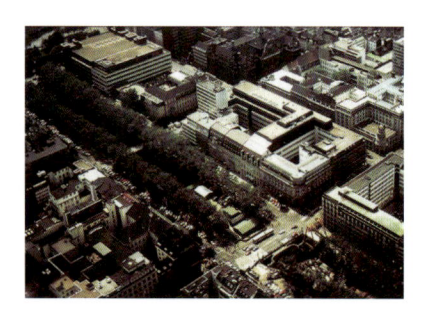

Nach der Gründung meines eigenen Büros 1999 in den Räumen Am Römerturm 3 entstanden zahlreiche Wohnhäuser wie das Haus Pirlet 2002, Um- und Anbauten an bestehende Gebäude, Wohnanlagen wie an der Berrenrather Straße 2005 sowie Spezialaufgaben wie die Gestaltung des Hochwasserpumpwerkes für die Städtischen Entwässerungsbetriebe StEB Köln an der Schönhauser Straße am Rheinufer, anspruchsvoller Innenausbau im Bestand sowie städtebauliche Entwicklungsberatungen. Seit 2001 betreuen wir die Umgestaltung der Kölner Kreissparkasse am Neumarkt. Größere Bürobauten wurden in Essen für die Hochtief AG 2002 im Büropark an der Gruga, für Andersen Consulting 2003 in Kronberg/Taunus sowie die Firmenzentrale für die Firma van Laack 2005 in Mönchengladbach geplant, für die wir auch die Gestaltung des Firmensitzes in Hanoi/Vietnam betreuen.

Für die Bearbeitung aller oben genannten Projekte hat das Haus Am Römerturm 3 den räumlichen Rahmen geboten und war Ort ihrer planerischen Entwicklung von der ersten Konzeptskizze bis zur Dokumentation der Ergebnisse. Dabei hat sich erwiesen, dass das ursprünglich erdachte Konzept der Grundrissdisposition auf alle Veränderungen der Arbeitswelt einzugehen vermochte. Gerade das in den letzten Jahren stark veränderte Berufsbild des Architekten verlangt, immer häufiger in Projektentwicklungen sowie Teilleistungen im Vorfeld der eigentlichen Beauftragung tätig zu sein und in immer kürzer werdenden Zeiträumen immer komplexere Bauaufgaben zu bewältigen. Rechnerunterstützte Arbeit, schnelle Informationsbeschaffung und Abstimmung sowie das Arbeiten mit unterschiedlichen Partnern im Team bestimmen den Alltag. Dabei zeigt sich, dass das Haus ein ideales Werkzeug darstellt, das in seiner Mischung aus zentraler und doch ruhiger Lage, Parkplätzen, Dachgarten und großzügigen Atelier- und Besprechungsräumen nichts von seiner Funktionalität im Laufe der Jahre eingebüßt hat. Im Gegenteil, es ist mehr und mehr zu einem offenen, versammelnden und enthusiasmierenden Ort geworden, an dem Mitarbeiter, Fachingenieure und Bauherren gerne zusammenkommen, um die Projekte gemeinsam zu entwickeln. Die Spezifika des Hauses erlauben darüber hinaus, Raum zu geben für die aus unterschiedlichen Ehrenämtern resultierenden Verpflichtungen.

Dresdner Bank, Königsallee, Düsseldorf (Abb.: Kaspar Kraemer Architekten BDA)

Hauptverwaltung des Ruhrverbandes, Essen (Abb.: Kaspar Kraemer Architekten BDA)

Bürogebäude der Hochtief AG, Essen (Abb.: Stefan Schilling)

Firmenzentrale van Laack, Mönchengladbach (Abb.: Stefan Schilling)

Schalterhalle der Kreissparkasse, Neumarkt, Köln (Abb.: Stefan Schilling)

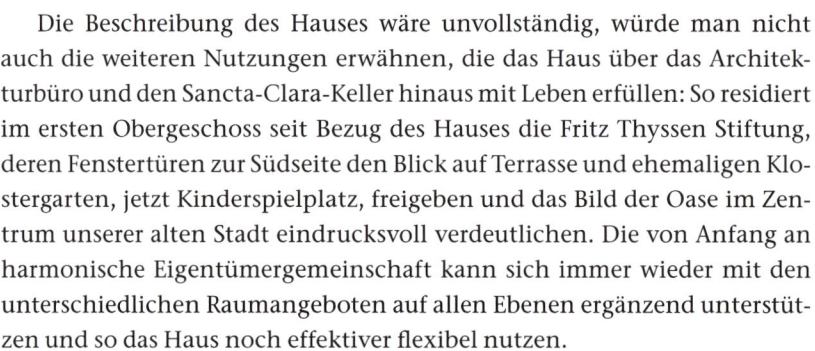

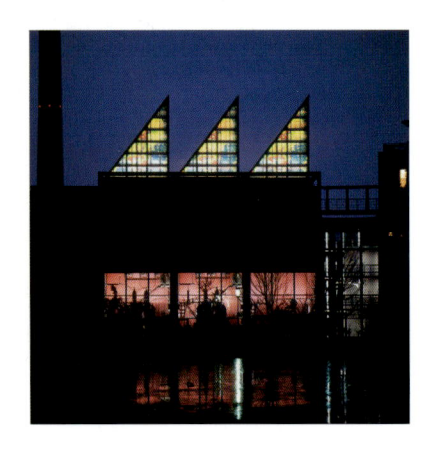

Umspannwerk der RheinEnergie, Mediapark, Köln (Abb.: RheinEnergie AG)

Die Beschreibung des Hauses wäre unvollständig, würde man nicht auch die weiteren Nutzungen erwähnen, die das Haus über das Architekturbüro und den Sancta-Clara-Keller hinaus mit Leben erfüllen: So residiert im ersten Obergeschoss seit Bezug des Hauses die Fritz Thyssen Stiftung, deren Fenstertüren zur Südseite den Blick auf Terrasse und ehemaligen Klostergarten, jetzt Kinderspielplatz, freigeben und das Bild der Oase im Zentrum unserer alten Stadt eindrucksvoll verdeutlichen. Die von Anfang an harmonische Eigentümergemeinschaft kann sich immer wieder mit den unterschiedlichen Raumangeboten auf allen Ebenen ergänzend unterstützen und so das Haus noch effektiver flexibel nutzen.

Im wiederaufgebauten Dachgeschoss befindet sich zudem die Wohnung, die meinen Eltern bis zum Tode meines Vaters 1990 gemeinsamer Lebensmittelpunkt war und von meiner Mutter als Ort liebenswürdiger und großzügiger Gastfreundschaft weiterhin ausgefüllt wird. Wer das Glück hat, von ihr auf der Terrasse unter der alten Platane bewirtet zu werden, wird diese Verbindung aus liebevoller Verwöhnung und Wohnkultur schwerlich vergessen.

Nach all dem Gesagten wird deutlich, dass das Haus Am Römerturm 3 einen außergewöhnlichen Ort darstellt, dessen Verbindung von romantischem Zauber mit gleichzeitig hoher Funktionalität nicht anders als ein Glücksfall bezeichnet werden kann. Wie ein Wunder will es erscheinen, dass aus den Trümmern der 30 Jahre im Wiederaufbau der Stadt – dank der Unterschutzstellung durch den Denkmalschutz – liegengebliebene Ruine erneut eine geistige Welt entstanden ist, die die räumliche Umsetzung eines Lebenskonzeptes darstellt, das sich bürgerlichen Lebensstils und geistgeprägter Idealität verpflichtet fühlt. Das große Wort Schillers „Es ist der Geist, der sich den Körper baut!": Wie angemessen erscheint es angesichts der Wiederaufbauleistung gerade dieses Gebäudes und der sich seitdem in ihm abspielenden produktiven Tätigkeit! Dieses Vermächtnis zu sichern und immer wieder zur Strahlkraft werden zu lassen, in der Arbeit und Kultur als Pole bürgerlichen Selbstbewusstseins übergreifende Orientierungslinien ziehen, die Ordnung, Sinn und Perspektive bedeuten, ist die Botschaft, die das Haus Am Römerturm 3 bildhaft vermittelt.

Es sollte nicht unerwähnt bleiben, dass mein Vater lange Zeit versucht hat, einen Teil des jahrelang nach Osten anschließenden Ruinengrundstückes Am Römerturm 5 von der Stadt zu erwerben, um dem Sancta-Clara-

Keller einen eigenen Eingang samt der für die vom Haupthaus unabhängige Bewirtschaftung notwendigen Nebenräume zu sichern. Zahlreiche Entwurfsvorschläge hierzu scheiterten an einer von der Stadt dem wiederum östlich angrenzenden Grundstücksnachbarn gegebenen Zusage, ihm für die damals vorgesehene Verbreiterung der Straße Auf dem Berlich und den daraus resultierenden Abbruch seines Hauses dieses Grundstück zur Gänze zukommen zu lassen, obwohl eine Aufteilung möglich gewesen wäre. Tatsächlich ist der Altbau abgebrochen und durch einen Neubau ersetzt worden, der die ursprünglich angedachte Idee einer durch ein Eingangshöfchen gebildeten Fuge zwischen den beiden Gebäuden nicht aufnahm und nun direkt an das ursprünglich solitär gedachte klassizistische Palais angrenzt. Dass dieser wichtige Gedanke der Freistellung nicht umgesetzt werden konnte, ist um so schmerzlicher, da die vorgesehene Verbreiterung der Straße Auf dem Berlich im Zuge neuerer Stadtentwicklungskonzepte aufgegeben wurde und auch allem Anschein nach nicht mehr realisiert werden wird. Die Chance einer noch stärkeren öffentlichen Nutzung des bedeutenden Sancta-Clara-Kellergewölbes ist damit unwiederbringlich verloren gegangen.

Wohnanlage, Berrenrather Straße, Köln (Abb.: Stefan Schilling)

Bedenkt man die heutige Diskussion um die Stärkung der Innenstädte und ihre Revitalisierung durch Wohn- und Geschäftsfunktionen als Reflex des notwendigen Rückzuges aus der zersiedelten Fläche des Umlandes, mutet die Initiative zum Wiederaufbau dieses Denkmals – 3 Jahre vor dem Jahr des Denkmalschutzes 1975 – wie eine weise Voraussicht auf das Kommende an. Dass dieser Entschluss zum Erwerb und Ausbau von meinem Vater im Alter von 65 Jahren gefasst und in die Tat umgesetzt wurde, beleuchtet eindringlich die Initiativkraft und Willensstärke seiner Persönlichkeit. Am Ende eines trotz einer schweren Kriegsverletzung ungemein tätigen Lebens sich selbst und seiner Geisteshaltung ein solches Denkmal in des Wortes ursprünglichster Bedeutung setzen zu können, verdient die staunende Bewunderung all derjenigen, die sich anteilnehmend in seine Lebensgeschichte vertiefen.

Wohnhaus Pirlet, Köln (Abb.: Stefan Schilling)

321

Vielleicht liegt es am Respekt vor dieser Lebensleistung, dass wir bis heute das Haus trotz aller alltäglichen Anforderungen nicht wesentlich verändert haben. So wie er es für sich und andere erdacht hat, ist es bis heute erhalten geblieben als Zeitzeugnis, in dem Respekt vor der Vergangenheit und Mut zur Bestimmung des eigenen, zeitgemäßen Lebensraumes eine Verbindung eingegangen sind, die ein bleibendes Vermächtnis seiner Persönlichkeit darstellt.

Wie vielfältig die oft wundersam erscheinenden Zufälle des Lebens sind, mag zum Schluss die Tatsache verdeutlichen, dass der Bund Deutscher Architekten BDA 1971 entschlossen war, die Ruine Am Römerturm 3 zum Sitz seiner Bundesgeschäftsstelle auszubauen. Mein von mir verehrter Lehrer, Professor Max Bächer, gewann den zur Findung der besten Lösung ausgeschriebenen Wettbewerb unter BDA-Kollegen zu einer Zeit, da ich schon bei ihm studierte, ohne zu wissen, dass ihn diese Aufgabe beschäftigte. Der BDA fasste dann doch den Entschluss, eine Immobilie in Bonn zu erwerben, um näher am politischen Geschehen zu sein. So konnte der Kölner Architekt Hans Schilling meinen Vater auf diese Okkasion hinweisen, als die beiden als Preisrichter für den Neubau des Bundeskanzleramtes in Bonn 1972 zusammentrafen. Dass ich heute als 20. Präsident des BDA in diesem Haus mein Büro als Grundlage meines Engagements für den nun über 100 Jahre alten Verband freiberuflich tätiger Architekten führen darf und das Haus somit nun doch in gewisser Weise dem BDA wieder zugeführt worden ist, kann man als zufälliges, gleichwohl doch sinnfälliges Aperçu interpretieren.

Man möge entschuldigen, dass in einem Band wissenschaftlicher Analyse und Erforschung eines besonderen Ortes ein solch persönlicher Aufsatz zu finden ist, aber wenn wissenschaftliche Bearbeitung und Einordnung eines solchen Bausteines unserer Stadt in die unsere geschichtliche Entwicklung als ‚Humanitas' einen Sinn haben soll, so ist es der, dass man aus der Erkenntnis des Vergangenen persönliche Verantwortung empfindet und daraus eine Verpflichtung ableitet, die Zukunft in produktiver Tätigkeit optimistisch anzugehen und eine aus der Kenntnis der Geschichte entspringende Gedanklichkeit zu entwickeln, die dem Leben in all seiner Komplexität Struktur und Inhalt zu geben versucht. Vielleicht kann am Beispiel eines Hauses wie dem des Gebäudes Am Römerturm 3 eine Sinnstiftung ablesbar werden, derer unsere verunsicherte Gesellschaft bedarf, um selbstbewusst und kraftvoll die Zukunft anzugehen. In dieser räumlichen Einschließung unterschiedlicher Entwicklungsstufen unserer Geschichte und deren erkenntnisorientierter Sichtbarmachung liegt das besondere und einzigartige Vermächtnis des Hauses Am Römerturm 3 für eine aus dem Bewusstsein des Vergangenen immer wieder in der Gegenwart aufs Neue zu erarbeitenden Zukunft. In produktiver Tätigkeit das Mangelhafte, Zerstörte und Hässliche zu überwinden war Zeit seines Lebens das Anliegen meines Vaters, der nach Abschluss der Arbeiten schrieb: „Bei den schnell anlaufenden Arbeiten der Wiedererstellung – von Wiederaufbau zu sprechen wäre nicht richtig, eigentlich müsste man Neubau sagen – war es faszinierend zu sehen, wie handwerklicher Fleiß die Trümmer-Ruine aus brüchigen Außenmauern wieder in ein Haus verwandelte, bis aus dem Bauwerk schließlich wieder der Genius klassizistischer Ordnung, ausgewogener Ästhetik und freundlicher Humanität leuchtete!"

Markus Stanat

Die Fritz Thyssen Stiftung in Köln
Förderin für die Wissenschaft seit 1959

Seit Mitte der 1990er Jahre hat in Deutschland eine wahre Gründungswelle von Stiftungen eingesetzt. Im Jahre 2005 gab es mit 880 neu errichteten, rechtsfähigen Stiftungen bürgerlichen Rechts einen neuen Rekord; wie im Jahre 2004 lag auch 2005 Nordrhein-Westfalen mit 182 neuen Stiftungen an der Spitze. Derzeit zählt Deutschland 13.490 bürgerlich-rechtliche Stiftungen; etwa die Hälfte wurde in den vergangenen zehn Jahren errichtet.[1] Dieser starke Aufschwung des deutschen Stiftungswesens liegt in mehreren förderlichen Umständen begründet: eine lang anhaltende Friedenszeit, eine Akkumulation von Vermögen, ein seit 2000 verbessertes Stiftungs- und Stiftungssteuerrecht sowie eine öffentlich präsentere Projektarbeit der verschiedenen Stiftungen.

Der Prozess bürgerlichen Engagements begann in der jungen Bundesrepublik der 1950er und 60er Jahre zunächst sehr langsam: So sind in den sechziger Jahren lediglich 546 Stiftungen neu entstanden. Die Fritz Thyssen Stiftung ist die erste große private wissenschaftsfördernde Einzelstiftung, die nach dem Zweiten Weltkrieg in der Bundesrepublik Deutschland errichtet wurde; ihre Gründung stellte eines der bedeutendsten Beispiele privater Stifterinitiativen in Deutschland zu dieser Zeit dar und wurde in der Öffentlichkeit mit Erstaunen wahrgenommen. Ein Grund hierfür war das für damalige Verhältnisse große Stiftungsvermögen. Ungewöhnlich für eine private Initiative war zu dieser Zeit aber auch das Ziel der neu gegründeten Stiftung: die Förderung von Wissenschaft und Forschung an Hochschulen und gemeinnützigen Forschungseinrichtungen. Widmeten sich doch die bis zu diesem Zeitpunkt bestehenden privaten Stiftungen in Deutschland in erster Linie sozialen und karitativen Aufgaben. Dass das private Stiftungswesen zuvor in Deutschland jahrzehntelang stagnierte, lag in dem Vermögensverfall nach dem Ersten Weltkrieg und in der galoppierenden Inflation während der Weimarer Republik begründet sowie später in der weitgehenden Zwangsverstaatlichung allen gesellschaftlichen Lebens während des Dritten Reiches. Nach dem Zweiten Weltkrieg wurden Stiftungen außerhalb des karitativen Bereichs im Wesentlichen von wirtschaftlichen und politischen Institutionen sowie vom Staat gegründet. Somit bedeutete die Errichtung der Fritz Thyssen Stiftung im Nachkriegs-Deutschland einen Durchbruch in der privaten deutschen Wissenschaftsförderung, dem die Gründung weiterer bedeutender privater Stiftungen in diesem Bereich folgte.

Inzwischen blickt die Fritz Thyssen Stiftung auf eine 45-jährige Tätigkeit in der Wissenschaftsförderung zurück und gehört mit zu den größten deutschen Stiftungen privaten Rechts; seit 1973 hat die Fritz Thyssen Stiftung ihre Geschäftsstelle im Gebäude „Am Römerturm 3". Der folgende Beitrag skizziert kurz ihre Gründungsgeschichte, stellt anschließend ihre aktuellen Tätigkeitsbereiche an einigen Beispielen vor und macht die besondere Beziehung zu ihrem Stiftungssitz deutlich, indem er abschließend auf die Förderung der Kunstwissenschaften in der Stadt Köln eingeht.

1 Vgl. die Pressemitteilung des Bundesverbands Deutscher Stiftungen vom 23. Februar 2006; im Jahre 2004 gab es mit 852 Neueinrichtungen bereits einen vorläufigen Höhepunkt.

Amélie Thyssen und Konrad Adenauer anlässlich der Verleihung des Großen Bundesverdienstkreuzes mit Stern und Schulterband (Abb.: ThyssenKrupp Konzernarchiv)

Die Gründung der Fritz Thyssen Stiftung und ihre Stifterinnen

Amélie Thyssen, die Witwe des 1951 verstorbenen Unternehmers Fritz Thyssen, und ihre Tochter Anita Gräfin Zichy-Thyssen hatten sich 1959 entschlossen, aus ihrem Privatbesitz ein Aktienpaket der August Thyssen-Hütte AG von nominell 100 Millionen Mark mit einem damaligen Börsenkurswert von 270 Millionen Mark zu spenden und eine Stiftung im Gedenken an August und Fritz Thyssen zu errichten. Als Stiftungsort wählten sie Köln, den Wirkungsort des Bankiers Robert Pferdmenges, einem langjährigen Freund des Hauses Thyssen. Dieser bemerkte 1959 zu den Hintergründen der Stiftungsgründung, dem Wunsch der beiden Stifterinnen entsprechend solle die Stiftung Ausdruck des Dankes und der Anerkennung gegenüber den Unternehmensleitungen, den Mitarbeitern sowie der Bundesregierung und der Regierung des Landes Nordrhein-Westfalens sein.[2] Neben Robert Pferdmenges wurden die Stifterinnen von Robert Ellscheid, Kurt Birrenbach und Hans-Günter Sohl im Vorfeld beraten; nicht ohne Einfluss war ebenso der erste Bundeskanzler, Konrad Adenauer, der die Einrichtung einer solchen wissenschaftsfördernden Stiftung nach dem Vorbild großer ausländischer Stiftungen begrüßte.

Die Fritz Thyssen Stiftung wurde am 7. Juli 1959 als selbständige gemeinnützige Stiftung privaten Rechts gegründet, und ihre Errichtung wurde drei Tage später durch den damaligen Innenminister des Landes Nordrhein-Westfalens, Hermann Josef Dufhues, genehmigt. Nach der Berufung der Mitglieder in die Stiftungsorgane[3] – dies sind das Kuratorium, der Vorstand und der Wissenschaftliche Beirat – nahm die Stiftung in der zwei-

2 Vgl. Thomas Rother (2003): Die Thyssens. Tragödie der Stahlbarone, Frankfurt a.M., S. 131.
3 Vgl. hierzu Kurt Birrenbach (1984): „Die Gründung der Fritz Thyssen Stiftung", in: Jahresbericht 1982/83 der Fritz Thyssen Stiftung, S. XI.

ten Hälfte des Jahres 1960 ihre Tätigkeit auf und am 18. Juli 1960 wurde die Gründung der Fritz Thyssen Stiftung in einer Pressekonferenz in Köln durch das Kuratorium der Öffentlichkeit bekannt gegeben.

Aufgabe und Tätigkeit der Stiftung
Zweck, Ziele und Instrumente

Ausschließlicher Zweck der Stiftung ist ihrer Satzung nach die unmittelbare Förderung der Wissenschaft an wissenschaftlichen Hochschulen und Forschungsstätten, vornehmlich in Deutschland, unter besonderer Berücksichtigung des wissenschaftlichen Nachwuchses.[4] Dabei soll grundsätzlich keine unternehmensbezogene Forschung unterstützt werden, d.h. die Stiftung fördert keine Projekte, die sich auf Bereiche beziehen, aus denen die Erträge der Stiftung stammen. Diesem Grundsatz ist die Stiftung stets treu geblieben.

Ein Anliegen der Stifterinnen war die Förderung der medizinischen Forschung; daneben liegt der besondere Schwerpunkt der Stiftungstätigkeit ihrem Willen gemäß in der Förderung der Geisteswissenschaften. Hierbei gingen sie von zwei Erwägungen aus: Zum einen waren die Geisteswissenschaften ein Hauptfeld der wissenschaftlichen Tätigkeit an deutschen Universitäten bis zum Ende des 19. Jahrhunderts. Während der nationalsozialistischen Herrschaft sind sie derart vernachlässigt worden, dass ihr Niedergang in der jungen Bundesrepublik unverkennbar war. Darüber hinaus wurden hochrangige Wissenschaftler – aus allen Disziplinen – während des Dritten Reiches vertrieben oder sie emigrierten. Zum anderen schien gerade der geisteswissenschaftliche Wissenschaftszweig gegenüber den sich enorm weiterentwickelnden Naturwissenschaften zu kurz zu kommen.[5]

Die Stiftungsgremien haben den Begriff der Geisteswissenschaften stets in einem weiten Sinne ausgelegt und sind davon ausgegangen, dass er auch die Sozialwissenschaften einschließt. Die Fritz Thyssen Stiftung konzentriert ihre Fördertätigkeit daher vor allem auf Forschungsvorhaben in den Geisteswissenschaften, den Sozial- und Wirtschaftswissenschaften sowie der Medizin. Neben der Förderung von Projekten, die an sie herangetragen werden, entwickelt die Stiftung eigene Initiativen und führt selbst Programme durch. Mit Initiativen, die vor allem der Förderung des wissenschaftlichen Nachwuchses galten, hat die Stiftung Anstoß zur Entwicklung neuer Förderungskonzepte in Deutschland gegeben. Beispielhaft seien hier aus den ersten Jahren der Stiftungstätigkeit ein Modellprogramm zur Promotionsförderung sowie das erste Habilitanden-Stipendienprogramm genannt. In den siebziger Jahren folgte ein Programm zur Förderung besonders befähigter Nachwuchswissenschaftler als erstes Elite-Förderungsprogramm, das auf Anregung des Wissenschaftsrates eingerichtet wurde. Im Jahr 1984 errichtete die Stiftung als Modellvorhaben am Institut für Genetik der Universität Köln das erste Graduiertenkolleg in Deutschland. Nach dem Vorbild des PhD-Programms der Rockefeller University New York wies sie auf diese Weise den Weg zu einem inzwischen bewährten Instrument der Graduiertenförderung.

Zu den übergeordneten Stiftungszielen gehört neben der Nachwuchsförderung auch die Förderung der internationalen wissenschaftlichen Zusammenarbeit. Dieses Ziel wird durch die Finanzierung mehrerer internationaler Stipendien- und Austauschprogramme sowie vor allem durch die Förderung einer großen Zahl wissenschaftlicher Tagungen verwirklicht.

Anita Gräfin Zichy-Thyssen
(Abb.: ThyssenKrupp Konzernarchiv)

4 Vgl. § 3 Abs. 1 der Stiftungssatzung.
5 Vgl. Helmut Coing (1970): „Zur Bedeutung der historischen Geisteswissenschaften in der Gegenwart", in: Zehn Jahre Fritz Thyssen Stiftung 1960–1970, S. VIII–XVI.

Werke aus der Reihe „Neunzehntes Jahrhundert" (Abb.: Wolfgang F. Meier, RBA)

Die Förderbereiche

Die Fritz Thyssen Stiftung konzentriert ihre Fördertätigkeit im Wesentlichen auf drei ausgewählte Bereiche: Dies sind die Cluster „Geschichte Sprache und Kultur", „Staat, Wirtschaft und Gesellschaft" sowie „Medizin und Naturwissenschaften". Die Ziele der einzelnen Bereiche und deren Grundlinien sollen im Folgenden aufgezeigt und an einigen Beispielen mit Kölner Bezügen illustriert werden.[6]

Der Förderungsbereich „Geschichte, Sprache und Kultur"

Der Förderungsbereich „Geschichte, Sprache und Kultur" umfasst die Disziplinen Philosophie, Theologie und Religionswissenschaft, Geschichtswissenschaft, Altertumswissenschaft mit Archäologie, Kunstwissenschaften sowie Sprach- und Literaturwissenschaften. In diesem Bereich soll den Wandlungsprozessen der Geisteswissenschaften mit angemessener Offenheit begegnet werden. Unstrittig ist, dass sich die klassischen Geisteswissenschaften deutschen Ursprungs nicht zuletzt unter dem Einfluss der angelsächsischen Forschung zu Kulturwissenschaften entwickelt haben. Sie haben ihre eurozentrische Perspektive abgelegt und nutzen seit langem Theorien und Methoden aus anderen Fachgruppen. Sie sind nicht länger darauf konzentriert, ein erkenntnistheoretisches Paradigma in Abgrenzung von den Naturwissenschaften zu entwickeln. Die Stiftung möchte geisteswissenschaftliche Projekte fördern, die insbesondere den interdisziplinären Kontakt mit den Sozialwissenschaften suchen oder auf eine Kooperation mit den Naturwissenschaften – insbesondere den kognitiven Neurowissenschaften – abzielen. Hier soll der Querschnittbereich „Bild und Bildlichkeit" Forschungen unterstützen, die nicht nur verschiedene Fächer, sondern Fachkulturen in der Orientierung an einem neuen, „ikonischen Erkenntnismodell" miteinander vernetzen.

Gleichzeitig soll im Förderungsbereich „Geschichte, Sprache und Kultur" das Erbe der traditionellen Geisteswissenschaften gewahrt und frucht-

6 Einen detaillierten Überblick über die von der Fritz Thyssen Stiftung geförderten Forschungsprojekte gibt der jeweils im Januar erscheinende Jahresbericht der Stiftung.

bar weiterentwickelt werden. Trotz aller fachlichen Neukombinationen bleibt der Rückbezug auf traditionelle Fächer wie die Philosophie und die Theologie wichtig, die ebenfalls in Wandlungsprozessen begriffen sind, zugleich aber weiterhin erkenntnisleitende Orientierungen bieten, die allen Fächern im weiten Bereich der Geistes- und Kulturwissenschaften von Nutzen sein können.

Um einen besonderen Akzent in dem Bereich der Geisteswissenschaften zu setzen, hat die Fritz Thyssen Stiftung im März 2005 – gemeinsam mit der VolkswagenStiftung – die Stiftungsinitiative „Pro Geisteswissenschaften" ins Leben gerufen.[7] Mit ihrem Engagement in diesem Bereich möchte die Fritz Thyssen Stiftung das in der Öffentlichkeit vielfach unterschätzte, hohe kulturelle und gesellschaftliche Potential der Geisteswissenschaften hervorheben und darüber hinaus einen Beitrag zur Zukunftsfähigkeit unserer Gesellschaft leisten. Das Förderangebot soll Forschung insbesondere dort unterstützen, wo sie sich in den Grenz- und Überschneidungsbereichen der Fächer bewegt und wo sie sich neue, schwierige Felder erschließt. Dabei geht es sowohl darum, hoch qualifizierten wissenschaftlichen Nachwuchs in den Geisteswissenschaften zu halten als auch jenen ein attraktives Angebot zu machen, die durch hervorragende Arbeiten bereits Renommee und einen festen Platz in der Wissenschaft gewonnen haben. Die

7 Vgl. hierzu http://www.fritz-thyssen-stiftung.de/index.php?id=56.

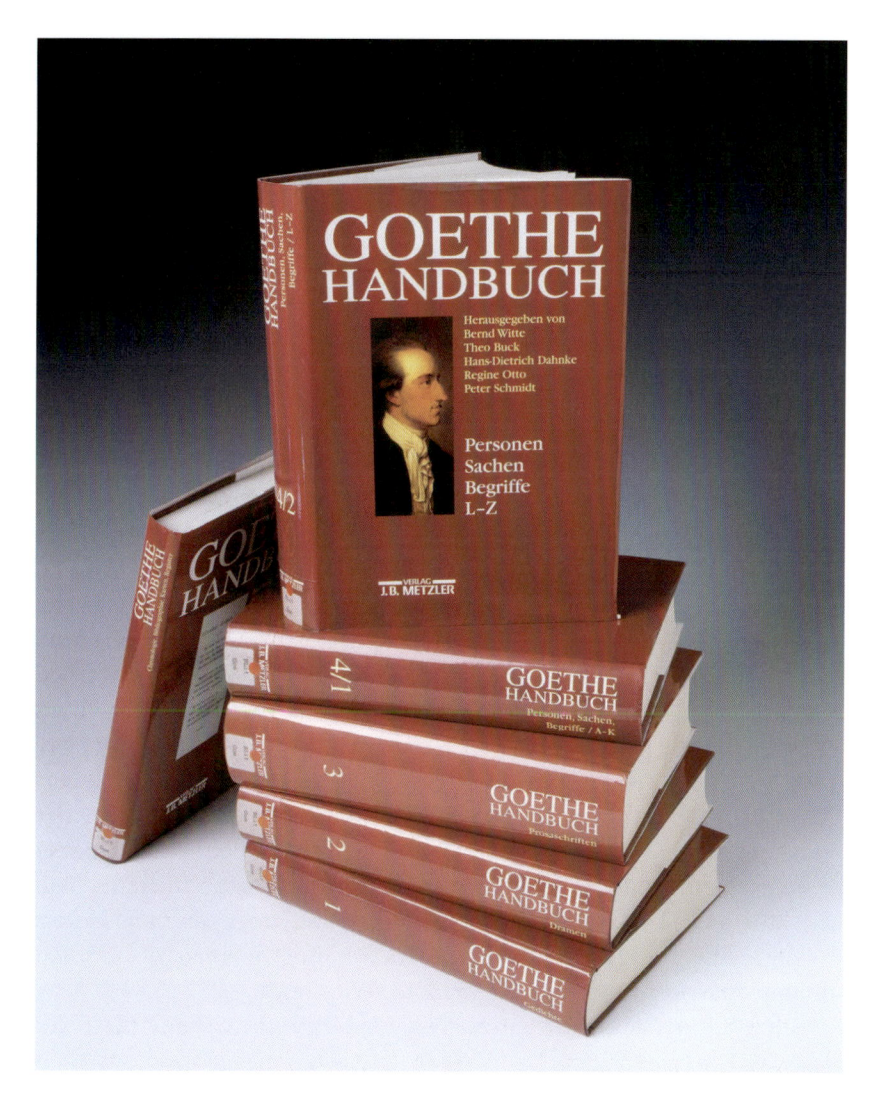

Goethe-Handbuch (Abb.: Jana Dorn, RBA)

Eröffnungskonferenz „Pro Geisteswissenschaften" im Deutsche Bank Forum in Berlin 2006 (Abb.: Frank Nürnberger, Stifterverband)

Initiative wendet sich vorrangig an die Geisteswissenschaften im engeren Sinne, bezieht jedoch durchaus andere Disziplinen ein, insbesondere aus dem gesellschaftswissenschaftlichen Bereich.

In der Geschichtswissenschaft nimmt die Stiftung Anträge aus allen Teilgebieten an und bevorzugt dabei Projekte, die den Wandel der Lebensbedingungen im Übergang von der traditionalen zur modernen Gesellschaft und deren Auswirkungen auf unterschiedliche Lebensbereiche untersuchen. So fördert die Stiftung zurzeit das Forschungsvorhaben „Wege zu einer Alltagsgeschichte der medizinischen Ethik: Der Umgang mit Schwerkranken 1500 bis 1900" geleitet von Professor Stolberg an der Universität Würzburg. Das zentrale Anliegen des Projektes ist es, ethische Konfliktsituationen so weit wie möglich auch aus der Perspektive der Kranken und Angehörigen herauszugreifen und ihre subjektiven Erfahrungen jenen der Ärzte an die Seite zu stellen und mit ihnen zu kontrastieren. Für eine Studie zur Geschichte der Sklaverei auf Kuba von 1492 bis 1973 erhält Professor Zeuske von der Iberischen und Lateinamerikanischen Abteilung des Historischen Seminars der Universität zu Köln Fördermittel der Stiftung. Es entsteht die erste geschlossene Darstellung der Geschichte einer der wichtigsten Sklavengesellschaften des Westens, von den Anfängen bis zur Gegenwart.

Die mit den Künsten befassten Disziplinen, insbesondere Kunst- und Musikgeschichte sowie Theater- und Medienwissenschaft, sehen sich dank der Dynamik des kulturellen und sozialen Wandels in vielfacher Weise herausgefordert. Es geht heute weniger um neue Avantgarden oder künstlerische Fortschritte, vielmehr um eine dramatische Verschiebung der Kontexte, in denen diese Künste gedeihen. Die Fritz Thyssen Stiftung fördert Vorhaben aus dem gesamten Bereich der Kunstwissenschaften und ihrer Nachbargebiete, insbesondere aber solche Projekte, die sich mit Grundlagen und Quellen befassen, mit methodischen Fragen, der Erörterung von Leitkategorien, mit interdisziplinären Recherchen, insgesamt mit solchen wissenschaftlichen Untersuchungen, die sich durch Problembewusstsein und hohes Reflexionsniveau auszeichnen.

Seit November 2004 unterstützt die Fritz Thyssen Stiftung die Erfassung und Erschließung der Opernlibretti in der Theaterwissenschaftlichen

Sammlung in Schloss Wahn (TWS), die von Professor Buck vom Institut für Theater-, Film und Fernsehwissenschaften der Universität zu Köln geleitet wird. Die Theaterwissenschaftliche Sammlung in Schloss Wahn ist weltweit eine der größten Sammlungen von Theatralia; sie verfügt über eine erstaunliche Vielzahl von sehr frühen Libretti der höfischen Theater in Deutschland und Frankreich. Schwerpunkte sind dabei die Höfe von Braunschweig, Ludwigsburg, Mannheim, München und Versailles. Sehr viele Libretti datieren von Uraufführungen und manchmal von solchen, die die einzigen Aufführungen der betreffenden Werke waren. Hervorzuheben sind auch verschiedene mehrbändige Werkausgaben des Dichters Pietro Metastasio, die teilweise noch zu seinen Lebzeiten im 18. Jahrhundert erschienen. Einen weiteren Schwerpunkt bilden frühe Libretti, die anlässlich deutscher Erstaufführungen von italienischen und französischen Opern in der ersten Hälfte des 19. Jahrhunderts in Deutschland erschienen sind, so z.B. zu Opern von Bellini, Rossini, Donizetti, Auber, Gretry, Mehul und Meyerbeer. Konzipiert ist der kommentierte Bestandskatalog

*Aus der Oper „Robert le Diable"
von Giacomo Meyerbeer*

der Opernlibretti als ergänzendes Gegenstück zum abgeschlossenen Katalog des Notenbestandes, dessen Erstellung ebenfalls von der Fritz Thyssen Stiftung gefördert wurde. Geschätzt wird dieser Bestand auf etwa 11.000 Bände. Ziel ist es, diesen zu erfassen, zu systematisieren und damit erstmals für die Forschung zugänglich zu machen. Bisher ist die Sammlung nur teilweise und in sehr unzulänglicher Form erfasst. Große Teile wurden bisher noch in keiner Form katalogisiert und sind deshalb auch nicht zugänglich. Zum Abschluss des Projektes wird der Katalog als Datenbank und in einer Druckversion vorliegen. Die elektronische Version soll über die Homepage der TWS Schloss Wahn zugänglich gemacht werden.

Der Förderungsbereich „Staat, Wirtschaft und Gesellschaft"

Im Förderungsbereich „Staat, Wirtschaft und Gesellschaft" will die Fritz Thyssen Stiftung insbesondere Forschungsvorhaben unterstützen, die die Voraussetzungen und die Folgen der Wandlungsprozesse untersuchen, die die heutigen Gesellschaften kennzeichnen. Sie konzentriert sich dabei auf Projekte, die sich den Wirtschaftswissenschaften, den Rechtswissenschaften, der Politikwissenschaft, der Soziologie und der Ethnologie zuordnen lassen. Sie fördert Projekte, die die Methodenvielfalt produktiv befördern und komparativ orientiert sind – sowohl, was den europäischen Raum als auch europaübergreifende Fragestellungen angeht. Sie legt besonderen Wert auf die Förderung von Projekten, die an der Schnittstelle mehrerer Disziplinen angesiedelt sind; nicht zuletzt werden solche interdisziplinären Projekte im Querschnittbereich „Internationale Beziehungen" unterstützt. Es sind die Wechselwirkungen zwischen den ganz unterschiedlich verlaufenden Prozessen der Entterritorialisierung der Ökonomie, des Rechtes und der Politik, deren Untersuchung die Stiftung hierbei besonders fördern möchte.

Im Bereich der Wirtschaftswissenschaften wird aktuell das Projekt „Nicht-intendierte Wirkungsmechanismen der Arbeitsmarktpolitik – Selbstverstärkende Verantwortungsübernahme, endogene Einstellungsänderungen und soziale Pfadabhängigkeiten" unter der Leitung von Professor Eekhoff am Institut für Wirtschaftspolitik der Universität zu Köln gefördert. Ziel des Projektes ist es, die unbeabsichtigten Auswirkungen der Arbeitsmarktpolitik auf den Arbeitsmarkt und auf die Verhaltensweisen der Unternehmen, Beschäftigten, Arbeitslosen und deren Interessenvertreter zu untersuchen. Im Mittelpunkt des Projektes stehen nicht die Anreiz- und Funktionszusammenhänge im institutionellen Gefüge der Tarifautonomie und deren Korrektur. Vielmehr soll die These untersucht werden, dass verschiedene Reaktionen der Akteure im politischen Prozess, die eigentlich die Probleme der Arbeitslosigkeit lösen oder zumindest abfedern sollen, ihrerseits selbstverstärkend zum Problem beitragen. So beeinflusst die Politik durch kollektive Unterstützungssysteme bei Arbeitslosigkeit, durch Verbreitung von Normen und Moralvorstellungen, durch aktive Arbeitsmarktpolitik die Erwartungshorizonte der Bürger an die Tarifparteien und Arbeitslosen, die Motivation der Arbeitssuchenden und die erwogenen Alternativen zur Erwerbstätigkeit. Arbeitsmarktpolitische Maßnahmen können sich so nicht nur ineffizient sondern sogar kontraproduktiv darstellen.

Im Bereich der Rechtswissenschaft räumt die Fritz Thyssen Stiftung solchen Projekten Priorität ein, die über klassische, innerdeutsche, syste-

Studie von Johann Eekhoff und Steffen J. Roth (Konzeption und Gestaltung des Buches: Knoblingdesign, München)

matisch-dogmatische Arbeit hinausgehen, also einzelne Gesetze, Rechtsgebiete, Disziplinen oder Staatsgrenzen überschreiten. Projekte, die Recht funktional untersuchen, genießen Vorrang: Die Stiftung möchte einen Beitrag zur Untersuchung von Recht in einer modernen, vielfältig international eingebundenen Industriegesellschaft leisten. So untersucht Professor Hailbronner am Forschungszentrum für internationales und europäisches Ausländer- und Asylrecht der Universität Konstanz mit Mitteln der Stiftung die Auswirkungen der Europäisierung des Ausländer- und Asylrechts auf das nationale deutsche Recht. Grundsätzlich wird untersucht, wie sich die einzelnen Bestandteile des europäischen Asylrechts zueinander verhalten und wie sie sich auf das deutsche Asylrecht auswirken. Durch die Dublin-Verordnung ist ein Zuständigkeitssystem geschaffen, das regelt, welcher Mitgliedstaat für die Prüfung eines Asylantrages zuständig ist. Das Dublin-System gilt in allen Mitgliedstaaten der Europäischen Union (EU) sowie für Norwegen und Island; künftig wird auch die Schweiz eingebunden werden. Im Rahmen des Projektes wird untersucht, wie sich die Dublin-Verordnung auf die Lastenverteilung zwischen den Mitgliedstaaten auswirkt. Ferner gilt es, die Effektivität des Eurodac-Systems zur verbesserten Durchsetzung der Dublin-Zuständigkeit zu untersuchen. Im Rahmen von Eurodac werden Fingerabdrücke von allen Asylbewerbern und Personen genommen, die bei einem illegalen Grenzübertritt angetroffen werden. Diese Daten werden einem zentralen System zum Abgleich zur Verfügung gestellt. Die Asylbehörden der Mitgliedstaaten sollen auf diese Weise in kürzester Zeit überprüfen können, ob ein Asylbewerber bereits in einem anderen Mitgliedstaat einen Antrag gestellt hat. Das Forschungsprojekt beleuchtet das Zusammenspiel der Zuständigkeit der einzelnen Dublin-Staaten mit den Daten des Eurodac-Systems.

Professor Knill vom Fachbereich Politik- und Verwaltungswissenschaft der Universität Konstanz wurden im vergangenen Jahr Fördermittel für das Projekt „Comparing Higher Education Policies in Central and Eastern Europe" bewilligt. Das Vorhaben untersucht die Entwicklung der Hochschulpolitik in ausgewählten mittel- und osteuropäischen Staaten (Polen, Tschechische Republik, Rumänien und Bulgarien) seit 1989 und versucht, dabei die externen und internen Einflussfaktoren zu bestimmen.

Im Bereich der Soziologie möchte die Fritz Thyssen Stiftung insbesondere Forschungsvorhaben fördern, die den Wandel von der Arbeits- zur Wissensgesellschaft zum Thema haben und Ausblicke auf künftige Entwicklungen der Industriegesellschaft eröffnen: Für das Forschungsvorhaben „Von der Erziehung zur Ausbildung – und wieder zurück? Elternhaus und Schule im Bewusstsein der deutschen Bevölkerung zwischen 1979 und 2004" wurden Professor Meulemann vom Institut für Angewandte Sozialforschung der Universität zu Köln Fördermittel bewilligt. Das Projekt untersucht den Wandel der Vorstellungen der Bevölkerung zur Beziehung zwischen Elternhaus und Schule in Westdeutschland. Dazu wurde eine Bevölkerungsumfrage aus dem Jahr 1979, in der Einstellungen der Bevölkerung zur Familie und zur Schule erhoben wurden, im Jahr 2005 wiederholt.

Der Förderungsbereich „Medizin und Naturwissenschaften"
Einem Anliegen der Stifterinnen entsprechend erfährt die medizinische Forschung eine besondere Aufmerksamkeit der Stiftungsgremien. In

diesem Bereich wird bevorzugt im Rahmen thematischer Schwerpunkte gefördert. Zurzeit konzentriert sich die Fritz Thyssen Stiftung auf den Förderungsschwerpunkt „Molekulare Pathogenese und Modelle der Krankheitsentstehung". Es werden in diesem Programm molekularbiologische Untersuchungen über solche Krankheiten unterstützt, deren Entstehung entscheidend auf Gendefekten beruht oder bei denen Gene zur Entstehung komplexer Krankheiten beitragen. Bevorzugt gefördert werden Vorhaben zur funktionellen Analyse von Genen für monogene und komplex-genetische Krankheiten *in vitro* und *in vivo*, zur Etablierung und Evaluation von Zell- und Tiermodellen der Krankheitsentstehung mit molekularbiologischer Methodik, sowie zur Analyse von prädisponierenden oder die Krankheit modifizierenden Genen.

Die Bedeutung der Insulin-Signalwege in hypothalamischen Neuronen in der Regulation des Energiehaushalts und der Zuckersynthese ist Gegenstand eines durch die Stiftung geförderten Forschungsvorhabens von Professor Brüning am Institut für Genetik der Universität zu Köln. Das bei steigenden Blutzuckerkonzentrationen von der Bauchspeicheldrüse freigesetzte Hormon Insulin entfaltet seine Wirkung in zahlreichen Organen. So führt es zur Aufnahme von Zucker aus dem Blut in die Muskulatur und in das Fettgewebe und hemmt die Zuckerneubildung in der Leber. Resistenz gegen die Wirkung von Insulin stellt die Hauptursache in der Entstehung des Diabetes mellitus oder Alterszuckers dar, einer Erkrankung, die mehr als sechs Prozent westlicher Bevölkerungen betrifft. Neben diesen klassischen Insulinwirkungen ist das Hormon auch in der Lage, die Blut-Hirn-Schranke zu passieren und auch im Gehirn zahlreiche Effekte zu initiieren. Die Wirkungen von Insulin im Zentralnervensystem beinhalten die Regulation der Nahrungsaufnahme, die indirekte Steuerung der Zuckerneubildung in der Leber und die Regulation der Fertilität. Neue Arbeiten zeigen, dass Insulin im Zentralnervensystem überdies die Freisetzung von Hormonen steuert, die einer Unterzuckerung entgegenwirken, zum Beispiel von Adrenalin und Noradrenalin. All diese Funktionen werden über die Wirkung des Insulins in einem umschriebenen Gehirnbereich, dem so genannten Hypothalamus entfaltet. Das Ziel des Projektes ist es, in diesem Gehirnbereich die Nervenzellen zu identifizieren, in denen Insulin diese zahlreichen Wirkungen entfaltet.

Ein anderes medizinisches Forschungsprojekt, das die Fritz Thyssen Stiftung derzeit fördert, wird von Dr. Hartmann und Dr. Roers an der Klinik und Poliklinik für Dermatologie und Venerologie der Universität zu Köln geleitet: die „Etablierung eines Tiermodells für Mastozytose". Die Mastzellen des Immunsystems enthalten große Mengen an Histamin und anderen Entzündungsfaktoren, die bei der Immunantwort ausgeschüttet werden. Bei der seltenen Erkrankung Mastozytose sind diese Zellen übermäßig stark vermehrt und führen in verschiedenen Organen zu schweren entzündlichen Reaktionen. Die Krankheitsentstehung ist bislang nur teilweise geklärt, völlig unklar ist derzeit noch, wodurch die unterschiedlichen Formen zustande kommen. Der wichtigste Wachstumsfaktor für Mastzellen ist das Zytokin SCF, das an einen bestimmten Rezeptor auf der Zelloberfläche bindet, der daraufhin im Zellinneren eine Kaskade von Ereignissen auslöst, die verschiedene Folgen haben können: Zellteilung, Differenzierung, Histaminausschüttung, Wanderung und Anheftung von Zellen in Geweben. Hartmann und Roers planen, Mausmutanten mit mutierten Zytokin-Rezeptoren zu schaffen, bei denen die Rezeptoren zu unterschiedlichen Zeitpunkten in der zellulären Entwicklung (bereits im Stammzellstadium oder erst in der reifen Mastzelle) aktiviert werden und bei denen das Verhältnis von Stammzellen zu reifen Mastzellen variiert. Diese unterschiedlichen Modelle sollen zunächst auf ihre Ähnlichkeit mit den einzelnen Krankheitsbildern beim Menschen untersucht werden, im zweiten Schritt ist dann geplant, die Wirksamkeit von einer neuen Klasse von Chemotherapeutika auf die jeweilige Symptomatik zu testen.

Die Stiftung und die Kölner Kunst

Die Wurzeln der Stiftung liegen in Köln, ihrem Gründungssitz. Es verbindet sie eine Vielzahl von gemeinsamen Projekten mit den Kölner Hochschulen, aber auch mit außeruniversitären Forschungseinrichtungen in dieser Stadt – wie im Vorangegangenen bereits deutlich wurde. Zu diesen zählen auch die in Köln ansässigen Museen, die neben ihrer Sammlungs- und Ausstellungstätigkeit auch die wissenschaftliche Bearbeitung ihrer Bestände vorantreiben. So gibt es heute in Köln kaum ein Museum, das nicht durch ein gemeinsames Projekt mit der Fritz Thyssen Stiftung verbunden ist. Hierzu zählen bedeutende Sammlungskataloge des Wallraf-Richartz-Museums, des Museums für Angewandte Kunst oder auch ausstellungsbegleitende Tagungen und Publikationsvorhaben am Rautenstrauch-Joest-Museum oder am Museum für Ostasiatische Kunst.

Eines der herausragenden Ereignisse in der Kölner Museumslandschaft war die Eröffnung des Neubaus des Wallraf-Richartz-Museums im November 2000. Im Jahre 2001 konnte das Museum, nachdem es sich 13 Jahre ein Gebäude mit dem Museum Ludwig geteilt hatte, einen Neubau in der Kölner Altstadt beziehen. Es befindet sich heute ziemlich genau an der Stelle, an der einst Stefan Lochner sein Atelier hatte. Die Stiftung finanzierte hier eine internationale Tagung, in deren Rahmen ausgewiesene Museumsexperten Standort, Stellenwert und Chance des klassischen Kunstmuseums diskutierten. Das Wallraf-Richartz-Museum in Köln ist eine der großen klassischen Gemäldegalerien Deutschlands. Es beherbergt die weltweit umfangreichste Sammlung mittelalterlicher Malerei, insbesondere Werke aus der Kölner Malerschule, sowie eine bedeutende grafische Sammlung.

In den vorangegangenen Förderschwerpunkten ist bereits eine Vielzahl von Kölner Bezügen deutlich geworden; im Folgenden soll an zwei Beispielen die Förderung der Kunst in Köln durch die Stiftung verdeutlicht werden.

Ausstellung des Schnütgen-Museums der Stadt Köln in der Cäcilienkirche (Plakat: Heinz Wolf)

Der Dreikönigenschrein im Kölner Dom

Der Schrein der Heiligen Drei Könige, der um 1200 vermutlich unter Mitwirkung von Nikolaus von Verdun entstand, ist der künstlerisch bedeutendste und seinen Abmaßen nach der größte aller erhaltenen Reliquienschreine in Goldschmiedetechnik. Der Schrein wurde für die Gebeine der Heiligen Drei Könige und der Märtyrer Felix, Narbor und Gregor von Spoleto angefertigt, die der Erzbischof Rainald von Dassel als Geschenk Friedrichs I. erhalten, 1164 von Mailand nach Köln überführt und seiner Kathedralkirche übereignet hatte. Seitdem hat das Großreliquiar zahlreiche Eingriffe erfahren, durch welche die ursprüngliche Ausstattung mehrfach und teils sehr weitgehend verändert wurde: Als der Schrein angesichts

Dreikönigenschrein im Kölner Dom
(Abb.: L. Schmitt)

der napoleonischen Bedrohung zu Beginn des 19. Jahrhunderts in seine Einzelteile zerlegt und evakuiert wurde, ging ein Teil des Ensembles verloren. Die Restaurierung von 1807 versuchte, den Verlust des Originalzustandes auszugleichen, indem der Schrein um 40 cm gekürzt und die Beschläge entsprechend umgeordnet wurden. Von 1961 bis 1973 sollte in einer zweiten Restaurierung der ursprüngliche Zustand so weit wie möglich wieder hergestellt, das Figurenprogramm rekonstruiert und der Schrein durch neue Beschläge ergänzt werden.

Diesem wohl bedeutendsten in Köln beheimateten Kunstwerk widmete und widmet sich die Stiftung in drei Projekten, die teilweise erst in den kommenden Jahren ihren Abschluss finden werden:

1. Zu dem glanzvollen Schmuck des Dreikönigenschreins gehören vor allem Kameen und Gemmen, geschnittene Steine, deren Wert sowohl in ihrem Material wie auch in ihrem Bilderschmuck liegt. Unter Gemmen versteht man vertieft geschnittene Steine. Bevorzugtes Steinmaterial ist die Quarzgruppe. Die ältesten Steinschnitte entstanden im 5. bis 3. Jahrtausend vor Christus. Besonders hochwertig war die Steinschneidekunst der Ägypter, Perser, Assyrer und Griechen. Das Gegenstück zur Gemme ist die Kamee, bei der das Bildmotiv als ein erhabenes Relief aus dem Stein herausgearbeitet ist. Die wissenschaftlichen Arbeiten zu einer umfassenden Dokumentation und Publikation aller Steine wurde durch die Fritz Thyssen Stiftung unterstützt.[8]

8 Vgl. das Ergebnis dieser Arbeiten dargestellt von Erika Zwierlein-Diehl (1998): Die Gemmen und Kameen des Dreikönigenschreines, Köln.

2. Für ein zweites von der Fritz Thyssen Stiftung gefördertes Forschungsprojekt mit dem Titel „Bestandserfassung des Metall- und Emailbeschlages am Dreikönigenschrein im Kölner Dom und Geschichte seiner Restaurierungen" wurden von der Stiftung Förderungmittel bewilligt, um die Unterlagen zu den beiden Restaurierungen wissenschaftlich auszuwerten und eine umfassende Autopsie des Schreins durchzuführen. Die umfangreichen Restaurierungsunterlagen von 1961 bis 1973 wurden durchgearbeitet, der Schrein in seiner heutigen Form inventarisiert und es werden nun die Objektdaten in Katalogform zusammengestellt. Zusätzlich zu den knapp 3.000 am Schrein angebrachten Beschlagelementen haben sich über 1.000 abgenommene Fragmente erhalten, die in die Untersuchung einbezogen werden. So werden die restauratorischen Eingriffe des 16. bis 18. Jahrhunderts dokumentiert und die originalen Beschläge von den im 19. und 20. Jahrhundert neu hinzugekommenen Teilen unterschieden. Erstmals konnten auch die umfassenden Archivalien zu den Restaurierungen 1807 und 1822 ausgewertet werden. Weitere Aufschlüsse über den mittelalterlichen und neuzeitlichen Werkstattbetrieb ermöglicht eine Untersuchung der am Schrein verwendeten Stempelformen (Universität Köln), der Kittmasse (Doerner Institut München), der Metalle (Universität Bonn, Rheinisches Landesmuseum Bonn) sowie eine Bestimmung der über 1.400 Perlen und Edelsteine (Universität Köln). Damit gibt die Untersuchung Aufschluss über den Originalbestand und ermöglicht übergreifende Erkenntnisse für die rhein-maasländische Goldschmiedekunst des 12. und 13. Jahrhunderts. Daran schließt sich die Frage nach der Datierung und der noch unsicheren Autorschaft des Schreins an – hierzu diente eine vergleichende Untersuchung der nachweislich von Nikolaus von Verdun geschaffenen Werke, dem Marienschrein in Tournai und dem Klosterneuburger Altar.

3. Obwohl der Schrein seit langem Gegenstand der kunsthistorischen Betrachtung ist, die politischen Implikationen der Reliquientranslation und die Ikonographie des Großreliquiars eingehend erforscht wurden, sind wesentliche Fragen zur Entstehungsgeschichte und zur ikonologischen Exegese bisher unklar geblieben; diese sollen nunmehr im Rahmen eines dritten von der Fritz Thyssen Stiftung geförderten Projektes über die Erforschung der Inschriften und Quellen geklärt werden. Bislang existiert weder eine kritische Edition und Übersetzung noch eine philologische Kommentierung und paläographische Untersuchung dieser Inschriften. Dabei handelt es sich neben den Bibelzitaten auf Spruchbändern und Attributen um so genannte Tituli, die oft in Versform von den Urhebern des Schreins, den Auftraggebern, Handwerkern und Künstlern, verfasst wurden und den bildlichen Darstellungen erläuternd zur Seite gestellt sind. Darüber hinaus konnte der Wortlaut zahlreicher Inschriften, die in ihrer Abfolge mehrfach versetzt und ergänzt wurden, bisher nicht restituiert werden, und auch die verstreut publizierten Quellen zur Vorgeschichte des Schreins sind bislang weder zusammengestellt noch nach modernen wissenschaftlichen Standards ediert worden. Ziel ist es, die gesamten textlichen Überlieferungen des Schreins in schematisierter Form wissenschaftlich darzustellen und das Material für künftige Forschungen bereitzustellen. Die geplante paläographische Untersuchung lässt einen wesentlichen Fortschritt bei der Beurteilung der bislang nur kunsthistorisch betrachteten Entstehungsgeschichte des Schreins erwarten. Ferner kann das Projekt dazu beitragen, die kulturhistorischen und bildungsgeschicht-

lichen Hintergründe der Auftraggeber zu klären und Licht in die Planung und die arbeitstechnische Ausführung des Werks zu bringen.

Die Erforschung der textlichen Überlieferung steht im Zusammenhang mit einem größeren, interdisziplinären Forschungsprojekt, mit dem eine auf drei Bände angelegte Untersuchung des Dreikönigen-Schreins vorgelegt werden soll. Der erste Band, ein kommentierter Katalog der Gemmen und Kameen, erschien mit Unterstützung der Stiftung bereits 1998; der zweite Band zu den Beschlagteilen des Schreins und zur Restaurierungsgeschichte ist bereits weit fortgeschritten. Mit der Einbeziehung der textlichen Überlieferungen im dritten Band und der bereits abgeschlossenen dendrochronologischen Untersuchung des alten Holzkerns sowie der mineralogischen Bestimmung der Edelsteine soll die fachübergreifende Gesamtdarstellung des Schreins abgeschlossen werden.

Vortragsreihe „KunstBewusst"

Die beiden großen Kölner Kunstmuseen, das Wallraf-Richartz-Museum/ Fondation Corboud und das Museum Ludwig, sammeln und präsentieren Werke europäischer Kunst vom 13. Jahrhundert bis in die jüngste Moderne. Darin dokumentiert sich eine Tradition bürgerlicher Kunstpflege, die seit jeher den Ruf und das Erscheinungsbild der Region in und um Köln international mitbestimmt hat. Die beispielhafte Breite der Sammlungen dieser beiden Museen ist nicht nur Ausgangspunkt von Forschung, Wissenschaftspublizistik und breitenwirksamer Vermittlung, sondern auch von Ausstellungen internationaler Geltung und Kooperation.

Mit KunstBewusst wurde in Köln im September 2005 mit Unterstützung der Fritz Thyssen Stiftung eine neue Vortragsreihe des Museums Ludwig und des Wallraf-Richartz-Museums/Fondation Corboud initiiert. Die gemeinsam mit den Freunden des Wallraf-Richartz-Museums und des Museums Ludwig e.V. geförderte Reihe findet wöchentlich wechselweise in den beiden Museen statt und wartet in regelmäßiger Folge mit etwa vierzig Vorträgen, Kunstgesprächen und Performances im Jahr auf, die sich Themen von Sammlungen und aktuellen Ausstellungen widmen sowie Einblicke in die Arbeit der Wissenschaft und des Kunst- und Museumslebens geben sollen.[9] Große Themen stehen dabei auf dem Programm wie neue Perspektiven in der Forschung. Das Spektrum der Referenten wechselt zwischen arrivierten Wissenschaftlern und Newcomern des Fachs sowie den Künstlern selbst.

Insgesamt versteht sich die Reihe als kunstwissenschaftliches Forum: Sie bietet dem Publikum wissenschaftlich abgesicherte Informationen und fördert zudem Gespräche und Kontakte innerhalb der Wissenschaft und ihrer Institutionen. Zudem sucht die Reihe über den regionalen und nationalen Raum hinaus die Kooperation mit internationalen wissenschaftlichen Instituten und ermöglicht damit ausgewählte Museumsvorlesungen. Dabei werden in vielfältiger Form Kunst und Kunstwissenschaft sammlungs- oder ausstellungsbegleitend, aber auch übergreifend in freien Themen der Öffentlichkeit nahe gebracht. Neben den Inhalten sollen darüber hinaus Fragen und Methoden kunstwissenschaftlicher und musealer Arbeit als Teil eines gesamtgesellschaftlichen Bildungssystems aufgezeigt, nachhaltig in den öffentlichen Diskurs eingebracht und nicht zuletzt Kunst und Wissenschaft dem Publikum anschaulich vermittelt werden.

9 Aktuelle Informationen zur Reihe KunstBewusst, insbesondere zu den Referenten und Themen der Vorträge, werden auf der Homepage der Kölner Museen veröffentlicht: www.museenkoeln.de.

Plakat für die Vortragsreihe KunstBewusst (Abb.: Isolde Ohlbaum)

Neue Herausforderungen für die Fritz Thyssen Stiftung

Der moderne Wohlfahrtstaat, wie er sich im letzten Jahrhundert kontinuierlich entwickelte und immer mehr Aufgaben übernommen hat, ist an die Grenzen seiner Belastbarkeit angelangt – dies gilt auch für die Bereiche Bildung und Forschung. Aufgrund ihrer besonderen Stellung zwischen Staat und Gesellschaft können Stiftungen neue Impulse in die Wissenschaftsförderung einbringen und auf diese Weise längerfristige von staatlicher Seite unterstützte Forschungsprojekte und Förderungsformen initiieren. Quantitativ vermögen sie nicht mit der staatlichen Finanzierung der Wissenschaft zu konkurrieren; sie können aber in den staatlichen Kernbereichen Bildung und Forschung einen belebenden und innovativen Beitrag leisten, denn Stiftungen können mit ihren relativ bescheidenen finanziellen Mitteln häufig flexibler und schneller agieren als staatliche Institutionen. Sie sind mithin Beispiele einer lebendigen und funktionsfähigen Demokratie, in welcher sich Staat und Bürgergesellschaft durchdringen.

In ihrer bald 50-jährigen Wirkungsgeschichte hat die Fritz Thyssen Stiftung Forschungsvorhaben in zahlreichen Wissenschaftsdisziplinen national wie international gefördert. Sie ermöglichte durch ihre Unterstützung häufig innovative und ungewöhnliche Projekte jenseits wissenschaftlicher Strömungen. Neben der VolkswagenStiftung, der Alfried Krupp von Bohlen und Halbach-Stiftung, der Gerda Henkel Stiftung sowie dem Stifterverband für die Deutsche Wissenschaft hat die Fritz Thyssen Stiftung ihren festen Platz in der privaten Wissenschaftsförderung Deutschlands. Es gilt auch in der Zukunft, ihre Reputation als flexibler und unbürokratischer Partner der Wissenschaft zu wahren.

Die Anforderungen an private Stiftungen wachsen mit den zunehmenden finanziellen Engpässen in den Bereichen Bildung und Forschung. Damit erhalten Stiftungen eine zunehmende Bedeutung für die Gesellschaft. Mit ihrem bürgerlichen Engagement sind sie „Motoren des Wandels, der Treibstoff für Reformen" – so der ehemalige Bundespräsident Roman Herzog. Vor dem Hintergrund der auch in der Zukunft weiter steigenden Anforderungen wird die Fritz Thyssen Stiftung noch stärker unter den Projekten selektieren und sich entscheiden müssen, für welchen Motor sie ihren Treibstoff zu Verfügung stellt. Dass dies in den Geisteswissenschaften wie in der Medizin sein wird, steht jedoch außer Frage.

Inge Baecker
Moderne Kunst im Römerturm

Über zwanzig Jahre war die Galerie Inge Baecker im Dombaumeisterhaus durch Ausstellungen der Avantgarde präsent, die einen Querschnitt der Happening- und Fluxusszene zeigten. Hinzu kam die konzeptuelle Kunst aus den USA, Brasilien, Russland und der Türkei. Doch die besonderen Installationen, Erstvorstellungen, musikalischen Skulpturen waren dem Römerturm vorbehalten, der als Annex zu den Galerieräumen zum Experiment einlud.

Um es vorweg zu sagen: es war ein Privileg, im Römerturm moderne Kunst auszustellen. Die Konfrontation von Jetztzeit und Antike, militärischer Anlage und Focus der Gegenwartskunst, der runde Raum und rechteckige Bilder: all das war eine Herausforderung für jeden Ausstellungsmacher, eine Herausforderung, die ich 21 Jahre genossen habe.

Aber nicht nur mir ging es so: die Künstler gerieten notorisch ins schwärmerische Grübeln, wenn ich ihnen den Römerturm als Ausstellungsort anbot. Für Kölner Künstler wie Vostell, Niedecken, Suzanne Brecht, Unterbezirksdada oder Gilles schwang auch die Erinnerung an den Heimatkundeunterricht der Schulzeit mit. Sie erzählten mir, wie sie als Jugendliche gerne gewußt hätten, wie es *in* dem Turm aussah. Ausländische Künstler nahmen den Raum eher sportlich, fasziniert vom teils ovalen, teils runden Raum und seiner beachtlichen Höhe von ca. 7 Meter.

Geoffrey Hendricks war der erste, der den Turm verwandelte. Seine Wolkeninstallationen an den Wänden, kombiniert mit Kästen, gefüllt mit Erinnerungsfragmenten, und dem herbstlichen Laub auf dem Boden verleiteten zur Meditation. Im gleichen Jahr baute Ursula dort ihr Pelzhaus auf, das vom dicken Gemäuer bedrohlich umschlossen wurde.

Ugo Dossi nutzte die Aura des Raumes für seine Energieobjekte, die hier gesteigert zur Wirkung kamen. Ganz anders wiederum die Installation der peruanischen Gruppe „Chaclacayo", die den Raum provokant in ein Gefängnis umdeutete. Der Turm war auch der besondere Raum für Joseph Beuys, um dort sein Schlittentuch in der Größe von 5 x 5 Metern zu zeigen, während in den übrigen Galerieräumen eine Vostellausstellung aufgebaut war.

Drei Installationen möchte ich herausgreifen, weil sie mir besonders in Erinnerung geblieben sind: „Die Erleuchtung im Turm" der russischen Gruppe Inspection Medical Hermeneutics nahm Bezug auf die Studierstube Martin Luthers auf der Wartburg, der dort mit seinem Tintenfaß nach dem Teufel geworfen haben soll. Die Spur der Tinte war in ein goldenes Oval an der Wand verwandelt; das Tintenfaß hing als Pendel von der Decke, der kleine Schreibtisch war leer: ein magischer Moment der Versuchung und ihrer Überwindung wurde erahnbar. Der Akteur (Luther) hatte die Bühne verlassen, nachdem die Spannung sich entladen hatte. Es lagen Texte aus zum Thema Orthodoxie und Luthertum.

Im gleichen Jahr 1995 baute Unterbezirksdada die Installation „Gespenstisch geschlossene Gesellschaft" auf, eine Arbeit, die ich zuvor in der Kölner Kunsthalle in einem großen Raum gesehen hatte, in dem sie allerdings zu verfließen schien. Für den Turm jedoch war sie perfekt. Der

Zum Thema „Raumüberschreitungen – Visionen zum Weltall" gestalteten die Künstler molitor & kuzmin im Römerturm der Galerie Inge Baecker eine raumgreifende Lichtinstallation aus Leuchtstoffröhren, deren Spiegelung sich auf einer Wasserfläche bis ins Unendliche fortsetzte. Die Ausstellung fand vom 10. November 2000 bis zum 31. Januar 2001 statt.

bayrische Maibaum als Mittelpunkt, daran befestigt ein runder Tisch mit vier Stühlen, dazu ein bayrisches Tischtuch: und das alles in ca. 3 m Höhe aufgebaut. Der fiktiven Tafelrunde in luftiger Höhe konnte unter den Tisch geschaut werden. Hoch oben, entfernt vom Betrachter (Zuhörer?), fanden all die erdachten Stammtischgespräche statt, die unsere Nation in so vielen Bereichen einhellig verbindet. Die klaustrophobische Einengung durch die dicken Turmmauern steigerte die Wirkung dieser Installation vom Trotzigen zum Gespenstischen.

Ein Installationsereignis der diametral entgegengesetzten Art war 2001 die Lichtskulptur von molitor & kuzmin. Das Thema war die Entgrenzung des Raumes durch Licht und Spiegelungen. Auch hier wirkte der Turm durch seine Rundungen als Verstärker des Gemeinten. Die spiegelnde Wasserfläche hob zusätzlich die Grenze zwischen oben und unten auf. Es war ein Licht-Raum-Erlebnis.

Diese drei Installationen bezogen einen Teil ihrer Wirkung aus der architektonischen Besonderheit des Raumes, dem auch die Goldstelen von Arnoldo Pomodoro ihe Pointierung verdankten.

Andere Künstler machten den Zeitbezug Antike-Gegenwart zum Thema wie z.B. Detlef Birgfeld mit seinem Boden/Wandarrangement „Deutschland". Die „Erinnerungen an den Krieg" von Gerd Baukhage verbanden sich mit der militärischen Bedeutung des Turmes zur Römerzeit; ähnlich funktionierte auch der „Millionenkasten" von Vostell wie auch seine Installation „Die Bakterien entscheiden selbständig".

Die Antike selbst wurde in den Wandtüchern „intra muros" von Peter Gilles gegenwärtig, eine Arbeit, die in inhaltlichem Zusammenhang mit einer Präsentation des Künstlers in St. Gereon stand.

Die „Antiken Portraits" mit den Portraits von Imperatoren von Jim Dine deuteten den Turm in eine römische Tempelanlage um. Unmittelbarer konnte der Bezug nicht sein.

Den Abschluß fanden die Ausstellungen 2004 mit „Dantes göttliche Komödie", einer Installation der Kölner Künstlerin Sigrid Raff. Sie wurde begleitet von Podiumsdiskussionen und Lesungen.

Der Römerturm bot vielfältige Möglichkeiten, besondere Arbeiten zu präsentieren, sei es im experimentellen Bereich, sei es für musikalische Skulpturen von Peter Vogel oder um einem einzelnen Werk den herausgehobenen Raum zu verschaffen. Doch als unmittelbare Erinnerung an den Turm bleibt mir der Begeisterungsseufzer von Wolfgang Niedecken: „Einmal im Römerturm ausstellen!"

Ausstellungen im Römerturm

1983   Hendricks: Berlin Sky Installation

1984   Ursula: Pelzhaus
        Joe Jones: Klangskulpturen

1985   Wolfgang Niedecken: Stumme Polaroids
        Manfred Boecker: Deutsche Sinfonie für Amerika
        Heinisch, Santarossa, Chevalier, Lixfeld

1986   Joseph Beuys: Installation: das Schlittentuch und weitere Objekte
        Ugo Dossi: Objekte

1987   Daniel Spoerri: Bronzeskulpturen
        HA Schult: Projekt für China: „Berg der höchsten Harmonie"

1988   Jack Ox: gezeichnete Partitur zu A.Bruckners 8. Symphonie
        Gerd Baukhage: Erinnerungen an den Krieg
        Wolfgang Niedecken: „Kannitverstan"

1989	Arnoldo Pomodoro: Skulpturen
1990	Uwe Rachow: neue Bilder Ugo Dossi Suzanne Brecht Gwen Hardie
1991	Alexander Schabracq: Objekte Rubio. Spanischer Fotorealismus
1992	Detlef Birgfeld: „Deutschland" (Installation)
1993	Grupo Chaclacayo: „Portrait eines peruanischen Generals"
1994	Christoph Pöggeler: neue Arbeiten
1995	Inspection Medical Hermeneutics: „Erleuchtung im Turm" Ulrich Langenbach Claus Goedicke, Alexandra Meyer, Ulrich Tillmanns: Fotoarbeiten Clementine Klein: Fahnenbilder (Installation) Unterbezirksdada: Gespenstisch Geschlossene Gesellschaft (Installation)
1996	Elke Sander: „Stille (Installation)
1997	Peter Vogel: Klangskulpturen Peter Gilles: Intra Muros (Installation) Jim Dine: Antike Portraits Hüsamettin Kocan Wolf Vostell: Die Bakterien entscheiden selbständig (Installation)
1999	Margaret Morgan: Porzellan (Installation)
2000	Christopher Klein: Bronzeskulpturen Unterbezirksdada: „Das 6. Siegel" (Installation)
2001	Kuzmin/Molitor: „Entgrenzung" (Installation) Dieter Jung: Hologramme
2002	Cornel Wachter Ömer Ali Kazma: Videoarbeiten
2003	Milan Knizak: Bilder Ivan Chujkov: Fensterbilder
2004	Wolf Vostell: Millionenkasten Sigrid Raff: Dantes Göttliche Komödie (Bilder und Installation)

Viola Brixius

Die Grünflächen beiderseits der Straße „Am Römerturm" in ihrer heutigen Gestaltungsform

Die Gestaltung der zwei Grünflächen beiderseits der Straße „Am Römerturm" geht auf Entwürfe zurück, die aus den 60er Jahren des 20. Jahrhunderts stammen. Nötig war eine Neuanlage deshalb geworden, da der Zweite Weltkrieg die Kölner Innenstadt – und mit ihr ebenfalls die darin liegenden Plätze und Parks – zu 92 Prozent zerstört hatte. Kaum eine Fläche war von den Verwüstungen verschont geblieben – so auch diese beiden Areale an der Straße „Am Römerturm", die damals ein kümmerliches Dasein als Trümmergrundstücke fristeten.

In der Nachkriegszeit begann im architektonischen wie ebenso im gartenarchitektonischen Bereich das Ringen um einen neuen künstlerischen Ausdruck: Dies zeigte sich zum einen in der Auseinandersetzung mit der unmittelbaren Vergangenheit durch bewusste und konsequente Abkehr von ihren Stilmitteln, zum anderen im Wunsch, diese Vergangenheit durch die Schaffung angenehmer Stadtbereiche und Grünräume vergessen zu machen.

Ziel der Stadtplanung der 50er Jahre war, eine neue Stadtlandschaft zu schaffen und die Stadt zu „durchgrünen". Dies suchte man zu erreichen mit aufgelockerter, leichter und lichter Architektur – als Gegensatz zur verdichteten Bebauung der früheren Jahrhunderte – sowie mit der Anlage von Grünflächen, deren Größe vom kleinen Platz bis hin zu ausgedehnten Grünzügen reichte. Zur neuen Lebensqualität gehörte insbesondere wohnungsnahes, zumeist halböffentliches Grün, bewusst als „soziales Grün" geplant. Zudem sehnte sich die Bevölkerung in Köln wie in den anderen zerstörten Städten nach einem Stück „heiler Welt", nach schönen Gärten

Grünfläche zwischen den Straßen „Am Römerturm", „Helenenstraße" und „Auf dem Berlich" (Abb.: Wolfgang F. Meier)

mit Wasserspielen und bunten Schmuckbeeten, kurzum nach einem „… festlich-heiteren, dufterfüllten Freiraum, in dem die Elemente zum Spielen gebracht wurden"[1].

Im Zuge des Wiederaufbaues von Köln, der unter der Leitung des als Generalplaner eingesetzten Architekten Professor Dr. Rudolf Schwarz stand, ist „überall in der Stadt versucht worden, der Bebauung entsprechend die Bäume – oft einzeln – so zu plazieren, daß sich aus Bauwerken und Bäumen schöne Straßenbilder ergeben"[2]. Zudem war die Freilegung sowie die Einbettung von Resten der römischen Stadtmauer in eine grüne Umgebung ein Thema der damaligen Grünflächenplanung: So wurde beispielsweise – im Zuge der Anlage eines Parks rund um St. Pantaleon – eine neue Grünfläche gewonnen, indem das Gelände der Römermauer entlang der benachbarten Bäche eine Bepflanzung erhielt.[3]

Bei den ehemaligen Trümmergrundstücken beiderseits der Straße „Am Römerturm" wurde, wie nachfolgend dargelegt, ebenfalls so verfahren.

Grünfläche zwischen den Straßen „Am Römerturm", „Helenenstraße" und „Auf dem Berlich"

Aus den Trümmerakten (die allerdings nur für diese der beiden zu behandelnden Grünflächen vorliegen) geht hervor, dass das von einem Bretterzaun umgebene „gartenähnliche Trümmergrundstück am Römerturm" nach dem Krieg zunächst als Ablagefläche für Baumaterialien von Firmen diente, die bei den benachbarten Häusern mit Enttrümmerungs- und Wiederaufbauarbeiten betraut waren.[4] Als die Arbeiten beendet waren, verkam das Areal – der ehemalige rückwärtige Garten des Hauses Am Römerturm 3 – und wurde, wie Anwohner Heinz Jueterbock schreibt, als „Hundetoilette" und Abfallplatz genutzt sowie als wilder Spielplatz von Kindern, die „auf den Bäumen herumklettern und in der Abfallgrube ihr Spielzeug suchen"[5]. Auch im Namen der Nachbarschaft bat der Autor zu veranlassen, „dass das fragliche Grundstück von dem Unrat gesäubert und der beschädigte Bretterzaun instand gesetzt wird"[6]. Laut einem Schreiben vom Konservator an die Enttrümmerungsabteilung standen auf diesem Grundstück, inklusive einer bereits damals als Naturdenkmal eingetragenen Platane, insgesamt sechs große Bäume.[7]

Durch die Enttrümmerungs- und Säuberungsarbeiten, die in den darauf folgenden Monaten bis Anfang Mai von der Stadt durchgeführt wurden, scheinen einige Bäume und viele Sträucher entfernt worden zu sein, so dass nur noch fünf Bäume übrig blieben; die Platane wurde im Zuge dieser Aktion offenbar verletzt. Über diesen Zustand beschwerte sich ein weiterer Anwohner, ebenso stellvertretend für die Nachbarschaft, in einem dreiseitigen Brief an den damaligen Oberstadtdirektor Dr. Max Adenauer.[8] Besonders erbost war Rechtsanwalt Dr. Mertens darüber, dass „…die letzte grüne Oase zwischen Neumarkt und Gereon" zerstört werde, „um nach erklärter Absicht dort einen Parkplatz für Kraftwagen anzulegen."[9] Sein Vorschlag hingegen lautete: „Wenn schon der Garten der Öffentlichkeit erschlossen werden soll, mag man ihn zu einer Grünanlage mit Kinderspielplatz gestalten."[10] In diesem Sinne schrieben gleichfalls seine beiden Kinder – stellvertretend für die Kinder der Nachbarschaft – einen weiteren Brief an den damaligen Oberbürgermeister Theo Burauen.[11]

Die Briefe waren so brisant, dass sie in der nächsten Verwaltungskonferenz thematisiert wurden: Die beiden zuständigen Beigeordneten er-

---

1 vgl. Sturm, Vilma, Im Rheinpark aufgeschrieben, in: Im Rheinpark zu Köln, Hrsg. Verkehrsamt der Stadt Köln, Druckhaus Deutz, Köln ohne Datum, S. 6.

2 vgl. Schönbohm, Kurt, Köln: Grünanlagen 1945–1975, Stadtspuren – Denkmäler in Köln, Band 16, Hrsg. Stadt Köln, J.P. Bachem Verlag, Köln 1988, S. 53.

3 vgl. Schönbohm, Köln: Grünanlagen 1945–1975, a.a.O., S. 54.

4 vgl. Jueterbock, Heinz, Schreiben an das Trümmeramt der Stadt Köln, Accession 323/136, Historisches Archiv der Stadt Köln, Köln 21.3.1962.

5 vgl. ebd.

6 vgl. ebd.

7 vgl. Adenauer, Hanna, Schreiben an die Enttrümmerungsabteilung der Stadt Köln, Accession 323/136, Historisches Archiv der Stadt Köln, 28.1.1963.

8 vgl. Dr. Mertens, [Vorname unleserlich], Schreiben an Oberstadtdirektor Dr. Max Adenauer, Accession 323/136, Historisches Archiv der Stadt Köln, 11.5.1963.

9 vgl. ebd.

10 ebd.

11 vgl. Mertens, Marie-Luise und Hans-Friedrich, Accession 323/136, Historisches Archiv der Stadt Köln, 16.5.1963.

Die Straßen „Auf dem Berlich",
„St.-Apern-Straße", „Am Römerturm"
sowie „Helenenstraße" in Luftbildern
von 1951, 1959, 1963 und 1970.
(Abb.: Stadt Köln)

läuterten dem Oberstadtdirektor, dass die Räumung des verwilderten Grundstückes im Zusammenhang mit dem Bau der U-Bahn stehe, um dort Ersatzparkplätze zu schaffen.[12] In einem Antwortschreiben an Dr. Mertens legt das Tiefbauamt dann dar, dass es sich nur um eine „vorübergehende Herrichtung eines Ausweichparkplatzes" handele, um durch den U-Bahn-Bau zwischen Friesenwall und Nord-Süd-Fahrt weggefallene Parkflächen zu ersetzen. Das Areal selbst bliebe seiner ursprünglichen Bestimmung als Schulgrundstück erhalten.[13]

Im Oktober 1963 schließlich ist erstmals von der Anlage eines Kinderspielplatzes die Rede. In einer Aktennotiz der Enttrümmerungsabteilung ist zu lesen, dass der provisorische Parkplatz „nunmehr durch das Gartenamt als Kinderspielplatz" herzurichten sei.[14] Vorher müsste allerdings ein Teil der von Trümmern durchsetzten Bodenmassen „mit einer Planierraupe zusammengeschoben und die Schuttmassen und herausstehenden Fundamente mit Bagger freigelegt, ausgeschachtet und abgefahren werden"[15]. Zum Flächenausgleich sollte von einer nahe gelegenen Baustelle Sand angefahren werden, und um das Grundstück vor weiterer Verschmutzung zu schützen,

12 vgl. o. V., Auszug aus der Niederschrift der Verwaltungskonferenz vom 13.5.1963, Accession 323/136, Historisches Archiv der Stadt Köln, 13.5.1963.
13 vgl. Schreiben vom Tiefbauamt, Enttrümmerungsabteilung, an Rechtsanwalt Dr. jur. Mertens, „Grundstücke an der Straße am Römerturm", Accession 323/136, Historisches Archiv der Stadt Köln, 27.5.1963.
14 vgl. o. V. [Unterschrift unleserlich], Aktennotiz Enttrümmerungsabteilung „Ausbau des Platzes Auf dem Berlich 21–27 und Am Römerturm", Accession 323/136, Historisches Archiv der Stadt Köln, 21.10.1963.
15 vgl. ebd.

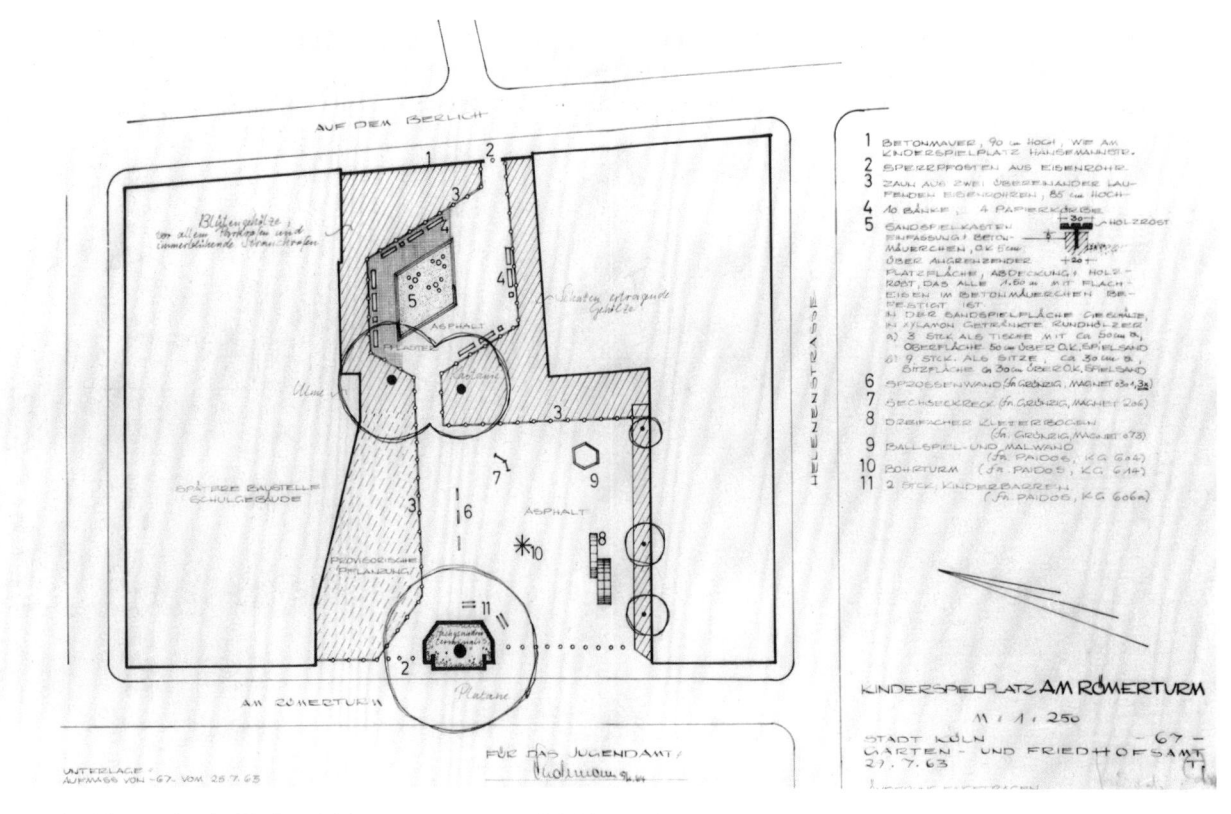

Entwurfszeichnung für den Kinderspielplatz „Am Römerturm". (Abb.: RBA)

16 vgl. ebd. und vgl. Schönbohm, Kurt, Aktennotiz „Kinderspielplatz ‚Am Römerturm' – Ortstermin am 15.10.1963", Accession 323/136, Historisches Archiv der Stadt Köln, 23.10.1963.

17 vgl. Schönbohm, Aktennotiz „Kinderspielplatz ‚Am Römerturm'", a.a.O., und vgl. o. V., Sitzung des Ausschusses Garten-, Grünanlagen und Forsten am 15.11.1963, Accession 323/136, Historisches Archiv der Stadt Köln.

18 vgl. o V. [Unterschrift unleserlich], Schreiben von der Enttrümmerungsabteilung an Stadtbaudirektor Sahr, „Betreff Kinderspielplatz Am Römerturm", Accession 323/137, Historisches Archiv der Stadt Köln, 16.10.1967.

19 vgl. Luftbild von 1951 – Streifen 9 – Bild Nr. 8704, und vgl. Luftbild von 1956 – Streifen 13 – Bild Nr. 5239, und vgl. Luftbild von 1959 – Streifen 9 – Bild Nr. 7419, und vgl. Luftbild von 1963 – Streifen 13 – Bild Nr. 452, und vgl. Luftbild von 1965 – Streifen 2 – Bild Nr. 028, und vgl. Luftbild von 1970 – Streifen 9 – Bild Nr. 759; alle im Bestand des Amtes für Liegenschaften, Vermessung und Kataster der Stadt Köln.

20 vgl. ebd.

21 vgl. o. V. [Unterschrift unleserlich], Plan Kinderspielplatz Am Römerturm,

sollten die beiden Straßenseiten mit einer doppelten Holmenabsperrung gesichert werden.[16] Für die Anschaffung der Spielgeräte wurde vom Verein „Für uns Pänz" eine Summe von 2.700 Mark bereitgestellt;[17] daran erinnert noch heute ein Steinquader am südwestlichen Rande des Platzes, der auf einer Seite die verwitterte Inschrift trägt: „Gestiftet vom Verein ‚Für uns Pänz'".

Dieser Kinderspielplatz sollte eigentlich – wie zuvor schon der Ausweichparkplatz – nur ein Provisorium sein, bis das Grundstück endgültig für Schulzwecke genutzt würde.[18] Aber, wie in Köln so häufig der Fall, hat auch dieses Provisorium bis heute Bestand.

Da keine schriftlichen Dokumente über den exakten Zeitpunkt der Gestaltung dieses Areals als Kinderspielplatz vorliegen, ist man hierfür auf Luftbilder angewiesen. Anhand dieser lässt sich zumindest der Zeitraum eingrenzen, in dem die Fläche tatsächlich angelegt wurde. So zeigen ebenfalls die Photographien, dass sie noch bis zum Jahr 1963 ein ungestaltetes Trümmergrundstück war, auf dem lediglich wenige große und einige kleinere Bäume standen, die den Krieg überlebt hatten.[19] Erst auf den Luftbildern ab 1965 ist die Umgestaltung zu einem Kinderspielplatz mit der auffälligen rautenförmigen Anlage im östlichen Bereich erkennbar.[20] Bestätigt wird dieser Zeitraum durch eine vom 29. Juli 1963 stammende Entwurfszeichnung des Amtes für Landschaftspflege und Grünflächen (damals Garten- und Friedhofsamt genannt), die glücklicherweise erhalten geblieben ist.[21] Da im Januar des darauf folgenden Jahres noch Korrekturen an dieser Zeichnung vorgenommen wurden und das Luftbild frühestens im Sommer 1965 aufgenommen wurde – was anhand der Belaubung der Bäume erkennbar ist –, liegt der Schluss nahe, dass der Kinderspielplatz in einem Zeitraum zwischen dem Beginn des Jahres 1964 und dem Frühjahr des Jahres 1965 angelegt wurde.

Die Entwurfszeichnung lässt folgendes erkennen: Der Spielplatz wird im Nordosten und im Südwesten von zwei Häuserzeilen eingefasst, im Nordwesten verläuft die Straße „Auf dem Berlich" und im Südosten die Straße „Am Römerturm". Die Fläche ist rechteckig, wobei sie an der Straße „Auf dem Berlich" schmaler ist als zur Straße „Am Römerturm", was sich durch den Rücksprung der im Süden gelegenen Häuser ergibt. Begrenzt wurde diese Anlage damals zur Straße „Auf dem Berlich" von einer 90 Zentimeter hohen Betonmauer, die im südwestlichen Bereich für einen Zugang durchbrochen wurde, und zur Straße „Am Römerturm" durch in das Erdreich eingebrachte Sperrpfosten aus Eisenrohr.[22] Der Spielplatz war somit von zwei Seiten zugänglich.

Die eigentliche Spielfläche war zu beiden Häuserzeilen hin von Pflanzungen eingefasst, die von einem Zaun aus zwei über einander laufenden Eisenrohren eingegrenzt wurden (die oben erwähnte „doppelte Holmenabsperrung"). Der nördliche Pflanzstreifen bestand im östlichen Teil aus Blütengehölzen, vor allem aus Parkrosen und immer blühenden Strauchrosen, der westliche Teil wurde provisorisch mit nicht näher bezeichneten Gewächsen bepflanzt. Der südliche Pflanzstreifen erhielt, durch die Lage bedingt, Schatten vertragende Gehölze. Drei Bäume wurden im westlichen Teil des südlichen Gehölzbereiches gepflanzt, aber auch drei bereits seit vor dem Krieg dort wachsende Bäume wurden in die Planung mit einbezogen und in die Anlage integriert: im mittleren Bereich eine Ulme und eine Kastanie, sowie an der Straße „Am Römerturm" eine Platane, die bereits damals zwischen 100 und 150 Jahre alt war. Dieser Baum wurde eingefasst von einem für die damalige Zeit typischen Hochbeet aus Betonelementen, das polygonal-symmetrisch gestaltet war. Die Einbringung des Hochbeetes lässt den Schluss zu, dass der Platz bei der Anlage – wie oben angesprochen – tatsächlich abgegraben wurde, denn ansonsten wäre eine derartige Sicherung dieses mächtigen Baumes nicht nötig gewesen.

Die beiden Spielflächen, die aufgrund des Zuschnittes des Grundstückes verschiedene Größen hatten, waren diesem Umstand Rechnung tragend unterschiedlich gestaltet. Die östliche, kleinere Fläche war zeittypisch polygonal-asymmetrisch geformt. Fast mittig war ein – ebenfalls zeittypisch – rautenförmiger Sandspielkasten angelegt worden, der von einem fünf Zentimeter hohen Betonmäuerchen eingefasst war. In der Sandfläche waren als Tische drei Rundhölzer (Durchmesser und Höhe jeweils 50 Zentimeter), und als Stühle neun Rundhölzer (Durchmesser und Höhe jeweils 30 Zentimeter) platziert. Der Bereich zwischen den beiden nördlichen Seiten dieser Raute und der Pflanzfläche war gepflastert, darauf standen sechs Parkbänke. Der südliche Bereich war asphaltiert; mit dem Rücken zur südlichen Grünfläche waren vier Parkbänke platziert.

Die westliche, größere Fläche hatte eine annähernd quadratische Form erhalten und war durchgehend asphaltiert. Auf ihr waren sechs unterschiedliche Spielgeräte installiert worden: eine Sprossenwand (im Norden), ein Sechseckreck (im Nordosten), ein dreifacher Kletterbogen (im Süden), eine Ballspiel- und Malwand (im Südosten), ein so genannter Bohrturm (in der Mitte des Bereiches) sowie zwei Kinderbarren (östlich der Platane).

Platane an der Straße „Am Römerturm"
(Abb.: Wolfgang F. Meier)

Garten- und Friedhofsamt, Stadt Köln, 29.7.1963, Änderung eingetragen am 22.1.1964, Plan-Nr. H-04.1.028.001, Historisches Archiv der Stadt Köln.
22 Ein solcher Sperrpfosten war auch in der Mitte des anderen Zugangs installiert worden.

23 vgl. Durth, Werner, und Gutschow, Niels, Architektur und Städtebau der fünfziger Jahre, Schriftenreihe des Deutschen Nationalkomitees für Denkmalschutz (Hrsg.), Band 33, Köllen Druck und Verlag GmbH, Bonn 1987, S. 11.
24 Sie sind in der gleichen Reihenfolge aufgeführt wie die oben beschriebene Erstausstattung.
25 In Südosteuropa, ihrer Herkunftsregion, werden Platanen bis zu 300 Jahre alt.

Stilistisch lässt sich nicht nur über die Gestaltung dieser Grünanlage, sondern auch über die Gartenarchitektur jener Jahre im Allgemeinen sagen – und dies trifft im Übrigen gleichermaßen für die Architektur zu –, dass nicht protzig, sondern bescheiden gebaut und angelegt wurde; zeittypisch war die „...programmatische[r] Selbstbescheidung als Grundlage des Neubeginns"[23].

Im Laufe der Jahre hat die Platzaufteilung an sich mit der Anordnung der Pflanz- und Spielflächen keine Umgestaltung erfahren. Allerdings sind einige Veränderungen vorgenommen worden, um die Spielbereiche den aktuellen Anforderungen anzupassen. So wurde der Asphalt entfernt und stattdessen überwiegend Rasen eingesät – der heute jedoch fast überall niedergetreten ist –, und alle Spielgeräte wurden durch andere Modelle ersetzt:[24] Nun gibt es eine an Holzbalken montierte Schaukel, eine Tischtennisplatte, einen nach wie vor rautenförmigen Sandkasten, ein niedriges Klettergerüst aus Eisenrohren und zwei Kleinkind-Wippschaukeln in Tierform (der ehemalige „Bohrturm" wurde ersatzlos entfernt). Nicht zuletzt wurde im Sandkasten anstelle der Holzstühle und -tische eine Rutsche installiert. Leider sind die meisten Bänke entfernt worden, so dass es derartige Sitzgelegenheiten heute nur noch im mittleren Bereich gibt. Abgegrenzt wird der Spielplatz zu beiden Straßen durch ein doppelreihiges Geländer aus Eisenrohr.

Nicht allein aus gestalterischen Gründen positiv zu bewerten ist die Tatsache, dass die alten Bäume noch vorhanden sind und auch neue gepflanzt wurden. Heute stehen auf dieser Fläche 15 Laubbäume, zwei Eiben und diverse Sträucher.

Der im wahrsten Sinne des Wortes am meisten herausragende Baum ist allerdings die als Naturdenkmal eingetragene Platane. Dieser in ganz Europa beliebte Park- und Straßenbaum, der ursprünglich aus dem mediterranen Raum stammt, ist häufig unter Kölns 67.000 Straßenbäumen anzutreffen, da er am besten mit den städtischen Emissionen zurecht kommt und beschneidbar ist. Um als Naturdenkmal eingestuft zu werden, müssen diese Bäume außergewöhnlich sein, was die Höhe, den Umfang, den Stammdurchmesser, das Alter und die Schönheit angeht. In der Stadt werden Bäume in der Regel aufgrund von Stressfaktoren wie Abgasen und Verletzungen nur zwischen 60 und 80 Jahre alt; die Naturdenkmale sind allesamt älter. In Köln gibt es circa 630 öffentliche Naturdenkmale, inklusive der in Alleen angeordneten Bäume, sowie 200 private Naturdenkmale.

Die Platane auf dem Spielplatz Am Römerturm ist in städtischem Besitz; in der Liste der Naturdenkmale ist sie aufgeführt unter der Bezeichnung „NDI 103.01". Sie ist zwischen 150 und 200 Jahre alt,[25] 26 Meter hoch und hat einen Stammdurchmesser von 1,50 Metern. Der Kronendurchmesser beträgt zwischen 20 und 27 Meter. Laut einem von der Stadt in Auftrag gegebenen Fachgutachten[26] aus dem Jahre 2002 über ihren Gesundheitszustand geht unter anderem hervor, dass sie aufgrund der zu geringen Dimensionierung des Hochbeetes nicht den nötigen Freiraum für ein ungestörtes Wachstum hat. Außerdem war sie im Kronenbereich von einem aggressiven Pilz befallen. Dennoch zeigte sie eine überdurchschnittlich gute Vitalität und eine gute Standfestigkeit.

Eine erneute Untersuchung am 10. April 2006 mit einer neuen Methode, einem Impulstomographen, ergab, dass der so genannte Hauptstämmling zu vierzig Prozent im mittleren Bereich verfault ist, also zersetzt bis gar hohl. Von den drei weniger umfangreichen Stämmlingen sind der nördliche und der dünnere südliche bereits mittels Seilkonstruktionen abgesichert worden. Künftig muss auch der dickere südliche abgestützt werden, da dort ebenfalls Schäden diagnostiziert wurden. Im Zuge dieser Untersuchung wurden darüber hinaus Verbrennungen festgestellt, die der Baum während der Kriegsjahre – aufgrund der Brände in den gegenüber liegenden Häusern – erlitten hat. Wie lange die Platane aufgrund der starken Schädigungen noch zu halten ist, ist heute nicht absehbar.

Grünfläche zwischen den Straßen „Am Römerturm", „Helenenstraße" und „St.-Apern-Straße"

Über die Planung und die Anlage dieser kleineren der beiden Grünflächen in den 60er Jahren des 20. Jahrhunderts sind im Gegensatz zum oben beschriebenen Kinderspielplatz leider weder Entwurfszeichnungen noch andere Schriftstücke existent. Für die Datierung der Gestaltung des Grundstückes zwischen den Straßen „Am Römerturm", „Helenenstraße" und „St.-Apern-Straße" ist man hier also ausschließlich auf die vorhandenen Luftbilder angewiesen. Anhand dieser Photographien lässt sich erkennen, dass dieses Areal, wie die benachbarte Fläche, nach dem Krieg gleichfalls ein ungestaltetes Trümmergrundstück war.[27] Erst in dem Zeitraum zwischen 1959 und 1963 wurde es gärtnerisch angelegt:[28] Auf dem Luftbild von 1959 erkennt man nur die in nord-südlicher Richtung verlaufende römische Stadtmauer mit dem auf diesem Grundstück mittig gelegenen Helenenturm, der seinen Namen in Anlehnung an die „Helenenstraße" erhielt, und eine durch diese Mauer zweigeteilte, große helle Fläche; lediglich im westlichen Bereich weist sie geringen Grünbewuchs auf. Die Luftbilder ab dem Jahr 1963 zeigen außer der Römermauer und dem Turm die beiden unterschiedlich gestalteten Bereiche dieser Grünanlage.[29]

Ist bei der westlich der römischen Stadtmauer gelegenen Fläche nur eine ungestaltete Rasenfläche mit zwei am Grundstücksrand zur St.-Apern-Straße gepflanzten Bäumen zu erkennen, so ist bei der sich östlich der Mau-

26 Mittels einer visuellen Baumdiagnose wurden der Standort, die Krone, der Stamm sowie der Stammfuß und der Wurzelstock untersucht. Fachgutachten Behnke Baumpflege, Brüggen 2002.
27 vgl. Luftbild von 1959 – Streifen 9 – Bild Nr. 7419, a.a.O.
28 vgl. ebd., und vgl. Luftbild von 1963 – Streifen 13 – Bild Nr. 452, a.a.O.
29 vgl. Luftbild von 1963 – Streifen 13 – Bild Nr. 452, a.a.O., und vgl. Luftbild von 1965 – Streifen 2 – Bild Nr. 028, a.a.O., und vgl. Luftbild von 1970 – Streifen 9 – Bild Nr. 759, a.a.O.

Grünfläche zwischen „Am Römerturm", „Helenenstraße" und „St.-Apern-Straße" (Abb.: Iris Benner)

Grünfläche zwischen „Am Römerturm", „Helenenstraße" und „St.-Apern-Straße" (Abb.: Iris Benner)

er befindenden Fläche eine schmückende Gestaltung sichtbar: Ein recht breites, L-förmiges Pflanzbeet mit drei großen Bäumen (je einer an den jeweiligen Enden der Beete) und mehreren Sträuchern fasst eine Rasenfläche im Osten (Straße „Am Römerturm") und im Norden (Wohnbebauung). Das Beet wurde durch gerade Ränder begrenzt, so dass die darin liegende Rasenfläche eine strenge, rechteckige Form bekam. Darüber hinaus ist in diesem Bereich ein weiterer größerer Baum erkennbar, der am nördlichen Rand der platzartigen Aufweitung östlich des Turmes gepflanzt wurde.

Heute stehen auf der Fläche westlich der römischen Stadtmauer zwei Laubbäume (einer der beiden ursprünglichen Bäume existiert nicht mehr, dafür wurde ein neuer am südwestlichen Ende der Mauer gepflanzt) sowie zwei Koniferen. Der Boden ist nach wie vor von Rasen bedeckt. Auch der Bereich östlich der Römermauer weist die ursprüngliche Gestaltung auf; lediglich der nordwestliche Baum steht nicht mehr dort. Beide Grünbereiche sind durch eine Pflasterfläche getrennt, die östlich der noch vorhandenen Mauer und dem halbkreisförmigen Helenenturm angelegt wurde. Umrahmt wird diese gepflasterte Fläche an ihrem östlichen und nördlichen Rand von einem doppelreihigen Geländer aus Eisenrohr. Die gesamte Grünfläche ist ebenfalls von allen dreien sie umgebenden Straßen abgegrenzt durch ein ebensolches doppelreihiges Geländer aus Eisenrohr. Eine Lücke wurde nur belassen auf der gepflasterten Fläche, die der Zugang zum Helenenturm ist; hier bilden zwei quadratische Steinkuben, die in etwas über einen Meter Abstand von einander gesetzt wurden, eine Art Abgrenzung zur Helenenstraße.

In diese Pflasterfläche ist hinter den beiden Steinblöcken eine Bronzeplatte eingelassen. Sie trägt als flaches Relief den Grundriss des historischen Stadtkerns; der Neumarkt, der Heumarkt und der Rhein sind jeweils durch einen Schriftzug angezeigt. Als Relief etwas stärker hervorgehoben sind der Dom, einige bedeutende Kirchen, die Stadttore und Türme sowie die römische Stadtmauer selbst. Mittels eines Stahlstiftes wird der exakte Standpunkt des Betrachters markiert. Eine Inschrift am Rande der Platte gibt den römischen Namen der Stadt Köln wieder: „CCAA Römische Stadtmauer der Colonia Claudia Ara Agrippinensium".

Insgesamt sind seit 1990 in der Stadt 19 dieser Bronzeplatten mit den Maßen 62 mal 62 Zentimeter in Gehwegen im Bereich der ehemaligen römischen Stadtmauer verlegt worden. Ihre Nummerierung von 1 bis 19 erfolgt gegen den Uhrzeigersinn: Sie beginnt mit der Nummer 1 zu Füßen des Doms und verläuft entlang der Römermauer bis zum Alter Markt. Die Bronzeplatte am Helenenturm ist die Nummer 8.

THE MEDIUM
IS THE MESSAGE

PRECIOSO

Zugegeben: Die Erkenntnis, dass das Medium über den Erfolg einer Botschaft entscheidet, ist nicht ganz neu. Umso erstaunlicher eigentlich, wie wenig Aufmerksamkeit manche Unternehmen dem Medium schenken, auf dem sie ihre Botschaften versenden – und nachher enttäuscht sind, weil diese ihr Ziel verfehlen. Für Botschaften, die wohlbehalten ankommen sollen, empfehlen wir ein Feinstpapier von edler Oberfläche, außergewöhnlicher Klanghärte und eindrucksvoller Haptik. Eines wie PRECIOSO, zum Beispiel.

WWW.ROEMERTURM.DE

ROMERTURM
seit 1885
Feinste Papiere sind unsere Passion